아포하
APOHA

APOHA: BUDDHIST NOMINALISM AND HUMAN COGNITION
edited by Mark Siderits, Tom Tillemans, and Arindam Chakrabarti

철학의 정원 035
아포하 : 불교 유명론과 인간의 인식

발행일 초판1쇄 2019년 12월 27일
엮은이 마크 시더리츠·톰 틸레만스·아린담 차크라바르티 | **옮긴이** 권서용·원철·박종식
펴낸이 유재건 | **펴낸곳** (주)그린비출판사 | **주소** 서울시 마포구 와우산로 180, 4층
주간 임유진 | **편집·마케팅** 방원경, 신효섭, 이지훈, 홍민기 | **디자인** 전혜경 | **경영관리** 유하나 | **물류유통** 유재영, 이다윗
전화 02-702-2717 | **팩스** 02-703-0272 | **이메일** editor@greenbee.co.kr | **신고번호** 제2017-000094호
ISBN 978-89-7682-998-6 93150
이 도서의 국립중앙도서관 출판시도서목록(CIP)은 서지정보유통지원시스템 홈페이지(http://seoji.nl.go.kr)와 국가자료공동목록시스템(http://www.nl.go.kr/kolisnet)에서 이용하실 수 있습니다.(CIP제어번호: CIP2019049236)

철학이 있는 삶 **그린비출판사** www.greenbee.co.kr

아포하

불교 유명론과 인간의 인식

마크 시더리츠 외 엮음
권서용 · 원철 · 박종식 옮김

그린비

차례

옮긴이 서문

인간의 일체의 목적 성취는 바른 인식에 근거한다.

— 다르마키르티, 『니야야빈두』(*Nyāyabindu*)

서양과 인도는 동일한 사유 구조를 공유한다. 왜냐하면 그들은 '인도유럽어족'이라는 동일한 어족에 속하는 언어에 기반하기 때문이다. 인도유럽어족은 '주어-술어(Subject-Predicate)의 언어 구조'를 기본으로 한다. 이러한 '주어-술어의 언어 구조'는 '실체-속성(Substance-Attribute)의 사유 도식'을 낳는다. 이것은 무상한 존재를 넘어 상주하는 불변의 실체를 상정하고서 인간의 물리적·정신적 경험을 설명하는 방식이다. 그런데 이러한 '실체-속성의 사유 도식'을 전제한 사유 체계는 보편실재론으로 귀결된다. 플라톤의 이데아론은 대표적인 보편실재론이다. 보편실재론에 근거한 언어철학은 언어의 의미 혹은 대상은 대상 속에 실재하는 본질이라고 본다. 즉 언어의 의미는 대상의 본질인 보편인 것이다. 가령 '나무'라는 말은 개개의 나무들 속에 있는 보편인 '나무임'을 대상으로 하는 것과 같다. 이렇게 언어는 대상의 본질을 의미한다는 언어 이론을 '본질주의적 언어론'이라 부른다.

이러한 본질주의적 언어론은 아우구스티누스의 다음과 같은 언명 속에 표현된다. "그들[어른들]이 그 어떤 대상을 명명하면서 동시에 그 대상 쪽으로 몸을 돌렸을 때, 나는 이것을 보고 그 대상이 그들이 그것을 지시하고자 했을 때 낸 소리에 의해 지칭되었음을 파악했다. 그러나 나는 이것을 그들의 몸짓들, 즉 모든 사람들의 자연언어 즉 영혼이 그 어떤 것인가를 열망하거나 간직하거나 거부하거나 피할 때에 얼굴 표정과 눈짓에 의해, 손발의 움직임과 목소리의 울림에 의해 영혼의 감정을 나타내는 언어로부터 추측하였다. 그렇게 해서 나는 여러 가지 문장들 속의 정해진 자리들에서 되풀이해서 말해지는 것을 내가 들은 낱말들이 어떤 사물들을 지칭하는지 이해하는 법을 점차 배웠다. 그리고 나의 입이 이제 이러한 기호들에 익숙해졌을 때, 나는 그것들에 의해 나의 소망들을 표현해 내었다."[1] 비트겐슈타인(Ludwig Wittgenstein)은 언어에 대한 아우구스티누스의 이러한 그림이 일반적인(general) 그림이 아니라 언어의 본질에 관한 특정한(special) 그림에 지나지 않는다고 한다. 이 그림에서 발견되는 생각의 근원은 "모든 낱말은 각각 하나의 의미를 지닌다. 이 의미는 낱말과 서로 연관되어 있다. 그것은 낱말이 나타내는 대상이다"라는 표현 속에서 발견된다.[2] 요컨대 본질주의적 언어론은 '언어의 의미는 대상의 본질을 지시하는

---

1) 아우구스티누스, 『고백록』, 1권 8장. 루트비히 비트겐슈타인, 『철학적 탐구』, 이영철 옮김, 책세상, 2011, 21쪽에서 재인용.

2) 같은 책, 22쪽.

것'이라는 이론으로 귀결되는데, 이러한 아우구스티누스의 언어관은 프레게(Gottlob Frege)나 러셀(Bertrand Russel), 그리고 전기 비트겐슈타인의 언어 그림 이론에까지 이어져 왔던 것이다.

인도 사상에서 언어철학의 기원은 기원전 4세기에까지 소급할 수가 있다. 파니니(Pāṇini)의 문법학 등이 이미 체계화되었기 때문이다. 그들은 신의 말씀인 베다 성전을 절대적으로 신봉하는 사람들이었다. 베다의 성전은 말씀이며 말씀의 주체는 신이다. 산스크리트어는 신의 말씀을 기록하는 도구인 것이다. 신이 천지(天地) 위에 있는 것을 하늘이라 부르면 하늘이 되었던 것이며, 아래에 있는 것을 땅이라 명명하면 땅이 되었던 것이다. 그리고 사람, 동물, 식물, 나무 등 이렇게 이름을 부르면 그 대상은 의미를 갖게 된다. 그렇다고 신은 대상에 이름을 붙일 때 자의적으로 하지는 않는다. 그러면 사람들을 설득할 수가 없기 때문이다. 신은 대상에 이름을 붙일 때 바로 대상에는 불변의 본질이 있다고 간주하고 그 본질을 가리켜 명명했던 것이라고 한다. 그래서 사람들은 이름(즉 언어)을 통해 사물(즉 대상)을 알게 된다는 것이다. 그렇기 때문에 아주 오래전부터 인도에서는 문법학이 공부의 필수 과목이었던 것이다. 이렇게 사물의 본질을 언어가 명명할 때 의미가 주어진다는 인도 실재론의 언어철학도 아우구스티누스 등과 마찬가지로 '본질주의적 언어론'에 기반하고 있다고 할 수 있다.

반면 무상(無常), 무아(無我), 공(空), 찰나멸(刹那滅)을 존재론으로 하는 인도불교는 무상한 존재의 근저에 상주하는 불변의 실체를 상정하지 않고서 인간의 물리적·정신적 경험을 설명한다는 점에서 '비실체(non substance)적 사유 도식'에 기반한다. 이런 측면에서 베다를 신봉하며 궁극적 실체를 전제로 하는 인도 정통 철학이나 종교에서 보면 인도불교는 외도(外道)이다. 비실체적 사유 도식을 존재론으로 하는 인도불교의 언어관은 '본질주의적 언어론'을 취할 수가 없다. 그렇게 되면 그들의 사상과 모순이 되기 때문이다. 하여튼 일체는 무상하고 찰나멸하며 공하다는 세계관을 기반으로 언어철학을 구성한다는 것은 쉬운 일이 아니다. 왜냐하면 상식적으로 생각하면 사유에 의해 한정되는 대상이나 언어에 의해 규정되는 대상 자체가 반드시 존재해야 하며 동시에 그것은 한 찰나 이상은 존속해야만 하는데, 일체가 찰나멸하면서 동시에 공하다고 한다면 대상도 존재하지 않는데 어떻게 사유와 언어가 가능한가 하는 질문에 답하기가 어렵기 때문일 것이다.

인도철학에서 새로운 논리학(신인명新因明)의 창시자이자 인도불교 언어철학을 정초한 디그나가(Dignāga, 480~540)는 '아포하'(apoha)라는 개념으로 새로운 언어철학을 구축한다. 아포하는 '배제', '부정'을 의미하는 말이다. 디그나가는 자신의 주저 『프라마나삼웃차야』(*Pramāṇasamuccaya*, 집량론集量論)의 5장 「아포하론」에서 "언어는 자신의 대상을 타자의 배제에 의해서 제시한다"라고 주장한다. 즉 언어는 객체적으로 실재하는 것을 대상으로 하는 것이 아니라 주체적으로 활동하는 '타자의 배제'(anyāpoha)를 대상으로 한다는 것이다. 언어가 타자의 배제를 대상으로 한다는 '아포하의 언어론'은 '본질주의적 언어론'과 그 궤를 달리하는 것이다. 그런데 디그나가의 '아포하의 언어론'은, 실체-속성의 사유 도식을 기반으로 하여 '인식을 완결된 주체가 갖는 객체의 인식 활동'이라 간주하는 '아견(我見, ātmagrahaṇa, 여기서 'ātma'는 실체substance를 의미한다)에 근거한 인식론'이 아니라,

'인식을 완결된 주체가 갖는 객체의 인식 활동이라 보지 않고 생성하는 주체가 갖는 자기 구성적 활동이나 객체를 자기화하는 존재론적 활동'으로 보는 '무아견(無我見, anātmagrahaṇa)에 근거한 인식론'을 전제한다는 것이다.

디그나가는 『프라마나삼웃차야』 제1장 「지각론」의 서두에서 "바른 인식 수단(pramāṇa)은 지각(pratyakṣa)과 추론(anumāna)의 2종뿐이다. 왜냐하면 인식 대상이 [자상과 공상의] 2종뿐이기 때문이다"라고 한다. 지각은 일체의 분별 작용을 떠난 직접적 인식으로 자상(自相, svalakṣaṇa)을 대상으로 한다. 한편 추론은 명칭과 개념을 지각된 대상과 결부시키는 간접적 인식으로 공상(共相, samanyalakṣaṇa)을 대상으로 한다. 하지만 유의해야 할 것 한 가지는, 지각과 추론의 주체가 이미 존재해 있어서 이것이 대상인 자상과 공상을 인식하는 것이 아니라 이미 선재하는 대상인 자상과 공상에 의해 지각과 추론이라는 인식 수단이 인과적으로 발생한다는 것이다. 또 한 가지는 추론이라는 인식 수단과 언어라는 인식 수단이 같은 인식 작용을 한다는 사실이다. 즉 연기[烟]라는 추론인을 근거로 불[火]이라는 추론 대상을 추론할 때 이 추론 과정이 '연기가 아닌 것이 아닌 것'을 근거로 '불이 아닌 것이 아닌 것'을 대상으로 추론하는 것과 마찬가지로, '나무'라는 언어를 근거로 나무의 의미를 지시할 때 이 언어의 의미화 과정은 '나무가 아닌 것이 아닌 것'을 근거로 '나무가 아닌 것이 아닌 것'의 의미를 지시한다는 것이다. 요컨대 추론인과 추론 대상과의 관계는 언어와 언어의 의미 대상과의 관계와 상응하며 아울러 그것들은 모두 '타자의 배제'라는 개념적 활동을 본질로 하고 있다는 것이다.

"언어는 자신의 대상을 타자의 배제에 의해서 제시한다"라는 디그나가의 아포하 언어론은 미망사학파의 쿠마릴라 바타(Kumārila Bhaṭṭa)에 의해서 부정된다. 그는 자신의 주저『슐로카바르티카』(*Ślokavārttika*)의「아포하론」에서 "언어는 실재하는 보편을 대상으로 하며 그것을 긍정적으로 표시하는 것이다"라는 입장에서 디그나가의 아포하론을 철저하게 비판한다. 이러한 쿠마릴라의 비판은 우리의 지각이나 추론 그리고 언어가 활동하는 한 반드시 그것에 대응하는 실재가 존재한다는 실재론의 입장에 입각한 것이다. 그에 의하면 디그나가의 언어의 의미 대상인 타자의 배제는 비존재이다. 그런데 우리가 '나무'라는 말을 들을 때 관념 속에 떠오르는 것은 긍정적 관념이기 때문에 언어의 의미 대상이 비존재일 수가 없다는 것이다. 또한 나무를 돌과 구별할 때 나무와 돌이 실재할 때에만 구별 가능한 것이지 비존재인 나무와 비존재인 돌의 구별이란 무의미하다는 것을 지적한다.

디그나가에 의해 정초된 인도불교 인식논리학은 다르마키르티(Dharmakīrti, 600~660)에 의해 집대성된다. 다르마키르티는 "언어는 실재하는 보편을 대상으로 하며 그것을 긍정적으로 표시하는 것이다"라는, 실재론에 입각한 쿠마릴라의 언어 이론을 비판하면서 정치한 아포하론을 전개해 간다. 그는 자신의 주저『프라마나바르티카』(*Pramāṇavārttika*, 양평석量評釋)의 1장「자기를 위한 추론」자주(自註)에서 다음과 같이 아포하론을 말한다. "실로 그러므로 그 언어는 타자의 배제를 대상으로 하고 있다고 말해진다. 왜냐하면 언어는 다른 것으로부터의 어떤 특정한 차이에 근거하여 다른 것으로부터 다른 일군의 대상에 대해서 구별 없이 명명되어 협약되기 때문이며 또한 언어를 사용할 때에도 다른 것을 배제함으로써 사람을 그 대상으로 향하게 하기 때문이다." 우리가 언어를 사용할 때 청자로 하여금 그 대상으로 향하게 할 수 있는 까닭은, 화자가 의도하는 것을 한정하는 활동을 전제하기 때문이다. 가령 '물을 항아리에 담아서 가져오라'라는 명령에서 '항아리에'라는 말을 사용한 것은 가지고 오기 위한 도구를 한정하는 의도가 있기 때문이며, 마찬가지로 '물을'이라는 말도 가지고 와야 할 대상을 한정하는 의도가 있기 때문이며, 아울러 '가져오라'라는 말도 행위를 한정하는 의도가 있기 때문에 언어를 발화하는 의미가 발생하는 것이다. 결국 "언어가 사용되는 것은 그 언어를 사용함으로써 그 것이 지시하는 것과 그것 이외의 것을 구별하고 한정하는 것을 기대하고 있기 때문이다. 무엇인가를 전하고 싶다고 생각할 때 그것은 반드시 한정을 필요로 한다. 한정은 타자의 배제에 다름 아니다. 그것이 언어가 사용될 때의 대상이라고 다르마키르티는 반복해서 주장하고 있는 것이다."[3] 디그나가는 언어의 지시 대상이 객체적으로 실재하는 보편이 아니라 타자의 배제라는 주관의 개념에 지나지 않는다는 '정적인 아포하론'을 피력한 반면 다르마키르티는 언어를 사용하는 화자가 어떤 맥락(문맥)에서 어떤 의도를 가지고 있는가에 따라서 의미가 한정된다는 '동적인 아포하론'을 표방하고 있다. 이러한 다르마키르티의 아포하론은 "어떤 낱말의 의미는 그 언어에서 그 낱말의 사용이다"라는 비트겐슈타인의 언어 의미 사용론, 즉 언어 게임 이론과도 밀접한 연관이 있다고 볼 수 있다.

---

3) 福田洋一,「ダルマキーティとanyāpoha」,『インド論理學硏究』2号, 2011, 70面.

인도불교 인식논리학의 집대성자인 다르마키르티는 디그나가의 단순한 계승자에 머물지 않는다. 그가 디그나가의 에피고넨에 그치지 않고 디그나가의 불교 인식논리학을 비판적으로 극복한 사상가라고 일컬어지는 것은 존재론에 관한 입장의 차이에서 기인한다. 디그나가는 외부에 실재하는 현실적 존재(vastu, actual entity)를 인정하지 않고 '오직 식만'이 존재한다는 유식(唯識)의 입장에 입각하여, 인식의 확실성과 정합성은 인식의 자기인식에 의해 근거한다고 주장한다. 한편 다르마키르티는 외부에 실재하는 현실적 존재를 인정하는 경량부(經量部)의 입장에 입각하여 인식의 확실성과 정합성의 근거를 외부의 현실적 존재와의 관계에서 구한다. 가령 연기라는 추론인을 근거로 불이라는 추론 대상을 추론할 경우, 연기와 불의 논리적 필연 관계의 근거를 디그나가는 추론인의 세 가지 조건(인因의 삼상三相)이라는 개념론에서 구하지만, 다르마키르티는 현실적 존재의 '본질적 결합 관계'(svabhāvpratibandha)라는 존재론에서 구한다. 우선 디그나가의 '추론인의 세 가지 조건'이란 바른 추론 대상을 도출하기 위해서 추론인이 갖추어야 할 세 가지 조건을 의미한다. 제1조건은 추론인은 추론 대상에 존재할 것(anumeya sadbhāvaḥ, 변시종법성遍是宗法性), 제2조건은 추론인은 추론 대상과 동류에만 존재할 것(tattulya eva sadbhāvaḥ, 동품정유성同品定有性), 제3조건은 추론인은 추론 대상과 동류가 아닌 것(이류)에는 결코 존재하지 않을 것(asatināst itā eva, 이품변무성異品遍無性)이다. 여기서 추론인이란 불을 추론하는 원인인 연기이며, 추론 대상이란 가령 불에 의해 한정된 산이며, 동류란 가령 불이 있다는 점에서 '산'과 동류라고 여겨지는 아궁이이며, 이류란 불이 없다는 점에서 '산'

과 다른 호수 등이다. 추론인이 이러한 세 가지 조건을 충족할 때 비로소 바른 추론인이 되며 이러한 조건을 충족한 추론인에 근거한 추론이야말로 바른 추론이다. 다음으로 다르마키르티의 '현실적 존재의 본질적 결합 관계'란 추론인의 근거가 되는 현실적 존재와 추론 대상의 근거가 되는 현실적 존재가 본질적 결합 관계를 가질 때 올바른 추론이 된다는 것이다. 다르마키르티에 의하면 현실적 존재의 본질적 결합 관계는 두 가지밖에 없다. 하나는 인과관계(tadutpatti, 인과성)이며 또 하나는 동일관계(tadātmya, 동일성)이다. 인과관계란 추론인이 되는 현실적 존재[因]가 추론 대상이 되는 현실적 존재[果]의 결과라는 관계를 갖는 것이다. 즉 존재론적으로 연기의 근거가 되는 현실적 존재가 불의 근거가 되는 현실적 존재의 결과라는 인과관계를 맺을 때 논리적으로 연기라는 추론인에서 불이라는 추론 대상을 올바로 추론할 수 있는 논리적 필연 관계가 성립한다는 것이다. 동일관계란 추론 대상이 되는 현실적 존재가 추론인이 되는 현실적 존재 그 자체의 본질이 되는 관계이다. 즉 존재론적으로 소나무에서 나무를 추론하는 경우, 나무의 근거가 되는 현실적 존재가 소나무의 근거가 되는 현실적 존재 그 자체의 본질이라는 동일관계를 맺을 때 논리적으로 소나무라는 추론인에서 나무라는 추론 대상을 올바로 추론할 수 있는 논리적 필연 관계가 성립한다는 것이다.

다르마키르티도 디그나가와 마찬가지로 추론에 의한 인식과 언어에 의한 인식은 동일한 패턴을 공유한다는 데 의견을 같이한다. 하지만 그는 여기서 한 걸음 더 나아가 언어에 의한 인식의 확실성도 현실적 존재의 본질적 결합 관계, 그중에서도 동일관계에서 구하고 있다. 화자가 '나무!'라고 발화했을 때 청자가 그 말을 듣고 관념에 떠올리는 것 즉 의미 대상은 '나무가 아닌 것이 아닌 것'이라는 타자의 배제일 것이다. 이때 '나무가 아닌 것이 아닌 것'이라는 의미 대상의 존재론적 근거인 현실적 존재가 '나무'라는 말의 근거가 되는 현실적 존재 그 자체의 본질이라는 동일관계를 맺을 때 언어적으로 '나무'라는 말에서 '나무가 아닌 것이 아닌 것'이라는 의미 대상을 떠올려 의사소통이 가능할 수 있는 논리적 필연 관계가 성립한다는 것이다. 개념과 개념의 논리적 관계의 필연성을 이렇게 현실적 존재의 본질적 결합 관계를 통해 확보하려고 한 것은 다르마키르티의 탁월한 혜안이라고 할 수 있다. 그의 탁월한 혜안은 서양의 다르마키르티라고 부를 수 있는 '과정의 철학자' 화이트헤드(Alfred North Whitehead)의 다음과 같은 언명 속에서 빛나고 있다. "생성 과정이 임의의 특정 순간에 순응하고 있는 모든 조건은 그 근거를 그 합생의 현실 세계 속에 있는 어떤 현실적 존재의 성격에 두고 있거나 아니면 합생의 과정에 있는 그 주체의 성격 속에 두고 있다. 이러한 설명의 범주는 존재론적 원리라 불린다. 그것은 또한 작용인 및 목적인의 원리라고 할 수도 있다. 이 존재론적 원리가 의미하는 바는 현실적 존재만이 근거가 된다는 것이다. 따라서 근거를 탐색한다는 것은 하나 내지 그 이상의 현실적 존재를 탐색하는 것을 말한다."[4] 다르마키르티도 화이트헤드와 마찬가지로 지각과 추론이라는 인식 활동이나 언어에 의한 의사소통 활동 모두 정합성이나 확실성의 근거는 현실적 존재뿐이라는 존재론적 원리(ontological

---

4) 앨프리드 노스 화이트헤드, 『과정과 실재』, 오영환 옮김, 민음사, 2003, 83쪽.

principle)를 피력한다. 이상으로 디그나가의 아포하론, 쿠마릴라의 디그나가 아포하론 비판, 쿠마릴라의 디그나가 비판에 대한 다르마키르티의 반론 등에 대한 전체 그림을 대강 제시해 보았다.

이 책『아포하: 불교 유명론과 인간의 인식』은 인도불교의 인식론과 논리학 및 언어철학을 '타자의 배제'(아포하)라는 논리에 근거하여 전개하고 있다. "산은 산이요 물은 물이다. 산은 산이 아니요 물은 물이 아니다. 산은 산이 아닌 것이 아니요 물은 물이 아닌 것이 아니다. 그러므로 산은 산이요 물은 물이다"라는 선불교(禪佛敎)의 논리도 실로 아포하론에 근거한 것이다. 이처럼 아포하론은 인도불교의 핵심 논리로 지금까지 면면히 이어지고 있다. 이러한 인도불교 논리를 세계적인 아포하 연구자들이 현대적인 관점에서 새롭게 해석해 보려고 시도한 것이 바로 이 책이다. 이 책은 2006년 5월 스위스 로잔의 휴양지 크레베라르(Crêt Bérard)에서 개최된 다르마키르티 학술대회에 참가한 학자들이 발표한 논문을 근간으로 2011년 출간된 것이다. 이 책은 서문과 서론 및 열네 편의 논문으로 구성된 저술을 완역한 것이다. 국내외에서 아포하론에 관한 체계적인 저서가 드문 현실에서 이 책은 인도불교 인식논리학의 핵심인 아포하론에 관해 가장 잘 서술된 번역서라고 자부할 수 있다. 이 책으로 국내 아포하론에 관한 연구가 활성화되기를 기대한다.

2012년, 현대불교연구원에서 여러 전공의 도반들이 모여 함께 이 책을 공부했다. 그리고 그린비출판사에 출판을 문의하여 계약을 맺고 본격적으로 번역을 시작하여 7년이 지난 2019년 10월에 마무리를 하였다. 이 번역에 참여한 권서용은 인도불교 인식논리학, 원철은 영문학, 박종식은 칸트 철학을 전공하고 있다. 우리 세 사람은 처음부터 끝까지 같이 읽고 토론하면서 이 책의 번역을 완성했다. 끝으로 이 책의 출판을 허락해 주신 그린비출판사와 편집진 모두에게 감사하고 수고하셨다는 말씀을 드리고 싶다. 또한 번역서의 형식적 측면과 내용적 측면의 부족함을 정확성과 엄밀성이라는 끈으로 엮어서 완성시켜 주신 박태하 편집자의 노고는 잊을 수가 없다. 다시 한번 지면을 빌려 감사하다는 말씀을 드린다. 마지막으로 비트겐슈타인의 다음과 같은 당부로 서문을 마치고자 한다.

> 나는 내 글로 인해 다른 사람들이 스스로 생각하는 수고를 덜게 되는 일은 없었으면 한다. 오히려 가능하다면 내 글이 누군가의 생각을 자극하는 촉매제가 되기를 바란다.[5)]

2019년 11월

권서용·원철·박종식

5) 비트겐슈타인, 『철학적 탐구』, 27쪽.

아포하

APOHA

| 일러두기 |

1 이 책은 Mark Siderits, Tom Tillemans, and Arindam Chakrabarti eds., *Apoha: Buddhist Nominalism and Human Cognition* (New York: Columbia University Press, 2011)을 완역한 것이다.

2 본문의 주석은 모두 각주로 표시되어 있다. 옮긴이 주는 각주의 앞에 '[옮긴이]'라고 표시했으며, 표시가 없는 것은 모두 각 장의 원저자 주이다. 옮긴이가 보충하는 간단한 설명이나 인용 출처 또한 본문 중에 굽은대괄호([ ])로 표시했다.

3 산스크리트어와 티베트어로 된 고대 문헌의 제목은 번역하지 않고 독음으로 표기하였다. 이 문헌들에 관한 참고할 만한 서지 정보들은 권말의 참고문헌 앞부분에 모아 두었다.

4 단행본·정기간행물에는 겹낫표(『 』)를, 논문·단편 등에는 낫표(「 」)를 사용했다.

5 외국 인명이나 지명, 작품명은 2002년 국립국어원에서 펴낸 외래어표기법을 따르는 것을 원칙으로 하되, 관례를 폭넓게 인정하였다.

서문

이 책은 불교의 유명론인 아포하론을 주제로 한다. 아포하론이 견지하는 기본적인 착상은 예를 들어 '소'라는 일반명사는 비(非)-소가 아닌 모든 것을 지시한다는 것이다. 이것은 너무나 영리하다고 할 수 있는 철학 개념들 중 하나이다. 인도철학과 불교철학 연구자들은 이 이론이 결국 그것이 설정한 문제를 해결하지 못하는, 손쉬운 논리적 요령에 그치는 것은 아닌지 의심하는 경우도 많았다. 그 문제란, 우리가 보편자와 그것만큼이나 이상한 추상적 실체가 존재한다고 가정하지 않고서도 일반명사를 사용할 수 있는지를 설명하는 것이다. 2006년 5월 나흘에 걸쳐 열네 명의 학자들이 이 문제에 대한 해답을 찾으려고 스위스 로잔의 휴양지 크레베라라르에 모였다. 아포하론의 기본 착상은 간단하지만, 인도와 티베트에서 그 역사와 전개 과정은 아주 복잡하다. 학술대회에 참석한 학자들 중에는 그 역사의 다양한 분야에 대한 전문가들이 다수 포함되어 있었다. 그러나 언어철학, 언어학, 인지과학 등 여러 분야의 학자들도 모임에 참석했다. 이들의 목표는 아포하 논사들이 실제로 무엇을 주장했는지 그리고 그들의 견해가 인간 인지 연구에 어떤 전망을 제시하는 접근법이라고 볼 수 있는지에 대한 이해를 진전시키고자 하는 것이었다.

크레베라르에서 열린 학술대회에서는 여러 흥미로운 주제들과 그에 따른 많은 논의들이 이어졌다. 이 책에 실린 논문들은 그 토론의 결과물이다. 기고자들은 한 명을 빼고는 모두 학술대회에 참석한 사람들이지만, 이 책의 논문들 중 학술대회에서 제출된 것들은 하나도 없다. 논문들 중 몇 편은 학술대회 발표 내용을 기초로 많은 토론과 논쟁의 결과를 반영해 보완한 것이다. 그러나 그 외의 논문들은 학술대회가 끝나고 난 뒤 작성되었고, 그 토론과 논쟁이 보여 준 새로운 통찰들을 담고 있다. 이 책은 일반적인 학술대회 발표문 모음집이 아니라, 지금까지 개별 학자들이 산발적으로 관심을 가지고 있던 문제에 대한 집단 연구의 결과물이다. 철학적이고 텍스트사(史)적인 접근을 통해 이 불교 자료에 있는 사상들이 오늘날의 논의에서 제자리를 찾는 데 도움이 되기를 바란다.

이 기획의 성공을 위해 많은 분들이 애써 주었다. 로잔대학 엘리자베스드보어재단(Elisabeth de Boer Fund)의 관대한 지원이 없었다면 이 학술대회는 개최되기 힘들었을 것이다. 학술대회 기간뿐 아니라 우리가 도착하고 떠나는 일까지 순조롭게 진행되고 있는지 성심껏 챙겨준 토머스 닥터(Thomas Doctor)와 헤이드룬 쾨플(Heidrun Köppl) 씨에게도 고마운 마음을 전한다. 학술대회 참석자들이 아름다운 환경 속에서 편안하게 지낼 수 있도록 힘써 준 크레베라르 운영진들에게도 또한 감사드린다. 핫토리 마사아키(服部正明)의 글을 (약간 수정하여) 재수록하도록 허가해 준 『악타아시아티카』(*Acta Asiatica*)지에도 또한 감사드린다. 이 책을 편집하는 데 서울대학교 인문한국(HK) 연구 지원사업과 벵갈루루 국립고등연구원(National Institute of Advanced Study)의 지원이 있었다. 컬럼비아대학교 출판부의 편집자인 웬디 로크너(Wendy Lochner)는 이 기획을 애초부터 지원해 주었다. 이 책이 최종적으로 완성되도록 도와준 것뿐 아니라 비교철학적 연구 전반에 걸쳐 진전이 있도록 노력을 기울여 준 그녀에게 감사할 따름이다. 책이 만들어지는 과정에 도움을 준 크리스틴 모터록(Christine Motorlock), 마이클 해스컬(Michael Haskell), 로버트 뎀케(Robert Demke)에게도 감사를 표한다.

파리말 파틸(Parimal G. Patil)이 번역한 「괄호 없이: 라트나키르티의 『배제의 증명』에 관한 번역과 기본 주석」("Without Brackets: A Minimally Annotated Translation of Ratnakīrti's *Demonstration of Exclusion*")을 컬럼비아대학교 출판부 홈페이지(http://cup.columbia.edu)의 『아포하』 페이지에서 읽을 수 있다.

서론

아린담 차크라바르티·마크 시더리츠

이 책은 불교 유명론인 아포하론에 관한 것이다.[1] 아포하론은 무엇보다도 보편자〔인도 논리학의 개념으로는 공상 共相, sāmānyalakṣaṇa〕의 문제, 즉 다자를 포괄하는 일자(the one)의 문제에 대한 접근 방법이다. 그 문제는, 우리가 항아리(pot)를 볼 때 그것을 항아리라고 생각하고 그것을 '항아리'라는 이름으로, 즉 많은 다른 개별적인 항아리들에 적용되는 이름으로 부르는 것이 어떻게 가능한가를 설명하는 문제이다. 이 개별자〔인도 논리학의 개념으로는 자상 自相, svalakṣaṇa〕가 다른 많은 개별자들과 공유하고 있는 항아리임(being-a-pot)이라는 그 하나의 사물은 무엇인가? 그러한 하나의 사물이 실제로 이 세계에 존재하는가? 게다가 각각의 항아리들이 실제로 이 세계에 존재하는가? 아니면 그것은 단지 어떤 종류의 정신적 구성물일 뿐인가? 첫 번째 입장을 주장하는 것

---

1) 산스크리트어 아포하는 '배제'를 의미한다. 아포하론은 일반적인 의미에서는 '타자의 배제'에 관한 이론이다. 우리는 산스크리트어에서 기원한 낱말 카르마(karma)를 이제 더 이상 이탤릭체로 표기하지 않는 것처럼, 이 단어 또한 이탤릭체〔이 번역서의 경우 고딕체〕로 표기하지 않을 것이다.

은 보편자 실재론이며, 두 번째 입장을 주장하는 것은 보편자 유명론이다.

아포하론을 온전하게 평가하기 위해서는 보편자 문제를 이해해야 한다. 보편자 문제를 논의할 때 일반적인 관행은 플라톤과 아리스토텔레스에서 출발해야 한다. 그러나 우리는 그 대신에 이 서론에서는 고전 인도철학에서 출발하고자 한다. 보편자 문제는 서양과 인도의 두 전통에서 중요한 역할을 해왔는데, 우리는 그 분야가 인도에서 보다 온전하게 탐구되어 왔다고 생각한다. 이 서론의 1부는 보편자 문제에 대한 고전 인도철학적 접근 방법에 관한 간략한 개관이다. 2부에서는 개념이란 무엇이며 어떻게 우리가 개념들에 통달해서 그것들을 명확하게 할 수 있는가에 연관된 문제들에 대한 몇몇 근현대 서양철학적 접근 방법을 다룰 것이다. 3부에서는 1부와 2부의 논의를 활용하여 보편자 문제에 대한 가능한 접근 방법을 분류, 이 책의 나머지를 구성하고 있는 아포하론에 관한 개별 논문들을 이러한 분류법에 따라 위치지을 것이다.

1부: 고전 인도철학에서 보편자 논증과 보편자 반대 논증

존재론적 유형 또는 범주라는 말은 산스크리트어로는 파다르타(padārtha), 문자 그대로 '낱말의 의미'인데, 이러한 사실에 대해 우리는 진지하게 주의하고 반성할 필요가 있다. 프레게와 그의 주석자인 더밋(Michael Dummett)과 마찬가지로 어느 정도는, 그러나 그들보다 거의 2000년 전에, 인도의 언어철학자들은 의미론이 궁극적으로 형이상학으로 귀결된다는 사실을 명백하게 간파했다. 역사적으로 아포하는 '낱말은 무엇을 의미하는가?'라는 물음에 대한 디그나가의 답변이다. 그런데 다르마키르티는 자신의 주저인 『프라마나바르티카』의 1장 「자기를 위한 추론」의 자주(自註)에서 아포하론을 더욱 정교하게 다듬었다. 그런데 이러한 아포하의 의미론은 부분적으로는 관계와 속성이 없는 순수한 개별자들에 관한 복합적인 형이상학이 되고, 부분적으로는 관습적으로 실천과 관계되는 배제 작용으로부터 형성된 상상적 일반성에 관한 심리학이 된다. 이 순수한 개별자들은 현실 세계의 궁극적 지시 대상과 구성물로서 역할을 수행하며, 이 현실 세계에서 행위들은 낱말에 의해 의미되는 타자로부터의 구별에 근거해서 수행된다. 정신과 독립해서 존재하는 보편자라는 주장에 반대하는 유명론자들의 근본적인 공격의 근저에 있는 요점을 알기 위해서는, 우리는 먼저 보편자와 관련된 인도 실재론의 의미론(semantics)의 뿌리를 탐구하지 않으면 안 된다.

파탄잘리(Patañjali)가 파니니의 문법에 관한 대주해서(大註解書)를 썼을 때부터, 격(格)의 역할 및 동사에 관한 의미론적 분석은 존재론의 측면에서 산스크리트어 문법학자들을 혼란에 빠지게 했다. 파니니의 문법과 그 문법의 초기 주석들(기원전 4~2세기)에서는 보편자에 관한 세 가지 중요한 전문용어들, 사만야(sāmānya), 자티(jāti), 아크리티(ākṛti)가 이미 분명하게 사용되고 있었다. X라는 어떤 명사 어근에 'tva' 또는 'ta'(영어의 'ness'와 대체로 동등한)를 붙이면, 모든 X가 공유하는 X임의 속성을 의미로서 산출한다. 우리는 실체(dravya, 實)로부터 자동적으로 실체성(dravyatva, 實性)을, 존재(sat, 有)로부터 존재성(sattā, 有性)을, 인간으로부터 인간성을 추상할 수 있다. 이러한 적절한 장치를 가지고 개별적 실체와 그것을 개별적 실체이게끔 하는 속성, 즉 개별적 실체의 추상적 본질을 구분하는 것은 당연한 일이다. 그러나 우리가 소[牛]의 본질보다는 오히려 구체적인 소들에 관해서 말하는 것을 분석하기 위해, 문법학자들은 하나의 개별적인 소에 관해 말하는 것과 일반적인 소에 관해 말하는 것을 구분해 왔다(파니니의 『아슈타디야이』*Aṣṭādhyāyī* 에 대한 파탄잘리의 『비야카라나마하바샤』 *Vyākaraṇamahābhāṣya* 1.2.58; 1.2.64). 일반자와 개별자 사이의 구분은 또한 복수화의 논리라는 맥락에서 논의를 위해 언급되었다. 우리가 언급했던 나무들 또는 사람들의 숫자만큼 똑같이 한 나무 또는 한 사람이라는 낱말을 사용하는 대신 '나무들' 또는 '사람들'이라고 말할 수 있도록 하는 것은 도대체 무엇인가? 보통명사의 직접적인 의미는 지시 대상이 공유하고 있는 보편적 속성이기 때문에, 우리가 일반적으로 모든 사례들 또는 특정한 사례를 말할 때, 그 낱말의 한 번의 발화로 남아 있는 것들을 제외하고 나머지 모든 것(ekaśeṣa)을 제거할 수 있다. 우리들은 또한 "소를 죽여서는 안 된다"와 같이 보편화할 수 있는 도덕적 명령을 발언할 수 있다. 그렇지만 이러한 명령은, 파탄잘리의 농담인데, 개별적인 소 한 마리의 목숨을 살려 주었다고 해서 지켜지는 것이 아니다.

자티(jāti, 이 낱말은 현대 인도의 토착어에서는 집합class, 카스트, 또는 심지어 하나의 민족을 의미하게 되었다. 이 낱말은 라틴어 'genera'에 대한 산스크리트어 상대어이다)는 파니니에 의해서 하나의 자연적인 종류의 모든 개별자들이 공유하는 속성으로 사용되었으며, 또한 이러한 속성은 그 개별자들 중의 어느 하나와 다른 종류의 사물들을 구별하기 위해 사용된다. 개별자들은 비약티(vyakti)라 불리는데, 이 낱말은 어원적으로 공통적인 속성들과 공통적이지 않은 속성들을 구분하는 구체적인 증거를 뜻한다. 바자피야야나(Vājapyāyana)에 의해 옹호된 이러한 의미에 관한 일반론이 지닌 문제는, 서술문이나 명령문에서 동사에 의해 지시된 행위가 명사가 의미하는 것과 관계되어야 할 때 명사가 의미하는 것은 개별자여야만 한다는 사실이다. 왜냐하면 결국 어느 누구도 끈 하나로 소의 속성(cowness, 牛性)을 묶을 수 없으며, 칼로 나무의 본질을 벨 수 없으며, 인간성과 함께 식사를 할 수 없기 때문이다.

그런데 인도의 의미론에서 낱말은 원초적으로 보편자를 의미한다고 주장한 사람들과 그들의 라이벌인 낱말들의 일차적 의미는 개별적인 실체들이라고 주장한 사람들 사이의 논쟁은 적어도 2200년이나 되었다. 파탄잘리에 의해 자주 보편자를 뜻하는 것으로 사용된 낱말은 아크리티(ākṛti, 문자적 의미로는 '형상')였는데, 이 낱말은 속성보다는 형상을 더 연상시킨다. '낱말이란 무엇인가?'라는 기본적인 질문에 답하면서 파탄잘리는 다음과 같은 질문을 선택한다. "낱말은 명백한 개별자들 사이에서 명백하지 않은 채로 남아 있는 것인가? 개별자들이 파괴될 때 파괴되지 않는 채로 남아 있는 것인가?" 그리고 "그것은 낱말이 아니라 오직 보편적 형상(ākṛti)일 뿐이다"라고 대답한다.

문법학파, 그리고 베다 해석학의 미망사학파는 불멸의 보편자를 의미로 전환할 필요성을 느꼈다. 왜냐하면 그들은 저자가 없는 베다 문장들의 권위가 그 문장들의 영원성에 의존한다고 느꼈기 때문이다. 낱말과 대상 사이의 관계는 '확립되었으며' 영원하다고 말해졌다. 만약 소멸하는 개별자인 말들, 소들, 인간들, 식물들이 낱말의 의미라고 한다면, 어떻게 그런 개별자들이 이 시작도 끝도 없는 베다의 낱말들의 의미와 영속적으로 결합될 수 있을까? 그러므로 가우(gauh, 소)라는 낱말은 무시간적인 소의 본질과 영속적으로 결합된다고 생각하는 것이 가장 좋을 것이다.

보편자를 요청할 필요가 있다고 최초로 분명하게 인식하게 된 것은, 의미론으로부터 유래한 것과 꼭 마찬가지로 또한 우리가 귀로 들을 수 있는 낱말들 자체가 지닌 일반성 또는 반복 가능성을 반성하게 된 데서 유래했을 것이다. 같은 낱말을 다양하게 많이 발음할 수 있다거나 또는 구별할 수 있는 많은 발성들을 할 수 있다는 사실은 다자 속의 일자(one-in-many)에 대한 의심할 수 없이 명백한 사례인 것처럼 보인다. 다자 속의 일자라는 것은 자연스럽게 일시적인, 소멸하는 명목상의 발음과는 독립해 있는 저 무시간적으로 존재하는 실질적인〔실재하는〕 낱말 유형이라는 생각과 결합되어 있다. 나중에 바르트리하리(Bhartṛhari, 6세기, 때로는 언어적 비이원론자라 불린다) 철학에서는 낱말 보편자와 의미 보편자, 그리고 의미 보편자 위에 낱말 보편자를 겹쳐 놓으려는 우리의 자연적 성향 등이 정교하게 논의되었다. 이러한 논의들로부터 마침내 훨씬 더 공통적인 속성인 수평적 보편자(tiryak-sāmānya)에 대립되는 것으로서 수직적 보편자(urdhvatā-sāmānya)라는 자이나교의 관념이 나타난다. 시간이 다를 때에는 모양도 다르게 되는 하나의 실체인 저 데카르트의 밀랍의 사례(처음에는 딱딱하고 흰색이었는데 나중에는 부드럽고 색깔이 없는 것으로 되는)처럼, 수직적 보편자라는 것은 다음과 같은 하나의 경우에 해당된다. 즉 일자는 하나의 실체이고 반면에 다자는 다양한 모습을 취하는 것으로서, 다자를 지배하는 일자라는 하나의 경우에 해당된다. 반대로 수평적 보편자의 경우에는, 일자는 하나의 형상이고 반면에 다자는 명백한 실체들(또는 다른 개별자들)인데, 이러한 개별자들 속에서 저 형상이 나타나게 된다. 여기에서 우리는 보편자의 문제란 기본적으로 차이 속의 동일성을 설명하는 문제라는 사실을 분명하게 인식할 수 있다.

논쟁의 주요 주제들

5세기에서 15세기 사이에, 인도의 주류였던 니야야·바이셰시카 학파와 미망사학파의 실재론자들과, 이들과 의견을 달리하는 불교 유명론자들 사이의 논쟁은 영원한 본질적 존재를 둘러싸고 격화되었다. 논의의 주요 쟁점은 다음과 같다.

1. 저 개별자들 각각에 내재하는 유일한 실재적 속성을 요청함으로써 우리는 보통명사의 사용을 또는 다양한 개별자들을 가로지르는 공통성의 경험을 설명해야만 하는가? (바이셰시카학파와 미망사학파는 몇 가지 단서 조항을 붙이면서 그렇다고 대답했고, 불교 유명론자들은 아니라고 대답했다.)
2. 그와 같은 유일한 실재적 속성은 이 속성을 예시해 주는 개별자들과 완전히 다른 것인가? (바이셰시카학파는 그렇다고 대답했고, 바타 미망사학파는 그렇다고도 하고 아니라고도 했다.)
3. 하나의 보편자가 자신이 속한 모든 사례들 속에 존재하는가 아니

면 많은 보편자들이 모든 곳에 편재하는가? (불교 유명론자의 교묘한 질문인데, 바이셰시카학파는 조심스럽게 답했다.)

4. 보편자들은 인과 작용에 어떤 역할을 하는가? (바이셰시카학파는 보편자는 우리로 하여금 보편자들을 지각할 수 있도록 한다고 말했다. 반면 불교철학자들은 영원한 것이라고 불리는 것은 인과적으로 무능력하기 때문에 존재하는 것이 아니라고 말했다. 그런데 11세기 니야야·바이셰시카 학파인 우다야나Udayana에 따르면, 필연적 공존이라는 일상적인 관계는 존재론적인 측면에서 볼 때 원인들과 결과들 속에 내재하고 있는 보편자들에 바탕을 두고 있다고 한다.)
5. 보편자가 행한 작용이 개별자들 사이의 유사성이라는 관계들에 의해서 행해질 수 있는가? (바이셰시카학파는 아니라고 말했고, 자이나교와 마드바베단타학파는 그렇다고 말했다.)

고전 니야야·바이셰시카 학파의 보편자 실재론

보편자는 실재들의 여섯 가지 기본 범주들의 도식에서, 또는 카나다(Kaṇāda)의 『바이셰시카수트라』(*Vaiśeṣikasūtras*)에 실려 있는 '낱말을 통해 의미되는 사물들'(padārtha, 의미론적 방향에 다시 주목하라)의 도식에서, 네 번째 유형의 실재로 중요한 역할을 하고 있다. 저 경전의 도식에서는 반복할 수 없는 세 가지 유형들 — 실체들, 개별자의 성질들, 운동들 — 이후에 공통 속성들이 나온다. 비록 실체들, 성질들, 운동들은 각각 다른 유형의 존재들이라고 하더라도, 그것들은 한 가지 공통적 속성을 공유하고 있다. 즉 그것들은 모두 실재하는 것이다. 그렇다면 모든 실체들, 성질들, 운동들에 공통적인 이 실재임(realness)이란 무엇인가? 실재임은 많은 실체들, 많은 성질들, 많은 운동들 속에 현존하는 유적(類的, generic)〔일반적인〕 본질이다. 그것은 하나의 보편적 본질이며, 최고의 본질이다. 거기에는 덜 일반적인 특징들도 역시 존재하는데, 가령 모든 실체들이 공유하는 실체임(substancehood), 모든 성질들에 공통적인 성질임(qualityhood), 모든 운동들에 내재하는 운동임(motionhood) 등이 그것이다. 이러한 제2층위의 보편자들은 '공통적-비공통적'이라 불린다. 왜냐하면 제2층위의 보편자들은 그 집합의 모든 구성원들에게 속하는 성질들을 다른 모든 것들에 의해 한정되는 것으로서, 그리고 다른 모든 성원들에게는 결여된 것으로서 규정하는 역할을 하기 때문이다.

『바이셰시카수트라』에서 보편자를 뜻하는 낱말은 '공통적인 것'이라는 의미의 '사만야'(sāmānya)인데, 이 낱말이 영어의 'sameness'와 음성학적으로 닮았다는 것은 전적으로 우연일 수는 없을 것이다. 개별화 또는 특수성에 해당되는 낱말은 차이를 만든다는 뜻을 지닌 비셰샤(viśeṣa)인데, 이것은 희귀한 모양이나 특성을 의미한다. 꽃임(flowerness)은 장미나 재스민 그리고 해바라기가 공유하는 공통적 속성이다. 그러나 우리가 장미를 과일이나 씨앗·돌·동물과 비교할 때, 이 '꽃임'이라는 성질은 차이를 만드는 것이 된다. 왜냐하면 장미를 제외하고는 그 어느 것도 '꽃임'이라는 성질은 지니고 있지 않기 때문이다. 그러므로 카나다의 격언은 "보편자와 특수성은 지성(understanding)에 의존하고 있다"라는 것이다(『바이셰시카수트라』 1.2.3). 이러한 카나다의 정식화가 보편자는 주관적이라거나 또는 보편자는 우리가 세계를 이해하는 방식을 통해서 고안되었다는 사실을 뜻하지는 않는다고 주석가들은 재빨리 지적한다. 이러한 정식화가 의미하는 모든 것은, 어떤 속성이 순수 보편자인가 또는 위에서 본 것처럼 경계를 구분하는 개별자인가를 우리가 우리 지성의 판단을 통해 발견한다는 사실이다.

보편자의 존재를 증명하기 위해서 이 확고한 실재론자들은 네 가지 광범위한 논증을 제시한다.

1. 감관지각에 의한 증명은 모든 증명 중에서도 가장 강력한 것이다. 만약 감관지각에 의한 증명이 논리적 불일치에 이르지 않는다면, 우리는 감관지각이 같은 종류라고 알려주는 많은 사물들 각각에서 되풀이해 일어나는 어떤 공통적인 존재를 인정하지 않으면 안 된다. 같은 것이라고 알려주는 우리 감관의 토대인 이러한 유적 특징이 바로 보편자이다. 왜냐하면 이 보편자는 많은 사물 속에서 발견된 동일한 것이기 때문이다.
2. 일반적 낱말의 의미로부터의 논증이다. 그것은 다음과 같이 진행된다. '새'와 같이 학습 가능한 보통명사는 엄청나게 다양한 무한한 개별자들을 지시할 수 있다. 그런데 어떻게 해서 동일한 의미를 지닌 동일한 낱말이 그렇게 많은 다양한 개별자들에게 정확하게 적용될 수 있는가 하는 문제는 설명을 요한다. 그 설명은 '지시 대상'과 '의미' 사이의 구분에 있다. 공유된 의미로서 사용되는, 예를 들면 새임(birdness)과 같은 어떤 객관적인 보편자의 존재 때문에, 동일한 낱말이 모든 새들 또는 어떤 새를 골고루 지시할 수 있는

것이다. 이것이 단순한 개별자 또는 순수한 보편자가 바로 어떤 낱말의 일차적 의미라는 초기의 두 가지 극단적인 견해 중 하나 또는 다른 하나로 귀결되는 것은 아니다. 오히려 어떤 낱말의 의미는 일반적인 속성을, 즉 무한하게 많은 지시 대상을 재현할 수 있는 공통된 방식으로서 사용되는 어떤 것을 소유하고 있는 개별자라는 견해야말로 균형 잡힌 견해이다.

3. 그다음에 법칙과 유사한 인과관계로부터의 논증이 있다. 불은 하나의 실체이다. 그러나 그것이 발화를 발생시킬 때, 불의 인과적 효과성은 불이 단순히 하나의 실체라는 사실에 의해서 정해지는 것이 아니다. 왜냐하면 그렇게 되면 어떤 실체이건 간에 발화할 것이기 때문이다. 불 — 어떤 다른 실체가 아닌 — 을 만드는 것, 즉 발화의 원인을 설명하기 위해서, 우리는 불의 보편자로서 불임(fireness, 火性)을, 이러한 효과를 불러일으키는 불의 인과성을 제한할 수 있는 속성으로서 가정할 필요가 있다. 13세기경에 아주 전문적인 신(新)니야야학파의 등장으로, 원인성과 결과성을 한정할 수 있는 것(avacchedaka)이 필요하게 됨으로써 존재론적으로 보편자에 전념하게 된 표준적인 토대가 형성되었다.

4. 보편자를 수용하게 됨으로써 니야야학파는 약간의 관찰로부터 보편적 일반화로의, 공존하는 모든 경우들을 망라하는 보편적 일반화로의 귀납적 비약(예를 들면, 연기가 있는 곳에는 불이 있다)을 정당화하는 문제를 해결할 수 있게 되었다. 몇몇 경우들(내가 아궁이나 모닥불에서 지각한 연기)에서 관찰한 공통적 속성 때문에, 말하자면 공통적 속성이 내재해 있는 다른 모든 사물들과 직접적으로

> 지각적 접촉을 할 때, 우리는 개별적인 세부 항목들이 아니라 하나의 유적 방식과 관계할 수 있게 된다. 여기서 보편자 그 자체는 감각기관과, 저 보편자가 명백히 관찰되지 않는 사례들 사이에서 효과적인 연결(연결하는 다리)의 역할을 하는 것으로 생각된다.

보편자의 존재에 대한 지지 논증임에도 불구하고, 니야야·바이셰시카 학파가 제시한 정확한 정의는 다음과 같다. 즉 "보편자는 영원하면서도 다자(many) 속에 내재해 있다". 따라서 하나의 실체 속에 내재해 있는 그 어떠한 성질도 보편자가 아니다. 소망(wish)은 영혼 속에 내재해 있다. 그러나 소망은 덧없는 사건이지, 영원한 것은 아니다. 따라서 소망은 보편자가 아니다. 색깔들은 이 체계에서는 보편자들이 아니다. 왜냐하면 색깔들은 개별자들의 표면에 붙어 있는 반복될 수 없는 문양들에 불과하기 때문이다. 모든 색깔들은 보편자인 색깔임[色性]을 지니고 있다. 그러나 정확히 똑같은 색조를 지닌 붉은 두 개의 사과는 두 가지 다른 붉은 색깔을 지니고 있는 것이다. 마치 두 개의 사과가 땅으로 떨어질 때 두 개의 사과 각각이 다른 낙하운동을 하는 것처럼. 보편자는 내속(inherence)이라는 특별한 관계를 통해서 보편자의 각 사례들 속에 온전하게 존재하지 않으면 안 된다. 보편자는 보편자의 각 사례들 속에 온전하게 내속하지(inherent) 않으면 안 된다. 여기서 '내속한다'(inherent)라는 낱말은 진지하게 검토되어야만 한다. 하나의 끈이 많은 꽃들을 관통하고 있지만, 그러나 그 끈은, 더 정확히 말하자면 그 끈의 다른 부분들은, 꽃들과 접촉하고 있을 뿐이다. 그 전체 끈은 그 어떤 꽃에도 내속할 수 없다. 그러므로 이 한 가닥 끈의 비유는 전적으로 훌륭한 것이라고 할 수는 없다. 어떻게 해서 불교 논리학자들이 많은 다른 대상들을 관통하는 하나의 유일한 속성이라는 이러한 생각을 받아들이기를 거부했는가 하는 것을 우리는 뒤에서 살펴볼 것이다. 다르마키르티는 "각각의 존재는 자기 한정적이다. 각 존재들은 자신들을 다른 존재들과 혼합하지 않으며, 각 존재들은 내적으로 다른 존재들과 연관되어 있지 않다"라고 주장하고 나서, 만화와 같은 다음의 비유를 든다. "만약 각각의 존재들이 자신들을 포괄적인 일반성으로서 투사하는 그런 인식을 통해서, 함께 인식된다고 하더라도, 이러한 분리된 개별자들 사이에는 공통된 것은 아무것도 없지만[속성도 관계도 공통되지 않지만], 그런 존재들은 개별자들의 목에 매달려 있는 하나의 끈을 통해서 연결된 정신이라는 허깨비 같은 그런 존재자들은 아닙니다."[2)]

그렇다면 내속(inherence)이란 무엇인가? 정통 실재론자에 따르면 내속은 '~ 속에 있음'이며, 이에 반대되는 것이 개인적으로 '가짐'(having)이다. 인간성이라는 것은, 내가 인간성을 지니고 있는 바로 그 경우에, 내 안에 내속한다. 그러나 **가짐**에는 다양한 종류가 있을 수 있다. 사물은 성질과 운동을 **가진다**. 전체는 부분을 **가진다**. 나는 손에 펜을 **가지고** 있다. 부자는 큰 집을 **가지고** 있다. 그러나 이러한 관계들 각

---

2) "sarva eva hi bhāvā svarūpa-vyavasthitayaḥ. te nātmānaṃ pareṇa miśrayanti. ... na hi sambandhināpi anyenānye samānā nāma tadvanto nāma syuḥ. bhūtavat kanṭhe guṇena"(『프라마나바르티카』 I.40~41에 대한 자주인 『프라마나바르티카스바브리티』 *Pramāṇavārttikasvavṛtti*, ed. Gnoli, 24.25~25.6). 카르나카고민(Karṇakagomin)은 여기서의 언급이 행성(行星)과 다른 신성(神性)이라는 허깨비와 같은 끈으로 연결된 대중적인 종교적 실천이라고 설명한다.

각의 논리적 구조 및 특징·구성·접촉·소유의 논리적 구조는 전적으로 다르다. 이 네 가지 종류는 'in' 또는 'of'라는 전치사의 사용을 통해 다소간 더 적절하게 알려질 수 있다. 맛은 사과 속에 있다. 방은 벽과 천정 그리고 마루 안에 존재한다. 펜은 손가락 사이에 있다. 집은 부유한 상인의 것이다. 그렇지만 처음의 그룹은 다른 구조들로 분류될 수 있다. 맛과 방은 사과나 방의 부분들 없이는 존재할 수 없다. 맛은 사과 없이 그 스스로 돌아다닐 수 없다.[3] 방은 벽과 독립적으로 존재할 수 없다. 그러나 바로 저 펜은 손과 접촉하지 않은 채로 쉽게 존재할 수 있으며, 저 집은 주인이 바뀔 수 있다. 그러므로 앞의 두 개의 관계는 '서로 분리되어서는 성립할 수 없는'(a-yutasiddha) 쌍들 사이에서 유지되는 반면, 나머지 두 개의 관계는 '서로 분리해도 성립할 수 있는'(yutasiddha) 쌍들 사이에서 유지된다.

나의 반지가 아무리 단단하게 내 손가락에 끼여 있다고 해도, 손가락임(fingerness)이 내 손가락들 속에 내속해서 분리할 수 없는 것처럼 그렇게 반지가 내 손가락 속에 내속해 있는 것은 아니다. 염소임을 염소와 결합시키고, 달리는 것과 염소의 검은 색깔을 염소와 결합시키고, 염소를 그 신체의 부분들과 결합시키는 것은 바로 물질적 접착제가 아니라 형이상학적 불가분성이다. 보편자를 그것의 예시들에 연결시키는 '분리할 수 없게 ~ 속에 있음'이라는 종류는, 딸기가 그릇 속에

3) 적어도 상식적 견해에 근거한 것은 아니다. 불교 논사들은 엄격하게 말하면 우리가 사과라 부르는 것은 달콤한 맛, 붉은 색깔 등과 같은 한 다발의 성질 개별자들이라고 주장한다. 그들에 의하면 달콤한 맛이나 붉은 색깔 등을 담지하는 사과 없이는 달콤한 맛 등은 결코 존재할 수 없다는 상식적 견해는 다만 관습적 차원(세속의 차원)에서만 진실이다.

있다는 방식과는 구분되어야만 한다. 존재를 불필요하게 증가시켜서는 안 된다는 경제성 원리 때문에 인도의 주류인 니야야·바이셰시카학파의 형이상학자들은 보편자와 개별자, 성질과 실체, 전체와 부분과 같은 무수한 쌍들을 연결시키기에 충분할 오직 하나의 관계만을 정립한다. 마찬가지로 체계적인 이유 때문에 이 관계는 영원한 것으로 생각된다. 그리고 이것이 바로 '내속'이다. 바타미망사학파의 사상가들처럼, 심지어 보편자에 호의적인 실재론자들조차도 바이셰시카학파의 이러한 독특한 범례화 이론을 비난한다. 바타미망사학파들 자신은 보편자와 그 자신의 예시 사이의 관계를 '차이 속의 동일성'이라고 간주한다. 그러나 불교 논리학자들은 내속과 '차이 속의 동일성' 두 가지를 똑같이 문제가 있다고 생각한다.

비록 우리가 바이셰시카학파의 보편자들을 그 자체로 경험할 수는 없지만, 보편자들은 존재론적으로 그 사례들과 독립적이다. 심지어 모든 소가 이 세상에서 소멸했다고 해도, 소임(cowness)은 여전히 존재할 것이다. 그렇지 않으면 새로운 소가 태어날 가능성은 설명할 수 없게 될 것이기 때문이다.

실재적 보편자들(jāti)과 이름뿐인 속성들(upādhi): 요리사임에 관하여

비록 모든 보편자들이 공통적 속성들이기는 하지만, 그에 상응해서 적용 가능한 묘사들을 증가시켜 준다고 해서 그런 모든 공통적 속성들이 엄밀하게 말해 다 보편자들인 것은 아니다. 심지어 보편자의 존재를 강력하게 주장하는 실재론자들조차도 보편자들의 세계에서 보편자들의 개체 수를 억제할 필요성을 느낀다. 반(反)카스트주의자인 불교도와 자이나교도의 격렬한 반대에도 불구하고, 니야야·바이셰시카 학파들은 브라만(사제식 교육을 받은 계급 구성원)임(being a brahmin)을 자연적인 것이라고 간주한다. 그러나 요리사임 또는 재단사임은, 요리사들이나 재단사들이 지닌 공통적 속성임에도 불구하고 자연적 또는 실재적 보편자라고 간주되지 않는다. 니야야·바이셰시카 학파의 철학자들은 어떤 추정된(의미론적으로 가정된) 속성이 진정한 보편자라고 간주되기 위해 반드시 통과해야 할 여섯 가지 테스트를 제시한다. 이러한 테스트들이나 장애물들을 '보편자 장벽'이라고 부른다.

1. 만약 하나의 속성이 오직 하나의 사례만을 갖는다면 그런 속성은 보편자가 아니다. '자유의 여신상임'은 보편자가 아니며 시간임(timehood)도 보편자가 아니다. 왜냐하면 그것은 하나의 자유의 여신상 혹은 하나의 시간일 뿐이기 때문이다.
2. 만약 두 속성이 정확히 동일한 외연을 갖는다면 그 두 속성은 두 개의 다른 보편자일 수가 없다. 가령 호모 사피엔스임의 속성과 인간임의 속성처럼.
3. 두 개의 보편자의 영역은 완벽하게 분리될 수 있거나, 또는 둘 중 하나가 다른 하나 속에 완벽하게 포함될 수 있거나 둘 중의 하나이다. 그 둘은 부분적으로 서로 교차될 수 없으며 부분적으로 서로 포함될 수 없다. 따라서 '물질임'과 '일정한 크기임'은 바이셰시카 존재론에서는 둘 다 보편자일 수가 없다. 왜냐하면 많은 사물들이 그 두 속성을 지닌다고 해도, 허공은 물질적이지만 크기에서는 무

제한적인 것으로 가정되는 반면, 내적 감각기관은 크기에서는 제한적이지만 비물질적인 것으로 가정되기 때문이다.[4)]

4. 무한 소급을 낳는 속성은 보편자가 아니다. 비록 모든 보편자들이 보편자임(universalhood)이라는 속성을 공통적으로 가진다고 해도, 보편자임이 곧 보편자는 아니다. 그렇게 되면 우리는 보편자들을 무한히 증가시킬 수 있을 것이기 때문이다. 보편자들은 그 자신 속에 더 많은 보편자들을 갖지 못한다.
5. 어떤 특징이 지닌 바로 그 본성 때문에, 그 특징을 지닌 담지자가, 예를 들면 하나의 흙 원자가 바로 그 종류의 다른 개별자(다른 흙 원자)로부터 구별될 수 있을 때, 그러한 궁극적인 개별화를 개별화임이라는 일반적인 범주 아래로 포섭시켜서는 안 된다. 왜냐하면 그런 일반적 범주는 개별화의 필연적으로 유일한 본성을 방해하기 때문이다. 이러한 시험을 통과하는 데 실패한다면, 개별화임(viśeṣatva)이라 추정된 일반성은 바이셰시카학파의 원자론 내부에서는 보편자로서 인정받지 못하게 된다.
6. 그 특성은 내속을 지녀야만 하며, 그 특성은 내속을 지닌 담지자와 내속 이외의 다른 관계를 맺어서는 안 된다. 내속임은 보편자가 아니다. 왜냐하면 만약 내속임이 보편자라면, 내속은 내속에 의해서 내속임과 관계 맺게 될 것이기 때문에, 이런 일은 터무니없게 될

4) 그러한 '교차편집'은 속성들 모두 혹은 그것들 중 하나만 자격을 박탈하든 아니든, 그리고 이 보편자 장벽에 의해 전제된 정돈된 존재론적 위계질서가 실재론자의 형이상학에 필수불가결한 것이든 아니든 간에 현재 논쟁의 주된 주제이다(Shastri 1964; Mukhopadhyaya 1984; Ganeri 2001을 보라).

것이다. 결여는 보편자일 수가 없다. 모든 결여에 공통된 부정성조차도 보편자일 수가 없다. 비록 모든 토끼들이 뿔이 없다고 하더라도, 뿔 자체가 없음 또는 뿔이 없다는 결여성 그 어느 것도 결코 토끼 속에는 존재하지 않는다. 또는 내재적인 뿔의 결여성도 결코 토끼 속에는 존재하지 않는다.

이런 여섯 가지 외에도, 억세고 검은 소라는 것 또는 소나 버팔로 중 하나라는 것과 같은 복합 성질들도 제외된다. 왜냐하면 보편자는 단순한 것이라고 생각되기 때문이다. '보편자 장벽'을 통과하지 못해 실격된 속성들은 어떻게 되는가? 그들 속성들은 이름뿐인 속성들, 잉여적인 속성들, 기만된 속성들이 혼합된 더미 속으로 던져진다. 그러나 그런 속성들은 여전히 이론적으로, 실천적으로 많이 사용될 것이다. 뉴욕 사람임(being a New Yorker)이나 기화기(氣化器)임(being a carburetor)과 같은 비자연적인 일반성들뿐만 아니라, 심지어 이다-임(is-ness), 인식할 수 있음, 긍정적인 현존성(실체, 성질, 운동, 보편자, 내속성, 최종 개체화라는 여섯 범주의 항목들이 공유하고 있지만 결여성에서는 발견되지 않는)은 단지 이름뿐인 속성들이다. 인식할 수 있음과 현존(이다-임)은 같은 시공간에 존재하고 있음에도 불구하고, (내포적으로는) 다른 속성들이다. 왜냐하면 인식할 수 있음이나 현존은 보편자들이 아니기 때문이다.

어떻게 보편자들이 알려지게 되는가?

실체성과 같은 심오한 보편자를 파악하기 위해 우리는 철학적 추론을 필요로 한다. 왜냐하면 시간, 원자, 다른 사람의 영혼과 같은 실체성에 관한 다양한 구체적 사례들은 지각의 대상이 아니기 때문이다. 만약 그 사례들이 지각될 수 있다면 보편자들도 마찬가지로 직접적으로 지각되지 않으면 안 된다. 우리는 꽃에서 꽃의 색조를 보고 꽃의 향기를 맡는 것과 같이, 꽃에서 꽃임(flowerness)을 본다. 니야야학파의 인식론에 따르면, 블랙뷰티〔Black Beauty, 1877년 출판된 애나 슈얼Anna Sewell의 소설 제목이자 화자인 검은 말의 이름〕를 말로서 보기 위해서는, 우리는 우선 블랙뷰티가 말임(horseness, 이 '말임'은 지각된 보편자이다. 비록 그것이 보편자로 지각되지 않았다고 하더라도 말이다)을 먼저 보지 않으면 안 된다.

그러나 보편자의 지각 가능성을 반대하는 많은 강력한 논증들이 제시될 수 있다. 그러한 몇 가지 논증들을 더 검토해 보자. 첫째, 만약 속성들이 지각된다면 첫 번째 사례를 만나는 순간에 바로 우리는 그 속성들을 지각할 것이다. 그러나 우리는 그 속성들을 지각하지 못한다. 그러므로 속성들은 추상된 것이지 지각되는 것이 아니다. 물론 이 논증의 두 전제는 문제가 될 수 있다. 왜냐하면 어떤 공통 속성에 관한 경험적 지식을 점차적으로 분명하게 하기 위해서는, 두 번째 사례, 세 번째 사례, 그리고 계속되는 사례들을 관찰하는 데서 공통 속성들에 대한 재인식이 발생함에 틀림없기 때문이다. "내가 전에 이러한 종류의 동물을 본 적이 있다"라는 그러한 재인식의 형식을 믿는 것은, 첫 사례에서 바로 그런 종류의 속성을 보았다는 것을 인정하는 것이다.

여기에 보편자의 지각 가능성을 반대하는 또 다른 논증이 있다. 만약 속성들이 지각의 대상이라면, 그 속성들은 지각의 원인들일 것이지만, 그 속성들은 지각의 원인이 아니다. 그러므로 속성들은 지각되지 않는다. 또다시 두 전제들은 니야야학파의 실재론자에 의해 거부된다. 망막은 항아리임(potness)을 시각적으로 지각하는 것과 인과적으로 관계되기 위해서는 항아리임은 그 자체로 망막에 빛이 반사될 필요가 없다. 항아리임이 내재된 항아리는 보는 눈과 접촉하는 한, 항아리임은 시각적 감각기관과 인과적으로 작동하는 관계에 있다. 만약 물론 우리가 지각을 선(先)언어적인 것이고 비개념적인 것이라고 정의하고 (몇몇 불교도들이 그러하듯) 보편자는 언어가 만들어 낸 개념이라고 간주한다면, 그런 정의를 보편자는 지각될 수 없다는 논증으로 사용하는 것은 조잡한 '선결문제 요구의 오류'(논점 회피)일 것이다.

프레게처럼 예민한 사람은 보편자를 지각할 수 있다는 논증에 반대하여 다른 논증을 재빨리 제안할 것이다. 즉 보편자들은 대상이 아니라 기능이다. 그러므로 보편자는 지각의 대상이 아니다. 그러나 이 논증에서 사용하는 전제와 결론의 '대상'의 의미가 분명하게 변경되고 있다. 서양에서는 보편자를 감각으로 지각할 수 있다는 것을 인정하는 데 근본적으로 저항한다. 왜냐하면 보편자는 예지적인(지성적인) 영역에 속하는 것으로 생각하기 때문이다. 버트런드 러셀은 『철학의 제문제』(*The Problems of Philosophy*)에서 우리가 보편자를 직접적으로 인지하고 있지만 그런 직접적인 인지가 곧 감관적인 인지를 의미하지는 않는다고 주장한다. 보편자에 관해서 니야야·바이셰시카

학파의 실재론과 아주 가까운 견해를 가진 데이비드 암스트롱(David Armstrong)만이 보편자를 지각할 수 있다는 생각을 지지하는 것처럼 보인다.

불교 유명론자들의 공격

보편자의 현존에 대한 바이셰시카학파의 첫 번째 논증은 일반화에 의존하는데, “모든 경우에, 언어 사용자들이 느끼는 공통성이나 유사성의 의미는 객관적인 보편자가 낳은 것임에 틀림없다”. 확실히 이러한 일반화는 반례에 의해서 논박된다. 우리는 많은 요리사들을 가로지르는 유사성의 의미를 사람들이 어떻게 느끼게 되는가를 이전에 살펴보았다. 하지만 니야야·바이셰시카 학파의 실재론자들은 요리사임을 하나의 보편자로 인정하기를 거부한다. 보편자라는 이러한 기묘한 존재들을 주장할 만한 이유는 전혀 없으며 오히려 그런 존재들을 배제할 많은 충분한 이유가 있다는 것이다. 경량·유식학파의 불교 논사들도 같은 주장을 한다.

> 보편자는 [다른 장소로부터] 거기로 온 것이 아니다. 보편자는 이미 거기에 존재하고 있는 것도 아니고, 새롭게 산출된 것도 아니며, 부분들을 가지고 있는 것도 아니며, 그 어떤 다른 곳에 있을 때조차도 이전의 장소를 떠난 것도 아니다. 이렇게 어리석음을 연발하는 것은 참으로 놀랍다. (『프라마나바르티카』 1.152)[5)]

이러한 자주 인용된 언급을 통해서 다르마키르티는 니야야·바이셰시카 학파의 보편자 이론에 대한 자신의 반론을 요약한다. 어떻게 보편자는 각기 다른 사물들과 장소에 존재하는 동안 동일한 것으로 유지될 수 있는가? 보편자는 그 자신을 부분들 속으로 흩어지게 하는가, 아니면 보편자는 각각의 사례들마다 완전성을 유지하면서 살아 있는가? 위치가 변하면 보편자도 변하는가? 만약 소임(cowness)이라는 보편자가 모든 곳에 편재한다면, 어떻게 소임이라는 보편자는 한 마리의 말에는 존재할 수 없는가? 만약 보편자가 보편자의 사례들이 현재 존재하고 있는 곳에서만 존재한다면, 새로운 소가 저곳에서 태어날 때 보편자는 어떻게 새로운 장소로 옮겨 가는가? 개별자가 위치를 정하고 있는 장소를 보편자는 침투하지 못한다. 왜냐하면 그런 장소 자체가 바로 보편자의 사례일 것이기 때문이다. 그렇지만 어떻게 보편자는 그런 장소를 점유하고 있는 개별자 속에 내재할 수가 있을까? 만약 개별적 사례가 편재하는 보편자의 증거로서 필요하다면, 보편자인 소임을 주목하는 것과는 아무 상관 없이, 왜 우리는 소 — 보편자의 증거 — 를 지각할 수 없는가? 등불이 방 안에 이전부터 존재하고 있는 항아리를 보여 주고 있지만, 당신이 등불을 알아채기 이전에 항아리를 먼저 볼 필요는 없는 것이다.

실재론자들이 펼치는 반론이 지닌 대부분의 문제점들은 범주 오류 때문에 생긴 것이다. 실재론자들은 보편자를 바로 다른 종류의 초

5) "na yāti na ca tatrāsīd asti paścān na cāṃśavat/ jahāti pūrnaṃ nādhāram aho vyasanasaṃtatiḥ"(Gnoli 1960).

개별자(super-particular)라고 생각한다. 그러나 보편자는 시공간적인 사물이 아니며, 분할되지 않고서도 다양한 장소에 있을 수 있다는 것이 보편자에게는 아무런 문제가 될 수 없다는 것이 그 이유이다. 그러한 거친 반응에도 불구하고, 보편자에 관한 불교 반실재론은 서기 1000년 이후에 점점 더 신랄해져서 현인 아쇼카(Paṇḍit Aśoka)는 바이셰시카학파 실재론자들에게 "우리는 손에 다섯 개의 손가락이 있다는 것을 분명히 볼 수 있다. 그런데 다섯 손가락과 나란히 여섯 번째의 일반적 존재자인 손가락임(fingerhood)에 관해 언급하는 사람은 자신의 머리에 뿔이 있다고 가정하는 편이 더 좋을 것이다"라고 혹평하기에 이르렀다(『사만야두샤나』*Sāmānyadūṣaṇa* 101~102).

아포하 유명론 요약 : 개념의 형성에 관한 불교 배제론의 입장

불교 논리학자들은 보편자들과 영원한 실체들을 내세우는 것을 오류라고 한다. 즉 정신적인 개별자들 또는 물리적인 개별자들로 환원하거나 또는 단순히 배제할 수 있는 보편자들과 영원한 실체들을 내세우는 것을 오류라고 한다. 이 세계에는 오직 순간적 성질을 지닌 개별자들만이 존재한다. 그러나 인간의 마음, 즉 영원성에 대한 소망들과 언어가 만들어 낸 깊이 스며든 신화들로 괴로워하는 인간의 마음은 다음과 같은 성향, 즉 약간의 보편자들을 함께 모아서 먼저 지속하는 실체적 사물들이라는 허구적인 형식으로 구성하고(즉 마음이 자이나교도들이 말하는 수직적인 위계의 보편자들을 구성하고) 나아가 이러한 실체적 '사물들'을 유형별로 분류하는 성향을 지니고 있다. 물론 공통성이라는 이러한 환상은 약간의 실용적 가치를 지닌다. 왜냐하면 사유가 작용하지 않는 명상적 경험을 예외로 한다면, 세계에 관해서 작용하는 우리 인식들은 대부분 외면적으로 일반적인 특징들과 그 특징들 상호간의 관계들에 근거해서 술어적 판단이나 설명적 추론의 형식을 취하기 때문이다. 어떤 개별적인 한 마리의 소(이 소는 역으로 어떤 성질 징표들의 다발에 초월적으로 부과된super-imposed 하나의 허구적인 소의 형상이다)가 모든 다른 동물들과는 다른 것으로 보이게 될 때에는, 원초적으로 불확정적인 (개념과 관계없는) 지각적 내용은 여하튼 인과적으로 이러한 차이를 배제〔말소〕하는 경향성을 발생시킨다. 개별자인 소의 이미지는 말들, 토끼들, 기둥들 및 그런 사물들의 상호 보완적인 집합으로부터 이러한 언어적·이미지 차이를 배제하는 작용을 통해 적합하게 구성된 것이다. 개별자인 소의 특수성 — 다른 소들과 구별되는 수많은 세부적인 차이들 — 은 무시된다. 그 대신에 비(非)소들로부터 이러한 단순한 차이 배제 작용이 술어로서의 지각적 내용에 몰래 끼어들게 된다. 이러한 차이 배제 작용이 보편자인 소임으로서 가장된다. 다르마키르티가 제시한 사례를 보면, 보편자인 '해열성'(解熱性, antipyreticness)은 상상력이 만들어 낸 유용한 허구적 산물이다. 외부세계 그 어디에도, 이 약초들은 해열 작용이 없는 사물들과는 다르다는 사실을 제외하고는, 해열제로서 작용하는 모든 다양한 약초들과 공유하고 있는 보편자인 유일한 내적 속성이란 존재하지 않는다. 보편자인 해열성이라는 것은 이러한 단순한 배제 작용(아포하)의 잘못된 구체화이다. 요약해서 말하면 이것이 이 책의 주제인 유식불교 논리학자들의 아포하 유명론이다.

유연한 유명론 : 유사성 이론

실재론자들과 유명론자들 사이에 벌어진 이러한 큰 논쟁의 한가운데로 자이나학파의 통합파들이 다음과 같은 자신들의 전형적인 화해 메시지를 들고서 입장했다. 즉 지식의 모든 대상들은 선택적으로 하나 이상을 본성으로 지니는데, 개별성과 일반성이 그 가운데 두 가지일 뿐이다. 우리는 사물들이 객관적으로 서로 유사하다는 것을 의심할 수 없다. 이러한 유사성들은 실재적인 관계들이다. 그러나 사물들과 그것들의 상호 유사성들은 둘 다 개별자들이다. 그 어떤 사물도 엄격한 의미에서 반복 가능해야 한다는 의무를 지니고 있지 않다.

자이나학파의 논사들은 불교의 유명론적 입장을 거부한다. 즉 위대한 미망사학파의 논사인 쿠마릴라 바타가 불교의 유명론적 입장을 거부했던 것과 다소간 동일한 근거 위에서 그 입장을 거부한다. 쿠마릴라가 거부한 것은, 긍정적 술어들은 모두 부정적 의미를 지닐 수 없다는 주장이다. 긍정적 술어들이 지닌 이러한 배제 작용들은 오류를 일으키는 상상력이 만들어 낸 비존재(nonentity)들이기 때문에, 우리의 낱말들 모두가 이러한 배제 작용들을 의미한다고 말하는 것은 곧 모든 낱말들을 공허한 용어들로 바꾸는 것에 불과하다. 실제로 모든 배제 작용은 내용의 측면에서 볼 때 똑같이 공허한 것이기 때문에, 하나를 다른 하나로부터 구별하는 것은 두 개의 비존재들을 구별하려고 시도하는 것과 같다. 즉 문 앞에 서 있는 어떤 허구적인 뚱보와 문 앞에서 있는 또 다른 허구적인 대머리를 구별하려고 시도하는 것과 같다 (쿠마릴라의 입장에 콰인Willard Van Orman Quine의 사례를 적용해 본다면 그렇다). 그러한 부정 작용들은 부정할 수 있는 어떤 긍정적인 것을 지닌 존재가 있을 때에만 의미를 지니게 된다. 모든 진술들은 부정만을 포착하기 때문에 이러한 이론은 아이러니하게도 우리의 부정에서 모든 의미를 박탈하게 된다. 왜냐하면 이제는 부정할 수 있는 어떤 것도 남아 있지 않기 때문이다.

자이나학파의 논사들은 스스로 존재하는 보편자에 관한 바이셰시카학파의 실재론을 제거하기 위해서 불교의 비판들을 활용하고 있음에도 불구하고, 아주 적절하게 불교의 유명론을 비난한다. 다르마키르티의 「오류론」에 따르면, 낱말을 통해서 의미된 외적인 일반 대상을 투사하는 것은 외적인 이름 없는, 범주화되지 않는 긍정적인 개별자들에게 내적으로 구성된 배제적인 이미지 형상을 부과하기(superimposition) 때문에 가능하게 된다. 만약 부과 작용이나 내적인 것을 소위 외적인 것으로 잘못 동일시하는 작용이 발생하지 않는다면, 이제 그 오류의 위치와 내용은 바로 동일한 (그 오류를 범했던) 그 인식을 통해 파악되지 않으면 안 된다. 만약 우리가 새끼줄과 실제로 마주쳤을 때 (새끼줄로서가 아니라) 바로 그 동일한 인식에 의해서 뱀을 떠올리는 작용이 없다면, 새끼줄을 뱀이라고 실수하는 일은 불가능하게 될 것이다. 그렇다면 어떤 종류의 지각이 새끼줄과 뱀을 둘 다 동시에 파악할 수 있을 것인가? 그것은 비개념적인 순수 감각(지각, 현량)일 수는 없다. 비개념적인 순수 감각은 들어오는 그대로 수용할 뿐 어떤 주장을 내세우는 것이 아니기 때문에, 그런 순수 감관은 실수를 할 수가 없다. 그리고 그것은 개념을 지닌 확정적인 지각일 수도 없다. 왜냐하면 개념을 지닌 확정적 지각은 결코 현실적으로 어떠한 외적인 또는 내적인 개별자에게 접근할 수 없기 때문이다. 그래서 아포하론은 불교 인식론의 가정 아래에서는 더 이상 언급할 수가 없다. 그 대신에 자이나학파의 논사들은 원근법(perspective)에 의존하는 일반성에 관련한 유사성에 기초한 이론을 제시한다.

프라바찬드라(Prabhācandra)는 모든 이러한 닮음(resemblance) 관계들은 적어도 궁극적으로 보편자라는 한 가지 공유된 유사성(similarity)을 필요로 할 수밖에 없다는 러셀의 반박을 예상하고 있다. 프라바찬드라의 대답은 다음과 같다. 즉 왜 모든 그러한 닮음들이 유사한지를 설명하기 위해서는, 바이셰시카학파가 내세우는 최종적인 개별성(viśeṣa)이 또 다른 구별자를 필요로 하지 않는 것과 마찬가지로, 하나의 닮음이 보다 높은 차원의 닮음이나 보편자를 필요로 하지 않는다는 것이다. 토대 차원의 개별자들 사이의 유사성을 설명하면서, 유사성들은 자신들 상호 간의 유사성 또한 설명한다.[6]

---

6) 『니야야쿠무다찬드라』(*Nyāyakumudacandra*) 2.560~561를 보라(Kumar 1939, 1941). 이 이론의 설명은 마드바(Maddhva, 이원론적 베단타학파의 논사)의 논리학자들뿐만 아니라 라마누자(Rāmānuja, 일원론적 베단타학파의 논사)의 계승자들에 의해서도 채택되었다. 마드바학파의 비야사티르타(Vyāsatīrtha)는 어떻게 유일한 유사성이, 말하자면 한 발을 좀 더 유사한 것에 두고 다른 발을 동시에 수많은 다른 유사한 개별자들 속에 둘 수 있는지를 명확히 했다. 이들 철학자들에 의해 수용된 유사성 범주는 프라바카라미망사학파에 의해 수용된 유사성과는 아주 다르다. 후자는 보편자에 관한 실재론을 견지하기 때문이다. 반면 자이나학파나 마드바는 보편자와 내속 모두 논리적으로 과도한 것이라 하여 거부했다. 프라바카라와 바이셰시카학파 사이의 유일한 차이점은 보편자와 관련해서 그들의 내속 개념에 중점을 두는지의 여부이다.

서양 형이상학의 형상과 속성과의 비교

보편자에 관해서 모든 인도철학자들이 공유하고 있는 핵심적인 이론이란 없다는 것이 지금까지는 분명하다. 그러나 우리는 보편자에 관한 인도의 이론과 인도의 상대방인 서양의 이론을 구분할 수 있는 다섯 개의 광범위한 특징들을 확인할 수 있다.

1. 가장 강력한 실재론의 입장, 즉 니야야·바이셰시카 학파의 입장조차도, 플라톤 이데아 이론의 "보편자는 개별 사물에 앞선다(ante rem)"라는 실재론에도 미치지 못한다. 플라톤과는 달리, 보편자의 실재를 주장하는 인도의 실재론자들은 꼭 마찬가지로 외적 세계의 '지각할 수 있는' 개별자들의 실재를 주장하는 실재론자들이다. 보편자를 믿었던 사람들조차도 이 세상의 개별자들을 마치 '생각할 수 있는' 보편자들보다는 덜 실재적인 복사물들이라고는 결코 생각하지 않았다.
2. 비록 니야야학파에서 주장하는 보편자들이 구체적인 개별자들 속에 내재하는 아리스토텔레스의 보편적 속성들과 가깝다는 사실을 우리가 인정한다고 하더라도, 보편자들은 그 자체로 이에 대응하는 개별자들을 파악할 때 사용한 것과 동일한 감각기관에 의해서 지각된다는 정통적인 니야야학파의 입장을 아리스토텔레스는 결코 인정할 수 없었을 것이다.
3. 낱말의 의미를 타자의 배제로서 생각하는 인도불교 이론에서 유명론이 지닌 독특한 형식은 서양에서는 어떤 유사한 것도 없다. 우

리는 흥미롭게도 자이나학파와 마드바학파의 유사성 이론의 다른 상대방을 넬슨 굿맨(Nelson Goodman)에게서 발견하지만, 아포하 유명론은 인도불교의 독특한 공헌으로 남아 있다.

4. 서양의 대부분의 실재론자의 설명에 의하면, 보편자들은 '~보다 더 큰'과 같은 관계들뿐만 아니라, 색깔·냄새·촉감과 같은 성질들을 보편적 속성들의 전형적 사례로 간주한다. 인도 실재론자의 사유에서 이런 것들은 보편자가 아니라 개별자로서 간주된다. 그런 개별적인 성질(guṇa)들과 보편적 속성(jāti)들 사이의 구분은 신성한 것이다. 성질 개별자들(또는 '수식적 어구들')에 대한 생각은 서양의 분석형이상학에서 힘을 얻게 되었는데, 이것은 최근의 일이다. 고전 인도 실재론자 중 어느 누구도 관계들을 진정한 보편자들로서 취급하지 않았다.
5. 마지막으로, 내속을 보편자와 사례들, 개별적 특성들과 실체들, 그리고 너무나 놀랍게도 전체와 부분을 결합시키는 유일한 구체적 연결자로 보는, 논쟁거리가 많고 복잡한 내속 이론은 서양의 실재론자들에게는 완전히 낯선 것이다.

2부: 개념에 관한 현대 서양의 다양한 이론들

아포하론의 핵심인 산스크리트어 전문용어 비칼파(vikalpa)는 때때로 '개념'(또는 '개념적 구성')으로 번역된 이래로, 그리고 아포하론에서 비칼파를 개념론의 한 형태로 파악하고 있는 적어도 하나의 (아주 논쟁의 여지가 많은) 해석이 있기 때문에, 근현대 서양철학에서 도움이 될 만한 개념론(과 개념 형성 및 개념 소유)을 재빨리 개관하는 것으로부터 아포하론에 대한 탐구를 시작하는 것이 좋겠다. 불행히도 '개념'이라는 말은 논쟁적인 철학적 전통에서 가장 빈번하게 사용되는 낱말들처럼 너무나 애매해서, 이러한 이론들 모두가 '개념론'이라고 불리기는 하지만 이들 모두가 어떤 개념에서 같은 개념을 찾아낼 수 있을지는 명확하지 않다. 이 이론들 중 몇 가지는 우리가 개념을 소유할 때 우리가 할 수 있는 것은 무엇인지, 어떻게 우리는 개념의 소유를 증명하는지 하는 물음과 관련되어 있다. 다른 이론들은 개념이라는 것이 도대체 어떤 종류의 정신적 표상인가 하는 물음과 관련된다. 그리고 또 다른 이론들은 우리가 어떻게 개념을 획득하는가 하는 심리적 과정에 주로 관심을 기울이고 있다. 그러나 만약 이 이론들이 하나의 개념에 대해서 동일한 개념을 가지지 못한다면, 이 이론들은 도대체 어떤 차원에서 하나의 **개념**에 대해 다른 개념들을 가질 수 있을 것인가? 사람들은 여기에 하나의 역설이 잠복해 있다고 생각한다. 하나의 술어('~는 현명하다', '~는 사각형이다', '~는 금속이다')에 의해서 의미되는 어떤 것, 복수형으로 나타낼 수 있는 보통명사(예를 들어 '개', 다시 말하면 개념 그 자체)에 의해서 의미되는 어떤 것, 가장 직접적으로는 추상명사('실체임', '현존', '정의') — 이 추상명사는 일반 명제를 가능하게 해주며, 이 추상명사에 의해 우리의 생각이 구성되는데 — 에 의해서 의미되는 어떤 것은 최소한 '개념'이라고 불린다. 이제 이런 식으로 이해된, 도움이 될 만한 개념론들의 목록을 역사적 순서와 상관없이 살펴보고자 한다.

1. 고대 정의론(defintionalism): 소크라테스로부터 시작되어 아리스토텔레스, 아퀴나스의 본질론에서 완전히 성숙된 이론으로 개념에 대한 서양의 지배적인 설명이다. 이 이론에서는 개념들을 정의를 할 수 있는 본질들, 즉 어떤 것을 어떤 것이라고 간주하기 위한 필요충분조건들을 갖추었을 때 비로소 포착되는 정의를 할 수 있는 본질들이라고 생각한다. 습윤성과 토양성이 합해져서 진흙이라는 개념이 구성된다. 왜냐하면 모든 진흙이, 그리고 오로지 진흙만이 젖은 흙이기 때문이다. 삼각형에 대한 정의를 통해 삼각형에 대한 정확한 개념을 포착할 수 있다. 이러한 정의는 종(kind)과 범주(category)라는 관념들과 밀접하게 연관되어 있는데, 종개념과 범주는 정의에 따라 분류되어 나누어지고 규정되는 유형들이다. 그레고리 머피는 고대 이론을 세 가지 주된 주장들로 제시한다. ⓐ 개념들은 정의라는 형태로 정신적으로 표상된다. ⓑ 모든 대상은 '크다'처럼 본래적으로 모호하거나 혼란스럽지 않은 것이라면, 어떤 개념에 속하거나 속하지 않거나 둘 중의 하나이다. ⓒ 정의를 충족시키는 항목이기만 하다면 그 어떤 항목도 다른 어떤 항목과 꼭 마찬가지로 그 개념의 사례로서 적합한 것이다. 예를 들면 모든 개들은 동등하게 똑같은 개들이며 개라는 종의 구성원 안에서는 어떠한 전형적/비전형적 구별도 없다. "고대 이론에 따른다면, 정의는 개념이다"(Murphy 2004, 15).

모든 게임에 속하는, 그리고 오직 게임만이 지닌 속성들을 찾을 수 없다는 사실을 보여 주면서 비트겐슈타인이 『철학적 탐구』에서 행한 유명한 공격 때문에, 이러한 고대 정의론은 광범위하게 신뢰를 상실한 것처럼 보인다. 수학과 논리학에서 사용되는 거의 자의적으로 약정된 개념들에 대한 정의들에 우리가 동의하기는 거의 불가능하다. 일단 우리가 경계상에 있는 경우들을 주목하기만 해본다면, 대부분의 경험적·일상적 개념들은 모호한 것으로 드러나고, 배중률(앞 단락의 주장 ⓑ의 '속하거나 속하지 않거나이다')은 심지어 '살아 있다'라는 개념만큼이나 아주 기본적인 것에조차도 적용할 수 없는 것처럼 보인다. 정확한 정의를 추구하는 아리스토텔레스(또는 바이세시카학파)의 이론에 반대하는 그런 '개념적' 경고들뿐만 아니라 개념들은 도저히 정의될 수가 없다는, 사람들이 실제로 어떤 방식으로 생각하는가에 대한 강력한 경험적 증거들도 있다. 똑같은 개념들에 대해서조차도 다른 경쟁적인 정의들이 다른 부류의 사람들에 의해서 생각될 수 있는데, 예를 들면 이런 부류의 사람들은 토마토가 과일인지 채소인지, 풍미는 맛의 문제인지 냄새의 문제인지 아니면 둘 다의 문제인지, 색실로 짠 주단이 예술품인지 공예품인지를 논쟁하는 사람들이다. 아주 작은 등받이가 붙어 있는 작은 다리 세 개가 달린 시트는 의자인지 소파인지, 태아가 명백한 인간인지 아닌지에 관해서 우리는 전혀 말할 수가 없다. 그러므로 정의는 존재하지 않지만, 여전히 개념은 존재한다. 그러므로 개념은 정의가 아니다. 나아가 만약 개념 F가 정의를 할 수 있는 속성들, 즉 모든 그리고 오직 F들만이 공통적으로 가지고 있는 일련의 정의를 할 수 있는 속성들이라고 한다면, 술어를 통해서 주어 개념이 해명되는 분석 판단들은 술어 개념이 주어 개념에 새로운 내용을 덧붙이는 판단인 종합(확장) 판단과 예리하게 구분될 수 있을 것이다. 그러나 콰인이 보여 준 것처럼, 분석-종합은 예리하게 구분될 수가 없다. 따라서 개념은 정의가 아니다.

이제 고대 이론에게 최후의 일격이 가해지게 되었는데, 그것은 로시(Eleanor Rosch)와 머비스(Carolyn B. Mervis), 그리고 다른 사람들의 경험론적 저작들이 주장 ⓒ가 잘못된 것이라고 확증했을 때였다. 몇 마리의 개들, 몇 개의 의자들, 몇 알의 토마토들은 다른 것들보다 더 전형적이며 저 항목들에 관한 공통 개념들과 좀 더 밀접하게 관계되어 있다. 치와와는 독일 셰퍼드만큼 전형적인 개가 아니며, 체리만 한 크기의 흰 토마토는 사람들이 토마토라고 생각하면서 떠올리는 그 토마토 개념은 아니며, 펭귄은 참새만큼 전형적인 새가 아니다. 개념들이 정의와 관련해서 안정되어 있는 영역 내부에서의 다양성들은 '전형성 효과'(typicality effect)[7]라고 불리는 것을 보여 준다. 전형성 효과들은 개념 이론가들을 객관적 본질(인식 초월적인 충족 조건)에 관한 탐구로부터 벗어나서, 사람들이 일반적인 낱말 또는 술어를 사용할 때 마음속에 실제로 지니고 있는 것으로 향하도록 인도해 준다. 즉 그 낱말이 의미하는 것으로부터 개별 사용자들이 그 낱말을 통해서 의미하려고 하는 것으로 향하도록 인도해 준다.

2. 영국 경험론의 관념/이미지 이론: 개념이란 공통된 본질이라는 고대 이론과는 정반대의 이론이, 개념이란 바로 감각적 인상을 희미하게 모사한 것에 불과한 관념일 뿐이라는 흄(David Hume)의 극단적

---

7) 〔옮긴이〕 동일 범주(예컨대 새)에 속하는 사례들이라 할지라도 보다 전형적인 사례(예컨대 참새)에 대한 그 범주 소속성 판단 속도가 전형적이지 않은 사례(예컨대 굴뚝새)보다 더 빠르다는 것을 가리키는 현상이다. 쉽게 말해 카나리아를 새라고 검증하기가 타조를 새라고 검증하기보다는 쉽다는 의미이다.

인 영국 경험론이다. 개에 대해서 내가 지니고 있는 개념은 나의 감관들을 통해서 받아들인 개별적인 개들에 대한 많은 불명료한 기억 이미지일 뿐이다. 이러한 이론에 따르면, 개념들은 개인적인 마음의 산물들이다. 이러한 이론이 지닌 난점은 흄 이전에 이미 버클리(George Berkeley)가 지적했던 난점이다. 왜냐하면 이미지는 하나의 정신적인 개별자이기 때문에, 관념-이미지에 아무리 세부 사항이 없다고 하더라도 그것이 일반 관념일 수는 없다. 따라서 만약 우리가 개념들의 관념 이론을 진지하게 생각해 본다면, 개념들은 개별적인 정신적 내용들로 환원되기 때문에 보편자들이 개념들이라는 개념론은 유명론으로 환원될 것이다. 만약 세계 어느 곳에서건 형상 없는 개별자들만이 존재한다면, 사람들의 마음속에 있는 관념들도 역시 형상 없는 개별자들일 것이다.

그러므로 흄의 관념 이론은 추상적인 일반적 개념들에 대한 어떠한 설명도 해주지 못하고, 그 대신에 추상적인 일반적 개념들은 없다고 주장한다. 흄의 관념 이론은 또한 개별적인 감각들과 일반 개념들 사이의 범주적 차이를 생생함의 정도의 차이라고 잘못 추론한다. 마치 어떤 고양이에 대한 개별적인 시각적 이미지가, 고양이의 윤곽이 불명료하거나 고양이의 색깔들이 옅어졌을 때, 고양이 일반에 대한 개념을 변화시키는 것처럼.[8] 이런 말은 형용사 또는 동사가 반쯤 망각된 고유

8) 그런데 이는 불교 논사인 아르차타(Arcaṭa)가 다르마키르티의 『헤투빈두』(*Hetubindu*)에 대한 주석서로 쓴 『헤투빈두티카』(*Hetubinduṭīkā*) 속에 거의 제시되어 있다. 분별(vikalpa)은 감각적 이미지의 불분명한 사본일 뿐이다. 다르마키르티에 관한 아르차타의 난외(欄外) 주석서인 『헤투빈두티카로카』(*Hetubinduṭīkāloka*) 287에서 두르베카미

명사라는 설명만큼이나 의심스러운 것이다. 게다가 그러한 개념들(또는 낱말들의 의미들)에 대한 이론을 반대하는 다음과 같은 비트겐슈타인의 근거들도 있다. 즉 그런 흄의 개념 이론은 사유의 의미들과 구성요소들을 전적으로 사적인(private) 것으로 만들어 버린다는 것이다. 당신과 나는 나무에 대해서 때때로 같은 개념을 갖고 있다고 주장하지만, 우리는 '나무'라는 낱말에 의해 떠올려진 동일한 정신적 개별자를 가질 수 없는 것은 물론이거니와 나무에 대한 동일한 관념조차 결코 가질 수 없다. 그렇기 때문에 개념들에 관한 흄의 관념 이론은 매력적이지 못한 것이다.

3. 비트겐슈타인의 가족 유사성 이론: 의미 있는 모든 보통의 낱말들에는 그에 대응되는 규정할 수 있는 본질이 있다는 고대 이론들을 거부하고 난 후에 비트겐슈타인이 우리에게 적극적으로 제시하는 것은, 고대 이론이 했던 것처럼 모든 용법을 관통하는 유일한 맥락의 의미가 있다고 주장하려고 하지 말고, 보통명사나 형용사가 사용되는 다양한 방식들을 관찰하고 기술해 보라는 것이다. 한 낱말을 터득하는 것, 그러므로 그 낱말이 들어 있는 개념을 사용하는 법을 터득하는 것은, 이접적(disjunctive) 방식으로 조직된 기준의 그물망을 넘어서까지 언어구사 능력을 점차적으로 발전시키는 것을 의미하며, 이러한 기준에 따

슈라(Durvekamiśra)는 명확한 거짓 인상은 동시에 발생하는 비개념적인 내적인 지각에 기인하는 희미하고 불명료한 개념에 의해 주어진 것이라고 명시적으로 언급한다. 그것에 의해 개념적 인식은 비개념적 인식으로부터 외관상의 명료함을 빌려 왔음을 함의하는 것이다.

라 자의적으로 선택된 하위 낱말들의 집단은 그 낱말에 포섭되는 대상들을 식별하는 데 이용될 수 있다. 돌차기 놀이가 게임이라고 불리는 이유와, 컴퓨터 체스가 게임이라고 불리는 이유 사이에 공통적인 것은 아무것도 없다. 비록 돌차기 및 체스와 공통적인 특징을 가진 크리켓과 같은 중간적인 게임들이 있다고 하더라도 말이다. 이런 이유들은 필수적인 조건들의 통일적인 핵심도 아니고, 각자가 어떤 행동을 왜 게임이라고 부르는지에 대해 개인적인 의견을 가질 수 있게 해주는 주관적인 혹은 정신적인 것도 물론 아니다.

이 강력한 이론이 지닌 문제점은 고대 플라톤과 경험론의 개념 이론을 거부하는 부정적 힘은 아주 분명한 반면, 다른 사람들과 동일한 개념을 가진다는 것이 무엇을 의미하는지 또는 어떻게 누군가가, 다양한 사용 맥락들부터, 이렇게 느슨하게 조직된 기준의 집합들을 선택할 수 있는가 하는 문제에 대한 적극적인 설명은 분명하게 제시되어 있지 않다. 비트겐슈타인은 의미의 규칙을 정확하게 따르는 행위와 단지 겉으로만 따르는 행위를 결정적으로 구분하는 반면, 예를 들면 개념을 잘못 적용했는지를 어떻게 파악할 수 있는지에 관해서는 언급하지 않는다. 만약 '게임'이라는 개념이 함께 포함하고 있는 아주 다양한 경우의 게임들이 지닌 내적인 연관성보다, 게임이라는 개념과 오락(entertainment)이라는 개념 사이의 중첩이 더 밀접한 내적 연관성을 지닌다는 것을 보여 줄 수 있다면, 우리는 어떤 사람이 '게임' 개념을 사용하고 있는지 또는 '오락' 개념을 사용하고 있는지 어떻게 알 수 있는가?

4. 칸트의 이론: 비트겐슈타인이 개념들과 규칙 따르기를 연관시킨 최초의 서양철학자는 아니다. 이미 칸트의 『순수이성비판』에서 개념들은 경험을 종합하기 위한 규칙들이라고 정의된다. 그러나 칸트에게 규칙이란 무엇을 의미하는가? 첫째, 규칙은 패턴 인식을 위한 도식적(schematic) 수단이며, 이것은 마치 감각적으로 수용된 것이 감관 외부의 대상을 표상하는 것처럼, 감각적으로 수용된 것의 다발들을 관통하고 함께 묶기 위한 것이다. 둘째, 규칙은 삼단논법의 대전제와 같은 역할을 하는데, 이것은 하나의 사례 또는 하위 범주를 보다 일반적인 술어 아래로 포섭시켜서 하나의 판단을 결론으로 이끌어 내는 것이다. 롱기네스는 여기서 우리에게 도움을 준다. 즉 "감각적 종합[도식으로서의 개념]을 위한 규칙으로서, 그리고 추리하는 규칙으로서 이러한 '규칙'의 두 가지 의미들은 …… 또는 가능한 삼단논법의 대전제는 실로 연결되어 있다. 우리는 도식을 산출하기 때문에, 반성을 통해 논증적 규칙을 획득할 수 있고 이러한 규칙을 현상에 적용할 수 있다" (Longuenesse 1998, 50). 하나의 능력으로서의 감성(sensibility)은 외적 자극에 대한 단순한 수용성을 의미한다. 단지 감각작용만으로는 우리에게 경험 바깥의 대상을 제공하는 것은 물론이거니와, 대상에 대한 일반적 판단을 형성하는 데도 충분하지 않다. 오직 오성만이 주어진 감각 자료들(sensory data)을 이러저러한 범주 아래 이러저러한 대상의 표상들로 구성할 수 있다. 오성은 순수 개념들(범주들)을 사용할 수 있는 능력이며, 아울러 상상력의 도움을 통해서 경험적 개념들을 생산하는 능력이다. 그런데 어떤 개념을 갖는다는 것은 어떻게 감각적 자극의 배열을 결합할 것인가 또는 종합할 것인가를 아는 것이며, 그 결

과 통합된 의식은 대상을 지향적으로 향하게 되는데, 여기에서 의식은 대상 그 자체로부터 구분된다. 그런 것이 바로 실체, 오래된 나무, 물병의 개념이며, 이런 개념이 감각들·기억들·기대들·항구적인 지각의 가능성들을 조직하고, 그래서 본다는 것 또는 만진다는 것이 비로소 실체에 관한, 나무에 관한, 항아리에 관한 경험이라고 생각될 수 있는 것이다.

개념 형성의 현실적인 심리학적 과정에 관하여 칸트는 불가지론(agnostic)의 입장을 취한다. 즉 "'개'라는 개념은 하나의 규칙을 뜻하는데, 이 규칙에 따라서 나의 상상력이 일반적인 방식으로 네 발 동물의 특징을 그려 낼 수 있다. 이때 우리는 경험과 같은 어떤 유일한 확정된 특징에 제한되지 않고서도 또는 내가 **구체적으로**(in concreto) 실제로 표상할 수 있는 어떤 가능한 이미지에 제한되지 않고서도 그려 낼 수 있다. 우리 오성의 이러한 도식은, 이 도식이 현상들과 현상들의 단순한 형식에 적용될 때는 인간 영혼의 깊은 곳에 감추어진 능력이며, 이러한 영혼이 지닌 활동성이라는 본성의 진정한 양태들은 거의 지금까지 우리에게 발견되지 않았으며 우리의 시야에 거의 드러나지 않았다"(『순수이성비판』 B181).

규칙이 지닌 모호성에도 불구하고, 칸트의 '종합의 규칙'에 대한 설명은 다음과 같은 가치 있는 교훈을 포함하고 있다. 즉 칸트의 설명은 개별자의 직접 지각으로부터 행위를 촉진하는 대상의 확인에 이르기까지의 이행에 관한 다르마키르티의 설명과 놀랍도록 유사하다는 것이다. 우리가 외부 세계와 접촉하는 것은 바로 감관들이지만, 우리가 지각과 실천적 행위에 관한 공통적인 객관적 목표들에 대해 주장할 수 있게 하는 것은 바로 개념들이다. 개념들은 그것이 가진 일반성으로 인해 재인식을 가능하게 하며 그래서 대상을 구성하는 자가 된다.

5. 프레게의 진리 함수 이론: 의미(sense, Sinn)와 지시체(reference, Bedeutung)를 구별하면서, 프레게는 개념이란 술어적 표현이 지시하는 것(reference)이라고 주장했다. 좀 더 최근에 피코크는 개념이란 술어적 표현의 의미라고 주장했다(Peacocke 1992b). 이 두 사람의 이론은 개념이란 술어적 표현과 같은 것이라는 견해를 공유하고 있는데, 하나의 개념은 하나의 함수로서, 즉 한 종류의 대상으로부터 다른 종류의 대상으로 우리를 데려가는 함수로서 사용된다는 점에서 그러하다. 프레게의 의미론에 따르면, 예를 들면 '_____는 빨갛다'라는 표현은 진리표에 대상을 배치(mapping)하는 역할을 한다. 그래서 '_____'로 나타내어진 빈칸이 붉은색 정지 신호를 지시하는 표현에 의해 채워질 때 빈칸은 진리표의 참(Truth)을 산출하지만, 반면에 푸른색 풀을 언급하는 표현을 채운다면 빈칸은 진리표의 거짓(False)을 산출하게 된다. 그 표현의 지시체는 함수 그 자체이다. 프레게가 생각할 때, 표현의 지시체는 정지 신호와 풀이 세계의 일부분인 것만큼이나 세계의 일부분이다. 그렇지 않다면 어떻게 동일한 언어를 사용하는 다양한 화자들이 또는 다른 언어를 사용하는 다양한 화자들이, 정지 신호가 붉은색이라는 것을 알게 될 때, 그들 모두가 동일한 개념을 파악하고 있다고 말할 수 있는지를 설명할 수 없을 것이라고 프레게는 생각하고 있기 때문이다.

피코크의 견해에 따르면, 개념이란 함수 그 자체가 아니라 함수가 나타난 양태이다. 즉 개념을 소유한 사람들에 의해 파악되는 방식이라는 것이다. 프레게와 마찬가지로 피코크는 개념이란 다음과 같은 어떤 것, 즉 이것을 소유하게 되면 주어가 참이거나 거짓이라는 둘 중 하나로 명확하게 대상을 표상할 수 있는 어떤 것이라고 생각한다. 피코크의 견해는 개념들을 정신 외부적인 세계의 객관적인 구성 요소들로 만든다는 점에서 프레게의 견해와 유사하다. 프레게와 피코크 두 사람은 분명히 다음과 같은 통찰을 한 칸트의 에피고넨들이다. 그것은 개념을 소유한다는 것은 규칙을 터득하는 것과 같은 어떤 것을 포함한다는 것, 그리고 이 어떤 것이란 전혀 다른 정신적 표상들을 함께 조직하고 추리할 수 있는 능력을 부여해 준다는 통찰이다. 지금 가진 관심의 전망에서 보자면, 그 두 사람의 이론이 지닌 주요 난점은 개념들을 물리적인 영역도 정신적인 영역도 아닌 신비스러운 '제3의 영역'에 존재하는 것으로 만들면서, 어떻게 개념들이 인간의 인식에서 인과적 역할을 할 수 있는지에 대해서는 불분명하게 남겨 두고 있다는 점에 있다. 니야야학파 같은 실재론자건 불교 유명론자건 간에 어떠한 인도철학자라도 그러한 존재들을 결코 받아들이지 않을 것이다. 제3의 영역에 속하는 그러한 존재들은 형식적 의미론에서 나타나는 어떠한 문제들에 대해서도 하나의 우아한 해결책을 제시하기는 하지만, 반면에 그런 존재들은 그 두 사상가들에게는 존재론적 과잉(overkill)으로 느껴지는 것이다. 프레게의 주장은 '빨강 개념'(the concept red)이라는 표현이 어떤 개념을 지시하는 것이 아니라는 역설적인 결론 때문에 골치를 앓고 있었다. 이것은 바로 명확한 기술(description)의 지시체(reference)는 대상임에 틀림없으며, 실제로 '완전한' 또는 충족된 어떤 것이기 때문인 반면, 함수들로서의 개념들은 본성상 '불완전한' 또는 불충족된 것이기 때문이다. 프레게 자신은 이러한 역설을 받아들이고 있는 반면, 많은 사람들은 이 역설을 프레게의 견해가 지닌 심각한 결함을 지시하고 있는 것이라고 간주한다.

6. 유사성에 근거한 이론: 경험적 탐구를 통해 비트겐슈타인의 가족 유사성 이론을 지지하면서, 엘리너 로시 및 다른 사람들은 다음과 같은 영향력 있는 논제, 즉 여러 사례들이 하나의 개념에 속한다는 것은 (고대 정의 이론이 서술했던 것처럼) '예/아니오' 방식을 통해서가 아니라 오히려 개연적인 방식, 즉 전형적 특징들이 하나의 사례에서 얼마나 많이 통용될 수 있는가에 의존하는 방식을 통해서 그렇게 된다는 논제를 제안했다. 개가 되기 위해서는, 어떤 동물이 개가 되기 위한 필요조건 — 그러한 필요조건을 다 갖춘 집합은 결코 없는데 — 을 전부 다 갖추어야 할 필요는 없고, 오히려 단지 전형적인 개에 대한 복합적인 정신적 표상과 결합된 충분조건들만을 갖추기만 하면 된다. **개똥지빠귀**라는 개념은 **닭**이라는 개념이 가진 것보다 **새**라는 상위 개념의 구조적 요소들을 훨씬 더 많이 가지고 있다. 그리고 **펭귄**이라는 개념은 **새**라는 상위 개념의 구조적 요소들을 닭보다 훨씬 덜 지니고 있다. 그러므로 개똥지빠귀는 닭이나 펭귄보다 훨씬 더 쉽게 새라고 인식되는 것이다. 예를 들면, 가구를 세간 살림이라고 보는 범주화는, 의자와 테이블과 같은 보다 더 전형적인 사례들로부터 모자걸이나 터키식 소파에 이르기까지 점차 변화되어 가는 특징 맞추기 과정이라는 것이 밝혀진다.

발생적 원형(prototype) 이론은 다음과 같이 주장한다. 개념은 하나의 유형에 속해 있는 최선의 사례들을 지닌 유사성들을 조직함으로써 구성된다는 것이다. 개념이라는 것은, 보편적 본질이라는 확정된 정의 대신에 어떤 낱말을 사용하는 대부분의 사람들이 마음속에 지니고 있는 집합, 즉 중요한 특징들에 관한 표상들을 모은 집합 — 연속적으로 더하거나 뺄 수 있는 집합 — 일 것이다. 희고, 타원이며 진한 자줏빛 색깔이라는 '최고의 사례들' 각각으로부터 **달걀**(egg) 개념과 **가지**(eggplant) 개념을 익히면서, 어린아이는 자줏빛 달걀들과 흰 가지들도 달걀과 가지 개념에 포함시킬 준비를 함으로써 '달걀'과 '가지' 개념을 사용하는 사람들의 공동체에 적응하게 될 것이다. 유사성에 관한 보다 두드러진 토대임에도 불구하고, 색깔이 달걀과 가지를 구분하는 기준이 되는 핵심 속성으로부터 마치 지엽말단적인 것처럼 바뀌게 됨으로써 말이다. 유사성에 근거한 모든 개념 이론들 중에서 원형 이론이 경험적으로 가장 잘 입증되며 통계적으로 가장 잘 산출된다.

이러한 기본적인 접근 방식에 의거해서 최근에 변형된 이론을 제시한 것이 제시 프린츠의 대리 원형(proxytype) 이론이다(Prinz 2002). 이 이론은 개념을 사용할 수 있는 능력이 어떻게 두뇌에서 실현될 수 있는가를 설명하기 위한 이론적 틀을 제공한다. 프린츠는 마아(David Marr)에 의해서 수행된, 시각적 과정에 신경생리학으로 접근하되 계산주의적인 방식으로 접근하는 것을 하나의 모델로 간주하면서, 개념을 형성하는 것을 저장된 이미지들의 네트워크를 형성하는 문제라고 생각한다. 그리고 이러한 저장된 이미지들은 역학적인 상호 작용과 맥락적인 감수성을 나타내는 것이며, 또한 여전히 감각적 자극에 의한 반복된 사건들에 대해서 궁극적으로 추적될 수 있다. 그러한 결과 때문에 그들은 신로크주의자라고 불리지만, 그러나 로크(John Locke)의 이론과는 달리 우리가 그러한 개념들을 유연하게 개(dog)로서 전개해 나갈 수 있는 그런 유연성을 설명하는 방식이 곧 그의 이론이 되는 것이다. 그의 이론은 대리 원형 이론이 다룰 전형성 효과를 설명할 수 있을 뿐만 아니라, 개념 적용의 맥락들을 가로지르는 다양한 변형 이론들을 설명할 수 있다. 프린츠의 이론에 따르면, 네트워크에 속해 있는 특징들의 집합의 어떤 하위 집합이 전체적으로 개념의 대리인의 역할을 하는가를 결정할 수 있는 것이 바로 맥락이라는 것이다.

원형 이론 및 대리 원형 이론 그리고 그것과 밀접하게 연관된 사례(exemplar) 이론은 모두 고대 정의 이론과 그것의 분파들보다 개념 적용의 현실적인 실천력을 설명하는 데 훨씬 더 좋다. 그러나 그런 접근 방식들도 결점이 없는 것이 아니다. 결점 중 하나는 '애완 물고기' 문제이다. 개 또는 고양이는 전형적인 애완동물이다. 중간 크기의 송어 또는 참치는 전형적인 물고기이다. 그리고 **애완 물고기** 개념이 두 가지 개념들로 구성된다는 것을 어느 누구도 부정할 수 없다. 그렇지만 전형적인 애완 물고기인 구피나 금붕어는 개나 고양이, 송어나 참치와 거의 닮지 않았으며, 또한 애완동물과 애완 물고기라는 원형들이 지닌 중요한 특징들을 교차시킴으로써 생긴 유사성을 통해서도 산출되지 않는 특징들을 지니고 있다. 개념들에 적합한 이론은 개념들의 합성 능력을 설명하지 않으면 안 된다. 또한 개념들의 보다 단순한 구성 요소들을 한데 모음으로써 복합적 개념들을 형성한다는 사실을 설명하지 않으면 안 된다. 대리 원형 이론은 이러한 문제를 다룰 수 있다고 주장한다. 그러나 어떻게 다룰 수 있는지에 관해서는 분명하지 않다. 그리고 어떠한 사건이건 간에, 그러한 모든 접근 방식에는 불교 유명론자의 관점에서 볼 때 한 가지 중요한 결점이 있다. 그러한 접근 방식은 모두 유사한 자극에 반응할 수 있는 능력을 마치 주어진 능력인 것처럼 간주한다. 불교 유명론자들의 입장에서 개념들에 관한 모든 이론들이 해결해야 할 핵심적 과제는, 순수하게 개별자들만이 존재하는 세계에서 어떻게 특정한 자극들이 주체에게 유사한 것처럼 보이는가 하는 문제를 설명하는 것이다. 그렇다면 개념 이론은 그와 같은 능력을 주어진 능력이라고 간주할 수가 없을 것이다.

7. 개념들의 이론에 관한 이론: 어떤 특징이나 사례에 근거하고 있는 모형(stereotype)조차도 없는 그런 개념들을 우리가 소유하고 있다는 사실, 그리고 똑같은 개념들을 사용하는 다양한 사람들이 근본적으로 상이한 모형들을 연상할 수 있다는 그런 사실이, 유사성에 근거해 있는 개념 이론들의 토대 그 자체를 의심하게 만든다. 어떤 개념을 터득하고 전개할 수 있다는 것은, 단지 특징을 딱 맞추게 하는(matching) 문제이거나 또는 전형적인 사례들이 유사하다는 것을 지각할 수 있는 곳에서 개연적인 빈도를 측정하는 그런 문제는 아닐 것이다. 그렇다면 개념들이라는 것은, 그 개념들이 속하는 범주들에 관한 소(小)이론들(minitheories)일 것이며, 그 범주들에 속하는 사물들의 인과적 연결에 관한, 사물들의 심오한 내적인 속성들에 관한 신념들을 생산하는 이론들일 것이다. 고프니크와 멜트조프는 그러한 '이론'이 지닌 세 가지 특징들을 확인시켜 준다(Gopnik and Meltzoff 1997). ① 구조적인 측면

에서 볼 때, 이론이라는 것은 추상적 존재들과 법칙들로 구성된 하나의 체계인데, 반사실적(counterfactual) 추리에 근거하고 있는 인과관계들, 그러므로 지각으로 파악될 수 없는, 초월하는 인과관계들을 요청하는 그런 추상적 존재들과 법칙들의 체계이다. ② 기능적인 측면에서 볼 때, 이론이라는 것은 사용자들이 예측할 수 있도록 해주며, 관찰 가능한 행동에 대한 설명들을 할 수 있도록 해주며, 더 확장된 분류법을 제공할 수 있도록 해준다. ③ 역학적인 측면에서 볼 때, 이론이라는 것은 상상해 볼 수 있는 반증(counterevidence)을 통해 스스로를 검증하고, 모든 반항들을 순종시킴으로써 원초적으로는 스스로를 방어하지만, 궁극적으로는 수정될 수 있고 변화될 수 있다. 고래와 같은 자연 종에 관한 우리의 개념, 우울증 또는 암과 같은 심리학적 또는 의학적 현상에 관한 우리의 개념이 그런 이론일 수도 있다. 어떤 의미에서 개념들의 이론에 관한 이론은, 개념에 관해 고대 본질주의자들이 지녔던 개념의 배후에 대한 실재론자들, 즉 개념 사용자들이 관찰할 수 있는 피상적인 특징들이나 가족 유사성들을 신뢰하기보다는, 인과적 메커니즘의 토대가 되는 숨겨진 본질을 더 신뢰한다는 사실에 주목하고 있는 실재론자들의 통찰을 회복하려는 시도이다.

개념을 이론으로 환원할 때 생기는 주된 문제는 이론 그 자체가 개념으로 구성된다는 것이며, 그러므로 개념이라는 생각을 전제하고 있다는 것이다. 만약 개념들의 이론에 관한 이론이 개념들을 한 종류의 또는 다른 종류의 이론들과 동일시한다면, 개념들의 이론에 관한 이론은 무한 소급이나 순환논증에 이르게 될 것이다. 개념의 이론에 관한 이론가들은, 상호 의존적인 이론들은 어떤 개별자가 참이라 주장하는 믿음들의 전 체계에 의해 결정된다는 개념 전체론(concept holism)을 포용함으로써 무한 소급이나 순환논증에 빠지게 된다는 비난에 직면하게 된다. 내가 가지고 있는 암 개념은 그 개념을 구성하는 요소들이나 기준에 의해 결정되는 것이 아니라 오히려 다른 모든 이론들에 의해서, 그리고 암과 직간접적으로 관련된 나의 믿음들의 전 체계를 만들어 낼 때 이러한 암 이론의 추론적인 역할을 통해 결정될 것이다. 이것은 나는 내가 가진 암 개념을 다른 이론들과 믿음들을 주장하는 이들과 공유할 수 없다는 모순된 귀결을 포함하게 될 것이다. 이러한 종류의 전체론(holism)은, 어떤 주제에 대해서건 두 사람 사이의 어떤 불일치가 있다면 그 두 사람은 다른 개념들을 사용하고 있다는 사실을 내포한다는 것을 의미하게 될 것이다. 두 번째 어려움은 대리원형 이론과 마찬가지로, 개념 이론의 이론은 구성성(애완 물고기의 문제)을 설명하기가 어렵다는 것이다. 개념들을 조합하는 것은 이론들을 조합하는 것 — 여기에는 좋은 설명이 있을 수 없다 — 과 비교하면 단순하고 직접적인 것처럼 보이기 때문이다.[9]

8. 포더의 정보적 원자론: 흄으로 되돌아가는가? 몇십 년이 지난 후 제리 포더(Jerry Fodor)는 자신은 흄이 치는 대로 움직이는 흄의 (심리학

---

9) 그런데 구성성은 디그나가의 관심사이기도 했다. '푸른 연꽃'이라는 표현에 관한 토론은 상호 관련이 있는 용어들을 같은 감각을 담지하고 있는 동의어와 구별하려는 열망에 의해 동기가 부여된 것이다. 아포하론은 엄격하게 말하면 개념의 이론에 대한 이론일 수가 없다. 왜냐하면 그것은 존재론적으로 고유의 본질에 전혀 호소하지 않기 때문이다. 그러나 일련의 공존하는 역할들과 실용적-서술적 능력이라는 그 기능적이고 역동적인 측면들은 아포하 논사들이 또한 개념의 탓으로 돌리는 특징들이다.

적인) 당구공이라는 사실을 고백하면서 주장을 펼치는데, 도발적인 '복고적인/다시 혼합한'(retro/remix) 종류의 개념 이론을 전개시켰다. 그는 '개념적 실용주의자들'이라고 한 덩어리로 묶은 비트겐슈타인·콰인·라일(Gilbert Ryle)·데이비드슨(Donald Davidson)·더밋·퍼트넘(Hilary Putnam)·피코크 등과 같은 20세기 주요 사변철학자들의 이론에 반대했던 것이다. 포더의 이론에 따르면, 우리의 사유 언어는 '개념들'이라고 불리는 낱말과 같은(word-like) 정신적 개별자들로 구성되는데, 이 정신적 개별자들은 세계 속에 존재하는 속성들과 존재자들을 직접 언급하는 방울들, 즉 구조도 없고 단순한 인식적인 방울들이다. 흄의 '관념들'(ideas)과 같은 개념들은 정신적 표상들인데, 이것들은 어떤 일을 할 수 있는 우리 능력에 의해 결정되는 것이 아니다. 그러한 표상들을 우리가 소유하고 있다는 사실이, 그 표상들이 어떻게 언어적·비언어적 행위와 관계할 수 있는가에 대한 우리의 앎을 통해서 설명될 필요는 없다. 포더에 따르면, 이러한 개념들 대부분은 본유적인(innate)〔선천적인〕 것이다. '관념'(idea)이 핵심을 이루는 경험론(감각 인상의 모사)에서 관념은 주요한 합리론인 데카르트주의의 본유 관념론(innatism)과 하나로 꿰매지고, 개념들과 세계를 연결시켜 주는 의미론(semantic)은 설명되지 않은 잔인한 사실처럼 보이기 시작한다. 개라는 개념(정보는 풍부하지만 분석될 수 없는 개념)은 있는 그대로의 정신적 개별자 덕분에 실재 세계의 개들에게까지 범위가 미친다. "인식의 과정들은 정신적 표상들 사이, 즉 의미론적으로 평가할 수 있는 정신적 개별자들 사이의 인과적 상호 작용에 의해서 구성된다"(Fodor 2006, 135). 포더가 말하는 개념들인 정보 원자들은 역으로 외적 대상들과 속성들과 실재적 관계들을 식별해 낸다. 포더의 개념들은 명백히 정신적 개별자들이다. 이러한 사실 때문에 그의 견해는, 사적 언어 논증의 배후에 놓여 있는 의사소통 가능성에 관심을 가진 사람들로부터 비난을 받기 쉽게 한다.

9. 능력 이론: 우리는 전체론에서 이론에 관한 이론뿐만 아니라, 개념들에 관한 다양한 이미지주의(imagistic) 이론 또한 우리를 사적인 삶으로, 그리고 개별자들을 관통하는 개념들을 공유하는 것이 불가능하다는 쪽으로 인도하고 있다는 것을 알았다. 비트겐슈타인은 규칙들을 사적으로 체계화한 것은 하나의 언어로서 인정될 수 없다고 증명하면서, 정신적 표상들을 통해서는 무엇이 한 낱말이 의미하는 것을 그렇게 의미하게 만드는지를 설명할 수 없다는 것을 보여 준다. 개념을 소유하게 된 것은 정신적 표상들을 통해서 가능하게 된다는 설명은, 사유의 언어에서와 유사하게 개념들을 낱말이라고 간주하는 것이다(더밋은 그것을 '언어에서 기호의 개념화'the code conception of language라고 부른다. Dummett 1993b, 97). 그러나 만약 우리의 지성이 일련의 낱말들을 일련의 개념들로 번역한다면, 낱말들의 의미에 관해서 발생하는 똑같은 문제들이 개념들의 의미에 관해서도 발생하게 될 것이다. 더욱이 연상주의(associationist)의 방식으로, 우리가 산스크리트어 음절 가우(gauḥ)를 들으면서 소(cow)라는 개념을 마음속에 떠올릴 때 이 산스크리트어 낱말을 이해하게 된다고 말하는 것은 아무런 도움도 되지 않는다. "어떤 개념이 누군가의 마음속에 떠오른다고 말하는 것은 실제로 아무런 의미가 없다. 우리가 생각할 수 있는 모든 것은, 우선 어떤

방식으로 그 개념들을 표상할 수 있다고 생각되는, 우리 마음속에 떠오르는 어떤 이미지이다. 그리고 이런 설명은 우리를 더 이상 전진시킬 수 없다. 왜냐하면 우리는 여전히 무엇이 그 개념을 그 이미지와 연상시키는지를 묻지 않을 수 없기 때문이다"(Dummett 1993b, 98). '개념은 표상'이라는 로크의 이론을 거부하면서, 더밋은 '개념은 인식 능력', 즉 우리가 수행을 할 때 의사소통적 실천에 나타난 문장들을 이해할 수 있게 구성할 수 있는 인식 능력으로서 가장 잘 간주될 수 있다고 생각한다. 퓨마(mountain lion)의 개념을 가지고 있다는 것은 우리가 퓨마를 보았을 때 그것을 퓨마라고 알아챌 수 있다는 것을 의미하며, 적어도 '퓨마'라는 낱말을 사용하는 진술들을 인정하고 부정하는 것을 참이라고 또는 거짓이라고 정당화할 수 있다는 것을 의미한다. 그러한 능력들은 사회적으로 공유될 수 있으며 공식적으로 규준들과 비교될 수 있기 때문에, 개념들을 그러한 인식적 능력들과 동일시할 수 있다는 것은 우리가 사람들 사이에서 공유하고 있는 개념들을 설명할 수 있게 해주는 것이다.

물론 비평가들은 이러한 능력 이론을 적어도 세 가지 강력한 근거 위에서 거부한다. 첫째, 개념(술어의 의미에 대한 프레게의 생각을 기억하라)은 대상들에 적용할 수 있는 것 또는 대상들에 관해서 참이라고 생각되는 것이다. 그러나 내가 금잔화를 인지할 수 있는 능력을 갖추고 있다고 해도 이 꽃들 자체에 관한 참 거짓을 인지하는 것은 아니다. 둘째, 능력들은 구성성의 테스트를 통과하지 못한다. 애완동물을 인지할 수 있는 능력과 물고기를 인식할 수 있는 능력을 지닌 사람이라고 해서 반드시 애완 물고기를 인지하는 것은 아니다. 셋째, 포더는 개념을 어떻게 소유하는가에 관해서 인지 능력을 통해 설명하는 것을, 궁극적으로 '관념론의 유희'에 이르게 되는 일종의 '개념 실용주의'라고 혹평한다(Fodor 2004, 31). 능력 이론에 대한 저 적절한 비난은 사실상 다음과 같다. 즉 능력 이론은 '내적인 이야기'를 무시하며, 마치 우리가 어떤 개념을 얻은 듯이 사회적으로 행동하는 것과 실제로 그 개념을 얻는 것(올바른 정신적 표상을 우연히 가지게 되는 것) 사이를 구별할 여지가 없다는 것이다. 더밋이 자신의 의미론에서 반실재론을 수용하는 것은 관념론의 경계경보를 인정하려는 것인 반면에, 관념론에 반대하는 포더의 경고를 그대로 받아들이는 것은 너무 어려운 일이다. 왜냐하면 포더는 개념들을 개인적 관념들로 간주하는 흄의 이론(이는 곧바로 현상론phenomenalism으로 도달하게 되는데)으로 되돌아가기를 제안하고 있기 때문이다. 개념을 어떻게 소유하게 되는가에 대해서 광범위한 기질적인 실천적 성향으로 설명하거나 또는 내면적 지식 이론으로 설명하는 것에 반대해서, 포더는 둔감하게 "개념들은 정신적 개별자들이다"라고 말한다(Fodor 1998, 3). 그것은 낱말의 의미들은 정신적 개별자들이라는 것으로 귀결된다. 그래서 내가 사용하는 낱말들의 의미는 결코 당신이 사용하는 낱말들의 의미일 수가 없다. 왜냐하면 나의 정신적 개별자들은 당신의 정신적 개별자들이 아니기 때문이다.

우리가 개념을 어떻게 소유하는가를 밝혀 줄 수 있는 능력을 강조하는 더밋의 능력 이론으로부터 배울 수 있는 한 가지 사실은 다음과 같다. 즉 의미 이론이 의미를 이해할 수 있는 이론인 것과 꼭 마찬가지로, 개념 이론은 개념을 어떻게 소유하는가 및 개념을 어떻게 사용하는가에 관한 이론이어야만 한다. 의미를 알고 있거나 또는 개념을 소유하고 있는 사람과 그렇지 못한 사람을 구별할 수 있는 어떠한 쓸모 있는 기준조차도 우리에게 제공해 줄 수 없는 그런 방식으로(예를 들면 뇌에서 시냅스의 결합들을 통해서 설명하는 것을 포함해서) 의미들이나 개념들을 설명하는 것은 아무 소용이 없는 일이다. 그런데 불교의 아포하 논사들이 이런 것을 설명할 수 있는 방식을 제공할 수 있을지의 여부는 여전히 남아 있다.

3부

독자들이 1부와 2부의 내용의 연결에 문제가 있다는 것을 느끼는 것도 이해할 만하다. 2부에서 논의된 현대의 개념 이론들은 대부분 고대 인도철학자들을 괴롭혔던 형이상학적 주제들을 비껴 가고 있다. 고대 정의론(definitionism)의 몰락이 이것을 설명해 준다고 생각할 수도 있을 것이다. 즉 인도의 실재론은 실재적 본질을 필요로 하기 때문에, 그래서 비트겐슈타인의 가족 유사성에 관한 설명이 등장한 이후, 그 영역은 유명론에도 열려 있다고 생각할 수도 있을 것이다. 그러나 니야야학파의 실재론과 같이 정교한 실재론은, 우리가 지닌 다수의 개념들이 적용의 미결정성이나 전형성 효과 등을 드러내 보여 준다는 것에 동의할 수 있지만, 여전히 일부의 특권적인 개념들의 집합은 본질이 그것의 결합에 각인되어야만 한다고 주장한다(그렇지 않으면 개념에 의해서 인도되는 실천의 효과를 설명할 수 없기 때문이다). 그리고 본질이 결합을 갖는다고 말하는 것은, 어떤 개별자들이 본성상 공통된 어떤 것을 공유하고 있음을 말하는 것이다.

아마도 현대 논리학이 발전함으로써, 특히 삼단논법의 논리학을 술어 계산(predicate calculus)으로 대체함으로써 실재적 보편자에 대한 믿음이라는 것이 우리 언어 논리에 관한 잘못된 이해에 근거하고 있었다는 사실이 알려지게 되었던 것이다. 그러나 비록 술어 표현들이라는 것이 기껏해야 우리의 관심을 대상들로부터 진리값으로 향하도록 하는 그러한 함수들 또는 규칙들로서 생각하는 프레게의 주장에 동의한다고 하더라도, 어떻게 우리가 그러한 규칙들을 파악할 수 있는가 하는 문제는 여전히 남는다.[10] 그러한 문제에 대해 '귀납적 일반화'에 의한 답을 제시한 콰인은 다음과 같이 암스트롱을 언급한다(Quine 1953, 68; Armstrong 1978, 16). 즉 콰인은 암스트롱을 보편자를 지지하기를 거부하지만 우리의 표면상의 연결에 대한 연역적 분석을 보편자들에게 제공할 필요가 전혀 없다고 하는 '타조처럼 머리만 감추는 식의 유명론자'(ostrich nominalist)라고 부른다. 왜냐하면 오직 교사가 지시한 사례들이 교사와 학생 두 사람에 의해서 서로 유사하다고 받아들여질 경우에만, 지시적 사례들로부터 귀납을 통해서 '빨강'이라는 낱말을 사용하는 것을 배울 수 있기 때문이다. 그리고 만약 그렇게 느껴진 유사성이 실재에 토대를 두지 않는다면, 그 가르침이 모든 언어 사용자들 사이에 공유될 수 있다는 것은 진짜 기적일 것이다. 그러나 만약 사례들 사이에서 느껴진 유사성의 토대가 어떤 종류의 실재적 유사성이라면, 왜 이런 실재적 유사성이 보편자들과 연관성을 만들어

---

10) 근대 유명론자들이 갖는 편견의 주된 근원으로서의 프레게에 대해서는 Bergmann 1958을 보라.

내지 못하는지를 설명할 필요가 있다. 실재론자의 주장에 따르면 어떤 두 사물들은 어떤 측면에서 또는 다른 측면에서 서로 유사하기 때문에, 가르칠 때 사용되는 사례들은 예를 들면 빨강임(redness)이라는 어떤 특수한 측면에서 서로 유사하지 않으면 안 된다.

그런데 고대 인도철학의 논쟁에 연료를 제공했던, 그리고 아포하론을 구체화했던 형이상학적 관심사들이 최근의 서양철학에서는 해결되지 못했기 때문에, 그러한 형이상학적 관심사들은 단지 한쪽으로 밀려나 있었다. 그러나 최근의 논쟁에서 관련되어 있는 그러한 주제들은 아포하론에 대한 우리의 이해와 제대로 된 평가의 중요성을 알지 못한다면 아무런 의미가 없을 것이다. 아포하론적인 유명론자는 어떤 것, 즉 실재론자가 제공해야 할 의무가 전혀 없는 어떤 것을 우리 탓이라고 주장한다. 실재론자는 다음과 같이 주장할 수 있다. 즉 지시된 개별자들을 지각할 때 우리는 그런 각각의 개별자 속에 내재하는 빨강임을 또한 지각하기 때문에, 우리는 지시된 사례로부터 '빨강'을 사용하는 법을 배운다고 주장할 수 있다. 그 대신 (예컨대 유사성을 지각하는 것은 개념화 때문이라고 주장함으로써) 실재하는 유사성에 대한 언급을 회피하는 유명론자는 개념들을 개별자들로부터의 입력과 패턴 활용적인 출력(예를 들면 '귀납법을 통한 학습') 사이를 매개하는 장치들(devices)이라고 가정한다. 그렇다면 그러한 답변에 대한 다음과 같은 질문들이 제기될 것이다.

(1) (적어도 어떤) 개념들은 선천적인 것인가(데카르트와 포더), 아니면 개념을 소유하게 되는 것은 오로지 경험을 통해서만 획득되는 것

인가? 만약 전자의 경우라면, 선천적인 개념들과 세계 사이의 표면상의 일치를 어떻게 설명할 수 있는가? 만약 후자의 경우라면, 실재적 유사성이 없는데도 어떻게 교사와 학생들 사이의 가르침이 일어날 수 있는가?

(2) 개념들은 정신적인 개별자들인가(로크, 흄, 포더), 아니면 규칙들 또는 도식들로서 이해되어야만 하는가(칸트, 프레게, 유사성에 근거한 이론들, 이론의 이론)? 만약 전자의 경우라면, 우리는 어떻게 우리의 생각들을 공적인 언어로 표현하며 어떻게 하나의 정신적인 개별자가 다수의 경우에 적용되는가? 만약 후자의 경우라면 우리는 그러한 규칙들을 어떻게 터득하며, 그러한 규칙을 터득하는 것이 이루어졌을 때 우리는 어떻게 말을 하게 되는가?

(3) 개념들은 다른 사물들과 인과적으로 상호 작용할 수 있는 그런 종류의 사물들인가(흄, 칸트, 원형 이론 등), 아니면 다른 사물들과 인과적으로 상호 작용할 수 없는 그런 종류의 사물들인가(프레게, 피코크)? 만약 후자의 경우라면 우리의 외적인 세계와 성공적으로 일치했음에도 불구하고 이 개념들을 소유할 때 생겨나는 차이를 어떻게 설명할 수 있을까? 만약 전자의 경우라면, 오직 개별자들만이 인과적으로 효력을 지니고 있다는 것이 사실이라면, 어떻게 하나의 개념이 다수의 사물들에 적용되는가?

(4) 우리는 개념들의 합성을 어떻게 설명할 수 있는가? 애완동물·물고기·푸른색·연꽃과 같은 개념들을 파악한다는 사실로부터 어떻게 우리는 '애완 물고기'와 '푸른 연꽃'이라는 표현들을 이해할 수 있게 되는가?

심지어 가장 완전하게 전개된 아포하론의 공식들조차도 이러한 모든 질문들에 대해서 명백한 대답을 하지 못하고 있다. 그러나 우리는 아포하 논사들이 말했던 것뿐만 아니라, 그들이 말했던 것이 철학적으로 의미가 있는지의 여부를 알고 싶기 때문에 가능한 한 우리는 아포하 논사들이 어떻게 그 질문들에 대답했을까 하는 것을 논의하고 싶다. 이 책에 실려 있는 논문들은 아포하론을 단순히 역사적 산물로서만이 아니라, 중요한 철학적 문제에 대한 새로운 접근으로서 탐구하고 있다. 만약 이러한 접근 방식이 실질적인 철학적 장점을 지닌다면, 이러한 접근 방식은 아포하론에서 중심적인 역할을 담당하는 개념들(vikalpa)과 관련해서 제기하는 질문에 대한 생생한 대답을 산출해야만 한다. 동시에 우리는 보편자들에 관한 인도의 논쟁에 연료를 제공했던 형이상학적 수수께끼들에 대한 하나의 해결책으로서 아포하론의 적합성을 평가해 보고 싶다. 이러한 수수께끼들 중에서 아마도 다음과 같은 수수께끼들이 가장 긴급한 것이 될 것이다.

(5) 실재적 보편자들 대신 배제(exclusions)에 호소하는 것이, 실제적으로 유사한 것을 결국 끌어들이지 않고서도 어떻게 개별자들이 자연스럽게 유(kind) 또는 종(class)에 속하는 것처럼 보이는가를 설명하는 데 성공할 수 있을까? 만약 성공할 수 있다면 어떻게 성공할 수 있을까? 만약 성공할 수 없다면 왜 실제적으로 유사한 것들이 실재적 보편자들에 의해서 뒷받침되지 않아도 되는지에 대한 설명이 있는가?

(6) 아포하론은 낱말들이 지닌 의미들이 모두 본래 부정적(negative)

이라고 정말로 주장하고 있는가? 만약 부정적이라고 주장한다면, 우리가 '항아리', '노란색' 같은 낱말들의 의미를 긍정적(positive)이라고 생각한다는 사실에 대해서는 어떻게 설명할 수 있는가? 그리고 부정(negation)의 토대 위에서 어떻게 전적으로 긍정적인 어떤 것에 이를 수 있는가? 부정은 부정되어야 할 긍정적인 것의 존재를 요청하지 않는가? 만약 긍정적인 것이 개별자라고 한다면, 저 개별자와 구별되는 것을 배제한다는 것은 바로 개별자 자체를 일반적인 것이 아니라 우리에게 되돌려주는 것이 아닌가? 만약 긍정적인 것이 또 다른 개념이라고 한다면, 개념들이라는 것은 우리가 무지하기 때문에 긍정적인 존재들이라고 잘못 생각되고 있는 부정들을 의미하는 한, 이런 주장은 어떻게 순환논증의 오류 또는 무한소급의 오류를 피할 수 있을까?

* * *

이 책에 실려 있는 논문들은 두 가지 다른 방식으로 이러한 질문들 및 이와 연관된 질문들에 대답하고자 한다. 첫째는 개별적인 아포하 논사들의 저작과 그 반대 논사들의 저작들을 살펴보면서 역사적 기록들을 검토하는 방식이다. 둘째는 다소 이상화된 '아포하론'을 도출하기 위해서 텍스트사(史)적 세부 사항들로부터 뒤로 충분히 물러서서, 이상화된 아포하론을 철학적으로 검토하는 방식이다. (말할 필요도 없이, 각 논문들은 어느 한쪽을 더 강조한 것이다.) 틸레만스의 첫 번째 논문은 역사적인 방향성을 취하는 다른 논문들에서 광범위하게 사용되고 있는 두 유형의 아포하론을 구분한다. 이것은 '하향식'(top-down) 접근과

'상향식'(bottom-up) 접근을 구분하는 것이다. 아포하론이 전개되었던 불교철학적 전통('불교 논리학' 학파인 경량·유식학파)은 세계를 형성하는 실재하는 개별자들과 우리가 생각하고 말할 때 사용하는 일반 개념들을 예리하게 구분한다고 틸레만스는 지적한다. 이처럼 철저한 도식-내용 이분법이 주어진다면, 말하는 것과 생각하는 것이 어떻게 세계와 성공적으로 맞아떨어지게 되는가 하는 문제가 발생한다. '하향식' 방식은 논리와 언어라는 수단들에서 출발함으로써, 후자가 일반성 또는 공유된 본성들이라는 암시를 결여하고 있을 때 논리와 언어라는 수단들이 어떻게 순수한 개별자들을 해석할 수 있었는지를 보여 줌으로써 이 문제에 답하고자 한다. 반대로 '상향식' 전략은 인과적 효과를 지닌 순수한 개별자들이 어떻게 유사성들의 느낌을 발생시키고 나아가 일반 개념들을 낳는지를 보여 줌으로써 그 두 가지 사이의 간극을 메우고자 한다. 틸레만스에 의하면 '하향식' 접근은 경량·유식학파의 정초자인 디그나가의 사유 체계와 연관되며, '상향식' 접근은 디그나가 체계를 함축적으로 재구성한 '주석자' 다르마키르티와 연결된다.

다른 저자들은 '하향식' 접근과 '상향식' 접근을 상호 보완적인 것으로 간주하는 반면 틸레만스는 그렇게 보지 않는다. 디그나가는 유명론자들이 두 개의 부정(명제부정과 명사부정 혹은 절대부정과 상대부정)을 정교하게 사용함으로써 일자가 다자를 어떻게 지시할 수 있는가의 문제를 해결할 수 있다고 생각한 반면, 다르마키르티는 배제에 관한 정초자〔디그나가〕의 관점에 대해 아무런 내용 없이 립서비스만 할 뿐인, 저 순수하게 인과적인 스토리에 찬성하면서 상호 보완적인 이런 접근 방식을 거부했다고 틸레만스는 주장한다. 이러한 관점에서 위

(5)에 대한 디그나가의 답변은 다음과 같다. 즉 실재론자들이 말하는 보편자는 개념적인 구성을 통해서 타자를 배제함으로써 대체될 수 있기 때문에, 유명론은 보편자와 관계되거나 실재적 유사성들과 관계되는 경우 둘 다를 피할 수 있게 된다는 것이다. 그러나 틸레만스는 이러한 해결책이 폭넓게 받아들여진 술어 유명론, 즉 이에 따르면 공통하는 실재들은 존재하지 않고 오직 공통하는 용어들만 존재한다는 유명론과는 독립적으로 작용할 것이라는 사실에 대해 회의적이다. 그러므로 그는 유명론자들이 배제에 의지하면 자연히 보편자나 실재적인 유사성을 피해 갈 수 있다는 생각을 거부한다.

틸레만스는 다르마키르티의 체계에서 그가 발견한 '상향식' 접근 방식에 관해서는 훨씬 덜 회의적이다. '상향식'으로 접근하는 방식에서 지각을 통해서 개별자들을 접촉할 때 우리는 어떤 정신적 이미지들, 즉 우리가 그때 이 정신적 이미지들을 어떤 종류의 특성이라고 착각하는 이미지들을 발생시킨다. 달리 말하면 서로 다른 두 개별자가 동일한 판단(예를 들면, "이것은 푸르다")을 일으킬 수 있다는 것은 엄연한 사실이다. 이 엄연한 사실 속에는 우리의 어떤 주관적인 구성 요소가 포함되어 있으며, 우리가 실제로 전혀 다른 존재들에 관해서 똑같은 판단을 내리게 하는 것은 다름 아닌 바로 주관적 구성 요소인 이 '무시이래(無始以來)의 무지(無知)'(beginningless ignorance) 때문인 것이다. 아마도 이것이 다르마키르티에게 자신의 설명 속으로 슬쩍 보편자를 가지고 들어온다는 비난을 벗어나게 해주는 것 같다. 이것이 다르마키르티를 어떤 것에 대해서 본질을 회피하는 것처럼 보이게 할 것이라는 점을 틸레만스는 여전히 인정하고 있다. 그의 대답은 다르마키르티를 동일성 판단의 유용성에 대해 설명할 필요를 느끼지 못하는 '행복한 유명론자'로 보는 것이 더 적절하다는 것이다.

디그나가와 다르마키르티의 접근 방식을 구분하면서, 틸레만스는 이러한 접근 방식들이 그 두 사람이 (5)에 대해 답변할 때 어떻게 수행되는가 하는 데에만 주로 관심을 기울이고 있으며, 우리가 했던 다른 질문, 가령 구성성에 관한 (4)와 같은 질문에 대해서는 슬쩍 언급만 할 뿐이다. (그는 디그나가의 접근 방식이 이러한 테스트를 통과하는 데 실패했다고 생각한다. 그러나 그는 다르마키르티의 인과적 접근 방식이 더 나은지 어떤지, 또는 어떻게 더 나은지에 대해서는 침묵을 지킨다.) 그러나 다르마키르티와 데이비드 흄에 대한 그의 해석의 유사성들은 (2)와 같은 문제, 즉 만약 의미들이 정신적 개별자들이라면 어떻게 공적 언어(public language)가 가능하게 될 것인가에 대한 문제에 대한 특정한 대답이 요구된다는 것을 암시하는 것이다. 다르마키르티에 관해서 틸레만스의 견해를 따르는 다른 사람들의 논문들은 이 문제에 관해서 말할 것이 훨씬 더 많을 것이다.

아포하론은 디그나가로부터 시작된 것처럼 보이기 때문에, 이 책에서 첫 번째 상세한 역사적 연구는 디그나가의 주저인 『프라마나삼웃차야』 중 '아포하론'이라는 제목이 붙은 5장에 나타난 그 이론의 정식화 위에서 시작하는 것이 적절할 것이다. 올레 핀드(Ole Pind)의 공헌은 언어적 증거로부터 이끌어 낸 지식의 본성에 관해서 니야야·바이셰시카 학파와 벌인 논쟁의 맥락 안에서 디그나가의 견해를 공정하게 위치 지은 것이다. 그런데 고대 인도 인식론에서 논쟁의 주요 주제는 인식 수단(pramāṇa)의 수와 본성에 관한 것이다. 니야야학파는 다음과 같이 주장한다. 즉 신뢰할 만한 출전의 증언을 통해서 청자가 참된 인식을 산출하게 된다면, 이것은 추론이나 또는 어떤 다른 종류의 믿을 만한 인식적 과정과 일치하지 않는 그런 다른 종류의 인식적 도구를 구성하게 된다고 말이다. 디그나가는 언어적으로 획득된 지식은 특수한 종류의 추론의 산물이라고 주장함으로써 니야야학파와 견해를 달리한다. 이러한 견해의 불일치는 대부분 니야야학파가 보편자에 관해서 실재론의 입장을 견지하는 반면 디그나가와 그의 학파는 보편자들이 영원하다면 그것들은 인과적으로 효과를 가질 수 없을 것이라는 점을 근거로 보편자의 존재를 부정한다는 점에서 유래한다. 그래서 니야야학파는 가령 '소'와 같은 종(kind)을 나타내는 용어는 소임(cowness)에 의해 내속된 소라는 보편자에 의해 내속되어 있는 개별자를 지시한다고 주장할 수 있는 반면, 디그나가는 일반명사들이 어떻게 사실들에 대한 인식을 발생시키는지, 문장들이 어떻게 사실들에 대한 인식을 발생시키는지에 관한 특정한 설명 방식을 고안하지 않으면 안 된다. 어떻게 낱말들이 지시할 수 있는가 하는 문제에 대한 디그나가의 기본적 답변은 다음과 같다. 즉 추론이 우리를 사실들과 간접적으로 접촉시켜 줄 수 있는 것과 마찬가지로 낱말들은 개별자들을 지시할 수는 없고 오직 일반적 대상만을 지시할 수 있으며 이러한 일은 오로지 배제(exclusion)를 통해서만 이루어질 수 있다는 것이다.

이 입장은 디그나가 학파가 엄격한 도식-내용의 이분법을 사용한다고 주장하면서 틸레만스가 언급했던 견해에 근거하고 있다. 그 견해는, 지각(perception)은 유일한(그러므로 개념화할 수 없는) 개별자를 대상으로 간주하는 반면, 추론(inference)은 (언어적으로 표현할 수 있는 어떤 인식을 포함하는) 개념적 구성을 대상으로 간주한다는 것이다. 이러한 개념적 구성은 지각 활동에서 인식된 것과 똑같은 마음에서 독립하는 실재라고 일상적으로 간주되고 있지만, 사실상 잘못 간주되고 있는 것이다. 반대로 니야야학파는 지각에 의해서 인식된 것과 추론에 의해서 인식된 것이 다른 것이 아니라 동일한 대상(예를 들면 불)이라고 주장한다. 디그나가가 어떻게 도식과 내용이 맞물리는지에 대해 설명(틸레만스에 따르면 하향식 설명)할 수 있는 것은, 그가 이 두 가지 인식의 대상을 엄격하게 구분하고 게다가 보편자를 거부하기 때문이다. 핀드가 명백히 한 것처럼, 디그나가 학파는 한 낱말의 의미가 어떻게 학습될 수 있는가 하는 점에 초점을 맞춤으로써 이 과제에 접근하고 있다.

디그나가는 다음과 같이 주장한다. 보편자들이 없을 때, 언어적 인식의 대상으로서 역할을 하는 유일한 긍정적 존재인 개별자는 낱말의 지시 대상(referent)일 수가 없다. 왜냐하면 보편어[類語]라는 용어의 외연(extension)에서 볼 때 개별자들의 수는 잠재적으로 무한하기 때문이다. 그러나 디그나가도 역시 낱말의 의미를 그렇게 설명하는 것은 흥미로운 현상을 해명도 하지 않고서 남겨 두는 것임을 알고 있다. 즉 우리가 분류도〔taxonomic tree, 분류법 나무〕를 '한정되는 것'으로부터 '한정하는 것'으로 내려갈 때에는 불확실성이 존재한다. 그러나 우리가 분류도를 올라갈 때에는 불확실성이 존재하지 않는다. 우리가 어떤 개별자에 관해서 그것이 나무라는 것을 알고 있다고 가정해 보자. 여기에는 그것이 느릅나무인지, 참나무인지, 잭프루트나무인지 아닌지에 관해 의심의 여지가 남아 있다. 그러나 그것이 나무라는 지식으로부터 그것은 고체이자 실체이며, 현존하는 것이라는 확실성을 지니게 된다. 여기서 디그나가는 니야야학파의 보편자 분류법을 사용하고 있는데, 그 분류법은 존재임(existenceness)에서 출발해서 다양한 차원의 한정을 통해서 망고나무, 주홍색의 등장, 소꼬리의 아래로 움직임과 같은 그러한 개별자들로 내려간다. 그런데 망고나무인 어떤 개별자는 또한 나무이며 고체이며 실체이며 현존하는 것이다. 따라서 만약 '고체'의 의미가 그것이 지시하는 개별자들이라면, 우리가 그 개별자에 관해서 그것이 고체라는 것을 알게 될 때, 그것은 실체이며 현존하는 것이라는 (상향식 분류도의) 정보뿐만 아니라 나무이며 망고나무라는 (하향식 분류도의) 정보 또한 전달해야 한다. 사실상 그것은 전자의 정보를 전달하지만, 후자의 정보를 전달하지는 않는다. 그러므로 일반명사의 의미는 일반명사의 외연인 개별자일 수가 없다.

핀드는 여기서 낱말의 의미를 파악한다는 것은 추론(inference)에서 일어나는 것처럼 추상적인 것을 파악하는 것이어야 한다고 생각한다. 즉 유형(type)을 파악하는 것이지 구체적 상징물(token)을 파악하는 것은 아니라고 생각한다. 낱말과 대상 사이의 연관에 대한 인식은 적절하게 말하면 귀납적이지 않다. 그러나 만약 보편자가 없다면, 이러한 추상적 대상은 도대체 무엇일 수 있는가? 추상적 대상은 긍정적인 어떤 것일 수가 없기 때문에, 그것은 단순한 부재(absence) 또는 결여임에 틀림없다는 제안을 한다. 이런 점에서 디그나가가 니야야학파의 분류도를 염두에 두고 있었음이 다시 한번 분명해진다. 그 생각은 다음과 같다. 즉 모든 망고나무들이 공유하고 있는 긍정적 성질은 있을 수 없기 때문에, 그 낱말이 지시하는 추상적 대상은 "'망고나무'에 의해 배제된 것과는 다른 것"이라는 표현에 의해 구분되는 것이다. 그 생각은 단순히 다음과 같다. 한정되는 '나무'는 각각의 한정하는 것(느릅, 오크, 망고 등)의 본성이 그 영역 내에서 다른 것들과의 대비를 통해 정해지는, 한정하는 것들의 영역을 구성한다. 그 귀결은 정신적 구성물(모든 부재는 정신적 구성물이다)이지만 그럼에도 긍정적이고 상당히 실재적인 어떤 것이라고 (잘못) 간주될 수 있는 것이다.

이러한 접근은 몇 가지 문제들에 해답을 제공하지만, 다른 문제들을 발생시킨다. 핀드는 디그나가가 주로 문제 (6)에 답하는 데 관심을 기울여 왔다고 생각한다. 즉 낱말의 의미들은 진정 완전히 본질적인 측면에서 부정적인지 어떤지에 대한 문제에 주로 관심을 기울여 왔으며, 그러므로 또한 어떻게 개별자들이 (정신적으로 구성된 일반적 본성들을 산출함으로써 구성된) 종개념에 포함되는가 하는 문제 (5)에 관심을 기울여 왔다고 생각한다. 이러한 접근이 또한 복합성에 관한 문제 (4)에 대해 답변하는 데 도움이 된다는 사실에서, 디그나가는 이들 답변에 대한 확실한 증거를 보았다. 그러나 디그나가가 설명을 하면서 하나의 개념이라는 생각을 사용하고 있음에도 불구하고, 그가 생각하고 있는 하나의 개념이 무엇인지는 분명하지 않다. 그는 개념들이 그 자체로 실재적 개별자들이라는 것을 부정함으로써 (2)에 대답하는 것처럼 보이지만, 그때 우리는 그가 어떻게 인과적 효과성에 관한 문제인 (3)에 대답할지 궁금하다. 그런데 그때 (6)에 대한 그의 공식적인 답변에서 유래하는 더 많은 문제들이 존재하며, 그러한 문제들은 다음과 같은 사실과 관련된다. 즉 디그나가가 낱말의 의미에 관해 지닌 순수하게 부정적인 설명은 실재론자의 긍정적 설명과 논리적으로 동등한 것처럼 보이기 때문에, 보편자를 회피하고자 하는 이런 접근 방식은 순환논증이나 무한 소급으로 인도되는 것처럼 보인다는 사실과 관련된다. 그의 반대 논사들이 질책한 것은 다름 아닌 바로 이러한 혐의이며, 많은 후기 아포하 논사들은 이러한 혐의로부터의 탈출구를 찾고자 했다.

존 던(John D. Dunne)이 이 책에서 기여하고 있는 것은 아포하론에 대한 다르마키르티의 수정된 정식화를 탐구한 것이며, 그런 정식화의 성공을 유명론이라고 평가한 것이다. 분류도의 형식으로 구성되어 있는 세계를 우리가 어떻게 인식하는가를 디그나가가 설명하고자 하는 곳에서 다르마키르티는 어떻게 순수한 개별자들의 세계가 우리에게 오류를 범하도록 할 수 있는지, 그러나 그럼에도 불구하고 사물들이 자연스럽게 종류들을 형성한다는 유용한 판단을 하도록 할 수 있는지를 설명하고자 한다. 그래서 다르마키르티의 기획은 디그나가의 '하향식' 접근법과 대조적으로 '상향식' 접근법이라는 적절한 명칭을 부여받았다. 문제는 이 두 접근법이 상호 보완적인가 하는 것이다. 디그나가의 설명에서 중요한 공백을 다르마키르티가 과연 채우는 것으로 볼 수 있는가? 또는 디그나가의 용어법을 전략적으로 사용하는 것을 핑계 삼아서 다르마키르티는 라이벌 이론을 전개하고 있는가? 존 던이 설명한 것처럼, 다르마키르티의 주요 관심은 다음과 같은 과정을 기술하는 것이다. 즉 지각적 인식으로부터 복사된 정신적 이미지가, 지각 대상들이 하나의 종류를 형성한다는 의미를 생기게 하는 그런 방식으로, 다른 지각들과 유사한 것으로서 간주될 수 있는 과정을 기술하는 것이다. 다르마키르티의 첫 번째 답변은 다음과 같다. 이러한 하나의 종류는 우리가 관심을 가진 어떤 기능을 수행하는 것으로 간주된 각각의 대상들에 의존한다는 것이다. 대상들은 사실상 독자적인 개별자들이기 때문에, 대상들이 그런 기능을 수행하는 공통 성질을 공유하고 있다는 것 자체가 현실적으로 거짓이다. 각각의 개별자들은 자신의 고유한 특수한 방식으로 그 기능을 충족시킨다. 우리로 하여금 이러한 상호적인 차이들을 보지 못하게 하고, 이런 측면에서 대상들을 비슷하다고 판단하는 것은 다름 아니라 바로 이러한 기능에 대한 우리의 관심이다. 이 대상들이 실제로 공유하고 있는 모든 것은, 그 기능을 수행하지 못하는 그런 사물들과는 다르다는 것이 공통적이다. 이러한 다름〔차이〕은 단지 부정성에 불과하기 때문에 이러한 부정성을 실재적 보편자 또는 유사물로 간주하려는 유혹은 다르마키르티에게는 있을 수 없다. 그래서 다르마키르티는 결국 인간이 지닌 관심들이라는 주어진 집합의 맥락에서, 일반적 성질들이 어떻게 완전히 부정적인 방식으로 구성될 수 있는지를 설명하려는 것처럼 보이기 시작하는데, 그럼으로써 디그나가의 의미론에 대한 심리학적 모델을 제공하게 된다.

존 던은 이러한 설명이 상이한 개별자들이 모두 똑같은 것으로 생각되는 기능을 수행할 수 있다고 전제하는 것처럼 보인다는 반론을 염두에 두고 있다. 만약 우리가 '불'이라고 부르는 많은 개별자들이 사실상 열을 발생시키는 공통된 힘을 공유하지 않는다면, 그것들을 이런 측면에서 모두 유사한 것이라고 지각하는 것이 왜 유용한가? 다르마키르티의 답변은 다음과 같다. 즉 우리가 같은 것이라고 판단하게 되는 어떤 효과를 발생시키는 것은 바로 불이라는 각각의 개별자들의 궁극적 본성인 것이다. 존 던은 이처럼 사물들의 궁극적 본성에 호소하는 것을 다음과 같이 파악한다. 즉 일단 어느 선을 넘으면 아포하의 접근법은 다수에 적용되는 하나의 문제에 대해 실재론자들과 같은 행복한 유명론적 방식이 될 수밖에 없다는 고백과 같은 것이다. 이것은 다르마키르티의 아포하론이 다그나가의 이론과 전적으로 다르다는 주장에 신빙성을 부여할 수도 있을 것이다. 그러나 이것은 또한 개별자의 궁극적 본성은 표현될 수 없기 때문에, 무엇이 한 개별자가 다른 개별자와 닮았다는 우리의 판단을 궁극적으로 설명해 줄 것인가의 문제는 잘못 구성된 문제라는 사실을 지적하는 다르마키르티의 방법과 다를 바 없는 것처럼 보일 것이다. 왜냐하면 만약 모든 개념들이 배제를 포함하고 있고 배제라는 것이 궁극적으로 실재적인 것이 아니며 모든 설명은 개념화를 포함하고 있다는 것이 사실이라면, 사물들이 어떻게 개념적 구성으로부터 떠나 있는가에 의존해서 우리의 그러한 판단을 설명하려는 어떤 시도도 필연적으로 정당화될 수 없기 때문이다. 이것이 의미하는 모든 것은 다음과 같다. 즉 우리가 아포하론을 어떻게 평가할 것인가의 문제는 오직 디그나가와 다르마키르티가 규약적 진리(conventional truth)〔세속제〕라고 부르고자 했던 것에 얼마나 적합한가 하는 것에 근거해 있을 수 있다는 것이다. 규약적 진리란 사물들이 어떤 의미에서는 이미 개념적으로 구성되어 있는 세계 속에 어떻게 존재하고 있는가에 관한 것이다.

존 던의 설명에 따르면 다르마키르티는 (2)에 대한 답변, 즉 개념들이 정신적인 개별자인가 또는 정신적인 규칙인가 아닌가 하는 문제에 대한 답변, 그리고 (3)에 대한 답변, 즉 개념들이 어떻게 다른 사물들과 인과적으로 상호 작용하는가 하는 문제에 대한 답변으로 시작한다. 그는 다르마키르티의 개념들을, 이것들이 정신적 개별자들(모사된 이미지)이면서 동시에 복합적 사례들에 적용되는 존재들(추상적 유형들)인 한에서 '야누스의 두 얼굴을 지닌' 것으로 묘사한다. 만약 그러한 전략이 작동될 수 있다면, 그 전략은 (3)에 의해 제기된 딜레마, 즉 추상성들은 인과적 효과성을 결여한 반면 개별자들은 보편성을 결여하고 있다는 딜레마를 효과적으로 해결하게 될 것이다. 그러나 그러한 전략이 작동될 수 있을까? 그러한 생각은, 정신적 이미지가 애매하거나 모호하기 때문에 많은 지각적 이미지들과 유사한 것으로 간주될 수 있는 것처럼 보인다. 무한한 줄무늬를 지닌 호랑이의 시각적 이미지와 같은 그런 사물이 존재할 수 있을까 하고 우리는 생각한다. 존 던은 또한 이미지를 개념으로서 사용하는 것은 우리가 그 이미지를 다른 사물과 유사한 것으로 간주하는 것과 관계있으며, 이것은 다르마키르티로 하여금 개념들을 규칙 또는 도식으로 생각하는 쪽에 더 접근하게 만들 것이라고 생각한다. 배제가 정신적 기능으로서 보일 수 있다는 그 정도까지는, 개념들을 이렇게 생각하는 방식은 디그나가의 부정적 의미론(semantics)과 일치한다. 그러나 그때 다르마키르티의 개념론에서 정신적 이미지가 무슨 역할을 하는지가 불분명하다. 만약 어떤 개념을 마스터하는 것이 일종의 규칙에 지배된 행위(즉, 개별자들의 집합에서 차이를 간과하는 행위)를 마스터하는 것이라면, 다르마키르티의 개념이 지닌 또 다른 얼굴인 개별적인 정신적 이미지라는 것은 아무 역할도 못 하는 게으른 톱니바퀴 같은 것처럼 보이기 시작할 것이다.

존 던은 또한 다르마키르티가 개념들이 선천적인지 또는 경험을 통해서 획득된 것인지에 대한 문제 (1)에 착수하고 있다고 말한다. 그 대답은 습기(習氣, imprint, vāsanā) 이론으로 표현된다. 다르마키르티는 어떻게 우리가 어떤 사물들을 유사한 것으로 보게 되는가를 설명하는 데 습기 이론을 사용한다. 이러한 메커니즘을 습기라고 부르는 것은 성향(disposition)〔기질〕이라는 것이 우리가 이전 경험을 통해 획득한 것임을 암시하는 것이다. 그러나 다르마키르티는 모든 개념들이 언어를 매개한 학습을 통해 획득된다고 생각하지는 않는다. 왜냐하면 언어를 아직 배우지 않은 갓난아기 또는 인간이 아닌 동물들도 어떤 종류의 자극들에 각기 다르게 반응할 수 있기 때문이다. 그래서 다르마키르티는 어떤 습기들은 '무시이래의 무지'로부터 유래한다고 말한다. 던은 다르마키르티의 이론에는 단지 두 가지 습기 개념이 있다고 한다. 하나는 유사성을 발견하는 일반적인 성향으로서의 습기이고, 다른 하나는 대상에 대한 표상을 착각하는 성향으로서의 습기(지각에 대한 소박한 실재론의 견해를 맹목적으로 받아들이는 오류)이다. 그러나 다르마키르티의 설명이 유효성을 지니기 위해서는 훨씬 섬세한 유사성 지각 성향이 필요한 것처럼 보인다. 가령 갓난아기가 다른 젖꼭지들을 '같은 것'으로 지각하기 쉽다는 것은 분명하다. 그러한 성향들이 '무시이래의 무지'로부터 귀결된 것이라는 주장은, 그런 성향들을 선천적인 것이라고 부름으로써 설명될 필요도 없고, 적어도 그런 성향들을 획득된 것이라고 부르는 것과 대조된다는 의미에서도 그렇게 설명될 필요가 없다. 불교 전통은 현생 이전의 일련의 윤회전생은 시작이 없는 무시이래로부터 유래한다고 주장한다. 이러한 관점에서 주어진 성향은 각각의 삶에서 연속적으로 나타날 것이며(그러므로 어떤 의미에서는 '선천적'이다), 주어진 성향은 이전의 삶에서 지녔던 경험들을 통해서 획득될 것이다(따라서 어떤 측면에서는 '학습된' 것이다). 불교의 맥락에서는 문제 (1)이 분명한 의미를 지니는지는 명백하지가 않다.

문제 (6)은 낱말의 의미라는 것이 본래 전적으로 부정적인 것 즉 배제하는 것(exclusion)이라고 주장하는 사람들에게 딜레마를 제기한다. 부정은 부정되는 것(negandum)을 필요로 하며, 이것은 아마도 본성상 긍정적인 것이어야만 할 것이다. 그러나 만약 이것이 실재하는 개별자라면, "비소가 아니다"(not non-cow)라는 아포하의 공식 속에 포함되어 있는 두 개의 부정어들은 우리를 우리가 출발한 그 개별자 소(cow)로 되돌아가게 하는 것이지, 보편적인 집합의 특징으로 되돌아가게 하는 것은 아니다. 그러한 양자택일은 소들(cows)이라고 불리지 않는 모든 사물들이 공유하고 있는 긍정적인 무엇인가를 지시하기 위해서 '비소'(non-cow)를 취하는 것이다. 그러나 '비소'의 집합은 너무나 이질적이라서 '비소'의 속성을 제외한 어떤 것을 공유하고 있다고 상상하기가 어렵다. 그러므로 그런 설명은 순환논증에 빠지거나 또는 무한 소급의 오류로 인도될 것이다. 이것이 다르마키르티를 반대하는 논사들이 다르마키르티의 아포하론의 공식에 대해 제기한 도전이었다. 그러한 도전과 이에 대한 다르마키르티의 반응은 파스칼 위공(Pascale Hugon)이 이 책에 기고한 주제이다.

위공이 묘사한 것처럼, 다르마키르티의 반응은 당황스러운 것처럼 보인다. 그는 딜레마의 두 번째 뿔을 선택하지만, 그러나 실재론자도 똑같은 어려움에 직면하게 된다고 주장한다. 왜냐하면 언급된 소와 비소라는 두 집합들의 상호 의존성은 우리가 '소'의 의미에 대해 독립적으로 접근할 수 없는 것과 마찬가지로 '비소'의 의미에 대해서도 독립적으로 접근할 수 없다는 것을 의미하기 때문이다. 그렇지만 실재론자 역시 이러한 도전에 대해 신속하게 반응한다. 실재론자들은 다음과 같이 주장할 수 있다. 즉 소에서 지각할 수 있는 소임(cowness)의 현존과 비소로부터 지각할 수 있는 소임의 부재는 우리에게 도대체 어떤 것이 소들의 집합에 속하는가 아닌가를 말할 수 있는 방법을 알려준다고 주장할 수 있다. 그러나 그렇다면 다르마키르티도 유사성 판단이 아포하론에서 똑같은 기능을 수행한다고 대답할 수 있을 것이다. 그래서 그와 같은 판단은 실재적 유사성들에 의존하는 것이 아니라 그 대신에 오히려 주체(subject)의 관심들에 의존하는 것이기 때문에, 다르마키르티가 주장한 것처럼 아포하론은 존재론적으로 문젯거리가 많은 그런 존재들(entities)에게 몰두하는 것을 피한다. 그러므로 피장파장의 오류(tu quoque)로 응답하는 것은 실제로 아포하 의미론이 실재론자의 의미론을 반영하는 정도를 나타내기 위해 계획된 복합적이고 교묘한 변증법적 전략의 한 부분인 것이다. 이러한 측면에서 다르마키르티는 디그나가와 아주 많이 닮은 것처럼 보인다. 왜냐하면 디그나가는 '타자의 배제'라는 것이 바로 보편자 즉 실재론자들이 존재론적 짐이라고 스스로 생각하고 있는 아포하론에서 빠져 있는 모든 것처럼 작동한다는 것을 아주 유쾌하게 인정하고 있기 때문이다. 디그나가와의 차이는 유사성에 대한 판단이라는 다르마키르티의 생각에 놓여 있다. 위공은 이러한 다르마키르티의 생각이 디그나가의 설명과 일치하는지 아닌지, 그리고 다르마키르티의 생각이 합리적으로 옹호될 수 있는지 아닌지 하는 문제에 관해서는 침묵한다.

가쓰라 쇼류가 기고한 글의 주제는 '타자의 배제'(anyāpoha)라는 표현의 세 가지 의미를 설명하는 것이다. 이 '타자의 배제'는 주석자 샤키야붓디(Śākyabuddhi)에 의해 처음 전개되었고 다르못타라(Dharmottara)에 의해 훨씬 더 정교해졌다. 이러한 설명은 디그나가에서 시작된 전통이 디그나가 자신과 다르마키르티의 통찰을 분명하게 하고 확장하려고 시도함에 따라 점차 중요해졌다. '타자의 배제'가 의미할 수 있는 첫 번째 사물은 지각의 대상인 독특한 개별자이다. 개별자가 독특하다는 것은 개별자가 그 밖의 모든 것과 구별된다는 의미에서, 이 개별자는 '다른 것으로부터 배제된' 것이다. 두 번째 가능한 사용법은 (추론과 모든 언어에 의해 매개된 인식의 다른 형식들을 포함해서) 개념적 인식이 지향하는 대상인 보편자 또는 일반적 대상을 지시하는 것이다. 이 보편자는 '타자의 배제'를 포함하는데, 어떤 종류의 구성원에 대한 모든 사유는 구분을 포함하고 있다는 의미에서 그러하다. 다르못타라는 (다르마키르티의 심리학적 모델을 염두에 두고서) 개별자가 지각의 직접적 대상이자 개념적 인식의 간접적 대상인 반면, 일반적 대상〔공상共相〕은 개념적 인식의 직접적 대상이자 지각의 간접적 대상이라고 덧붙인다. 이것은 어떻게 이 두 인식 형식 사이의 등위 관계가 있을 수 있는가 하는 의문을 유발시킨다. 그에 대한 대답은 다음과 같다. 즉 지각을 통해 모사된 정신적 이미지는 '타자의 배제'라는 본성을 지니는데, 과거의 경험으로부터 받은 인상들이 활동성이 있기 때문에 이 정신적 이미지는 유사하지 않은 것으로 간주된 사물들의 표상들과 양립하지 않는다는 의미에서 타자를 배제하는 본성을 지닌다는 것이다. 그리고 이것이 바로 '타자의 배제'의 세 번째 의미로서, 이러한 정신적 이미지가 지닌 배제하는 본성인 것이다. 이 세 번째 의미가 다르마키르티의 개념들이 '야누스의 두 얼굴을 한' 본성을 지니고 있다고 한 존 던의 언급과 아주 분명하게 연관되는 것이다.

아포하론을 인간의 인식 이론으로 평가하면서, 가쓰라 쇼류는 다르마키르티가 수정하고 샤키야붓디가 명확히 한 이후라고 해도 여전히 남아 있는 문제는 어떻게 사물들이 자연스럽게 어떤 종류들로 나뉘거나(디그나가는 분류도를 사용했다) 유사성의 집합들로 나뉘는(다르마키르티는 유사성을 판단했다) 것처럼 나타날 수 있는가를 설명하는 것이라고 지적한다. 가쓰라 쇼류는 결국 아포하 논사들이 인간의 관습에 호소해야만 한다고 제안한다. 그러나 이러한 제안을 옹호할 때, 그는 이론물리학자인 와타나베 사토시(渡辺慧)의 '미운 오리 새끼' 공리를 언급한다. 이 공리는 자연적 종류들이 유사성 집합들로부터 구성된다는 직관적인 생각과 관련이 있다. 즉 예를 들면 두 개의 연꽃은 한 종류에 속한다. 왜냐하면 두 연꽃은 연꽃과 쑥이 공유하고 있는 것보다 더 많은 공통적인 술어들을 공유하기 때문이다. 그러나 와타나베가 증명한 것처럼, 이것은 거짓이다. (연꽃과 쑥을 포함한) 어떤 두 개의 개별자들이 공유하고 있는 무한히 많은 술어들이 있기 때문에, 연꽃이 다른 어떤 존재자와 유사한 것보다도, 연꽃은 다른 연꽃과 더 유사하다는 의미로 이해하는 이러한 방식은 작동될 수 없다. 그래서 자연적 종류들은 인간 주체와 관계하는 요소들과 연관되어 있다고 제안하는 것이다. 그러므로 유사성 유명론은 일고의 가치도 없는 생각이다.

위공은 기고한 글을 통해 쿠마릴라나 웃됴타카라(Uddyotakara)와 같은 반대 논사들에서 시작할 때 아포하론에 대한 보다 깊은 이해가 획득될 수 있다는 것을 보여 준다. 이 책에 기고한 글에서 핫토리 마사아키는 또 다른 니야야학파 논사인 자얀타(Jayanta)에 의해 전개된 깊이 있고 정교한 아포하론 비판을 탐구한다. 특별히 관심을 끄는 한 가지 반론은 '푸른 연꽃'이라는 표현에서 그 두 낱말이 지시하는 외연들(denotations)이 하나의 공통된 연꽃을 공유해야만 하고, 한정하는 것(푸른)-한정되는 것(연꽃)의 관계 속에 있어야만 한다는 사실을 아포하론이 설명할 수 없다는 것이다. 이것은 아포하 논사에게는 문제일 수밖에 없다. 불교도들은 비존재들(absences)이란 실재하는 존재자들이라는 것을 부정하고 있기 때문에, 만약 낱말들이 지시하는 것이 배제들 혹은 부재들이라면, 그것들은 장소를 가질 수 없고 어떠한 관계도 맺을 수 없을 것이다. 만약 다른 한편 누군가가 비존재가 실재적인 것이라고 주장한다면, 두 개의 비존재는 구분된 다른 공간들을 점유해야만 하기 때문에, 마찬가지로 한정하는 것-한정되는 것의 관계에 있을 수가 없다는 난점이 생기게 될 것이다. 여기서 생기는 문제는 질문(4)에 의해 제기되는 것인데, 오직 존재론적 형식으로만 표현된다. 디그나가와 다르마키르티는 둘 다 개별자를 개별 낱말의 간접적 대상으로 간주함으로써 이 질문에 대답한다. 그러므로 '연꽃'이라는 낱말을 사용함으로써 지시된 개별자는 '비연꽃'인 모든 개별자들과 구별되지만, 연꽃 아닌 개별자들 중에는 '비푸른' 어떤 것들이 포함된다. 즉 '푸른'이라는 낱말은 이러한 맥락에서는 연꽃이지만, '비푸른' 개별자들로부터 지시된 개별자를 구별하는 데 사용된다.

질문(6)은 자얀타가 많이 주목하고 있는 문제이다. 비존재에 관해서 실재론을 주장하는 사람들에게 비존재는 '부재자' 또는 부정의 대상, 즉 부정에 내용을 제공할 긍정적인 어떤 것을 필요로 한다. 이것은 쿠마릴라가 처음으로 공식화한 반론으로 이끌어 간다. 그 반론은 다음과 같다. '소'라는 낱말이 부정하는 대상(즉 사자·호랑이·코끼리·다람쥐·말·얼룩말의 집합 등)과 '말'이라는 낱말이 부정하는 대상(즉 사자·호랑이·코끼리·다람쥐·소·얼룩말의 집합 등)의 차이는 너무나 작다. 왜냐하면 각 집합은 다른 집합에는 한 가지만을 포함한다는 점에서만 서로 구별될 뿐, 거기에 포함될 동물의 수는 잠재적으로 무한하기 때문이다. 여기서 우리는 오로지 아포하론에 반대해서만 사용되었던 와타나베의 미운 오리 새끼 공리에 관한 흥미로운 변형을 보게 된다.

아포하론에 대한 자얀타의 논의는 핫토리 마사아키가 다르못타라의 견해에 대해 언급한 것이라고 생각한 것을 포함하고 있으며, 또한 그는 다르못타라라는 중요한 사상가가 후대의 전통에 끼친 공헌을 약술한다. 이러한 공헌 중 주된 것은 한 낱말의 지시 대상은 현존하는 것일 수도 없고 현존하지 않는 것일 수도 없다는 견해이다. 이상하게 들리는 이 견해는 즈냐나슈리미트라(Jñānaśrīmitra)와 라트나키르티(Ratnakīrti)의 수중에서 이루어진 아포하론에 대한 일종의 최고 논증이었던 것의 결론이다. 한 낱말은 개별적인 사용 맥락에서 존재하는 것이거나 또는 존재하지 않는 것을 지시하기 위해서 사용될 것이기 때문에, 한 낱말 유형이 지시하는 외연은 존재하는 것도 아니고 존재하지 않는 것도 아니다. 결국 단순한 정신적 구성물임에 틀림없다는 것이다. 다르못타라의 긍정적 견해는 다음과 같다. 즉 낱말의 의미는 정신적으로 구성된 것이며, 낱말의 의미가 실재적인 것에 부가된 것이다. 자얀타는 이런 생각을 다르마키르티의 견해와 의미상 너무 다르다고 생각하지만, 그러나 그 두 견해가 화해될 수 없다는 것이 아주 확실한 것은 아니다.

파리말 파틸이 이 책에 쓴 첫 번째 기고문은 아마도 인도에서 아포하론의 최종적인 정식화라고 생각되는 것, 즉 즈냐나슈리미트라와 라트나키르티의 정식화에 대한 논의일 것이다. (그의 두 번째 기고문은 이 책에 대한 자매 웹사이트에서 이용할 수 있는데 라트나키르티의 『아포하싯디』*Apohasiddhi*(『배제의 증명』)를 번역한 것이다.) 파틸이 주장한 바와 같이 그 두 사람의 목적들 중 하나는 정신적 내용에 관한 일반 이론—지각과 추론 그리고 언어적 인식과 같은 그런 정신적 상태가 지향하는 대상에 관한 일반 이론— 을 전개하기 위해 아포하론을 배치하는 것이었다. 파틸은 그 이론을 일종의 범형론(일종의 원형 이론)을 포함하고 있는 것으로 본다. 이에 따르면 '소'(cow)라는 낱말과 연관된 그 개념을 우리가 구사할 수 있는 능력은 하나의 개별적인 정신적 이미지를 상기할 수 있는 능력을 포함하고, 이러한 정신적 이미지의 토대 위에서 우리는 배제될 적절한 집합(비소)과 보완할 것(그 패러다임에 속하는 것과 같은 사물들의 집합, 그러므로 소들의 집합)을 형성하게 되는 것이다. 그러나 파틸은 그 이론의 성공 여부는 모든 경쟁하는 실재론자와 유명론자의 이론들의 실패 및 수많은 의심스러운 가정들의 실패에 달려 있다고 주장한다.

이 후자 속에는, 영어 사용자에게는 'cow'를 언급함으로써 형성된 '배제 집합들'— 만약 앞의 범형론에 따르면 이 배제된 집합들은 개별적인 정신적 이미지를 상기할 때 형성되는데 —사이에 상호 주관적인 일치가 있을 것이라는 가정이 전제되어 있다. 각각의 화자에게 생겨나는 이미지는 어떤 다른 화자에게 생겨나는 이미지와는 다르기 때문에, 파틸은 여기서 질문(2)의 딜레마에서 '사적 언어'라는 뿔을 제기한다. 이제 이런 도전에 대한 다르마키르티의 반응은 (존 던과 핫토리 마사아키가 논의했던 것처럼) 배제된 것들은 만족시킬 수 없는 어떤 공통된 관심(우유를 얻고자 하는 것과 같은)을 환기시키는 것이다. (그러한 실패는 결여 또는 부재로서 불교 논사들이 주장하는 것처럼 아무런 존재론적 책무와도 관련되지 않는 어떤 것으로서 구성될 수 있다는 것을 기억하라.) 파틸은 이러한 기능적으로 결정된 배제된 집합에 대해 왜 모든 주체들이 동의해야만 하는가에 대한 질문을 제기한다. 그리고 그는 다음과 같이 밝히는데, 즉 이 질문에 대답하기 위해 자연선택에 호소하는 현대의 자연주의적 경향의 아포하 논사는 자신의 설명 재료들을 빠르게 소진시킬 것이고, 그것이 바로 자연선택의 방식이라고 말하게 될 것이라고 말이다. 아마도 이것은 자연선택론자들의 설명이 하나의 종에 속하는 모든 개별적 구성원들을 관통하는 유사성들, 즉 예를 들면 모든 인간은 포유류이며 그리고 우유를 좋아한다는 사실을 공유해야만 한다는 사실을 언급하기 때문일 것이다. 그리고 그러한 설명을 할 때 호소하는 그 어떠한 유사성들도 그 자체로 더 많은 설명을 필요로 한다. 그러므로 현대 아포하 논사들은 이것이 바로 어떻게 사물들이 존재하는가 하는 방식이라고 독단적으로 주장해야만 하거나, 아니면 무한 소급에 착수하거나 해야만 한다. 파틸은 분명히 후자의 대안을 내키지 않는 것이라고 알아차리겠지만, 사람들은 즈냐나슈리미트라가 반드시 동의할지 어떨지에 대해 궁금해할 것이다. 파틸이 자신의 논문 끝부분에서 논의하는 바와 같이, 즈냐나슈리미트라는 (아포하론을 포함해서) 어떤 이론도 궁극적으로 참이라고 생각하지 않는다. 그러나 그럼에도 불구하고 그는 주어진 이론이 대안적 이론들보다 더 유용할 것이며 그래서 다른 선택들보다 관습적인 진리(세속제)의 더 나은 정식화로서 취해질 것이라고 주장한다. 게다가 즈냐나슈리미트라 또한 그러한 이론들에는 잠재적으로 무한한 위계가 있으며, 동시에 그 각각의 이론은 이전의 것들보다 궁극적인 진리(승의제)에 더 가까이 접근한 것으로 간주한다.[11] 그러므로 여기서도 '무시이래의 무지'에 호소할 때, 사람들이 기대하고 있는 것보다 무한 소급에 대한 더 많은 관용이 인정될 수 있을 것이다.

파틸은 또한 즈냐나슈리미트라와 라트나키르티의 주장에 내재한 정신적 내용을 설명하는 것과 관련해서 몇 가지 문제를 제기한다. 파틸이 제기한 이러한 문제들 가운데는 어떤 현대 아포하 논사가 지각적 인식들과 추론적/언어적 인식들이 서로 다른 현상적인 특징들을 지닌다는 즈냐나슈리미트라의 주장을 받아들이고자 하는지 어떤지 하는 문제가 들어 있다. 파틸은 이러한 문제를 다음과 같은 주장으로 간주한다. 즉 예를 들면, 불에 대한 지각과 불에 대한 추론적/언어적 인식은 동일한 개념적 내용을 갖는 반면, 지각과 추론적 인식은 경험으로서의 지각과 추론의 질적 특성에 의해 지각과 추론의 '그와 같은 것으로 있음'을 구분한다. 그러나 어떤 아포하 논사가 이렇게 말했는지에 대해서는 전적으로 불분명하다. 다르마키르티는 지각과 그리고 직접적으로 뒤따르는, 개념적 인식을 위한 토대를 형성하는 정신적 이미지는 전자는 생생하지만 후자는 희미하다는 측면에서 — 이는 현상

11) 즈냐나슈리미트라의 문맥주의 의미론에 관해 더 많은 것은 McCrea and Patil 2006을 보라.

적 특징의 차이처럼 들리는데 — 구분된다고 말한다. 그러나 모든 아포하 논사들에 따르면 이것은 개념적 내용이 없는 인식〔무분별지〕과 개념적 내용을 지닌 인식〔분별지〕 사이, 즉 적절하게 지각이라 불리는 것과 때때로 지각적인 판단이라 불리는 것 사이의 차이이다. 이제 이와 관련해서 흥미로운 문제, 즉 다르마키르티의 정식화에 근거해서 지각적 판단과 본성상 완전한 추론적 인식 사이에는 한 가지 현상적 차이가 역시 존재함에 틀림없다는 사실로부터 유래한 문제가 하나 있다. 여러분의 시각적 감관이 불과 접촉할 때 먼저 색깔과 모양이 생생한, 비개념적인 표상인 정신적 이미지 M_1이 존재하고, 그러고 나서 잠시 후에 불이라는 개념을 형성하기 위해 이러한 표상을 희미하게 복사한 M_2를 사용하는 지각적 판단이 생겨난다. 당신이 나중에 나에게 당신의 경험에 관해서 말할 때 당신이 사용하는 '불'이라는 낱말은 나에게 정신적 이미지인 M_3를, 내가 당신이 보고하는 그 사실이 무엇인지를 논의하는 데 사용하는 M_3를 불러일으킨다. 이제 M_1과 M_2가 상대적인 구별성에 의해서 구분되는 데 반해, 후자인 M_2는 일상적으로 전자인 M_1과 혼동된다. 그러므로 그 두 가지는 현상적 특징에서 서로 유사함에 틀림없다. 다른 한편 어느 누구도 M_3를 M_1 또는 M_2와 혼동하지 않는다. 그렇지만 여전히 M_3는 현상적 특징에서는 M_1 또는 M_2와 유사함에 틀림없다. 그래서 여기에 수수께끼가 있는 것처럼 보인다. 그러나 오늘날의 인지과학이 말해 주는 바에 의하면, 주체들은 상기된 이미지에 근거하기보다는 처음 표상된 이미지에 근거하여 좀 더 미세한 구별을 할 수 있다(Metzinger 2003, 43~62). 왜냐하면 M_2와 M_3는 상기된 이미지이며 전자인 M_2는 직접적인 상기의 산물이기 때문에, 그 이미지들 사이에 있는 현상적 특징의 차이들은 그와 같은 기능적 차이들로부터 나오는 귀결일 수 있다. 이것이 엄격하게 의미론적인 중요성을 지니는지 여부에 대해 파틸이 의심하는 것은 물론 정당하다. 그러나 적절한 개념 이론은 단지 의미론적 사실들 그 이상을 설명해야만 한다.

파틸은 또한 즈냐나슈리미트라의 다음과 같은 주장을 중시한다. 즉 표상적 내용(즉 본성상 반드시 개념적인 어떤 것)으로서 사용될 그 어떠한 것도 생생한 경험 속에 직접 주어지는 것을 완전하게 포착할 수 없는 한에서는, 정신적 내용을 적절하게 설명할 수 없다는 주장 말이다. 그럼에도 우리는 다음을 의심한다. 즉 존 던이 다르마키르티의 개념들을 '야누스의 두 얼굴을 한' 본성이라고 언급할 때, 그 자신이 염두에 두고 있는 요점을 말하는 또 다른 방식은 아닌지 여부를 말이다. 언제나 염두에 두고 있기가 쉽지 않은 한 가지 요점은, 지각에 관한 표상론자의 이론이 고대 인도철학에서 일치된 입장이 아니었다는 사실이다. 현대의 개념론들은 그러한 관점을, 그와 더불어 정신의 내용이 반드시 '머릿속에' 있다는 생각을 전제하는 경향이 있다. 내용에 대한 외재주의자의 견해와 지각에 대한 직접적 실재론자의 견해는 여전히 소수 의견이다. 다른 한편, 인도의 맥락에서 비불교철학자들은 시종일관 직접적 실재론의 견해를 지니고 있었고, 심지어 불교철학자들 중에서도 표상주의는 논쟁의 여지가 있었다(Dhammajoti 2007, 136). 이러한 맥락에서 다르마키르티와 그의 계승자들 속에서 발견되는 주장, 즉 일반인들이 일상적으로 추론적 인식의 대상을 지각의 대상이라고 착각한다는 주장은 오랜 전통을 지닌 표상론자의 주장 — 지각적 판단은 오직 일종의 자동적 추리를 통해서만 직접적으로 외부 대상을 인식한다는 주장 — 을 반영할 것이라는 생각이 그럴듯해 보인다. 두 가지 서로 다른 종류의 인식 대상이 있다는 디그나가의 주장 배후에 놓여 있는 것처럼 보이는 것이 바로 그러한 오랜 전통인 것이다. 아마도 그런 오랜 전통이 인식적 내용에 관해서는 마찬가지로 어떠한 설명도 할 수 없다는 즈냐나슈리미트라의 주장 속에 작동하고 있는 것이다.

프라발 쿠마르 센(Prabal Kumar Sen)의 논문은 웃됴타카라, 쿠마릴라, 자얀타, 바차스파티 미슈라(Vācaspati Miśra) 같은 불교 논사들이 아포하론에 가한 몇 가지 보다 중요한 비판들에 대한 조사로부터 시작한다. 그는 아포하론에 대한 그 자신의 일련의 반론들을 니야야학파 논사들의 방식과 다르지 않은 방식으로 전개한다. 핀드와 달리 센은 디그나가를 보편자들의 존재에 반대하는 논증을 시작한 사람으로 해석하지 않는다. 이것은 우리가 웃됴타카라와 쿠마릴라와 같은 이들의 디그나가 비판을 어떻게 평가할 것인지 대해 중요한 차이를 발생시키는데, 그들의 많은 반론은 평가 방식의 차이를 발생시키지 않는다면 오해할 소지가 있다. 만약 디그나가가 했던 모든 일이 니야야학파나 미망사학파의 실재론적 의미론과 형식적으로 동치를 이루는 배제에 근거한 의미론을 전개시킨 것이라면, 그리고 거기에 보편어(개별자들의 범위 전체에 분배되어 있는 어떤 것)의 의미가 실재적 보편자들을 포함할 수 없다고 생각할 만한 독자적인 근거가 없다면, 우리는 웃됴타카라, 쿠마릴라를 비롯하여 실재론자의 이론이 더 번거롭고 반(反)직관적인 아포하론보다 더 좋다고 하는 사람들의 의견에 동의하게 될 것이다.

센의 논의가 보여 주듯이 일단 실재적 보편자를 반대하는 불교 논사들의 논증이 검토되자마자, 아포하론에 관한 논쟁은 주로 존재론의 주제에 집중되었다. 예를 들면 웃됴타카라의 모든 반론은 어떤 표현의 의미론적 가치로서 사용되는 것이 무엇이든 간에 그것은 어떤 실재적인 것임이 분명하다는 것을 전제한다. 웃됴타카라는 아포하 논사들이 추상적 대상들은 정신적 구성들이라는 대안적 관점을 분석하려 애쓰고 있다는 사실을 파악하는 데 실패하게 된다. 물론 센 자신은 이것을 알고 있고, 그래서 그는 인과적 효과성 및 예시라는 한 쌍의 문제를 실재론적 의미론의 아킬레스건으로 보는 아포하 논사에게 논의의 초점을 돌려 버린다. 어떻게 영원한 보편자가 어떤 것을 발생시킬 수 있는가 그리고 어떻게 하나의 보편자가 많은 장소에 동시에 나타날 수 있는가라고 묻는 아포하 유명론자에게 센은 어떻게 상상적인 것이 둘 중 하나인가를 묻는다. 그는 니야야학파의 실재론이 존재론적 희생을 치러야 한다는 것을 인정하지만, 불교 유명론의 대안도 마찬가지로 희생을 치러야 한다고 주장한다. 그리고 그는 실재론에 관한 희화적인 이해에 근거해서 실재론의 견해를 추방하지 말라고 경고한다. 예를 들어 센은 니야야학파는 각각의 일반적 용어들에 적용되는 하나의 실재적 보편자를 가정하고 있지 않다고 지적한다. 즉 니야야학파의 의미론은 기본 요소로 겨우 유지되고 있으며, 그런 기본 요소들을 결합함으로써 다른 의미들이 '만들어진다'. 그리고 그는 아포하론이 원형 이론, 대리 원형 이론, 다른 사례에 근거한 개념론들에 공통적인 전형성 효과의 문제에 취약하다고 말한다. 만약 우유를 주는 것과 짐을 끄는 동물로서 이용되는 것이 다음과 같은 기능, 즉 다르마키르티가 '비소가 아님'(not non-cow)이라고 배제를 해석하기 위한 토대로서 인용하고 있는 기능이라고 한다면, 우리는 들소(buffalo)와 늙은 허약한 소들을 어떻게 이해해야 할까? 센은 이런 문제를 지적하지 않는 반면 정교한 니야야학파의 보편자 이론은 이러한 문제를 다루기 위한 수단들을 포함하고 있다. 비록 실재적 보편자가 지닌 기본 요소는 그 수단들을 적용할 때 유연하지 않을지는 모르겠지만, 전형성 효과들과 결합된 문제들은 오직 보편어와 함께 발생할 것이며, 이러한 용어의 의미론적 가치는 저 기본 재료〔용어〕의 조합을 포함하며, 그러한 조합의 원리들로 구성된 유연성과 함께 발생할 것이다. 그러나 그때 아포하 논사들은 센이 제기한 버팔로 반론에 대답하는 데 유사한 전략을 사용할 것이다.

비판적인 니야야학파와 미망사학파의 텍스트 속에서 아포하론에 대해 설명한 것들을 조사함으로써 센은 종종 아포하론을 흥미롭게 하고 있다. 이에 대한 한 가지 사례는 아포하에 대한 다르못타라의 논증을 슈리다라(Śrīdhara Bhaṭṭa)가 설명한 것이다. 슈리다라에 따르면, 그러한 한 가지 논증은 다음과 같다. 염소·말·낙타·다람쥐는 공통점을 지니고 있지 않다는 것을 인정하기 때문에, 그것들은 '비소들'(non-cows)이라는 표현하에서만 하나의 집합을 구성하는 것으로 간주될 수 있다. 그러나 아포하 논사들에 따르면, 소임(cowness)과 같은 그런 실재적 보편자는 전혀 존재하지 않기 때문에, '소'라고 불리는 사물들도 마찬가지로 공통적인 어떤 것도 지니고 있지 않다. 그러므로 소라고 불리는 사물들도 역시 '비소가 아님'(not non-cow)이라는 표현 아래에서만 하나의 집합을 구성하는 것으로 간주되어야만 하는 것은 당연하다. 이 흥미 있고 다소 재치 있는 것처럼 들리는 논증은, 수많은 매우

'친절한' 출처들에서보다는 슈리다라의 서술 속에서 훨씬 더 명백하게 드러난다.

조르주 드레퓌스(Georges Dreyfus)의 논문은 아포하론에 대한 다르마키르티의 정식화와 관련되는데, 이 경우에는 오직 다르마키르티에 대한 티베트 주석가들의 눈을 통해서 보여진 것이다. 개념 형성에 의해서 행해지는 역할이 다르마키르티의 전체 이론의 중심이라고 드레퓌스는 주장한다. 그러나 드레퓌스는 다르마키르티가 과연 유사성 이론가, 즉 개별자들 모두가 서로 유사하기 때문에 우리들이 개별자들을 하나의 종류(kind)에 속한다는 판단을 내린다고 주장하는 사람으로서 간주될 수 있는지 어떤지를 조사함으로써 글을 시작한다. 우리는 자연적으로 어떤 개별자들을 다른 것들과 유사하다고 판단을 내린다고 다르마키르티는 말한다. 그러나 드레퓌스가 지적하기를, 다르마키르티는 그런 판단들이 개별자들 사이의 실재적 유사성에 근거한다는 주장, 즉 실패한 유명론으로 인도되는 주장을 조심스럽게 자제하고 있다고 한다. 그 대신에 다르마키르티는 이와 관련된 개별자들이 유사한 기능(약초의 오래된 사례를 든다면, 열을 내리는 기능)을 수행한다는 사실을 통해서 그런 판단들을 설명하려고 한다. 이것은 다르마키르티가 지각된 유사성이 지닌, 관심과 관련된 본성을 드러내고 싶다는 것을 명백히 해준다. 그것은 또한 폭넓게 공유된 원초적인 유사성 공간, 즉 우리가 보다 복잡한 언어 매개적 개념들을 어떻게 구성할 것인가를 설명하는 데 사용될 수 있는 어떤 것을 설명하기 위해 업의 습기[業習氣] 또는 자연선택의 힘에 호소할 여지를 남기는 것이다. 드레퓌스와 몇몇 티베트 주석가들에 따르면, 이러한 설명에서 결정적인 것은 또다시 다르마키르티의 개념이 지닌 '야누스의 얼굴을 한' 본성이며, 그의 개념들은 일단 정신적 개별자들 즉 유일하고 표현될 수 없는 현상적인 내용을 지닌 개별자들을 의미하며 동시에 다양하게 예시될 수 있는 배제들을 의미하는 것이다. 그 개념들이 지각과 사유 사이를 매개하는 결정적인 기능을 수행하는 것을 의미하는 것처럼, 그렇게 함으로써 사유가 실재를 파악할 수 없음에도 불구하고 어떻게 사유가 실재에 의해서 제한될 수 있는지를 설명할 수 있다.

그럼에도 드레퓌스는 다르마키르티 체계의 핵심에서 외관상의 역설, 즉 "저것은 소다"라는 (아마도 올바른) 판단은 "저것은 산타클로스다" 또는 "저것은 허공의 꽃이다"라는 판단만큼이나 오류라는 것에 관심을 기울인다. 물론 이러한 걱정이 잘못된 것은 아니다. 비(非)불교 논사들은 바로 이러한 근거에 입각해서 아포하 논사들을 계속적으로 집요하게 공격한다. 그 역설을 없애기 위해 드레퓌스는 어떤 티베트 주석가가 했던 비판 이전의 적용과 비판적 검토 사이의 구별을 추천한다. 전자인 비판 이전의 맥락에서는 "이것은 소다"라는 판단은 옳은 것으로 간주된다. 후자인 비판적인 맥락에서는 그 판단은 잘못된 것이다. 왜냐하면 소라는 속성과 같은 어떤 것이 없기 때문일 뿐만 아니라, 또한 이러한 언명의 주어인 '이것'도 마찬가지로 하나의 허구적 구성물이기 때문이다. 그럼에도 불구하고 비판적 검토는, 소임(cowness)과 같은 그런 구성물들과 '이것'에 의해 지시된 시공적으로 연장된 실체가 어떻게 실재적 개별자들과 인과적으로 연결되는지를 이해할 수 있게 도와주며, 그렇게 함으로써 아마도 진실일 수 없었던 판단이 그럼에도 불구하고 어떻게 성공적인 실천을 하는 데 기여할 수 있는지를 설명해 준다. 게다가 이것은 색깔 지각에 대해서 우리가 현재 이해하고 있는 것과 유용한 방식으로 비교될 수 있을 것이다. 우리는 물리적 대상들을 색깔이 있는 것으로 지각하는 반면, 마음-독립적인 실재는 색깔과 같은 그런 것을 전혀 포함하고 있지 않다는 것을 알고 있다. 물리적 대상들의 마음-독립적인 본성이 어떻게 우리에게 색깔을 지각하게 하는지를, 그리고 또한 이러한 인과적 연결을 통해서 왜 색깔에 대한 판단들이 실용적인 가치를 지녀야만 하는지를 설명하는 것은 가능하다.

감각과 사유 사이의 간극은 또한 조너던 가네리(Jonardon Ganeri)의 논문 주제이기도 하다. 그러나 가네리의 기고문은 아포하론의 역사적인 세부 사항들로부터 물러서서 아포하론을 엄밀한 철학적 근거들 위에서 평가하려고 하는 논문들 중 하나에 속한다. 이 경우에 평가는 아포하론이 개념적 표상과 비개념적 표상 사이의 간극을 좁히려는 현대의 노력에 무엇인가를 제공하는지의 여부의 문제에 집중되고 있다. 느낌에 관한 클라크(Austen Clark)의 작업을 현대의 노력의 한 모델로서 간주함으로써 가네리는 배제라는 관념 또는 아포하가 중요한 작용을 하게 될 몇 가지 지점들(places)을 상세히 설명한다. 그런 한 가지 지점은 자극들(stimuli)과 감각에 나타난 성질들(qualities) 사이의 직접적인 상관관계가 전혀 없기 때문에 발생하는 것이다. 예를 들면 시각의 경우에는, 많은 상이한 방식으로 파장들을 결합하는 것은 모두 붉은색을 보게 하는 경험을 산출할 것이다. 이것이 보여 주고자 하는 것은 다음과 같다. 즉 표상된 성질들은, 식별 순서에 따라 그 성질들의 장소라는 토대 위에서 종류별로 분류된다는 것이다. 가네리가 지적한 바와 같이, 이 문제는 붉음(being red)은 단지 비붉음(non-red)으로 간주되는 어떤 것으로부터 배제된 것의 문제인 것이다. 게다가 이것은 한정되는 것 아래로 한정하는 것은 대조적 관계들을 통해서 고정된다는 디그나가의 주장의 배후에 놓여 있는 것처럼 보이는 통찰일 뿐이라는 사실이 덧붙여진다.

가네리가 아포하론이 가지는 가능성을 보는 두 번째 지점은 지각된 특징들을 각 장소에 할당하는 지각 있는 생명체들의 능력을 설명할 때이다. 이러한 능력은 현대 경험론자와 같은 이론가들, 그리고 감각과 사유 사이의 간극을 연결해 주는 불교 환원주의자들을 묶어 주는 성질들을 '하나로 묶는 일'에 결정적으로 중요하다. 만약 공간이 빨강과 달콤함과 같은 차원의 또 다른 성질이라면, 공간은 빨강과 달콤함을 성질들의 무리별로 구성하는 작용(이 경우에는 토마토와 같은 실체들을 구성하는 데 결정적으로 중요한 능력이다) 속으로 함께 결합하는 일에는 사용될 수는 없을 것이다. 핵심적인 차이는 빨강과 같은 어떤 성질에는 양립할 수 없는 범위 —특정한 어떤 장소에서 빨강을 예시하는 것은 파랑과 노랑과 같은 그런 다른 성질들을 예시하는 것과 양립할 수 없는데 —가 있다는 사실이라고 가네리는 주장하는데, 이에 반해 장소들에 비교할 만한 것은 아무것도 없다. 그런데 특정한 어떤 장소에 대한 언급과 유사한 어떤 일을 할 수 있는 능력은, 어느 정도 복잡성을 지닌 어떤 지각 있는 생명체가 틀림없이 지니고 있는 능력은, 마찬가지로 일종의 차이를 통한 배제에 근거하고 있다. 그러나 가네리는 다르마키르티의 관념론이 여기서는 방해가 될 것이라고 우려한다. 대부분의 학자들이 현재 믿고 있는 것처럼, 만약 다르마키르티의 궁극적 입장이 유식학파의 입장이라면, 그는 공간의 현존을 부정해야만 하며 따라서 공간 현상을 감각 인상들의 흐름의 일부로서 주어진 공간적 성질들의 문제라고 설명해야만 한다. 그러나 이 마지막 부분은 따를 필요가 없다. 감각 자료(sensory data)들을 공간적으로 조직화하는 일은 행위 실험(시뮬레이션)의 토대 위에서 지각 있는 생명체의 일부로 나아간다는, 인지과학으로부터 얻은 많은 증거들이 있다. 예를 들면 '여기'는 '저기'와 구분되는데, 이것은 장소의 이동이 있을 때 그리고 장소의 이동이 없을 때 일어나는 일에 기초해서 구별되는 것이다. 그리고 만약 행위를 할 때 행위가 나타내는 성질들이 함께 나타난다면, 관념론자들이 외관상의 공간을 개별화하는 이러한 방식을 쉽게 전유(專有)하게 될 것이다.

가네리가 배제를 생각하고 있는 세 번째 장소는 다음을 설명하는 데 도움을 줄 것이다. 즉 어떻게 감각적 능력이 우리의 개념적 도식과 같은 어떤 것을 발생시킬 수 있는가 하는 것은, 세계를 지속적이고 동일성을 다시 증명할 수 있는 그런 물리적 대상들을 포함하는 것으로 간주할 수 있는 능력에 놓여 있다는 것을 설명하는 데 말이다. 이러한 능력은 순수한 감각의 차원에서는 분명 기능할 수 없는 원천들을 포함하고 있다. 어떻게 그 간극을 넘을 수 있는가? 가네리에 의하면 각 특징들을 각 장소들에 할당할 수 있는 능력을 지닌 생명체는 어떤 특징이 없음을 결여한(즉 어떤 특징이 있는) 장소들을 간파할 수 있을 것이라고 한다. 그리고 "여기에는 항아리가 없는 것이 아니다"라는 판단은 이중부정의 상쇄 작용을 통해서 "이것은 항아리다"라는 판단으로 변형할 수 있다고 그는 지적한다. 후자의 판단은 다시 동일화할 수 있는 개별자 개념을 분명히 포함하고 있다. 따라서 그 제안은 다음과 같다. 즉 지속하는 실체들에 대한 우리의 도식은, 배제를 신중하게 적용함으로써 우리의 지각 내용들로부터 구성될 수 있다는 것을 의미한다. 가네리는 배제라는 관념이 현대에서 간극을 줄이려는 활동을 할 때 유용한 역할을 할 지점들을 지정한 다음, 계속해서 다음의 방식들 즉 그 속에서 다르마키르티의 설명들이 지닌 독특한 세부 사항들이 바로 다르마키르티의 설명과 결합될 수 있는 방법들을 정리한다. 이러한 관점에서 아포하론은 흥미로운 역사적인 가공물 그 이상의 것이다.

아미타 차테르지(Amita Chatterjee)도 비슷하게 아포하론으로부터 나온 통찰을 통해 알려지게 된 이해(understanding)에 관한 인지과학적 설명을 낙관하고 있다. 인지과학에서 유행하는 한 가지 논쟁은 인식은 (디지털 컴퓨터의 작용과 유사한) 계산적 과정으로 이해되어야만 하는가, 아니면 생태학적 유기체의 지각 및 행위 체계의 동역학적 상호 작용이라는 수단을 통해서 이해되어야만 하는가 하는 문제와 연관되어 있다. 이러한 동역학 또는 비계산주의를 향한 한 가지 질문은, 어떤 인식 이론이 전적으로 정신적 표상들(이 정신적 표상들에 관해서는 계산적 설명들이 적합하게 잘될 수 있다)이 없어도 작동될 수 있는가 어떤가 하는 것이다. 차테르지는 다음과 같이 주장한다. 아포하론에 관한 다르마키르티의 정식화는 정신적 표상에 대한 비계산적 이론을 설명하는 데 사용되며, 이러한 비계산적 이론에 의해서 비계산주의의 온건한 형식이 그럴싸하다는 사실이 강화되고, 이러한 비계산주의는 계산주의, 즉 정신적 표상들은 보다 높은 차수의 인식을 할 때 역할하게 된다는 계산주의와 일치하는 것이다. 이것은 직접적으로 질문(2),

즉 개념들이 정신적 개별자들 또는 규칙들인가 아닌가 하는 질문에 대한 하나의 대답을 제시하는 것이다. 표상들에 대해서 계산적으로 접근하는 것은 표상들을 규칙들 또는 도식들 즉 계산 활동 속에 포함된 연산 방식(algorithm)으로서 간주하는 것이기 때문이다. 그러므로 만약 아포하론이 표상들에 대해 비계산적으로 접근하는 것을 제시하는 것이라면, 이러한 비계산적 접근이라는 선택은 배제되는 것이다. 그러나 비계산적 접근인 동역학주의(dynamicism)는 마찬가지로 표상은 일종의 정신적 개별자일 것이라는 가능성을 배제하는 것이다. 비계산적 접근이라는 측면에서는 실제로 존재하는 개념이라는 것은 전혀 없다. 즉 우리가 어떤 개념을 생각한다는 것은 단지 복잡한 동역학적 과정의 일면을 뽑아낸 것에 불과할 뿐이다.

이것은 마찬가지로 질문(1), 즉 개념들이 선천적인가 아니면 습득된 것인가 하는 문제에 대한 답을 제시해 준다. 차테르지는 제임스 깁슨(James Gibson)의 '행위유도성'(affordnace)이라는 관념을 사용하는데, 이는 행위를 지각할 수 있는 가능성을 의미한다. 행위유도성이라는 것은 유기체와 유기체의 환경 사이에서 획득되는 관계적 속성들을 의미하며, 이런 측면에서 다르마키르티가 주장한 것처럼 배제의 집합을 형성하는 관심들, 즉 소라는 개념을 이러한 관심을 만족시키지 못하는 사물들과는 다른 것으로서 구체화할 수 있는 '짐을 진 동물들'에 관한 관심과 유사한 것이다. 이제 몇 가지 행위유도성들은 자연선택이 이와 관련된 개별자들 사이에 있는 유사성들의 현상을 촉진하도록 작동할 수 있다는 유기체-환경 관계에 대한 충분히 안정적인 특징들이다. 이러한 과정은 종들에 내재하는 개념들, 즉 '무시이래의 무지'에 기인하는 다르마키르티의 습기와 동일한 것을 낳는다. 그러나 다른 행위유도성들은 훨씬 찰나적인 것에 불과하다. 이런 것들은 학습된 개념들의 원천일 것이며, 이 개념들의 일부는 언어의 매개를 통해 공유된다. 따라서 이러한 설명은 경험론자와 합리론자 사이의 오랜 논쟁을 합리주의의 입장에서 해결하는 것처럼 보인다. 왜냐하면 이 설명은 적어도 몇 가지 개념들은 선천적이라고 주장하기 때문이다. 그러나 행위유도성이라는 관념이 명백하게 해주듯이, 여기서 작용하고 있는 내재성은 단지 개별적인 유기체 차원에서만 주장되는 것이지, 종의 차원에서 주장되는 것은 아니다. 종의 관점에서 본다면, 모든 개념들은 환경과의 상호 작용을 통해 획득되는 것이다. 따라서 마음과 세계 사이의 예정조화라는 합리주의의 신비는 전혀 해결되지 않고 있다.

동역학적 접근 방식과 아포하론 사이에 있는 유사성의 가장 심오한 원천은 "세계 속의 대상들은 유기체와 세계 사이의 동적인 상호 작용에 의해서 단계적으로 창조된다"라는 공유된 확신에 놓여 있다. 다르마키르티의 정식화는 다음을 자세하게 설명하는 방식을 제공해 준다. 즉 어떻게 이 단계들이 유일한 개별자들에 관한 조야한, 개념화되지 않은 지각으로부터, 색깔과 같은 그런 원초적 유사성에 대한 (원개념화된protoconceptualized) 지각을 통해 항아리나 소와 같은 지속하는 실체에 관한 완전한 지각 판단으로까지 인도하는지를 말이다. 이것은 단계적 과정이기 때문에, 표상들은 작동을 설명하기 위해 필요하다. 다르마키르티는 동역학의 방식으로, 즉 어떻게 일련의 상호 작용이 그 다음의 보다 고차적 단계에서는 지각을 통한 입력으로서 — 표상으로서 사용되면서 — 간주되게 될 것인가 하는 방식으로 이해 수단을 제공해 준다. 이처럼 다르마키르티가 행하는 아래에서 위로 향하는 상향식 접근이라는 이해에 근거해 보면, 아포하는 우리가 감각적 입력의 측면에서 수행하는 논리적 작용이 아니라 유기체와 환경이 상호적으로 교차하는 교점인 것이다.

주목할 만한 가치가 있는 최종 지점을 차테르지는 다음과 같이 제시한다. 즉 아포하론은 디그나가의 사유에서는 시작부터 이분법으로 구성되었던 도식-내용의 이분법 없이도 작동될 것이다. 이렇게 제시한 것은 불교도들이 관습적 진리〔세속제〕라고 부르는 이론을 제한할 필요가 있을 것이다. 그러한 아포하론은 동역학적 인식 이론들과 마찬가지로 퍼트넘의 내재적 실재론과 완전히 양립할 수 있을 것이다. 그리고 그렇게 함으로써 아포하론은 도식과 내용 사이의 엄격한 분리를 초래하는 모든 난점들을 피할 수 있을 것이며, 동시에 상대주의의 문제도 피할 수 있을 것이다. 이것 외에도 아포하론은, 중관학파가 다르마키르티의 사유를 빌리는 것은 바로 이러한 난점 피하기를 실현하려는 것이라고 덧붙인다. 중관학파는 궁극적 진리〔승의제〕와 같은 어떤 것이 있다는 주장을 관습적으로 부정하고 있다. 그러나 아포하론에 대한 다르마키르티의 정식화는 세속제와 승의제 사이의 구분을 충분히 활용하고 있다. 그래서 샨타라크시타(Śāntarakṣita)와 같은 중관학파의 논사가 아포하론은 인간 인식에 관해서 가장 유용한 설명을 제공한다고 주장할 때, 이것은 승의제-세속제 구분이 단지 관습적으로만 유효하다고 말하는 것과 같다.

밥 헤일(Bob Hale)과 브렌든 질론(Brendan S, Gillon)이 쓴 그다음 두 논문은 "비소가 아니다"(not non-cow)라는 독특한 아포하 표현이 두 종류의 다른 부정(negation)을 포함한다는 아포하론의 특징을 다루고 있다. 즉 동사적으로 연관된 부정("저것은 비소가 아니다")과 명사적으로 연관된 부정("저것은 비소가 아니다")의 두 종류 말이다. 아포하에 관한 이러한 이해에 근거해서, 두 개의 다른 부정을 사용하는 것은 쿠마릴라가 처음 제기한 비일반화의 난점, 즉 개별자들의 세계 속에서 실재에 대한 지시체가 어떻게 본성상 일반적인 것을 산출할 수 있는가에 대답하는 것을 의미한다(이 책에 실린 위공의 글을 참조하라). 아포하 표현들과 관련된 두 가지 부정이 동일한 종류의 것이라면, 그 두 부정들은 상쇄되는 것처럼 보인다. 왜냐하면 어떤 경우건 우리가 시작했던 개별자로 되돌아가기 때문이다. 그러한 제안은 부정에 관한 두 가지 다른 유형들을 조합하는 것이 고전적인 이중부정의 원리를 따르지 않으며, 그래서 아포하론이 작동하기 위해 필요한 일반화는 논리적으로 적합하다는 것이다.

헤일은 이러한 전략에 대해 비판적으로 평가하면서 그가 구성성의 문제라고 부르는 것을 제기함으로써 시작한다. 그러나 이는 질문(4)에서 논의된 '푸른 연꽃'과 '애완용 물고기'의 문제와는 다른 것이다. 그는 아포하론의 핵심 주장이 "x는 P이다"는 "x는 비P가 아니다"로 분석될 수 있다고 간주한다. 그러나 이러한 분석은 다음과 같은 난점을 초래한다. 즉 후자의 명제는 'P'가 구성 성분이 되는 복합적 표현을 포함하기 때문에, 그러한 구성 원리 즉 복합적 표현의 의미는 그 구성 성분들의 의미들의 기능이라는 원리를 위반할 수밖에 없다는 난점을 초래한다. 이것은 사실상 위공이 논의했던 쿠마릴라와 웃됴타카라의 순환성의 오류라는 반대 논리이다. 이러한 비판에 대해 가능한 대응을 탐색하면서 헤일은 유명론의 구성적 의미론이라고 부르는 것을 서술한다. 이 유명론의 구성적 의미론은 예비적인 표현들로서 단지 논리적으로 고유한 이름들만을 그리고 기본적인 논리적 항들(동사에 대한 부정)을 지니고 있으며, 게다가 차이를 나타내는 술어 즉 고유명사에 대한 명목상의 부정처럼 기능하는 차이 술어를 지니고 있다. 만약 우리가 언어 사용자에게 다르마키르티의 '분별할 수 없는' 정신적 이미지와 같은 어떤 것을 익히게 한다면, 이 전략은 작동하게 될 것이라고 헤일은 인정한다. 그러나 헤일이 지적하는 바와 같이, 그때 유명론자의 모든 힘든 문제를 처리해 주는 것은 다름 아닌 바로 정신적 이미지들(이는 로크의 '추상 관념들'처럼 많은 일을 하는 것으로 기능한다)이며, 어떤 경우건 간에 두 가지 부정 전략에 호소하는 것은 불필요한 것처럼 보인다는 것이다.

헤일은 계속해서 다음과 같이 지적한다. 다르마키르티의 인과적 이야기의 중심에 있는 관심들에 호소하는 것은 그 관심들이 반복될 수 있는 종류들이어야 한다는 것을 요구하는 것처럼 보인다. 이 경우에 유명론자는 지상에 진짜로 유사한 건물을 짓거나 무한 소급을 시작하거나 하는 일상적인 딜레마로 되돌아간다. 결국 헤일이 생각하길, 아포하 유명론자가 할 수 있을 최선은 단순히 다음과 같이 주장하는 것이다. 즉 "x는 비P가 아니다"는 "x는 P이다"에 대한 정확한 분석이 아닌 반면, "x는 P이다"보다 존재론적으로 명확하게 언급되지 않았기 때문에 "x는 P이다"를 대신해서 사용될 수 있다고 주장하는 것이다. 그러나 이는 아포하론을 디그나가 정식화의 최소주의적 특징으로 되돌리는 것이다. 다르마키르티가 대답하고자 했던 많은 비판들에 대해 아포하 논사들이 대답하기 위해 동원할 수 있는 다른 원천들에 대해서 헤일은 말하고 있지 않다.

질론의 논문은 두 가지 부정 관념에 따라서 해석된 아포하 유명론의 형식적 의미론을 개관하는 것이다. 그의 결론은 부정적이다. 집합론의 내적 부정과 외적 부정으로 해석된 두 가지 부정을 통해서 두 가지 부정의 어떠한 결합도 어떻게 인식이 개별자로부터 보편자로 이행할 수 있는가를 보여 줄 수 있는 그런 원하는 결과를 결코 산출하지 못한다는 것이다. 아포하 논사들이 두 가지 부정 전략을 마음속에 품고 있었다는 아무런 증거도 없다고 주장하는 저자들도 있다. 질론은 이러한 역사적인 문제에 대해서는 침묵한다. 그의 결론은 다음과 같다. 만약 다른 저자들이 아포하론을 이러한 방식으로 작동하는 것으로 간주했다면, 현대 의미론 속에 그 저자들의 가설을 지지할 수 있는 것은 아무것도 없다.

마크 시더리츠(Mark Siderits)는 자신이 이해하고 있는 아포하론을 역사적·이론적 근거 위에서 다른 사람들의 비판에 비추어서 검토한다. 그렇게 하면서 그는 다르마키르티와 그의 계승자들의 상향식 접근법이라고 간주되는 것을 상당히 상세하게 설명한다. 그것은 우리가 역사적인 사항들에서 손을 떼고 그 이론을 합리적으로 재구성하는 일을 수행할 시간에 이르기 위해서이다. 이것은 질문(2)에 대한 대답을 산출하는 것이다. 즉 그 대답은 차테르지의 대답처럼 개념들을 정신적 개별자들 또는 도식들(schemata)로 간주하는 이분법을 거부한다. 다르마키르티는 우리에게 더밋이 언어의 '코드 개념'(code conception)이라고 부르는 것을 제공할 뿐이라는 비판에 답하면서(이 속에서 낱말들은 화자의 사적인 상태들인 생각들을 소통하기 위한 코드로 사용된다) 아포하 논사들은 다음과 같이 말할 것이다. 어떤 한 개념의 개념은 동적인 과정, 즉 이 과정 속에서 정신적 개별자들은 어떤 역할을 하며 이 과정은 규칙에 지배된 행위에 의해서 사후적으로 분석될 수 있는 것을 구체화한 것이라고 말이다. 이러한 역동적인 과정은 한 인식자에게 마찬가지로 여러 다른 인식자들 사이에서도 시간이 지나도 일치한다. 왜냐하면 그 과정은 인식자의 관심들을 만족시키는 행위로 인도하기 때문이다.

또한 시더리츠는 질문(5)의 핵심에 공통적으로 가해지는 비난, 즉 그 이론이 실재적인 유사성들로 불가피하게 위장해서 보편자들을 몰래 도입한다는 비난에 대해 아포하 논사들이 내놓을 만한 하나의 대답을 제안한다. 이러한 대답은 끝없이 연기(deferral)하려는 전략이라고 불리는 것과 연관되는데, 실제로는 그 이론이 무한 소급과 관련된다는 것을 인정하지만 그 이론이 악의적이라는 것은 부정한다. 그러나 인과법칙들이 '여러 종류의' 존재들 사이의 관계들을 진술한다는 것을 고려한다면, 이러한 대답은 보편자들이 없다면 인과성이 어떻게 존재할 수 있을까 하는 문제와 씨름한다. 제시된 대답은 다음을 제안하는 것이다. 즉 불교 유명론자들은 인과성을 보다 기본적인 존재들로 환원될 수 있는 어떤 것으로서 취급할 수 있는데, 실제로 불교도들은 단지 개념적 허구라고 불리는 사물들의 긴 명단에 인과성을 덧붙인다고 말이다. 그러나 이러한 방식은 인과성을 상향식 설명에서 결정적인 것이라고 간주하는 사람들에게는 의심의 여지 없이 불안정한 것으로 나타날 것이다. 만약 인과법칙과 같은 것이 실제로 없다면 어떻게 상향식 설명이 작동하겠는가?

그러므로 질문 (6)은 아포하론과 연관된 두 가지 부정이 하나의 술책(gimmick) 그 이상의 것인지 아닌지 하는 질문으로 진술된다. 시더리츠는 두 가지 부정 전략이 저절로, 어떻게 우리가 한 개념을 — 그 개념이 '본유적'이건(노란색처럼) '경험을 통해 획득된' 것이건(항아리처럼) 상관없이 — 숙달할 수 있는지를 설명하지 못한다고 인정한다. 다르마키르티와 같은 형태의 아포하 논사들은 정신적 이미지들을 관심을 끌도록 사용함으로써 한 개념을 숙달하는 것을 설명한다. 그럼에도 그는 두 가지 상이한 부정에 호소하는 것이 완전히 다른 문제라고, 즉 어떻게 우리가 한 개념을 숙달하는가에 관한 인식론적 문제가 아니라 오히려 어떻게 오로지 개별자들의 세계에서 이용할 수 있는 일반적 패턴이 존재할 수 있는가에 관한 형이상학적 문제에 대답하는 것이라고 제안한다. 이러한 제안은 아포하 논사들이, 니야야학파의 분류법 나무가 유명론적 세계에서 어떻게 유지될 수 있는지를 보여 주는 한 방식으로 동사와 관련된 부정과 명사와 관련된 부정의 결합을 사용할 수 있다는 생각을 떠올렸다는 것을 의미한다. 물론 시더리츠는 지금 자신의 주장을 직접적으로 지지해 줄 수 있는 아무런 역사적인 증거가 없다는 것을 인정하지 않으면 안 된다. 그러나 그는 니야야학파의 역사 속에서 하나의 에피소드를 지적하는데, 이 에피소드는 아포하론에 대한 그 자신의 모형의 주요한 모든 특징들을 포함하고 있을 뿐만 아니라, 개별자들과 보편자들을 연결하는 두 개의 부정 전략 및 비(非)일반화의 문제에 기초한 이의 제기 등을 포함하고 있다.

마지막으로, 파리말 파틸이 수행한 라트나키르티의 『아포하싯디』

번역은 이 책의 자매 웹사이트인 'www.cup.columbia.edu/apoha-translation'에서 이용할 수 있다. 파틸은 자신의 번역에 '괄호 없이'라는 제목을 붙였다. 대부분의 인도철학 텍스트를 번역할 때, 우리는 꺾쇠괄호로 감싸인 엄청난 자료들과 마주친다. 이러한 자료들은 그럴 만한 아주 훌륭한 근거들이 있다. 고대 인도철학자들은 표현 의식에 가치를 부여했기 때문에, 그들의 저작들은 자신들이 작품 활동을 하고 있는 전통에 정통하지 못한 사람들에게는 거의 이해될 수 없을 것이다. 결국 그 텍스트를 문자적으로 번역하는 것은, 상당한 양의 배경 자료들에 의해 보충되지 않는다면, 그리고 많은 학자들이 보충 자료들이 삽입되었다는 것을 알리기 위해 꺾쇠괄호를 사용하기로 결정하지 않는다면, 거의 또는 전혀 쓸모가 없는 것 같다. 그러나 이러한 방책은 그 논증에 대한 이해를 손상시키기도 하는데, 특히 비전문가들에게는 더 그렇다. 파틸은 (몇몇 다른 학자들처럼) 그 텍스트를 이해할 수 있도록 해주는 필요한 자료들을 여전히 제공하는 동안에는 괄호를 사용하지 않을 것이라고 결정했다. 그 자료들은 여전히 도전을 제공할 것이다. 하지만 인도의 철학 텍스트들과 전통들을 거의 또는 전혀 접해 보지 않은 이들이 이 책에서 그것에 선행하는 논문들을 읽어 보고 난 이후에 그러한 논쟁들을 따라올 수 있기를 바란다.

1장 _ 말할 수 없는 것에 대해 말하는 방법

디그나가와 다르마키르티의 아포하론

톰 틸레만스

언어철학이 어떻게 해서 '불교 논리학'이라고 불리는 체계에서 논의되었던 내용을 포함하게 되었는지에 대해 나름의 일관된 설명을 하고자 할 때는, 언어와 개념을 한편에 두고 다른 한편에는 말할 수 없고 개념화되지 않는 것, 즉 실재적 개별자를 두어 양측을 구분하는 유식학파에서 그 핵심적 실마리를 찾아야 한다. 흔히 사용되는 철학적 개념으로 말해 보면 유식학파, 그리고 논리학적인 아포하 논사들은 '도식-내용'의 구분을 확고하게 따랐던 사람들이다. 그들은 언어적-개념적 도식이 만들어 내어 아직 해석되지 않은 내용에 적용시키는 그 무엇과, 실재하며 지각에 의해서만 파악되고 개념적 틀을 넘어서 있어서 그 틀로 인한 왜곡과 물듦에서 벗어나 있는 내용 자체를 명확하고 근본적으로 구분할 수 있고 또 그렇게 해야 한다고 주장했다.[1] 근본적인 도식-

1) 이러한 도식-내용 구분은 여기저기서 조금씩 변형된 형태들을 파생시키면서 실제로 동서양의 많은 지적 성찰의 영역에서 엄청나게 확산되었다. 도널드 데이비드슨의 「개념적 도식에 관한 고찰」은 과학, 인류학, 언어학, 언어철학에서 도식-내용을 구분하려는 시도들을 논하고 있다(Davidson 1984).

내용 구분을 하는 데 있어 얼핏 해결하기 힘들어 보이는 문제는, 유식학파처럼 세계에 존재하는 것들은 개념적 도식에 의해 부과된 본성들을 완전히 벗어난 방식으로 존재한다고 일단 주장하고 나면 그 주장을 철회하기도 어려울뿐더러 그러면서도 언어, 개념, 그리고 세계의 연결을 어떻게든 설명해야 한다는 점이다. 적어도 어떤 개념적 도식 혹은 세계에 대한 설명이 어째서 다른 것보다 더 낫거나 사실에 더 가까울 수 있는지를 제시하기란 상당히 어려운 일임이 분명하다. 무엇보다도 모든 언어와 개념은 종국에 가서는 모두 똑같은 상태, 즉 사물들의 존재 방식과는 전혀 관련이 없는 것처럼 보이게 되기 때문이다.

유식철학으로서의 아포하론

그럼에도 불구하고 불교 논리학자들, 즉 아포하 논사(Apohavādin)들이 세계에 대한 설명에서 독단적이지 않을 수 있었던 이유를 살펴보기 전에, 유식학파에서의 도식-내용 구분을 간단하게 살펴보고 아포하 논사들도 분명히 유사한 철학적 곤경에 처해 있었다는 점을 확인해 볼 필요가 있다. 유식학파의 도식-내용 구분은 바수반두(Vasubandhu)〔세친世親〕의 『트리스바바바니르데샤』(*Trisvabhāvanirdeśa*)〔삼성론三性論〕와 『트림쉬카』(*Triṃśikā*)〔유식삼십송唯識三十頌〕, 그리고 다른 여러 저작들(다르마팔라Dharmapāla〔호법護法〕의 텍스트들과 아마도 아상가Asaṅga〔무착無着〕의 『보디사트바부미타트바르타파탈라』*Bodhisattvabhūmi-tattvārthapaṭala*〔보살지진실의품菩薩地眞實義品〕까지도 포함될 것이다)에서 찾아볼 수 있는 고전적 주제인 존재의 삼성설(三性說, trisvabhāva)과 관련되어 있다. 간단히 말해서 언어적-개념적 본성은 '허구적 본성'(parikalpita)〔변계소집성遍計所執性〕이며 따라서 실재하지 않지만, 존재의 '의존적 본성'(paratantasvabhāva)〔의타기성依他起性〕에 투사되는데, 그 존재는 실재하지만 말할 수는 없고 그 자체로 허구된 것의 외부에, 그리고 그것을 벗어나 있는 것이다.

바수반두나 다른 여러 저자들이 '허구적 본성'과 '의존적 본성'이라는 용어를 사용하고 있지만, 전자를 '보편자'(sāmānyalakṣaṇa)〔공상〕로, 후자를 '개별자'(svalakṣaṇa)〔자상〕로 어렵지 않게, 그리고 자연스럽게 바꾸어 볼 수 있다. 따라서 아포하라고 간주되는 보편자 X, 즉 비(非)-X의 배제는 허구적 본성의 도식적 특성을 모두 가지고 있다. 부재인 그것은 비실재이며 일종의 개념적 허구이고, 따라서 실재하는 보편자를 거부할 수 있게 해주는 것처럼 보인다. 이 체계는 개별자만을 실재로 인정한다는 점에서 유명론적 입장을 견지하는 것이다. 동시에 개별자는 도식이 그 위에 덮이는 지각 내용이며, 그것은 마치 고전 유식학파에서 말하는 의존적 본성〔의타기성〕과 같은 것이다.

그러니까 삼성설과 아포하론을 연결시키는 것은 철학적 관점에서 보면 그리 어려운 일이 아니다. 사실 이 작업은 유식학파 내에서도 논리학적 경향을 띤 여러 주요 사상가들에 의해 진행되었다. 디그나가의 뛰어난 제자로 6세기에 활약했던 다르마팔라의 경우만 하더라도 이런 경향을 분명히 보여 주는데, 그는 『차투샤타카』(*Catuḥśataka*)〔대승광백론본大乘廣百論本〕에 관한 주석서인 『광바이룬스룬』(*Guang bai lun shi lun*)〔대승광백론석론大乘廣百論釋論〕에서 '허구적 본성-의존적 본성'(parikalpita-paratantra)과 '보편자-개별자'(sāmānyalakṣaṇasvalakṣaṇa)의 이분법 사이를 오가고 있다. 그러나 이러한 경향은 바비베카(Bhāviveka)〔청변淸弁〕의 『마디야마카흐리다야카리카』(*Madhyamakahṛdayakārikās*)〔중관심론송中觀心論頌〕에서 특히 분명하게 드러나는데, 여기에서는 익명의 유식학파 논사가 디그나가의 언어철학에 기대어 삼성설을 옹호하고 또 그의 아포하론을 사용해서 개념이 어떻게 구성되어 말할 수 없는 지각 내용에 부과되는지를 설명하고 있다. 불교 논리학의 언어철학과 유식적 세계관이 밀접하게 연관되어 있다는 점에 대해 어떠한 합당한 이유를 대면서 의문을 제기하더라도, 바비베카의 책은 그 의심을 침묵시키기에 충분하다.[2)]

지시의 문제

뭔가 말할 수 없는 세계에 있는 것들'에 대해 말하기'를 논한다는 것은 무슨 뜻일까? 바꾸어 말하면, 불교의 입장에서 보면 '무엇에 대해 말하기'는 결국 직접적이지는 않지만, 유식적 경향의 철학자들과 그 동지들인 아포하 논사들을 지시의 문제에 직면하도록 만든다. 불교 논사들은, 실은 많은 인도철학자들도, 낱말이 뜻 혹은 의미인 속성을 표현한다는 사실과 그것이 자신의 뜻인 속성을 통해 세계에 존재하는 특수한 어떤 것을 가리킨다는 사실을 구분하지 않은 채, '표현되는/말해지는 것'(vācya), '지시되는 것'(abhidheya), 그리고 '낱말의 의미' 혹은 '낱말이 의미하는 것'(padārtha) 등의 표현들을 자주 사용하기 때문에 이 문

2) 이 점에 관해서는 곧 발표할 글에서 논할 것이다(Tillemans 2011).

제가 직접적으로 제기되는 것은 아니다.

잘 알려진 대로, 일찍부터 인도의 언어철학은 낱말이 일반적인 속성을 나타내는가 아니면 개별적 사물들을 나타내는가 하는 이분법적 관점에서 의미론을 전개했다. 이후로 (의미체인) 속성과 (지시체인) 개별자를 함께 표현할 수 있는 이론을 세우기 위해 그 구분법과는 결별하려는 시도가 생겨났다. 예를 들어 낱말이 '보편자를 소유한 개별자' (jātivat, sāmānyavat)를 나타낸다는 니야야학파의 해결책은 낱말이 단지 어떤 하나 혹은 다른 하나만을 나타낸다는 부조리를 피할 수 있게 해준다. (보편자에 대한 니야야·바이셰시카 학파의 고전적 실재론에 대해서는 서론의 1부를 보라.) 요컨대 낱말이 어떤 유형의 이중부정적 속성을 표현한다는 입장을 견지하는 아포하론도, 유사 보편자와 개별자를 함께 표현할 수 있게 해주는 것처럼 보인다는 점에서, 그와 유사한 절충적 시도라고 할 수 있다.[3] 『프라마나삼웃차야』 5장은 아포하가 절충안을 제시할 뿐만 아니라, 그렇게 하는 데 있어서 실재적 보편자에 연루되지 않는다는 점에서 철학적으로도 만족할 수 있는 유일한 방법임

3) 이 문제와 관련하여 아포하론이 전개되어 온 과정은 복잡하다. 대체적인 윤곽은 다음과 같다. 디그나가는 아포하론이 보편자와 개별자가 함께 표현됨을 설명한다고 인정하면서도, 『프라마나삼웃차야』 5장에서 니야야학파의 '낱말이 보편자를 가진 개별자를 표현한다는 가설'(tadvatpakṣa)에 대해 반대 입장을 길게 설명한다. 쿠마릴라는 『슐로카바르티카』에서, 낱말이 (보편자로서의) 배제를 나타내며 개별자는 그 자체로 보편자를 가진 개별자의 형상이 된다는 것과 디그나가가 언급하는 문제들이 아포하론에도 적용될 수 있다는 것에 대해 반대 의견을 제시한다. 다르마키르티는 『프라마나바르티카』 I.64와 자주(自註)인 『프라마나바르티카스바브리티』에서 보편자를 가진 개별자를 회복시키고, 아포하 보편자는 허구이며 그것과 개별자들 사이에 진정한 구분은 있을 수 없다고 강조하면서 그것을 아포하론과 양립 가능한 것으로 만들어 놓는다. 역사적·문헌적 세부 사항에 대해서는 내가 곧 발표할 글을 보라(Tillemans 2011).

을 보여 주려는 야심찬 기획을 담고 있다.

틀리든 맞든 아포하가 의미론에서의 오랜 논쟁에 대한 최상의 대답이 되었다는 점은 인정되었지만, 불교 논리학자들에게는 어쩌면 이와는 다른 또 하나의 문제가 생기는데, 그것은 디그나가에게서는 잘 드러나지 않지만 다르마키르티에게서는 아주 분명히 드러난다. 그 문제는 이런 것이다. 불교 논리학자는 이 허구적인 이중부정적 유사 보편자든 혹은 다른 방식이든 그것을 매개로 해서, 그 자체로 말할 수 없는 것이라고 여겨지는 실재인 개개의 개별자들을 어떻게 골라낼 수 있게 되는가? 간단히 말해서 이것은 도식-내용의 간극을 메우는 문제이다. 그것은 지시의 문제이며, 말할 수 없고 단지 지각할 수 있을 뿐이며 그 내적 본성이 실제로 이해되거나 묘사될 수 없는 개별자들을 지시대상이 포함한다고 여겨질 때는 특히 해결하기 어려운 문제가 되는 것이 분명하다.

아포하론의 두 가지 접근법

넓게 말해서, 아포하론에는 도식-내용의 간극을 메우는 데 두 가지 접근법이 있다. 하나는 '하향식'(top-down), 또 하나는 '상향식'(bottom-up)이다. 여기서 '하향식'이란 아포하가 실재하는 보편자에 존재론적으로 얽매이지 않고서도 개별적인 사물들에 관계될 수 있는 것은 배제에서의 논리적 작동자가 가지는 부정이라는 특별한 — 그리고 아마도 매우 정교하기까지 한 — 특성 때문이라는 입장을 말한다. 간단히 말해서, 하향식 접근법에서 아포하는 속성·뜻·의미의 역할을 하며, 개념적 도식에 속하지만 그러면서도 세계에 존재하는 실재하는 개별자들을 한정하고 따라서 그것들을 골라낼 수 있는 것이다. 이중부정이라는 어떤 특성으로 인해 우리는 실재하는 개별자 외에 실재하는 보편자에도 연루되지 않을 수 있다. 상향식 접근법에서 도식-내용의 간극을 메우는 것은 이중부정이라는 특수한 종류의 논리-형이상학적 특성이라기보다는 인과적 연쇄와 착오이다. 낱말이 어떤 사물에 연결되는 방식은 따라서 어떤 사물(thing)에서 사고(thought)로, 그런 다음 낱말의 발화로 이어지는 인과적 연쇄의 존재에 의해 주로 설명된다.

아포하론은 서양과 고대 인도(적어도 주요 비불교 비평가들의 글들)에서는 보통 하향식 접근법으로 설명되는데, 이것은 다시 말하면, 허구인 이중부정이 내적인 본성상 말할 수 없고 순수하게 특수한 실재하는 존재들을 골라내는 역할을 한다고 보는 것에 의해 불교 논사들이 어떤 유명론적 이정표를 얻을 수 있다고 생각했다는 의미가 된다. 따라서 칼 포터는 불교적 유명론이 보편자에 연루되지 않는 것에 대해(보편자에 대해 인도에서 전형적으로 사용하는 우성牛性을 예로 들어) 다음과 같이 지적한다. "그것〔실재하는 보편자〕은 그것〔실재〕을 묘사하기 위해 그것〔실재〕이 어떤 긍정적인 특성(예를 들어 우성)을 가진 것처럼 왜곡하지만, 그것〔아포하〕은 그것〔실재〕을 어떤 부정적인 특성(예를 들어 비非우성)을 결여한 것으로 묘사하기 위해 〔실재를〕 왜곡하지는 않는다"(Potter 1963, 188). 그리고 비말 크리슈나 마틸랄은 다음과 같이 기술하고 있다. "디그나가에게 의미란 허구적 구성물이며 부정적으로 기능해서 …… [그 이름이] 적용될 수 없는 대상들의 집합으로부터 그 대상을 배제한다"(Matilal 1971, 44).

디그나가의 입장은 다음과 같이 요약해 볼 수 있을 것이다. 『프라마나삼웃차야』 5장에는 그 자체로 있는 그대로인, 즉 직접 지각에 나타나는 실재하는 사물은 나눌 수 없는 단위라는 점이 반복해서 설명되고 있다. 그럼에도 불구하고 그것은 개념적으로 나눌 수 있는 여러 '측면들'(aṃśa, 즉 '부분들') 혹은 속성들이라는 관점에서 다루어지며, 이 측면들 전체를 표현할 수 있는 하나의 낱말은 없다. 따라서 '소'라는 낱말은 하나의 속성을 나타내고 '비(非)항구적인'이라는 말 또한 다른 하나의 속성을 나타내며, 이 각각의 낱말은 마음에서 순수하게 부정적인 방식으로 만들어진 어떤 속성을 전달하며, X(예를 들어 소 혹은 비항구적인 것 등)를 비(非)X들로부터 구분해 내는 것이다. 따라서 디그나가는 여기서 우리가 말하고 있는 '하향식' 접근법의 근본적인 면들을 어느 정도 인정했던 것처럼 보인다. 아포하 즉 낱말에 의해 표현되는 비비(非非)X 덕분에 우리는, 긍정적인 특성이 개별자들 자체에 현존하기 때문이 아니라 단지 그 이중부정이라는 논리적 특성으로 인해 개별자들을 골라낼 수 있는 것이다.[4)]

인도에서 디그나가에게 반대했던 쿠마릴라와 웃됴타카라 등은 그

---

4) 핫토리 마사아키가 엮은 『프라마나삼웃차야』 5장에 있는 간단한 설명을 참조(Hattori 1982, 103). 또한 『프라마나삼웃차야』 V.12를 보라: "bahudhāpy abhidheyasya na śabdāt sarvathā gatiḥ"(표현되는 것이 많은 측면을 가지고 있지만 하나의 낱말로는 그 모두를 파악할 수 없다. 하지만 [낱말은] 그것이 관련된 것을 따라 대상을 분리해 낸다). 『프라마나바르티카스바브리티』 62~63(ed. Gnoli)에 인용된 『프라마나삼웃차야브리티』(*Pramāṇasamuccayavṛtti*) 5장을 참조: "śabdo 'rthāntaranivṛttiviśiṣṭān eva bhāvān āha"(낱말은 존재들이 다른 것들의 부정에 의해 성질이 부여될 때에만 그것들에 대해 말한다). 디그나가의 『사만야파리크샤』(*Sāmānyaparīkṣā*)에 나와 있는 이 구절 및 이와 비슷한 구절들에 대해서는 Pind 1999를 보라.

가 하향식 접근법을 사용해서 보편자를 이중부정 형태의 허구적 구성물로 대체한다고 보았다. 불교 논사들이 긍정적 보편자를 이중부정으로 대체해서 그 유명론적 기획에 어떤 도움을 얻게 되리라는 희망을 가지는 것이 가능하기나 한 일인가를 추궁하는 것이 그들의 주요 반대 논리 중 하나였다는 점은 새삼 놀랄 일도 아니다. (비불교 측으로부터의 도전과 그에 대한 불교 측의 대응에 대해서는 이 책 중 파스칼 위공, 핫토리 마사아키, 프라발 쿠마르 센의 글을 보라.) 아포하론을 재구성하고 있는 한스 헤르츠베르거(Hans Herzberger)를 비롯한 여타의 현대 철학자들은 일반적으로 이런 유형의 질문에 대해 하향식 방식의 맥락에서 해답을 찾았다. 헤르츠베르거는 에밀 포스트(Emil Post)의 이중명제 이론이 제시하는 어떤 가능성을 가지고 그가 '재치 있는 유명론'(resourceful nominalism)이라고 부르는 것을 생각해 냈는데, 그것은 개별적인 것들에 비자의적으로 적용된 술어들이 어떻게 우리의 순진무구한 의미적 직관을 설명하면서도 보편자에 연루되지 않을 수 있는지를 설명하려고 한다. 헤르츠베르거가 보기에 모든 명제는 내용과 연루로 정돈된 쌍으로 분석될 수 있다. 따라서 '아포하적 이중부정'은 내용은 긍정하지만 존재론적 연루는 부정하게 된다. 시더리츠는 적어도 부분적으로는 하향식 방식을 취하고 있는 몇 편의 글에서 이중부정을 두 개의 서로 다른 부정 유형을 포함하는 것으로 간주하며, 그래서 줄곧 유명론적 입장에서 보편자들에는 관계되지 않으면서도 개별자들의 어떤 집합을 골라내는 것은 그 둘의 결합에 의해 이루어지게 된다고 설명한다.

하향식 접근법에 대한 설명은 이 정도로 해두고 이제 '상향식' 접근법을 살펴볼 차례인데, 그것은 다르마키르티의 입장임을 논증해 보고자 한다. 디그나가와 다르마키르티 사이에 생긴 가장 큰 변화는 언어를 세계에 연결시키기 위해 인과적 접근법을 사용한다는 것이다. 개별자(자상)에서 지각으로 그리고 마지막으로는 사고와 언어로 이어지는 이 인과적 연쇄는 디그나가에서는 전혀 찾아볼 수 없으며 따라서 이 이론에 상당한 진전이 있었음을 보여 준다. 사실 다르마키르티가 고안해 낸 것은 분명 새로운 아포하론이라고 할 수 있다. 이와 관련된 대표적인 구절을 살펴보자.

『프라마나바르티카』 3장에서 다르마키르티는 다음과 같이 말한다. "[보편자, 즉 아포하가] [실재하는] 존재로서의 속성(bhāvadharmatva)이라는 그 지위를 잃는다 해도, 존재에 대한 파악이 있고 난 뒤 [보편자의] 인식이 있으므로 이는 오류가 아니다."[5] 이 게송에 대해 데벤드라붓디(Devendrabuddhi)는 다음과 같이 주석을 붙인다.

> 어떤 사람이 [개별자의] 형태 등을 본 데서 훈습된 습기(bag chags = vāsanā)에 의존해서 개념적 사고(rnam par rtog pa = vikalpa)가 생길 때, 그것은 파악된 그 자체의 이미지(rnam pa = ākāra)를 형상 등의 이미지로 여기고(zhen pa = adhyavasāya) 실제로 [형상 등에] 적용한다. 이런 방식으로, [개별자의] 형태 등을 본 영향으로 [형상이라는 생각 등, 즉 보편자라는 생각이] [간접적으로] 생겨나며, [그 자체의 이미지를] 그것들

5) 『프라마나바르티카』 III.53(ed. Tosaki): "bhāvadharmatvahāniś ced bhāvagrahaṇapūrvakam / tajjñānam ity adoṣo 'yam."

[즉, 실재하는 형상]이라고 여기며, 그리하여 [이 두 이유가 합쳐져서] 그 사람은 [그 보편자를] [실재하는] 존재의 속성이라고 부르는 것이다.[6]

이 설명은 다음과 같이 이해해 볼 수 있다. 아포하적 보편자 U는 개별자들인 p_1, p_2, p_3 등의 속성이라고 여겨질 수 있는데, 그 이유로는 ① U라는 생각은 p_1, p_2, p_3 등에 대한 직접지각에 의해 마음에 새겨진 습기에 의해 인과적으로 조건 지어져 생겨나고, 이 지각들이 이번에는 p_1, p_2, p_3 등에 인과적으로 연결된다는 것, ② 마음은 스스로 만들어 내어 존재들에 부과한 보편자 U와 (개별자들이면서 실제로는 U를 가지지 않은) 존재들 자체를 구별하지 못한다는 것을 들 수 있다. 데벤드라붓디는 보편자가 존재들의 속성으로 간주될 수 있다고 사람들이 주장하는 이유로 이 두 가지 사항을 묶어 제시한다. 위에서 본 다르마키르티의 게송에서도 이런 이유가 제시되고 있음을 잘 알 수 있다.

따라서 다르마키르티의 지시 이론, 즉 낱말이 어떻게 동일한 종류라고 여겨지는 여러 개별자들과 연결되거나 그것들을 지시할 수 있는지에 대한 설명은 두 부분으로 되어 있는 셈이다. 그 첫 번째 부분은 오늘날 보통 '인과적 지시론'이라고 부르는 것의 한 형태라고 할 수 있는 것으로, 자신의 언어 학습과 개념 습득을 통해 대상에서 그 대상의 표

---

6) 『프라마나바르티카판지카』(*Pramāṇavārttikapañjikā*) Peking edition, 167b8~168a1: "gzugs la sogs pa mthong bas bsgos pa'i bag chags la brten nas rnam par rtog pa skye ba na / rang nyid kyi gzung ba'i rnam pa la gzugs la sogs pa'i rnam pa nyid du zhen pas'jug pa de ltar na gzugs la sogs pa mthong ba'i stobs kyis skye ba'i phyir dan / der zhen pa'i phyir dngos po'i9 chos yin no zhes tha snyad du byas pa yin pa yin no."

상으로 그리고 그런 다음 특수한 경우 낱말을 사용하는 것으로 이어지는 길고도 복잡한 인과적 연쇄를 세세하게 따라가면서 이러저러한 낱말을 가지고 존스라는 한 사람이 지시하는 그 무엇을 설명하는 유형의 이론이다. 다르마키르티의 아포하론은 지시에 있어서 인과성에 의존한다는 점에서 이와 별반 다르지 않지만, 상정되는 연쇄의 과정은 아주 복잡하다. 그것을 자세하게 풀어 보면 다음과 같다. 존스는 개별적 사물들을 보고 그것들에 대한 지각적 이미지(ākāra)들을 가진다. 이 이미지들은 존스의 마음에 훈습된 '습기들'로 인해, '이것은 U의 한 예이다'라는, 유(類)적 이미지(즉, 아포하/배제)를 수반하는 판단을 불러일으킨다. 특수한 지각 이미지들이 모두 동일한 판단을 이끌어 내는 데 있어서 같은 효과를 가지기 때문에, 그것들은 동일한 인과적 힘을 가지며 함께 묶일 수 있다. 아포하와 특정 낱말의 연결은 화자의 발화 의도(vivakṣā)에 의해 결정된다. 존스는 이러저러한 아포하를 표현하기 위해 특정의 낱말을 사용하기를 원하게 되고, 그래서 낱말의 발화를 인과적으로 조건 짓는 것은 바로 의도가 되는 것이다.

다르마키르티 지시 이론의 두 번째 요소는 착오이다. 이것은 사실 인과적 설명을 보충하는 사항이다. 이 아포하 논사는 지시의 인과적 연쇄에서의 핵심 단계에서, 즉 이러저러한 것이 U의 한 예라는 판단을 마음이 내릴 때, 마음은 스스로 만들어 낸 유적 이미지에 속아 넘어가 그것이 실재이며 세계에 존재한다고 생각하게 되는 것이 틀림없다고 주장한다. 바꾸어 말하면 우리가 언어와 개념을 세계에 있는 어떤 것들에 적용하기 위해서는 모든 개별자들의 차이를 어떻게든 무시하고, 비록 보다 정교한 이론적 반성 속에서는 공통 속성이라는 것은 단지 우리가 스스로 만들어 낸 것일 뿐이라고 생각하게 된다 해도, 우리는 그 공통 속성의 실재성에 대해 무비판적이고도 순진하게 연루되면서 그런 관점에서 생각하고 말할 필요가 있는 것이다.[7)]

그렇기는 하지만, 착오가 아포하에서 일정한 역할을 한다고 해도, 그것이 현대의 전형적인 오류론과는 부분적으로만 접합된다는 점은 분명히 짚고 넘어가야 한다. 사실 오류론들은 배제론의 주창자들이 모호한 것이라고 여겼던 특수한 유형의 속성들에 연루되는 이유를 설명해야 할 부담을 어떤 방식으로든 지고 있다. 하티 필드(Harty Field)는 이와 같은 이론을 수학에 적용했다. 폴 처치랜드(Paul Churchland)와 퍼트리샤 처치랜드(Patricia Churchland)의 배제적 물리주의 이론은 분명 '민속심리학적인' 언어와 개념에 관한 오류론이다. 존 매키(J. L. Mackie)는 『윤리학: 옳고 그름의 발명』(*Ethics: Inventing Right and Wrong*)에서 '선한' 것 등은 사실은 만들어진 속성들(예를 들어 선함) 등을 가리키지만, 그럼에도 불구하고 우리의 실제 윤리적 사고와 담론은 마치 윤리적 속성들이 우리의 행위들과 사건들의 상태에 참으로 존재하거나 그런 것들에 내재하기라도 한 것처럼 진행되며 그런 진행의 경향에는 변함이 없다고 주장한다.

아포하로 다시 돌아가 생각해 보면, 그것이 이런 전형적인 오류론

---

7) 다른 글에서 나는 이것을 '무의식적 오류론'이라고 부른 적이 있다. 이 논의와 문헌 자료에 대해서는 Tillemans 1999, 209~211 참조. 사키야 판디타(Sakya Paṇḍita, sa skya paṇḍita) 같은 티베트불교 사상가들은 비(非)성찰적이고 실질적인 관점('jug pa'i tshe)과 이론적 관점('chad pa'i tshe)을 면밀히 검토하고 후자가 전자와 혼동되거나 혹은 그것을 대체할 수 없다고 주장한다. Tillemans 1999, 235~236n19를 보라. (이 책에 실린) 드레퓌스의 글 또한 보라.

들과 명백하게 다른 한 가지 차이점은 바로 영역의 문제임을 알 수 있다. 그 아포하 논사〔다르마키르티〕는 몇몇 특수한 종류의 속성들을 이론화하는 것에 그치지 않는다. 사람들은 불교 이론가로서는 자신을 유명론자라고 분명히 확신하고 그래서 분별력을 발휘할 때는 개별자만이 존재한다고 주장할지도 모르지만, 실상은 마치 모든 공통 속성들이 실재이며, 보편자에 대한 실재론이 옳기라도 한 것처럼 행동하고 생각하고 말한다고, 그는 사실상 주장한다. 그러나 아포하론은 사실 도식과 내용이 전형적인 오류론적 방식으로 연결되는 것, 즉 이러한 연결이 단지 우리가 잘못 생각하는 데서 기인한다는 설명을 하려는 것이 아니라는 점 또한 분명히 짚고 넘어가야 한다. 그리고 만약 그것이 사실이라면, 아포하론은 아마도 전형적인 오류론으로는 보이지 않는 것이 너무나 당연할 것이다. 요점은 오류론자들이 이러저러한 개념들 혹은 실천들이 순전히 '형이상학적 미신'[8]에서 기인한다고 진단하는 것과 반대로, 아포하 논사들은 비록 인과 과정을 우리가 주관적으로 표상할 때 그 핵심 특성들을 어쩔 수 없이 왜곡하고 잘못 파악하기는 하지만, 사고, 언어, 그리고 개별자 사이에는 복잡한 인과성을 통한 중요한 연결이 실제로 있다고 본다는 것이다. 의미심장하게도, 앞에서 인용한 데벤드라붓디의 구절이 분명히 보여 주는 것처럼, 착오는 그 자체로는 결코 전체적인 설명이 되지 못하며 인과적 설명을 전제로 해야 하

8) '형이상학적 미신'은 존 홀데인과 크리스핀 라이트가 오류론들을 논하면서 만들어 낸 말이다. Haldane and Wright 1993, 9를 보라. 오류론들에 대해서는 Hale 1999, 288~291을 보라.

는 것이다. 사실 단 하나의 예외, 즉 티베트에서 발전된 아포하론들을 제외하고는, 아포하 논사들이 지시를 설명하는 데 있어서 인과성이 그 해설의 주된 역할을 맡고 있다.[9]

다르마키르티의 설명에서 지배적인 인과적 경향은 또한 지시에 대한 자연주의적 설명을 이끌어 내는 것처럼 보인다. 지금부터는 콰인 이후로 '자연화된 인식론'이라고 부르기도 하는 이 '자연화된 지시 이론'을, 알고 지시하는 등의 과정에서 사람들이 하는 일들의 합리성과 정당화를 철학적으로 **확인하기**보다는 사람들이 하는 일 자체를 강조하는 이론 바로 그것으로 설명해 보고자 한다.

다르마키르티는 사람들이 낱말을 가지고 어떤 것을 지시할 때 일어난다고 생각되는 인식 사건들을 설명하는 데 관심을 쏟았고, 각각의 사건이 다음 사건과 인과적으로 연결되는 연쇄 과정을 구체적으로 보여 주면서 이 작업을 진행시킨다.[10] 주목해야 할 점은, 자신의 아포하론의 결정적인 단계에 가서 그는 지시의 근거를 찾거나 확인하기를 포기하고 다음과 같이, 즉 사람들은 이러저러한 일들을 하고 이러저러한 판단을 내리지만 일정한 단계가 되면 더 이상 철학적으로 만족스러운 정당화나 확인이 주어질 수 없다고 말하는 것처럼 보인다는 것이다.

---

9) 자신들의 아포하론에서 인과성에 대한 강조를 최소화했던 다르마키르티 이후 학파로는 겔룩파(Geluk, dge lugs)가 있다. Tillemans 1999, 211~212를 보라. 다르마키르티의 아포하론과 전형적인 오류론들의 차이점을 더 잘 이해하는 데 도움을 준 마크 시더리츠에게 감사한다.

10) '무언가를 하고자 하는 무시이래의 습기들'을 언급하려는 시도가 종종 있지만, 이것 역시 낯선 것이긴 해도, 플라톤의 『메논』에 나오는 회상과 비슷한 점이 있는 또 다른 자연적 요소다.

예를 들어 여러 특수한 X 이미지들이 같은 집합으로 분류되는 것은 그것들 각각이 사실은 동일한 효과(ekakārya) — 즉 개별 X 이미지들 모두에게 동일한 "이것은 X이다"라는 판단 — 를 낳기 때문이지 '그것들 속에' 공통된 어떤 것이 있기 때문은 아닌 것이다.[11] 아포하 논사를 비판하는 사람들은, 그렇다면 "이것은 X이다"라는 판단의 예들이 모두 같다는 것을 확인하기 위해서는 아포하 논사는 그것들 모두가 동일한 메타 판단을 낳는다고 말해야 하며, 그렇게 되면 분명히 무한 소급의 문제에 부딪히게 된다고 지적한다. 이러한 무한 소급의 문제를 잘 알고 있었던 다르마키르티는 더 이상 동일한 메타 판단과 관련된 정당화에 대한 설명을 하려고 하지 않는 대신, 단지 그 판단들, 즉 모든 것이 외관상 동일한 내용을 가진 것으로 나타나게 되는 방식에 의지한

---

11) 『프라마나바르티카』 I.109에 대한 다르마키르티의 자주(ed. Gnoli) 참조: "naiṣa doṣaḥ / yasmāt / ekapratyavamarśasya hetutvād dhīr abhedinī / ekadhīhetubhāvena vyaktīnām apy abhinnatā"([개별자에 대한 지각적 인식은 또한 근본적으로 서로 구분된다는] 이런 오류는 생기지 않는다. [지각적] 인식은 [그것들에 대한] 동일한 판단의 원인이며 따라서 인식은 서로 다르지 않기 때문이다. 그것들이 동일한 [지각적] 인식의 원인이므로, 개별적인 것들 역시 다르지 않다). 'ekapratyavamarśa'를 번역하면서 심각한 문제가 생긴다. 이 책의 대부분의 저자들은 (핫토리와 틸레만스, 그리고 Dunne 2004, 121, 344를 제외하고) 그것을 단순히 '동일 판단'이라고 하기보다는 '[개별자들을] 동일한 것으로 판단', '동일성의 판단' 등으로 옮기고 있다. 'ekapratyavamarśa'를 '[개별자들을] 동일한 것으로 판단'이라고 표현하는 것은 티베트에서 'gcig tu rtogs pa'라고 옮기는 경향을 따르는 것이라고 할 수 있다. 그것은 또한 카르나카고민의 『프라마나바르티카스바브리티티카』(*Pramāṇavārttikasvavṛttiṭīkā*) p.227.13에 나오는 구절 "ekapratyavamarśayeti svaviṣayasyaikākārapratyayasya"를 반영한 것으로 보인다. 하지만 이 합성어를 이런 식으로 이해하면, 게송 109에서 결과가 같기 때문에 원인도 같다고 하는 반복적으로 기술된 추론 방식이 모호해져 버린다. 그리고 다르마키르티의 철학에서 판단이란 개별자들 사이에서의 동일성을 말하는 것이 분명하므로, 'eka'라는 말을 '동일 판단'이라고 해석하는 것이 문헌적으로 훨씬 더 간단할 것이다.

다.[12] 이 단계에서 확인은 분명히 끝나고 단지 복잡한 여러 요소들을 지적하는 것으로 대체된다.

두 접근법의 유명론적 가치에 대한 평가

시간이 지나면서 아포하론은 그 사용 범위가 점점 넓어지게 되었다. 그것은 예를 들면 개념 형성, 즉 지각에서 개념화로 전환되는 과정을 불교적 입장에서 설명하게 해주고, 또 명확하지 않은 맥락에서 동일항을 동일항으로 치환하는 등의 논리적 문제를 해결하려는 시도와도 관련된다. 7세기의 인식론임에도 불구하고, 이 중 어떤 것들은 심리학처럼 보이기도 하며, 당연히 상당한 흥미를 불러일으킨다. 또 어떤 것들은 논리철학의 친숙한 주제들을 다루면서 우리의 흥미를 끌기도 한다(Tillemans 1986 참조). 그러나 불교의 아포하론이 어떤 목적으로 사용되든 그리고 무엇을 명료하게 밝혀 주든 간에, 지적인 유명론에서 찾아낼 수 있는 가능성을 그것이 가지고 있다고 할 수 있는가? 짧고도 신속하게 다음과 같이 대답할 수 있다. 그것은 우리가 어떤 아포하론을 생각하는가에 달린 것이다.

우선 모든 하향식 접근법들 혹은 그것을 현대에 재구성한 이론들은, 이중부정에 의지해서는 유명론적 입장의 이점 중 어떤 것도 얻을 수 없다고 생각하는 (대체적으로) 인도와 서양의 불안에 대한 실제적

12) 다르마키르티, 샨타라크시타, 그리고 그 밖의 여러 이론가들에 대한 자세한 논의로는 Dunne 2004, 121~126을 보라.

인 대응인가? 헤르츠베르거는 훨씬 더 순진한 유명론, 다시 말해서 보편자란 그저 단순한 명칭(flatus vocis)에 불과해서, "소크라테스는 아프다"라는 문장이 참이 되는 것은 '아프다'라는 말이 소크라테스의 속성을 단정할 수 있는 경우에만 가능한 이른바 행복한 유명론이 작동할 때에만 자신의 설명이 유효하다는 점을 스스로 인정했다. 이것이 사실이라면, 보편자에 연루되는 것을 실제로 회피하는 것은 결국에는 아포하 때문이 아니라 오히려 순진한/행복한 유명론적 책략 때문일 것이다. 그렇다면 이 하향식 아포하론이 (약간은) 덜 명백한 단순 명칭 유명론 이상의 것이 되고자 한다면 우선 해야 할 일은 존재들을 그룹화하는 데 있어서 보편자가 할 것으로 가정되는 과정을 자체적으로 해내는 이중부정의 어떤 독창적인 특징을 발견해 내는 것이겠지만, 그것은 어디까지나 유명론자들이 그토록 싫어하는 존재론적 흔적 없이 이루어져야 하는 것이다.

『프라마나삼웃차야』 5장에서 디그나가는 아포하가 보편자에 대한 그러한 유형의 대체물이 될 수 있다고 분명히 생각했던 것 같다.[13] 그러나 그 과정이 그렇게 쉬운 것은 아니며, 특히 쿠마릴라류의 주장들이 제기되어 있는 상황에서, 목표로 하는 그것을 이루게 해줄지는 분명하지 않다. X와 비비(非非)X 양자는 어느 정도 **동시적으로** 이해되는 것이 사실이기는 하지만, 아포하와 같은 유명론이 이중부정이라는

---

13) 『프라마나삼웃차야』 V.36에 대한 자주를 보라. 거기서 디그나가는 타자의 배제란 보통은 실재적 보편자에게 귀속되는 특징들, 즉 통일성, 영속성, 그리고 각각의 개별자에 적용되는 등의 특징들을 가진다고 말하고 있다.

대체물을 어떤 특권화된 장소에 두고 그것을 낱말이 우선적으로 나타내는 것으로 여길 때는 문제가 심각해진다.[14]

그렇다면 "하향식 방식의 아포하 유명론을 주장하는 것에는 아주 문제가 많다"라는 것을 인정하고, 다르마키르티적인 이론 혹은 그러한 이론의 요소들을 살펴보고 그것이 유명론에 최상의 전망을 제공한다고 생각할 수도 있다. 넓게 말하면 이것이 철학적으로 가장 가능성 있는 방식일 것이다. 하지만 아포하론을 이렇게 다르마키르티적인 방식의 상향식 이론으로 변형시키는 데서 생기는 주요 난점은 이 이론이 더 이상 이중부정적 대체물에 의한 유명론을 보증할 수 없게 된다는

---

14) 의미란 구성되는 것이라는 원칙을 고수하면서 이와 같이 이중부정에 우선순위를 두는 것의 어려움에 대해서는 이 책에 실린 헤일의 글을 보라. 이 글에는 또한 '상호 의존성'(anyonyasaṃśrayatva) 비판에 대해 후대 아포하 논사들이 대응하려 했던 시도가 쿠마릴라를 비롯한 여러 사람들에 의해 무위로 돌아가는 과정이 소개되어 있는데, 이런 대응은 이중부정에 주어진 특권적 지위가 포기될 때에만 유효하기 때문이다. 간단히 말해서, 쿠마릴라는 『슐로카바르티카』 V.83ff.에서 의미가 구성되는 것임을 말하면서 비비(非非)x의 이해는 비x의 이해에 의존하며 이 후자의 이해는 이번에는 x의 이해에 의존한다고 주장한다. 만약 이 x가 비비x라고 이해된다면, 결국은 아무것도 이해할 수 없는 악순환에 빠지게 된다. 다르마키르티, 그리고 샨타라크시타 같은 후대 아포하 논사들은 어떤 것들이 "이것은 x이다"라는 판단을 낳고 어떤 것들은 그렇지 않은지를 우리가 이해할 수 있기 때문에 비x성이 독립적으로 이해되는 것과 마찬가지고 x성인 것도 독립적으로 이해된다고 말하면서 상호 의존의 문제를 해결하려고 했다. 예를 들어 『타트바상그라하』(*Tattvasaṃgraha*)〔진실강요眞實綱要〕 1063을 보라: "gāvo 'gāvaś ca saṃsiddhā bhinnapratyavamarśataḥ"(소와 비소는 서로 다른 판단들이 있음으로 해서 잘 확립된다). 간단히 말해서, 개별 동물들이 어떻게 해서 동일한 우성(牛性)을 가진 것으로 생각될 수 있는지가 다시 언급되는데, 이번에는 악순환을 벗어날 방법을 찾으려는 의도가 담겨 있다. 하지만 이 논의 그리고 『프라마나바르티카』와 『프라마나바르티카스바브리티』에서 구사되는 양비론적 전략(tu quoque strategy)이 쿠마릴라를 비롯한 다른 사람들에게 적절한 대답이 되기 위해서는 아포하, 즉 비비(非非)소에는 근본적으로는 아무것도 있을 수가 없고 그것은 우리가 '소'라는 낱말을 사용하거나 소에 대해 생각할 때 결국에 혹은 무엇보다도 먼저 이해해야만 하는 것이 될 것이다.

것이다. 정리하면, 디그나가가 이중부정에 의지해서 얻은 것으로 보이는 유명론적 이정표가 이제는 아주 다른 방식, 즉 인과적 연쇄를 환기시키는 자연주의적 설명을 통해 얻어지게 된다. 어쨌든 다르마키르티가 자연주의적 설명을 통해 도식과 세계를 연결하고 또 그런 설명에 의해 실재적 보편자에 연루되지 않는 데 성공할 수 있었다면, 그가 이중부정에 관계된 디그나가적 접근법과 씨름해야 할 이유는 도대체 무엇인가? 그는 이중부정적 대체물의 독창적인 특징 때문이 아니라, 도식과 세계의 연결에 대한 설명에서 실재적 보편자에게는 어떠한 역할도 주어지지 않는 적절한 자연주의적 설명을 제시하기 위해 유명론을 선택했을 것이다. 따라서 인정되든 그렇지 않든, 다르마키르티 이전의 입장들과는 상당한 단절이 일어난 것이다.

물론 다르마키르티와 그 이후의 샤키야붓디 같은 저자들은 이 단절을 인정하지 않았고, 도식과 세계가 연결되는 방식에 대한 유명론적 설명에서 이중부정과 인과적 연쇄 모두를 수용할 수 있는 접점을 계속해서 찾으려 했다. 따라서 다르마키르티의 주석가들이 수많은 특정의 정신적 이미지들이 어떻게 모두 푸른색과 동일한 색깔 이미지일 수 있는지, 혹은 그에 따라 "이것은 푸르다"라는 판단들이 어떻게 모두 푸른 어떤 것에 대한 동일한 판단일 수 있는지를 설명하려고 할 때는 이중부정의 논리-형이상학적 측면들이 불거지게 되는데, 만약 동일성과 같은 것이 정말로 있다면 우리는 어쩔 수 없이 실재적 보편자에게로 되돌아가게 된다는 문제가 있기 때문이다. 따라서 아포하/배제의 동일성은 동일성에 대해 말하는 것을 아무 문제가 없는 것으로 만들어버리게 된다.

이 문제에 대한 논의가 처음은 아닌 듯하다. 여기서 완전히 동일한 X성(X-ness)이 많은 이미지들에 적용되는 것을 왜 이중부정이 더 훌륭히 보증한다는 것인가? 그것이 여기서 그 역할을 잘 수행한다면, 인과적 연쇄와는 전혀 상관없는 하향식 이론에서는 왜 그렇지 못한 것인가? 다행스럽게도 독창적인 이중부정으로서의 아포하는 도식과 세계가 연결되는 방식에 대한 다르마키르티의 설명에서 기껏해야 제한된 부분을 차지할 뿐이고, 그것이 주요 주제가 아닌 것이 분명하다고 할 수 있다. 사실 다르마키르티와 그의 주석가들 이래로 아포하론은 줄곧 이전 저자들이 남긴 내용과 뒤섞여 가면서 그 관심사가 계속 넓혀져 왔다. 안타깝게도 이 때문에 후기의 아포하론들은 쉽게 정리해서 요약하기가 불가능할 때가 많다.

어느 경우든 유명론을 입증하는 데 있어서 다르마키르티의 주요 주제는 인과적 설명으로, 그것은 우리가 실제로 알아보는 동일성을 형이상학적으로 정당화하는 것을 전략적으로 거부하는 데서 그 정점에 이른다. 그리고 이것은 분명히 가능성이 풍부한 방향이다. 무엇보다도, 동일성 혹은 유사성을 사실상 **원초적인** 것으로 간주하고, 실재적 보편자든 그것에 대한 독창적인 대체물이든 그 어떤 설명도 상정할 필요가 없는 매력적인 유명론들이 있는 것이다. 앞에서 본 것처럼 동일성을 원초적인 것으로 간주하는 것이, 비록 그것이 인과적 연쇄의 마지막에 가까이 가 있고 판단들의 동일성을 다루는 때에 한정되기는 하지만, 다르마키르티가 상향식 이론에서 했던 바로 그것이었던 것처럼 보인다. 그렇다면 인과적 설명의 마지막 단계에서는 어떤 판단들의 명백한 유사성이 더 깊은 분석(analysans)을 기다리는 분석 대상

(analysandum)은 아니라는 것이 기본 입장인 것처럼 보인다. 그것은 원초적이며 그리고 다른(예를 들어 지각적 이미지들 혹은 개별적인 것들 사이의) 모든 동일성들은 판단의 동일성이라는 관점에서 설명될 수 있는 것이다.

물론 다르마키르티를 읽고 나서, 그가 (산스크리트어로 된 수많은 난해하고 만족스럽지 못한 주장들에 뒤이어) 어떤 것들이 왜 우리가 그래야 한다고 생각하는 방식으로 그룹화되는지를 확증하거나 입증할 논리-형이상학적으로 적절한 분석을 내놓지 못했기 때문에, 도식과 세계의 연결에 대해 의미 있는 설명을 제시하지 못했다고 손쉽고 인색하게 평가해 버릴 수도 있다. 그래서 이런 견해는, 이 이론에서 결정적인 지점에 이르면 다르마키르티가 그 문제에 대해 눈을 감은 채 설명의 의무를 받아들이려 하지 않는 '타조처럼 머리만 감추는 식의 유명론'(ostrich nominalism, 1980년에 암스트롱이 만들어 낸 용어다)에 의존한다고 주장하게 될 것이다. 하지만 이는 잘못된 생각이다. 형이상학적 소란에 휘말리기를 거부하는 이 태도가 나쁜 것이라는 점은 납득하기 어렵다.[15] (데이비드 루이스가 암스트롱에 대한 대답으로 내놓은 것처

---

15) 여기서 내가 다르마키르티를 읽는 방식은 시더리츠의 불교 유명론과는 다른데, 그는 아포하 논사들이 '다수에 대한 하나'라는 흔한 보편자 논쟁을 매우 진지하게 받아들이고 유명론적으로 수용 가능한 대체물을 제시하면서 그 싸움에 뛰어든다고 주장한다. Siderits 2006을 보라. 하향식의 아포하가 '다수에 대한 하나'의 논쟁을 심각하게 받아들이고 이중부정이라는 대체물을 제시하는 반면, 다르마키르티의 경우는 하향식이 아닌 인과적 접근 방식을 우선시한다는 것이 이점이 될 것이다. 인과적 연쇄의 마지막에 이르러서는 염치없이도 형이상학적 논점들을 피해 가는 것처럼 보인다. 존 던의 설명을 보자. "반면 '붉다'라는 말을 사용하는 데 대해 정확한 용어들을 사용한 형이상학적 보증을 명시하고자 하는 것은 좌절감만 안겨 주고 무익하기만 한 기획이라고 가정할

럼) 동일성에 대한 **설명**을 제시하는 것과 그것에 대한 **분석**을 제시하는 것을 구분한다면, 그것이 심지어 좋은 선택이었다고까지 말할 수 있는 이유를 짐작하게 될 것이다. 후자의 경우 우리는 동일성이 다른 어떤 것, 보다 근본적인 X에 근거를 두어야 한다고 요구하게 된다. 하지만 동일성에 대한 만족스러운 설명이 그러한 유형의 분석일 필요는 없다. 루이스가 지적하듯이, 동일성은 잘 개발된 이론 내에 확실한 위치를 부여함으로써 잘 설명될 수 있지만, 그 자체로 그것은 더 이상의 요소들로 분석되지 않는 원초적 관념인 것이다(Lewis 1983). 심지어 실재론적 이론들조차도 어떤 지점에서는 (예시화, 공유 등과 같은) 원초적 관념들에 의지해야 한다. 그렇다면 유명론도 그렇게 해서는 안 될 이유가 없는 것이다.

간단히 말해서, 도식과 세계가 어떻게 연결되는가에 대한 다르마키르티류의 인과론에서는 그 전체 이론이 솔직하지 못하게 위기만 모면해 간다는 비난을 받지 않고도, 판단의 동일성과 같은 사실이 원초적인 것으로 여겨질 수 있는 것이다. 그것이 사실이라면 분명 다르마키르티적인 접근 방식은 루이스가 '적절한 유명론'이라고 주장하는 것과 같은 방향을 향한다고 생각해도 무리는 없을 것인데, 그것은 실재론자들이 '다수에 대한 하나'라는 난제를 사용해서 아마도 책임 있는 사상가들에게 실재적 보편자를 받아들이든지 아니면 그 형이상학적 망설임을 납득시킬 만한 어떤 대체물을 제시할 것을 강요하는 흔한 게

수 있다. 이 경우 다르마키르티의 대답은 아주 만족스러우며, 해방감마저 느끼게 해준다"(Dunne 2004, 126).

임에 대한 하나의 대안이기도 하다. 이 이론이 만약 일관되게 지속된다면 이러한 상향식 형태의 아포하론에서 흥미로운 특징은, 논외로 미루어 둔 형이상학자들의 게임에 참여하기를 거부했던 다르마키르티의 통찰에 있을 것이다.

2장 _ 디그나가의 아포하론

올레 핀드

디그나가의 철학 이론 중 단일 주제로서 아포하론만큼 인도의 철학적 장(場)에서 그토록 생생한 논쟁을 불러일으켰던 것은 없다. 디그나가의 관점에 대해 각자 상세한 반박을 가했던 웃됴타카라, 쿠마릴라, 말라바딘(Mallavādin)의 글들을 통해 이 논쟁의 본질에 대한 견해를 구성하는 것이 가능하기는 하지만, 아포하론에 반대하는 논쟁들은 적절한 철학적 맥락인 디그나가 자신의 글들을 참조하지 않고 연구되는 한 매우 모호한 형태를 띠게 된다. 불행하게도 인식론과 논리학에 대한 그의 저작들 대부분은 산스크리트어 원본으로는 현존하지 않고, 남아 있는 소수의 것들도 한문이나 티베트어 번역본과 관련 문헌에 산재되어 있는 극소수의 산스크리트어 단편들을 통해 연구될 수 있을 뿐이다. 디그나가 저작의 대부분이 소실된 것은 불교 인식론(pramāṇavāda)의 발전에 끼친 그의 엄청난 영향에 비교할 때 다소 역설적인 것처럼 보인다. 사실 디그나가의 인식론과 논리학에 대한 포괄적인 관점을 형성할 수 있게 해주는 유일하게 현존하는 그의 저작은 『프라마나삼웃차야』인데, 그중에서도 특히 5장이 아포하론의 설명에

할애되어 있다.[1)]

제목이 의미하는 것처럼 디그나가의 『프라마나삼웃차야』는 자신의 인식론과 논리학 저작들의 요약본으로 편집한 책이다. 그의 인식수단에 대한 이론(pramāṇavāda)의 요약을 학자들과 학생들에게 제공하는 것이 주된 의도였으며, 필요한 경우 자신의 다른 저작들에서 더 자세한 설명을 찾아 참조할 수 있게 하기 위한 것이었다. 따라서 『프라마나삼웃차야』는 극단적으로 요약된 설명과 감질나게 하는 생략으로 일관되어 있다. 그것이 디그나가 사상 전개의 마지막 단계에 있는 저작이라고 가정되기는 하지만, 그렇다고 그가 『프라마나삼웃차야』 이후 다른 저작들을 썼을 가능성을 미리 배제할 수는 없다. 사실이야 어떻든 간에 그의 저작들 대부분은 소실되어 복원하기 힘들고, 이 책의 「아포하론」(Apohaparīkṣā) 장은 그의 언어철학에 대한 유일하게 현존하는 설명이다.[2)] 이 글의 기본적인 이론적 전제들을 논의하기 전에 자료에 대한 문제를 언급하는 것이 흥미로운 일이 될 것이다.

---

1) 이 글의 많은 부분은 1991년에 쓰였는데, 그때는 지넨드라붓디(Jinendrabuddhi)의 『프라마나삼웃차야티카』(*Pramāṇasamuccayaṭīkā*)의 산스크리트어판을 구할 수 없을 때였다. 『프라마나삼웃차야티카』의 산스크리트어 텍스트 설명과 원고의 역사는 물론 1장에 관해서는 Steinkellner et al. 2005를 보라. 독자들은 내가 곧 출판할 『프라마나삼웃차야브리티』 5장의 산스크리트어 복원판과 주석이 붙은 영어 번역을 참조할 수 있는데, 거기에는 『프라마나삼웃차야티카』 5장의 상당 부분이 편집되고 영어로 번역되어 있다.

2) 디그나가 자신은 아마도 『프라마나삼웃차야』의 장들에 '론'(parīkṣā)이라는 이름을 붙이지 않고 다만 첫째, 둘째, 셋째 등으로 번호만 매겨 놓은 것처럼 보인다. '론'을 추가한 것은 아마 필경사였을 것이다. 우선적으로 들 수 있는 이유는 이 단어는 보통 비판 혹은 논박을 의미하는데, 『프라마나삼웃차야』 5장에서 디그나가가 이 작업을 하지 않는 것이 분명하다는 점 때문이다. 자세한 사항은 내가 곧 출판할 『프라마나삼웃차야』 5장 번역과 연구서의 서론을 참조할 수 있다.

*　　*　　*

『프라마나삼웃차야』와 『니야야무카』(*Nyāyamukha*)〔인명정리문론본因明正理門論本〕의 상당한 유사성으로 볼 때, 디그나가는 그가 이전에 썼던 텍스트들을 다소간 짜깁기한 형태로 『프라마나삼웃차야』를 쓴 것처럼 보인다. 『프라마나삼웃차야』의 서문에서 그는 『니야야무카』를 그가 이용한 자료의 하나로 언급하고 있으며, 결론 장에서는 니야야학파, 바이셰시카학파, 상키야학파의 철학 체계에 의해 주장된 교설들에 대한 더 자세한 비판을 원하는 독자들에게 세 가지 '검토서'(parīkṣā)를 참조하도록 한다. ① 『니야야파리크사』(*Nyāyaparīkṣā*), ② 『바이셰시카파리크사』(*Vaiśeṣikaparīkṣā*), ③ 『상키야파리크사』(*Sāṃkhyaparīkṣā*, 이 마지막 검토서는 『니야야무카』에도 언급되어 있다)가 그것이다. 하지만 디그나가가 이 저작들만을 이용한 것이 아님은 분명하다. 「아포하론」 장은 아마도 그 단편들이 싱하수리(Siṃhasūri)가 말라바딘의 『드바다샤라나야차크라』(*Dvādaśāranayacakra*)에 대한 주석서인 『나야차크라브리티 니야야가마누사리니』(*Nayacakra-vṛtti Nyāyāgamānusāriṇī*)를 쓸 때 그에 의해 인용된 『상키야파리크사』에 크게 의존했을 것이다. 따라서 말라바딘은 디그나가의 언어철학에 대한 자신의 비판을 웃됴타카라가 그랬던 것처럼 어느 정도는 『사만야파리크사』에 의존했을 것이라는 사실을 보여 준다. 그러므로 『사만야파리크사』에서 다루어지는 문제들의 영역은 상당 부분 「아포하론」에서 다루어지는 것과 동일하다고 가정하는 것이 합당할 것이다. '소'(cow)와 같은 특정의 속성을 지칭하는 용어(viśeṣaśabda)가 동시에 소라는 실체의 속성에 수반하는 존재(sattā), 실체성(dravyatva)

등 일반적 속성에도 적용될 수 있는지의 문제를 다루는 다르마키르티의 『프라마나바르티카스바브리티』의 참고문헌을 통해 디그나가가 『사만야파리크사』에서 제시한 몇몇 문제들의 착안점을 구성해 볼 수 있다. 다르마키르티는 이 가정이 스승(디그나가)에 의해 거부되었다고 대답한다(nirloṭhitaṃ caitad ācāryeṇa; 『프라마나바르티카스바브리티』 89,6). 카르나카고민에 의하면 그는 『사만야파리크사』와 디그나가의 다른 저작들을 언급하고 있다.[3] 예상할 수 있듯이 디그나가는 「아포하론」에서 같은 문제를 다룬다. 여기에 나타난 생각은 특정의 속성을 지칭하는 용어는 특정의 속성에만 적용된다는 것이다. 하지만 '소'와 같은 낱말은 그에 수반되는 일반적인 속성들의 위계에 의해 정의되는 대상을 지칭하기 때문에, 전자는 후자를 내포적으로 지시한다. 이 분석은 일반적인 속성들이 용어들의 개념적 위계 속에서 그 범위에 따른 명확한 위치를 갖고 있다면 특정의 속성을 지칭하는 용어에서 일반적인 속성들의 집합을 추론해 내는 것이 가능하다는 원리에 근거한다. 분류에 관한 문제는 디그나가의 주요 관심사였다. 사실 『프라마나삼웃차야』의 5장은 그 상당 부분이 한 사물의 일반 속성들을 지칭하는 용어들과 그 하위 범주들 사이의 가능한 관계들을 분석하는 데 할애되어 있다. 아포하론을 다루는 또 다른 저작은 『프라마나바르티카스바브리티』에서 다르마키르티가 인용한 것처럼 보이는 『드바다샤샤티카』(*Dvādaśaśatikā*)이다.[4] 디그나가의 『헤투무카』(*Hetumukha*)에

3) 『프라마나바르티카스바브리티티카』 337,13~14 참조: "nirloṭhitaṃ caitad ācāryeṇa Diṅnāgena sāmānyaparīkṣādau yathā viśeṣaśabdānāṃ sāmānye vṛttir iti."

서 가져온 것으로 생각되는 몇몇 인용으로 볼 때 그는 또한 이 저작에서 타자의 배제(anyāpoha) 문제를 제시하고 있음이 분명하다. 아포하론을 다루는 디그나가의 다른 저작은 알려진 것이 없다.

* * *

「아포하론」의 바로 첫 부분에서 디그나가가 아포하론을 일반적인 수준에서 형식화한 것에 따르면, 주어진 어떤 낱말(śabda)도 그 의미(svārtha)를 다른 낱말의 의미들을 배제(anyāpoha)함으로써 나타낸다. 이런 면에서 낱말의 기호 기능은 추론 지표(추론인)의 기능과 유사하다고 말해진다. 다른 곳에서 디그나가는 한 낱말은 다른 낱말의 배제(śabdantarāpoha)를 통해 그 의미를 표현한다고 주장하며, 따라서 형식적인 측면에서 음소들의 배열인 낱말(śabda) 자체와 그에 상응하는 지시체(artha) 간의 기능의 대칭을 강조하고 있다.[5] 따라서 디그나가의 아포하론은 낱말을 그 의미(śabdārtha)적 측면뿐 아니라 의미(vācaka)가 투여된 그 표현(śabda)이라는 측면에서도 다루는 뛰어난 통합적 의미론이다. 아포하론에 함축된 이론적 측면을 제시하기 전에, 디그나가의 인식론이 가진 근본적인 특징들을 간략하게 살펴보는 것

4) 『프라마나바르티카스바브리티』 I 62,26 참조: "arthāntaravyāvṛttyā tasya vastunaḥ kaścid bhāgo gamyate." 싯다세나가닌(Siddhasenagaṇin)의 『타트바르타바쉬야바키야』(*Tattvārthabhāṣyavyākhyā*) V 24(『나야차크라브리티 니야야가마누사리니』 548, 24~25에 인용) 참조: "yathā Dvādaśaśatikāyām-yady apy uktam aprasaktasya kim arthaṃ pratiṣedhaḥ? iti nāivāitat pratiṣedhamātram ucyate, kin tu tasya vastunaḥ kaścid bhāgo'rthaāntaravyāvṛttyā loke gamyate yathā viṣāṇitvād anaśvaḥ iti."

5) 디그나가 아포하론의 이 특징에 관해서는 Pind 1991을 보라.

이 필요할 것이다.

디그나가의 사상은 잘 알려진 대로 개별자(svalakṣaṇa)〔자상〕의 영역과 보편자(sāmānyalakṣaṇa)〔공상〕의 영역이라는 근본적 이분법 위에서 전개된다. 이 이분법이 그의 인식론의 기본적인 이론적 전제가 되며 따라서 그것의 본성과 영역을 결정한다. 개별자의 영역은 지각 활동(pratyakṣa)에 반영된 대로의 주어진 대상으로 구성된다. 지각 활동은 그 정의상 언어적 재현을 넘어서 있고 따라서 표현 불가능한, 어떤 주어진 존재의 개별적 나타남 즉 자상(svalakṣaṇa)에 국한된다.[6] 개별자의 영역과 대비되는 보편자의 영역은 오로지 추상적 유형이라는 관점에서만 정의된다. 그것은 올바른 추론(anumāna)을 하는 데, 혹은 — 구조적으로는 동일한 것이 되겠지만 — 언어적 의사소통(śabda)을 통해 지식을 얻는 데 필수불가결한 일반화된 대상(sāmānya)들로 구성된다. 기호는 추론 지표(liṅga, hetu)〔추론인〕든 낱말(śabda)이든 간에, 특정의 지표와 지시된 것 혹은 특정의 낱말과 지시된 대상과 우선적으로 관련되는 것이 아니라, 예를 들어 연기와 불 혹은 실체(dravya)와 존재(sattā) 사이에 나타나거나, 또는 '소'라는 말(gośabda)과 지시된 대상인 소(go) 사이에 나타나는, 불가분의 관계

---

6) 개별자들은 표현 불가능하다는 생각은 『바키야파디야』(*Vākyapadīya*) I.69에서 바르트리하리가 붙인 것으로 보이는 주석에 인용된 반대 의견에서도 제시되어 있다. "pratiniyatasvarūpabhedā vyaktayaḥ. na hy asaṃvedyam avyapadeśyam avidyamānaṃ vā vyaktīnaṃ rūpam." 그것은 이른바 'tadvatpakṣā'라는 견해를 제시하는 것으로 보이는데, 그 견해는 당시의 문법학자들과 니야야·바이셰시카 학파 철학자들 사이에 논의되고 있었다. 그들은 낱말의 지시된 대상은 보편자가 부여된 개별적인 것(jātivān arthaḥ)이라고 주장했다.

(avinābhāva, sahabhāva, sambandha)에 관련된다. 따라서 지표〔추론인〕나 낱말은 유형이지 표징이나 사건(occurrence)이 아니다. 사물들은 그 유형과 관련해서만 정의된다. 순수 개별자, 즉 개별자(svalakṣaṇa)는 기호의 영역 바깥에 있다.[7] 이것은 낱말이나 추론 지표〔추론인〕가 개별자들이라는 개념을 그 개별성을 보여 주는 형태로는 전달할 수 없으며, 단지 일반적인 형태로만, 즉 예를 들어 연기와 불 혹은 '소'라는 낱말과 그것이 소를 지시하는 개별적인 경우들을 통해 예시되는 유형들을 통해서만 그렇게 할 수 있다는 것을 뜻한다. 유형들은 구체적 예들로 현재화됨으로써 인지되기는 하지만 현재화의 관점에서 정의되지는 않는다. 그것들은 오직 그것들이 아닌 것, 즉 타자(anya)의 부정(nivṛtti, pratiṣedha) 혹은 배제(apoha, vyavaccheda, vyāvṛtti)를 통해서만 정의되는 것이다. 따라서 낱말이나 추론 지표〔추론인〕의 기호 기능은 그 본성이 타자의 배제를 통해 확립되는 두 개의 일반화된 유형 — 낱말의 경우 지시되는 대상의 일반화된 유형(arthasāmānya)과 그 낱말의 일반화된 유형(śabdasāmānya) — 의 관계에 의해 구성된다. 디그나가는 지시되는 대상의 일반화된 유형을 마음속에 자리잡은 보편자(sāmānyalakṣaṇa), 즉 추상적 유형이라는 특성을 가지는 인식적 이미지(ākāra)로 보는 것 같다. 그것은 낱말의 개별적 지시체(arthaviśeṣa)와 대비되는데, 이것은 개별자의 영역에 속하며 따라서

---

7) 잘 알려진 대로, 개별자들의 영역은 감각 활동(pratyakṣa)에 의해서만 접근할 수 있는데, 그것은 정의상 재현(kalpanā)〔분별〕이 결여된 것이다. 하지만 보편자의 영역은 언어적인 것(śābda)이든 추론 기호(liṅga)든 상관없이 기호 기능으로 정의되며, 재현이라는 특징을 가진다.

그 정의상 표현 불가능하다.[8)]

디그나가가 보편 낱말(śabdasāmānya)의 속성 문제를 다룬 적은 없지만, 그것은 보편 대상(arthasāmānya)이 인식적 특징인 것과 마찬가지로 추상적 특징을 갖는 것으로 정의된다고 가정해야 한다. 따라서 낱말은 함께 기호 기능을 구성하는 두 개의 추상적 이미지, 즉 음성 이미지와 표상 이미지를 결합시키며, 반면 지시된 개별 대상(arthaviśeṣa)과 개별 낱말(śabdaviśeṣa)이 상응하는 관계는 개별자의 영역에 속하고 따라서 기호 기능을 구성할 수 없다. 다음 게송에 전제되어 있는 것이 바로 이 생각인데, 디그나가의 아포하 교설에 대해 글을 쓰는 인도 사람들이 낱말(śabda)에 대한 그의 관점을 논의할 때 종종 인용하는 것이다. 그것은 아마도 유실된 그의 저작 중 한 편인 『사만야파리크사』에서 유래했을 것이다.

> [지시된 개별 대상과 개별 낱말은] 이전에 [함께] 관찰된 적이 없으므로 지시된 개별 대상과 개별 낱말(arthaśabdaviśeṣa)에 기표-기의의 관계가 있다고 할 수는 없다. 하지만 그것들의 공통적 특징[즉 대상 일반 arthasāmānya과 낱말 일반śabdasāmānya]은 가르쳐질 수 있다.[9)]

---

8) 예를 들어 『프라마나삼웃차야』 II. 3 참조. Kitagawa 1973, 450 참조. 영어 번역으로는 Hayes 1980, 248~249를 보라.

9) "nārthaśabdaviśeṣasya vācyavācakateṣyate / tasya pūrvam adṛṣṭatvāt; sāmānyaṃ tūpadekṣyate." 이 게송은 특히 『나야차크라브리티 니야야가마누사리니』 615,12~13에 인용되어 있다. 『타트바상그라하』 961에 대한 『타트바상그라하판지카』(*Tattva-saṃgrahapañjikā*)(『슐로카바르티카』, 「아포하론」 102) 참조. 이 게송의 함의에 대해서는 Pind 1991을 보라.

* * *

디그나가가 아포하론을 형성하는 데 당대 철학 학파들에 어느 정도까지 빚지고 있는지는 확실하지 않지만, 다음의 사실은 분명하다. 이 이론은 보편자(jāti 또는 sāmānya)가 실재하는 존재라는 생각을 거부함으로써 생겨난 인식론적 문제들에 대한 디그나가의 해결책을 보여 준다는 것이다.[10] 니야야·바이셰시카 학파는 보편자들을 실체들(dravya) 속에 내재한 편재적인 존재들로 보았고, 따라서 그것들을 어떤 구분되는 특징(viśiṣta)들을 가지는 특정 사물들의 부류에 속하는 것으로 여겼다. 사실 아포하론의 범위는 디그나가가 니야야·바이셰시카 철학이 실재적 보편자를 기준으로 자체의 이론들을 형성하는 가운데서, 타자의 배제(anyāpoha)를 보편자의 대체물로 사용했음을 깨달을 때 완전히 이해될 수 있다. 이 가정은 「아포하론」 자체뿐 아니라 디그나가의 주요 비평가들의 글에서도 확인된다. 사실 『프라마나삼웃차야』 5장의 대부분은 어떤 주어진 낱말을 적용하는 근거(pravṛttinimitta)가 보편자라고 하는 가정에서 생기는 이론적 문제들을 분석하는 데 집중되어 있다. 디그나가와 그 이후의 불교철학자들이 보편자가 실재하는 존재라는 가정이 부조리한 결과들을 낳았음을 어려움 없이 보여 줄 수 있었다고 해도, 그럼에도 불구하고 보편자의 거부가 그들이 설명해야 했던 심각한 인식론상의 문제를 야기했음에 틀

10) 『프라마나삼웃차야』 II 16에 보편자가 실재하는 범주라는 가정에 대한 디그나가의 간략한 논박이 보인다. Kitagawa 1973, 464~465 참조. 영어 번역으로는 Hayes 1980, 257~258을 보라.

림없다는 것은 분명하다. 하지만 문제는 무엇이 디그나가로 하여금 보편자를 타자의 배제(anyāpoha)로 대체하도록 촉발시켰는가 하는 점이다.

「아포하론」의 도입 게송에 주석을 붙이면서 디그나가는 다음과 같이 쓰고 있다.

> 낱말(śabda) — 불가분의 관계(avinābhāvitva-shambandha)에 의해 그것이 적용되는(prayujyate) 대상(viṣaya)의 어떤 특성(aṅga)에 연결되는 — 은 [다른 지시 대상들을 배제하는 것을 통해 적절한 지시 대상을 나타내는] [추론 지표인] '만들어진 것이라는 특성' 등과 같이 지시된 다른 대상들을 배제함으로써 이것[속성]을 지칭한다(dyotayati).

이 구절은 이론적으로 중요한 많은 개념들을 도입하며, 그중에서도 낱말이 변함없이 수반됨이라는 관점에서 지시된 대상과 관계를 맺는다는 개념은 그 함의를 정확히 이해하는 것이 아포하론의 가장 중요한 측면을 이해하는 실마리가 된다는 점에서 결정적으로 중요하다. 그것은 주어진 낱말과 그 지시 대상 혹은 주어진 추론 지표와 그 지칭된 속성의 보편적으로 타당한 연결을 어떻게 정당화할 것인가의 문제인 것이다. 『프라마나삼웃차야』 서두의 진술과 그에 대한 수많은 사례들에서 볼 수 있듯이, 디그나가는 언어에 의한 의사소통(śabda)에서 생기는 지식은 추론(anumāna)에서 생기는 지식과 같이 추론적이라는 의미에서 낱말의 기능이란 추론 지표〔추론인〕의 그것과 똑같은 것이라고 주장한다. 하지만 그것이 정확한 지식이 되는 조건은 기호 — 낱말 혹은 추론 지표 — 와 지시된 것 사이에 변함없는 연결이 존재한다는 점이다. 디그나가에 따르면, 아포하론은 다른 많은 문제들 중에서도 바로 이 문제에 대한 해결책이 된다. 이 문제에 대한 그의 해결책을 이해한다면 이 이론의 다른 특징들을 이해하기가 한층 쉬워질 것이다.

*　*　*

이러한 불가분의 관계는 어떻게 확립될 수 있는가? 디그나가가 반대했던 전통이 보편자를 이러한 불가분의 관계를 확립하는 수단으로 지목했다는 사실을 믿을 수 있는 데는 충분한 이유가 있다. 그것은 『프라마나삼웃차야』 2장의 게송 16에 대한 자주의 한 구절에서 간접적으로 드러나는데, 거기에서 디그나가는 보편자가 실재하는 존재라는 가정, 보편자가 단일 기체에 속해 있다는 것을 아는 것은 그것이 모든 것 속에 들어 있다는 것을 아는 것과 같다고 주장하면서 특성들(예를 들어 연기임smokeness과 불임fireness) 사이에 보편적으로 타당한 관계가 존재한다는 것을 어떻게 정당화할 것인지의 문제를 해결하고자 했던 일단의 철학자들의 시도에 뒤따르는 부조리한 결과들을 지적한다.[11] 이 주장은 보편자가 언제나 같은 방식으로 예시한다고 가정되는 철학적 맥락에서만 수긍될 수 있다. 따라서 그 보편자들은 그 당시

11) Kitagawa 1973, 464의 다음 구절 참조: "gal te rten gcig bzung bas kyang thams cad gzung ba yin na ni, de yang rten bzhin du du mar 'gyur ro"(바수다라라크시타Vasudhararakṣita의 번역); "ci ste spyi gcig la brten par gzung na yang thams cad gzung ba yin no zhe na ? de la brten bzhin du du mar 'gyur ro"(카나카바르민Kanakavarmin의 번역). 이 구절의 영어 번역으로는 Hayes 1980, 258을 보라.

의 논리 이론에서 요구되는 종류의 보편적으로 타당한 관계를 확립하는 수단으로 기능할 수 있었다. 하지만 보편자라는 개념을 지지할 수 없는 것으로 거부하게 되면, 보편적으로 타당한 관계를 설명해야 하는 문제가 남게 된다. 디그나가는 분명히 타자의 배제(anyāpoha)에 의존해서 이 근본적인 인식론상의 문제를 해결했다. 디그나가가 무엇이 실재적 보편자를 구성하는지에 대한 니야야·바이셰시카 학파와 상키야학파의 관점을 귀류법적으로 논하는 맥락에서 우리는 흥미로운 사실 하나를 발견하게 된다. 그 바로 앞 구절에서 그는 — 부정 혹은 배제에 반대되는 것으로서 — 확증의 가능성을 거부하고 있는데, 그 가능성은 확증의 문제가 전통적으로 실재적 보편자를 가정하는 것과 연루되어 있음을 암시하고 있기 때문이다.[12] 확증이 불가능한 이유는, 디그나가가 주석과 『프라마나삼웃차야』 2장 게송 15에서 설명하듯이,[13] 개별적인 사건들은 언제나 상황에 구속되며 따라서 유형으로서의 역할을 할 수 없기 때문이다. 만약 예를 들어 연기와 불이 개별적인 사건들에 근거해서 그 둘 사이에 변함없는 관계를 확립하고자 한다면, 지각 활동(pratyakṣa)이 개별 대상들에 한정될 수밖에 없는 것과 마찬가지로 그 형태는 그 특정의 연기와 그 특정의 불의 속성들에 대한 지각

12) 이 가정은 샨타라크시타에 의해 입증된 것처럼 보이는데, 그는 (『타트바상그라하』 1096에서) 디그나가의 『헤투무카』에 나오는 다음과 같은 짧은 구절을 인용한다. "긍정은 불가능하다"(asambhave vidheḥ). 그리고 샨타라크시타는 긍정(vidhi)이 불가능한 이유를 "보편자들 등이 불가능하기 때문이다"(sāmānyāder asambhavāt)라고 설명한다.

13) 영어 번역으로 Hayes 1980, 257을 보라. 헤이스가 티베트어 'sgrub/bsgrub'를 산스크리트어 'sādhana'와 동의어인 것처럼 해석함에 주의해야 한다(Kitagawa 1973, 463, 468ff. 참조). 하지만 이 맥락에서는 'sgrub/bsgrub = vidhi'이며, 기타가와는 따라서 'kentei teki na shikata'로 번역한다(Ibid., 114[line 23]).

에 한정되기 때문에 그것은 결코 보편적으로 타당할 수 없게 될 것이다. 그러므로 이와 같은 관계는 보편적으로 타당한(vidhi) 긍정적 형태 — 그 함의상 공통의 현존, 즉 지표와 표시된 것의 일치를 포함하며 따라서 사물들의 개별적 출현들에 한정되는 — 로는 형식화될 수 없고, 근본적으로 공통의 부재 혹은 차이(vyatireka)를 일반화하는 타자의 배제라는 관점에서 형식화될 수 있다. 그러므로 많은 디그나가의 비평가들이 지적하듯이, 일치와 차이는 그 힘이 같지 않다. 차이가 우선(pradhāna)하는 것이다.

『프라마나삼웃차야』 5장 게송 34에서[14] 그는 무엇이 타자의 배제를 구성하는지에 대한 인식론적 문제에 대해 아주 자세하게 설명한다.

> 다른 낱말들의 지시된 대상들[에 적용되는 것]이 관찰되지 않기 때문에, 그리고 게다가(api) 그 자체의 지시된 대상들의 [부류의] 성원(amsa)[에 적용되는 것]이 관찰되기 때문에, 낱말의 [그 지시된 대상과의] 관계는 쉽게 만들어지며(sambandhasau-karya) 불확실성(vyabhicāritā)은 없다.

왜냐하면(hi) 일치(anvaya, '공동 현존')와 차이(vyatireka, '공동 부재')는 낱말이 그 지시된 대상을 지칭하도록 해주는 것이기 때문이다. 그리고 이 둘은 다음과 같이 설명된다. 상응하는 경우(tulya)에는 그것이 나타나고(vṛtti) 상응하지 않는 경우(atulya)에는 그것이 나타나지 않는 것

14) 영어 번역은 Hayes 1988의 같은 곳을 보라.

(avṛtti)이다. 그것이 나타나는 상응의 경우는 분명히 모든 [상응하는] 경우들을 진술(ākhyeyā)할 수는 없고(nāvaśyam) 어떤 것만을(kvacid) [진술]할 수 있는데 그것은 지시된 대상들(artha)이 [그 수가] 무한(ānantya)하므로 이런 진술이 불가능하기 때문이다. 하지만 비록 무한하다 해도 [상응하지 않는 경우에] 관찰되지 않는다는 것만으로도, 상응하지 않는 경우에 그것이 나타나지 않음을 지칭하는 것은 가능하다. 그리고 바로 이런 이유로 해서(ata eva), 적절한 관계항(svasambandhin) 이외에는 어떤 경우에도 [나타나는 것이] 관찰되지 않기 때문에, [낱말이] 자신의 의미 대상을 지칭하는 것은 바로 그[다른 경우들]의 배제에 기초한 추론(tadvyavacchedānumāna)이라는 사실이 설명된다. 사실, 만약 추론이 일치(anvayadvāreṇa)에 의한 것이라면, '나무'라는 말(vṛkṣaśabda)은 그 동일한(ekasmin) 존재(vastuni)가 '싱사파나무'인지 다른 종류의 나무인지에 관해 어떤 의문도 일으키지 않을 것이다. 이런 의문(saṃśayavat)과 마찬가지로 그것이 지성(地性, pārthivatva)과 실체성(dravyatva) 등을 갖는지에 대한 의문 또한 생길 것이다. 하지만 '나무'라는 말은 지성이 아닌 것(apārthiva) 등에 [적용되는 것이] 관찰되지 않기 때문에, 추론은 오직 차이(vyatireka)를 통한 것이 된다.

이 구절은 유형들 사이의 타당한 관계를 어떻게 정당화할 것인가의 문제에 대한 디그나가의 대답을 포함하고 있다. 요점은 낱말과 그 지시 대상과의 관계를 확립하기 위해서는 귀납적 방법에 의거해야 한다는 것인데, 인도철학의 맥락에서 그것은 유형들을 현실화해 주는 두 대상 — 낱말과 그 지시된 대상 혹은 추론 지표(추론인)와 표시된 것

〔추론 대상〕 — 의 일치(anvaya)와 차이(vyatireka)를 관찰하는 것에 의거하는 것임을 의미한다. 이 과정은 사물을 두 개의 집합으로 나눈다. 유사한 것들(tulya)의 집합과 유사하지 않은 것들(atulya)의 집합이 그것이다. 따라서 예를 들어 '나무'라는 말은 나무들의 집합인 어떤 성원에만 적용되는 것이 관찰되는 반면, 다른 집합의 성원들 즉 비(非)나무인 사물들에는 적용되지 않는다. 하지만 일치를 통한 완전한 귀납 즉 시간과 공간 속에서 '나무'라는 말과 개개의 나무들의 개별적 출현 모두의 관계를 관찰하는 것은 선험적으로 불가능하다. 왜냐하면 그것들은 무한하기 때문이다. 따라서 디그나가는 '나무'라는 말이 나무가 아닌 것에 적용되는 것이 관찰되지 않는다는 사실만 언급하는 것으로 그 관계를 확립할 수 있음을 제시하는 것이다. '나무'라는 낱말이 그 의미를 현실화시키는 사물들 이외의 다른 사물들에 적용되는 것이 관찰되지 않는다(adarśanamātra)는 단순한 사실은 그 낱말이 적용되는 대상 이외의 다른 모든 것에 해당하는 것으로 일반화될 수 있다. 하나의 용어의 의미는 따라서 그것이 지시하지 않는 것의 범위에서 배제된 것에 기초해서 추론(vyavacchedānumāna)된 것과 등가가 된다. 디그나가는 '나무'라는 말의 의미가 만약 일치(anvaya)를 통해 확립된다면 그것이 주어진 경우에 환기시키는 정신적 이미지(ākāra)에는 의문이 생기지 않을 것이라는 사실을 상기시키면서 그의 요점을 설명한다. 하지만 '나무'라는 말이 특정 종류의 나무 이미지를 환기시키는 것이 아니라 모든 종류의 나무에 적용되는 **수성**(樹性, treeness)이라는 일반적인 관념만을 전달하기 때문에, 앞의 생각에는 의문이 남는다. '나무'라는 말이 **존재성**(sattā), **실체성**(dravyatva), **지성**(地性, pārthivatva) 등 — 이

른바 그것의 관계항(sambandhin) 혹은 인접항(anubandhin) ― 과 같은 수반하는 특질들에 의해 정의되는 존재에 적용되기 때문에, 문제가 되는 존재를 정의하는 용어들의 위계 속에서 명확하게 정해진 위치를 차지하고 있다면 그것들 또한 지시된다는 것은 명백하다. 따라서 예를 들어, **실체성**의 하위 부류인 **지성**은 실체를 나타내고, 그것은 다음으로 존재성을 나타내는데, 지성인 것은 무엇이든 실체(dravya)이고 실체인 것은 또한 무엇이든 존재(sat)이기 때문이다. 여기에 가로놓여 있는 기본 생각은, 어떤 존재의 근본적인 속성을 부여하는 체계적 위계질서에 속하는 말들이 모두 공동 지시적이라면 그것들은 그 외연에 따라 논리적으로 연결되며, 그렇게 해서 그 하위 부류 중 하나를 나타내는 어떤 주어진 낱말로부터도 다른 속성들을 추리하는 것이 가능하다는 것이다. 디그나가가 「아포하론」의 도입 단락에서, 어떤 주어진 속성이든 모두 의미하는 'aṅga'라는 말을 사용하면서 언급하는 것이 바로 이 사실이다. 다르마키르티가 말하는 자성인(svabhāvahetu, 自性因)〔본질로서의 추론인〕이라는 개념은 이 점에서 디그나가에게 빚지고 있다는 것이 명백하다. 사실 자성인이라는 문제 전체는 특정한 실체를 정의하는 용어들의 체계적인 위계질서의 공동 지시성, 다시 말해서 그것들의 비(非)차이, 즉 그 통어적 일치에 집중되어 있다.[15]

단순한 비인식(adarśanamātra)이 지표와 지시되는 것의 변함없는

15) 지각의 정의와 관련하여 『니야야무카』의 산스크리트어 단편에는 'abheda'가 다음과 같이 사용되고 있다. "yaj jñānārtharūpādau viśeṣaṇābhidhāyakābhedopacāreṇāvikalpakaṃ tad akṣam akṣaṃ prati vartate iti pratyakṣam"(『타트바상그라하』 1236에 대한 『타트바상그라하판지카』에 인용).

관계 혹은 낱말과 그 지시 대상의 관계를 구성한다는 디그나가의 견해는 많은 복잡한 인식론적 문제를 불러일으켰다. 이 문제들에는 디그나가의 제자로 추정되는 이슈바라세나(Īśvarasena)의 단순 지각 부재론(upalambhābhāvamātra)[16]을 통한 파니니의 생략(adarśanaḥ)의 정의에서 다르마키르티의 비(非)지각 이론에 걸친 많은 문제들이 뒤따를 수 있다. 하지만 이론적인 이유로 보편적 공통 존재를 확립하는 데 있어서 차이(vyatireka, 즉 '공통 부재')를 주된 요소로 여겼던 디그나가와 달리, 다르마키르티는 일치(anvaya, 즉 '공통 존재')와 차이(vyatireak)가 같은 힘을 가지는 것으로 간주하기 때문에 디그나가적 전통과 단절한다.[17]

16) Steinkellner 1966을 보라. 『헤투빈두』 II 154ff 참조.

17) 예를 들어 디그나가가 '관찰되지 않음'(adarśanamātra)을 아포하의 구성 요소라고 언급하는 데 대해 다르마키르티는 『프라마나바르티카』 III.172a~c에서 암시적으로 비판하고 있다: "anyatrādṛṣṭyapekṣatvāt kvacit taddṛṣṭyapekṣaṇāt / śrutau sambadhyate 'poho." 그 비판은 'anyatrādṛṣṭyapekṣatvāt'라는 구절에 암시되어 있는데, 디그나가라면 'sarvatra'라고 했을 것이다(즉 완전히 '같지는 않다'atulya). 이 문헌에 대한 『프라마나바르티티카바샤』(*Pramāṇavārttikabhāṣya*), p.264,30ff.를 보라. 특히 265,23의 디그나가의 견해에 따른 다음 언급에 주목하라: "anye tu punaḥ sarvato vijātīyād vyāvṛttir kvacid vidheye vṛttim apekṣata iti vyatireke tātparyam anvaye tu neti, vyatireka eva prādhāyena pratyāyate." 디그나가의 관점에 관한 쿠마릴라의 비판으로는 『슐로카바르티카』의 「추론」(Anumānapariccheda) 131cd~132 또한 보라: "aśeṣāpekṣitvāc ca saukaryāc cāpy adarśanāt / sādhane yady apīṣṭo vyatireko 'numāṃ prati / tāvatā na hy anaṅgatvaṃ yukti śābde vakṣyate." 'śābda'에 관한(즉, 언어적 지식에 관한 장에 대한) 쿠마릴라의 언급은 「아포하론」 75에 대해 이루어진 것이다. 즈냐나슈리미트라가 『아포하프라카라나』에서 다르마키르티의 게송에서 'sarvatra'를 'anyatra'로 바꾼, 조금 변형된 형태로 인용한 것이 아마 단순히 실수만은 아닐 것이다(『프라마나바르티티카바샤』 207,10~11 참조).

* * *

낱말과 그 지시되는 대상 사이에 불가분의 관계를 확립할 수 있는 가능성의 문제를 다루면서 디그나가가 그의 논리학에 기대고 있다는 것은 명백하다. 사실 그가 이 중요한 문제를 다루는 방식은, 이른바 추론인의 세 가지 특징(trilakṣaṇahetu)〔인因의 삼상설三相說〕이라고 부르는 논리학 원리 중 두 번째와 세 번째 항목을 다루는 방식과 유사하다.[18] 디그나가 논리학의 맥락에서, 불가분의 관계라는 문제는 자연히, 변함없는 연결을 설명하기 위해 사용되는 이른바 해명(pradarśana)이라고 불리는 유례(dṛṣṭānta)의 맥락에 속한다. 그러므로 디그나가가 유례의 본성을 집중적으로 논의하는 『프라마나삼웃차야』 4장에서, 변충 관계(vyāpti)는 오로지 타자의 배제의 관점에서만 설명된다고 주장하는 것을 보게 되더라도 그리 놀랄 일은 아니다(Kitagawa 1973). 사실 디그나가가 한정적 불변화사 'eva'를 가지고 세 가지 특징을 갖는 추론인이 형성되는 과정의 기본 성격을 명확히 밝히는 것은 분명히 배제의 필연적인 결과이다. 이 점은 「아포하론」 게송 38c~d에 대한 간략하지

---

18) 〔옮긴이〕 디그나가는 추론을 정의하여, '세 가지 조건을 만족시키는 추론인에 의한 대상 인식'이라고 한다. 여기서 추론인이란 연기에 의해 불의 존재를 아는 경우의 '연기'이다. 이것을 추론인의 세 가지 특성 내지 조건이라는 의미에서 전통적으로는 '인의 삼상설'이라고 한다. 추론인이 갖추어야 할 세 가지 조건은 다음과 같다. 제1조건은 추론인은 추론의 대상에 존재할 것(anumeya sadbhāvaḥ), 제2조건은 추론인은 추론의 대상과 동류에만 존재할 것(tattulya eva sadbhāvaḥ), 제3조건은 추론인은 추론의 대상과 동류가 아닌 것(이류)에는 결코 존재하지 않을 것(asatināst itā eva)이다. 여기서 추론의 대상이란 가령 불에 의해 한정된 산이며, 동류란 가령 불이 있다는 점에서 '산'과 동류라고 보여지는 아궁이이며, 이류란 불이 없다는 점에서 '산'과 다른 호수 등이다. 추론인이 이러한 세 가지 조건을 충족할 때 바른 추론인이 되며 이러한 조건을 충족한 추론인에 근거한 추론이야말로 바른 추론이다.

만 아주 흥미로운 주(註)에서 확인되는데, 거기서 디그나가는 일치와 차이의 관계를 논하고 있다.

> 다시 낱말이 그 지시된 대상을 다른 지시된 대상(arthāntaranivṛtti)들의 부정에 의존하지 않고(anapekṣya) 지시한다고 가정해 보면, 그 경우
>
> > 그것은 배타적으로 (오직eva) [그 의미된 대상과의] 긍정적 수반 (anvaya, '일치', '공동 현존')에 의해서만 확정될 것이다. (38c)
>
> 오히려 낱말이 그 지시된 대상을 지시할 때, 그것은 부정적 수반(vyatireka, '차이', '공동 부재')은 물론 긍정적 수반도 통하지 않는다. 이제 이것은 사실이라고 주장된다. 하지만 지시(abhidhāna)는 둘 중 하나[낱말] 혹은 둘 다[명제 속의 낱말](anyatarobhayāvadhāraṇa)를 제한함으로써 작동하기 때문에, 의미 대상(arthābhidhāna)의 지시 또한 부정적 수반에 의거한다. 예를 들면 [파니니의 『아슈타디야이』 I.4.49에서는] "행위자(kartṛ)가 그 무엇보다도 얻기를 원하는 것을 '직접 대상'(karman)이라고 부른다"라고 말한다.
>
> 하지만 낱말의 의미 대상이 단지 타자[의미 대상들]의 배제(anyāpohamātra)라고 가정해 보면, 그것은 의미 대상(arthābhidhāna)을 (오직) 부정적 수반을 통해서만 배타적으로 지시하게 된다.
>
> 이것은 우리가 긍정적 수반을 받아들이지 않는다면 사실이 된다. 하지만(tu),

나는 [낱말의] [의미 대상들의] 변충이 제1의적인(mukhyena) (38d)

존재(bhāvena)와 함께라고 주장하지 않는다. 앞에서도 설명한 바와 같이[『프라마나삼웃차야』 II.16], 사물들 속에 보편자가 있는 것은 그것들이 [그 기체로부터] 구분되든(bhina) 그렇지 않든(abhina) 불가능하기 때문이다(hi). 그러나 "그것이 다른 낱말들의 의미 대상들(adṛṣter anyaśabdārthe)에서는 관찰되지 않기 때문이다"라는 [『프라마나삼웃차야』 V.34a의] 구절을 따라, 의미 대상은 어떤 [실재하는] 일반적 속성이 없이 다른 대상들의 배제(arthāntarapohaviśiṣṭe'rthe)에 의해 한정된다고 인정하자. 그러면 낱말[과 그 대상]의 긍정적 수반('공동 현존')과 부정적 수반('공동 부재')은 다른 대상들에 관계하지 않게 된다.

그러므로 'eva'라는 불변화사에 디그나가가 부여한 제한적/한정적 가치가 아포하의 가치와 등가라는 것에는 의심의 여지가 없다. 이 점은 『프라마나비니쉬차야』(*Pramāṇaviniścaya*)〔양결택量決擇〕의 다른 곳에서도 제한적(avadhāraṇa) 'eva'의 주연(周延) 관계를 다루고 있는 것에서도 아주 분명해진다. 'eva'와 아포하가 같은 맥락에 속한다는 사실 외에도, 디그나가의 게송 38c는 다르마키르티에게 직접 이어져 『프라마나바르티카』 IV.192(=『프라마나비니쉬차야』 II.11)에서는 "진술은 배제를 낳는다"(vyavacchedaphalaḥ vākyaḥ)라는 표현과 'eva'라는 말의 사용에 대한 설명도 제시된다. (사실 우리는 디그나가가 언급한 내용의 범위를 이해하고 또 그로 인해 파니니에게서 인용한 내용을 해석하기 위해 그에 따라 제한을 주연시키면서, 다르마키르티가 [『프라마나바르티카』 IV.192에서] 사용한 "차이트라는 활 쏘는 사람이다"Caitro dhanurdharaḥ와 "활 쏘는 사람은 파르타[뿐]이다"Pārtho dhanurdharaḥ, nīlaḥ sarojaḥ[19]라는 두 사례만을 언급할 수 있을 뿐이다.) 이어지는 구절(38d)은 변충(vyāpti)의 문제는 원래 니야야·바이셰시카 학파의 보편자 이론의 맥락에서 제기된 것이라는 가정을 확인해 주는 것처럼 보일 것이다. 하지만 디그나가는 실체적 변충 관계의 가능성, 즉 변충된 것은 그 적절한 기체를 한정하는 실재적 보편자들이라는 가정을 부인하는데, 왜냐하면 디그나가가 보기에 사물을 한정하는 것은 내속하는 보편자가 아니라 낱말이 사물을 그것들이 아닌 것으로부터 배제된 것으로 정의한다는 사실이기 때문이다.

*　*　*

비불교 측의 디그나가 반대 논사들이 아포하론에 대해 많은 비판을 가한 점 중의 하나는 그러한 부재가 한정하는 힘을 가질 수 있다는 가정이었고, 이런 맥락에서 그들은 또한 배제된 것의 가치의 문제도 거론했다. 아포하 교설이 가진 이런 면은 이 교설의 보다 더 논쟁적인 측면

---

19) 이것은 'eva'가 명사적으로 쓰였든 그렇지 않든, 모든 진술에 존재한다고 가정되는 서로 다른 제한의 범위에 대한 것이다. 처음 두 예를 보자. "차이트라는 활 쏘는 사람이다." 즉, 차이트라는 활 쏘는 사람일 뿐이다 = 차이트라는 활 쏘는 사람이 아닌 것이 아니며 활 쏘는 다른 사람들도 있을 수 있다. "활 쏘는 사람은 파르타[뿐]이다." 즉, 파르타 이외에 아무도 활 쏘는 사람이 아니다 = 파르타(즉 아르주나Arjuna)는 판다바(Pāṇḍava) 형제들 중에서 유일하게 뛰어난 활 쏘는 사람이다. Kajiyama 1973, Gillon and Hayes 1982를 보라.

들에 속하는 것이기 때문에, 이런 맥락에서 이 비판들을 살펴보는 것이 자연스러울 것 같다. 디그나가는 『프라마나삼웃차야』에서 아포하의 역할을 특성 부여자라고 논하지 않고, 단지 이 저작의 유명한 한 구절에서 아포하에 대해 니야야·바이셰시카 학파에서 말하는 보편자의 가치를 부여하는 것에 그치고 있다.[20] 하지만 디그나가의 것으로 여겨지는 흥미로운 산스크리트어 단편에서 그는 이 문제를 자세하게 논하고 있는데, 물론 그것이 이 생각의 모든 측면에 빛을 던져 준다고 할 수는 없다. 아포하론을 논하는 디그나가 이후의 논사들은 모두 그 단편을 알고 있었고, 그것이 『사만야파리크샤』에서 나왔을 것이라고 믿을 만한 이유도 있다. 이 텍스트의 많은 부분이 『타트바르타바샤비야키야』(*Tattvārthabhāṣyavyākhyā*) V.24에서 발견된다. 거기에는 다음과 같이 적혀 있다.

> 낱말은 그 자신의 의미 대상(svārtha)을 위해 다른 의미 대상들(arthāntarāpoha)로부터의 배제를 달성하면서 [그 의미 대상을] 지칭한다고 말해지기 때문이다. 예를 들어 '나무'라는 말은 자신의 의미 대상을 위하여 '비(非)나무'라는 말의 부정(avṛkṣalakṣana)을 달성하면서, 자신의 의미 대상이 나무로서 특징지어짐(vṛkṣalakṣana)을 지시하

---

20) 여기서 다음의 산스크리트어 단편과 비교해 볼 수 있다: "보편자의 속성들은 일자, 영원, [그리고] 각각[의 개별자]에 미침이다. 그것들은 [아포하에만] 있다"(『프라마나삼웃차야』 36에 대한 『프라마나삼웃차야브리티』: "jātidharmāś cāikatvanityatvapratyekaparisamāptilakṣaṇā atraiva tiṣṭhanti"). 이 구절에 대한 카말라쉴라(Kamalaśīla)의 버전은 『타트바상그라하판지카』 389, 9~11에 있는 자주를 보라.

기 때문이다. 따라서 낱말의 의미 대상은 부정에 의해 한정되는 사물(nivṛttiviśiṣta)이지만, 그것은 예를 들어 당나귀의 뿔이라든가 무딘 예리함 같은 표현에서처럼, 단순한 부정은 비존재(avastutva)여서 완전히 정의할 수 없기 때문에(alakṣanīya) 단순한 부정만은 아니다.[21]

따라서 이 텍스트는 디그나가가 배제된 비나무와 비나무의 부정에 의해 특징지어지는 것, 즉 나무 사이의 대립을 부정적 대립의 관점에서 인지하고 있었다는 것을 보여 주는 증거가 된다. 따라서 '나무'라는 말은 하나의 뚜렷이 구분되는 특수한 특징이 있다는 것을 나타내는 반면 비나무는 그것의 부재를 나타낸다. 디그나가의 진술을 풀어 보면 낱말이란 그 자신의 지시 대상인 나무와 그 비(非)지시 대상인 비나무의 경계를 확정하는 방식으로 다른 의미 대상들로부터 자신의 의미 대상의 경계를 긋는다는 점에서 제한 조작자로 기능한다고 말할 수 있다. 이 경계는 하나의 뚜렷이 구분되는 특수한 특징의 현존과 부재의 결합의 결과이다. 하지만 디그나가에 따르면 나무에 속성을 부여하는 것은 비나무의 부정이며, 모든 디그나가의 바판자들, 특히 쿠마릴라가 즉각 지적했던 독특한 논리-의미적 아포리아를 가져온다. 어떤 주

21) 『드바다샤라나야차크라』 II 548,13~16(ed. Jambuvijaya)에 인용된 다음 산스크리트어 단편과 비교해 볼 수 있다: "tathā cāha dattakabhikṣur eva: arthāntarāpohaṃ hi svārthe kurvatī śrutiḥ "abhidhatte" ity ucyate. hiśabdo yasmādarthe. yathā vṛkṣaśabdo 'vṛkṣaśabdanivṛttiṃ svārthe kurvan svārthaṃ vṛkṣalakṣaṇaṃ pratyāyayatīty ucyate, evaṃ ca nivṛttiviśiṣṭaṃ vastu śabdārthaḥ, na nivṛttimātram, alakṣaṇīyam eva ca syān nivṛttimātram, avastutvāt, kharaviṣāṇakuṇṭhatīkṣṇatādi varṇavat."

어진 낱말과 그 의미 대상이, A라는 유형의 낱말의 관점에서의 현존이 필연적으로 비(非)A라는 유형의 낱말의 부재를 내포하며 그 역도 마찬가지인 부정적 대립의 관점에서 정의된다면, 이 내포는 동어반복이 된다는 것이다. 따라서 부정적 대립의 구조 내에서는 그 구분적 특징이 대립 자체와 일치한다고 결론지을 수 있다. A라는 용어는 그 의미 대상을 A로 확인하면서 동시에 그것을 비A로터 구별하거나 배제시킨다. 이런 식의 정리는 사물이 그것에 내속하는 보편자에 의해 특성이 부여된다는, 디그나가가 거부했던 생각과 비슷한 점이 있기는 하지만, 어떤 주어진 의미 대상에 대해서도 특성을 부여하는 타자의 부정에 대해 말했을 때 그가 생각하고 있었던 것이 바로 이것이라고 믿을 만한 이유가 된다.

* * *

디그나가가 비A유형이라는 말이 내용이 없다고 생각하지 않았음은 명백하다. 그것은 일반적 형상을 통해 긍정적인 말인 A의 의미 대상을 결정하는, 특정의 뚜렷한 속성의 부재를 지칭한다. 그는 『프라마나삼웃차야』 43b에서 쿠마릴라가 『슐로카바르티카』에서 자세하게 논의했던 '단일 속성'(ekadharman)이라는 중요한 관념을 도입하면서 비A유형의 문제를 제기한다. 디그나가는 다음과 기술한다.

> 어떤 인식도 정당화되어 생길 수 없다는 주장도 반대도 아니며,
>
> [낱말은] [단일한] 일반적인 특징(sāmānya)에 의해 배제되기 때

문이다. (43b)

왜냐하면(hi) 그것은 각각의 개별적 실체(pratidravyam)를 위해 다른 보편자(jāti)를 배제하지 않고, 오히려(kiṃ tarhi) [대상을] 배제되는 것(vyavacchedyavivakṣayā)으로 표현하려는 의도 때문에 그 일반적 특성(sāmānya)의 단일 속성을 가지고 [배제]하기 때문이다. 그리고 이 점(atra)에 대해서는 [의미 대상은] 이류[례]에서 [그것이] 관찰되지 않는다는 것만에 의해 추론된다(vijātīye adarśanamātreṇānumānam)고 설명했다. 그리고 [어떤 인식도 일어나지 않는] 이 문제(doṣa)는 오직(eva) 그대들에게만 관련된다. 만약 [낱말이] 그 적절한 동류[의 대상들](svasajatīya)를 보편적으로 변충(vyāptyā)함으로써 적용(varteta)된다면, 변충되는 것(vyāpyā)은 무한(ānantya)할 것이기 때문이다. 따라서 "그것은 뿔이 있기 때문에 비(非)말이다"(viṣāṇtivād anaśva iti)라는 진술에서 추론에 의해 이것[즉, 말]이 배제되는 것(tadvyavacchedānumānam)은[22] 말에게 뿔이 있음이 관찰되지 않기(aśve viṣāṇtivādarśanena) 때문이며, 또 [뿔이 있음이] 하얀 암말 등(karkādīn)을 하나하나 따로따로(pratyekam) 배제하지 않으며, 하나하나의 소 각각에 개별적으로 적용되지 않는 등(ekaikeṣu gavādiṣu)의 이유 때문이다. 또한 그대들은 일치와 차이(vyāvṛttyan uvṛttibuddhimatam)에 근거한 인식 이론을 주장한다. 그리고 이런 맥락에서 그 원리(nyāya)는 동일하다.

---

22) 『프라마나삼웃차야브리티』 V.34의 'tadvyavacchedanumana'라는 용어에 대한 지넨드라붓디의 주석을 참조.

이 텍스트에서 디그나가가 제기하는 것은 각각의 배제가 무한한 존재들의 배제를 함의하는 것처럼 보일 수 있다는 데 대한 반대 주장이다. 결론적으로, 한정적 지식은 불가능한 것처럼 보일 수도 있다. 하지만 디그나가가 설명한 바와 같이, 존재들은 각각 개별적으로 배제되지 않고, 일반적인 배제론에 따르면, 배제하는 말을 정의하는 단일하고 뚜렷한 특성의 부재를 예시하면서 오히려 집단적으로 배제된다. 배제되는 말이 단일하고 뚜렷한 특성 — 디그나가의 '단일 속성'(ekadharman) — 의 부재에 의해 정의된다는 사실은 그것에 지시 기능이 없고 따라서 해석 가능성이 없다는 의미는 아니다. 그것은 다만 특정의 특성이 부재하는 모든 존재들을 집단적으로 한정하기 위해 사용되는 것이다. 따라서 예를 들어 "그것은 뿔이 있기 때문에 비(非)말이다"라는 추리에서 '비말'(anaśva)은 '비말'이라는 낱말에 의해 지칭되는 동물의 특수한 본성에 대한 지칭 없이, 말이 아닌 뿔 달린 동물이라는 개념만을 나타낼 뿐이다.[23] 대론자 또한 인식이 일치와 차이(vyāvṛttyanuvṛttibuddhi)에 의해 진행된다는 데 동의한다는 사실을 디그나가가 마지막에 지적하는 것은 그가 융합시키려 했던 개념들을 암시해 주며, 그것은 따라서 디그나가가 자신의 아포하 교설을 가지고 대항했던 역사적 배경의 평가에 있어서 중요해지기 때문에 흥미롭다. 이 점에 대해서는 나중에 다시 논의할 것이다.

아포하론의 가장 두드러진 특징 중 하나는, 아포하의 추론적 성질

---

23) 『드바다샤샤티카』의 유일하게 남아 있는 산스크리트어 단편에서 디그나가가 언급하는 것도 아마 같은 문제일 것이다. 이 장의 각주 4번 참조.

에 대한 디그나가의 설명을 액면 그대로 따르자면, 그가 언어적 지식이 차이(vyatireka)에 의한 추론과 등가물이라고 생각하는 것처럼 보인다는 점이다. 그를 비판하는 사람들은 그것이 추론인의 삼상설이라는 정전적 규칙을 명백히 위반한다는 점을 주저 없이 지적했는데, 이 규칙에서 이런 식의 추론은 허용되지 않는다. 예를 들어 쿠마릴라는 차이에 기초한 추론을 비판하면서 아포하론에 대한 비판을 완결시킨다. 그는 웃됴타카라와 그 학파를 비판 대상으로 삼았는데, 쿠마릴라가 보기에 이들 또한 차이를 통한 추론을 인정하기 때문에 디그나가를 거부할 자격을 갖지 못한 사람들이었다. 따라서 이 논쟁은 디그나가 당시의 반대 논사들이 배제에 기초한 추론에 대한 그의 설명을 차이에 의한 추론(vyavacchedānumāna)과 등가물로 여겼음을 보여 준다. 디그나가 비판자들의 이런 생각에 동의하지 않기는 어려우며, 이 명백한 이론적 비일관성이 아마도 다르마키르티가 왜 이 문제를 의식적으로 피하려 했는지를 설명해 주는 것 같다. 그는 언어적 지식(śābda)의 추론적 본성에 대한 디그나가의 교설을 디그나가의 이론 계통에 따라 해석하기보다는 언어적 지식이란 화자의 의도(vivakṣā)의 존재를 가리키는 의미라고 해석하는 편을 선호했다. 이런 점에서 보면 그는 말해지는 낱말들은 화자의 의도(vivakṣā)를 드러낸다는 바르트리하리의 견해에 의지하고 있는 것 같다.

* * *

낱말과 대상의 변함없는 수반 관계는 문제가 되는 낱말의 영역, 다시 말해서 낱말-의미 관계, 즉 범위(vyutpatti)에 대한 학습을 자연스럽게 상정할 수 있게 한다. 디그나가는 이 문제를 「아포하론」 마지막 부분의 흥미로운 단락인 게송 50b에서 다룬다. 그는 이렇게 기술하고 있다.

그러나 [낱말의 그 의미 대상과의] 관계(akṛtasambandha)를 본 적이 없는 사람이 그 낱말에서 얻는 의미 대상(arthapratipatti)에 대한 지식이 어떻게 해서, 예를 들어 "이것은 빵나무(breadfruit tree)이다"(ayaṃ panasaḥ)라는 [명제적] 표현에서처럼 추론(anumāna)이 될 수 있는가? 이 경우 빵나무(panasa)라는 낱말에는 의미 대상에 대한 지식이 없다. 왜 그런가?

왜냐하면 의미 대상이란 그것[관계]을 알고 있는 사람에게 보이기 때문이다. (50b)

[낱말의] 의미 대상은 지시대명사 '이것'(ayaṃśābda)과 실물 지시적 정의(hastasaṃjñā)를 통해 [낱말의 의미 대상과의] 관계를 잘 알고 있는 권위자(vṛddha)에 의해 확립(prasiddhasambandha)되기 때문에, **빵나무**라는 낱말에는 의미 대상에 대한 지식이 없으며, 그것은 오히려(kiṃ tarhi) ['빵나무'라고 가르쳐지는] 이름의 영역(saṃjñāvyutpatti)이다. 한편 이것[즉, '빵나무'라는 낱말] — 이름을 [가르치는 것을] 목적으로 하는 — 과 지시대명사 '이것'의 공동 지시(sāmānādhikaraṇyam)가 결합관계(sambandhapradarśanārtham)를 보여 주는데, 그것은 [연결이] 두 개[의 낱말]에 의해 표현되는 것(abhidheya)이라는 가정(iti kṛtvā)이다. 그리고 **빵나무**라는 말이 [아직] 이것[즉 빵나무]을 의미 대상으로 가지

지 않기 때문에, 그것의 목적은 이름[을 가르치는 데]에 있는 것이다.

디그나가는 실물 지시적 정의가 낱말과 그 의미 대상의 연결 관계를 배우는 토대가 된다고 가정한다. 이런 견해는 물론 일치(anvaya)와 차이(vyatireka)에 관해 그가 설명하는 맥락에서 해석되어야 하는데, 그것에 의하면 디그나가의 경우 낱말의 적절한 의미에 관한 귀납적인 가정은 없다. 낱말과 그 의미 대상 혹은 추론 지표〔추론인〕와 추론 대상의 결합 관계는 그 낱말 혹은 추론 지표가 배제하는 낱말에 의해 표현되는 특정의 특성이 부재하는 모든 것을 배제하는 것이 가능한 한 변함없는 것으로 여겨진다. 따라서 배제된 것은 일반화된, 배제하는 낱말의 영역을 정의하는 속성의 부재라고 가설적으로 상정되는 것만을 나타낼 뿐이다.

바로 다음 구절(게송 50c)에서 디그나가는 결합 관계의 본성을 논의하는데, 그는 그것이 단지 마음속에서 낱말과 그 의미 대상 사이에 맺어진 연결 관계에 의존하는 재현, 즉 상상에 의한 것일 뿐이라고 주장한다. 결합 관계는 문제가 되는 낱말에 의해 전달되는 인식 대상이 아닌 것이다.

[반론:] 그렇다면 그 결합 관계야말로 낱말의 인식 대상(prameya)이 될 것이다.

결합 관계는 상상된(vikalpitāt) 것〔개념적으로 구성된 것〕이기 때문에 [낱말의 인식 대상이] 아니다. (50c)

결합 관계는 그 의미 대상과 빵나무(Panasa)라는 낱말이 각 인식 수단(pramāṇa)을 통해 파악(upalabhya)되고 난 후, '이 [낱말은] 이 [의미 대상을 지시한다]'라고 생각하는 마음(manasā)에 의해 연결(sambaddha)되는데, 그것은 추론과 추론 대상의 결합 관계(anumānānumeya-sambandhavat)와 그 방식을 같이한다. 그러므로 언어적 지식(śābda)은 별개의 인식 수단이 아니다.

* * *

디그나가의 인식론과 논리학 그리고 언어철학은, 어느 정도까지 영향을 받았는지는 확실하지 않지만 분명 그 동시대인들에게 빚지고 있다. 그가 적어도 언뜻 서로 모순되어 보이는 개념들을 융합시키려고 애썼다는 인상을 받을 때도 있다. 바르트리하리가 디그나가에게 끼친 영향이 그 한 예이다. 따라서 예를 들어 디그나가가 「아포하론」에서 예외적으로 분명히 밝히고 있음에도, 그가 어떻게 바르트리하리의 문장론을 언어적 지식의 주요 원천으로 받아들여 옹호하면서도 동시에 아포하 교설에서 벗어나지 않으려고 했는지가 명확하지 않은데, 이런 태도가 기본적으로는 그의 논리학을 확장시키는 것이라고 볼 수 있다.

디그나가의 아포하 교설에는 아마도 가장 중요한 것이라고도 할 수 있는 또 다른 영감을 주는 한 측면이 있다. 그것은 디그나가가 바이셰시카학파의 용어 분류법에서 생겨난 개념 분류도에 기초해서 아포하론을 전개시켰다는 사실이다. 이것이 배제란 아무 곳에나 적용되는 특성이 아니라 어떤 조건하에서만 일어난다고 하는 그의 주장을 설명해 준다. 그가 바이셰시카 전통으로부터 받아들인 개념도에 그 출발점을 두게 되면 문제는 아주 명확해진다. 바이셰시카 분류도는 기본적으로 최상위 보편자(sāmānya)인 존재(sattā)와 그 하위 부류들, 즉 개개의 보편자들(sāmānyaviśeṣa)인 실체(dravya), 속성(guṇa), 행위(karman)로 구성되는데, 이들 각각은 또 다양한 층위에서 수많은 하위 부류로 나누어진다. 디그나가에 따르면 개개의 보편자들은 서로를 배제하는 반면 최상위 보편자인 존재는 비존재(asattā)만을 배제하지만(비존재라는 말을 사용하는 것에 관해 『헤투무카』에서 인용한 흥미로운 구절을 참조할 수 있다), 그것과 일치 관계에 있는 특수 보편자들은 배제하지 않는다. 동일한 원리가 서로 다른 모든 하위 부류들에게도 확대되어 적용된다. 위계 내에서 같은 층위에 속한다면 서로를 배제하지만 자신의 하위 부류가 될 수 있는 것들은 배제하지 않는데, 그것은 마치 위계 내에서 자신을 하위 부류로 포함하고 있는 관계항에 의해서는 배제되지 않는 것과 같은 이치이다. 일반화시켜 보면, 위계도 내에서 일치는 **수직적**으로 일어나지만 배제는 **수평적**으로 일어난다. 간단히 말해서, 이 원리는 수직적인 상응(anuvṛtti)과 수평적인 구분(vyāvṛtti)의 맥락에서 위계도를 구성하는 낱말들의 관계를 설명하는 『프라샤스타파다바샤』(*Praśaṣṭapādabhāṣya*) 7장에서 간략하게 설명되어 있는 유형의 위계도를 디그나가가 변형시킨 것이다. 디그나가가 동일한 분석 원리를 채택했음이 분명한 것 같다(상응과 구분에 대해서는 앞에서 언급한 그의 설명을 참조). 이 일반 원리는 물론 서로를 배제하는 낱말들이 함께 하나의 실체를 정의하면서 스스로 내적 모순을 갖게 되는 등의 특정 상황에서는 존재론적으로 지탱될 수 없게 된다. 디그나가는 이 문제를 낱말들의 정치학이라고밖에는 부를 수 없는 꽤 복잡한 방식으로 제시하는데, 여기서 왕들이 카우틸랴(Kauṭilya)의 『아르타샤스트라』(*Arthaśāstra*) 같은 정치학 서적에 있는 차크라(cakra)의 규칙에 따라 다른 왕들과 동맹을 맺는 것과 똑같은 방식으로 개별 낱말들이 다른 낱말들과 연결된다. 결국 아포하론의 이 부분은 바이셰시카 용어 분류법에서 파생되어 디그나가식으로 변형된 문제들을 나타낸다고 가정할 때에만 이해될 수 있다. 이 가정이 옳다면, 왜 디그나가가 『프라마나삼웃차야』 5장을 '아포하론'이라고 이름 붙였는지도 명확해질 것이다. 그의 다른 '논서들'(parīkṣā)의 관점에서 보면 이것은 그가 배제에 대한 당시의 견해들을 비판적으로 분석하면서 동시에 디그나가의 배제론이라는 자신의 견해의 필요성을 암시적으로 주장하고 있는 것으로만 이해할 수 있다. 이 장 전체는 이 가정을 입증하는 것처럼 보이며, 따라서 인식 수단에 대한 디그나가 이론의 역사적 배경을 다시 검토하는 작업이 반드시 필요한 것처럼 보인다.

3장 _ 다르마키르티 아포하론의 주요 특징들

존 던

아포하론은 때로는 기술적이고 심지어는 반직관적인 요소까지도 많이 포함한다. 이 장의 주 목적은 이 이론의 가장 근본적인 특징들을 간결하게 제시해 보는 것이다. 전체적인 영역에서는 분명히 통일적인 모습을 띠고 있지만, 아포하론이 역사적으로 전개되면서 이론가들 사이에 다양한 해석이 있어 왔고, 이 이론에 대한 어떤 단일하고 통일된 설명도 문제가 될 수 있다는 점에 처음부터 주목하는 것이 중요하다. 따라서 이 장에서는 이 이론의 전개에 있어서 결정적인 역사적 순간, 즉 다르마키르티의 설명에 초점을 맞추어 살펴보고자 하는데, 특히 그의 직접적인 주석자였던 데벤드라붓디와 샤키야붓디의 해석을 중심으로 검토해 볼 것이다. 이 특수한 해석의 지층의 맥락을 살펴보기 위해 간단한 역사적 개관에서 시작해서 그와 관련된 약간의 자료를 두 주제로 나누어 제시할 것이다. 다르마키르티의 개념에 관한 인과적 인식 모델과 그 모델이 촉진하는 최소주의 그리고 그의 존재론의 기본 사항들이 그것들이다. 이 문제들을 논한 다음 다르마키르티 아포하론의 근본적인 사항들을 검토할 것이다.

역사적 개관

아포하론은 디그나가의 저작에서 최초로 명확하게 설명되었다. 그는 인식론(pramāṇavāda 또는 pramāṇa theory)이라고 할 수 있는 담론 스타일을 엄밀히 사용한 최초의 불교철학자였다. 주로 초기 니야야학파가 정립시킨 것으로 보이는 이 담론 스타일은 인식 수단(pramāṇa), 즉 믿을 수 있거나 신뢰할 수 있는 인식(pramiti)에 도달하는 확실한 수단 혹은 (글자 그대로) '도구'를 구성하는 것이 무엇인지를 주로 다룬다. 증언(verbal testimony)〔성언량聖言量〕과 다양한 형태의 추론〔비량比量〕이 인식 수단의 중요한 형태들로 간주되며, 이런 것들은 개념(vikalpa)의 사용을 통해서 작동하는 것으로 이해된다. 따라서 인식론에서의 주요 논의 주제는 개념적 인식(savikalpakajñāna)의 문제이며, 또한 개념적 인식은 반드시 보편자(사만야sāmānya, 자티jāti, 아크리티ākṛti 등 다양하게 불린다)를 그 대상으로 취한다고 생각되기 때문에 개념에 대한 논의에는 보편자에 관한 이론이 필요하게 된다. 디그나가의 아포하론은 고대 남아시아의 비불교적 철학 전통에서 찾아볼 수 있는 보편자에 관한 실재론을 거부하는 유명론적 입장에서 보편자 이론을 구성하기 위한 시도이자 개념적 인식의 이론이다.

디그나가가 정리한 아포하론은 니야야 철학자 웃됴타카라와 자신만의 유사한 이론을 개발했던 불교 사상가 바비베카[1]에 의해 비판받

1) 바비베카의 연대에 대해서는 Eckel 2008, 25를 보라. 아포하론에 대한 바비베카의 비판과 응답에 대해서는 Eckel 2008, 265~273을 보라.

았다. 디그나가의 사상은 — 아포하론을 포함해서 — 다르마키르티의 손에서 상당한 수정을 거치게 되었고, 이후 불교 측이든 비불교 측이든 후속의 논의들은 바로 이 수정 작업에 토대를 두고 있다. 불교 측에서의 초기 주석들로는 데벤드라붓디와 샤키야붓디 같은 사상가들의 작업들이 있으며, 이들은 혁신적인 면도 보여 주고는 있지만 그 해석은 대체로 다르마키르티 저작들의 범위를 크게 벗어나지 않는다. 샨타라크시타와 카말라쉴라 같은 사상가들은 다르마키르티의 철학을 자신들의 중관적 관점에 통합시켰지만 그의 인식론의 세부 사항들은 그다지 바뀌지 않았다. 하지만 즈냐나슈리미트라, 라트나키르티, 카르나카고민, 목샤카라굽타(Mokṣākaragupta) 같은 후기 주석자들에 오면 보편자의 문제에 관해 항상 우세한 지위를 점하는 실재론으로 흐르는 경향이 뚜렷해진다. 티베트에서는 많은 뛰어난 사상가들에 의해, 때때로 비판받기도 했지만, 실재론적 해석이 세력을 얻었다. 이들 중 몇 사람은 이 책에서도 다루어지고 있다. 이 장에서 제시할 내용은 초기의 해석 국면에 관한 것이기 때문에 후기 불교 저술가들의 보다 더 실재론적인 접근법과 충돌할 수도 있지만, 이론의 대체적인 윤곽과 구조는 그럼에도 불구하고 같다고 할 수 있다.

개념에 관한 인식적 모델과 최소주의

다르마키르티는 아포하론을 구체화된 인식의 인과적·기술적 모델에, 그리고 이 연관이 개념에 가져다주는 최소주의적 접근에 관련시킨다. 다르마키르티 철학의 이런 측면을 보여 주는 하나의 방법으로 그것을 현대의 '자연화된' 인식론이라는 관념에 비교해 볼 수 있다. 넓게 보아 '자연화된'이라는 말은 현상학적 혹은 인식론적 이론들을 어떤 면에서는 자연과학과 밀접하게 연관되어 있는 설명의 틀에 통합시키려는 기획을 의미한다. 분명히 다르마키르티의 접근법은 오늘날의 자연과학과 관심을 공유하지 않지만, 그것은 이 시대의 맥락에서 인식론이 '자연화되었다'라는 것이 무엇을 의미하는지에 대한 부분적인 대답이 될 수 있는, '우리의 인식 과정에 대한 경험적인 심리학적 연구'라는 동력을 공유한다.[2] 좀 더 자세하게 말하면, 다르마키르티의 작업은 그것이 기초한 아비다르마(Abhidharma) 전통의 확장으로 볼 수 있으며, 따라서 그것은 주의〔작의作意〕와 메타 인식적 요소들, 기억 작용[念], 정서적 상태의 유형과 특성들, 감각 기능의 생리적 구성 등을 포함한 여러 문제들에 대한 상세한 설명의 임무를 떠맡는다. 이런 문제들에 대해 아비다르마가 우리 시대의 과학적 이해에서 많이 벗어날 수 있는 반면,[3]

---

2) 이 주제에 대한 한 영향력 있는 논문에서 김재권은 이 구절("인식 과정에 대한 경험적인 심리학적 연구")을 사용해서 인식론이 자연화된다는 것이 의미하는 바에 대한 콰인의 획기적인 작업에서의 중심 요소들을 해설한다. 김재권은 또한 콰인의 기획이 규범성을 포기할 것을 요구한다고 본다. 그것은 "정당화라는 임무를 벗어나는 것"이며(Kim 1988, 380), 이런 측면에서 '자연화'는 다르마키르티의 기획에 들어맞지 않을 수도 있다. 그럼에도 불구하고 김재권은 또한 콰인을 읽으면서 자연화된 인식론이 "경험론적 과학의 어떤 이론과도 마찬가지로, 법칙에 기초한 예측 가능한 설명 이론이어야 하며, 그것이 주로 해야 할 일은 인지를 하는 데 있어서 우리가 관찰에서 어떻게 이론('세계에 대한 그림')을 만들어 내는지를 보여 주는 것"이어야 한다고 지적한다(Kim 1988, 389). 다르마키르티의 접근법을 비슷한 방식으로 다루는 것 — 즉, 그것을 인간 인식에 대해 신중하면서도 주로 구체화된 경험적 설명을 제시하려는 목적을 가진 기획으로 보는 것 — 이 타당성이 없어 보이지는 않는다.

3) 하지만 상당히 수렴되는 측면 또한 있다는 것도 잊지 말아야 한다. 이런 측면에서 정서에 대한 연구에 대해서는 Dalai Lama and Paul Ekman 2008을 보라.

그것은 과학과 유사하게 인식적이고 정서적인 과정을 포함해서 인간 심리에 대한 신중하고 추측건대 경험론적인 설명을 제공하기 위해 노력한다. 다르마키르티가 불교의 이런 큰 기획에 참여하고 있다는 것과 그의 작업이 그것의 확장이라는 것을 인정하는 것은 매우 중요하다.[4]

다르마키르티 작업의 특징을 나타내 주는 한 가지 표현은 그의 개념론을 포함하는 인식론이 특정의 정신적 사건들(jñāna)이 성공적인 인간 행위와 관련해서 어떻게 믿을 만한 것이 되는지를 설명한다는 점에서 '사건에 기초해' 있다는 것이다. 게다가 이 사건들은 생리적·심리적 요소들을 포함하는 인과적 인식 모델에 부합되는 방식으로 발생한다. 이 모델은 인과적으로 효과적인 것은 무엇이든 단 한순간만 지속한다고 가정하며, 따라서 이 모델은 순간적 존재들의 인과적 상호작용을 포함한다. 이 모델은 인과적으로 효과적인 것은 무엇이든 한순간 이상을 지속하지 못한다고 가정한다. 따라서 이 모델은 찰나적 존재들의 인과적 상호 작용을 포함한다. 인과적으로 효과적인 존재들은 어떤 것이든 시간상으로 지속하는 것처럼 보이는 한에 있어서, 그것들은 사실상 한 연속 내에서의 한 순간이 그 연속 내에서의 다음 순간의 주 이유가 되는 방식으로, 서로 인과적으로 연관되는 찰나적 존재들의 연속이다. 따라서 누군가가 푸른 천 조각을 볼 때, 그 조각을 구성하는 물질은 실제로 한순간만 지속하는 것이다. 그럼에도 불구하고 그 조각

---

4) 특히 인식과 정서적 상태를 분석하는 맥락에서 아비다르마에 대한 자세한 설명은 아직 서구 언어권에서는 접할 수 없다. Waldron 2003의 2장이 이런 측면에서의 설명에 대해 도움이 될 것이다. Potter et al., 1998도 보라. 아비다르마 형이상학은 많은 관심의 대상이 되었고, Siderits 2007에 실린 아비다르마에 대한 장이 좋은 입문서가 될 것이다.

은 그것을 구성하는 물질이 그 물질의 순간들의 연속 내에 있고, 그 속에서의 각 순간은 앞 순간에서 생겨나고 다음 순간으로 진행되면서 사라지기 때문에, 더 오래 지속하는 것처럼 보인다. 이것은 감각 기능을 포함해서 몸을 구성하는 물질의 경우에도 마찬가지이며, 또한 의식의 흐름을 구성하는 순간들은 본성상 정신적이라는 — 물질적이 아니라는 — 조건에서, 의식의 경우에도 마찬가지이다.

이 모델에서 인식적 사건은 특수한 인과적 조건들 아래에 있는 의식의 한 순간이며, 아마도 아포하를 포함한 개념론을 이해하는 데 있어 이런 사건의 가장 좋은 예는 지각된 대상 — 예를 들어 푸른 천 조각 — 이 '푸른' 것으로 개념적으로 이름 붙여지거나 재인되는 것, 즉 재인식(pratyabhijñāna)일 것이다. 이러한 사건은 세 가지 인과적 흐름, 즉 ① 지각된 대상을 구성하는 물질의 인과적 흐름, ② 감각 능력을 구성하는 물질의 인과적 흐름, ③ 마음을 구성하는 비물질적인 인과적 흐름을 전제한다. 이들 각각은 서로 구별되는, 한순간만 지속하는 인과적으로 효과적인 순간들로 환원될 수 있다. 대상이 감각 능력과 관계될 때 다른 조건들이 갖추어져 있다면, 마음은 다음 순간 그것의 현상적 형상을 일으키게 된다. 이 현상적 형상은 그 현상적 현현이 대상 외에도 감각 능력의 상태와 앞 순간의 마음의 다양한 인지적·정서적 특질 등의 요소들에 의해 조건 지어지기 때문에 대상의 단순한 반영이 아니다. 하지만 인식적으로 믿을 만한 맥락에서, 그 대상의 인과적 특성들에 의해 해당 현상적 형상의 인과적 특성들이 제한되는 한 현상적 형상은 그것을 만들어 낸 대상의 순간에 대해 '유사성'(sārūpya)을 가진다. 감각적 접촉에서 처음 생기는 현상적 형상은 아포하의 과정을 겪지 않았다는 점에서 '비개념적'(nirvikalpaka)이지만, 올바른 조건하에서라면 다음 순간에 아포하의 과정이 작용하며, 마음의 이 순간은 '개념적'(savikalpaka)인 현상적 형상을 가지게 된다. 이 세 번째 순간에서, 개념화된 현상적 형상은 지각적 형상의 특성인 생생함과 명료함을 잃게 되고 따라서 불명료(aspaṣṭa)하게 된다. 다시 말해서 현상적 형상이 감각적 접촉을 통한 지각적 인식의 단계에 있을 때는 생생하거나 명료한 반면, 이 비개념적 인식에 뒤따르는 개념적 인식인 재인식의 단계에 가면 현상적 명료성을 어느 정도 상실하게 되는 것이다.[5)]

이것은 다르마키르티가 말하는 개념의 의미에 관련된 문제를 야기시키며, 여기서 더 자세히 논하지 않고도 우리는 그가 채택하는 사건에 기초한, 인과적 모델과 관련된 특징 몇 가지를 찾아낼 수 있다. 자신의 마지막 저작들 중 한 권에서 다르마키르티는 "개념〔분별〕은 언어적 표현과 결합될 수 있는 현상적 현현인 인식이다"라고 쓰고 있다.[6)] 현현 — 즉 현상적 형상 — 이 언어의 낱말과 함께 이해될 수 '있다'라고 그 특징을 부여하는 것은 유아들이 아직 언어를 사용할 능력이 없을지라도 개념적 인식을 가질 수 있다는 사실을 지적하기 위한 언급이기 때문에 중요하다. 주석자인 다르못타라가 지적하듯이 "젖꼭지를 보고 있는 아이가 '이게 그거야'라고 생각하면서 그것이 이전에 보았던 것이라고 알아보지 못하는 한, 그 아이는 계속 울면서 입을 젖

---

5) 개념적 인식 내의 현상적 형상이 현상적 명확성이 없다는 생각은 다르마키르티의 경우 다양한 맥락에서 제기되지만, 그중에서도 특히 이 장의 결론 부분에서 언급되듯이 요가 수행자의 지각과 관련하여 뚜렷이 나타난다.

6) 『니야야빈두』 I.5(ed. Shastri): "abhilāpasaṃsargayogyapratibhāsā pratītiḥ kalpanā."

꼭지에 갖다 댈 것이다".[7] 그런데 나중에도 논의하겠지만, 이런 인식의 중심적 특징은 바로 현재 경험되는 내용이 이전의 경험과 동일한(ekīkarana) 것으로 이해된다는 것이기 때문에, 유아들도 개념적 인식을 갖는 것이다. 따라서 재인식의 경우 지각에서의 '푸르다'라는 현상적 형상에 대한 해석은 그 현상적 형상을 이전에 경험된 현상적 형상과 동일한 것으로 이해하는 것을 포함한다. 그리고 정신적 사건이 개념적이라는 것, 즉 그것이 어떤 두 가지를 '동일한' 것으로 확인하는 것을 포함한다는 말의 의미는 바로 이것이다. 개념성에 대한 매우 최소적인 이 기준은, 여러 존재들 가운데 동물조차도 개념을 사용할 수 있다는 것을 의미한다. 과거 수십 년간 비둘기를 가지고 했던 과학 실험을 예로 들어보자. 비둘기가 진화론적으로 그럴 필요가 분명 없는데도 불구하고 물고기, 풍경, 그리고 만화에 나오는 찰리 브라운 캐릭터까지도 반복적으로 재인식할 수 있는 능력이 있다는 사실이 입증되고 있다. 때로는 보통의 찰리 브라운의 모습과 상당히 달라져 있는데도 다양한 상황에서 등장하는 그 캐릭터를 계속해서 알아볼 수 있는 이 능력은, 비둘기가 "저건 찰리 브라운이야!"라는 식의 표현을 정신적으로 만들어 낼 능력은 없다고 하더라도, 다르마키르티에게는 비둘기가 개념을 사용하는 것이 틀림없다는 것을 보여 줄 것이다.[8]

---

7) 『니야야빈두티카』(*Nyāyabinduṭīkā*) 25(ed. Shastri): "bālo'pi hi yāvad dṛśyamānaṃ stanaṃ sa evāyam iti pūrvadṛṣṭatvena na pratayavamṛśati tāvan noparatarudito murkham arpayati stane."

8) 이 분야에서는 Hernstein and Loveland 1964; Siegel and Honig 1970; Hernstein, Loveland and Cable 1976 등이 초기의 저작들이고, 그 외 몇몇 저작들도 있다.

개념 형성에 대한 다르마키르티의 최소주의적 접근법은 또한 아포하를 통해 자신의 개념 형성 이론을 설명하기 위해 사용하는 예들에도 나타나 있다. 일반적으로 이 예들은 "이것은 소이다"라든가 "이것은 항아리다"라는 단순한 표현들에서 보이는 것처럼 단일 낱말들만을 포함하고 있다. 다르마키르티는 따라서 복잡한 문장이 아니라 적어도 전(前)언어적 단계임에 틀림없는 몇몇 경우까지도 포함하는 간단한 서술체를 검토해 보려 했음이 분명해 보인다. 인식을 개념적인 것으로 특징짓는 최소의 기준을 갖는 이 예들은 다르마키르티가 문장의 형성이나 언어적으로 구성되는 서술 행위를 설명하려고 한 것이 아니라, 보다 복잡하고 또 언어적으로 구성되는 인식이 가능하기 위해서 무엇이 전제되어야 할지를 설명하는 좀 더 근본적인 이론을 세우려 했다는 것을 암시해 주고 있다. 이 생각이 맞다면 그의 이론이, 이 책의 다른 글에서 가네리가 설명한 것처럼, '성질 배치'(즉 '지금 여기 푸른'과 같은 최소 인식 사건)와 유사한 개념성의 바로 그 최소 형태를 설명한다고 보는 것이 가장 적합할 것이다.

다르마키르티의 존재론

아포하론의 중심적인 특징들을 검토하기 전에 반드시 살펴보아야 할 두 번째 주제는 다르마키르티의 존재론이다. 간단히 말해서, 다르마키르티는 궁극적 실재(paramārthasat)〔승의유〕와 관습적 실재(saṃvṛtisat)〔세속유〕로 된 '두 개의 실재'(satyadvaya)라는 불교 지침을 그대로 따른다. 다르마키르티에게는 인과적으로 효과적인 사물만이 궁극적 실재이다. 이 주장은 우리가 사물의 궁극적 실재성을 확인하는 것은 감각적 경험에 기초함으로써 가능하기 때문에 어떤 사물(혹은 그것의 효과)이 실재한다고 알려지기 위해서는 그것이 감각에 와닿아야만 한다는 생각에 주로 기초하고 있다.[9] 따라서 전형적인 의미로 말해보면, 궁극적으로 실재하는 사물의 인과적 효과성은 그것이 앞에서 설명했던 모델에 따라, 사물의 현상적 형상이 다음 순간의 의식에 형성되는 방식으로 감각과 인과적으로 상호 작용할 수 있는 능력에 있다. 사실 다르마키르티가 사용하는 '지각'(pratyakṣa)이라는 말은 바로 이 감각 대상과의 접촉을 통해 현상적 형상을 생산하는 것을 의미한다. 그러므로 또한 인과적으로 효과적인 사물만이 지각적인 현상적 형상을 만들어 내는 인과적 과정에 참여할 수 있기 때문에 지각의 대상은 그 어떤 것이라도 궁극적으로 실재해야 한다.[10]

궁극적 실재를 인과적 과정에 참여할 능력을 가진 사물들로 한정함으로써 다르마키르티는 보편자의 궁극성을 부정할 수 있었고, 이 거부는 특히 정신 외부의 보편자를 개념적 사고와 언어의 대상으로 간주하는 불교 이외의 사상가들 전반을 향한 것이었다.[11] 다르마키르티는

---

9) 문제의 핵심은 아마 다르마키르티의 "존재한다는 것은 지각된다는 것이다"(sattvam upalabdhir eva)라는 가장 간결한 형태의 표현에서 볼 수 있을 것이다(『프라마나바르티카』 I.3에 대한 자주 『프라마나바르티카스바브리티』 4.2, ed. Gnoli). 여기서 최소한 실재하는 것은 자신의 현상적 형상을 인식에 '투사'(arpana)할 능력을 가지고 있어야 한다는 결론이 도출된다. 『프라마나바르티카』 I.282에 대한 자주 『프라마나바르티카스바브리티』 149.21ff.(ed.Gnoli)를 보라. 이 장에서 인용된 두 책의 구절들은 모두 Dunne 2004에 번역되어 있다.

10) 더 자세한 설명으로는 Dunne 2004, 84~89를 보라.

11) 이 논쟁의 일반적 윤곽과 그 주제에 대한 최근의 참조 사항들로는 Dunne 2004를 보라.

보편자를 부정하면서 다양한 논증을 동원하는데, 그중 한 가지 논증은 실재적 보편자가 그것이 예시되어 있다고 가정되는 개별자들과 존재론적으로 동일하다거나 다르다고 주장하는 것에는 모순이 있다는 점을 지적한다. 특히 어떤 존재가 궁극적으로 실재하기 위해서는 인과적으로 효과적이어야 한다는 관념을 동원하는 접근법도 있다. 인과적 효과성이라는 맥락에서 다르마키르티의 많은 주장들은 두 가지 점에 기반한다. 인과적 효과성은 변화를 필요로 한다는 것과 변화는 보편자와 양립할 수 없다는 것이다. 변한다는 것은 다른 것이 됨을 의미하기 때문에, 예를 들어 '우성'(牛性, cowness, gotva)이라는 보편자가 변한다면 그것은 우성과는 다른 무엇이 될 것이다. 따라서 '우성'이 변하기 위해서는 '비(非)우성'이 되어야 하고, 그렇게 되면 우성이 부여된 대상들은 모두 갑자기 소 아닌 것으로 될 것이다. 하지만 우성이 변하지 않는다면, 그것은 특정의 효과(예를 들어, 지각적 사건에서의 현상적 형상)를 만들어 내지 않는 상태에서 그 효과를 만들어 내는 상태로 바뀔 수 없기 때문에 인과적 효과성이 있을 수 없다.[12] 마지막으로, 인과적 효과성에서 끌어낸 이런 기술적 논증 외에 보다 상식적인 접근법도 동원된다. 우리가 '불'이라는 이름표를 붙여 한데 모은 개별자들은 실제로 열을 내지만 '불'이라는 이름 혹은 개념은 차를 끓이지 못한다.[13] 따라

---

12) Oetke 1993에서는 찰나멸성과 그것을 옹호하는 다양한 논증들을 폭넓게 다루고 있다. 『프라마나바르티카』와 자주에서 이에 해당하는 구절들은 Dunne 2004, 97n68에 정리되어 있다. 보편자에 적용되는 항상성에 대한 문제에 관해 대표적인 구절은 『프라마나바르티카』 I.144a에 대한 자주 69.21ff.(ed. Gnoli)에서 찾아볼 수 있다.

13) 다르마키르티는 자신의 저작들 몇몇 곳에서 이 점을 지적하지만, 아마도 가장 재미있는 예는 다음과 같은 그의 진술일 것이다. 어떤 사람이 목표를 이루는 데 관심이 있을

서 인과적 효과성과 보편자의 변화의 결여의 양립 불가능성에 의한 것이든 '사과'라는 개념은 먹을 수 없다는 단순한 직관에 의한 것이든 간에, 보편자는 인과적으로 효과적일 수가 없다. 그러므로 다르마키르티의 존재론에서 그것은 관습적 의미에서만 실재하는 것으로 간주된다.

이에 기초해서 다르마키르티는 보편자의 궁극적 실재성을 부정하며 그 부정은 유명론적 기획과 궤를 같이한다. 여기서 다르마키르티의 보편자 개념이 니야야학파의 웃됴타카라 같은 논사들의 실재론적 이론들과는 매우 다르다는 것에 주목해야 한다. 특히 웃됴타카라와 같은 실재론자들에게 보편자는 그것을 파악하는 개념적 인식과 별개로 존재하는 것이지만, 다르마키르티에게 있어서 보편자는 개념적 인식과 따로 존재하지 않는다.[14] 보편자의 궁극적 실재성을 거부하면서 다르마키르티는 표현이나 개념이 그것이 관련된 실재적 보편자를 그 지시대상이 예시하는 것에 의해 '긍정적인 방식'으로 대상을 지시한다는 것을 거부하는 것이다. 보편자의 실재성을 부정함으로써 다르마키르티는 실재론적 설명을 불가능하게 만든다.

보편자의 궁극적 실재성을 부정하면서도, 다르마키르티는 한편으로는 개념적 인식이 어떻게 세계에서 행위를 이끌어 갈 수 있는지도

때 그 사람은 인식에 현상적으로 현현하는 보편자가 실재하는지 실재하지 않는지에는 별 관심을 두지 않을 것인데, 그것은 마치 욕정에 달아오른 여자에게 내시가 잘생겼는지 아닌지는 중요하지 않은 것과 마찬가지이다! 해당 구절이 Dunne 2004, 310~312에 번역되어 있다.

14) 보편자의 인과적 효과성 — 그리고 비실재성 — 에 대한 간결한 언급이 자주(自註)에 다음과 같이 나와 있다. "tasmāt sarvaṃ sāmānyam anarthakriyāyogyatvād avastu" (『프라마나바르티카』 I.166에 대한 자주 84.10, ed. Gnoli). 『프라마나바르티카』 III.1~3과 재미있는 내시의 비유(I.210~211에 대한 자주 106.27~107.9, ed. Gnoli) 또한 보라.

설명해야 한다. 이 의무는 우리가 개념을 사용하는 이유에 대한 다르마키르티의 이해 방식에서 부분적으로 비롯되는 것이다. 그가 설명하듯이, 우리는 개념을 치명적인 관습 때문에 사용하는 것이 아니라 마음속에 어떤 목적이나 목표를 가지고 사용한다.[15] 예를 들어 우리는 불 앞에서 몸을 따뜻하게 하고 싶을 때 불이라는 개념적 재인식 ― 불의 비개념적 지각에 뒤따르는 것 ― 을 사용해서, 우리가 추구하는 목표(artha)로서의 우리의 목적을 충족시킬 능력을 가진 실재하는 특정의 불을 향해 걸어가 다다를 수 있다. 우리가 개념적 인식을 사용하는 이유를 이런 식으로 이해함으로써 다르마키르티는, 궁극적으로 실재하는 보편자가 없이도, 낱말과 개념이 세계 속에서 우리로 하여금 효과적으로 행동할 수 있게 해주는 유용한 정보를 생산하는 방식을 제시해야 할 부담을 떠안게 되는 것이다.

아포하: 요약

앞서 살펴본 바와 같이, 다르마키르티의 문제는 보편자의 존재에 대해 존재론적으로 연루되지 않고서도 개념이 어떻게 유용한 정보를 제공할 수 있는가를 설명하는 것이며, 이 문제에 대한 그의 대답이 바로 아포하론이다. 이 절에서는 이 이론을 요약하고, 다음 두 절에서는 그것을 동일한 효과를 가지는 개별자들이라는 관념과 '습기'(vāsanā)의 역할을 중심으로 더 자세히 논의해 볼 것이다. 이 장의 결론에서는 아포

---

15) 『프라마나바르티카』 I.93에 대한 자주 45.23~46.9(ed. Gnoli)를 보라.

하론의 주요 특징들을 고찰해 볼 것이다.[16)]

무엇보다 먼저 다르마키르티는 아포하를 통해 보편자가 세 가지 유형으로 구성될 수 있음을 주장한다. 첫째 실재(즉 개별자)에 기초한 것, 둘째 비실재에 기초한 것, 셋째 둘 다에 기초한 것이 그것이다. 논의를 단순화하기 위해 여기서는 실재하는 것에 기초한 보편자들, 특히 앞에서 살펴본 재인식 행위에 해당하는 것들만의 유형을 살펴보기로 하자. 다르마키르티는 이 재인식의 형태를 다음의 핵심 구절에서 설명한다.

> 사물들이 서로 다르다 하더라도 인식[을 낳는 것]과 같이 이런 혹은 저런 목적적 기능(arthakriyā)을 완수하는 것을 보고 나서, 우리는 그 사물들을 [앞에서 말한 목적을 완수하는] 그것들 이외의 사물들과의 차이를 그 대상으로 갖는 표현들에 결합시킨다. 그 후 [그런 목적 능력을 가진] 또 다른 사물을 보면 [앞에서 말한 사물들과 같은 것으로서] 그것에 대한 재인식을 가진다. (『프라마나바르티카』 I.98~99aB)[17)]

그리고 자주(自註)에서 다르마키르티는 이것을 다음과 같이 설명한다.

---

16) Dunne 2004 부록에 번역되어 있는 『프라마나바르티카』 I.68~75에 대한 자주에는 이 장의 나머지 부분에서 논의되는 많은 논증들이 포함되어 있다. 나의 논의는 Patil 2003과 Arnold 2006뿐 아니라 많은 논의들에 바탕을 두고 있다.

17) 『프라마나바르티카스바브리티』 49.16ff.(ed. Gnoli): "jñānādyarthakriyāṃ tāṃ tāṃ dṛṣṭvā bhede 'pi kurvataḥ / arthāṃs tadanyaviślesaviṣayair dhvanibhiḥ saha / saṃyojya pratyabhijñānaṃ kuryād apy anyadarśane."

눈[目] 등과 같은 [어떤] 것들이 비록 서로 다르다 하더라도 동일한 목적적 기능을 완수한다는 것은 [『프라마나바르티카』 I.75에서] 이미 설명되었다. [사물들] 가운데 일부가 인식[의 생성]과 같은 동일한 목적적 기능을 완수하는 것을 [누군가가] 본다. 그렇게 해서 그러한 것들은 [그 기능을 수행하지 않는] 다른 것들과 [개념적으로] 구별된다. 그러므로 그 사물들은 실재하는 것(vastudharmatayā)이라는 바로 그 본성에 의해 [그 사람에게] 잘못된 인식을 낳게 한다. 그 인식은 [앞에서 말한 기능을] 수행하지 않는 것들[타자들]로부터 배제된 [그 사물들을] 그 대상으로 가지는 표현들과 연결된다. 이 잘못된 인식은 '이것이 저것[인 재인식]'이다. 그것은 [그 사람의 이전의 경험으로 인해 마음에 남겨진] 습기가 [그 사람이 현재 보고 있는 것에 의해] 활성화되면서 생겨난다. [이 독특한 사물들 시이의] 차이는 [이 재인식의 인식 행위 속에서] 가려진다(saṃṣṛṣṭabheda).[18)]

아포하론의 기본 윤곽이라는 측면에서 이 구절은 보편자가 부재하는데도 불과 같은 개념이 어떻게 일부 대상들에만 무작위적이지 않게 적용될 수 있는지를 이해하는 데 도움을 준다. 다르마키르티가 제시하는 이 설명의 요지는, 우리가 일군의 대상들을 다른 것들과의 차

18) 『프라마나바르티카스바브리티』 49.19ff.(ed. Gnoli): "uktam etat bhede 'pi bhāvās tulyārthakriyākāriṇaś cakṣurādivad iti / tām ekām jñānādikām arthakriyāṃ teṣu paśyato vastudharmatayaivānyebhyo bhidyamānā bhāvās tadvyāvṛttiviṣayadh vanisaṃsṛṣṭaṃ tad evadam iti svānubhavavāsanāprabodhena saṃsṛṣṭabhedam mithyāpratyayaṃ janayanti."

이에 기초해서 동일한 것으로 구성해 낸다는 것이다. 그 구성을 보증해 주는 근거는 각각의 대상이 사실상 그 인과적 능력, 즉 '목적적 기능'(arthakriyā)에 있어서 완전히 독특하다는 것이다. 하지만 어떤 대상들에 적용되는 동일성을 구성할 때 우리는 자신의 목적 혹은 목표(artha)에 들어맞는 인과적 능력들의 부분집합에 주목하게 되고, 따라서 우리가 '불'이라고 부르는 대상들끼리도 서로 구별해 줄 수 있는 다른 능력들은 무시하게 된다. 따라서 엄밀히 말하자면 모든 불들에 적용되는 동일성은 부정, 즉 바라는 목적적 기능을 수행하지 않는 다른 것들을 배제(vyāvṛtti)한 것이다. 각각의 개별적 불은 실제로는 독특하기 때문에 배제를 통해 형성된 개념적 인식은 그 대상들을 동일한 것으로 제시한다는 점에서 '틀리거나'(mithyā) '착오적인'(bhrānta) 것이다. 그럼에도 불구하고, 인과적 특성에 기초해 있기 때문에, '착오적인' 인식은 목표를 성취하게 해주는 대상들에 우리를 성공적으로 이끌 수 있다.

아포하론을 설명하면서 이 구절은 또한 앞서 논의한 인과적 인식 모델을 끌어오고 있다. 앞에서 지적한 바와 같이, 지각 행위는 대상과 감각의 상호 작용에 의해 의식에 생성되는 현상적 형상으로 이루어진다. 재인식이 일어날 때, 지각의 현상적 형상은 '습기'(vāsanā)를 활성화시키고 뒤따르는 순간에 의식에서는 그 현상적 형상이 존재들의 집합을 형성하는 배제라는 측면에서 이해된다. 현상적 형상은 따라서 "이것이 그것이다"라는 최소한의 구조를 가지는 재인식의 행위 속에서 개념화된다.

따라서 성공적인 재인식 행위는 일반적인 인과적 과정과 이전의 마음에 '습기'의 형태로 보존된 조건 둘 다에 기대고 있다. 인과적 특성들에 기댄다는 관점에서 보면, 지각의 인과적 모델에서는 대상과의 접촉을 통해 발생하는 현상적 형상이 지각 과정의 결과여야 하고, 그 현상적 형상이 인과적 과정을 통해 발생하기 때문에 개별자여야 한다. 개별자로서 각각의 현상적 형상은 완전히 독특하며 그것은 다른 개별자들에 주연(周延)될 수 없다. 따라서 현상적 형상들 자체는 우리로 하여금 어떤 대상을 본 후 또 다른 대상을 보고 그 둘이 같은 것, 예를 들어 그 둘 다가 '불'임을 재인식할 수 있게 해주는 보편자 — '동일성'(sāmānya) — 가 될 수 없다.[19]

그럼에도 불구하고 각각의 현상적 형상은 특수한 개별자라는 바로 그 이유 때문에 적절한 보편자를 구성하는 토대가 될 수 있다. 앞서 지적한 바와 같이, 개별자는 반드시 인과적으로 효과적이어야 하며 이 말은 그것이 원인에서 생겨나서 효과를 낳는다는 것을 뜻한다. 게다가 그것이 낳는 효과의 범위는 그것이 생겨난 원인에 의해 제한된다. 어떤 개별자의 독특성은 따라서 그것이 어떤 특수한 원인에서 생겨나서 제한된 범위의 효과를 낳을 수 있다는 것이 된다.[20] 우리가 '불'이라고 부를 수 있는 것에서 생겨난 현상적 형상을 고려해 보면, 그 현상적 형상(정신적 개별자)은 다른 어떤 개별자도 정확하게 같은 원인에서 생겨

---

19) 보편자의 세 가지 유형에 관해서는 『프라마나바르티카』 I.191에 대한 자주 95.19ff. (ed. Gnoli)와 『프라마나바르티카』 III.51cd(ed. Sāṃkṛtyāyana)를 보라: "sāmānyaṃ trividhaṃ tac ca bhāvābhāvobhayāśrayāt."

20) 예를 들어 『프라마나바르티카』 I.166에 대한 자주 84.22~85.2(ed. Gnoli)와 Dunne 2004의 3장을 보라.

나거나 정확하게 같은 효과를 낳을 수 없다는 점에서 독특한, 즉 다른 모든 개별자들로부터 '배제된'(vyāvṛtta) 것이다. 그것을 낳은 독특한 개별자들의 독특한 효과로서의 현상적 형상은 따라서 다른 개별자들이 낳은 현상적 형상을 배제하는 기초로 작용하는 것이다.[21)]

하지만 각각의 현상적 형상이 그 독특성으로 인해 다른 모든 타자들을 배제한다는 이런 관점은 그 자체로는 개념을 사용하는 것에 대한 충분한 설명이 되지 않는다. 이를 위해서는 단지 차이만이 아닌 동일성이라는 관념이 필요하다. 둘 혹은 그 이상의 사물들을 '동일한'(eka) 것으로 이해하는 것을 포함하는 어떤 인식에도 적용할 수 있는 '수반'(anvaya), 즉 '반복 가능성', '주연 관계', 혹은 '연속성'을 설명할 필요가 있기 때문에 우리에게는 동일성이라는 어떤 관념이 필요하다. 예를 들어 '불'이라는 개념적 인식을 자세히 들여다보면 그것은 다양한 예시들에 현존하는 '화성'(火性, fireness)을 가정하는 것처럼 보이며, 이런 의미에서 불이라는 개념은 수반 관계에 있다. 여기서 우리는 개념이 발생하게 될 마음에서 생겨나는 요소들의 관련성이라는 문제에 마주치게 된다. 이런 요소 가운데 하나는 이전 경험의 습기이며, 이에 대해서는 조금 뒤에 자세히 논의할 것이다. 또 다른 요소는 특정한 목적을 가지는 데서 생기는 기대들의 집합으로, 이것은 다르마키르티가 언제나 바라는 것을 얻고 바라지 않는 것을 피하는 것으로 틀 짓

21) 개별자의 독특성이 궁극적으로 배제를 통해 보편자를 구성하는 토대라는 생각은 『프라마나바르티카』의 많은 곳에 표현되어 있다: I.70에 대한 자주 38.17ff.; I.72cd와 그에 대한 자주 49.16ff.; I.64에 대한 자주 35.2~3(이상 ed. Gnoli); III.169에 대한 자주(ed. Sāṃkṛtyāyana).

는 것이다. 기본적으로 행위와 관련된 이 목적들은 '알고자 하는 바람'(jijñāsa), 즉 어떤 것이 그 목적을 성취시키고 어떤 것이 그렇지 않은지에 대한 정보를 얻을 필요를 만들어 낸다. 이제 이 알고자 하는 바람은 우리가 관심을 기울이는 원인과 효과에 '제한'(avadhis)을 가한다. 다시 말해 우리는 얻거나 회피하고자 하는 것에 대한 기대들을 가지며, 우리의 개념들은 이러한 기대들과 관련하여 구성되는 것이다.[22)]

불이라는 개념의 경우, 어떤 관심들 — 따뜻함을 바라는 것과 같은 — 혹은 그 외의 이런 성향들의 집합은 문제가 되는 현상적 형상을 '불'이라고 불리는 것에서 기대되는 인과적 특성들을 가지지 않은 존재들과 별개의 것으로 이해하도록 우리를 유도한다. 이와 동시에 "연기가 난다"나 "냄새가 난다" 등에서 기대되는 인과적 특성들을 가지는 등의 다른 기준들을 무시하게 되는데, 이런 것들은 목적을 성취하기 위해 우리가 알고자 하는 것의 일부가 되지 않기 때문이다. 우리가 '불'이라고 부르는 어떤 대상을 바라볼 때 그것은 기대들이 주어진 상태에서 이전 경험의 습기를 활성화시키는 현상적 형상을 낳는다. 현재의 현상적 형상과 이전의 경험에서 생겼던 형상 둘 다는 우리가 '불'이라고 부르지 않는 모든 형상들을 배제한다. 그러나 현재의 불이 연기가 나는 반면 이전에 경험된 불은 그렇지 않았다고 가정해 보자. 사실

22) 보편자의 구성에서 기대가 하는 역할은 보편자가 구성되는 토대가 되는 원인과 결과와 관련하여 'abhimata'('기대되는')라는 말을 반복적으로 사용하는 것에서 쉽게 볼 수 있다. 예를 들어 『프라마나바르티카』 I.193에 대한 자주를 보라. I.68~70과 그에 대한 자주 39.8(ed. Gnoli)에서 'abhiprāya'가 언급된 것 또한 보라. 배제가 구성되는 데 대비적인 부분이 되는 부정적 '제한'(avadhi)이라는 생각은 자주에서는 딱 한 번만 나타난다(I.185에 대한 자주).

다르마키르티의 존재론적 관점에서 보면 이 두 불은 실제로는 분명히 같지 않지만, 불에 의해 성취되는 목적을 이루려는 우리의 바람 — 손을 따뜻하게 하는 등 — 은 우리에게 이 차이를 **무시하도록** 강요한다. 그리고 이 두 현상적 형상 — 현재의 것과 습기의 원인이 된 것 — 사이의 차이를 무시했기 때문에 우리는 그 둘 다를 부정, 즉 불이라는 개념을 위해 습기를 활성화시키지 않는 현상적 형상과의 차이에 의해 상호적으로 특징지어지는 것으로 이해할 수 있게 된다. 다르마키르티가 '배제'(vyāvṛtti)라고 부르는 이러한 상호 차이는 따라서 비(非)차이가 된다. 간단히 말해서 그 배제 혹은 비차이는 기대되는 인과적 특성들, 이 경우 우리가 '불'이라고 부르는 것에서 기대되는 인과적 특성들을 가지지 않은 것들과는 다른 모든 것에 관련된다.[23] 이런 방식으로, 개념적 인식에서 현상적 형상들에 기초해서 형성되는 배제는 그 형상들에 특징을 부여하는 부정으로 이해된다. 그러므로 현상적 형상들 자체는 완전히 독특하지만 — 그것들은 수반 관계에 있지 않으며 따라서 다른 예시들에 주연되지 않는다 — 문제가 되는 모든 예시들이 불이 아닌 것을 배제하기 때문에 그 부정이 그 예시들에 적용될 수 있는 한에서는, 수반 관계를 가진 부정이라는 특징이 부여된 것으로 이해될 수 있다.

다르마키르티는 따라서 현상적 형상과 배제 둘 다를 필요로 하는

---

23) 어떤 존재들이 그 외의 다른 모든 존재들과 다르기 때문에 비(非)차이적인 것으로 간주될 수 있다는 생각은 여러 군데에서 강조되고 있는데, 그중에서도 『프라마나바르티카』 I.75d에 대한 자주 42.6ff.; I.95에 대한 자주 48.4(이상 ed. Gnoli); 특히 I.137~142에 대한 자주(Dunne 2004 부록을 보라)가 있다.

보편자(sāmānyalakṣaṇa) 이론을 갖게 되었다. 즉 엄밀히 말해서 보편자는 주연되지 않는 것(즉 수반 관계가 결여된 것)과 주연되는 것의 결합인 것이다. 정신적 개별자로서의 현상적 형상은 주연되지 않지만, 문제가 되는 현상적 형상들 모두에 적용될 수 있는 부정으로서의 배제(vyāvṛtti)는 주연된다. 주연 관계가 결여된 현상적 형상 하나만으로는 보편자가 될 수 없다. 그러나 다르마키르티의 특징 이론에서 부정은 그것이 특징짓는 것과 별개로 존재할 수 없다. 따라서 부정만으로도 보편자가 될 수 없다. 그러므로 보편자는 우리가 특정한 부정의 유형, 즉 기대되는 효과를 가지지 않는 것의 배제라는 관점에서 이해하는 현상적 형상이 되어야 한다. 하지만 문제가 되는 형상들 모두에 이 부정을 적용하기 위해서는 문제가 되는 형상들 모두가 동일한 효과를 가지는 것으로 이해되어야 한다. 이것은 중요한 문제이므로 자세히 살펴볼 필요가 있다.

효과의 동일성에 관하여

다르마키르티는 보편자란 문제가 되는 모든 존재들을 기대되는 인과적 특징들을 가지지 않은 것들로부터 배제하는 것에 기초해서 구성된다고 주장한다. 하지만 다르마키르티는 만약 어떤 것들 — 즉 '항아리'라고 불리는 — 이 그와 다른 것들이 기대되는 인과적 특징들을 가지지 않았다는 이유로 그 타자들로부터 배제된다면 그것은 또한 우리가 '항아리'라고 부르는 모든 것들이 똑같은 인과적 특징들, 즉 '항아리'에서 기대되는 그것들을 가진다고 주장하는 것이 됨을 인정한다. 다르마키르티에게 이것은 모든 항아리들의 경우, 적어도 그 원인들 중의 일부를 '같은'(eka) 것으로 그리고 가장 중요하게는 적어도 그 결과들 중 일부를 '같은' 것으로 확인할 수 있다고 주장하는 것이 된다.[24)]

효과의 동일성에 대한 다르마키르티의 강조는 그가 자신의 아포하론을 앞에서 논의한 재인식의 행위라는 관점에서 제시할 때 특히 분명해진다. 앞서 지적했듯이 어떤 대상이 지각될 때 그것은 (정신적) 개별자로서 그것을 낳은 대상만큼이나 독특한 현상적 형상을 포함하는 감각적 인식을 낳는다. 어떤 대상들이 그 효과들 — 그것들이 낳는 현상적 형상 — 이 '동일'(eka)하기 때문에 동일하다고 주장하려는 것이라면, 이것은 다르마키르티 자신의 개별자에 대한 존재론에 모순을 범하는 꼴이 된다. 만약 정신적 개별자들인 두 개의 현상적 형상이 동일하다고 말한다면, 모든 개별자들은 독특하다고 어떻게 말할 수 있는가? 반대자의 목소리로 말하면서, 그리고 '인식'이라는 말로 현상적 형상을 가리키면서, 다르마키르티는 이 문제를 다음과 같이 설명한다.

> 그러나 각각의 인식은 개별자들의 효과이며 인식은 각각의 실재하는 사물마다 다르다[『프라마나바르티카』 I.108cd]. 즉 인식을 일으킨 개별자와 마찬가지로 그것이 그 속에 나타나는 인식도 서로 다르다. 그러므로

---

24) 다르마키르티가 비록 특히 같은 유형의 원인을 가진 존재들과 관련하여 보편자의 구성을 논의하기는 하지만, 그는 효과의 동일성에 집중하는 경향을 가지고 있다. 동일성을 구성하는 두 가지 방법에 대해 언급하는 구절로는 『프라마나바르티카』 I.137~142에 대한 자주 68.24~69.2가 있다. 다른 예들로는 I.40~42에 대한 자주 25.19~23; I.64에 대한 자주 35.2~4; I.75d에 대한 자주 42.5~8이 있다(ed. Gnoli).

이 특수한 개별자들 모두가 어떻게 같은 효과를 가질 수 있겠는가? 인식이 그것들의 효과이며, 각각의 경우가 다 다르기 때문이다. 달리 말하면 항아리 같은 것들의 물을 담을 수 있는 등의 유일한 효과는 각각의 존재마다 다르다. 왜냐하면 존재들은 다르기 때문이다. 따라서 개별자들은 서로 다르기 때문에 동일한 효과를 가지지 않는다.[25)]

이런 문제를 피하기 위해 다르마키르티는 인식 — 즉 인과성에 의해 그 대상들과 관련되는 현상적 형상을 가진 인식 — 이란 그 대상들의 효과들의 동일성을 보여 주는 것이 아니라고 주장한다. 대신에 인식들 자체는 또 다른 인식, 즉 문제가 되는 사물이 다른 사물들과 '동일한' 것으로 이해되는 '판단'(pratyavamarśajñāna)의 원인으로 작용한다. 그는 다음과 같이 설명한다.

> 문제가 되는 각각의 개별자가 낳은 인식은 각각의 인식이 [개별자들을] [문제가 되는 다른 개별자들과] 같은 것이라고 판단하는 원인이기 때문에 서로 다르지 않으므로, 문제될 것이 없다. 그리고 동일한 인식들의 원인들이기 때문에 개별자들 또한 서로 다르지 않다. (『프라마나바르티카』 I.109)[26)]

---

25) 『프라마나바르티카』 I.108cd에 대한 자주 56.10~14(ed. Gnoli): "*nanu dhīḥ kāryaṃ sā ca vibhidyate*[『프라마나바르티카』 I.108cd의 구절] pratibhāvaṃ / tadvat tatpratibhāsino vijñānanasyāpi bhedāt / katham ekakāryāḥ / tad hi tāsāṃ kāryaṃ tac ca bhidyate / yad apy udakāharaṇādikam ekaṃ ghaṭādikāryaṃ tad api pratidravyaṃ bhedād bhidyata eveti naikaṃ bhedānāṃ kāryam asti."

26) 이에 대한 자주 56.15~57.7(ed. Gnoli): "naiṣa doṣaḥ / yasmāt / ekapratyavamarśasya hetutvād dhīr abhedinī / ekadhīhetubhāvena vyaktīnām apy abhinnatā."

다르마키르티는 각각의 대상이 낳은 인식 — 혹은 더 정확하게는 현상적 형상 — 은 실제로 독특하다는 것을 인정한다. 그래서 대상들이 동일한 효과를 가지기 때문에 그 현상적 형상들이 서로 같은 것이라고 주장하는 근거로 그 현상적 형상들을 **직접적으로** 사용할 수는 없다. 현상적 형상들이 그것들을 낳은 대상들을 동일한 것으로 이해하는 토대가 된다면, 다르마키르티는 먼저 이 현상적 형상들 — 대상들의 효과들 — 이 그 자체로 같은 것임을 보여 주어야 한다. 그러기 위해 그는 같은 효과를 낳는다면 그 존재들은 같은 것이라는 원칙에 다시 한번 기댄다. 그는 그 현상적 형상들이 모두 동일한 효과를 낳기 때문에, 즉 앞에서 언급했던 현상적 형상을 다른 것들과 동일하게 보이는 방식으로 제시하는 판단을 낳기 때문에, 그것들이 서로 같은 것이라고 주장하는 것이다. 따라서 모든 현상적 형상들은 각각 "이것은 불이다"와 같은 판단을 이끌어 낸다는 점에서 동일할 수 있고, 그 판단은 각각의 경우 그 내용이 '불'로 제시되는 한에 있어서 그 내용 — 현상적 형상 — 을 다른 판단들의 내용과 동일한 것으로 제시한다. 이 점이 분명해진다면, 만약 각각의 형상이 다른 것들과 동일한 것으로 제시되는 판단을 이끌어 내기 때문에 어떤 현상적 형상들이 동일하다면, 애초에 그 현상적 형상들을 낳은 대상들 또한 그 효과를 낳았기 때문에 모두 동일하다고 할 수 있음을 다르마키르티는 주장하는 것이다. 따라서 대상들의 동일성에 대한 보증은 그것들이 같은 효과, 즉 현상적 형상들을 낳는다는 데 있다. 그리고 현상적 형상들의 동일성에 대한 보증은 다시 한번 **그것들이** 동일한 효과, 즉 각각의 현상적 형상이 다른 것들과 동일한 것으로 제시되는 특정 유형의 판단을 낳는다는 데 있다.

지금까지 논의한 바에 의하면 이 이론은 다음과 같은 반박의 여지를 명백히 남겨 두게 된다. 판단의 동일성을 보증하는 것은 무엇인가? 즉, 다르마키르티가 애초에 가지는 문제는 대상들이 독특하며, 따라서 언어와 개념이 필요로 하는 동일성은 효과의 동일성에 의해 설명되어야 한다는 점이다. 그러나 대상들이 낳는 현상적 형상들에 의지해 이 문제를 설명한다면, 그 인식들은 대상들 자체와 같이 독특하기 때문에 결국 같은 문제에 부딪히게 된다. 그렇다고 현상적 형상들이 동일한 판단을 이끌어 내기 때문에 같은 것이라는 주장에 의지한다면, 이번에는 무한 소급의 문제에 빠지는 것처럼 보인다. 다시 말해서, 판단들의 동일성은 **그것들의** 효과의 동일성에 의거해서 보증해야 하는 것처럼 보이는 것이다. 그리고 물론 판단들의 효과들의 동일성은 이번에는 다시 동일한 보증을 필요로 하는 등의 과정이 이어질 것이다.

이 문제에 대한 다르마키르티의 대답은 약간 축약적이기는 하지만 앞서 인용한 게송에 대한 그의 주에 나타나 있다. 여기서 그가 어떤 하나의 본성이 다른 것의 본성에 부분적으로 현존하는 대상들의 '겹침' 혹은 '섞임'(saṃsarga)이라는 비유를 사용하는 것에 주목해야 한다. 다르마키르티에게 이와 같은 겹침은 인과적으로 효과적인 것들에는 허용되지 않는데, 인과적으로 효과적인 존재들은 개별자들이며 독특해야 하기 때문이다. 동시에 두 대상이 서로 관련된 방식으로 '동일' 하다고 **개념적으로** 이해된다는 말은 개념적 인식이 그것들을 어떤 방식으로 겹치는 것으로 제시하는 것, 예를 들어 그것들은 둘 다 '불'이라는 점에서 겹치게 됨을 의미한다. 이 점과 그 외 몇 가지 문제들을 염두에 두고 그는 앞에서 언급한 게송에 대해 다음과 같이 주를 붙인다.

사물들의 자성(bhāva)은 겹치지 않는다는 것, 그리고 어떤 사물을 인식할 때 그 현상적 형상이 사물을 마치 그 본성이 다른 사물들과 겹치는 것처럼 보이게 하는 것은 착오임이 이미 설명되었다.[27] 하지만 그 별개의 사물들은 간접적으로(krameṇa) 개념의 원인이 된다. 그와 같이 그것들은 서로 겹치는 것처럼 보이는 개념적 인식을 낳으며, 그것은 '자성에 의해' 그렇게 되는 것이다. 게다가 이것은 '비(非)차이의 차이'라고 하는데 그것은 본성상 그 효과를 낳지 않는 다른 것들로부터의 배제(viveka)이다. 그것들은 인식과 같은 어떤 동일한 효과를 야기하기 때문에 이런 방식으로 배제된다고 이해된다.

각각의 개별자들이 낳는 인식과 관련해서, 그것이 비록 모든 존재들에 있어서 다르다고 하더라도, 인식은 그 본성에 의해 [그 내용의] 판단을 [다른 것들과] 동일하게 여기도록 하는 판단을 야기한다는 점에서 다른 것들과 차이나지 않는 것으로 나타난다. 즉 판단은 인식에서 현상적 형상에 비(非)차이를 덧씌운다. 문제가 되는 개별자들은 [그 속에 현상적 형상이] [다른 것들과] 비차이적으로 나타나고 그렇게 해서 그런 종류의 판단을 야기하는 인식과 같은 어떤 것(artha)을 낳는다. 그러므로 그 개별자들은 그 본성을 통해, 앞서 반복해서 설명한 바대로 그 궁극적 [대상이] 본성상 다른 것들과의 차이인 개별자들을 서로 겹치는 것으로 제시하는 현상적 형상과 함께 동일한 인식을 낳는다. 그러므로 사물들의 비차이는 그것들이 동일한 효과를 가진다는 사실에 있다.[28]

---

27) 다르마키르티가 염두에 두었던 구절은 여러 가지가 있을 수 있지만, 『프라마나바르티카』 I.68~75와 그에 대한 자주를 가리키는 것으로 보인다.

무한 소급의 문제에 대한 다르마키르티의 해결책은 효과의 동일성이 문제가 되는 판단의 동일성을 보증하지는 않는다는 것이다. 그 대신 그는 영리하게도 '동일'하다는 말의 의미를 변경한다. 판단들은 동일한 효과를 가지기 때문이 아니라 그 내용을 현상적으로 '동일한' 것으로 제시하기 때문에 동일한 것이다. 그것들〔현상적 형상들〕을 산출하는 인식 속의 현상적 형상들에 '비(非)차이'(abheda)를 덧씌움으로써 각 판단은 그 현상적 내용을 이전에 경험된 현상의 내용과 동일한 것으로 제시한다. 이것은 경험과 정신적 성향의 정해져 있지 않은 어떤 결합에 중점을 두는 것이 된다. 어떤 사물들을 볼 때 우리는 이전의 경험, 특정의 성향들, 그리고 '불'이라는 용어를 사용하는 방식 등에 의해 형성된 맥락에서 그 모두를 '불'이라고 해석할 뿐이다. 경험과 성향에 대한 이런 강조는 배제를 구성하는 과정에서 마음에의 의존성 혹은 '주관적 요소들'의 중요성을 강조하게 된다. 즉, 다르마키르티는 우리가 배제를 아무렇게나 혹은 해로운 관습을 따르는 방식으로 구성하지는 않는다고 주장한다. 오히려 우리는 마음속에 어떤 목적을 가지고 있고 그 목적은 우리의 개념 형성의 맥락을 이루는 기대와 관심을 제공해 준다고 주장하는 것이다. 예를 들어 사과와 딸기는 우리가 그 둘

---

28) 『프라마나바르티카』 I.109에 대한 자주 56.15~57.7(ed. Gnoli): "niveditam etad yathā na bhāvānāṃ svabhāvasaṃsargo'stīti / tatra saṃsṛṣṭākārā buddhir bhrāntir eva / tāṃ tu bhedinaḥ padārthāḥ krameṇa vikalpahetavo bhavanto janayanti svabhāvata iti ca / sa tv eṣām abhinno bheda ity ucyate jñānādeḥ kasyacid ekasya karaṇāt atatkārisvabhāvavivekaḥ / tad api pratidravyaṃ bhidyamānam api prakṛt yaikapratyamarśahetor abhedāvabhāsino jñānāder arthasya hetuvād vyaktayo' pi saṃsṛṣṭākāraṃ svabhāvabhedaparamārthaṃ svabhāvata ekaṃ pratyayaṃ janayantīty asakṛd uktam etat / tasmād ekakāryataiva bhāvānām abhedaḥ."

의 서로 다른 효과에 관심을 가지면 다른 것이 되지만 우리가 그 둘의 색채에만 관심을 둔다면 색깔이라는 관점에서 구성된 동일성으로 인해 그 차이를 무시하게 된다. 그리고 물론 우리가 '사과'와 '딸기'라는 말을 사용하는 것은 특정의 언어 실천에 의한 관습에 의존하는 것이다. 그리고 뒤에 살펴보겠지만 관습과 성향의 문제는 다르마키르티가 '습기'(vāsanā)라고 말하는 개념과 밀접히 관련되어 있다.

경험과 성향에 대한 다르마키르티의 호소는 배제 과정이 마음에 의존하는 측면을 나타내지만 여기에는 그 이상의 의미가 들어 있다. 그것은 바로 사물 자체의 본성(prakṛti 혹은 svabhāva)에 호소하는 것이다. 즉, 여러 대상들이 인식들과 그로 인해 "이것은 불이다"라는 동일한 판단을 낳을 때, 그 배제를 구성하는 것이 나 자신의 기대, 조건, 그리고 그와 관련된 여타의 성향만은 아니다. 오히려 문제가 되는 존재는 나 자신의 주관성을 넘어서 그 본성(svabhāvataḥ, prakrtyā)에 의해서 그 내용이 '불'이라고 이해될 수 있는 인식을 산출하는 것이다. 이 사물의 본성에 대한 강조는 마음에 의존하는 요소들과 결합되어 무한소급의 과정을 종식시킨다. 우리는 "하지만 왜 그 대상들은 모두 동일한 판단을 이끌어 내는 인식을 낳는가?"라고 물을 수 있다. 그리고 다르마키르티는 "그렇게 하는 것이 그것들의 본성이기 때문이다"라고 답할 수 있는 것이다.[29]

---

29) 이렇게 사물의 본성을 강조하는 것은 다르마키르티가 그와 관련된 맥락에서 다음과 같이 말할 때 분명해진다. "'불은 왜 타는가? 그것은 왜 뜨거운가, 그리고 물은 왜 그렇지 않은가?'라고 묻는 것(paryanuyoga)은 실제로 정확한 질문이 아니다(na ... arhanti). '무슨 원인 때문에 이런 본성을 가진 사물이 나타나게 되었는가?'라고 물어야 한다"(『프

본성에 대한 다르마키르티의 호소에 불만을 느끼는 해석자들도 있을 수 있다. 사실 그는 예를 들어 우리가 모든 불들을 '불'이라고 부를 때 그것들이 모두 보편적 '화성'(火性)을 예시하는 것도 아니며, 또 그것들이 모두 어떤 실재의, 특정할 수 있는 유사성을 소유하는 것도 아니며, 또 객관적 낱말들로 궁극적으로 특정할 수 있는 방식으로 '동일한' 효과를 가지는 것도 더더욱 아니라고 말한다. 오히려 이 모든 것들은 다만 불이 아닌 것들과 다를 뿐이며 그것들이 그렇게 차이 나는 이유는 우리가 '불'이라는 말로 의미하는 것에 주의를 기울일 때 단지 **그 본성상**(svabhāva, prakṛtyā 등등) 그런 방식으로 나타나는 것일 뿐이다. 본성에 대한 이 호소가 외관상으로 객관성을 띠고 있더라도 사람들은 여전히 실망할 수 있는데, 한 사물의 '본성'(svabhāva) 또한 아포하론에서는 개념적으로 구성되는 것이기 때문이다.[30] 이렇게 다르마키르티가 본성이라는 말로 의미하는 바를 해석할 때, 다르마키르티가 사람들이 '불'이라고 부르는 것들의 본성을 언급하는 것은 그것들을 '불'이라고 부른다는 사실에는 형이상학적으로 옹호될 만한 이유가 전혀 없다고 말하는 방식이라고 해석할 때 가장 잘 이해될 수 있다. 따라서 궁극적으로 옹호할 수 있는 이유를 찾고자 하는 사람에게는 동일성의 문제에 대한 다르마키르티의 대답이 불만족스러울 것이다. 다른 한편 '불'이라는 말의 사용에 대한 형이상학적 보증을 정밀한 용어들로

라마나바르티카』 I.167ab에 대한 자주 84.19~21, ed. Gnoli: "na hi svabhāvā bhāvānāṃ paryanuyogam arhanti kim agnir dahaty uṣṇo vā nodakam iti / etāvat tu syāt kuto 'yaṃ svabhāva iti").

30) Dunne 2004, 158~173을 보라.

특정화하려는 열망을 가지는 것이 실망스럽고 무익한 기획이라고 여기는 사람도 있을 수 있다. 이 경우 다르마키르티의 대답은 아주 만족스럽고 해방감마저 느끼게 될 수도 있다.

습기

우리는 재인식과 같은 맥락에서, 보편자는 어떤 사물의 인과적 특성에 기초해서 구성되며, 그 보편자는 대상과 주체 모두와 관련해서 제한되기 때문에 자의적이지 않음을 보았다. 객관적으로 볼 때, 개념 형성에 제한을 가하는 것은 바로 사물의 본성 — 즉 그 인과적 특성 — 에 호소하는 것이다. 어떤 대상을 차별화시켜 낼 수 있는 것들의 수는 무한하기 때문에 그 사물에 대해 무한한 수의 보편자가 구성될 수 있을 것이다. 그럼에도 불구하고 '실재 사물에 기초해서'(bhāvāśraya) 형성되기 위해서는 그 보편자는 문제가 되는 사물의 인과적 특성들에 의해 제한되어야 한다. 따라서 어떤 사물에 있어서든 사실상 무한한 수의 보편자들이 구성될 수 있겠지만, 그 무한한 수의 보편자들은 또한 그 사물의 인과적 특성들에 들어맞지 않을 것이기 때문에 적절하게 구성될 수는 없다.

언젠가 우리는, 다르마키르티에게 있어 대상의 본성에 대한 호소는 겉으로는 객관적으로 보일지라도 일정 부분 마음에 의존하는 것이기 때문에 이렇게 대상의 본성에 기대는 것은 마음의 특징의 규칙적인 패턴에 대한 은밀한 의존을 포함하는 것임을 주장한 적이 있다.[31] 하지만 그가 마음에서의 어떤 규칙성에 호소한다는 것을 훨씬 더 명백하게 보여 주는 것은 그의 설명이 분명 아포하를 통한 개념 구성에서 결정적인 역할을 하는 습기(vāsanā)에 의지한다는 사실이다. 습기는 의심의 여지 없이 주관적 측면이며, 기대·맥락·관습 등과 같은 주체 혹은 마음에 놓인 제한들과 나란히 놓이게 된다. 이 모든 것들이 인연생기(saṃskāraṇa)를 포함하는 것으로 생각될 수도 있지만 습기는 이런 관점에서 특별한 역할을 수행한다.[32]

일반적으로 '습기'(vāsanā)는 특히 유식 모델에서 업을 표현하는 기제이며, 유식적 관념론이 다르마키르티의 최종 입장이다.[33] 유식 체계에서 이 습기들은 '저장' 혹은 '그릇'의 식(알라야식 ālayavijñāna)〔함장식含藏識〕이라고 하는 일종의 잠재적 혹은 내재적 식에 저장되며, 다르마키르티는 적어도 부분적으로는 그 이론을 참고하며 채택한다. 다르마키르티 이전의 유식설에 의하면 습기들은 종자들을 계속해서 저장소에 만들어 내고 이 습기들은 후에 활성화되며 따라서 경험에 대한 결과를 불러일으킨다. 저장소 이론을 이해하는 한 가지 방법은 그것이 업이라는 불교의 중심 문제, 즉 어떻게 과거의 의도들과 행위들이 오랜 시간이 흐른 후에도 (계속해서 다시 태어나는) 마음의 흐름에서 의미 있는 결과를 낳는지를 설명해 준다는 것이다. 습기와 저장소 이론은

31) Dunne 2004, 158~173.

32) '습기'(vāsanā)라는 말은 '무시이래의'(anādi-) 습기라는 생각을 포함하면서 다르마키르티 저작들에서 수없이 나타나는데, 아포하론과 함께일 때가 많다. 『프라마나바르티카스바브리티』만 보더라도 그것은 아포하와 관련된 다음 부분들, 즉 『프라마나바르티카』 I.58, 64, 68~70, 72, 75, 98~99, 106~107, 151~152, 161, 205, 238, 286에 대한 자주 부분에서 계속해서 나타난다.

33) 다르마키르티는 그의 저작들의 많은 곳에서 유식적 입장을 취하지만, 아마도 『프라마나바르티카』 III.333의 서두가 가장 일관된 것으로 보인다.

다르마키르티에게도 일정 부분 비슷한 목적으로 사용되지만, 그 이전까지 내려오던 유식 전통에 대한 그의 관계는 명확하지는 않다. 분명한 것은 습기라는 기술적 어휘를 채택하면서 다르마키르티는 또한 그것을 개념성이 작동하는 방식을 설명하려는 그의 목적을 위해 변형시켰다는 것이다.[34)]

다르마키르티의 습기 개념에 관한 완전한 설명은 이 글의 내용을 벗어날 뿐 아니라 가능하지도 않을 것이다. 그가 계속해서 습기를 언급하지만 그것이 작동하는 정확한 기제는 주의를 끌지 못하고 있다. 그럼에도 불구하고 앞에서 인용했던 재인식에 관한 구절에서 분명히 볼 수 있듯이 그는 습기의 두 가지 형태를 명확히 구분한다. 경험에 의해 저장소에 '생겨나는'(āhita) 것과 내재적인 혹은 '무시이래의'(anādi) 것이 그것이다. 이 두 유형 모두 아포하론에서 결정적인 역할을 한다. 앞에서 언급한 바와 같이, 재인식이 일어날 때 다른 인식 조건들이 갖추어져 있다면 대상이 감각 능력과 관계를 맺게 될 때 현상적 형상이 생긴다. 뒤이어 재인식이 일어날 때 그 현상적 형상은 이전 경험의 습기를 활성화시키고 현재의 현상적 형상을 일으키는 대상은 이전의 현상적 형상을 일으켰던 대상과 동일한 것으로 이해된다. 다르마키르티의 이론 체계에서 개념적 인식의 주요 특징인 근본적인 '통일' 혹은 '동일한 것으로의 이해'(ekīkaraṇa)를 결정적으로 가능하게 하는 것이 바로 이 습기의 존재이다. 현재의 경험에 의해 활성화될 수 있는

34) 습기와 장식(藏識) 개념에 대해서는 Waldron 2003과 Schmithausen 1987에 더 논의되어 있다.

이전 경험의 습기가 없다면 현재의 경험 내용을 이전에 경험되었던 것과 같은 것으로 재인식할 수 있을 가능성은 없다.

이전 경험에 의해 보존된 습기는 결정적인 역할을 하지만, 그것만으로는 아포하를 통해 개념이 형성되는 데 필요한 모든 것을 설명하지는 못한다. 예를 들어 정확하게 '불'이라고 부를 수 있는 대상의 현상적 형상을 고려해 보자. 그 대상은 분명 '불' 이외의 개념들을 도출하는 현상적 형상을 만들어 낼 수 있을 것이다. 그 대상의 특수한 성질에 따라 마음은 '빛' 혹은 '가시적인 대상' 등의 다른 개념들을 얼마든지 만들어 낼 수 있기 때문이다. 이런 다른 가능성들에 대한 '배제'(vyāvṛtti)를 수행하는 현상적 형상, 즉 그 대상을 '불'이 아니라 빛 등으로 구성하는 습기들의 활성화를 막는 현상적 형상에는 무언가의 요인이 있다. 분명히 이전 경험의 습기 자체는 다른 습기들의 활성화를 막는 것이 될 수 없다. '불'이라는 이전 경험의 습기가 '빛'이라는 습기를 배제한다면 그 대상은 '불'로만 구성될 뿐 '빛'으로는 결코 구성될 수 없기 때문이다. 다르마키르티에게 다른 습기들을 막는 주요 요소들은 정확하게 말하면 현상적 형상이 생기기 전의 마음의 순간들에 존재하는 목표 지향적인 기대들이다. 그 형상은 따라서 이러한 기대들에 의해 조건 지어져 형성되며 그것들은 일반적으로 바라는 것을 얻고 바라지 않는 것을 피하는 것으로 설명될 수 있는 것들이다. 이와 같은 목표에 초점을 둔 기대들에 의해 조건 지어져 생긴 현상적 형상은 따라서 '불'의 습기의 활성화를 준비하게 되며, 아마 더 정확하게는 해당되지 않는 습기들의 활성화를 저지하는 방향으로 기울게 된다고 말할 수 있을 것이다.

이전 경험의 습기는 따라서 반드시 기대와 같은 다른 인식적 요소들에 의해 보충되어야 하지만 이것만으로는 개념이 어떻게 생기는지에 대한 충분한 설명이 되지 못한다. 다르마키르티에게 이전에 경험된 대상과 현재 경험되는 대상은 어떤 식으로든 전혀 동일하지 않다는 것을 기억해야 한다. 존재론적으로 그것들은 서로 완전히 구별되며 먼저 지각에서 생기는 원래의 해석되지 않은 현상적 형상들 또한 실제로 그 현상적 현현의 단계에서조차도 서로 같지 않다. 그런데 그것들은 왜 동일한 것으로 이해되는가? 과거의 경험과 현재의 경험이 사실상 실제로 동일하지 않다면, 언어를 습득하기도 전에 우리는 어떻게 해서 그 둘을 동일시하는 법을 먼저 배우게 되는가? 그에 대한 다르마키르티의 대답에 따르면, 우리의 마음이 대상들을 자동화된 방식으로 동일시하게 하는 강력한 습기 — 성향이라고 부르는 것이 더 좋을 것이다 — 를 이미 가지고 있기 때문에 우리는 그렇게 하는 방법을 배울 필요가 없다. 이 성향은 학습되는 것이 아니다. 사실 다르마키르티의 관점에서는 경험을 통해 그것을 얻는 것은 불가능한데, 그렇게 하려면 사실상 똑같은 두 대상을 경험해야 하지만 다르마키르티에게 지각 가능한 모든 대상들은 반드시 모든 면에서 서로 다를 수밖에 없기 때문이다.

다르마키르티는 이 습기가 아직 그것을 배제하는 능력을 가지지 못했더라도 감각이 있는 생명체라면 어떤 것이든 마음에 가지고 있는 근본적 성향이라는 점에서 '무시이래의' 것이라고 부른다. 이런 의미에서 습기는 후천적으로 획득되는 것이 아니기 때문에 '내재적인' 것이라고 하는 것이 가장 좋겠지만, 그보다 그것은 단지 감각 있는 존재임에 의한 인식적 구조물의 일부이다. 좀 더 특수하게 말한다면 최소한의 의미에서 그것은 비둘기조차도 수행할 수 있는, 개념을 형성하는 내적 능력이다. 진화심리학의 관점을 받아들인다면 이 근본적인 성향은 이전에 경험되었던 위험을 피하거나 이전에 경험되었던 기회에 접근하는 등의 방식으로 진화에 있어서 중요한 이점을 제공하거나, 혹은 다르마키르티의 용어로 표현하자면 바라는 것을 얻고 바라지 않는 것을 피하는 것과 관련된 재인식의 행위에 필수적인 것이다. 하지만 이 근본적인 성향은 동시에, 실제로는 서로 다른 사물들 — 1년 전에 만났던 사람과 지금 보고 있는 사람 — 을 마치 동일한 사람인 것처럼 취급하는 것과 같이 기본적으로 세계에 대한 우리의 경험을 왜곡시킨다. 이 왜곡은 너무나 깊이 배어 있고 또 세계에 대해 잘못된 관계를 맺도록 하기 때문에 다르마키르티는 그것을 '무지'(avidyā)라고 부른다.[35)]

한 대상을 이전에 경험된 대상과 (착오적으로) 동일시하는 근본적인 능력 외에도 아포하 과정의 또 하나의 측면이 다른 종류의 습기에 대한 호소에 의해 설명되어야 한다. 간단히 말해서 여기서 어려운 점은 현상적 내용과 지시의 불연속성이다. 불이라는 개념적 인식에 실제로 나타나는 것은 현상적 형상이지만 그 현상적 형상은 열 등을 만들어 낼 능력이 없다. 현실적인 불에만 그런 능력이 있는 것이다. 따라서 개념이 효과적인 행동을 이끌어 내기 위해서는 그 현상성이 무시되어야 하며, 마치 그것이 나타내는 현실적인 불과 같은 대상인 것처럼 다루어져야 한다. 또 하나의 내적인 습기 — 이것 역시 다시 한번 '성향'이라고 옮기는 것이 가장 적당할 것이다 — 가 개념적 인식의 이런 특

35) 『프라마나바르티카』 I.98~99에 대한 자주 50.20(ed. Gnoli): "vikalpa eva hy avidyā."

징을 설명한다. 서로 다른 사물들을 같은 것으로 보는 자동적 능력을 제공하는 내적 성향과 마찬가지로, 이 습기는 아주 유용하다. 개념적 인식의 현상적 표상들이 세계의 무엇을 실제로 가리키고 있다는 것을 이해하기 위해 그것들을 심사숙고해야 한다면, 개념적 사고는 매우 비효율적일 것이다. 그렇게 되면 지금 듣고 있는 소리가 이전에 들었던 사자의 으르렁거리는 소리와 같다는 사실을 알아차릴 수 있다는 데서 오는 많은 이점들을 잃게 될 것이다. 그 대신 개념성의 실질적 효과성을 유지하기 위해 마음은 자동적으로 개념을 그것이 나타내는 대상으로 착각해야 한다. 하지만 내적 성향과 마찬가지로 개념의 이 착오적인 특징도 왜곡을 포함하기 때문에 대가를 치르게 된다. 다르마키르티의 설명을 잠시 떠나 현대 심리학을 참고하는 것이 아마 이 문제를 설명하는 가장 좋은 방법일 것인데, 인지 행동 치료에 관한 유력한 한 분파의 설명에 따르면, 이 분야에는 사고를 현실로 착각하는 경향이 너무나 지배적이고 확고해서 겪는 '인지적 융합'(cognitive fusion)과 그에 뒤따르는 행동적 오기능(병리적 공허 같은 것)에 관한 정신병리학이 있다고 한다.[36]

결론: 개념의 힘

다르마키르티의 아포하론 형성은 보편자를 유명론적 입장에서 거부하면서 생겨난 것이며, 따라서 그는 개념을 어느 정도 무력하거나 중

---

36) Hayes et al. 1999를 보라. 인지적 융합은 3장에서 처음으로 명확하게 표명된다.

요하지 않은 것으로 보고자 할 것이라고 가정해 볼 수도 있다. 결국 개념은 궁극적으로 실재하지 않는 것이다. 그러나 개념 형성에 대한 철저한 설명을 해야 할 필요에 의해 결론은 정반대로 향하게 되었는데, 다르마키르티는 그의 기획에서 개념적 인식이 결정적으로 중요하다고 믿었던 것이다. 개념적 인식의 중심성은 다르마키르티가 불교의 명상 수행의 핵심적인 특징, 즉 핵심 개념에 대한 반복된 명상 자체가 개인을 변화시킬 수 있다는 것을 설명할 때 특히 명백해진다. 다르마키르티가 개념의 이런 변형적 역할을 설명하는 방식을 살펴보는 것으로 이 글의 결론을 삼고자 한다.

아포하론에서 현상적 형상이 특히 중요한 역할을 한다는 것을 앞에서 논의한 바 있다. 예를 들어 재인식은 개념과 개별자를 인과적으로 연결시킨다. 인식에서의 '동일성'을 설명하는 것이 실제로는 다르마키르티가 '배제'(vyāvṛtti)라고 부르는 부정이기는 하지만, 현상적 형상은 마음에서의 현현이기 때문에, 그것은 또한 개념적 인식이 어떻게 긍정적 내용을 가질 수 있는지를 설명해 준다. 마찬가지로, 현상적 형상은 그것을 그것이 지시하는 현실적인 대상으로 착각하도록 만드는 무시이래의 습기에 의해 구성되기 때문에, 실제로 인식에 나타나는 현상적 형상이 실제로는 그 대상이 아니라고 해도 개념적 인식은 세계에서 대상에 대해 행동을 유발한다.[37)]

현상적 형상은 경험의 내용과 관계되어 있으며, 명상 수행과 관련

---

37) 현상적 형상의 특징에 대한 자세한 논의로는 이 책에 실린 가쓰라 쇼류의 글에서 아포하의 세 가지 형태를 설명한 것을 보라.

해서 다르마키르티는 특히 변화를 이끌어 내는 직접적이고 비개념적인 경험을 우리가 가질 수 있다는 생각에 관심을 가졌다. 하지만 이 직접적 경험은 어쨌든 명상 수행의 대상인 무아나 무상과 같은 특수한 개념이어야 한다. 그렇다면 문제는 다르마키르티의 개념론에서 모호한 개념적 인식이 어떻게 선명한 비개념적인 인식으로 바뀔 수 있는가 하는 데 있다. 다르마키르티는 이런 사건들의 이론적 토대를 다음과 같은 예로 설명한다.

> 언어 대상(artha)을 파악하는 인식은 그것이 인식하고 있는 그것[대상]의 개념적 인식이다. [정신적 사건으로서의 그 어떤 인식도] 그 실제 본성은 언어 대상이 아니다. 그러므로 [인식 자체의 인식은] 어떤 것이든 직접적[이고 따라서 비개념적]이다.[38)]

아포하 혹은 배제 과정을 통한 개념의 형성에서, 현상적 형상은 그것이 모호해지는 — 지각의 현상적 형상처럼 선명하지 않은 — 방식으로 제시된다는 점을 앞서 지적한 바 있다. 간단히 말해서 이미지는 그것이 나타내는 대상을 현상적으로 명확하게 묘사하지 않는다는 점에서 모호하다. 판단의 이미지가 표상으로서 모호하기는 하지만, 그럼에도 불구하고 그것은 이미지이다. 다시 말해서 판단은 어떤 현상적

---

38) 『프라마나바르티카』 III.287(ed. Sāṃkṛtyāyana): "śabdārthagrāhi yad yatra taj jñānaṃ tatra kalpanā / svarūpaṃ ca na śabdārthas tatrādhyakṣam ato 'khilam." Woo 2003, 441~444의 언급 또한 보라.

내용의 유형을 포함하지 않는다. 그리고 정신적 사건으로서 그 현상적 내용은 그 본성상 내성적 인식(reflexive awareness)을 통해서 정신적 사건이라고 알려질 수 있는 실재적 정신적 개별자이다. 하지만 자기반성적 인식과 관련되어 있는 그 내용은 더 이상 다른 무엇을 의미하지 않는 것처럼 보인다. 즉 그것은 더 이상 개념적이지 않다. 다시 말해서, 내성적 인식을 통해 알려지는 것으로서 모든 인식은 — 모든 개념적 인식조차도 — 정신적 개별자인 것이다.

이런 방식으로 다르마키르티는 '두 얼굴을 가진' 개념 이론이라고 할 수 있는 것을 제안하는데, 그는 또 다른 구절에서 그것을 아주 간명하게 설명하고 있다. 그 구절에 따르면 반대자는 "[보편자가] 또한 인식이라는 본성을 가졌다는 점에서 실재 대상(artha)이라면, [그것이 개별자라고] 결론 내려야 할 것이다"라고 말한다.[39] 다시 말해서, 개념적 인식의 현상적 내용이 정신적 사건으로서 내성적 인식에 의해 알려질 수 있다면, 개념적 인식의 대상인 보편자는 궁극적으로 실재해야 하는 것처럼 보이는데, 그 이유는 내성적 인식이라는 흔치 않은 지각 형태를 띠고 있더라도 그것은 지각을 통해 알려지게 될 것이기 때문이다. 여기에 대해 다르마키르티는 다음과 같이 대답한다. "우리는 [보편자가 개별자라고] 분명히 주장하기 때문에 그대의 말은 우리에게 문제 될 것이 없다. 그러나 그것은 그것이 특징짓는 것처럼 보이는 모든 대상들에 있어서 동일한 형상을 [가진 것으로 생각되기 때문에] 보편자이다.

---

39) 『프라마나바르티카』 III.9cd(ed. Sāṃkṛtyāyana): "jñānarūpatayā arthatve sāmānye cet prasajyate."

그것은 [기대되는 인과적 특징을 가지지 않은 대상들로부터의] 배제에 기초하기 때문에 그 동일한 형상을 갖는다."[40]

따라서 개별자들의 어떤 부류에 주연된 동일성이라고 이해될 때 개념은 보편자이다. 그러나 정신적 사건으로 간주될 때 개념은 개별자이다. 이렇게 해서, 사물들의 어떤 부류에 주연되는 한 보편자는 실제로는 부정이 되는데, 다르마키르티의 관점에서는 배제를 통해 형성된 부정만이 이런 방식으로 주연될 수 있기 때문이다. 그러나 부정이 개념적 인식에서 일어나는 정신적 이미지와 존재론적으로 분리되지 않는 한 그 인식은 정신적 사건으로서의 개별자이다. 여기에 덧붙여져야 할 하나의 전제는, 정신적 사건으로 간주될 때 개념적 인식은 그 주연 기능을 잃으며, 그 기능을 잃으면 더 이상 개념이 아니라는 것이다.

개념의 이런 두 얼굴의 측면은 명상 수행자가 어떻게 하나의 개념에 반복적으로 집중하고, 그 명상을 통해 결국 명확하고 선명한 인식, 즉 '요가 수행자의 지각'(yogipratyakṣa)에 이를 수 있는지를 설명할 수단이 된다. 다르마키르티는 이 과정을 상사병에 걸린 남자의 환영에 비유한다. 그 사람이 연인에 대한 기억(개념)에 골똘하게 반복적으로 집중할 때, 그는 부분적으로는 정신적 사건에 집중하는 것인데, 그것은 개별자인 것이다. 충분하고도 집중된 반복이 있다면 그는 그 사건 자체에 대한 명확한 경험 — 지각 — 을 얻을 것이다. 명상 수행자도 이와 똑같은 과정을 거치며, 그 수행자의 노력 역시 현상적 형상으

40) 『프라마나바르티카』 III.10(ed. Sāṃkṛtyāyana): "tathaiṣṭatvād adoṣo, 'rtharūpatvena samānatā / sarvatra samarūpatvāt tadvyāvṛttisamāśrayāt."

로서의 개념에 대한 비개념적 지식을 낳게 된다.[41] 따라서 다르마키르티는 "그러므로 우리가 명상 훈련 중에 집중하는 대상은 그것이 실재든 비실재든 명상이 완성되면 명확하고 비개념적인 인식을 낳는다"라고 말한다.[42]

이렇게 해서 다르마키르티에게 개념은 마음을 변화 — 혹은 왜곡 — 시키는 경험을 포함하는 강력한 수단이 될 수 있다. 개념이 궁극적으로는 실재하지 않는다 해도, 그것은 여전히 잠재력을 가지고 있으며, 때로는 위험할 수도 있다.

---

41) 요가 수행자의 지각에 대한 더 많은 논의와 다르마키르티의 이론에 대한 최근의 작업들에 관해서는 Dunne 2006을 보라.

42) 『프라마나바르티카』 III.285(ed. Sāṃkṛtyāyana): "tasmād bhūtam abhūtam vā yad evābhibhāvyate / bhāvanāparinişpattau tat sphuṭākalpadhīphalam."

4장 _ 다르마키르티의 순환성 논쟁

파스칼 위공

낱말의 의미를 놓고 인도 실재론자와 아포하론의 지지자들이 서로를 비판하는 대화에서 언어적 사실들에 관련된 많은 공유된 생각들은 각 대론 상대의 이론을 시험에 부칠 때 그 기준이 된다. 논쟁의 많은 부분은 따라서 주어와 술어, 성(性)과 수, 수식, 동일 지시어 등의 사용과 같은 문법적 관념들에 관련된다. 좀 더 일반적인 차원에서 보면, 양측 모두는 사회 공동체 내에서 언어를 교환하면서 사용하는 행위가 성공하는 이유, 즉 언어적 관습이 설정되고 그것들이 성공적으로 적용되는 사실에 대해 설명해야 하는 난제에 똑같이 부딪힌다. 이 과정에서 아포하론을 비난하는 사람들은 낱말의 의미가 '타자의 배제'(anyāpoha)라면 언어적 관습을 확정할 수 있는 가능성이 없다는 이의를 제기한다. 이런 취지를 내세우는 유명한 주장의 하나는 아포하론이 순환성이라는 문제를 벗어나지 못한다는 지적, 즉 타자로부터 배제되는 것을

---

* 영어 문장을 다듬는 데 도움을 주신 신시아 펙-쿠바체크(Cynthia Peck-Kubaczek)에게 감사드린다.

아는 것이 '그것 이외인' 것에 의존해야 하는 한에 있어서 그것 이외의 것은 이번에는 '그것'을 아는 것에 의존해야 한다는 것이다. 이 반대 주장은 아마 단어 '소'(cow)와 같은 고전적인 예를 고려할 때 제일 먼저 떠오르는 생각일 것이다. '소'의 의미가 '비(非)소의 배제'라면 먼저 소가 무엇인지를 모르는 사람이 소가 아닌 것이 무엇인지는 어떻게 알 수 있는가?

이제부터 이 반대 주장과 관련해서 가장 많이 인용되는 자료 두 가지, 즉 웃됴타카라의 『니야야바르티카』(*Nyāyavārttika*)와 쿠마릴라의 『슐로카바르티카』를 살펴본 다음,[1] 다르마키르티의 『프라마나바르티카』에서 이 문제에 대해 논의된 부분을 살펴볼 것이다.[2] 다르마키르티의 논의에는 흥미로운 점이 있다. 즉 그는 아포하론을 옹호하면서 직접적인 대답을 제시하는 것이 아니라 실재론자들도 마찬가지로 순환성의 문제에 마주치게 된다고 주장하는 반론을 제시하면서 논의를 진행시킨다. 이 논의의 다양한 단계들을 제시하고 다르마키르티의 대답이 아포하론이 가진 어려움을 어느 정도까지 해결하고 있는지를 평가해 보고자 한다.

---

1) 카르나카고민은 『프라마나바르티카』 I.113c~114(『프라마나바르티카스바브리티티티카』 233, 15~17; 18~23, ed. Sāṃkṛtyāyana)에 대한 주석을 달 때 웃됴타카라의 『니야야바르티카』와 쿠마릴라의 『슐로카바르티카』를 모두 인용하지만, 샤키야붓디와 샨카라난다나(Śaṅkaranandana)는 그 창설자로 "쿠마릴라 등"이라고만 언급한다(『프라마나바르티카티카』*Pramāṇavārttikaṭīkā*의 샤키야붓디판 130b4, 샨카라난다나판 279a4: "gZhon nu ma len la sogs pa"). 샨타라크시타는 이 문제에서 쿠마릴라만을 인용한다.

2) 『프라마나바르티카』 I.113c~121(ed. Gnoli).

웃됴타카라의 논증

쿠마릴라의 표현이 순환성 논증의 '표준 형식'으로서 탁월하지만, 『니야야바르티카』에 나타난 웃됴타카라의 아포하 비판은 이미 이 책의 주석자인 바차스파티 미슈라의 순환성 논증으로 해석되는 비슷한 반대 주장을 담고 있다.[3] 웃됴타카라 주장의 취지는 그의 시나리오를 미리 보여 주는 다음의 두 가지 전제에 기초한다. ① 미리 알려지지 않은 것을 부정할 수는 없다. ② 긍정적 지시가 있을 때 최초의 이해가 생긴

---

3) 아포하에 반대하는 웃됴타카라의 논쟁은 『니야야수트라』(*Nyāyasūtra*)〔정리경正理經〕 II.66(vyaktyākṛtijātayas tu padārthaḥ)에 대한 자신의 주석과 관련하여 『니야야바르티카』 679,5~689,10(eds. Taranatha Nyaya-Tarkatirtha et al.)에서 찾아볼 수 있다. 이 부분은 니야야적 견해에 반대하는 아포하 논사(즉 디그나가)의 주장(pūrvapakṣa)과 그에 대한 웃됴타카라의 변론(uttarapakṣa)을 살펴보고 있다. 웃됴타카라의 아포하 비판에는 세 가지 논점이 포함되어 있다. ① "na jātiśabdo bhedānāṃ vācako"라는 디그나가의 구절에 대한 비판(『프라마나삼웃차야』 V.2; 『니야야바르티카』 679,5~680,18), ② 공동지시성(sāmānādhikaraṇya)에 대한 논의(『니야야바르티카』 680,19~686,6), ③ 아포하에 반대하는 아홉 가지 논증(『니야야바르티카』 686,7~689,10). 이들 중에는 『타트바상그라하』 981~999(ed. Shastri)에 인용되어 있는 것도 있지만, 이 글에 논의된 아홉 가지 중 첫 번째 것은 아니다. 개요는 Much 1994를 보라.

아포하에 반대하는 아홉 가지 논증 중 첫 번째 것은 낱말의 의미가 '타자의 배제'라는 주장에 대한 것으로, 다음과 같이 적혀 있다. "yat punar etat-anyaśabdārthāpohaḥ śabdārtha iti, tad api ayuktam; vidhānaśabdārthasambhave saty ādyāpratipattiḥ, yadi vidhānaśabdārtho bhavati tato vidhīyamānaśabdārthapratipattau satyāṃ tasyānyatra pratiṣedha ity upapannaḥ pratiṣedhaḥ, yasya punar vidhīyamānaḥ padārtho nāsti tasyādyāṃ pratipattim antareṇa kathaṃ pratiṣedhaḥ, yāvac cetaraṃ na pratipadyate tāvad itarṃ na pratiṣedhatīti, yathā gaur iti padasyārtho'gaur na bhavatīti, yāvac ca gāṃ na pratipadyate tāvad agavīty ubhayapratipattyabhāvaḥ" (『니야야바르티카』 686,7~12).

『프라마나바르티카스바브리티티카』 233,15~17은 웃됴타카라의 논증 중 다음의 일부를 인용하고 있다. "sa yāvac cāgāṃ na pratipadyate tāvad agavi pratipattir na yuktā. yāvāc ca agavīty ubhayapratipattyabhāva iti."

다.[4] 따라서 웃됴타카라에 의하면 긍정적 대상을 가진 낱말이 애초의 긍정적 이해의 조건이며, 그것이 이번에는 뒤따르는 잠재적인 부정의 조건이 된다. 역으로 낱말의 긍정적 대상 없이 긍정적 이해는 애초부터 있을 수 없고 따라서 부정도 뒤따를 수 없다. 이런 이유로, 예컨대 '소'라는 낱말이 긍정적인 소를 지시한다는 것을 인정하지 않는 아포하론 지지자들은 (무엇이 소인지에 대한) 긍정적 이해와 더 나아가 (무엇이 소가 아닌지에 대한) 부정적 이해도 할 수 없다고 생각되는 것이다.[5]

바차스파티 미슈라에 따르면 웃됴타카라의 논증은 x에 대한 이해와 비x에 대한 이해 사이에 '풀리지 않는 상호 의존'(duruttaram itaretarāśrayatvam)의 문제를 부각시킨다는 것이다. 후자인 부정이 전자에 의존할 뿐 아니라 x에 대한 이해 또한 그것이 비x로부터 배제된 것인 한 후자에 의존한다.[6] 이 해석은 나중에 살펴볼 쿠마릴라의 아포

---

4) 웃됴타카라의 시나리오는 부재에 대한 니야야의 견해를 유지하는 것인데, 그것에 의하면 대응하는 긍정(counterpositive)이 존재하지 않는다면 부재는 없다. 부재는 그에 대응하는 긍정이 미리 파악되지 않는다면 파악될 수 없는 것이다.

5) 위의 각주 3번에 인용된 웃됴타카라의 주장 중 Jhā 1984에는 "gaur iti padasyārtho' gaur na bhavatīti"에 "pratipattir"가 첨가되어 "gavi pratipattir na yuktā"로 되어 있다(간가나타 자는 이를 "'소라는 말이 비소가 아닌 것을 가리키는 형태'로는 소라는 관념을 형성할 수 없다"라고 번역했다. Jhā 1984, 1055). "'소'라는 낱말의 의미는 비(非)소가 아닌 [것]"이라는 표현을, 두 "yāvat ... tāvat" 절과는 통사적으로 독립되어 있는 "yasya vidhīyamānaḥ padārtho nāsti"("긍정적인 것으로 여겨지는 낱말의 대상이 없는 사람")의 예로 보는 것이 좋을 것 같다.

6) 『니야야바르티카타트파리야티카』(*Nyāyavārttikatātparyaṭīkā*) 686,18~19(eds. Taranatha Nyaya-Tarkatirtha et al.): "agovyāvṛttirūpaṃ cet na tad asiddhaṃ gavi śakyaṃ grahītum. agauś ca goniṣedhātmeti gosiddhim apekṣata iti duruttaramitaretarāśrayatvam." 바차스파티 미슈라는 웃됴타카라의 "소[인 것]가 이해되지 않는 한"(yāvac ca gām na pratipadyate)이라는 표현을 "비소의 배제가 확립되지 않는 한"이라고 분명히 해석한다.

하 비판의 윤곽을 보여 준다. 하지만 웃됴타카라가 자신의 논증식에서 '상호 의존' 개념을 도입하지는 않았다는 것을 기억해야 하며, 그의 요지는 어떤 이해에 있어서도 긍정적 지시가 그 전제 조건임을 말하고자 하는 것처럼 보인다. 다시 말해서 웃됴타카라가 보기에 아포하 논사가 x를 이해하지 못하는 것은 x의 이해를 비x에 대한 이해에 의존한 것의 결과라기보다는 낱말의 지시 대상으로서의 긍정적인 어떤 것을 인정하기를 거부한 결과인 것이다.

쿠마릴라의 논증

쿠마릴라는 『슐로카바르티카』의 한 부 전체를 아포하론 비판에 할애한다.[7] '타자의 배제'라는 특수한 공식은 분명 이 '타자'가 무엇인가라는 문제를 야기한다. 예를 들어 '소'라는 낱말의 의미를 이해하기 위해 배제되는 '비(非)소'(산스크리트어로 'a-go')인 것은 무엇인가? 두 가지 경우를 생각해 볼 수 있다. ① 비소는 '소'라는 낱말에 의해 표현되지 않는 것(gośabdānabhidheyaḥ)이다. ② 비소는 소 이외의 것(gor nyaḥ)이다.[8] 각각의 경우 모두 아포하 논사들에게 중요한 문제를 일으킨다.

---

7) 『슐로카바르티카』 V(「아포하론」) 1~176, pp.400~435(ed. Shastri). 쿠마릴라의 수많은 반대 주장들이 『타트바상그라하』 914~980; 1000~1001에 인용되어 있다.

8) 각각 『슐로카바르티카』 V(「아포하론」) 81~82; 83~85b를 보라. 나는 여기서 슈리 파르타사라티 미슈라(Śrī Pārthasārathi Miśra)의 『니야야라트나카라』(*Nyāyaratnākara*)를 따랐는데, 여기서 첫 번째 주장은 "kiṃ ca, ko 'yam agauḥ, yasyāpoho dṛśyate. yo gośabdasyānabhidheyaḥ so 'gauḥ syāt, kasya tadanibhidheyatvam iti na jñāyata ity āha"(415,19~20)로, 두 번째 주장은 "artha yo gor anyaḥ so 'gauḥ. tatrāha dvayena"(415,27)로 제시되어 있다.

첫 번째 경우는 '비일반화'의 문제이며, 두 번째 경우는 순환성의 문제이다.

비일반화

첫 번째 논점을 간단히 살펴보기로 하자. 이것은 다르마키르티의 순환성 논의에서 다시 보게 될 것이다. 비소가 '소'라는 낱말에 의해 표현되지 않는 것이라는 주장은 그 낱말에 의해 표현되지 않는 것이 무엇인지를 어떻게 알 수 있는지의 문제를 야기한다. 불교 논사들이 만약 그것은 관습이 정해질 때 '소'라는 낱말이 적용되지 않는 것으로 확인된다고 주장한다면, '소'라는 낱말이 보편어[類語]로 사용되도록 의도된, 일반적인 어떤 것을 표현하지 못한다는 결과를 초래하게 된다. 사실 불교 논사들은 실재적 보편자를 인정하지 않기 때문에, 관습이 정해질 때 현존하는 유일한 것은 개별적인 동물뿐이다. 그러므로 '소'라는 낱말이 적용되지 않는 범위는 분명히 그것과 다른 모든 것이다. 그리고 이번에는 다른 모든 것으로부터 배제된 것은 그 개별적인 동물일 뿐이다. 따라서 불교 논사들에게 '소'라는 낱말은 이 단일 예를 지시하는 것이 되고 만다.[9)]

이 주장은 단일한 존재를 경험했다고 해서 그것이 '타자'의 이해

9) 『슐로카바르티카』 V(「아포하론」) 81~82(『타트바상그라하』 940~941, ed. Shastri에 인용): "agośabdābhidheyatvaṃ gamyatāṃ ca kathaṃ punaḥ / na dṛṣṭo yatra gośabdāḥ sambavdhānubhavakṣaṇe // ekasmāt tarhi gopiṇḍād yad anyat sarvam eva tat / bhaved apohyam ity evaṃ(『타트바상그라하』에는 'etan') na sāmānyasya vācyatā."

를 가능하게 하는 것은 아니며, 또 그 타자의 배제가 '집합'과 같은 어떤 것을 만들어 내지도 않는다는 점을 지적한다. 왜냐하면 '타자'인 것은 어쩔 수 없이 다른 모든 것이기 때문이다. 비일반화라는 이 반대 주장은 또한 '타자의 배제'가, 그것이 개별자에서 시작되는 것으로 이해된다면, 우리를 그 출발점 즉 개별자로 되돌아가게 할 수 있을 뿐인 한 어느 정도는 순환성의 문제도 보여 주는 것으로 이해할 수 있다. '타자의 배제'는 그러므로 보편자의 기능을 충족시키기에 적합하지 않다.

순환성

쿠마릴라가 제시하는 두 번째 경우 '비(非)소'는 '비'(非)라는 말(산스크리트어 'a-go'의 접두어 'a-')이 의미하는 '소'의 부정으로 분석된다. (웃됴타카라의 주장에서 이미 보았던) '알려지지 않은 것을 부정할 수는 없다'[10]라는 앞의 규칙을 따른다면 '비소'라는 부정을 이해하기 위해서는 '소'라는 부정항을 이해해야 한다. 여기에 대해 아포하 논사에게는 두 가지 입장이 있을 수 있다. ① 소인 것은 긍정적으로 확정되며, 그것은 '비소'라는 부정을 이해하게 해주지만, 이렇게 되면 아포하론 전체는 쓸모없는 것이 되어 버린다. 만약 소가 긍정적으로 확정된다면 그것을 '비소'의 배제를 통해 이해할 필요가 어디 있겠는가? ② 소는 비소의 배제로서 확정된다. '배제'를 '부정'으로 고쳐 말하지는 않지만,

---

10) 각주 3번에 인용된 『니야야바르티카』를 보라. "yāvac cetaraṃ na pratipadyate tāvad itaraṃ na pratiṣedhatīti."

앞에서 본 부정항과 같은 배제되는 대상이 확인될 필요가 있다. 따라서 소인 것을 확정하기 위해서는 '비소'의 이해가 필요하다. 이 두 번째 경우는 따라서 '소'에 대한 이해를 '비소'에 대한 이해에 의존하도록 만들며, 후자는 이미 전자에 의존하는 것으로 간주되기 때문에, 둘 중 하나 혹은 다른 하나를 이해하려는 어떤 시도도 순환성의 문제를 일으키게 된다. 쿠마릴라는 이 문제를 '상호 의존'(anyonyasaṃśrayaḥ)이라고 부른다.

> 배제되는 이 '비소'가 확정[되어야 하며], 그것은 소의 부정이라는 본성을 갖는다. 거기서 부정 접두어 '비'(非)에 의해 부정되는 이 소가 정확히 [무엇인지] 말해야 한다. 이것[이 소]이 비소의 배제라는 본성을 가진다면, 상호 의존이 있게 된다. 그리고 배제되는 것이[확정되]어야 한다는 목적으로 소가 확정된다[고 인정한다]면, 아포하라는 관념은 헛된 것이 된다.
>
> 소가 확정되지 않을 때 [확정된] 비(非)소는 없다. 그리고 [확정된 비소가] 없는데, [후자의 배제인 것이라면] 소를 어떻게 [이해할 수 있겠는가]?[11)]

---

11) 『슐로카바르티카』 V(「아포하론」) 83~85b(『타트바상그라하』 942~944b에 인용): "siddhaś cāgaur apohyeta goniṣedhātmakaś ca saḥ / tatra gaur eva vaktavyo nañā yaḥ pratiṣidhyate // sa ced agonivṛttyātmā bhaved anyonyasaṃśrayaḥ / siddhaś ced gaur apohyārthaṃ(『타트바상그라하』에는 'apohārthaṃ') vṛthāpohaprakalpanā(『타트바상그라하』에는 'prakaranam') // gavy asiddhe tv agaur nāsti tadabhāve ca(『타트바상그라하』에는 'tu') gauḥ kutaḥ."

여기에 제시된 순환성은 우리를 출발점으로 되돌리지는 않는다. 반대로 그것은 x인 것 혹은 비x인 것의 이해의 형태를 띠어야 하는 출발점이 부재한 결과이다. 비일반화와 마찬가지로 순환성은 유익한 관습(saṅketa)을 확정할 가능성을 위협한다.[12] 첫 번째 경우, 관습이 낱말을 집합보다는 개별적 사례에 고정시키는 한 그것은 낱말의 과도하게 제한된 적용을 낳을 뿐이다. 두 번째 경우, 인식자가 그 낱말이 적용되어야 할 영역이 무엇인지도 그것이 적용되지 않아야 할 영역이 무엇인지도 모른다는 사실에 의해 관습의 확정이 불가능해진다.[13] 이런 주장은 귀류법적이라고 할 수 있다. 왜냐하면 이런 방식으로 낱말의 용법을 고정하는 관습을 확정할 가능성은 당연시되는 것이기 때문이다. 그러므로 아포하 논사는 낱말의 의미가 '타자의 배제'가 아니라 긍정적인 무엇임을 인정해야 하는 것이다.[14]

다르마키르티의 순환성 논의

순환성의 비난에 직면하여 다르마키르티는 앞에서 언급한 것처럼 직접적인 대답을 제시하는 것이 아니라 피장파장의 오류(tu quoque) 논

---

12) 『타트바상그라하』 940~941에 대해 카말라쉴라가 소개하고 있는 각 논증으로는 다음의 것들을 보라. 『타트바상그라하판지카』 370,1(『슐로카바르티카』 V[「아포하론」] 81~82): "punar apy apohe saṅketāsambhavaṃ pratipādayann āha." 『타트바상그라하』 942~943b에 대한 『타트바상그라하판지카』 370,9(『슐로카바르티카』 V 83~85b): "itaś cetaretarāśrayadoṣaprasaṅgād apohe saṅketo'śakyakriya iti darśayann āha."
13) 이 결론은 웃됴타카라의 논증, 즉 'ubhayapratipattyabhāvaḥ'에서의 그것과 같다.
14) 『니야야바르티카』 416,5~6에 있는 논쟁의 결론을 보라. "iti prathamaṃ vidhirūpagaur abhidhātavyaḥ."

증을 내세운다.[15] 그 논의의 윤곽은 다음과 같다.

(1) 반대 주장의 진술 (『프라마나바르티카』 I.113c~114)

(2) 다르마키르티의 반박과 실재론자의 대답

(2a) 다르마키르티가 실재론자에게 똑같은 잘못이 있음을 지적한다. 관습이 설정될 때 비x를 배제하면 상호 의존의 문제를 일으킨다. (『프라마나바르티카』 I.115~116)

(2b) 실재론자가 잘못을 전가하는 근거에 대해 반박한다. 비x의 배제는 없다. 오히려 x의 긍정적인 이해만이 있을 뿐이다. (『프라마나바르티카』 I.117~118b1)

(2c) 다르마키르티가 실재론자의 응답에 반박한다. 비결정성의 문제를 피하기 위해 비x의 배제로서의 제한은 필요하다. (『프라마나바르티카』 II.118b2~d)

(2d) 실재론자가 순환성의 문제에 대한 해결책을 제시한다. 비x인 것은 x의 경험과 관련하여 대조적으로 쉽게 이해된다. (『프라마나바르티카스바브리티』 60.5~10)

(2e) 실재론자가 그의 대답이 불교 논사의 이론에는 적합하지 않음을 주장한다. 불교 논사에게 모든 것은 특정의 사례의 경험과 대비되어 다르기 때문이다. (『프라마나바르티카스바브리티』 60.10~13)

---

15) 다르마키르티는 보편자(sāmānyacintā)를 다루는 『프라마나바르티카』 I.113c~121에 걸쳐 이 반대 주장을 다루고 있다.

(3) 다르마키르티의 입장

(3a) 실재론자의 해결책의 변용: 동일성의 판단(ekapratyavamarśa)은 사례들을 긍정적인 영역과 부정적인 영역으로 구분할 수 있게 해준다. (『프라마나바르티카』 I.119)

(3b) 불교 논사의 대답의 배경적 조건의 확정: 개별자들이 모두 구별되기는 하지만, 그것들은 동일성의 판단을 야기한다. (『프라마나바르티카』 I.120~121)

(1) 다르마키르티는 순환성의 문제라는 비난에 대해 수정 의견을 제시하면서 아포하 논사에게 문제가 된다고 말해지는 두 요소를 다음과 같이 요약한다. ① 비x와 '비x의 배제'로서의 x의 이해는 상호 의존적이다. ② 애초에 x인 것도 비x인 것도 알려지지 않는다. 그 결과는 (둘 다는 고사하고) 둘 중 하나를 아는 것이 불가능하며 따라서 관습을 확정하는 것도 불가능하다는 것이다.[16)]

(2) 파장피장의 오류 논증에 주목해야 하는데, 실재론자가 타자의 배제에 의지하는 것처럼 보이지 않으며 처음부터 자신은 그렇게 하지 않는다고 주장하기 때문에, 실재론자가 어떻게 해서 순환성의 문제를 가지고 있다는 비난을 받게 되는지 의아해질 수 있기 때문이다(2b). 이

16) 『프라마나바르티카』 I.113c~114: "avṛkṣavyatirekeṇa vṛkṣārthagrahaṇe dvayam // anyonyāśrayam ity ekagrahābhāve dvayāgrahaḥ / saṅketāsambhavas tasmād iti kecit pracakṣate." 『프라마나바르티카스바브리티』 58.22~25: "yady avṛkṣebhyo bhedo vṛkṣas tasyāvṛkṣagrahaṇam antareṇa thatā grhītum aśakyatvāt, avijñāta-vṛkṣeṇāvṛkṣasyāpi tadvyavacchedarūpasyāparijñānāt, buddhāv anārūḍhe'rthe na saṅketaḥ śakyata ity eke."

런 취지에서 다르마키르티는 관습의 적용이 일탈되지 않도록 보증하기 위해서는 관습이 설정될 때 제한을 둘 필요성이 있음을 상기시킨다. 낱말이 어떤 것에 적용되는지를 아는 것으로는 충분하지 않고, 그것이 다른 어떤 것들에는 적용되지 않는다는 것을 확실히 해야 한다는 것이다. 주어진 규칙에 의하면, 관습이 설정될 때의 비(非)배제는 그것이 적용될 때 배제가 일어나지 못하게 하는데, 예를 들어 '나무'의 관습이 설정될 때 배제되지 않은 잭프루트나무들과 백단나무들은 '나무'라는 관습을 적용할 때 거기서 제외되지 않는 것에서 예시된다.[17] 따라서 "나무를 가져오라"라는 요청이 있을 때 잭프루트나무, 백단나무, 혹은 그 외의 나무도 가져올 수 있다. 그러나 이 규칙의 또 다른 결과는 예를 들어 '나무'의 관습이 설정될 때 소나 돌도 배제되지 않았고 이로 인해 "나무를 가져오라"라는 요청이 있을 때 소나 돌 — 다시 말해서 비(非)나무 — 도 가져올 수 있다. 간단히 말해서, 앞에서 말한 제한이 없다면 언어적 관습에 기초한 모든 행위들은 불확실한 결과를 낳을 수 있는 것이다.

이 제한은 타자의 배제(vyavaccheda 혹은 nirākaraṇa)가 된다. 이제 다르마키르티는 관습이 설정될 때 제한이 어떻게 가해질 수 있는지에 대해 두 가지 경우를 제시한다. ① '강한 형태'(『프라마나바르티카』 I.115)에는, 타자의 배제는 x인 것의 이해 이전에 그리고 그 조건으로

17) 『프라마나바르티카』 I.116: "anirākaraṇe teṣāṃ saṅkete vyavahāriṇām / na syāt tatparohāreṇa pravṛttir vṛkṣabhedavat." 『프라마나바르티카스바브리티』 59.13~14: "na hi saṅkete parāvyavacchedena niveśitāc chabdād vyavahāre tatparihāreṇa pravṛttir yuktā śiṃśapādibhedavat."

서 일어난다. ② '약한 형태'(『프라마나바르티카』 II.118b)에는 ("이것은 나무다"와 같은) 제한이 긍정적인 확정 속에 내포적 부정의 형태로 내재되어 있다. 다시 말해서 "이것은 나무다"는 "이것만이 나무다"라는 뜻으로 이해되는 것이다.[18] '만이'라는 말(산스트리트어 접사 'eva')은 '이것' 외의 다른 어떤 것이 나무로 인정될 수 있는 가능성을 배제하는 기능을 하는 것이다.[19]

이에 대해 실재론자가 처음 보이는 반응은 관습이 설정될 때 어떤 부정이나 제한도 일어나지 않는다고 주장하는 것이다(2b). 그러나 불확실성을 피하기 위한 제한의 필요성에 대한 다르마키르티의 주장은 실재론자로 하여금 약한 형태의 제한 가설을 어쩔 수 없이 인정하도록 만들 만큼 충분히 설득력이 있다. 타자인 것의 배제를 관습 설정의 구성 요소로 만드는 것은 어쩔 수 없이 x인 것과 x 이외인 것의 이해 사이에 있는 상호 의존성의 문제로 연결된다. 왜냐하면 알려지지 않은 것을 배제할 수는 없으며 또 비x가 무엇인지를 아는 것은 x가 무엇인지를 아는 것을 전제로 하기 때문이다. 그런데 실재론자는 사실상 보편자의 지각을 통해 x의 이해에 기댈 수 있는데, 어째서 둘 중 어떤 것도 알려지지 않았다는 것을 인정해야 할까? 여기에 대해 다르마키르

18) '이것'은 실재론자의 관점에서 보면 보편자 '목성'(vṛkṣattva, 木性)이다.

19) 이런 유형의 부정을 긍정적으로 표현하는 기술적 용어는 '타자와의 연결의 배제'(anyayogavyavaccheda)이다. 다르마키르티는 이런 맥락에서는 이 기술적 용어를 사용하지 않고 'ayam eva'라는 말만 사용하며(『프라마나바르티카』 I.118과 『프라마나바르티카스바브리티』 60.4를 보라), 반면 예를 들어 사키야 판디타는 『프라마나바르티카스바브리티』의 이 구절에 주석을 달 때 이를 사용한다(『쩨마 릭테르』*Tshad ma rigs gter* IV.40에 대한 『쩨마 릭테르 랑텔』*Tshad ma rigs gter rang 'grel* 107, ed. Nordrang Ogyen을 보라). 접사 'eva'에 대해서는 Gillon 1999; Ganeri 1999; Kajiyama 1973을 보라.

티가 제시하는 이유는 관습이 설정되기 전과 심지어는 설정되는 동안에도 그 관습이 만들어지는 데서 이익을 받는 사람이 x인 것도 x가 아닌 것도 알 수가 없다는 것이다. 사실 관습이 설정된다는 것은 이 사실을 확정하는 것이다.[20] 따라서 제한 가설의 강한 형태에서든 약한 형태에서든 둘을 이해하는 데는 상호 의존성 그리고 그중 어느 하나를 독립적으로 확인하는 것의 불가능성이 심지어 실재론자에게도 있는 것이다. 따라서 후자도 순환성의 문제에 부딪힐 수밖에 없다.

(2d) 실재론자가 자신의 설(說)에는 이런 어려움이 없다고 주장한다. x인 것의 긍정적 이해는 보편자의 지각에서 결과되며, x가 아닌 것의 이해는 그것과 대비되어 얻어진다. 이 대비는 ① x를 지각할 때 생기는 인식과는 다른 인식을 경험함으로써 우리는 어떤 것을 'x 이외의 것'으로 경험하는 주관적 관점에서, 그리고 ② 관습이 설정될 때 지각된 보편자가 존재하지 않을 때, 지금 보이고 있는 것은 'x 이외의' 것이라고 이해하는 객관적 관점에서 설명된다.[21]

---

20) 『프라마나바르티카』 I.115에 대한 자주 『프라마나바르티카스바브리티』 59.7~8 참조: "na hi tadā pratipattā vṛkṣaṃ vetti nāvṛkṣaṃ tajjñānāyaiva tadarthitayopagamāt." 다르마키르티가 여기서 제시하는 이유는 (『프라마나바르티카』의 재진술에서 인용된 것이 아니라) 쿠마릴라의 논증의 마지막 부분을 정확히 모방한 것으로 이해될 수 있는데, 그 내용은 만약 아포하 논사가 소인 것에 대해 미리 이해해야 함을 인정한다면, '소'를 소가 아닌 것의 배제를 통해 이해해야 한다고 가정할 필요가 없다는 것이다. 이와 마찬가지 논리로, 만약 실재론자 측에서 우리가 소인 것(그리고 소 아닌 것)을 안다고 인정하고자 한다면, 그 목적을 위해 관습을 확립할 필요는 없는 것이다.

21) 『프라마나바르티카스바브리티』 60.5~10: "na doṣaḥ dṛṣṭaviparītasya sujñānatvāt. ekaṃ hi kiñcit paśyato'nyatra tadākāravivekinīṃ buddhim anubhavatas tato' nyad iti yathānubhavaṃ tadvivecano vaidharmyaniścaya utpadyate. sa hy ayam eva vṛkṣa iti pradarśya vyutpāditaḥ. yatraiva taṃ na paśyati tam evāvṛkṣaṃ svayamevapratipadyate."

'타자'인 것의 이해는 여기서 인식자가 스스로(svayam) 획득할 수 있는 어떤 것이라고 주장된다. 보이는 것과 경험되는 것에 기초해서 상황을 구분하는 능력은 배워서 아는 것은 아니라는 것이다. '타자'인 어떤 것에 대한 뒤따르는 어떤 경험이 그런 식으로 확인될 뿐만 아니라, 인식자가 뒤따르는 어떤 다른 경험도 다른 어떤 것에 대한 경험일 것이라는 사실을 이해하기 위해 다른 어떤 것을 실제로 경험할 때까지 기다려야 하는 것도 아니다. 현재의 경험 자체도 그와 마찬가지로 다른 측면을 제시하는 경험들과 다른 것으로 확인되는 것이다. 따라서 이렇게 x가 아닌 것을 이해하게 되면 관습의 초과 적용을 막아 준다. 그것은 계속 애초의 긍정적인 이해에 의존하지만, 후자가 독립적으로 확인될 수 있기 때문에, 둘이 상호 의존적이라 해도 순환성의 문제는 뒤따르지 않는다.

(2e) 실재론자는 아포하 논사는 이런 해결책을 얻을 수가 없다고 주장한다.[22] 사실 실재론자의 설명은 관습이 설정될 때 지각되는 실재적 보편자의 존재에 의지하는 것이다. 그러나 불교 논사에 따르면 관습이 설정될 때 지각되는 것은 개별자뿐이다. 따라서 앞에서 이미 언급한 비일반화의 문제를 다시 만나게 된다. 개별자의 지각을 다른 개별자들과 대비시키는 것은 그 개별자를 다른 모든 것과 구별하는 결과를 가져올 뿐이다. 불교 논사는 따라서 적합한 출발점이 없는 상태로

22) 『프라마나바르티카스바브리티』 60.10~13: "nedaṃ vyavacchedavādinaḥ sambhavati ekatra dṛṣṭasya rūpasya kvacid ananvayād darśanena pratipattau vyaktyantare'pi na syāt thatā pratītiḥ."

있게 된다.

(3) 이 마지막 주장과 처음에 제기된 순환성의 문제를 지적하는 반대 주장에 대답하면서, 다르마키르티는 실재론자의 설명을 불교 논사의 존재론적 연관성에 맞추어 변용한다.[23] 아포하 논사에게는 그 현존과 부재가 서로 대비될 수 있는, 자신이 임의로 사용할 수 있는 대비의 객관적 축인 실재적 보편자가 없으며, 이미 살펴본 것처럼 대비의 기초를 개별자에 두는 것은 비일반화의 문제를 일으킨다. 그럼에도 불구하고 대비의 주관적 축은 어떤 개별자들을 경험한 후에 생기는 것처럼 보이지만 다른 것들을 경험한 후에는 생기지 않는 '동일성의 판단'(ekapratyavamarśa)이라고 부르는 인식의 형태 속에서 여전히 유효하다. 실재론자에게 어떤 측면의 인식은 보편자에 의해 야기되는 것인 반면, 동일성의 판단은 실재하면서 존재하는 어떤 동일성에서도 야기되지 않는다. 그것은 서로 구분되는 개별자들에 의해서 야기되며 독특한 본성의 형태로 그것들에 부과되는 개념적 사고의 측면이라는 형태를 취한다. 실재론자에 의해 환기되는 '인식의 측면'과 똑같이, 동일성의 판단은 다른 판단들 그리고 그러한 판단이 부재하는 상황과 대비되는 기초가 될 수 있는 것이다. 정신적 사건으로서의 (개념적 그리고 비개념적인) 개별적 인식과는 달리, 동일성의 판단은 주연(周延)적이다. 그것은 관습이 설정될 때에 존재하는 개별자를 경험할 때에만 생기는 것은 아니다. 따라서 '동일성의 판단'은 실재론자의 보편자와 같은 역

23) 그는 『프라마나바르티카』 I.119를 "evaṃ tarhi tatrāpi tulyam etat, yasamāt"라는 구절로 시작한다.

할을 할 수 있다. 그것은 긍정적인 범위를, 그리고 대비를 통해서 부정적인 범위도 결정하게 해준다. 다르마키르티는 "'동일성의 판단'이라고 하는 하나의 지식에 의존하는 인식자는 스스로 그것[그 판단]과 그것[그 판단]이 아닌 것의 원인인 대상을 구분한다"라고 말한다.[24)]

다르마키르티의 주석자들과 계승자들은, 특정의 효과를 가지는 개별자들과 실제로 관습이 설정되기 전에는 그렇지 않은 개별자들을 인식자가 구분한다는 사실을 아주 분명히 지적한다.[25)] 이 주장은 다르마키르티가 실재론자와의 토론에서 두 번이나 밝힌 주장, 즉 인식자는 관습 이전에는(혹은 그것이 설정될 때에도) x인 것도 비x인 것도 알 수 없으며, 관습은 인식자가 그 구분을 적절하게 할 수 있도록 하기 위한 것이라는 주장과 대비된다. 우리는 실재론자가 이 요구 사항을 충족시키는 것을 보았다. x의 이해는 관습이 설정될 때 생기며 그에 뒤따라 타자인 것에 대한 이해가 생긴다는 것이다. 게다가 실재론자는 비x의 이해는 인식자가 스스로(svayam) 얻을 수 있는 어떤 것임을 명확히 한다. 보편자를 어떻게 지각하는가 혹은 이 경험을 다른 경험들과 어떻게 대조하는가는 굳이 배울 필요가 없다. 하지만 아포하 논사의 설명

---

24) 『프라마나바르티카』 I.119: "ekapratyavamarśākhyejñāna ekatra hi sthitaḥ / prapattātadatadddhetūn arthān vibhajate svayam."

25) 예를 들어 다음을 보라. 『프라마나바르티카스바브리티티카』 238,26~239,1: "ekaśākhādimadākāraparāmarśahetūn tadviparītāṃś ca pṛthakkroti svayam eva saṅketāt prāg api." 『프라마나바르티카티카』샤키야붓디판 134a1: "brDa'i mdun rol du yang bdag nyid rnam par'byed par byed." 샤키야 판디타 또한 보라. 『쩨마 릭테르 랑텔』 107 IV.41(ed. Nordrang Ogyen): "kho bo cag brda byed pa na brda'i snga rol du yal ga dang ldan mi ldan mtshan nyid rnam par phye nas." 샨타라크시타에 대해서는 각주 26번에 있는 『타트바상그라하』 1063을 보라.

에 따르면 '동일성의 판단'이 관습이 설정될 때 존재하는 개별자를 경험하면서 일어날 가능성은, 이 개별자가 유사한 범위에 속하는 한 부분으로 파악되지 않은 한 거의 없다. 따라서 다르마키르티의 주석자들은 사실상 유사한 범위와 유사하지 않은 범위들은 이미 확정되어 있으며 관습이라는 것은 단지 낱말을 이 특수한 이분법에 적용되도록 고정시킬 뿐이라는 점을 분명히 한다. 다르마키르티의 설명에서 이 구분은 또한 인식자가 '스스로'(svayam) 한다고 말해지는 어떤 것이다. 이것은 개별자들을 그 인과적 능력에 기초해서 구분할 수 있는 능력은 관습 설정에서 배울 수 있는 무엇도 아니며, 관습의 설정이 실제로 이 구분을 확정하는 것도 아니라는 것을 분명히 설명한다. 반대로 관습의 확정을 촉진하는 것이 바로 이 구분이며, 그것이 낱말의 사용을 배우는 조건이 된다. 따라서 샨타라크시타는 순환성의 문제를 다음과 같은 게송으로 요약하여 대답한다. "소와 비(非)소는 서로 다른 판단들로 인해 잘 확정된다. 확정되지 않은 것은 낱말['소']일 뿐이며, 그것은 화자의 바람에 따라 적용된다."[26]

하지만 여전히 어려움은 남는데, 불교 논사의 설명이 만족스러운가 하는 것은 이러한 동일성의 판단이 독특한 개별자들 사이에 유사성

---

26) 『타트바상그라하』 1063: "gāvo'gāvaś ca saṃsiddhā bhinnapratyavamarśataḥ / śabdas tu kevalo 'siddho yatheṣṭaṃ samprayujyate." 샨타라크시타는 따라서 서로 다른 판단(bhinnapratyavamarśa)들의 대비를 설명한다. 앞선 게송들에 의하면 그 대비는 판단과 그것의 부재에 있다(『타트바상그라하』 1059: "tādṛkpratyavamarśaś ca vidyate yatra vastuni / tatrābhāve'pi gojāter ago'pohaḥ pravartate"; 『타트바상그라하』 1062: "tādṛkpratyavamarśaś ca yatra naivāsti vastuni / agośabdābhidheyatvaṃ vispaṣṭaṃ tatra gamyate").

이 없는 상태에서 생길 가능성에 놓여 있기 때문이다. 서로 구분되는 개별자들이 어떻게 동일한 효과를 가질 수 있는지의 문제는 다르마키르티가 앞에서 다루었고(『프라마나바르티카』 I.73~74에 나오는 해열 약초의 예를 보라), '동일성의 판단'의 본성은 『프라마나바르티카』 I.109에서 설명되었다. 따라서 순환성의 문제를 논의하면서 아포하 논사는 동일성의 판단의 가능성을 당연한 것으로 여기고 있다. 또한 대답의 두 번째 부분에서(3b) 다르마키르티는 앞선 논의들의 몇몇 요소들을 반복해서 말한다. 『프라마나바르티카』 I.119의 전반부가 동일성의 판단으로서의 '긍정적 출발점'의 형태로 해결책을 제시하는 반면, 『프라마나바르티카』 I.119d~121과 산문으로 된 자주에서 제시된 대답의 일부에서는 강조점이 '차이'라는 개념에 놓여 있다. 이 설명에서 긍정적인 경험의 우위는 개별자들 각각의 인과적 능력의 관점에서 그것들의 상호 차별에 의해 대체된다. 따라서 관습이 설정될 때 고정되는 낱말이 구분에 적용된다고 말하는 것이다.[27)]

순환성 비난과 다르마키르티의 대답의 분석

순환성 비난

공통적인 언어에 기초한 유익한 교환적 사용을 보증하기 위해 언어 관습은 낱말 적용의 범위가 긍정적으로(언어 사용자는 낱말이 어디에 적

27) 『프라마나바르티카』 I.121b: "uktir bhede niyujyate."

용되는지를 알아야 한다) 그리고 부정적으로(사용자는 그것이 어디에 적용되지 않는지를 알아야 한다) 정해지는 방식으로 확정되어야 한다. 두 영역 각각은 — '낱말이 어디에 적용되는지(또는 적용되지 않는지)' 혹은 'x가 무엇인지(혹은 아닌지)' 중 어느 것으로 생각되든 — 서로 분리되어 있고 비어 있으며, 다른 항을 보충하는 관계에 있는 한 상호 의존적이다. 한 범위를 그것과 보충적 범위에 있지 않은 것에 의해 구성되는 것으로 기술하는 것에는 아무런 문제가 없다. 고려의 대상이 되는 범위가 무제한적이지 않음을 지적하는 한 그것은 또한 완전히 동어반복적이지도 않다. 한 범위의 영역을 보충적 영역의 기능으로 이해하는 것 또한 후자가 알려져 있다면 가능하다. 이런 상호 의존은 각 영역의 범위가 아직 알려져 있지 않고 각 범위가 상대 범위의 보충적 범위로서 이해될 수 있을 때에만 문제를 야기시킨다. 지금 살펴보고 있는 텍스트들에서 '순환성의 문제'라고 부르는 것은 ⓐ 상호 의존적 이해(anyonyāśraya, anyonyasaṃśraya)와 ⓑ 두 범위 중 어떤 것도 독립적으로 이해되지(ekagrahābhāva) 않는다는 두 조건을 묶어 명확히 설명할 수 있다.[28] 이런 경우에 각 범위는 보충적 범위와 관련해서만 범위

28) 'anyonyāśraya'(혹은 'saṃśraya')와 그 동의어인 'itaretarāśraya'는 말 그대로는 '상호 의존성'이라고 번역할 수 있는데, 파니니의 『아슈타디야이』 4.1.3에 대해 파탄잘리가 주석한 문법 문헌에 이미 나와 있다. 상호 의존성을 인정할 수 없는 것으로 결론 내리는 초기의 설명(즉, 두 가지 중 어떤 것도 확정이 불가능하며, 따라서 둘 다의 불확정을 주장하는 웃됴타카라의 설명과 같은)은 파크실라스바민(Pakṣilasvāmin)의 『니야야바샤』(*Nyāyabhāṣya*)에서 볼 수 있다. Oberhammer et al. 1991, 66~67; 125~126을 보라. 이 오류는 따라서 영어의 '순환성'(circularity)이라는 말과 일치한다. 한편 산스크리트어 'cakrakam'은 '순환적 소급'으로 번역하는 것이 좋은데, 그것은 '순환성'보다는 '무한히 소급되는'(anavasthā, avyavasthā)의 뜻으로 여겨지기 때문이다. 문법 문헌에서

가 정해지며, 그래서 두 범위의 경계의 위치가 고정되지 않는 것이다.

쿠마릴라는 순환성의 문제로 반대 주장을 제기하면서 아포하 논사가 긍정적 영역에 속하는 긍정적 지식 — 한 낱말이 적용되는 예들이 어떤 것을 공통으로 가지는 것으로 파악되는 우리의 직관에 일치하는 지식 — 을 부정적 영역의 이해로 대체해 버렸다고 간주한다. 게다가 후자에 기초해서 낱말의 지시 기능을 이해하는 것은 부정의 작용과 유사하거나 등가적인 정신적 작용으로 설명된다. 쿠마릴라의 가정은 — 부정적 영역의 예들은 공통적인 무엇을 가지지 않는다는 직관을 따라 — 부정적 영역은 일단 긍정적 영역이 이해되고 나서야 결정될 수 있으며, 이것은 공통적인 속성을 필요로 한다는 것이다. 순환성의 비난이 아무리 의미 있어 보이더라도, 그것의 중요성은 대부분 배제를 부정의 작용으로 간주하는 것과 애초에 부정적 영역이 확정되는 것을 가정하는 것 등 아포하론에 속하는 전제들에 의존하고 있다.

피장파장의 오류 논증

여기서 다르마키르티의 대응 방식 뒤에 놓인 전략을 고려해 볼 만한 가치가 있는데, 앞서 논의된 복잡한 반박 주장을 끌어들일 필요 없이, '동일성의 판단'을 포함하는 그의 대답이 먼저 제시되었을 수도 있기

그것은 어떤 변형 규칙의 적용이 두 번째 규칙의 적용으로 이어지고, 그것이 다시 첫 번째 규칙의 적용으로 이어지는 등의 과정을 가리킨다. Oberhammer et al. 1996, 85를 보라.

때문이다. 샨타라크시타와 같은 후대의 저자들은 이런 식으로 작업했다.[29] 피장파장의 오류 논증은 대론자가 상대의 탓으로 돌리고 있는 그 잘못에서 대론자 자신도 자유롭지 못함을 근거로 들어 대론자가 반대 주장을 내세울 권리에 이의를 제기하거나 부정하려는 목적을 가진, 일종의 대인(對人) 논증(ad hominem) 유형의 토론 방식이다. 그것은 이런 방식으로 대응하는 한 논쟁자가 논점 자체를 다루지는 못하기 때문에 보통 비공식적인 오류의 한 유형으로 간주된다. 반대 주장에 대한 이런 유형의 대답은 특히 논쟁 상대가 그의 탓으로 돌려지는 잘못에 자신이 연루되어 있다는 사실을 인정하려 하지 않을 때 그 사용 여부가 고려될 수 있다. 따라서 피장파장 오류 논증은 일종의 '모면 전략'으로 사용된다. 반면에 그것은 또한 논쟁자가 그 비난 내용을 인정하지만 그것이 잘못된 것은 아니라고 주장할 때에도 고려될 수 있다. 이렇게 해서 그는 "두 잘못이 하나의 옳은 것이 된다"나 '잘못을 가진 상대' 등을 이용해 논쟁의 해결점을 찾아내려 하는 것이다.

다르마키르티가 피장파장 오류 논증에 기대었을 때 분명히 이런 의도를 가진 것은 아니었을 것이다. 왜냐하면 그는 아포하론의 순환성을 인정하지도 않았고 그 논점을 회피하려고 하지도 않았기 때문이다. 한 가지 덧붙이고 싶은 것은 그가 실재론자의 견해에도 실제로 순환성의 문제가 있음을 증명하려는 의도도 가지고 있지 않았다는 점이다. 따라서 이 전략은 여기서 이중의 목적을 가진 것으로 볼 수 있다. ① 대론자에게 순환성의 잘못이 있다고 비난함으로써 다르마키르티는 자

29) 위에서 인용된 『타트바상그라하』 1063, 그리고 각주 26번을 보라.

신의 경우에 맞게 변용하려 하는 대답을 대론자 측에서 내놓도록 부추기는 것이다. 비유적으로 말하자면, 다르마키르티의 최후의 대답에 대한 반대가 대론자 자신의 대답을 비판하는 것이 되어 버리는 한 그 반대를 할 수가 없기 때문에, 그것은 좋은 수가 된다. 하지만 『프라마나바르티카』에서의 논의에서 본 것처럼, 대론자는 이 대답이 상대의(여기서는 다르마키르티의) 경우에 적용될 가능성에 반대할 수 있다. 덧붙여서 피장파장의 오류 논증의 이런 사용은 만약 논쟁 상대가 자신에게 제시되는 반대 주장에 대해 미리 준비된 대답을 갖고 있지 못할 때는 특히 편리하지만, 이것은 결코 다르마키르티의 과제는 아니었다. 이런 종류의 논쟁을 하면서 그는 아포하 논사의 대답을 직접적으로 명언하는 것이 아니라 실재론자의 대답을 변용한 것으로서의 대답을 제시하는 데 관심이 있었다. 그렇게 함으로써 두 견해가 대부분 관습을 설정하는 데 관련되는 요구들과 그 과정을 현상적으로 설명하는 맥락에서, 그렇지만 존재론적 근거에 관련된 양보 없이, 실제로 얼마나 많은 공통점을 가지고 있는가를 드러내 준다는 사실을 보여 주고자 했던 것이다. ② 여기서 피장파장의 오류 논증은 반대 주장을 간접적인 방식으로 '완화시키는' 방법이다. 순환성의 반대 주장을 실재론자에게 돌리게 되면 아포하 논사에게도 그 비난이 실제로 곰곰이 생각해 보아야 하는 것임을 넌지시 말할 수 있게 한다. 제한 가설의 '강한 형태'에서 파생된 순환성의 비난에 대한 실재론자의 첫 대답이 이런 효과에 대한 참고가 될 수 있다. 논의의 결과에서 보는 것처럼, 아포하 논사는 부정적 범위에 대한 지식이 긍정적 확인을 가능하게 하는 부정의 근거가 된다는 생각에 실재론자보다 조금도 더 동의하지 않는다. 긍정적 범위는 그 보충적 범위에 대해 단지 보충적인 것으로만 이해되지는 않고 동일성의 판단의 확인을 통해서 이해되는 것이다.

다르마키르티의 계승자들의 저작들에서, 순환성의 반대 주장에 대한 대답은 다르마키르티의 전략을 나타내는 수많은 단계를 건너뛰고 있다. 예를 들어 티베트 학자 사키야 판디타는 자신의 인식론 저작인 『쩨마 릭테르』('추론의 보석'이라는 뜻)에서 피장파장 오류 논증을 언급하지만 『프라마나바르티카』 I.118 뒤에 붙어 있는 대론자가 실제로 대답을 생각해 내고 그 대답이 불교 논사에게 적합하지 않다고 주장하면서 그것을 입증할 부담을 불교 논사에게 돌리는 내용의 산문 구절에 대해서는 설명하지 않는다(2d와 2e). 따라서 불교 논사의 대답은 실재론자인 대론자의 반박처럼 읽히고, 최초의 반대 주장에 대한 아포하 논사 자신의 대답이 뒤따른다.[30] 이 논쟁의 축약은 앞서 언급했던 『타트바상그라하』에서 샨타라크시타가 아포하를 논의할 때는 훨씬 더

---

30) 사키야 판디타는 자신의 논증에서, 만약 실재론자가 제한 가설의 약한 형태를 인정한다면, 관습들이 설정되고 적용될 수 있다 하더라도 실재론자가 주장하는 보편자는 실제로 타자인 것의 배제로서 확립되는 것이라고 설명하면서, 실재론자에 반대되는 결론을 내린다. 이것은 한편으로는 대론자가 아포하 논사에 반대하면서 우선적으로 제기했던 순환성의 문제를 자신도 빠져나갈 수 없음을 의미한다. 또 여러 주석자들이 지적하듯이, 이것은 또한 아이러니한 결론, 즉 실재론자가 실제로는 아포하론을 인정하고 있음을 의미하게 된다! 『쩨마 릭테르』 IV.40에 대한 『쩨마 릭테르 랑텔』 107,15~20을 보라.
덧붙여서, 다르마키르티의 대답을 제시하는 과정에서 사키야 판디타는 다르마키르티가 '동일성의 판단'이라는 관념을 도입하는 『프라마나바르티카』 I.119의 첫 번째 부분을 인용하지 않고, 아포하 논사의 대답을 애초의 긍정적인 출발점으로서의 '동일성의 판단'에 의존하지 않고 개별자들의 상호적(그리고 동시적) 구분의 과정에 위치시키려 하고 있다는 점도 주목해야 한다. 『쩨마 릭테르』 IV.41에 대한 『쩨마 릭테르 랑텔』 107,26~108,16을 보라.

중요성을 띤다. 쿠마릴라의 순환성 논쟁(pūrvapakṣa)에 대응하는 대답(uttarapakṣa)이 (앞에서 언급된) 『타트바상그라하』 1063에서 『프라마나바르티카』 I.119와 같은 정도로 축약되어 있는데, 여기에는 피장파장의 오류에 대한 어떤 언급도 없다. 두 경우에, 불교 논사의 대답은 실재론자의 것과 상관없이 제시되어 있다. 이 저자들은 아마 아포하 논사의 대답이 대론자의 견해로 변경되거나 심지어 그것과 유사함을 보여 주는 것은 문제가 될 수 있다고 생각했던 것 같다.

다르마키르티의 대답: 만족스러운 대응인가?

앞에서 제시한 것처럼, 다르마키르티의 대답은 '동일성의 판단'에 기대는 형식으로 실재론자의 대답을 변용하는 것과, 또한 이 판단이 생기는 가능성과 조건에 관련된 앞선 설명의 간단한 수정도 포함하고 있다. 게다가 다르마키르티는 지각과 비지각을 통해 긍정적 영역과 부정적 영역을 구별하는 기초가 될 수 있는 보편자의 가능성을 거부함으로써 대론자에게 마지막 일격을 가한다.[31] 순환성에 대한 논의는 이 마지막 주장에서 종결된다. 실재론자의 시나리오의 존재론적 토대가 논파되면 다르마키르티의 시나리오가 유일한 대안으로 남게 된다. 순환성

31) 『프라마나바르티카스바브리티』 61.3~8: "na punar ekaṃ vastu tatra dṛśyam asti yasya darśanādarśanābhyāṃ(놀리는 'darśānādarśanābhyāṃ'로 적음) bhinnadarśane' py eṣa vṛkṣāvṛkṣavibhāgāṃ kurvīta. tasya śākhādipratibhāsavibhāgena daṇḍavad daṇḍiny agrahaṇāt. agṛhītasya cāparapravibhāgenānupalakṣaṇāt. ākṛter apy ekatra dṛṣṭāyā anyatra dṛṣṭum aśakyatvāt. tadatadvator vṛkṣāvṛkṣatve vyaktir ekaiva vṛkṣaḥ syāt."

의 비난에 대한 대응 전체가 판단의 증거에 기대는 것에 의존하기 때문에, 이 논의의 과정에서 얻게 되는 것은 대부분 문제를 한 단계 뒤로, 즉 언어학적 영역을 벗어나서 개념적 영역으로, 관습의 설정 이전의 긍정적 영역과 부정적 영역을 구분할 수 있는 능력의 문제에 대한 물음으로 후퇴시키는 것처럼 보인다. 따라서 다르마키르티의 대답은 이 능력 자체가 만족스러운 근거를 가진다는 조건하에서만 적합한 대답이 된다. 그리고 이것은 우리가 실재에서는 서로 다른 것들을 유사한 것들로 파악하는 기본적인 능력을 획득하는 것에 대해 아포하 논사가 어떻게 설명할 수 있는가 하는 더 근본적인 문제로 우리를 되돌려 놓는다.

5장 _ 인간의 인식을 이해하는 접근법으로서의 아포하론

가쓰라 쇼류

샤키야붓디(660~720)가 타자의 배제(anyāpoha)라는 말의 세 가지 의미를 분석한 것은 이후 인도와 티베트에서 아포하론의 발전에 상당한 영향을 미쳤다(Funayama 2000; Sadurai 2000; Dunne 2004). 이시다 히사타카(石田尚敬)가 명확히 설명한 것처럼 샨타라크시타(725~788)는 샤키야붓디가 타자의 배제를 분류한 것을 두 가지 종류의 부정, 즉 '상대 부정'(paryudāsa)과 '절대 부정'(prasajyapratiṣedha)의 관점에서 해석함으로써 발전시켰고, 즈냐나슈리미트라(980~1040)와 라트나키르티(990~1050)는 샨타라크시타를 비판했다.[1] 타자의 배제의 세 가지 의미란 다음과 같다.

1. 언어 기호의 대상(śabdavācya)이 아니라 언어 기호(śabda) 혹은 추론 지표(liṅga)에 기초한 실천적 행위의 토대인 배제된 개별자

1) 이시다 히사타카의 근간을 보라(Ishida 2011). 원고를 미리 제공해 준 이시다 씨에게 감사드린다.

(vyāvṛtta-svalakṣana).

2. 모든 특수한 예들에 공통되는 단순한 타자의 배제(anyavyavac-chedamātra) 혹은 단순한 부정(pratiṣedhamātra).
3. 언어 기호의 대상인 개념적 인식에서의 대상의 표상/이미지 (vikalpabuddhi-pratibhāsa).[2)]

샤키야붓디가 **타자의 배제**(anyāpoha)의 **첫 번째 의미**를 설명하면서 『프라마나바르티카』 1.40cd[3)]를 인용하고 있기 때문에, 개별자(svalakṣana)를 타자의 배제(타자에 대한 배제/구별), 혹은 더 정확하게 말해서 타자로부터 배제/구별된 것(anyāpoḍha)과 동일시한 사람은 의심의 여지 없이 다르마키르티이다. 다르마키르티에게 개별자는 유일한 실재이며 다른 종류들/부류들은 물론 같은 종류/부류의 사물들로부터 '구별되기' 때문에 실로 독특한 것이다(svabhāvaparabhāvavyāvṛttibhāgin).[4)]

다르마키르티에 따르면 개별자는 물질적 대상일 경우 원자의 집적으로 이루어지며, '물을 담는'다거나 '그 존재의 결과로서 자신의 이미지를 지각(pratyakṣa)에 투사'하는 등의 인과적 힘(arthakriyāśakti)을 가진다. 착오(bhrānti)나 의심(saṃśaya)을 일으킬 만한 원인이 없

---

2) 해당 구절에 대한 비판이 실린 책으로 이시다 히사타카의 근간을 보라(Ishida 2011).
3) "sarve bhāvāḥ svabhāvena svasvabhāvaavyavasthiteḥ / svabhāvaprabhāvābhyāṃ yasmād vyāvṛttibhāginaḥ"(ed. Gnoli).
4) 목샤카라굽타는 『타르카바샤』(*Tarkabhāṣā*, ed. Rangaswami Iyengar) 21에서 개별자(svalakṣaṇa)를 'sajātīyavyāvṛtta'라고 정의한다.

다면 개별자의 지각은 예를 들어 '항아리'라는 지각적 판단(sāṃvṛta, smārta, ekapratyavamarśa)을 낳는다. 정확한 판단은 이 지각과 판단의 과정을 촉발시킨 개별자를 얻거나 회피하는 실천적 행위(vyavahāra)를 이끌어 낸다.

지각은 개별자를 인식할 때 그 특수한 특질들, 즉 '차이들'(vyāvṛtti, vyavaccheda, bheda) 모두를 실제 있는 그대로(yathābhūtam) 인식한다. 지각 직후에 일어나는 판단 혹은 개념적 인식(vikalpa)은 많은 '차이들', 즉 보편자(sāmānyalakṣaṇa)들 중 하나만을 인식하고 다른 '차이들'을 배제함으로써 그 개별자에 특성을 부여한다. 개별자와 지각은 언어적 묘사의 범위를 벗어나 있지만 보편자와 판단은 언어 관습과 밀접히 연관되어 있다. 우리는 "이것은 항아리이며, 다른 어떤 것이 아니다"(ayaṃ ghaṭa eva, nānyaḥ)라고 말한다. 어떤 경우에도 타자의 배제는 개념적 인식의 근본적 본질이며 기능이다. 그리고 이것이 **타자의 배제의 두 번째 의미이다.**

개념적 인식은 개별자를 다른 모든 항아리들과 '구별되는'(sajātīya-vyāvṛtta) 개별적 항아리로 (사실은 잘못) 여길 수 있다. 혹은 그것은 개별자를 항아리 이외의 것들과 '구별되는'(vijātīya-vyāvṛtta) 일반적 항아리 혹은 항아리성(potness), 즉 항아리들 이외의 것들과 구별되는 항아리의 '구별'(vijātīya-vyāvṛtta)로 여길/착각할 수 있다. 개별 항아리의 이미지, 일반적 항아리, 혹은 개념적 인식에서의 항아리성이 **타자의 배제의 세 번째 의미이다.** 이와 관련해서, 다르마키르티에게 있어서 뚜렷하게 구분되는 항아리의 인식(tat-pariccheda)은 동시에 비(非)항아리의 배제(atad-vyavaccheda)라는 사실을 명심할 필요가 있다(『헤투빈두』 25~27). 다시 말해서, 개념적 인식은 긍정과 부정의 이중적 본성을 가지는 것이다.

추론 지표와 언어 기호 둘 다 개념적 인식/판단을 낳는 과정에 포함될 수 있다. 산에서 올라오는 연기와 같은 추론 지표를 보자마자 일반적 '연기'의 개념적 인식이 일어난다. 연기와 불의 특수한 관계(연기가 있는 곳에는 어디든 불이 있다)를 회상함으로써 이 인식은 산에 불이 났다는 추론적 판단을 낳게 된다. 마찬가지로 화자가 '항아리'와 같은 언어 기호(śabda)를 발화하는 것을 듣자마자 청자는 그것이 '항아리'라는 언어 기호라고 판단한다. '항아리'라는 언어 기호의 의미의 잔여적 인상(vāsanā)〔습기〕을 일깨움으로써 그것은 청자에게 화자가 '항아리'라는 언어 기호를 발화함으로써 어떤 용기(用器)를 의미한다는 추론적 판단을 낳게 되는 것이다.

따라서 연기와 같은 추론 지표와 '항아리'와 같은 언어 기호는 둘 다 지각을 통해서 각각 연기와 언어 기호 '항아리'의 개념적 인식을 낳고, 더 나아가서 불과 항아리의 개념적 인식을 이끌어 내는 것이다. 동시에 비(非)불 혹은 비(非)항아리의 배제(atad-vyavaccheda)에 의해 특징지어지는 불이나 항아리를 다른 것들과 뚜렷하게 구분해서 인식하는 것(tat-pariccheda)은 실천적인 행위를 이끌어 낸다. 실천적 행위가 개별자(p_i)의 지각에서 생겨나고 그 개별자(p_1)를 $p_1, p_2, p_3, \cdots\cdots p_i$로 이루어지는 동일한 연속체에 속하는 것으로 간주하기 때문에, 샤키야붓디는 다른 종류들뿐 아니라 같은 종류의 개별자들로부터 '구별된' 개별자를 실천적 행위의 기초(āśraya)라고 말하는 것이다.

샤키야붓디가 비록 배제된 개별자(아포하의 첫 번째 의미)가 언어 기호의 대상이라고 인정하지는 않지만, 다르못타라와 그 외의 다른 사람들이라면 그것이 언어 기호의 간접적 대상이며, 직접적 대상은 보편자(sāmānya, jāti)라고 인정할 것이다. 다르못타라는 직접적 대상(grāhya) 그리고 간접적 대상(adhyavaseya)이라는 두 가지 종류의 구분을 도입했기 때문이다. 따라서 지각은 배제된 개별자(anyāpoḍha)를 직접적 대상으로, 그리고 보편자 즉 '타자의 배제'(anyāpoha)를 간접적 대상으로 가진다고 할 수 있다. 다른 한편, 언어에 의한 개념적 인식과 추론에 의한 개념적 인식 모두는 보편자를 직접적 대상으로, 그리고 개별자를 간접적 대상으로 가진다. 지각은 그 직접적 대상 즉 개별자가 많은 차이들(보편자들)에 의해 특성화되기 때문에 보편자를 간접적 대상으로 가지며, 개념적 인식은 개별자에 의해 간접적으로 야기되기 때문에 개별자를 간접적 대상으로 가진다. 그러므로 배제된 개별자는 언어 기호의 간접적 대상으로 간주될 수 있으며, 더 정확히 말하면 언어 기호에 의한 개념적 인식의 간접적 대상이 될 수 있는 것이다. 언어 기호에 의한 개념적 인식의 직접적 대상은 보편자 즉 타자의 배제이며, 이것이 아포하의 세 번째 의미이다.

지금까지 샤키야붓디의 타자의 배제에 관한 세 가지 설명을 주로 다르마키르티의 아포하론에 의거해서 상술했다. 이 설명이 정확하다면 아포하론은 인간의 인식을 이해하는 하나의 접근법이라고 할 수 있다. 그것이 지각의 대상에서 시작해서 마지막에는 그 지각에서 시작된 인간 행동으로 이어지는 인간 인식의 전 과정을 설명하기 때문이다. 즉 ① 지각의 대상은 타자들로부터의 다양한 종류의 배제들/구별들에 의해 특성이 부여되기 때문에 '타자로부터 배제된'(anyāpoḍha) 것으로 정의될 수 있는 개별자이다. ② 개별적 대상은 지각을 낳고, 그것이 이번에는 그 개별적 대상의 지각적 판단/개념적 인식을 낳는다. 언어적 그리고 추론적 인식을 포함하는 개념적 인식은 잔여 인상〔습기〕의 도움을 받아 그 개념적 인식에 나타나는 개별적 대상의 배제들/구별들(anyāpoha) 중 하나를 그 대상으로 가진다. 이러한 배제/구별은 비록 정신적 구성물이기는 하지만, 인도 실재론자들이 이해했던 보편자(sāmānya, jāti)의 역할을 할 수 있다. ③ 개념적 인식의 본성과 기능은 "이것은 A이며 다른 어떤 것은 아니다"라는 한정적 판단의 형태를 띠는 타자들의 배제/구분이다. 따라서 그것은 개별적 대상에 대한 최초의 지각에 뒤따르는 순간에 인간의 행위를 이끌어 낼 수 있는 것이다.

* * *

이제 다음과 같은 의문이 생긴다. 왜 불교 논리학자들은 인간의 이해 과정을 설명하는 데 아포하론을 도입했을까? 내가 디그나가와 다르마키르티에 관해 읽어 본 바로는 아직 여기에 대해 제시된 대답을 접해 보지 못했다. 다음과 같이 추측해 보자.

조지 카르도나가 지적한 것처럼, 인도 문법학자들과 철학자들은 두 항목 사이의 관계를 확립하기 위해 수반(anvaya, copresence)과 배제(vyatireka, coabsence)로 이루어지는 귀납의 원리를 적용했다(Cardona 1981, 79). 언어 기호 X를 들으면 의미 M이 이해되고, 언어 기호 X를 듣지 않을 때는 의미 M도 이해되지 않는다. 이러한 X와 M의 공동 존재〔수반〕와 공동 부재〔배제〕에서 언어 기호 X가 M을 의미한다는 의미론적 관계가 귀납적으로 확립되는 것이다. 유사하게 불이 있으면 연기가 나고 불이 없으면 연기도 나지 않는다. 불과 연기의 공동 존재와 공동 부재를 관찰해서 불과 연기의 인과관계를 귀납적으로 확립할 수 있는 것이다.

인도 논리학자들은 공동 존재와 공동 부재의 원리를 적용해서 인의 삼상(trairūpya, 타당한 추론 지표의 세 가지 조건)에 관한 이론을 만들어 냈다. 즉 어떤 지표〔추론인〕가 추론되는 것(anumeya)〔추론 대상〕과 유사한 예(sapakṣa)〔동류례〕에는 존재하고(anvaya) 유사하지 않은 예(vipakṣa)〔이류례〕에는 부재할 때(vyatireka), 추론의 대상(pakṣa)에 현존한다는 조건에서, 그것은 타당한 추론 지표가 된다. 연기는 불이 있는 곳에는 존재하고 불이 없는 곳에는 부재하기 때문에, 우리는 연기와 불의 특수한 관계를 확립할 수 있는 것이다. 연기는 지각되지 않는, 즉 추론되는 불의 존재를 알게 해주는 타당한 추론 지표이다.

문법학자들과 마찬가지로, 디그나가는 언어 기호와 그 지시 대상 사이에서 같은 원리를 찾아냈다. 즉, 말하자면 '소'라는 언어 기호는 뿔을 가지고 있고 또 다른 특징들을 가진 네 발 달린 유사한(tulya) 일군의 동물들에 존재하고(vṛtti, 즉 적용되고), 유사하지 않은(atulya) 일군의 동물들, 간단히 말해서 비(非)소들에 부재한다(avṛtti, 즉 적용되지 않는다). 이와 관련해서 디그나가가 귀납법이 가지는 문제점을 잘 알고 있었다는 점을 명심해야 한다. 그에 따르면, '소'의 지시 대상은 무수히 많기 때문에 언어 기호가 적용되는 긍정적인 경우를 모두 확인한다는 것은 불가능하다. 따라서 언어 기호와 그 지시 대상 사이에 긍정적인 관계(anvaya)를 확립하는 것은 궁극적으로 불가능하다. 같은 이유로 그는 부정적인 경우 모두를 확인하는 것도 불가능하다는 것 또한 인정한다. 그럼에도 불구하고 그것〔언어 기호〕의 '단순 비인식'(adarśanamātra)이 표적으로서의 지시 대상 이외의 대상들에 적용되는 것에 기초해서, 언어 기호와 그 지시 대상 사이에 부정적인 관계(vyatireka)를 확립하는 것은 가능하다고 제안한다. 다시 말해서 언어 기호 '소'가 소들 이외의 동물들에 적용되는 것을 경험하지 않는 한, 그것이 소를 지시한다고 말할 수 있다는 것이다. (이 경우, '〔소의〕 앞다리bāhulikas가 소들이다' 같은 비유적 표현을 예외로 한다는 것은 말할 필요도 없다.) 디그나가는 언어 기호가 그 지시 대상을 지시하는 것은 '배제'에 기초한 추론(vyavacchedānumāna)이라는 점을 덧붙인다(Katsura 1991을 보라). 이 주장은 추론적 인식뿐 아니라 언어적 인식에서도 부정적 수반(vyatireka)이 긍정적 수반(anvaya)에 대해 우위에 있음을 보여 준다. 이것이 불교 인식론 전통에서 아포하론의 발생과 전개의 배경을 이루는 주(主)사상일 것이다.

사실 디그나가는 아포하 분석의 서두에서부터 언어 기호와 추론 지표 둘 다는 '타자의 배제'(anyāpoha)에 의해 기능한다고 선언한다.[5] '소'라는 언어 기호는 그것이 소들 이외의 동물들로부터 배제되는 한 소를 지시할 수 있다. 추론 지표인 연기는 그것이 불들 이외의 것들로부터 배제되는 한 눈에 보이지 않는 불의 존재를 나타낼 수 있다. "X는 Y로부터 배제된다"라는 수동태 문장을 "X가 Y를 배제한다"라는 능동태 문장으로 다시 써보면, 언어 기호와 추론 지표 그리고 더 나아가

5) 『프라마나삼웃차야』 V.1: "na pramāṇāntaraṃ śābdam anumānāt thatā hi tat / kṛtakatvādivat svārtham anyāpohena bhāṣate."

서 개념적 인식 전반에 '타자의 배제'(anyāpoha)라는 기능을 부여할 수 있다. 인도 수사학자들의 '비유적 적용'(upacāra)에 따르면, 이 기능, 즉 타자의 배제의 대상과 그 결과 둘 다 '타자의 배제'라고 부를 수 있다. 이런 방식으로 샤키야붓디가 구분한 것으로 여겨지는 타자의 배제의 세 가지 의미를 얻을 수 있다.

* * *

그러나 우리는 여전히 아포하론에서 보편자의 문제라는 심각한 문제에 부딪히게 된다. 아포하론에 대한 지금까지의 설명은 어떤 유사한 대상들을 한데 묶을 수 있는 능력을 암묵적으로 전제하는 것이었다. 디그나가와 다르마키르티는 어떻게 비(非)소들로부터 소를, 그리고 비(非)불들로부터 불을 구별했을까? 니야야학파와 미망사학파와 같은 인도 실재론자들과 달리 그들은 유사한 것을 한데 묶는 자신들의 실천을 보편자(sāmānya, jāti)에 기대어 설명할 수는 없었다.

처음부터 인도의 불교 논사들은 환원주의적 입장을 견지하는 경향이 있었다. 예를 들어 그들은 사람을 물질적 몸[色], 감각[受], 지각[想], 의지[行], 인식/마음[識]의 다섯 가지 구성 요소(skandha)로 분석하고, 사람을 이 다섯 가지 구성 요소에 부과된 순수한 개념(prajñapti)으로 간주했다. 바수반두는 어떤 대상이 정신적으로 분석되거나 물질적으로 나누어질 때, 그것이 더 이상 인식되지 않으면 실재하는 존재(paramārthasat)〔승의유勝義有〕라고 간주될 수 없으며 단지 개념적 존재(saṃvṛtisat)〔세속유世俗有〕일 뿐이라는 점을 분명히 한다.[6] 게다가 불교 논사들은 모든 것이 인과적으로 지어지며(pratītyasamutpanna) 찰나적인(kṣaṇika) 것이라는 입장을 가지고 있다. 따라서 개별적 항아리는 우리가 관습적으로 '항아리'라고 부르는 원자들의 찰나적인 집적의 단계들의 연속체(santāna)에 부과된 개념일 뿐이다. 항아리성이라는 보편자 또한 우리가 '항아리'라고 부르는 많은 개별자들에 공통된 특성으로 부과된 개념이다. 사실 디그나가는 자신이 말하는 타자의 배제가 보편자의 근본적인 특성들, 즉 '유일성', '영원성', 그리고 '개별적 구성원 모두에 미치는 것' 등을 갖고 있다고 선언한다.[7] 그에게 있어 그것은 언어적 행위에 의해 전달되는 것이다. 다시 말해서 언어 기호의 의미는 타자의 배제로 정의되는 일종의 보편자인 것이다. 이 경우 디그나가는 인도 의미론에서 보편론자(Jātivādin)로 간주될 수도 있다.

그렇다면 디그나가는 어떻게 비슷한 사물들을 하나로 묶을 수 있었을까? 그는 그 시대에 인도 지식인들 사이에서 공통적으로 받아들여졌음에 틀림없는 '보편자들'의 위계질서를 전제했던 것처럼 보인다. 최고 단계의 보편자/범주는 '알려지는 것'(jñeya)이고, 그것은 '존재'(sat)와 '비존재'(asat)로 나누어진다. 존재는 다시 세 범주, 즉 '실체'(dravya), '속성'(guṇa), '운동'(karma)으로 나누어진다. 실체는 다시 '지(地)로 된 것'(pārthiva), '수(水)로 된 것'(āpa) 등으로 나누어진다. 지(地)로 된 것은 다시 '나무'(vṛkṣa), '항아리'(ghaṭa) 등으로 나누어진다. 나무는 다시 '싱사파나무'(Śiṃśapā), '팔라샤나무'(Palāśā) 등으

---

6) 『아비다르마코샤』(*Abhidharmakośa*) VI.4: "yatra bhinne na tadbuddhiranyāpohe dhiyā ca tat / ghaṭāmbuvat saṃvṛtisat paramārthasad anyathā."

7) 『프라마나삼웃차야』 36d에 대한 자주: "jātidharmavyavasthitiḥ."

로 나누어진다. 싱샤파나무는 다시 '꽃이 핀 것'(puṣpita), '열매가 열린 것'(phalita) 등으로 나누어진다.

전에도 자세히 논의한 적이 있지만(Katsura 1979), 디그나가는 하나의 보편자가 다른 것을 어떻게 배제하는지를 설명하기 위해 몇 가지 규칙을 설정한다. 예를 들어 보편자 A는 보편자들의 위계에서 같은 등급에 속하는 보편자 B, C 등을 배제한다. 그것은 더 높거나 낮은 등급에 있는 보편자들을 배제하지는 않는다. 간단히 말해서 그는 자신의 논적들이 받아들일 수 있는 보편자의 위계질서에 기초해서 비슷한 사물들을 한데 묶었던 것이다. 자신의 논적이었던 인도 실재론자들과 달리, 디그나가는 이 위계질서를 재구성하는 데 어떠한 형이상학적 정당화도 시도하지 않았다. 그의 최후의 재산은 언어 관습(lokavyavahāra)이었다. 그는 우리가 어떤 일단의 비슷한 대상들에 어떤 언어 기호를 사용하는 이유는 오로지 우리가 사람들이 채택하는 일반적인 언어 관습에 따르는 것밖에 없다고 말한다. 사람들이 그렇게 말하기 때문에 우리는 어떤 대상을 '항아리'라고 부른다. 다시 말해서, 사물들은 우리의 문화적 배경에 기초해서 한데 묶이는 것이다. 이것은 사피어-워프 가설을 떠올리게 한다.

틸레만스는 (이 책에서) 다르마키르티가 이 문제에 대해 다른 입장을 갖고 있었다고 말한다. 다시 말해서, 다르마키르티는 비슷한 사물들을 한데 묶는 근거로서 인과관계를 이야기한다. 비슷한 원인들에 의해 지어진 것들이 한데 묶일 수 있고, 비슷한 효과를 낳는 사물들도 한데 묶일 수 있다. 하지만 그가 원인과 결과 사이의 유사성들을 전제로 하고 있기 때문에, 이 유사성들을 어떻게 정당화할 수 있는지의 문제에 직면하게 되고, 이것은 결국 무한 소급의 문제에 마주치게 된다. 이 외에도 이나미 마사히로(稲見正浩)가 증명한 바와 같이, 다르마키르티는 인과론을 궁극적 진리가 아닌 관습적 진리로 간주했다(Inami 2000). 그러므로 인과관계는 우리의 애초의 물음에 최종적인 답을 줄 수가 없다. 다르마키르티는 디그나가와 마찬가지로 비슷한 사물들을 한데 묶는 행위를 설명할 최후의 의지처로 언어 관습에 의존해야 할 것처럼 보인다.

넓은 의미에서 불교의 아포하론은 인간 인식을 이해하는 접근법이라고 할 수 있다. 그것은 인간 인식의 모든 단계를 설명하며, 인식의 대상에서 시작해서 인간의 행위 혹은 비행위(pravṛtti, nivṛtti)를 이끌어 내는 판단에서 끝난다. 좁은 의미에서 그것은 불교의 의미론일 뿐만 아니라 보편자 이론이기도 하다. 그에 따르면, 언어 기호(śabda)는 일반적 항아리와 같은 보편자를 직접 지시하며, 그것은 타자의 배제(동일하거나 다른 부류들에 속하는 타자들의 배제)라고 정의된다. 그것은 항아리와 같은 특수한 대상을 간접적으로 지시하며, 그것은 또한 타자의 배제(다른 부류들뿐 아니라 같은 부류에 속하는 타자들의 배제)로 간주된다. 불교 논리학자들은 비슷한 사물들을 한데 묶는 우리의 관습을 정당화하기 위해 어떤 실재적 보편자도 가정하지 않는다. 대신에 그들은 우리의 문화적 배경을 반영하는 언어 관습 혹은 언어 습관에 최종적으로 의지한다. 이러한 불교적 태도는 와타나베 사토시의 패턴 인식 이론을 떠올리게 한다. 그는 '미운 오리 새끼의 공리'를 제안하며 다음과 같이 말한다.

공식적인 관점에서는 (같은 차원에 있는) 모든 술어들이 동일한 중요성을 가지는 한 세계에 비슷한 대상들의 부류 같은 것은 존재하지 않는다. 역으로, 비슷한 대상들의 부류들의 존재를 경험적 차원에서 인정한다면 그것은 우리가 다양한 술어들에 대해 획일적이지 않은 중요성을 부과한다는 뜻이며, 이런 평가는 논리 외적인 출처를 가지고 있다는 말이 된다.

개념을 사용할 때 우리는 보통 그 집합의 어떤 두 요소를 비교해도 그 집합의 요소와 요소가 아닌 것을 비교했을 때보다 더 닮아 있는, 그 개념에 상응하는 대상들의 집합이 있다고 생각한다. 제비 두 마리는 서로 아주 닮아 있는 반면 제비와 장미는 닮아 있지 않다. '닮음'을 '많은 술어들을 공통으로 가지는 것'이라고 옮기는 것은 자연스러운 일이다. 그러나 이런 해석은, 내가 미운 오리 새끼의 공리라고 이름 붙인 다음의 원칙에 의해 비슷한 대상들의 집합의 존재를 부정하는 데로 나아가는 것처럼 보일 수 있다. 독자들은 여기서 안데르센의 이야기를 언급하는 이유를 곧 알게 될 것인데, 이 공리는 앞서의 해석과 결합되어 미운 오리 새끼와 백조는 두 마리의 백조가 닮은 것만큼이나 서로 닮았다는 결론에 이르게 되기 때문이다. (Watanabe 1969, 376)

와타나베 사토시는 주어진 대상의 어떤 쌍도 정확하게 같은 수의 술어들을 공유하고 있음을 수학적으로 증명했다. 그러므로 사물들을 한데 묶는 데 도움을 주는 두 대상 사이의 닮음에 대해 이야기하는 것은 아무 의미가 없는 일이다. 그는 어떤 문화적 경향이 부과되지 않는다면 백조와 오리를 구분하는 것은 불가능하다고 생각한다. 다시 말해서, 우리의 인식에서 서로 다른 패턴들을 분간하고 어떤 대상을 확인하기 위해서는, 먼저 문화적 배경을 가지고 많은 술어들을 평가해야 하고 어떤 술어들이 다른 술어들에 비해 더 중요한지를 결정해야 하는 것이다. 인도의 불교 논리학자들은 와타나베 사토시의 패턴 인식의 해석을 매우 기쁘게 받아들였을 것으로 보인다.

6장 _ 『니야야만자리』에 나타난 아포하론

핫토리 마사아키

『니야야만자리』(*Nyāyamañjarī*)는 9세기 후반 카슈미르 지방에서 활동했던 니야야학파의 논사인 자얀타에 의해 저술되었다. 이 저작은 인식 수단(pramāṇa)과 인식 대상(prameya)에 대한 논의로 시작하는 『니야야수트라』의 첫 부분에 열거된 열여섯 개의 주제를 다룬다. 그러나 이 저작은 외관상으로는 『니야야수트라』의 첫 번째와 다섯 번째 권에 대한 주석의 형태를 취하고 있는 반면, 저작 전체의 대략 3분의 2 정도가 인식 수단에 대한 검토에 집중되어 있고, 그 논증이 개별 경(經, sūtra)들의 표현을 해석하는 데 과도하게 집중하지 않고 자유롭게 전개된다는 점에서 다른 주석서들과는 접근법을 달리한다. 자얀타는 다른 여러 학파들의 교설에 정통한 박식한 학자였다. 그는 자신의 아버지가 속해 있었던 미망사학파의 이론을 먼저 배웠으며, 다른 학파들의 교설들에 대한 니야야학파의 설명과 비판에서 다루어진 다양한 주제들에 대한 상세한 검토와 다른 저작들에서는 발견되지 않는 초기 학자들의 견해들에 대한 언급 등으로 저작을 구성하고 있다. 따라서 『니야야만자리』는 니야야학파 내부에서 교설의 차이들과 그가 활동했을 당시의 지적인 분위기 전체를 확인할 수 있는 귀중한 자료이다.

『니야야만자리』의 다섯 번째 장(章, āhnika)의 첫 부분에서 자얀타는 낱말(śabda)의 지시 대상을 검토한다. 낱말은 특수한 종 혹은 보편자(jāti)에 의해 한정된 개별자(vyakti)를 지시한다는 니야야학파의 표준적인 관점을 제시한 후,[1] 그는 종 혹은 보편자(sāmānya)의 실재성을 거부하는 불교학파의 반대 주장을 다룬다. 계속해서 그는 보편자의 존재를 인정하지 않는다면 얼룩소나 검은 소 등의 서로 다른 많은 개별 소들에 대해 소라는 통일적 개념이 왜 생겨나는지에 대한 불교 측의 대답을 자세히 다룬다. 이 불교적 설명은 아포하론이라는 형태를 띠는데, 낱말의 지시적 혹은 외시적 기능을 이루는 것은 다름 아닌 '타자의 배제(negation)[아포하]'(anyāpoha, anyavyāvṛtti)일 뿐이라는 것이다.

아포하론을 다루는 부분은 다음과 같이 세 부분으로 나누어진다.

---

1) 『니야야만자리』 5.4~5; 271.12~14: "tatra gavādijātiśabdānāṃ gavādijātyavacchinnaṃvyaktimātram arthaḥ, yas tadvān iti naiyāyikagṛhe gīyate." 또한 다음을 참조. 『니야야만자리』 59.5~6, 10; 295.24~25, 30: "Anyeṣu tu prayogeṣu gāṃ dehy ity evamādiṣu / tadvato'rthakriyāyogāt tasyaivāhuḥ padārthatām ... tasmāt tadvān eva padārthaḥ." 『니야야수트라』 2.2.66에서 비약티(개별자), 아크리티(형상, 종의 특성), 자티(종, 보편자)는 낱말들의 대상(vyaktyākṛtijātayas tu padārthaḥ)이라고 설명되어 있다. 자얀타는 다음과 같이 말한다. "타드바트(tadvat)[=jātimat, 보편자에 의해 속성이 부여된 개별자]가 낱말의 의미라고 해도, 그것이 적용될 때, 예를 들어 '소를 발로 차서는 안 된다'라고 할 때처럼 자티가 주이고 비약티가 부수적인 경우도 있고 …… [다른] 어떤 경우에는 비약티/아크리티가 주이고 자티/비약티가 부수적인 경우도 있다"(『니야야만자리』 63.18~64.6; 297.25~31: "sthite 'pi tadvato vācyatve kvacit prayoge jāteḥ prādhānyaṃ vyakter aṅgabhāvaḥ, yathā 'gaur na padā spraṣṭavyā' iti ... kvacid vyakteḥ/ākṛteḥ prādhānyaṃ jāter/vyakter aṅgabhāvaḥ").
자얀타 바타의 『니야야만자리』는 카시 산스크리트어 시리즈판(ed. Surya Narayana Sukla)과 마이소르대학 동양연구소판(ed. Vidwan K. S. Varadacharya, Part 2)을 참조했으며, 후자의 페이지와 쪽수를 먼저, 전자의 페이지와 쪽수를 이어서 제시했다.

① 아포하론에 대한 개관(10.7~14.13; 75.23~227.17)

② 아포하론에 대한 쿠마릴라의 비판(14.15~21.15; 277.19~278.25)

③ 불교 논사들의 대답(21.18~29.4; 278.27~282.16)

아포하론에 대한 자신의 비판을 제시하기보다는 자얀타는 위 ③에 뒤이어 종 혹은 보편자의 실재성을 증명함으로써 특수한 종 혹은 보편자에 의해 한정된 개별자(jātiviśiṣṭavyakti)가 낱말의 지시 대상을 나타낸다는 가장 널리 인정되는 이론에 그 기초를 놓는다.[2)]

1.

아포하론은 디그나가(480~540)가 확립했다. 주저인 『프라마나삼웃차야』 5장 첫 부분에서 그는 다음과 같이 기술하고 있다. "낱말(śabda)에 기초한 인식은 추론과 다르지 않은데, 만들어진 것(kṛtakatva)〔소작성所作性〕이라는 특성[과 같은 추론 지표liṅga]이 [타자의 배제anyāpoha를 통해 추론 대상sādhya〔소증所證〕을 증명하는 것과 같이] 그것[즉 낱말]은 타자의 배제를 통해 그 자체의 대상을 표현하기 때문이다."[3)] 그는 계속해서 개별자(bheda), 보편자(jāti), 둘의 관계(sambandha), 그리고 보

2) 보편자(jāti)의 실재성을 입증하려는 자얀타의 주장의 주요 부분은 Frauwallner 1992, 156~170에 독일어로 번역되어 있다.

3) 『프라마나삼웃차야』 V.1(『타트바상그라하판지카』 539, ed. Shastri 참조): "na pramāṇāntaraṃ śābdam anumānāt tathāhi tat / kṛtakatvādivat svārtham anyāpohena bhāṣate."

편자의 장소(jātimat, 이 단어는 다양한 방식으로 해석되지만, 보편자에 의해 한정된 개별자라고 할 수 있다)는 낱말의 지시 대상이 되지 못한다는 것을 보여 준다(Hattori 2000, 137~146).

추론의 경우 추론 지표는 증명되어야 할 것을 '타자의 배제'에 의해 증명한다는 점을 디그나가는 『프라마나삼웃차야』의 2장(「자기를 위한 추론」Svārthānumāna)에서 논하고 있다. 산에서 추론 지표인 연기를 보고 그 산에 불이 있다고 추론하는 경우를 예로 들어 보자. 이 경우 '불'은 화염, 열 등의 다양한 속성을 가진 실재하는 활활 타는 불이 아니라 모든 개별적 불들에 공통된 일반적 불이다. 그러나 일반적 불은 독립적인 존재로서 존재하지는 않으며 '타자의 배제' 혹은 불이 아닌 모든 것의 부정을 통해 구성된 개념일 뿐이다. 추론 지표에 관한 디그나가의 입장은 "하나의 대상은 다양한 속성을 가지지만 추론 지표가 [그것들] 전체를 인식하지는 않는다. 그것[추론 지표]은 타자의 배제를 통해 그것이 연관된 것[속성들]의 인식을 낳는다"라는 것이다.[4]

낱말은 그 대상을 지시하는 데 있어서 이와 똑같은 방식으로 기능한다. "대상들은 다양한 측면을 갖지만, 낱말이 [대상의 다양성] 전체를 이해시켜 주지는 않는다. 그것[즉 낱말]은 [대상과의] 관계에 따라 타자들을 배제하는 효과를 낳는다."[5] 특정한 종류의 나무를 예로 들어

---

4) 『프라마나삼웃차야』 II.13과 자주 『프라마나삼웃차야브리티』. 또한 Hayes 1980, 256~257; Frauwallner 1959, 102를 참조.

5) 『프라마나삼웃차야』 V.12(『슐로카바르티카티카』*Ślokavārttikaṭīkā* 46.7~8, ed. Kunhan Raja 참조): "bahudhāpy abhidheyasya na śabdāt sarvathā gatiḥ / svasaṃbandhānurūpyena vyavacchedārthakāry asau."

보자. 그것을 지시하기 위해 가리나무(khadira)〔아카시아나무〕라는 말을 사용할 수 있지만, 또한 '나무'(vṛkṣa), '실체'(dravya), '지성'(地性, pārthiva) 혹은 '존재'(sat) 등과 같은 말로도 그것을 지시할 수 있다. 이 낱말들은 모두 같은 대상을 지시한다. 다시 말해서 그것들은 대상의 다양한 속성들 중 가리나무성(khadira-ness), 수성(樹性), 실체성과 같은 하나의 측면만을 나타낸다. 만약 낱말들이 그 대상 자체를 지시한다면, 동일한 대상에 적용되는 다양한 낱말들은 모두 동의어이거나 아니면 이 다양한 낱말들에 의해 지시되는 대상은 하나이면서도 서로 구별되는 많은 실재들을 가지게 될 것이다. 그러므로 낱말의 기능은 지시 대상을 한 가지 측면에서만 다른 사물들로부터 구별해 내는 것에 있다고 간주된다. '나무'(vṛkṣa)라는 말은 오직 '비(非)나무'(avṛkṣa)들로부터 그 대상을 구별하는 기능만을 가지며 이 낱말에 상응하는 존재는 실재하지 않는다. 따라서 디그나가의 아포하론의 요지는 낱말이 '타자의 배제'(anyāpoha, anyavyavaccheda, anyavyāvṛtti)를 통해 대상을 지시하거나 혹은 다른 사물들과 구분되는 대상의 그 부분(aṃśa, bhāga)을 지시하는 이상의 일은 하지 않는다는 것이다.

다르마키르티는 디그나가의 이런 견해를 기본적으로 수용하면서도 『프라마나바르티카』 1장에서 독창적인 특징들을 가지는 자신만의 아포하론을 발전시킨다. 다르마키르티의 아포하론에 대해서는 뛰어난 저작들이 많이 나왔기 때문에(Frauwallner 1923~33, 1935; Akamatsu 1980; Katsura 1989, 1991), 여기서는 그의 이론의 뚜렷한 특징 한 가지, 즉 그가 '타자의 배제'에서의 '타자'를 '[동일한] 효과를 가지지 않는 것'(atatkārya)으로 해석한다는 것에 대해서만 언급하고자 한다. 예를 들어 여러 종류의 다른 약초들이 열을 내리는 효과를 가질 때, 그것들은 '해열제'라는 일반 개념의 관점에서 이해되며 그와 동일한 효과를 낳지 않는 다른 모든 것으로부터 구분된다. 이 경우 각 개별적 풀에 존재하는 '해열제'라는 개념에 상응하는 단일한 존재는 없으며, 그것들이 공유하는 특징은 개념화에 의해 만들어진 정신적 구성물일 뿐이다.

아포하론을 논하는 첫 부분에서 자얀타는 다르마키르티의 견해에 기초해서 불교 논사들의 아포하론을 개관한다. 다르마키르티에 따르면 우리의 지각은 개별적 대상마다 서로 다르다. 얼룩소의 지각 이미지는 검은 소의 지각 이미지와 동일하지 않다. 그러나 얼룩소를 지각한 직후 "[이것은] 소다"라는 판단이 일어나고, 마찬가지로 검은 소를 지각한 직후에도 "[이것은] 소다"라는 판단이 일어난다. 이 둘이 동일한 판단을 낳는 효과를 가지는 한 이 두 지각은 동일한 것이라고 말할 수 있다.[6] 게다가 동일한 지각을 낳는 두 개별적 대상들은 구분되지 않는다. 자얀타는 이를 설명하는 다르마키르티의 한 게송을 인용한다. "[개별 대상들의] 지식[지각 이미지]은 [그것들에 대한] 동일한 판단(ekapratyavamarśa)의 원인이기 때문에, 그것은 구분되지 않는다. 개별 대상들이 동일한 지식[지각 이미지]의 원인이라는 사실 때문에, 그것들은 서로 구분되지 않는다."[7]

---

6) 『니야야만자리』 11.14~16; 276.5~6: "yathaiva śābaleyādipiṇḍadarśane sati gaur ity anantaram avamarśaḥ, tathaiva bāhuleyapiṇḍadarśane 'pi gaur ity evāvamarśa iti tad ekatvam ucyate."

2.

자얀타는 "[쿠마릴라] 바타가 아포하론에 엄청난 비판을 퍼부었다"[8] 라고 기술한 뒤, 계속해서 아포하론에 대한 쿠마릴라의 비판을 요약한다. 쿠마릴라는 『미망사슐로카바르티카』(*Mīmāṃsāślokavārttika*)의 「아포하론」(Apohavāda) 장에서 디그나가의 아포하론을 다양한 각도에서 비판하는데, 자얀타는 이 주장들에 근거를 두고 자신의 비판을 전개한다. 지금부터 쿠마릴라의 아포하론 비판이 제기한 몇 가지 점을 살펴보고자 한다.

쿠마릴라에 따르면 아포하('배제', '부정')는 **비존재**(abhāva, 'non-existence', 'absence')에 다름 아니며, **비존재**는 완전한 무(無)가 아니라 일종의 존재를 의미한다.[9] 그러나 항아리(ghaṭa) 등이 독립적으로 존재하는 반면, **비존재**는 그 장소로서 다른 어떤 것을 가지며 그것에 의존해서 존재한다. 예를 들어 "땅에 항아리가 없다"라고 말하는 경우 항

---

7) 『니야야만자리』 12.1~2: 276.7~8(=『프라마나바르티카』 I.109, ed. Gnoli): "ekapratyavamarśasya hetutvād dhīr abhedinī / ekadhīhetubhāvena vyaktīnām apy abhinnatā." 『아포하프라카라나』(*Apohaprakaraṇa*) fol.262b.5ff.(ed. Narthang)에서 다르못타라는 이 게송에 표현된 다르마키르티의 사고를 적대적인 비판으로 옹호하고 있다. 또한 Frauwallner 1937, 284~285 참조.

8) 『니야야만자리』 14.15; 277.19: "apohavādaviṣaye mahatīṃ dūṣaṇavṛṣṭim utsasarja bhaṭṭaḥ."

9) 『슐로카바르티카』(ed. Shastri), 「비존재」(Abhāva) 2cdff.에서 쿠마릴라는 비존재가 네 종류, 즉 '미생무'(未生無, prāg-abhāva), '이멸무'(已滅無, pradhvaṃsā), '상호무'(相互無, anyonyā), '절대무'(絶對無, atyantā)로 나뉜다고 설명하면서 다음과 같이 기술한다. "비실재에는 이 구분이 있을 수 없다. 따라서 그것(=비존재)은 실재이다"("na cāvastuna ete syur bhedās tenāsya vastutā"; k.8ab). 또한 다음을 참조. 『슐로카바르티카』, 「비인식대상론」(Nirālambanavāda) 118c: "bhāvāntaram abhāvaḥ."

아리의 비존재는 그 장소로서 땅을 가지며, “소는 말이 아니다”라고 말하는 경우 소의 비존재는 그 장소로서 말을 가진다. 항아리 혹은 소의 비존재는 그 장소, 즉 땅 혹은 말의 지각 그리고 그 존재가 부정되고 있는 항아리 혹은 소의 형태를 가진 그 상관항(pratiyogin)을 떠올리는 것을 통해 확인되는 것이다.[10] 쿠마릴라는 먼저 ‘비(非)소의 부정’(ago-nivṛtti, -vyāvṛtti, -apoha)의 장소, 즉 ‘소’라는 낱말에 의해 지시되는 ‘비소의 비존재’의 장소에 대해 묻는다. ‘소’라는 낱말이 모든 소에 적용되기 때문에 그 장소는 다른 어떤 것들과 공통되지 않는 독특한 개별자(svalakṣaṇa)일 수도 없고, 검은 소 혹은 얼룩소 등의 보편자일 수도 없다. 또 그것이 자신의 장소로서 모든 소 전체(samudāya)를 갖는다면 ‘비소의 부정’은 모든 소들이 알려지지 않는 한 파악되지 않을 것이다. 이 질문에 기초해서 쿠마릴라는 ‘비소의 부정’은 보편적인 ‘우성’(牛性, gotva)을 가리키는 하나의 다른 방식에 불과하다는 결론을 내린다.[11]

다음으로 아포하론에 따르면 모든 낱말이 배제를 지시하기 때문에, 낱말들은 모두 결국 동의어(paryāya)가 되고 만다. 낱말이 실재적 대상(vastu)〔현실적 존재〕을 지시한다는 이론은 이런 어려움을 낳지 않는데, 실재적 대상들 각각은 그 자체의 본질을 가지며 상호 구분되기 때문이다.[12] 물론 아포하 논사들은 자신들의 이론에서도 낱말들이 모

10) 『슐로카바르티카』(ed. Shastri), 「비존재」 27: “gṛhītvā vastusadbhāvaṃ smṛtvā ca pratiyoginam / mānasaṃ nāstitājñānaṃ jāyate 'kṣānapekṣanāt.”

11) 『니야야만자리』 14.15~16.4; 277.19~31. 『슐로카바르티카』, 「아포하론」(Apoha-vāda) 1~10.

12) 『니야야만자리』 16.14~17.5; 278.4~9. 『슐로카바르티카』, 「아포하론」 42~46.

두 다 동의어인 것은 아니라고 대답할 것이다. 아포하론을 창시했던 디그나가는 아포하에 있어서 부정되는 것(apohya)의 차이에 따라 구분을 인식한다. 그는 아포하론에서 푸른 연꽃(nīlopala)과 같은 말의 경우, 푸른(nīla)과 연꽃(utpala)이라는 두 낱말이 어떻게 동일기체성(sāmānādhikaraṇya)을 가질 수 있으며 또 그 사이에 어떻게 한정사-피한정사 관계(viśeṣaṇaviśeṣyabhāva)가 성립하는지를 설명하면서 이 점을 명확히 한다.

낱말이 실재적 대상을 지시한다는 이론을 받아들인다면 푸름은 특정한 장소에 있는 속성(guṇa)을 직접 가리키며 연꽃은 그 장소가 속한 종(jāti)을 직접 가리키게 되는데, 이것은 속성과 종이 모두 내속하는 장소가 두 낱말에 의해 지시되며 따라서 푸름과 연꽃 사이에 동일기체성이 확립된다는 것을 의미한다. 게다가 연꽃에 의해 지시되는 종은 붉은(rakta) 연꽃, 푸른(nīla) 연꽃 등 다양한 개별자로서의 연꽃 모두를 포함하지만, 푸름은 그것을 오직 푸른 연꽃으로만 한정하기 때문에 두 낱말 사이에 한정사-피한정사 관계(viśeṣaṇaviśeṣyabhāva) 또한 확립되는 것이다. 그러나 아포하론에 따르면 푸름이 '푸르지 않음의 부정'을 가리키는 한편, 연꽃은 '연꽃이 아닌 것의 부정'을 가리킨다. 이 둘 다 실재하는 존재가 아니기 때문에 같은 장소에 내속하거나 서로 한정사-피한정사의 관계도 있을 수도 없다. 이것은 푸름과 연꽃이라는 두 낱말 사이에 동일기체성도 한정사-피한정사 관계도 확립될 수 없음을 의미한다. 아포하론에 대한 이런 종류의 반론을 예상한 디그나가는 다음과 같이 기술하고 있다.

부정되는 것(apohya) 사이의 차이에 따라 [푸름과 연꽃이라는 두 낱말은] 서로 다른 대상을 가지지만, 그것들의 대상에 속하는 개별자의 이해에 관해서는 명확하지 않은 점이 있다. 그러나 [두 낱말은] 같은 것(푸르지 않은 것도 아니며 연꽃이 아닌 것도 아닌 것)에 대해 분리되어 작용하지 않기 때문에, 그것들은 한정사-피한정사 관계에 있는 것이다.[13)]

디그나가가 보기에 하나의 실재적 대상은 무한한 측면들의 결합을 구성하는 한 완전히 독특하며, 하나의 낱말에 의해서 직접 지시될 수 없다. 낱말의 기능은 한 가지 측면에서만 그것을 다른 대상들과 구별하는 데 있다. 푸름이라는 낱말은 어떤 실재적 대상을 푸르지 않은 대상들과 구별하는 한편, 연꽃이라는 낱말은 그것을 연꽃이 아닌 것들과 구별한다. 그 대상이 무엇으로부터 구별되는가에 따라 동일한 실재적 대상에 다른 낱말이 적용된다. 그러므로 낱말에 의해 표현되는 '타자의 부정'(혹은 '타자들부터의 구별')은 부정되는 것들 사이의 구분에 기초한 구별로 정의될 수 있다. 따라서 디그나가의 생각에 따르면, 각각 '푸르지 않은 것의 부정'과 '연꽃이 아닌 것의 부정'을 그 기능으로 갖는 푸름과 연꽃이라는 두 낱말은 푸르지 않음과 연꽃이 아닌 것으로부터 구별된 동일한 것을 지시하며 그 사이에 동일기체성이 확립되는 것이다. 게다가 연꽃이라는 낱말은 연꽃이 아닌 것으로부터 그 대상을

---

13) 『프라마나삼웃차야』 V.14(『타트바상그라하판지카』 539, ed. Shastri, p.379.5~6, 365.10 참조): "apohyabhedād bhinnārthāḥ svārthabheda-gatau jaḍāḥ / ekatrābhinna-kāryatvād viśeṣaṇaviśeṣyatā."

구별해 내지만 그것은 그 연꽃이 붉은지 푸른지, 혹은 다른 색깔인지를 나타낼 수는 없다. 한편 푸름이라는 낱말은 대상을 푸르지 않은 것들로부터 구별한다. 다양한 색깔을 가진 수많은 연꽃들 중 아무것에나 다 해당되는 연꽃의 지시 범위를 푸름을 가지고 제한하는 것은 푸름과 연꽃 사이의 한정사-피한정사 관계에 상응하고, 그리하여 한정사-피한정사 관계(viśeṣaṇaviśeṣyabhāva)는 아포하론에서도 유효한 것이다.

아포하론에서의 동일기체성의 문제와 한정사-피한정사 관계에 대한 논의는 일단 미루어 두고, 자얀타는 먼저 '부정되는 것(apohya)의 차이에 따라 배제의 구별이 있기' 때문에 낱말들 모두가 동의어인 것은 아니라고 주장하는 아포하론의 지지자들로부터 예상되는 대답에 대한 쿠마릴라의 비판에 초점을 맞춘다. 쿠마릴라에 따르면 보편자(sāmānya)는 개별자(vyakti)에 대해서 내재적 관계(svābhāvikaḥ dambandhaḥ)에 있고, 그것은 개별자가 있는 곳에만 존재하며, 심지어 그것이 어디에나 있다고 가정될 때에도 오직 개별자에게서만 모습을 드러낸다.[14] 개별자는 보편자의 기체(ādhāra)이다. 마찬가지로 아포하론에서도 역시 '소'라는 낱말에 의해 지시되는 '비소의 배제'는 그 기체로서 개별적 소들을 가진다. 게다가 '비소의 배제'는 기체 내에서 차이에 따라 구별되지는 않는다. 이러한 배제가 그것과 간접적으로만 관련되는 '부정되는 것들'(apohya)에 따라 구별되는 것은 불가능한 것이다. 그것이 '구별된다'라고 가정한다고 해도, 그것은 그 말의 진정한 의미에서의 구별이 아니라 부차적인 의미(bhākta)에서의 구별이다.[15]

---

14) 『슐로카바르티카』, 「개별자론」(Ākṛtivāda), 25~26, 31cd 참조.

배제가 부정의 대상(apohya)의 차이에 따라 구별된다는 이론에 대한 쿠마릴라의 비판은 어떤 것이든 부정의 대상에서의 모든 구분을 부인하는 데로 나아간다. '비(非)소의 부정'에서 부정의 대상이 되는 비소는 말·코끼리·사자·호랑이 등과 상응하며, '비말[馬]의 부정'에서 부정의 대상이 되는 비말은 소·코끼리·사자·호랑이 등과 상응한다. 비소와 비말은 각각 무한한 수의 종을 포함하며 그중 하나만(말 혹은 소) 다르고 다른 모든 종들(코끼리·사자·호랑이 등)을 공유한다. 무한한 수의 종들 가운데 한 종은 무효와 등가이므로, 비소와 비말의 구분은 있을 수 없다. 따라서 '비소의 부정'과 '비말의 부정'을 각각 지시하는 '소'와 '말'은 동의어라는 비합리적인 결론은 여전히 남게 된다.[16)]

자얀타는 또한 쿠마릴라의 또 다른 지적, 즉 비소라는 개념은 소의 이해를 전제로 하기 때문에 '소'가 '비소의 부정'을 지시한다는 이론은 순환적 추론의 결과를 낳게 된다는 점을 언급한다. 이 점은 니야야학파의 웃됴타카라가 디그나가의 아포하론을 비판할 때도 지적했던 것이다.[17)] 아포하론에서는 동일기체성도 한정사-피한정사 관계도 유효하지 않다는 쿠마릴라의 비판은 배제(=비존재abhāva)를 어떤 종류의 존재와 동일시하는 데 기초해 있다. 쿠마릴라 주장의 요지는 자얀타가 간명하게 요약한 것처럼, '푸르지 않은 것의 부정'과 '연꽃이 아닌 것의 부정'은 서로 분리된 존재이기 때문에 둘 중 하나가 존재하는 곳에 나

---

15) 『니야야만자리』 17.11~17; 278.12~15. 『슐로카바르티카』, 「아포하론」 47~52.
16) 『니야야만자리』 18.1~7; 278.16~21. 『슐로카바르티카』, 「아포하론」 53~57.
17) 『니야야만자리』 19.8~10; 288.30~32. 『슐로카바르티카』, 「아포하론」 83~85ab. 또한 『니야야바르티카』 328.17~329.3 참조.

머지 하나는 존재할 수 없다는 것이다. 그러므로 이것은 한정사-피한정사 관계가 그 각각의 지시사인 **푸름**과 **연꽃** 사이에 존재하지 않는다는 것을 의미하며, 두 배제 모두가 의존하는 장소는 없기 때문에 두 낱말 사이에 동일기체성 또한 없다는 것을 의미한다.[18)]

또 아포하론에 따르면 인식 대상(prameya)과 지식 대상(jñeya, '인지 대상')이라는 말이 가리키는 것은 비인식 대상(aprameya)과 비지식 대상(ajñeya, '인지 대상이 아닌 것')의 부정이다. 그러나 부정의 대상도 인식되어야 하기 때문에, 비인식 대상과 비지식 대상은 결국 인식 대상과 지식 대상과 같은 것이 되어 버리며, 이 경우 '타자의 부정'은 유효할 수 없다.[19)]

『프라마나삼웃차야』 5장에서 낱말의 의미 혹은 지시 대상에 관한 다양한 이론들을 검토하고 아포하론을 세운 뒤, 디그나가는 문장의 의미(vākyārtha)의 문제를 다룬다. 문법학자 바르트리하리에게 영향을 받은 그는 낱말들이 통합되어서 나누어질 수 없는 문장에서 추출되며(apodhṛta) 문장의 의미는 직관의 섬광(pratibhā)이라는 점을 지적한다.[20)] "호랑이가 오고 있다"라는 낱말들을 듣는 사람은 공포를 느끼고, 사랑의 시를 들으면 열정적인 느낌이 일어난다. 개별 낱말들에 의해 지시되는 대상들이 외부 세계에 존재하지 않을 때라도 문장은 듣는 이

---

18) 『니야야만자리』 20.5~9; 279.6~10. 『슐로카바르티카』, 「아포하론」 115~119.

19) 『니야야만자리』 20.11~15; 279.10~13. 『슐로카바르티카』, 「아포하론」 144.

20) 『프라마나삼웃차야』 V.47(『타트바상그라하판지카』 363.15~16 참조): "apoddhāre padasyāyaṃ vākyād artho vivecitaḥ / vākyārtho pratibhākhyo 'yaṃ tenādāv upajāyate." 또한 Hattori 1980, 61~73 참조.

에게 긍정적 내용을 가지는 직관을 낳으며, 디그나가가 보기에 문장의 의미에 상응하는 것은 바로 이 직관이다. 그는 계속해서 문장의 의미를 나타내는 직관은 '타자의 부정'을 본질로 하는 개별 낱말들의 이해에 기초해서 일어나며, 문장의 의미 또한 '타자의 부정'에 의해 특징지어진다고 주장한다. 쿠마릴라는 문장의 형태를 띤 낱말들이 직관을 불러일으킨다는 디그나가의 이 주장을 아포하론과 일관되지 않는다고 비판하며, 이 주장 또한 자얀타에 의해 요약된다.[21] 니야야학파의 웃됴타카라 또한 디그나가의 아포하론을 비판했지만, 자얀타는 그의 비판에 대해서는 언급하지 않았고, 자얀타 스스로도 디그나가의 아포하론에 대한 자신의 반박을 제시하려는 어떤 시도도 하지 않았다.

3.

아포하론에 대한 자신의 논의의 세 번째 부분의 서두에서 자얀타는 쿠마릴라의 비판에 대한 불교 논사들의 대답을 제시한다. 쿠마릴라는 아포하를 그 본성상 실재(bhāvātmaka)인 비존재(abhāva)로 이해하는 것에 기초해서 자신의 주장을 펼치지만, 불교 논사들에 따르면 이것은 적절하지 않다. "아포하는 내적인 것[지식]도 외적인 것[외적 대상]도 아니며 지식 그리고 대상과는 다른 것이다."[22] "내부적이지도 외부

21) 『니야야만자리』 21.12~13; 279.22~23. 『슐로카바르티카』, 「아포하론」 40.

22) 『니야야만자리』 22.6~7; 279.32: "nāyam antaro na bāhyo 'pohaḥ. kiṃ tu jñānārthābhyām anya eva."

적이지도 않기 때문에 그것은 착오적(mithyā)이며 정신적으로 구성된 (kālpanika) 것이다." "그것은 [실재적 대상에] 부과되며(āropita), 단순한 현현/형상(ākāramātra)이며, 관념을 물들인다(혹은 그것에 영향을 미친다vikalpoparañjaka)."[23)]

여기에 사용된 용어들로 보아 이 견해들은 불교 논사들이 주장을 펼칠 때 대표적으로 사용되고 있는 다르못타라의 『아포하프라카라나』에서 찾아볼 수 있는 것이다. 『니야야만자리그란티방가』(*Nyāyamañjarīgranthibhaṅga*)에서 이 부분에 대한 주석에는 이 저작에서 다르못타라의 것으로 인정되는 다음의 게송들이 인용되어 있으며,[24)] 그것들은 사실 『아포하프라카라나』의 서두 부분의 귀경게(歸敬偈)와 일치하는 것이다. "모든 결함을 이기신 분이며, 마음에서 만들어져 나온, 타자들로부터 구분되는(vivikta) 것으로서의 형상(rūpa)이 [내부의] 인식도 외부[의 대상]도 아니며 또한 비실재(nistattva)이며 [실재에] 부과된 것(āropita)임을 설하심으로써 사람들에게 진리를 가르친 분이신 스승님께 머리 숙여 경배하며, 나는 아포하[의 가르침]를 자세하게 설명하고자 합니다."[25)]

『아포하프라카라나』에서 전개된 다르못타라의 아포하론에는

---

23) 『니야야만자리』 22.13~15; 280.5~6: "yata eva tan nāntar bahir asti tata eva mithyeti kālpanikam iti ca gīyate ... āropitaṃ kiṃcid ākāramātraṃ vikalpoparañjakam."

24) 『니야야만자리그란티방가』 p.132(ed. Shah). 티베트어판(산스크리트어판은 구할 수 없다)을 독일어로 번역한 것이 Frauwallner 1937, 255에 실려 있다.

25) "buddhyā kalpikayā viviktam aparair yad rūpam ullikhyate / buddhir no na bahir yad eva ca vadan nistattvam āropitam / yas tattvaṃ jagato jagāda vijayī niḥśeṣadoṣadviṣām / vaktāraṃ tam iha praṇamya śirasā 'pohaḥ sma vistāryate."

독특한 점이 몇 가지 발견된다. 우선 낱말이 개념(vikalpa)의 대상(viṣaya)을 지시한다고 말하면서(ed. Narthang, fol.254a.5) 그는 개념의 대상에 대해 논의한다. 지각은 그 대상으로서 외부 세계의 사물에서 생기지만 개념은 외부 대상이 없을 때에도 생기기 때문에, 외부 세계의 사물들은 개념의 대상이 아니다. 하지만 개념은 외부 세계의 사물에 관계되지 않은 채로 자발적으로 생기지는 않는다. 그것은 외부 대상의 지각에 기초해서 형성되는 것이다. 다음으로 지각에 기초해서 외부 세계의 어떤 것을 그 대상으로 가지는 이미지가 생기고, 개념의 고유한 본성은 그것을 '항아리', '베' 등으로 확인하는(ṅes pa = niścaya) 데 있는 것이다(fol.254b.1~2). 그러나 이 확인은 정신적 구성에 의해 행해지는 것이며 외부 대상 그 자체와는 일치하지 않는다. 이와 같은 불교 인식론의 근본 강령은 디그나가에게로 연원이 거슬러 올라가지만, 다르못타라는 위에서 설명한 특성을 갖는 개념의 대상이 외부 세계의 사물도 내적인 지식도 아니며, 실재적 존재를 갖지 않으며, 착오이거나 비실재이며(alīka) 주관적 구성물이라는 것을 강조한다.

그런 다음 다르못타라는 '타자의 부정'의 근거를 개념의 대상의 비실재성에서 찾는다. 지각된 어떤 것이 존재하는지 아닌지를 물어볼 필요는 없지만, 개념의 대상의 존재 여부는 반드시 물어야 한다. 예를 들어 물이 지각될 때 물의 존재는 자명하다. 그러나 나무라는 개념의 경우 그것이 존재하는지 아닌지는 그것과는 상관없는 개념인 '존재'(bhāva) 혹은 '비존재'(abhāva)와의 결합을 통해서만 명확해진다. 개념에 의해 확인되거나 결정되는 것은 "긍정과 부정 둘 다에 공통된 대상(vidhiniṣedhasādhāraṇa)이며 둘 중 하나와 결합될 수 있다"(『아포하프라카라나』 fol.258a.2~3). 다시 말해서, 실재하는 존재에 부과된 (āropita) 개념의 대상은 어떤 긍정적 특징을 가진 무엇으로 존재하지 않는다. 지각의 대상에 해당하는 나무는 나무의 존재라는 긍정적 특징 그리고 다른 어떤 것(비非나무)이 아니라는 부정적 특징을 가지지만, 개념은 그 대상이 존재한다는 사실을 확인할 수 없기 때문에 그것은 고유한 본성으로서 단지 '타자(비나무)로부터의 구별', 즉 '타자의 부정(아포하)'을 가질 뿐이다. 아포하론의 전개 과정에서 다르못타라가 갖는 독창성은 그가 이렇게 해서 디그나가가 창시한 '타자의 부정'의 근거를 낱말의 지시 대상, 즉 개념의 대상의 비실재성에서 찾았다는 데 있다.

쿠마릴라의 아포하론 비판에 대한 불교 측의 대답을 자얀타는 아주 간명하게 요약하고 있고, 그 주장의 요지를 파악하기가 어려울 때가 많다. 그러나 그것을 『아포하프라카라나』에서 볼 수 있는 다르못타라의 생각을 참작하여 해석해 보면 그 의미를 해독할 수 있다. 다음은 자얀타가 3부(『니야야만자리』 25.4~15; 281.3~12)에서 제시한 주장을 요약한 것이다.

> 개념에 근거해서 존재하는 대상(vikalpabhūmir arthaḥ)[즉 개념의 대상]은 ① 또 다른 사고에서 기인하는 존재(bhāva)나 비존재(abhāva)[라는 개념과의 결합에 의한 보충]를 필요로 하며, ② 그 속성이 한정적(niyata)이며, ③ 외부 세계의 어떤 것을 닮은 것으로 이해된다. 이 세 특징은 외부 세계의 실재하는 존재들에게는 유효하지 않다. 그것은 ① 또 다른 사고에서 기인하는 '존재'라는 개념과의 결합은 [그것이 '존재한다'

라는 것이 자명하기 때문에] 그 자체의 형상을 갖는 것으로 이해되는 외부 세계의 실재하는 존재에서는 확립되지 않기 때문이다. 비존재와의 결합 또한 확인되지 않는데, 그것은 모순적이기 때문이다. ② 개념의 대상에는 한정성이 내재한다. '이것은 정말로 소이며 말이 아니다'와 같은 형태로 이해되는 것[한정성]은 다른 어떤 것의 부정 없이는 불가능하기 때문에, [그것은] 필연적으로 그 대상(viṣaya)으로서 배제 혹은 부정(vyavaccheda)을 갖는다. 그렇지 않다면 한정적 결정(niyata-pariccheda)은 불가능할 것이다. [소인지 말인지 명확하지 않은] 의심스러운 어떤 것이 [개념에 의해] 이해되는 일은 있을 수 없다.
개념이 외부 세계의 사물을 그 대상으로 갖는다는 것은 부정되었기 때문에 …… ③ 그것[외부 세계의 어떤 것이 아닌 부과된 형상āropitaṃ rūpam]은 마치 외부 세계의 어떤 것인 양 드러나는 것이다. 그리고 외부 세계의 어떤 것과 부과된 어떤 것의 닮음은 '[타자의] 배제 혹은 부정(vyāvṛtti)'과 따로 떨어져서 존재하지 않기 때문에, 이는 개념이 사실상 '[타자의] 배제'를 그 대상(viṣaya)으로 갖는다는 것을 의미한다.

자얀타는 개념의 대상에 대한 다르못타라와 다르마키르티의 견해 차이를 다음과 같이 기술한다.[26] 다르못타라에 따르면 개념의 대

26) 『니야야만자리』 26.1~8; 281.15~19: "so 'yaṃ nāntaro na bāhyo 'nya eva kaścid āropita ākāro vyāvṛtticchāyāyogād apohaśabdārtha ucyate, itīyam asatkhyātivā-dagarbhā saraṇiḥ. atha vā vikalpapratibimbakaṃ jñānākāramātrakam eva tad abāhyam api vicitravāsanābhedopāhitarūpabhedaṃ bāhyavad avabhāsamānaṃ lokayātrāṃ bibharti, vyāvṛtticchāyāyogāc ca tad apoha iti vyavahriyate, seyam ātmakhyātigarbhā saraṇiḥ." 또한 Frauwallner 1937, 280n1 참조.

상은 "내부의[지식인] 어떤 것도 외부의[외적 대상인] 어떤 것도 아니며 [지식 혹은 외적 대상과는] 다른 부과된 형상(āropitākāra)"이며, "그것은 [타자의] 배제 혹은 부정(vyāvṛtti)으로 물들어 있기 때문에, '아포하'라는 말의 지시 대상이라고 말해지는 것이다". 반면 다르마키르티에 따르면, 개념의 대상은 "구성된 혹은 개념적인 이미지(vikalpa-pratibimba)이며, 단순히 지식의 형상(jñānākāramātra)이며, [과거 경험의] 다양한 잔여 인상(vāsanā)으로 인한 구분에서 생긴 구분을 가지며, 마치 외부 세계의 어떤 것인 양 드러나며, 세속적 행위를 이끌어 내며", "타자의 배제 혹은 부정(vyāvṛtti)"으로 물들어 있기 때문에 '아포하'라고 불리는 것이다. 자얀타는 전자를 비실재가 인식되는 이론(asatkhyāti-vāda)으로, 그리고 후자를 자아[즉 자신의 정신적 이미지]가 인식되는 이론(ātmakhyāti-vāda)으로 정리한다.

자얀타가 위에서 정리한 다르마키르티의 생각은 예를 들면 다음의 구절에서 볼 수 있다.[27)]

> 낱말의 대상은 무시이래의 [경험들의] 잔여 인상(vāsanā)〔습기〕에서 생긴 개념들에 의존한다. (『프라마나바르티카』 I.205)

> 대상의 이미지는 낱말 때문에 지식 속에, [지식으로부터] 제거된 [외부 세계의] 어떤 것인 양 나타나지만, 그것은 [외부 세계의] 사물 자체가 아

---

27) 『프라마나바르티카』 I.205a~c(ed. Gnoli): "anādivāsanodbhūtavikalpapariniṣṭhitaḥ / śabdārthas." 『프라마나바르티카』 III.165(ed. Tosaki): "vyatirekīva yaj jñāne bhāty arthapratibimbakam / śabdāt tad api nārthātmā bhrāntiḥ sā vāsanodbhavā."

니다. [그것을 외부 세계의 어떤 것으로] 잘못 여기는 것은 [과거 경험의] 잔여 인상(vāsanā) 때문에 일어난다. (『프라마나바르티카』 III.165)

반대로 다르못타라는 지식에 나타나는 형상이 '확인'을 그 내재적 본성으로 갖는 것이 아니기 때문에 개념의 대상이 아니라고 기술하면서,[28] 개념의 대상은 지식에 나타나는 형상도 바깥 세계의 사물도 아니라고 주장했다.

개념의 대상이 바깥 세계의 사물이 아니라는 사실에도 불구하고 사람들은 왜 개념을 가지고 그 대상의 확인에 기초해서 바깥 세계의 사물에로 향하는 것에 연루되는가? 자얀타는 다음의 용어들을 가지고 불교 논사들의 대답을 제시한다. 사람들의 행동은 지각적 대상(dṛśya)과 개념적 대상(vikalpya)이 결합(ekīkaraṇa)되는 데서 생겨난다. 어떤 대상이 지각된 직후에 개념이 생길 때, 사람은 사건들의 빠른 연속에 의한 착각 때문에, 그리고 지각된 대상이 그 자체로 개념에 의해 파악된 것이라고 가정하면서, 그 둘을 동일시하는 것이다(『니야야만자리』 26.16~20; 281.22~25).

다르못타라는 또한 지각의 대상과 개념의 대상의 결합(ekīkaraṇa)에 대해 설명을 제시하지만(『아포하프라카라나』 fol.258a.7~258b.3), 이 결합이 개념적 착오를 통해 생기며 사람들의 행동이 이것에 기초한 것임을 자얀타가 분명히 지적했다는 관점에서 보면 다르못타라 역시 다르마키르티의 주장에 기초하고 있다는 점을 짐작해 볼 수 있다. 개

---

28) 『아포하프라카라나』 fol.255a.6~255b.1 (ed. Narthang) 참조.

념적 인식이 어떻게 개별적 존재들을 지각하면서도 그 자신의 형상으로 개별적 형상들을 숨기며(saṃ- vṛ-) 또 통일된 형상으로 드러나는지를 설명하면서 다르마키르티는 다음과 같이 기술한다.

> 인식적 지식은 지식 속에 있는 [대상의] 이미지(pratibimba) 자체를 파악하지만, 개념적 부분에 있어서의 본래적 착오(prakṛtivibhramāt) 때문에 그것은 마치 [외부의] 존재를 파악하는 것인 양 드러난다. …… [질문] 바깥 세계의 사물들이 개별자들이라는 것은 사실이 아닌가? 그리고 개념이 그것들에 대응해서 생기지 않는다는 것은 사실이 아닌가? [대답] 주석자들(vyādhyātāras)은 실제로 [외부의 개별적 존재와 개념의 대상을] 이런 방식으로 구분하지만, 일상적 행동들을 하는 사람들은 그렇게 하지 않는다. 인식의 대상(ālambana)[에 해당하는 개념적 이미지들] 자체가 [외부의 존재가 그런 것처럼] 잠재적 효과성(arthakriyāyogya)을 가지고 있다고 생각하면서, 사람들은 지각의 대상(dṛśya)과 개념의 대상(vikalpa)을 결합해서 행동한다(pravartante).[29)]

다르못타라는 독창적인 사상가였다. 그렇지만 기본적으로는 다르마키르티를 따르면서도 약간의 수정을 가했다. 자얀타는 쿠마릴라의

---

29) 『프라마나바르티카스바브리티』 39.2~8: "tam(=buddhipratibhāsam) eva gṛhṇatī sā(=buddhiḥ) prakṛtivibhramād vikalpānāṃ vastugrāhiṇīva pratibhāti ... nanu bāhyā vive-kino na ca teṣu vikalpapravṛttir iti kathaṃ teṣu bhavati. 'vyākhyātāraḥ khalv evaṃ vivecayanti na vyavahartāraḥ. te tu svālambanam evārthakriyāyogaṃ manyamānā dṛśyavikalpyāv arthāv ekīkṛtya pravartante.'" 이는 『니야야만자리』 25.17~26.1; 281.14~15에 인용되어 있다.

아포하론 비판에 대한 불교 논사들의 대답을 주로 다르못타라의 주장에 기대어 예시하지만, 또한 그들이 기초를 두었던 다르마키르티의 견해도 참조하고 있다.

다르마키르티는 쿠마릴라의 비판에서 제기된 몇 가지 점들에 대해 대답을 제시한다. 자얀타가 언급하지는 않았지만, 개별자(vyakti)와 그것의 한정자(viśeṣaṇa)로서 존재하는 보편자(sāmānya, jāti) 사이에서 얻어지는 관계를 지각적 대상과 아포하 사이의 관계에 적용함으로써 쿠마릴라가 제기했던 비판은 다르마키르티의 명료한 이론으로 인해 논파되었고, 샨타라크시타 또한 이 이론을 받아들였다(Hattori 2000, 387~394). 자얀타는 아포하론이 순환적 추론에 빠지며 인식 대상(prameya)과 지식 대상(jñeya)이 어떤 부정의 대상도 갖지 않는다는 비판을 언급하는데, 다르마키르티는 이 점들에 대해서도 명확한 답변을 제시한다(『프라마나바르티카』 I.113cdff., 122~123). 쿠마릴라의 아포하론 비판에 대한 전면적인 논박은 샨타라크시타에 의해 기술되었는데, 그는 다르마키르티의 이론에 기초를 두면서도, 낱말의 긍정적 기능을 강조하는 아포하론을 제출했고, 그것에 따르면 낱말에 의해 정신적 이미지가 생긴다. 『타트바상그라하』의 「낱말의 대상」(Śabdārtha)이라는 장에서 그는 먼저 쿠마릴라의 견해를 제시하고 그에 대한 반대 주장을 자세히 설명한다. 그의 주장의 요지는 또한 제자 카말라쉴라가 자신의 주석서인 『타트바상그라하판지카』에서 설명했다(1021~1183). 그러나 자얀타는 다르마키르티, 샨타라크시타, 카말라쉴라가 쿠마릴라의 비판에 대해 대답하면서 그것을 역으로 비판한 것에 대해서는 어떤 언급도 하지 않는다.[30] 이것은 아마도 9세기 후반 그가 살았던 카슈미르 지방에서의 불교철학의 주요 흐름을 그 당시 역시 카슈미르 지방에서 활동했던 다르못타라가 대변했기 때문이라고 생각되지만, 지금으로서는 이 점에 대해 더 이상의 설명은 피하고자 한다.

30) 자얀타는 '동일 판단'(ekapratyavamarśasya, 『프라마나바르티카』 I.109, 이는 각주 7번에 인용되어 있다)에 나타난 사고를 비판하면서, 개별 대상에서 생기는 지각들은 지각 이미지처럼 서로 다르다고 주장하며 따라서 동일 판단의 형성을 부정한다. 그는 또한 다르못타라를 비판하면서, 만약 개념적 인식의 대상이 단지 이미지일 뿐 비실재라면 우리는 일상적 행위를 할 수 없을 것이라고 주장한다. 『니야야만자리』 40.11ff., 43.13ff.; 287.11ff., 288.18ff. 참조. 그러나 그는 아포하론에 대한 자세하고 비판적인 검토는 하지 않는다.

7장 _ 인식 사건 내용의 구성

파리말 파틸

비크라마쉴라에서의 배제

배제론자들인 즈냐나슈리미트라(975년경)와 라트나키르티(1000년경)[1] — 아마 이 둘은 인도에서 배제론의 마지막 혁신적 사상가들일 것이다 — 에 의해 배제론은 그것이 원래 발전되어 나왔던 의미론의 맥락을 넘어 그보다 훨씬 넓은 영역으로 확대되었다.[2] 디그나

---

1) 비크라마쉴라(Vikramaśīla)는 불교의 수도와 교육이 이루어지는 시설이었고 즈냐나슈리미트라와 그의 제자 라트나키르티도 여기에 머무르면서 공부했던 것으로 알려져 있다. 두 사람은 이 시설의 '문지기'였다고 한다. 이들의 저작에 대한 소개와 그 삶에 대해서는 Thakur 1975; 1987을 보라. 비크라마쉴라는 팔라(Pāla)의 왕인 다르마팔라(775~820)가 세웠다고 추정되며, 오늘날 비하르주(州)의 바갈푸르에 있었다.

2) 배제론의 '전사'(前史)에 관해서는 Bronkhorst 1999; Hattori 1977; Raja 1986을 보라. 이 이론이 발전된 철학적 맥락에 대해서는 Dravid 1972; Dunne 2004; Hayes 1988; Scharf 1996을 보라. 디그나가의 관점에 대해서는 Hayes 1986; 1988; Hattori 1968; 1980; 2000; Katsura 1979; 1991을 보라. 라트나키르티 이후 불교의 배제에 대한 논의 중 산스크리트어로 된 것으로는 목샤카라굽타의 『타르카바샤』(번역본 Kajiyama 1998), 비디야크라샨티(Vidyākraśānti)의 『타르카소파나』(*Tarkasopana*), 그리고 『바드라하샤』(*Vādarahasya*)와 『타르카라하샤』(*Tarkarahasya*)를 보라.

가(480~540년경) 자신이 의미론과 추론 과정은 아주 밀접하게 관련되어 있다고 인정했고,[3)] 즈냐나슈리미트라와 라트나키르티의 선배들 — 다르마키르티(600~660년경), 다르못타라(740~800년경), 프라즈냐카라굽타(Prajñākaragupta, 800년경) 등 — 도 배제론이 지각에 어느 정도로까지 적용될 수 있는지 갈수록 더 분명하게 보여 주었지만,[4)] (해석과 주석이 아닌) 실질적인 철학적 목적을 위해 지각과 추론의 구분이 사라지고[5)] 또 배제론이 정신적 내용에 관한 유일한 불교 이론 — 우리의 경험과 사고는 무엇에 대한 것인지에 관한 유일한 불교 이론 — 이 된 것은 바로 즈냐나슈리미트라에 의해서였다.[6)] 따라서 즈

---

3) 디그나가가 이러한 관련을 인정한다는 점은 『프라마나삼웃차야』에 분명히 나타나 있다(Hattori 2000, 139n3). 『프라마나삼웃차야』 V.1~12에 대한 『프라마나삼웃차야브리티』 번역은 Hattori 2000, 137~146을 보라. 디그나가의 저작에서 배제론이 어떻게 발전되었는지에 관해서는 Frauwallner 1959; Katsura 1983; Katsura 1991, 139를 보라.

4) 다르마키르티의 관점에 대해서는 Pind 1999; Dunne 2004; McCrea and Patil 2006 및 거기에 포함된 참고문헌들을 보라. 다르못타라의 관점에 대해서는 Frauwallner 1937과 이 책에 실린 핫토리의 글 참조. 바비베카(490~570)의 엄청나게 중요하지만 무시된 설명에 대해서는 Hoornaert 2001; Saito 2004; Eckel 2008을 보라. '즈냐나슈리미트라와 라트나키르티의 선배들'로 분류되는 불교철학자들은 특히 배제에 대한 사상의 측면에서 즈냐나슈리미트라와 라트나키르티에게 영향을 끼친 것으로 보이는 사람들만으로 한정된다. 이 부류에 속하지 않는 중요한 배제론자들로는 샨타라크시타와 그의 주석자인 카말라쉴라 — 이들의 배제론에 대해서는 이 책에 실린 위공의 글과 Siderits 1986을 보라 — 그리고 샨카라난다나가 있고, 샨카라난다나의 배제론은 오스트리아 빈에서 헬무트 크라서(Helmut Krasser)와 빈센트 엘칭거(Vincent Eltschinger)가 연구하고 있다. 자세한 것은 Krasser 2002를 보라.

5) 즈냐나슈리미트라의 관점에 대해서는 Katsura 1986; McCrea and Patil 2006을 보라. 라트나키르티의 관점에 대해서는 Patil 2003을 보라.

6) 나는 '경험'을 대체로 여섯 가지 감각 양식(통상적인 오감에 '마음'을 더한 것이며, 마음의 지각에 대한 논의로는 Hattori 1968; Nagatomi 1968; Kajiyama 1998, 44~47을 보라. 여기에 반성적 인식인 자기인식svasaṃvedanā이 더해져야 한다)에 의해 생기는 인식 사건을 의미하는 말로 사용한다. '사고'는 대체로 증인 혹은 추론적 사고에 의해 생기는 인식 사건

냐나슈리미트라의 배제론은 추론인이나 추론에 의한 인식 사건의 내용뿐 아니라 지각적 인식 사건의 내용(그리고 지각적 경험의 현상학에 대한 관련 논점들)을 설명하는 데도 적용되었다.[7] 다른 모든 배제론자

을 의미하는 말로 사용한다. 배제론이 정신적 내용에 대한 유일한 이론이 되었다는 주장으로 내가 의미하는 것은, 이 이론이 분명히 인식 사건(즉 '결정된 내용'adhyavaseya)의 '개념적' 내용을 설명하는 데 사용되었고, 그런 가운데 또한 인식 사건의 '비개념적' 내용(즉 '현현된 내용'grāhya)도 설명하게 되었다는 점이다.

7) 불교 인식론자들 — 다시 말해서 디그나가와 다르마키르티의 철학 전통의 계승자들 — 에 따르면 인식의 타당한 양식에는 지각과 추론/언어라는 두 가지만 있다. 그 결과 그들이 지대한 관심을 가지며 또 중요시했던 것은 바로 인식 사건의 내용이 된다. 이 철학 전통에 대한 뛰어난 소개로는 Kajiyama 1998; Hattori 1968; Dreyfus 1997; Dunne 2004가 있다. 이 특수한 논점에 대한 보다 자세한 논의에 대해서는 McCrea and Patil 2006을 보라. 다르못타라는 다음과 같이 '다중-내용' 관점에 대한 설명을 최초로 명확하게 제시했다. "이 4중 지각의 대상 — 즉 인식되는 사물 — 은 개별자다. 개별자(svalakṣaṇa)는 상(lakṣaṇa, 相)이라는 속성, 즉 바로 그 자체(sva)인 독특한 특성이다. 사물은 개별적 특성과 일반적 특성을 가지기 때문이다. 그리고 이 둘 중 개별적인 것은 지각에 의해 '파악'된다. 타당한 인식의 대상은 이중적이기 때문이다. 파악되어 그 이미지를 낳는 대상과 우리가 결정해서 얻을 수 있는 대상이 그것이다. 파악된 대상과 결정된 대상은 서로 다르기 때문에, 지각에 의해 파악되는 것은 한순간만 존재하지만 결정된 것 — 지각의 힘에 의해 생겨난 판단을 통해 — 은 연속체일 수밖에 없기 때문이다. 그리고 순간이란 얻어질 수 없는 것이기 때문에 연속체만이 얻어질 수 있는 대상이 될 수 있다"(『니야야빈두』 I.12에 대한 『니야야빈두티카』, ed. Malvania).
여기서 다르못타라의 입장이 얼마나 급진적인가 하는 점을 강조할 필요가 있다. 그 이전에는 불교 인식론 전통에서 지각이 하나 이상의 대상을 가진다고 주장한 사람은 아무도 없었다. 다르마키르티 자신이 말하는 것은 단순히 지각의 대상이 개별자라는 것뿐이다. 다르마키르티의 텍스트를 주석하면서, 『니야야빈두』나 그 외 다르마키르티의 저작들에서 근거를 갖지 못하는데도, '파악된'(grāhya)이라는 말을 도입하고 있다. 이를 통해 지각을 설명하면서 다르못타라는 다르마키르티가 피하려고 했던 정확히 바로 그것, 즉 결정에 의해 연결된 필요가 있는 틈을 만드는 서로 다른 두 종류의 대상으로의 이분화를 도입한 것이다. 다르못타라의 텍스트에 대한 현존하는 산스크리트어판 주석들은, 그가 지각 자체는 파악된 그리고 결정된 대상을 가진다고 정말로 주장한 것은 아니라고 하면서 다르못타라가 다르마키르티와 결별한 정도를 최소화하려고 애쓰고 있다. 저자가 알려지지 않은 『니야야빈두티카티파나』(*Nyāyabinduṭīkāṭippaṇa*) 3(ed. Shastri)에는 다음과 같이 주석이 달려 있다. "[대론자:] 그러나 지각의 대상은 [실제로] 개념화의 대상인데 그것이 어떻게 해서 연속체일 수 있는가? [대답:] 그것이 비유적인 용법이기 때문이

들처럼, 즈냐나슈리미트라와 라트나키르티도 (당시 범인도적) 불교의 관심사였던 '찰나멸' 이론과 보편자에 대한 '유명론'에 전념했다.[8] 그

라고 할 수 있다. 그것은 지각의 기능적 산물인 개념화에 의해 결정되는 방식으로 대상으로 만들어지기 때문에, 비유적인 의미에 기초해서 '지각의 대상'이라고 부르는 것이며, 따라서 여기에는 오류가 없다." 그리고 두르베카미슈라는 다음과 같이 주석을 달았다. "지각에 뒤따르는 판단은 지각에서 파악된 것에 아무것도 첨가하지 않고 그것과 관련해서만 기능하기 때문에, 그[판단]에 의해 결정되는 것은 '지각 자체에 의해 결정된다'라[고 말하]는 것이다"(『다르못타라프라디파』*Dharmottarapradīpa*, 71.21). 이 구절은 McCrea and Patil 2006의 유사한 구절에 기초한 것이다.

8) 찰나멸에 대한 불교의 일반적인 주장은 인과성에 대한 특수한 이해에 기초하고 있다. 그것은 대체로 다음과 같다. 씨앗을 심고 잘 돌보아 주면 싹을 틔운다는 것을 우리는 경험으로 알고 있다. 불교 논사들은 싹을 틔우는 순간의 씨앗은 이전 순간들의 씨앗과 분명히 다른 것이라고 주장하는데, 바로 그 순간의 씨앗은 싹을 틔우는 반면 이전 순간들의 씨앗은 그렇지 않기 때문이다. 그러나 이것이 사실이라면, 싹을 틔우는 씨앗의 직전에 존재하다가 그것(싹을 틔우는 씨앗)을 낳는 씨앗은 그보다 이전의 각각 순간들의 씨앗들과는 어떻게든 달라야 한다는 것도 인정해야 한다. 그것(싹을 틔우기 직전의 씨앗)은 싹을 틔우는 씨앗을 낳지만 그것들(그 이전 순간들 각각의 씨앗들)은 그렇지 않은 것이다. 그렇다면 그 이전 순간의 씨앗, 즉 싹을 틔우는 씨앗을 낳았던 씨앗을 낳은 씨앗, 그리고 그 이전 순간의 씨앗 등에 대해서도 마찬가지의 주장을 할 수 있다. 따라서 관찰된 하나의 사건 — 씨앗에서 싹이 트는 것 — 에서 우리는 그 씨앗의 과정에서 각각의 순간이 다른 어떤 순간과도 다르다는 것을 인정해야 한다. 만약 모든 각각 순간의 씨앗이 서로 동일하다면, 그 씨앗은 존재하는 모든 각각 순간에 그 결과, 즉 싹을 틔워야 할 것이다. 따라서 시간의 흐름 속에서 씨앗의 연속성은 단일 존재의 영속성에 기초해 있지 않은 것이다. '연속성'은 단지 외관상의 것일 뿐이다. 그리고 불교 논사들이 '연속체'(continuum, santāna)라는 말로 지칭하는 것이 바로 이 시간의 흐름 속에 나타나는 외관상의 모습이다. 실제로 어떤 결과를 낳는 대상은 모두 이와 같이 순간적이어야 한다는 사실을 여기서 유추할 수 있다. 이에 대해 더 자세한 것은 Stcherbatsky 1984, 79~118; Steinkellner 1969; Von Rospatt 1995를 보라. 이 개념의 초기 역사에 관한 논의로는 Yoshimizu 1999; Oetke 1993을 보라. 다르마키르티의 유명한 논의인 찰나멸 논증 — '존재'에서 찰나멸을 추론적으로 논증하는 것(sattvānumāna) — 에 대해서는 Dunne 2004, 91~97을 보라. 티베트어로 된 다르못타라의 '찰나멸 논증'(Kṣaṇabhaṅgasiddhi)을 독일어로 옮겨 편집한 Frauwallner 1935를 보라. 이 텍스트에 대한 분석으로는 Tani 1997을, 후기 불교 인식론자들의 작업에서 이 이론을 논의하는 것으로는 Mimaki 1976; Woo 1999; Tani 1999를 보라. 이 설명은 McCrea and Patil 2006에 있는 유사한 내용에 기초한 것이다.

들이 스스로 상정했던 과업은 이 두 가지 제약이 주어진 상태에서 정신적 내용 — 그리고 특히 개념적 내용 — 에 대해 만족스러운 설명을 제시하는 것이었다. 이 글에서는 즈냐나슈리미트라와 라트나키르티의 작업에 기초한 배제론을 포괄적으로 해석해 보고, 그것을 통해 현대의 배제론자들이 적절한 대답을 내놓아야 하지만 그렇지 못할 수도 있는 문제를 제기해 볼 것이다. 주석에서는 즈냐나슈리미트라와 라트나키르티의 저작에서 구절들을 인용해서 내가 이 이론을 재구성한 것을 부분적으로는 옹호할 것이다.[9)]

배제론의 포괄적 형태

배제의 이야기

배제론은 우리가 인식 사건의 개념적 내용이라고 여기는 것이, 어떻게 직접적으로 그리고 비개념적으로 인식에 나타난다고 여겨지는 것으로부터 구성되는지에 대한 배경을 제시하는 이야기 — 사후에 생기는 이야기 — 이다.[10)] 그 전체 구조는 최선의 설명으로서의 추론인데, 그

---

9) 라트나키르티의 「배제의 증명」(『아포하싯디』) 번역본은 이 책의 자매 웹사이트인 www.cup.columbia.edu/apoha-translation에서 구할 수 있다. 즈냐나슈리미트라의 「배제론」(『아포하프라카라나』) 번역본은 McCrea and Patil 2010에 출판될 예정이다. 내가 '오늘날의 배제론'이라고 부르는 것의 예로는 Siderits 2006을 보라.

10) 이 이론은 비개념적 내용 — 현현된 내용(grāhya-viṣaya) — 에서 개념적 내용 — 결정된 내용(adhyavaseya-viṣaya) — 이 어떻게 구성되는지에 대한 설명을 제시하는 것으로 생각할 수 있다. 전통적 배제론자들에 의하면 우리는 결정된 내용과 독립적으로는 현현된 내용에 이르지 못한다는 의미에서 그것은 '배경 설명'이라고 할 수 있다. '상

것은 그 과정에서 많은 주요 하위 주장들을 이용한다.[11] 그 결과 이 이야기의 포괄적인 형태는 다른 많은 좋은 이야기들처럼 시작, 중간, 그리고 끝을 가지게 된다.

시작: '동일성'(identity)의 조건들인 I를 가지는 어떤 대상 p에서 시작한다. I는 p를 개체화하는 조건들의 집합이다.

정확히 우리가 왜 이 p에서 시작하는지, 그리고 그것의 존재론과 그것의 동일성의 조건들의 정확한 본성에 관한 문제는 지금으로서는 잠시 보류해 두자. 하지만 이 물음들에 대한 대답이 어떤 것이든, 이 대상을 공간적으로도 시간적으로도 외연을 갖지 않는 찰나적 존재인 '개별자'(svalakṣaṇa)라고 부르기로 하자.[12]

중간: I의 하위 집합인 S가 '선택' 조건들의 집합을 규정한다고 하자. 이

향식' 접근법은 사후적으로만 가능한 것이다. 배제론에 대한 고찰에서 '하향식' 방식과 '상향식' 방식에 대한 논의로는 이 책에 실린 틸레만스의 글과 가네리의 글을 보라.

11) 많은 하위 논증들은 개념적 내용에 대한 대안적 — 특히 의미론적 가치에 대한 — 설명들이 옹호될 수 없음을 보여 주는 것과 연관되어 있다. 여기에 대한 간략한 논의로는 Patil 2003; Patil 2009 및 특히 이 책에 실린 센의 글을 보라. Dravid 1972; Siderits 1991도 참조할 수 있다. 이런 주장의 전체적 구조를 알기 위해서는 『라트나키르티니반다발리』(*Ratnakīrtinibandhāvalī*) 66.08ff.를 참조하면 도움이 되는데, 여기서 라트나키르티는 추론의 형식을 사용하여 그의 주장을 펼치고 옹호한다.

12) 목샤카라굽타는 자신의 저작 『타르카바샤』에서 개별자를 즈냐나슈리미트라와 라트나키르티가 설명하는 방식과 완전히 똑같이 설명한다. 그는 개별자란 "동일한 집합에 속하는 것들로부터도 다른 집합에 속하는 것들로부터도 배제된 것"(sajātīya-vijātīya-vyāvṛtta)이라고 말한다.

선택 조건들의 집합은 비(非)유사성 집합인 비P, 즉 S를 만족시키지 못하는 대상들의 집합, 다시 말해서 배제론자들이 비p들이라고 부르는 대상들의 집합을 구성하는 토대이다.[13)]

이 '구성'이 정확히 어떻게 일어난다고 가정되는가에 대한 물음인 왜 이 S인가 하는 질문들은 다시 한번 제쳐 두기로 하자.

끝: 결국 비유사성 집합인 비P를 배제함으로써 P류(類)의 유사성 집합을 구성한다. P류의 유사성 집합은 S를 만족시키는 대상들로 이루어지는데, 다시 말해 모든 p들로 이루어진다. 여기서 이 구성 과정이 '배제'라는 용어로 표현되며, 그것은 적어도 지금으로서는 비P의 대립항(complement)을 구성하는 과정으로 이해할 수 있다.

p, 선택 조건들의 집합 S, 그리고 분석을 위해서는 분리할 수도 있지만 반드시 분리되어 있다고는 할 수 없는 두 과정 — 그중 하나는 배제이다 — 에 기초해서 배제론자들은 P류의 유사성 집합이 구성될 수 있다고 가정한다.[14)] 그들은 나아가서 개념적 내용, 좀 더 자세하게 말하면 우리가 의미적 가치, 추론적 인식의 대상들, 그리고 지각적 인식

---

13) 예를 들어 『즈냐나슈리미트라나반다발리』(*Jñānaśrīmitranibandhāvali*)의 『아포하프라카라나』 221.26~222.02를 보라. 개념화에서의 선택성에 대한 논의로는 Dunne 2004; Kellner 2004; Patil 2003을 보라.

14) 배제론에 대한 다른 설명들로는 Ganeri 2001; Herzberger 1975; Patil 2003; Siderits 1991; 1999; 2006을 보라.

의 현상적 대상들이 그러할 것이라고 여기는 것을 가장 잘 설명하고 특징지을 수 있는 것이 바로 이 유사성 집합이라고 가정한다. 개념적 내용이 구성되는 데 있어서 토대가 되는 것이 바로 비개념적 내용인 것이다. 개념적 내용에 대한 설명을 제시하는 데 있어서 비개념적이라는 관념이 너무 뚜렷하게 대비되기 때문에, 배제론은 또한 적어도 부분적으로는 비개념적 내용에 대한 설명도 제시한다.[15] 따라서 이 이론은 개념적이든 비개념적이든 정신적 내용에 대한 불교 이론이라고 이해하는 것이 최선이라고 생각된다.[16]

자세한 이야기

이와 같은 포괄적인 형태로는 물론 이 이론을 충분히 설명할 수 없고,

---

15) 상대화에 대한 논의로는 McCrea and Patil 2006을 보라. '비개념적'이라는 것은 내용이 인식에 나타나는 방식을 가리키는 말이지 '결코 개념적이 아니'라는 뜻이 아님을 주목해야 한다. 바꾸어 말하면, 이전에 개념적으로 구성되었던 어떤 이미지(찰나멸성을 제외하고)가 인식에 비개념적으로 나타날 수도 있는 것이다. 예를 들면 회상된 이미지 p가 이런 경우에 해당될 때가 많다.

16) '비개념적'이라는 말은 인식 사건의 내용인 이미지가 인식(pratibhāsa)에 직접적으로 나타난다는 의미에서 인식 사건의 내용을 가리킨다. 이런 이미지를 가장 잘 설명하는 말인 연속체의 과정에는 어떤 형태의 개념적 구성이 있었을 수도 있다. 그러나 이 경우의 인식 사건에서 이미지 자체는 직접적으로 나타난다. 예를 들어 습관적 행동에 대한 즈냐나슈리미트라의 언급을 살펴보자. "그리고 비록 완전히 습관적인 행동의 경우 어떤 것은 단지 외관상으로만 행동의 대상이라고[그리고 결정을 수반하지 않는다고] 할지라도, 그럼에도 불구하고 바로 그 습관화는 결정 없이는 있을 수 없었다. 따라서 이것[우리가 습관적으로 행동할 때 외관상의 상태에만 의지한다는 사실]은 그 자체가 [이전의] 결정의 힘으로 인한 것이다. 그러므로 '습관화가 없을 때 그것에 의해 결정되지 않는 그 어떤 것도 [인식 사건의 대상이 아니다]'라는 [앞에서 주어진 기준에 대한] 조건이 필요한 것이다"(『즈냐나슈리미트라니반다발리』, 『아포하프라카라나』 230.27~231.02).

성공적인 배제론자가 대답해야 하며, 사실 과거의 배제론자들이 아주 많은 방식으로 대답해 온 문제를 불러일으킨다.

• 시작에 대한 질문

아마도 배제 이야기에서 그 시작에 관한 가장 명백한 질문은 어떤 종류의 p가 가정되는지, 그리고 왜 하필 다른 어떤 p나 q가 아닌 이 p로 시작해야 하는가 하는 점과 관련되어 있다. 흔히 p는 정신적 이미지(ākāra)로서 그 특수한 형태(rūpa) 혹은 동일성 조건들(I)은 (F1) 단지 개인적인 요소들(개인의 습기vāsanā들 혹은 업보에 의한 잠재적인 성향 등),[17] (F2) 상황적 요소들(그 사람이 있는 장소, 최근의 흥미/관심들, 그 사람이 속해 있는 대화적 혹은 추론적 맥락 등),[18] (F3) 확립된 사회적 관습 혹은 기준들,[19] 혹은 (F4) 배제론자 모두는 아니더라도 몇몇에게는,

---

17) 『라트나키르티니반다발리』, 『아포하싯디』 65.28~66.05를 보라.

18) 켈너가 '상황적 요소'라고 부르는 것에 대한 논의는 Kellner 2004를 보라.

19) 『즈냐나슈리미트라니반다발리』, 『아포하프라카라나』 204.08~204.16: "그대가 여기에 대해 말한다면, 그렇다면 똑같은 방식으로, 관습적 연상의 형태가 다음과 같이, 즉 '소라는 말이 비(非)소들로부터 배제된 것을 가리킨다'라고 말해진다면, 여기에는 오류가 없다. 그러나 만약,
ⓐ 언어를 배우는 사람이, 화자가 의도하고자 하는 개별자들에 관한 단일 이미지를 포함하는 반성적 인식을 가지고 있고,
ⓑ 그 사람이 상황에 기초해서 그것들에 대한 결정적 인식을 형성하게 되고,
ⓒ 화자가 '이것은 소다'라는 관습적인 연상을 한다면,
어떤 문제가 있을 수 있는가?
언어를 배우는 그 사람이 자신의 개념적 인식 영역에 포함되는 모든 개별자들 — '비소들로부터 배제된' 등과 같은 설명에 의지하지 않은 채 그 집합에 속하지 않는 모든 개별자들로부터 그 자체로 배제되는 — 이 '소'라는 말로 표현된다고 이해하기 때문이다. 그러므로 '소'라는 말로 그는 자신이 그 집합에 속하지 않는 것의 배제라고 파악하는 개별자들만을 가리키게 된다. 그리고 이 때문에 '소라는 말이 비소들로부터 배제

어떤 의미에서 이미지를 만들어 낸다고 여겨지는 대상/들의 속성들에서 기인한다고 가정된다.[20] 많은 배제론자들(예를 들어 디그나가, 다르마키르티, 프라즈냐카라굽타, 즈냐나슈리미트라, 라트나키르티 등)은 우리가 p에 대해 완전히 '접근'할 수는 없다고 본다는 것 — 그것은 그 자체로 현상적으로 불가능하다 — 즉 우리가 p를 인식할 수 있는 어떤 것이라고 생각하지 않는다는 점이 중요하다.[21] 그것은 비개념적인, 혹은 더 정확하게 말하면 '명백한'〔직관적인〕 인식 내용이다.

• 중간에 대한 질문

이 부분은 이야기의 핵심이며 가장 어려운(그리고 흥미로운) 질문이 제기된다. 특히 다음의 네 종류의 물음이 긴급한 것으로 보인다. 그중 하나는 S가 어떻게 구성되는가 혹은 선택되는가에 관한 것이다. I의 다른 부분집합들 대신에 이 S를 구성하는 것은 대체 무엇인가? 여기에

된 것을 가리킨다'라는 설명은 단지 경험적으로 확증되는 해설일 뿐이며 관습 자체의 형태는 아니게 된다. '소'라는 말의 의미론적 기능을 수용하게 되면, 다른 모든 것은 '비소'라는 말에 의해 지칭되기 때문이다. 그러나 그 집합에 속하지 않는 것으로부터 배제된 그 공유된 이미지가 개념적 인식에서 보편자의 모습인지 아니면 그 개별자의 실재 본성인지는 나중에 결정될 것이다. 그러나 순환성의 문제는 없다는 것은 이미 확증되었다." '관습'이 어떻게 형성되는지에 관해서는 McCrea and Patil 2006과 이 책에 실린 위공의 글을 보라.

20) 이에 대한 라트나키르티의 관점으로는 『치트라드바이타프라카샤바다』(*Citrādvaita-prakāśavāda*) 129.19~129.21을 보라. 이 책에 실린 센의 글에서 언급된 '4중형상'(the form of four and a half)은 대단히 흥미로운 논의를 담고 있다.

21) 이것은 그러나 부분적으로는 개별자들이란 '표현할 수 없다'라는 주장을 분석하는 하나의 방식이다. 개별자의 표현 불가능성에 대해서는 Hattori 1968; Dunne 2004 및 『즈냐나슈리미트라니반다발리』를 논의하는 McCrea and Patil 2006과 『라트나키르티니반다발리』를 논의하는 Patil 2003을 보라.

대해서는 보통 S가 (F1)에서 (F4)에 있는 것과 같은 기본 요소들에 기초해서 형성된다는 대답이 제시되며, 그중에서도 특히 개인적인 관심, 기호, 성향, 그리고 과거의 경험 등 혹은 맥락에 따라서는 사회적 관습과 실천이 강조된다. S를 만들어 내는 데 있어서 전부는 아니더라도 몇몇 요소들은 p를 낳는 요소들에서 온 것이다. 만약 그렇게 옮겨 오지 않은 요소들이 있을 때는 그것들을 (F5)라고 부르기로 하자. 두 번째 종류의 질문은 비유사성 집합 비P가 S에 기초해서 '구성된다'라고 하는 것이 정확히 무슨 의미인지에 관한 것이다. 이것에 대한 일반적인 대답은 비유사성 집합 비P는 S를 만족시키지 않는 대상들, 즉 배제론자들이 비p들이라고 부르는 대상들에 의해 정의된다는 것이다. 전통적인 배제론자들은 비p들이 모이고 함께 묶이는 과정에도 주목하지 않았고, 비유사성 '집합'인 비P가 어떤 종류의 대상인지에 관한 더 자세한 설명도 제시하지 않았다. 즈냐나슈리미트라와 라트나키르티의 견해는 이 비유사성 집합이 결코 대상이나 정신적 이미지가 아니라는 주장처럼 보인다. 대신에 비P가 구성되는 배제의 전체 과정 안에 어떤 하위 과정이 있고, 그것 자체는 이 과정의 원인이 전혀 되지 않는 것처럼 보인다.[22] 세 번째 부류의 질문은 비p들이 S를 '만족시키지 않는' 대상이라는 말이 무슨 의미인지에 관한 것이다. 비p들은 S 안에 코드화된 기대 요인들 내에서 기능할 수 없는 대상들이라는 것이 여기에 대해 제시되는 기본적인 생각인 것처럼 보인다. 네 번째 부류의 질문은 대체 왜 이 이야기에 중간이 있어야 하는지에 관한 것이다. 예를 들

---

22) 요점을 이렇게 정식화하는 데에 있어서 마크 시더리츠를 주로 참조했다.

어 비유사성 집합을 오로지 그 자체를 배제할 목적으로만 구성해야 할 필요가 어디에 있는가? P류는 S를 만족시킨다고 여겨지는 모든 대상들로 이루어진다고 간단하고도 직접적으로 주장하는 것으로는 충분하지 않은 것인가? 이 이야기에 중간, 특히 비유사성 집합 비P가 없다면 이야기가 불완전하게 될 것이고, 그렇게 되면 '지시의 결정 불가능성'과 같은 '결정 불가능성'과 관련된 문제들을 설명할 수 없기 때문이라고 배제론자들은 생각하고 있는 것 같다. 이런 맥락에서 이러한 결정 불가능성들은 더 정확하게는 '개념화의 결정 불가능성', '개념적 내용의 결정 불가능성', 혹은 앞으로 보게 될 것처럼, 우리가 지시하는 것들을 포함한 '판단 가능한(actionable) 대상들'의 결정 불가능성이라고 부를 수 있을 것이다.[23] 배제론자들은 개념적 내용이란, 유사성 집합 P류가 p들을 그리고 오직 p들만을 포함한다고 정의된다는 의미에서, 다시 말해서 p들을 포함하면서 동시에 비p들을 배제한다는 점에서, 구조화되는 것이라고 생각한다. 이야기의 중간이 없이는 보편자와 같은 존재들에 실존적으로 연루되지 않는 방식으로 이 구조를 설명할 길은 절대 없다고 생각하는 것이다.

23) Patil 2003, 237~240(그리고 거기에 포함된 『라트나키르티니반다발리』 자료), 『라트나키르티니반다발리』의 『아포하싯디』 59.16~59.20)와 『즈냐나슈리미트라니반다발리』의 『아포하프라카라나』 204.08~204.16을 보라. 여기서 강조해 둘 것은 라트나키르티와 즈냐나슈리미트라 둘 다 낱말의 지시 대상을 실물 지시적으로 확정하는 것은 어떤 개념화의 형태를 전제하며 또 대상 확정을 성공적으로 설명하려면 특정의 의미론적 가치를 지닌 어떤 낱말이 왜 그 의미론적 가치만을 지니는지를 밝힐 수 있어야 한다는 생각에 상당히 신경을 썼다는 점이다.

• 끝에 대한 질문

배제 이야기의 끝에 대한 가장 긴요한 질문은 유사성 집합 P류가 어떤 종류의 것인가, 즉 어떤 표현에 있어서든 그 의미론적 가치를, 어떤 추리 사건이든 그 내용을, 그리고 지각의 현상적 내용을 설명할 수 있을 만큼 포괄적인 성격을 가지고 있는지의 여부에 관한 것이며, 또 전체 배제 과정 중 보통 '배제'라고 부르는 제2의 하위 배제 과정에 의해 그것(P류)이 형성될 수 있다는 것은 무슨 의미인지에 관한 것이다. 이 질문들은 전체 배제 과정의 결과물에 초점을 맞추는 것이다. 그러나 비유사성 집합 비P로부터 유사성 집합 P류가 구성되게 해주는 과정을 정확히 어떻게 이해할 수 있는가에 대한 질문도 있어야 한다. 예를 들어 만약 비유사성 집합 비P가 어떤 종류의 대상도 아니라면, P류가 비P의 '여집합'이라고 말하는 것이 무슨 의미인지는 불분명해지게 된다. 즈냐나슈리미트라와 라트나키르티에 의하면, P류는 분명히 정신적 이미지(ākāra)이다. 라트나키르티는 대부분의 경우 그것을 타자의 배제에 의해 성격이 부여되는 긍정적인 대상(anyāpohaviśiṣṭavidhi), 다시 말해서 그것이 아닌 것에서 분리된 일반적인 것(atadrūpaparāvṛttavastumātra), 즉 일반화된 이미지라고 설명한다. 이 대상을 구성하는 요소는 두 가지인데, 그것은 이른바 긍정적 구성 요소인 정신적 이미지와 부정적 구성 요소인 배제이며, 이 둘은 분석적 혹은 개념적으로만 서로 분리될 수 있다.[24] 이 대상은 개념적

24) 이 복합 긍정 대상에 대한 라트나키르티의 설명에 대한 더 자세하고 텍스트에 기초한 설명으로는 Patil 2009를 보라.

내용의 근거가 된다고 주장되는데, 그것이 결국에는 언어적·정신적·물리적 행위 중 어떤 것이건 간에 그 행위의 대상(혹은 피동작주)이 된다고 여겨지기 때문이다. 바꾸어 말하면, 그것이 유일하게 '판단 가능한' 종류의 대상인 것이다.[25] 특정 배제론자의 존재론은 차치하더라도, 우리 앞에 있는 것으로 경험/주목/생각하는 것이 실제로 그렇게 거기에 있다고 하는 것은 결코 사실이 아니다. **수용되는〔수용 가능한〕 것**(p)과 **판단되는〔판단 가능한〕 것**(P류) 사이에는 언제나 '불일치'가 있는 것이다. 즈냐나슈리미트라와 라트나키르티에 따르면 수용되는 것(즉 직접적으로 현존하고/명백하게 인식되는 것)과 판단되는 것(즉 개념적 내용) 사이의 틈은 결정(adhyavasāya)에 의해 메워지는데, 이들에게는 그것이 바로 배제이다.[26]

배제가 설명한다고 가정되는 또 다른 것은?

즈냐나슈리미트라와 라트나키르티 같은 전통적 배제론자들에 따르면, 배제론은 수많은 판단 가능한 대상들 — 의미론적 가치와 우리가 '추론적' 그리고 '지각적' 가치라고 부를 수 있는 것을 포함해서 — 과 관계들에 대해 설명한다고 가정된다.[27] 예를 들어, 즈냐나슈리미트라

---

25) 『즈냐나슈리미트라니반다발리』의 『아포하프라카라나』 226~227: "'여기 불이 있다'라는 결정이 신체적 행동을 낳는 것과 마찬가지로, 그와 똑같이 그것은 '내가 불이 있음을 파악했다'라는 언어적 [행동] 또한 낳는다. 그것은 정신적 행동, 즉 [언어적 진술과] 동일한 형상을 지니는 반성적 인식 또한 낳는다."

26) 결정에 대한 더 많은 논의로는 McCrea and Patil 2006을 보라.

27) 여기에 대한 논의로는 Patil 2009를 보라.

와 라트나키르티류의 이론이 어떻게 의미론적 가치를 설명하는 데 이용되는지 살펴보자.

배제의 용도: 의미론적 가치

배제론이 설명하는 것으로 가장 많이 생각되는 것은, 예를 들어 "소를 끌고 오라"라는 문장에서 '소'라는 낱말과 같이 어떤 낱말을 이해할 때 우리가 정확히 무엇을 알게 되는가에 대한 설명이다. 라트나키르티는 그러한 상황에서 '소'라는 말을 들으면 이전에 보았던 '소'에 대한 기억을 떠올린다고 주장한다(『라트나키르티니반다발리』의 『아포하싯디』 63.20~63.21). 이런 식으로 기억을 떠올리게 되면 범례적인(paradigmatic) 소의 이미지를 현현시키게 된다. 이런 상황에서 이 이미지가 대상 p이며, 배제의 이야기는 바로 이것에서 시작된다. 이 이미지가 인식 속에 현현되어야 할 것을 배제 이야기가 필요로 하는 한, 그것은 개별자여야 한다. 그러나 그것을 현현된 '소 이미지'로서 회고적으로 떠올리는 한, 그것은 보편자의 정보 구조를 가져야 한다. 이 경우 그것을 특정 소의 그림이라고 여기는 경우는 수직적 보편자일 것이고, 보다 포괄적인 것으로 여기는 경우는 수평적 보편자라고 할 수 있을 것이다.[28] 이와 같은 이미지가 인식에 나타나기 위해서는 아주 많은 것이 분명히 미리 갖추어져 있어야 한다. 예를 들어 그 사람은 이미 언어를 이해할 수 있어야 하며, '소'라는 말의 사용에 관련된 관습을 자신에

---

28) 『라트나키르티니반다발리』에서의 이 개념들에 대한 논의로는 Patil 2003을 보라.

게 처음 가르쳐 준 사람에 의해 그 이름표가 붙는 대상이 어떤 것인지를 알 수 있을 만큼 충분히 대상들을 개체화할 수 있었음에 틀림없으며, 그리고 그 사람은 자신이 듣고 있는 ㅅ-ㅗ라는 음성의 독특한 집합이 그 관습이 확립되었을 때 자신이 들었던 소리들과 아주 비슷하다는 것을 알 수 있어야 한다. 기억에 대한 설명을 제시하는 것 외에도, 성공적인 배제론자는 배제 이야기가 의존하는 '관습' — 언어적이든 지각적이든 — 을 확립하게 해주는 모든 것을 설명할 수도 있어야 한다.

그러면 I가 회상된 소 이미지 p의 동일성 조건들의 집합이라고 가정해 보자. 동일성 조건들의 하위 집합 S에 기초해서 비유사성 집합 비P가 구성된다고 가정된다.[29] 회상된 소 이미지에서 목젖, 뿔, 꼬리, 그리고 소의 모양(색깔은 제외)이라고 여겨지는 것에 의해 S가 정의된다고 가정해 보자.[30] 그렇다면 비P는 S를 만족시킨다고 여겨지는 것 외의 모든 것들의 집합, 즉 목젖, 뿔, 꼬리, 그리고 소의 모양이라고 여겨지는 것들을 가지지 않는 것들의 집합이 될 것이다. 비P는 분명히 목

29) 라트나키르티도 배제를 생기게 하는 요소들을 다양한 방식으로 설명한다. 그는 예를 들어, 이 존재들은 '이외의'(anya), '다른'(para), '그것이 아닌'(atad), '그것이 아닌 집합에 속하는' 것(atajjātīya), '다른 대상들'(viṣayāntara), 혹은 '그것이 아닌 형상을 가진' 것(atadrūpa) 등이라고 한다. 이런 표현들은 배제를 생기게 하는 요소들이 다르거나 타자라는 생각을 명확히 하는 데 도움이 된다. 그것들은 다른 형상을 가지거나 다른 집합에 속한다는 의미에서 '다르'거나 '타자'인 것이다.

30) 『즈냐니슈리미트라니반다발리』의 『아포하프라카라나』 220.02~220.4를 보라: "'강 저쪽 둑에서 소들이 풀을 뜯고 있다'라는 문장의 '소'라는 낱말에서는 군턱, 뿔, 꼬리 등이 — ['소'라는 낱말을 구성하는] 글자들의 형상과 함께 — 사실상 '뭉뚱그려져서' 나타나는데, 그것은 같은 집합에 속하는 것들 사이의 차이에 대해서는 주의를 기울이지 않기 때문이다. 그러나 그것[군턱, 뿔 등의 뭉침]은 자체로는 보편자가 아니다." 『라트나키르티니반다발리』의 『아포하싯디』 63.10~63.16).

젖, 뿔, 꼬리, 그리고 소의 모양이라고 여겨지는 것들, 즉 어떤 것이든 S의 기대 요인들이 되는 것들로 인해 구성된다. 배제론자들에 따르면 이것은 (F1)에서 (F5)까지의 요소들의 결합으로 이루어지는데, 그중에서도 특히 잘 확립된 사회적/언어적 관습인 (F3)의 사항이 많이 강조된다.

배제론자들은 비유사성 집합, 즉 비P를 배제함으로써 유사성 집합 P류를 구성할 수 있다고 주장하며, 이 집합은 소라고 여겨지는 것들 모두를 포함한다고 가정된다.[31] P류는 비P의 여집합이다. "소를 끌고 오라"라는 문장에서 '소'라는 말을 들을 때 내가 이해하는 것은 이러한 유사성 집합/일반화된 이미지/일반적인 것 등이다. 다시 말하지만, 오늘 '내가 소라고 여기는 것'과 내일 '내가 소라고 여기는 것' 혹은 당신이 소라고 여기는 것이 모든 실천적 목적에서 '동일함'을 보증하는 것은 잘 확립된 사회적/언어적 관습이다(F3). 이 관습들은 우리 모두가

---

31) 라트나키르티는 다섯 용어를 가지고 배제의 과정을 나타낸다. '배제'(apoha), '제거'(parihāra), '분리'(vyāvṛtti), '가림'([para]-āvṛtta), '비존재'(abhāva)가 그것이다. 이 용어들은 모두 동의어로 쓰인다. 이런 표현들은 배제란 여러 존재들에 의해 이루어지는 인식 사건들의 요소들에서 구별이나 선택을 행할 수 있는 능력이라는 것을 보여 준다. 라트나키르티는 이 용어들의 의미를 각각 '타자들로부터의 배제에 의해 특징지어지고 다른 집합에 속하는 것들로부터 배제되는 대상'(anyābhāva-viśiṣṭo vijātīyavyāvṛtto 'rthaḥ), '다른 부류에 속하는 것들에 의해 결정되고 배제되는 일반적인 것'(adhyavasitavijātīyavyāvṛtta-vastumātra), '자신의 형상을 갖지 않는 사물들의 전체 모임에서 배제된 일반적인 것'(sakalātadrūpaparāvṛttavastumātra), '자신의 형상을 갖지 않는 것들로부터 배제된 유(類)적 개별자의 본성을 가진 것'(ātadrūpaparāvṛttasvalakṣaṇamātrātmaka), 그리고 '한정된 외적 대상'(adhyavasita-bāhya-viśayatvam)이라고 설명한다. 『라트나키르티니반다발리』의 다음을 보라. 『아포하싯디』 66.05~66.06; 66.13; 66.20; 『크사나방가싯디 안바야트미카』(*Kṣaṇabhaṅgasiddhi Anvayātmikā*) 73.21~73.23; 『비야프티니르나야』(*Vyāptinirṇaya*) 109.17.

소라고 여기는 것을 알려주는 기준들을 제공한다고 가정된다.[32]

배제론자들은 따라서 "소를 끌고 오라"라는 문장에서 '소'라는 말을 들을 때 이해되는 것은 P류라는 복합적 대상이며, 이 대상은 p로부터 비유사성 집합 비P를 배제함으로써 구성된다고 주장한다. 배제론자들이 의미론적 가치라고 여기는 것은 바로 이 '대상'이다. 앞에서 설명했던 현현된 소 이미지 p에 기초해서, 예를 들면 '소', '황소'('색'이라는 구성 요소를 더하면), '짐을 나르는 동물' 등의 유사성 집합들이 얼마든지 많이 구성될 수 있다는 점은 반드시 명심해야 한다. 게다가 배제 이야기에 의하면 이 모두는 보편자나 어떤 종류의 공유된 속성에도 의지하지 않고서도 설명될 수 있다.

배제에 대한 질문

성공적인 배제론자가 다루어야 할 문제 영역이 (적어도) 다섯 가지 정도 있는 것 같다. 하지만 이 '문제 영역'들을 고려할 때 주의해야 할 것은 전통적인 배제론자들은 보편자, 개별자, 혹은 이 둘의 어떤 결합 형태 같은 의미론적 가치(그리고 개념적 내용)에 대한 자신의 설명과 다른 것처럼 여겨지는 입장들에 대해 반박할 때만 자신들의 배제론을 발전시키고 옹호했다는 것이다.[33] 배제 이야기를 할 때는 다른 가능한 어

32) 라트나키르티 같은 배제론자들은 배제가 왜 자의적이지 않은가를 설명하기 위해 인과적 요소를 사용한다. 예를 들어 라트나키르티의 『크사나방가싯디 안바야트미카』 74.07~74.15; 73.12~73.17을 보라. 이는 Woo 1999에 번역되어 있다. 『라트나키르티니반다발리』의 『아포하싯디』 65.25~66.05 또한 보라.

떤 대안도 수용될 수 없다는 결론이 이미 전제되어 있는 것이다.

문제 1: 동의

(F1)에서 (F4)까지는, 이 글도 그러하듯이 왜 논의를 p에서 시작해야 하는지, 그리고 (F5)를 여기에 더하면, 왜 이 p가 자신이 하는 일인 이미지의 구성을 유발하거나 촉발하는지를 설명할 때 배제론자가 의지할 수 있는 요소들이다.[34] 선택 집합 S를 구성하고, 배제 과정이 자의적이지 않다고 말할 수 있는 것도 이 요소들에 의지한 결과이다. (F1)에서 (F5)까지가 C라는 맥락을 정의한다고 가정해 보자. 배제론자들이 (F1)에서 (F5)까지의 요소들에 의존한다고 해서, 비슷해 보이는 맥락들에 대한 개별 주체의 동의나 일치 혹은 단일한 맥락으로 보이는 것에 대한 상호 주관적 동의가 가능한 이유를 설명하기에 충분하지는 않은 것 같다. 먼저 개별 주체의 동의의 경우를 고려해 보자. 이것은 배제론자가 서로 다른 수많은 맥락들에서, 예를 들어 "아스피린을 좀 가져다주십시오"라는 문장(혹은 아스피린을 먹으려는 개인적 바람)에서, '아스피린'이라는 낱말이 왜 늘 그렇듯이 특정한 p에 대한 기억을 불러일으키고 그 p는 또 늘 그렇듯이 일반화된 아스피린 이미지의 구성을

33) 이런 논증들에 관한 뛰어난 논의로는 이 책에 실린 센의 글을 보라. 라트나키르티의 설명에 관련해서는 『라트나키르티니반다발리』의 『아포하싯디』 60.20~63.09에서는 감각 가능한(sensible) 개별자에 반대하는 주장을, 63.10~65.14에서는 보편자에 반대하는 주장을 볼 수 있다.

34) 이 책에 실린 틸레만스의 글과 드레퓌스의 글에도 또한 이 문제가 논의되어 있다.

유발하는지를 설명해야 하는 경우이다. 이 서로 다른 — 그러나 1인칭 시점에서 보면 서로 관련되어 유사한 — 상황들 각각에서 일반화된 아스피린 이미지가 구성되는 것은 무슨 이유에서인가? 왜 다른 많은 상황들이 아닌 이 상황이 적절한 배제를 촉발하는가? 반대 의견들이 있기는 하겠지만 내 생각에는, 배제론자들이 내놓을 수 있는 최선의 대답은 다소 거친 요소들을 참조하면서 단순히 이렇게 말하는 것이 될 것 같다. '그것이 그렇게 하기 때문'이라고. 이와 비슷하게, C라는 단일한 것으로 보이는 상황에 대한 상호 주관적 동의에 대한 설명도 이런 억지스러운 요소들에 의존할 때 제시할 수 있을 것이다. 자신 앞에 있는 동물이 무엇인지 말해 보라는 말을 들었을 때 영어를 구사할 수 있는 화자는, 우리 모두가 일반적으로 '카우'(cow)라고 말할 수 있는 토대가 되는 일반화된 소 이미지를 왜 구성하는가? 각자가 '수용할 수 있는 것'과 각자가 배제를 통해서 개인적으로 구성하는 '판단할 수 있는' 대상이 다르다는 점을 고려하면, 그것은 놀라운 우연의 일치인 것처럼 보인다. 배제론자는 이것을 어떻게 설명할 수 있을까? 이 점에 대한 배제론자의 최선의 대답 역시 마찬가지일 것이다. '그것이 그렇게 하기 때문'이라고.

하지만 아마도 배제론자는 (F1)에서 (F5)까지가 — 그중에서도 특히 모든 사람이 편입되어 있는 확립된 사회적 그리고 언어적 관습인 (F3)가 — 이 놀라운 우연의 일치처럼 보이는 것을 사실상 설명할 수 있다고 항변할 것 같다.[35] 이 관습들은 기준을 제시한다고 가정되며 우

35) 각주 34번 참조.

리는 그것에 따라 개념적 내용을 구성하는 것이다. 이 이론이 (F3)를 이용해서 선택 집합 S와 그것이 정의하는 기대 요인들이 왜 '공유되는지'를 설명할 수 있다. 반면에 그 외의 다른 요소들 — (F1), (F2), (F4), (F5) — 이 왜 비슷한지(예를 들어 우리가 아주 비슷한 비유사성 집합들을 왜 구성하게 되는지), 그리고 p에 기초해서 구성되는 배제들이 왜 많은 경우 '기능적으로' 등가인지를 어떻게 설명할 수 있을지를 알기는 매우 어렵다. 잠재적 업으로 인한 성향이나 그것의 현대적 대체물인 자연선택에 기대서 이 점을 설명하게 되면 문제를 원점으로 되돌려 버리게 된다. 만약 기대 요인들, 그것들을 만족시키는 조건, 그리고 좀 더 일반적으로 말하면 기능적 유사성들이 자연선택에 의해 설명된다면, 다음과 같은 문제가 남게 된다. 왜 자연선택이 이것을 설명하는가? 단지 그것이 그렇게 하기 때문인가? 전통적인 배제론자들이 예를 들어 찰나멸성 — 그리고 이와 밀접하게 연관된 대상 개체화, 관계, 그리고 인과적 효과성(arthakrīyā) — 과 비타협적인 유명론에 전념했던 전통을 벗어나지 않으면서, 배제론자들이 이것을 설명하는 것 혹은 자연선택이 작동하는 방식과 이유를 설명하는 것이 가능한지는 확실치 않다.

문제 2: 편차

p류는 어느 정도로 세밀한 것일까? 우리 모두가 (F1), (F3), (F4)가 포함될 정도로 아주 넓은 사회적 관습들의 집합에 따라 행동한다고 가정해 보자. 또 사람의 서로 유사한 성향, 우리가 문화화되는 방식, 우리의 환경에 대한 사실 등에 기초해서 이 유사성들을 자연주의적으로 설

명할 수 있다고 가정해 보자. 그래도 배제론자들이 인정하듯이, 우리의 개인적 관심사, 경험, 능력 등 좀 더 개인적인 다른 요소들이 존재하며, 이런 것들은 배제 과정에 영향을 미치고 서로 약간씩 다른 유사성 집합들이 구성되는 것을 설명해 주는데, 그것은 (F1), (F3), (F4)가 고정되어 있다고 가정될 때도 그러하다. 이 다른 요소들 외에도, 비유사성 집합 비p의 구성과 유사성 집합 p류의 구성이라는 두 가지 구성 과정이 있다. 이 과정들 — 특히 첫 번째 것 — 은 인식론적인 것으로 보이며, 적어도 어느 정도는 우리 자신, 그리고 무엇이 S를 만족시킬지를 구별하고 '아는' 우리의 능력에 맞추어져 있다. 문제가 되는 것은 이 이론이 우리가 구성하는 이미지들에서 편차의 정도를 설명할 수 있는가 하는 것인데, 이 이미지들은 수많은 것들에 대한 개별 주체의 동의와 상호 주관적 동의를 설명할 수 있을 만큼 세밀하면서 또 거칠기도 하다. 여기서 더 일반적인 문제는 배제의 인식론이 개념적 내용의 '세밀함의 정도'를 사실상 적절하게 설명할 수 있는가 하는 것이다. 구성된 것에서 배제 과정을 제한하고 지배하며 세밀함의 정도를 결정하는 것이 무엇인지를 정확하게 밝히는 것이 현대 배제론자의 중심 과제일 것이다.

문제 3: 수용력, 능력, 그리고 힘

배제 이야기가 의존하는 것처럼 보이는 수많은 (얼핏 보기에 신비스러울 정도의) 수용력, 힘, 그리고 능력이 있다. 예를 들어 우리의 모든 마음들(혹은 마음)이 업으로 인한 잠재적 인상의 끝없는 연속에 의해 조건 지어진다고 가정한다면, 이 업의 인상이 정확히 어떤 것인지를 설명할 필요가 있을 것이다. 그것은 어떤 상황 아래서 '성숙하고' p의 현현에 기여하는가? 현현이란 정확히 무엇인가? 자연선택에 의해 조건 지어진 마음에 대해서도 마찬가지의 질문을 던질 수 있다. 배제론이 필요로 하는 것처럼 보이는 마음의 성향을 정확히 무엇이 설명하는가? 정확히 어떤 종류의 능력이 우리로 하여금 비유사성 집합을 구성할 수 있게 해주는지에 대해서도 물음이 제기되어야 할 것으로 생각된다. 이 집합의 성원들을 비p들이라고 확인하고 비p가 부정의 함축적 형식이라는 관점에서 이해될 수 있음을 지적하는 것으로는 충분하지 않아 보인다. 배제가 대립항을 구성하는 능력이라고 말하는 것 또한 충분치 않아 보인다. 비유사성과 유사성 집합의 구성을 설명하는 맥락인 마음의 수용력, 능력, 그리고 힘은 꽤나 신비적인 것으로 보인다.

문제 4: 내용에 대한 관심

배제 이야기에 대한 나의 이론은 배제론이 정신적 내용의 이론, 즉 우리에게 직접적으로 수용되는 종류의 대상들, 그리고 앞에서도 언급했듯이 우리 행동의 기초가 되는 종류의 대상들에 대한 이론으로 이해하는 것이 가장 좋다는 것이다. 나는 이 '수용 가능한' 대상들을 인식 사건의 **개념적 내용**이라고 지칭한 바 있다. 배제 이야기에 대한 나의 이론에서, 개념적 내용을 기술하는 방법 중 하나는 유사성 집합의 관점에 의한 것이 될 수 있음을 제시했다. 하지만 이것이 적절한 것인지는 분명치 않다. 이것은 정확히 어떤 종류의 내용인가? 내가 설명했듯이,

인식의 내용은 때때로 양동이 속의 내용인 것처럼 보인다. (직접적으로든 간접적으로든) 인식을 채우는 재료 같은 것으로.[36] 하지만 그것은 또한 정확성 조건이라는 관점에서 설명될 수 있는 일종의 '정보적' 내용을 가진 신문의 내용처럼 보이기도 한다.[37] 또 이 내용은 마치 소를 비소로부터 구분해 내고 추론을 할 수 있는 능력이 될 수 있기라도 한 듯 보이기도 한다.[38] 전통적인 배제론들은 이런 정의들 각각의 원천이 되고 있다.

즈냐나슈리미트라와 라트나키르티가 말하는 것으로 미루어 볼 때, 인식의 상태에는 두 종류의 내용, 즉 비개념적/현현적인 것과 개념적/한정적인 것이 있다.[39] 개념적 내용은 분명히 그 긍정적 측면과 부정적 측면의 요인으로 고려될 수 있다. 하지만 전통적인 배제론자들이 모든 개념적 내용은 타자의 배제로 특징지어지는 긍정적 존재라는 관점에서 설명될 수 있다고 주장하면서, 지각적 인식과 추론적/언어적 인식의 개념적 내용이 '같다'라고 생각한 정도가 얼마만큼인지는 분명

36) 이것은 '명시적 내용'에 대한 적절한 표현일 것이다. Siegel 2005를 보라. '양동이 속의 내용'이라는 구절은 여기서 힌트를 얻은 것이다. Lawrence and Margolis 1999; Horgan and Woodward 1985 또한 보라.

37) 이것은 '결정된 내용'에 대한 적절한 표현일 것이다. Siegel 2005를 보라.

38) 이것은 배제 과정이라는 개념을 포함하고 있는 것처럼 보인다. 개념의 '능력적 관점'에 관해서는 Brandom 1994; Dummett 1993b; Millikan 2003을 보라.

39) 이런 용어 분류법에 의하면 인식에는 두 가지 상태 — 지각적 상태와 추론/언어적 상태 — 가 있고, 각각은 두 가지 인식 사건들(events/episodes), 즉 '비개념적' 인식 사건과 '개념적' 인식 사건으로 이루어진다. 이것이 바로 다르못타라가 발전시킨 유명한 4중 대상 모델(두 가지 상태에 두 가지 인식 사건을 곱한 것)이며 즈냐나슈리미트라와 라트나키르티는 후에 이를 수용했다. 즈냐나슈리미트라와 라트나키르티는 이 대상 유형학을 자신들의 저작 곳곳에서 아주 많이 언급한다.

하지 않다. 오늘날의 배제론자가 지각적 인식 사건과 추론적/언어적 인식 사건 모두에 적용되는 정신적 내용에 대한 포괄적 기술이 있다는 데 동의할 것인지도 분명하지 않다.

개념적 내용에 대한 즈냐나슈리미트라와 라트나키르티의 관점에서 중요한 (그리고 흥미로운) 또 한 가지 측면은 소위 명제적 태도를 고려할 여지가 전혀 없어 보인다는 점이다. 이것은 그들이 명제(혹은 어떤 추상적인 대상)를 받아들이지 않기 때문만은 아니다. 그들에게 '태도' 부분 또한 문젯거리인데, 정신적 이미지에는 이 태도라는 요소가 내장되어 있기 때문이다. 바라는 아스피린 이미지는 무서운 아스피린 이미지, 좋다고 생각되는 아스피린 이미지, 혹은 시각적으로 나타나는 아스피린 이미지와는 다르다. 아스피린 이미지를 코드화시키는 사고에서 추출해 낼 수 있는 포괄적인 이미지는 없다.[40] 대부분의 배제론자들에 의하면, 의도를 가진 정신적 상태는 정신적 표상과 관련된 것으로 이해되지는 않는다. 정신적 표상은 그 자체로 그 표상의 의미론적 속성이라는 관점에서 설명될 수 있는 것이다. 오늘날의 배제론자가 이

---

40) 여기서 이 점을 내가 너무 확대 해석한다는 주장이 제기되었는데, 그것은 아마도 '무서운 x'라는 표현이 x의 이미지와 함께 그와는 전혀 다른 '무서움'이라는 인상(saṃskāra)이 인식에 현존하는 것에 의해 설명될 수 있기 때문일 것이다. 하지만 이런 주장이 가지는 하나의 문제점은 즈냐나슈리미트라도 라트나키르티도 사실상 '인상들'이 있다거나 그와 같은 어떤 것(예를 들어 두려운 인상)이 개념적 내용을 설명하는 데 필요하다고 말하지는 않았다는 것이다. 좀 더 일반적으로 말하면, 불교철학자들은 명제적 내용과 명제적 태도 혹은 심지어 내용과 그 작용력이 서로 별개라는 생각을 인정하지 않는 것처럼 보이는데, 그들은 개념적 내용이 예를 들어 내용적 요소와 작용적 요소 둘 다를 그 요인으로 포함할 수 있다는 생각을 받아들이지 않는다는 점에서 이렇게 볼 수 있다. 그렇다고 해서 그들이 그 구별마저 인정하지 않는다는 말은 아니다.

런 관점의 결과를 받아들일지는 분명치 않아 보인다.

현상성의 문제, 즉 지각적 그리고 추론적/언어적 인식 사건의 개념적 내용 사이의 구분도 이와 관련된 문제 중 하나이다. 앞서 지각의 개념적 내용 — 지각의 '결정된 대상' — 을 경험의 내용(보통 감각 양태들 중 하나에 의해 야기된다)이라고 부르고, 추론적/언어적 인식의 개념적 내용 — 추론적/언어적 인식 사건의 '결정된 대상' — 을 사고의 내용이라고 부른 바 있다. 즈냐나슈리미트라와 (좀 덜 명확하지만) 라트나키르티 같은 배제론자들에 따르면, 두 유형의 인식 사건을 구분하는 것은 단지 그것들의 현상적 특징일 뿐이다.[41] 우리가 어떤 것 — 예를 들어 산에 타고 있는 불 — 을 지각할 때 그것이 우리에게 나타나 보이는 모습은 우리가 그 산에 불이 있음을 추론하거나 추론인에 기초해서 그 산에 불이 있음을 알게 될 때와는 다르다. 문제를 단순화시켜 경험의 현상적 특성만을 고려해 보자. 즈냐나슈리미트라에 의하면, 어떤 경험의 현상적 특징은 그것의 이른바 표상적 내용만으로는 완전히 규명할 수 없다. 정신적 이미지에는 표상적 내용과 마찬가지로 그 현상적 특성 또한 내장되어 있고, 또 이런 의미에서 정신적 이미지는 현상적 개념과 같은 것이다.[42] 바꾸어 말하면, 현상적 특성은 구성된 정

---

41) 예를 들어 『즈냐나슈리미트라니반다발리』의 『아포하프라카라나』 231.10~231.16을 보라. 이는 McCrea and Patil 2006에 논의되어 있다. 즈냐나슈리미트라는 다르못타라처럼 두 인식 사건이 현상적 특성을 갖는다는 데 동의하는 것처럼 보인다. 앞서 언급된 부분의 맥락에서 즈냐나슈리미트라의 설명의 요점은 일반인들에게는 지각의 내용을 추리의 내용과 혼동하거나 그 역의 현상이 일어날 수 있는 반면, 정신적 상태에 주의 깊게 집중하면 이 두 유형의 인식의 현상적 특징이 서로 다르기 때문에 이것을 쉽게 고칠 수 있다는 것이다.

42) '현상적 개념'에 대한 논의로는 Block 2003; Chalmers 2003을 보라.

신적 이미지의 구성 요소이며 또 반드시 (F1)에서 (F5)에 의해 어느 정도는 설명되어야 한다. 단지 의미론적 가치에만 관심을 기울이는 오늘날의 배제론자들이 정신적 이미지의 이와 같은 현상적 특성을 어떻게 다룰지는 분명치 않은 것 같다.

문제 5: 예상

앞에서 다룬 문제들 외에도, 배제론이 가정하는 것은 ① 실제적 보편자를 지지하는 주장들은 결국 실패로 돌아가며, 그만큼이나 훌륭한 주장들이, 사물들에는 실재 세계에 의해 획정된 차이도 없고 그것들을 연결할 관계도 없다는 관점을 지지하고 있다는 것, ② 지금껏 거의 제시된 적이 없는 기억에 대한 정치한 설명을 한다는 점, 그리고 ③ 실용적 효용성이라는 관념이다. 오늘날의 배제론자는 유명론에 대한 불교적 주장에 동의하거나 아니면 자체적인 주장을 제시하고, 그 유명론(그리고 자연주의)과 모순되지 않는 기억에 관한 설명을 제시하며, 또 실용적 효용성에 대한 설명을 제시하리라고 생각된다. 이렇게 될 때 제기될 수 있는 한 가지 의문은 의미론으로서의 배제론이 마음의 철학과 형이상학으로부터의 거센 반발로 보이는 문제들과 어느 정도까지 절연될 수 있는가 하는 점이다. 그 범위를 제한함으로써 이 이론은 자신의 약점 모두에 대면해야 하는 상황을 피해 갈 수 있을 것이다. 문제는 스스로를 이런 방식으로 제한하면서 이 이론이 실제로 의미론적 가치에 대한 중요한 설명을 제시할 수 있는가 하는 점에 있다.

근본적인 균형

이런 점들은 우리를, 그리고 배제 이야기에 관한 나의 이론을 어디쯤에 위치시키는 것일까? 배제 이야기의 포괄적인 형태는 철학적으로 풍부하고 가능성으로 가득 차 있다. 하지만 세부 사항으로 들어가기 시작하면 그것을 받아들이는 대가가 계속 커지는데, 특히 (F1)~(F5) 중 어떤 것을 특정할 때와 p, 비p , p류를 설명할 때, 그리고 우리가 어떻게 유사성 집합을 구성할 수 있는지를 설명할 때 그러하다. 형이상학과 존재론에는 최소한으로 연루되어 있고, 아주 작은 정신적 수용력에 기대고 있는 것처럼 보이는 이 이론은 그로 인해 우리로 하여금 거친 요소들 — 설명되지 않는 힘과 우연의 일치들을 포함해서 — 을 받아들이고 거기서 멈출 것을 요구한다. 이 이론이 거친 요소들 중 정확하게 어떤 것에 기대는지는 특정 배제론자가 어떻게 그 범위를 정하고 그 이야기의 세부 사항을 채우는가에 달려 있을 것이다. 그렇다면 이 이론은 우리에게 다음 사항에 대한 철학적 비용 편익 분석의 필요를 남기게 된다. 이 이야기 중 문제가 가장 적은 형태는 실제로 사용할 수 있을 만큼의 상세함을 갖추지 못하게 될 것이고, 반면에 그 세부 사항들이 설명되고 이 이론의 설명적 힘이 커지게 되면 우리는 거친 요소들과 완전히 기술되지 않은 대상들과 수용력을 인정하도록 요구받게 되는 것이다. 이런 요소들을 설명하기 위해 일종의 자연주의에 의존하는 것은 전혀 해결책이 되지 않는 것처럼 보이는데, 배제론의 참된 상속자들에게는 자연주의를 설명한다고 가정되는 것이 바로 배제론이기 때문이다. 오늘날의 배제론자가 할 일은 이득이라고 생각되는 것을 얻기 위해 자신이 어떤 대가 — 존재론적, 형이상학적, 인식론적, 의미론적 — 를 치를 것인지를 명확히 하는 것이다. 내 생각으로는, 오늘날의 배제론자는 (우리 모두가 알고 있는 생리학 혹은 환경에 대한 이야기를 제시하기 위해) 사물들 사이에 차이들만 있다는 생각을 포기하고, 그렇게 함으로써 가장 전통적인 배제론이라면 거부하려 할 존재론을 받아들여야 할 것으로 보인다.[43] 이 생각이 맞다고 한다면, 전통적인 배제론자들과 오늘날의 배제론자들이 공통으로 가질 수 있는 중간지대는 없다. 이것은 오늘날의 배제론자에게는, 이 이론의 전통적인 형태를 옹호하는 데 전념하지 않는 한 문제 될 점은 없을 것이다.

결론: 즈냐나슈리미트라의 '해결책'

결론으로서 즈냐나슈리미트라의 「배제론」(『아포하프라카라나』)에서 그의 결론 아닌 것이 아닌 것을 정리해 제시해 보고자 한다. 즈냐나슈리미트라는 두 요소로 개념적 내용을 설명하는 모델이 — 이에 따르면 개념적 내용은 타자의 배제에 의해 성격이 부여되는 긍정적 존재로 가장 잘 설명된다 — 경험과 사고, 그리고 물론 의미론적 가치의 개념적 내용을 설명하는 최선의 방법이라고 주장한다. 그에 따르면 이 설명은 놀라울 정도로 타당하다. 그것은 우리의 지각적 경험과 우리의

43) 즈냐나슈리미트라도 라트나키르티도 사물들 사이에 차이(bheda)가 '실재'한다는 생각을 받아들이지 않았다는 점에 주목해야 한다. 모든 차이는 외관상의 것일 뿐이며 사람들이 구성한 것이라고 그들은 주장한다. 여기에 대해 더 자세히 설명된 Patil 2009에는 라트나키르티의 다층적 비(非)이중성(citrādvaita) 교설이 논의되어 있다.

추론적·언어적 실천과 일치하며, 따라서 그것들이 표상 내용에 부과하는 요구 사항들을 충족시킨다. 그리고 그것은 경쟁 관계에 있는 어떤 이론들보다도 철학적 비판을 잘 견딜 수 있다. 하지만 이런 점들에도 불구하고 즈냐나슈리미트라는 이 이론의 잘못된 부분도 놓치지 않는다. 그에 의하면 가장 중요한 것은, 개념적 내용에 대한 이와 같은 설명이 우리의 경험과 사고가 정말로 무엇에 관한 것인지에 대한 철학적으로 적절한 설명은 아니라는 점이다. 즈냐나슈리미트라는 그의 복잡한 두 요소 모델이 내가 표상적 내용 그리고 정신적 내용의 현상적 특징이라고 불렀던 것을 정확하게 설명한다고 생각하면서도, 그 '현현된' 내용, 즉 인식에 의해 파악되는 대상인 p는 올바로 다루지 못하고 있다고 생각한다. 현현된 인식 내용은 그것이 인식에 나타난 뒤에 뒤따를 수 있는 어떤 정신적 과정, 예를 들어 배제·개념화·결정 등에 의해 왜곡되지 않는다. 이런 의미에서, 결정된/개념적 내용과 비교했을 때 그것만이 인식론적으로 타당한 것이다.[44]

즈냐나슈리미트라에 따르면, 어떤 것이 인식 사건의 내용이 되기 위해 필요한 사항들 모두를 충족시키기 위해서는 인식에 현현해야 하고 그것에 의해 결정되어야 한다. 그러나 이 기준을 충족시키는 것은 어떤 것도 없다. 인식에 현현하는 대상은 결정되지 않으며 결정된 것은 현현하지 않는다. 현현한 대상은 왜곡되지 않는 반면 현상적 혹은

---

44) 즈냐나슈리미트라와 라트나키르티에게 있어서 문제는 명시적 내용과 결정적 내용 사이에 '불일치'가 있다는 점이다. 이런 관점이 오류가 있다는 주장에 근거가 되는 것이 바로 이 불일치이다. 이른바 착오의 오해 이론도 바로 여기서 연관성을 얻게 된다.

표상적 적절성에 대한 기준을 충족시키지 못한다. 결정된 대상은 이 기준을 만족시키는 반면 인식론적으로는 타당하지 않다. 그러므로 정신적 내용에 대한 즈냐나슈리미트라의 기준들을 만족시킬 수 있는 대상은 하나도 없다.[45] 정신적 내용에 대한 다중 내용적 관점 — 그가 다르못타라에게서 변형시켜 계승한 관점 — 은 유용하기는 하지만, 그것은 어디까지나 불교 인식론 전통에서 그의 선배들의 가르침을 이해하는 것을 도와주고, 또 정신적 내용에 대한 철학적으로 적절한 설명이 왜 있을 수 없는지를 명확히 알도록 해주는 편리한 수단에 그치고 있다. 그것은 "지각은 개념적 구성에서 자유롭다"라거나 "배제는 낱말의 의미이다"라는 것과 같은 고전적 언명들이 어째서 교육적으로 유용한 '선의의 거짓말'[46]에 지나지 않는지를 설명함으로써 선배들의 가

45) 『즈냐나슈리미트라니반다발리』, 『아포하프라카라나』 229.03~229.10: "정신적 이미지나 외적 대상을 실제로 확정할 방법은 없다. 관습적으로는 외부에만 [확정이] 있고, 반면 관습적으로라도 정신적 이미지에는 [확정이] 없다. 의심의 여지가 없고 반성적 인식의 대상인 이 정신적 이미지는 낱말 등의 수단에 의해 확정되거나 부인되는 것일 수 없다. 이것은 [확정되는 경우에는] 쓸모없는 것이 되고 부인되는 경우는 불가능하기 때문이다. 개념적 인식에 나타나지 않는 외적 대상도 실제로 확정되거나 부정될 수 없다. 이 대상은 인식되지 않기 때문에, 확정되거나 부정될 수 없는 것이다. 그러므로 외부의 나무가, 결정에 기초해서, '나무'라는 낱말에 의해 지시되는 것으로서 조건부로 수용되는 것(vyavasthāpita)과 똑같이, 마찬가지로 [어떠한] 외적 대상에 대해서도 확정하거나 부정한다고 말할 수 있는 것은 오직 결정에 의해서일 뿐이다. 심지어 어떤 환경으로 인해 어떤 정신적 이미지를 검토하고 그것을 또 다른 개념화에 의해 떠올릴 때도, 그렇게 할 때에도 이 개념화에 대해 외부적인 것의 확정과 부정이 있게 되는 것이다."
흥미롭게도, 한 대론자는 정신적 내용에는 두 종류 — 명시적 내용과 결정적 내용 — 가 있으며 이러한 다중 내용적 관점이 적절한 것임을 즈냐나슈리미트라가 인정해야 한다고 분명히 주장한다. 즈냐나슈리미트라의 대답에 대해서는 『즈냐나슈리미트라니반다발리』, 『아포하프라카라나』 231.07~231.10을 보라. 이것은 McCrea and Patil 2006에 논의되어 있다.

르침을 이해하는 데 도움을 준다. 그것은 인식론적·표상적·현상적 적절성의 기준을 만족시킬 대상이 하나도 없다는 것을 보여 줌으로써 어째서 정신적 내용에 대한 철학적으로 타당한 설명이 있을 수 없는지를 이해하는 데 도움을 준다.

---

46) 이런 '선의의 거짓말'의 철학적·교육적 의의에 대한 논의로는 Patil 2007; McCrea and Patil 2006을 보라. 두 논문에서 논의하는 주 내용은 '조건부로 수용되는 입장'(vyavasthā)에 관한 것인데, 이것은 약간의 진리에 기초하면서 특정의 목적에 사용되는 철학적 입장을 말한다. "그에 대한 대답으로 우리는 이렇게 말하겠다. 약간의 진리(tattvaleśa)에 의존해서, 어떤 조건부로 수용되는 입장이, 특정의 목적을 위해, [우리에 의해] 어떤 방식으로 구성되며, 사태의 실제 상태가 다를 때에도 그러하다"(『즈냐나슈리미트라니반다발리』, 『아포하프라카라나』 204.26~205.03). "언어적 표현이 긍정적 존재를 대상으로 가진다[는 생각]는 [그것 또한 조건부로 수용되는 입장이라는 점에서] 여기서도 마찬가지이다. 여기서 우리는 배제가 비록 그것이 [실제로] 반드시 부수하는 인식이라고 해도 [추론적/언어적인 것을 포함하는] 개념적 인식의 대상이라는 것을 조건부로 수용하며, [우리의] 대론자들이 주장하듯이 실제로 표현되는 것은 긍정적 존재뿐이라는 입장을 인정한다는 의심은 무시된다. 따라서 우리는 [낱말의 의미론적 가치를 설명할 때] 긍정적 존재라는 관점에서만 말하지는 않는다. 그러나 [누군가가] '배제만이 낱말의 우선적 의미이다'라는 입장을 제시한다면, 우리는 긍정적 존재 또한 제시한다. 말해졌듯이, '무엇보다도, 낱말이 우선 표현하는 것은 [외부의] 대상이다'. 그러나 지각에서는 [이런 종류의] 불일치가 없기 때문에 이 입장을 조건부로 수용해서는 안 된다는 것이 옳다"(『즈냐나슈리미트라니반다발리』, 『아포하프라카라나』 205.03~205.09).

8장 _ 아포하의 의미론

비판적 해설

프라바발 쿠마르 센

사고와 언어 그리고 실재의 관계에 관한 불교적 견해는 『랑카바타라수트라』(*Laṅkāvatārasūtra*)〔능가경楞伽經〕에 다음과 같이 표현되어 있다. "사물의 본성은 비판적 검토를 받을 때는 확정될 수 없다. 결론적으로 그것은 [붓다에 의해] 언어의 영역을 벗어나 있으며 또한 궁극적 본성이 결여되어 있다고 선언되었다."[1] 이 교설은 나가르주나(Nāgārjuna)〔용수龍樹〕의 『마디야마카샤스트라』(*Madhyamakaśāstra*)〔중론中論〕에서 더 깊이 상술되었고, 아리야데바(Āryadeva), 찬드라키르티(Candrakīrti), 샨티데바(Śāntideva) 등의 계승자들에게도 이어졌다. 그들이 한결같이 주장한 것은 사고와 언어가 궁극적 실재의 본

---

* 초고를 읽고 평해 준 톰 틸레만스, 마크 시더리츠, 파스칼 위공, 프라산타 반도파디야야(Prasanta S. Bandhyopadhyaya), 아린담 차크라바르티에게, 그리고 귀중한 티베트어 자료를 제공해 준 가쓰라 쇼류, 프란체스코 스페라(Francesco Sferra), 올레 핀드에게 특별한 감사를 표한다. 프라밧 고시(Prabhat Ghosh)의 친절한 도움 덕분에 주석이 달린 『드바다샤라나야차크라』를 구할 수 있었다는 점에 대해서도 감사드린다.

1) "buddhyā vivicyamānāṃ svabhāvo nāvadhāryate / ato nirabhilapyāste niḥsvabhāvāś ca deśitāḥ"(『랑카바타라수트라』 116).

성을 포착하지 못한다는 것이었다.[2)] 나가르주나와 그의 계승자들에게 있어서 모든 개념은 어떤 종류의 모순에 물들어 있으며, 따라서 세속적 삶에서 유용한 도구이기는 하지만 그것에는 궁극적 본성이 결여되어 있다. 그러므로 그것은 단지 '경험적 실재'(vyavahārikasat/prajñaptisat)〔세속유〕이며 궁극적 실재(paramārthasat)〔승의유〕는 아니다. 그것은 또한 사물의 실재하는 본성을 덮어 버리거나 감추기 때문에 세속유(samvṛtisat)라고도 불린다.[3)] 나가르주나는 또한 경험적 진리〔세속제〕에 의존하지 않고는 궁극적 진리〔승의제〕를 말할 수 없으며, 궁극적 진리의 본성을 이해하지 못하고서는 열반(nirvāṇa)을 얻을 수 없다고 주장한다(『물라마디야마카카리카』*Mūlamadhyamakakārikā* XXIV.10에 대한 『프라산나파다』). 따라서 개념은 궁극적 진리에 관한 논의에서 유용하지만 비실재적인 도구이며, 개념의 사용에 전적으로 의지하는 사고와 언어도 마찬가지이다.

---

2) "aparapratyayaṃ śāntaṃ prapañcair aprapañcitam / nirvikalpam anānārtham etat tattvasya lakṣaṇam"(『물라마디야마카카리카』 XVIII.9). (b) 찬드라키르티의 『프라산나파다』(*Prasannapadā*)에는 이 게송에 대해 다음과 같은 언급이 몇 군데 실려 있다. "tatra nāsmin parapratyayo'stīty aparapratyayaṃ paropadeśāgamyaṃ svayam evādhigantavyam ity arthaḥ ... etac ca śāntasvabhāvam ataimirikakeśādarśanavat svabhāvavirahitam ity arthaḥ. nirvikalpakaṃ ca tat. vikalpaś cittapracāraḥ, tadrahitatatvāt tattvaṃ nirvikalpakam, yathoktaṃ Sutre – paramārthasatyaṃ katamat? yatrajñānasyāpy apracāraḥ, kaḥ punar vādo'kṣarāṇām – iti."다른 곳에서 찬드라키르티는 말한다. "paramārtho hy āryāṇāṃ tūṣṇīmbhāvaḥ"(『프라산나파다』 57). (c) 아리야데바의 『차투샤타카』 194(ed. Bhaskar; 산스크리트어판은 『프라산나파다』 370에 인용되어 있음. 또한 Suzuki 1994, 143을 보라)와 샨티데바의 『보디차리야바타라』(*Bodhicaryāvatāra*) IX.33,35(ed. Śāstrī. 또한 ed. Vaidya도 보라).

3) 실재의 이 이중 분할에 대해서는 『물라마디야마카카리카』 XXIV.8~9와 『프라산나파다』의 해당 부분을 보라.

아포하 의미론의 창시자인 디그나가 또한 언어가 궁극적 실재를 드러낼 수 없다는 불교의 교설에 동의한다. 그러나 나가르주나와 그의 계승자들과 같은 불교 논사들은 사고와 언어가 오직 '경험적 실재' 혹은 '관습적 실재'만을 다룰 수 있다고 말하는 데서 그치고, 그럼에도 불구하고 언어가 어떻게 의사소통의 매개로 기능할 수 있는지 그리고 상당 부분 언어에 의존하는 우리의 행동에서 어떻게 그것이 그런 중요한 역할을 떠맡을 수 있는지에 대해서는 설명하지 않았다. 디그나가가 창시한 아포하 의미론은 이 중요한 문제를 해결하기 위한 의도에서 나온 것이다. 나가르주나와 그의 계승자들이 '궁극적 실재'와 '경험적 실재'를 구분하려고 한 것과 비슷하게 디그나가는 존재를 두 부류로 명확하게 이분한다. ① 궁극적으로 실재하는 독특한 개별자(svalakṣaṇa)와 ② 단지 '경험적 실재' 혹은 '관습적 실재'(samvṛtisat)〔세속유〕일 뿐인 '보편자'(sāmānyalaksaṇa) 혹은 '개념적 구성'(vikalpa)이 그것이다. 인과적 효과성(arthakriyāsāmarthya)이 부여되어 있는 독특한 개별자는 지각(pratyakṣa)의 대상이며 선명한(sphuṭābha) 인상을 만들어 낸다. 인과적 효과성이 결여된 '보편자' 혹은 '개념적 구성물'은 추론(anumāna)의 대상이며 그것이 만들어 내는 인식은 선명하지 않다(asphuṭābha).[4] 모든 공통적 속성들을 결여한 독특한 개별자는 어떤 개념으로도 분류되지 않으며 따라서 사변적 사고의 대상도 될 수 없고 낱말에 의해서 직접적인 방식으로 표현될 수도 없다. 추론과 같이,

---

4) 다르마키르티도 『프라마나바르티카』 III.1~3에서 이 관점을 아주 명확하게 기술한 바 있다.

언어는 '보편자'만을 다룰 수 있고, 여기에 기초해서 디그나가는 언어적 표현이 생성해 내는 인식을 추론에 포함시켰다. 이 견해를 지지하기 위해 디그나가는, 추론과 언어 모두 '타자의 배제'(anyavyāvṛtti/anyāpoha/apoha)라고 알려진 것을 통해 기능하기 때문에 이 둘은 근본적으로 차이가 없다고 주장했다.[5] 이 주장에는 부가 설명이 필요하다. 마틸랄에 의하면,

> [하나의] 낱말은 개념을 표현한다. 그리고 허구인 개념은 개별자를 긍정적으로 한정하거나 특징지을 수 없다. …… 그러나 그것은 부정적으로 개별자가 다른 허구들이나 개념들에 의해 의미되지 않도록 할 수 있다. 따라서 개념적 구성과 언어화는 모든 경쟁적인 주장들로부터의 '배제'라고 이해할 수 있다. 소 혹은 그 소라는 이름을 개별자와 결합시킨다면 그것은 우리가 소라고 부를 수 없는 것이 아니라는 것을 의미한다.[6]

이런 견해가 가져다주는 한 가지 장점은 '소'와 같은 일반적 낱말을 적용할 기초로서 우성(牛性)과 같은 실재적 보편자의 존재를 가정할 필요가 없다는 것이다. 또 개별적 존재를 확인하기 위해 실재적 보편자가 있어야 할 필요도 없다. 어떤 동물을 보고 그것을 소라고 확인할 때 우리는 그 동물이 단일하며 상주하는 보편적 우성(gotva)에 의

---

5) "na pramāṇāntaraṃ śabdam anumānāt thatā hi tat / kṛtakatvādivat svārtham anyāpohena bhāṣate"(『프라마나삼웃차야』 V.1. 산스크리트어판은 Jambūvijaya 1976, 607).

6) Matilal 1971, 44~45.

해 특징지어졌다는 사실 때문에 그렇게 하지는 않는다. 실제로 일어나는 일은 목젖, 등의 혹, 머리의 뿔, 두 갈래로 갈라진 발굽 등의 모습들을 볼 때 우리는 그것이 염소나 낙타나 호랑이 등(이 중 어떤 것도 소가 아니다)이 아니라고 규정하는 것이다. 그래서 그 동물이 비(非)소가 아니라는 것을 알게 되는 것이다. 따라서 '비소와의 차이'(a-go-vyāvṛtti)에 의해 목적은 훌륭히 달성되기 때문에, 긍정적 특성인 우성(gotva)은 필요하지 않게 된다. 낱말의 의미는 차이화로 구성되며, 따라서 그것은 부정적 특성을 갖는다.

디그나가가 아포하론을 위해 여러 주장들을 제시한 반면, 그의 뒤를 이은 다르마키르티, 다르못타라, 샨타라크시타, 즈냐나슈리미트라, 라트나키르티 등의 불교 논사들은 아포하론에 약간의 수정을 가하고 새로운 주장들을 덧붙였다. 어떤 철학 이론의 유지 가능성(T_1이라 하자)은 그것을 위해 제시된 주장들과 경쟁하는 이론들을 논박하기 위해 제시된 주장들(T_2, T_3 등)의 건전성에 주로 의존한다. 반대 논사들에 의해 그 이론에 겨누어진 비판들에 대항해서 그 이론이 어느 정도까지 옹호될 수 있는지도 고려되어야 하지만, 그것은 그 이론을 인정하기 위한 설득력 있는 주장들이 제시될 때에만 가능해진다. T_1을 위해 완전히 새로운 일단의 주장들을 생각해 내고 지금까지 T_1을 위해 제시된 주장들을 검토하는 일을 불필요하게 만들 수도 있다. 하지만 아포하론을 위해 디그나가와 그의 계승자들이 제시한 주장들에 대한 간단한 설명과 이 주장들을 우선 검토해 보는 것이 순서에 맞을 것이다.

* * *

아포하론을 위해 디그나가가 제시한 주장들을 논의하기 전에, 의미를 가진 낱말들의 분류에 관해 그보다 앞선 사람들의 견해를 언급하는 것이 필요할 것이다. 야스카(Yāska)와 바츠야야나(Vātsyāyana) 등의 저자들은 낱말을 네 부류로 구분했다. ① 명사(nāma), ② 동사(ādhyāta), ③ 접두사와 접미사(upasarga), ④ 불변화사(nipāta)가 그것이다(『니루크타』*Nirukta* 1/1/8; 『니야야바샤』 5/2/7). 파탄잘리 역시 낱말을 네 부류로 구분한다. ① '보편어'(jātiśabda), ② '속성어'(guṇaśabda), ③ '행위어'(kriyāśabda), ④ '자의어'(yadṛcchāśabda)가 그것이다(『비야카라나마하바샤』 90). 이것은 명사(nāma)의 하위 부류인 것처럼 보이는데, 낱말의 '적용의 토대'(pravṛttinimitta) 혹은 그런 토대의 부재가 분류의 원칙이다. 따라서 '보편어'(jātiśabda)는 특수한 보편자에 의해 특징지어지는 대상에 적용될 수 있는 낱말이며('소'라는 말은 보편적 우성을 가진 동물을 나타내는 데 적용될 수 있다), 따라서 여기서 적용의 토대는 보편자(jāti)이다. '속성어'(guṇaśabda)와 '행위어'(kriyāśabda)의 경우 적용의 토대는 각각 어떤 속성 혹은 어떤 행위이며, (하얀색이라고 알려진 속성을 가진 사물에 적용할 수 있는) '하얗다'는 말과 (요리 행위를 하는 사람에게 적용할 수 있는) '요리사'가 그 사례가 될 수 있다. 하지만 '자의어'(yadṛcchāśabda)의 경우에는 어떤 것이든 적용의 토대가 없다. 다시 말해 이것은 이런 낱말의 적용이 완전히 자의적이라는 것이다. 이런 사례들로는 '차이트라'(Caitra), '마이트라'(Maitra), '톰'(Tom), '딕'(Dick) 등의 고유명사들이 있다.

하지만 낱말의 이런 4중 분류에 대해 인도 논사들 사이에 이견이 없는 것은 아니다. 파탄잘리는 『비야카라나마하바샤』에서 고대의 두 문법학자인 바자피야야나와 비야디(Vyāḍi)의 견해를 언급한다. 바자피야야나에게 낱말은 보편자를 나타내며 비야디에게 낱말은 개별자를 나타낸다.[7] 바르트리하리는 『바키야파디야』에서 가장 상위의 보편자인 '실재' 혹은 '존재성'(sattā)은 모든 낱말들의 지시 대상이라고 주장한다(3.1.33~34). 『니야야수트라』에는 낱말의 의미에 관해 적대 관계에 있는 견해들 간의 논쟁이 기록되어 있다(2.2.59~65). 어떤 논사들에 따르면 '소'라는 낱말은 보편적(jāti) 우성을 의미한다. 다른 논사들은 그것이 개별적(vyakti) 소(들)을 의미한다고 주장한다. 또 다른 논사들에 의하면 그것은 개별적인 소들에 현존하는 특정의 형상(ākṛti)을 의미한다. 『니야야수트라』에는 이 셋 모두(즉 보편자jāti, 개별자vyakti, 형상ākṛti) 그 낱말이 적용되는 맥락에 따라 낱말의 의미가 될 수 있다는 주장이 기술되어 있다(2.2.66).

* * *

하지만 디그나가는 낱말이 '타자와 다른 무엇 즉 타자의 배제'(anyāpoha)를 나타낸다고 주장한다. 이 견해를 위해 제시된 주장이 그의 유명한 저작인 『프라마나삼웃차야』 5장 게송 1~12에 기술된다.[8]

---

7) 『비야카라나마하바샤』 52~53(eds. Shastri and Kuddala). 바자피야야나와 비야디의 견해는 파니니의 'sarūpāṇām ekaśeṣa ekavibhaktau' 규칙(『아슈타디야이』 1.2.64)에 대한 카티야야나(Kātyāyana)의 두 주석서에서도 발견된다.

8) 디그나가의 주장은 이 게송들에서 매우 압축된 형태로 제시되고 있으며, 디그나가의 『프라마나삼웃차야브리티』에서의 설명과 지넨드라붓디의 (『프라마나삼웃차야티카』에 포함된) 「비샬라말라바티」(Viśālāmalavatī)에서의 그에 대한 주석, 웃됴타카라의 『니야야바르티카』, 차크라다라(Cakradhara)의 『니야야만자리그랑티방가』에서의 이 게송들에 대한 설명과 함께 이 주장들에 대한 간단한 설명이 제시되고 있으며, 쿠마릴라 바

이 게송들에서 디그나가는 보편어(jātiśabda)가 사실은 ① 개별적 존재(bheda)도 ② 보편자(jāti)도 ③ 보편자와 개별자(이 보편자가 위치하는 곳) 사이에 성립한다고 가정되는 관계(sambandha)도 ④ 보편자에 의해 특징지어지는 개별자(jātimat)도 의미할 수 없음을 증명하고자 한다. 디그나가에 따르면 보편어의 가능한 의미에 관한 이 네 가지 가능성이 배제되면 낱말은 오직 '타자의 배제'만을 나타낼 수 있다는 결론이 나온다.[9] 보편적 '존재성'(sattā)을 지칭한다고 가정되는 '존재'(sat)와 같은 보편어가 어떻게 앞에서 언급한 네 가지 경우 중 어느 것도 의미할 수 없는지를 디그나가가 증명하는 과정을 살펴보자.

디그나가는 먼저 '존재'(sat)라는 낱말이 개별적 사물들, 즉 개별자들을 지시할 수 없는 두 가지 이유를 지적한다. 그것은 ① 존재하는 개별자들의 무수함(ānantya)과 ② 일탈 혹은 결여 혹은 불변(vyabhicāra)이다. 어떤 낱말이 어떤 대상을 지시한다고 말할 수 있는 것은 그 둘 사이에 '지시 관계'(vācyavācakasambandha)가 확정될 수 있을 때만이라고 할 수 있다. 존재하는 개별적 존재들은 그 수에 있어서 무한하기 때문에 그 존재들과 '존재'라는 낱말 사이에 '지시 관계'를 확정하는(혹은 아는) 것은 우리의 능력으로는 불가능하다. 낱말과 어떤 대상(들) 사이의 이러한 관계가 확정되지(혹은 알려지지) 않는다면, 그 낱말을 들

타의 『슐로카바르티카』의 「아포하론」 장에 대한 바타푸트라 자야미슈라(Bhaṭṭaputra Jayamiśra, 『슐로카바르티카티카』)와 파르타사라티 미슈라(『니야야라트나카라』)의 주석도 참고할 수 있다. 이 게송들과 디그나가의 『프라마나삼웃차야브리티』에 대해서는 (이 책에 실린) 핀드의 글과 거기에 달린 주석을 보라.

9) "tasmāj jātiśabdaḥ kathñcid api bhedasāmānyasambandhajātimadvācako na yujyate, tenānyāpohakṛc chrutiḥ"(『프라마나삼웃차야브리티』, Jambūvijaya 1976, 630).

을 때 그 낱말만을 알아들을 뿐 그것에 의해 지시된다고 가정되는 대상(들)을 알아차리지 못한다. 따라서 '존재'라는 낱말은 존재하는 모든 개별자들을 지시할 수는 없다. 또 실제적인 목적을 위해서 '존재'라는 낱말이 우리에게 알려진 존재하는 것들만을 지시한다고 이해해야 할 필요가 있다는 주장도 할 수 없는데, 그렇게 한다면 '존재'라는 말의 용법이 존재하는 것들에만 제한되어야 할 것이기 때문이다. 그러나 존재(sat)와 같은 '보편어'(jātiśabda)를 인정하는 사람들은 그것이 어떤 것이든 현존하는 존재를 지시할 수 있다고 주장하는 것이다. 후자의 경우, 지시된 존재가 우리에게 알려지지 않는다면, 개별적 존재를 지시하기 위해 사용되는 낱말은 그 낱말과 그 존재 사이의 지시 관계가 확정되지 않았을(혹은 알려지지 않았을) 때에도 정당화되어 버린다. 이것은 지시 관계의 확정(혹은 그 지식)이 그 낱말의 적절한 사용의 전제 조건이라는 주장과 서로 맞지 않으며, 또 그로 인해 앞에서 언급한 주장에서의 일탈(vyabhicāra)과 다를 것이 없다. 게다가 니야야·바이셰시카 학파가 인정하는 보편적 존재성(sattā)은 실체(dravya), 속성(guṇa), 혹은 행위(kriyā)에 내속하는 것으로 가정된다. 따라서 '존재'라는 낱말만을 들으면 이 낱말이 실체 혹은 속성 혹은 행위 중 어떤 것을 지시하는 데 사용되었는지를 확실하게 알지 못하는 처지에 놓이게 된다. 어떤 낱말의 발화가 어떤 특수한 대상에 관한 확실한 인식을 이끌어내지 않는다면 관련된 그 낱말이 그 대상을 지시한다고 주장해서는 안 되는 것이다. 따라서 디그나가는 종류 낱말(어떤 보편자나 그 외의 것을 나타낸다고 가정되는 낱말)이 개별자를 지시하지 못한다고 주장하는 것이다.

'존재'와 같은 낱말은 보편자 또한 지시할 수 없다. 왜냐하면 보편자를 지시한다고 가정되는 낱말이 어떤 개별자를 지시하는 낱말과 병치/동격 관계를 이루는 '존재하는 실체'(sad dravyam)와 같은 정당한 언어적 표현이 있고, 동일한 '격변화'(vibhakti)가 이 두 낱말과 연합되어 있기 때문이다. 산스크리트어 문법의 예에 따르면, 이런 현상은 두 낱말이 공동 지시적일 경우에만, 즉 그 둘이 동일한 '지시의 장소'(sāmānādhikaraṇya)를 가질 때(다시 말해서, 그 둘이 같은 것을 지시할 때)에만 일어난다. 이 규칙을 인정하지 않는다면, 두 낱말이 다른 것들을 지시할 때조차도, 그럼에도 불구하고 병치/동격(apposition) 관계가 될 수 있음을 인정해야 한다. 그러나 그러한 표현들(예를 들어 '항아리 천'ghaṭo paṭaḥ)은 의미가 있거나 정당한 것으로 간주되지 않는다. 따라서 '존재'라는 낱말이 단순히 '존재성'(sattā)이라고 불리는 보편자를 지시한다는 주장은 할 수 없게 된다.

'존재하는 실체'(sad dravyam)라는 표현에서 '존재'(sat)와 '실체'(dravya)라는 두 낱말의 공동 지시성은 '존재'라는 낱말이 존재성을 지시하고 그 존재성이 실체 속에 위치한다는 사실에 의해 설명될 수 있다고 주장할 수도 있을 것이다. 그러나 이런 항변은, 그런 경우 (그중 하나가 어떤 속성을 지칭하고 다른 것은 그 속성을 간직하고 있는 것을 지시하는) 두 낱말은 첫 낱말이 속격 어미를 가지고 두 번째 낱말이 주격 어미를 가지게 되어 결과적으로 병치/동격이 될 수 없는 '실체의 존재'(dravyasya sattā)라는 표현에서 보듯 격 어미가 서로 달라야 하기 때문에 지지될 수가 없다.

'존재'라는 낱말은 ('존재'existent라는 낱말의 의미라고 가정되는) 존재성(existence)과 실체(substance) 사이에서 획득된 관계(sambandha) 또한 지시할 수 없다. 왜냐하면 (그 속성의 담지자에 속한) 속성과 같이 관계 또한 그 각각의 관계항에 속하기(혹은 그 사이에서 성립하기) 때문이다. 따라서 그중 하나가 관계를 나타내고 다른 하나가 그 관계의 관계항을 나타내는 두 낱말은 병치/동격일 수 없다.

디그나가는 이제 네 번째 경우, 즉 '존재'라는 낱말이 보편자에 의해 특징지어지는 어떤 것(ākrti)을 지시한다는 것을 반박한다. 그는 이 가능성을 몇 가지 근거를 가지고 거부한다. 그중 첫째는 '독립성의 결여'(asvātantrya)이다. '존재'라는 낱말에서 항아리, 천 등의 특정의 존재들이 이해되지는 않는다. 예를 들어 '맛'이라는 말은 달다, 시다, 쓰다 등의 특정한 맛을 우리의 마음에 떠올려 준다. 그리고 '색깔'이라는 말은 빨간색, 파란색, 녹색 등의 특정 색깔들을 우리의 마음에 떠올려 준다. 이런 경우들에서 병치/동격, 즉 예를 들어 '푸른색'(the blue color) 혹은 '단맛'(the sweet taste) 등에서 보듯이 두 낱말의 격어미의 일치가 있다. 그러나 '신 색깔'(the sour color)과 같은 표현을 의미 있다고 할 수는 없다.[10] '존재'와 '항아리'라는 두 낱말은 따라서 병치/동격 관계에 있을 수가 없지만, 그럼에도 불구하고 '존재하는 항아리'와 같

10) "tatāpi sacchabdo jātisvarūpamātropasarjanaṃ dravyam āha, na sākṣṃt, iti tadgataghaṭādibhedānākṣepaḥ. atadbhedatve sāmānādḥikaraṇyābhāvaḥ. na hy asatyāṃ vyāptau sāmānādhikaraṇyam"(『프라마나삼웃차야브리티』, Jambūvijaya 1976, 607). "na hy asatyāṃ vyāptāv ityādi. vyāptir ākṣepaḥ. yathā rūpaśabdena madhurādīnām anākṣepo'tadbhedatvān na taiḥ śabdaiḥ sāmānādḥikaraṇyaṃ, na hi bhavati'rūpam amlam'iti. vyāptau tu bhavati'rūpaṃ nīlam'iti"(『프라마나삼웃차야티카』, Jambūvijaya 1976, 607).

은 표현은 사용된다. 이것은 '존재'라는 낱말이 그 자체로서가 아니라 '항아리'라는 낱말이 수반될 때에만 항아리를 지시할 수 있다면 가능하다. 그리고 이것이 디그나가가 '독립성의 결여'라고 부르는 것이다.

'존재하는 항아리'와 같은 표현에서 '존재'라는 낱말은 우선적으로 존재성을 지시하며 그런 다음 존재성을 가진 어떤 것을 의미하기 위해 비유적으로 사용된다고 주장함으로써 여기서 지적된 어려움을 피해 가려는 시도도 있을 수 있다. X라는 어떤 것이 W라는 낱말의 Y라는 의미에 우선적으로 관계된다면, X는 W의 2차적 의미(lakṣyārtha 혹은 aupacārika artha)로 간주될 것이다. 여기서 또한 존재성에 의해 특징지어지는 것은 1차적 의미(mudhyārtha 혹은 śakyārtha)가 되는 존재성에 분명히 관계되며, 이런 식으로 '존재'라는 낱말은 그러한 어떤 실체를 의미하기 위해 비유적으로 사용될 수 있다. 이런 방식으로 '존재'와 '항아리'라는 두 낱말의 공동 지시성이 발생할 수 있으며, 그렇게 해서 또한 병치/동격 관계에 있을 수 있다. 어떤 영향력 있는 충성스러운 신하가 왕처럼 행동하기 시작하면 우리는 비유적 의미에서 그 신하가 왕(rājā bhṛtyaḥ)이라고 말할 수 있다. 그러나 이런 경우에조차도 왕과 신하 사이에 유사성이 있다고 해도, 우리는 왕과 그 신하를 유사하게 인식하지는 않는다. 그러나 지금 논의하고 있는 경우에는 보편자와 그 보편자에 의해 특징지어지는 것 사이에 이와 같은 속성의 유사성이 전혀 없다. 어떤 관계 혹은 다른 이유로 인한 비유적 전이가 있다고 해도 존재성에 의해 특징지어지는 것은 '존재'라는 말의 1차적 혹은 적절한 의미가 될 수 없다. 게다가 '존재하는 항아리'(san ghaṭaḥ)라는 표현은 항아리의 진실한 기술이라고 가정되며, 이것은 여기서 '존재'라는 낱말이 비유적 의미로 사용되었다면, 그것은 타당하지 않다.

이 외에도 둘 혹은 그 이상의 것들의 유사성이 진술되는 표준적 용법에서 공통적 속성을 표현하는 말과 유사한 것들[예들]을 지시하는 말들 사이에 동격 관계는 없는데(예를 들어 "kundasya kumudasya śuktsśca śauklyam", 즉 군나화軍那花·수련·진주자개의 흰색의 경우), 여기서 유사한 것들을 지시하기 위해 사용된 말들은 속격 어미를, 반면에 공통적 속성 즉 하얀색을 지칭하기 위해 사용된 말은 주격 어미를 가진다. 게다가 여기서 유사한 것들은 연속적으로 발화되는 서로 다른 낱말들에 의해 표현된다. 그러나 '존재'라는 말은 존재성과 단일 발화를 통해서 동시에 존재를 갖게 되는 것을 나타낸다고 주장된다. 그러므로 '존재하는 항아리'의 용법은 어떤 유사성에 기초한 비유적 전이의 경우가 아니다.

'존재하는 항아리'라는 표현을, 천연 염료 색상(lākṣā)에 의해 붉게 물든 수정 조각을 의미하는 '붉은 수정'이라는 표현처럼 다루어야 한다고 말할 수도 있다. 수정이 붉지는 않지만 외부적 조건(upādhi), 즉 수정에 더해져서 붉게 보이게 하고 그 속성(즉 붉음)을 수정의 것으로 생각하게 만드는 물질의 존재로 인해 '붉은'이라는 말이 그것에 적용된다. 같은 방식으로, 항아리 속의 존재성이라고 알려진 보편자의 현존 때문에 보편자를 지시하는 '존재'라는 말이 그 보편자의 장소인 항아리에 적용된다. 그러나 이런 식의 항변은 성립하지 않는다. 왜냐하면 우리가 '붉은 수정'을 인식할 때 외부적 조건, 즉 수정을 그렇게 보이게 하는 붉은 어떤 것을 분리해서 먼저 인식하지는 않기 때문이다. 또는 존재성이라고 알려진 보편자의 선행 인식이 없더라도 '존재'라는 낱말을 들은 후 존재하는 항아리를 인식하게 되는데, 이 보편자의 순수한 현존이 우리로 하여금 '존재'라는 통칭을 항아리에 적용하도록 만든다고 가정되기 때문이다. 그러나 '존재'라는 낱말의 1차적 의미가 존재성이라고 알려진 보편자라면 후자는 먼저 '존재'라는 말에 의해 우리 마음보다 앞서 현존해야 하기 때문에 이것은 사실이 아니다.

'존재하는 항아리'라는 표현을 비유적인 것으로 다룬다면 여기서 생기는 문제는 더 있다. 이런 말을 들을 때 '존재'라는 낱말의 말 그대로의 의미와 비유적 의미를 연속적으로 인식하지는 않는데, 낱말은 하나의 지시 기능을 통해서 하나의 의미를 표현하고 그런 다음 또 다른 지시 기능을 통해서 또 다른 의미를 표현할 수는 없기 때문이다(śabda-buddhi-karmaṇām viramya vyāpārābhāvaḥ). 또 이 두 의미를 동시에 인식할 수도 없다. 왜냐하면 어떤 낱말의 단일한 발화는 오직 하나의 의미만을 인식할 수 있게 해주기 때문이다(sakṛduccaritaḥ śabdaḥ sakṛd arthaṃ gamayati). 게다가 '존재하는 항아리'라는 표현이 '그 신하가 왕이다'나 '수정은 붉다'와 같은 표현들과 같은 것이라면, 거기서 생기는 인식은 사물들을 실제 있는 모습 그대로 나타내는 것이 아니기 때문에 진실한 것이 아니다. 그래서 '존재'라는 말이 당연히 '존재성'이라는 보편자에 의해 특징지어지는 개별자만을 지시한다는 주장은 이치에 맞지 않는다.

항아리가 '존재'라는 낱말의 1차적 의미가 아니라 해도 '존재하는'이라는 낱말은 그럼에도 불구하고 내포적으로(arthākṣepa) 항아리를 알려준다고 말할 수도 있다. "이 건강한 사람은 낮 동안에는 먹지 않는다"라는 문장을 들을 때, 비록 그 문장의 말 그대로의 의미는 아니라고 하더라도 이 사람이 밤에는 먹는다는 것을 내포적으로 이해한다(그렇게 하지 않는다면 그는 야위게 될 것이기 때문이다). 이런 방식으로 '존재'라는 낱말을 알아듣고 거기서 항아리와 같은 것을 인식할 수 있다면, '존재'와 '항아리'라는 두 낱말은 명사와 형용사 관계로 연결되기 때문에 병치/동격 관계가 될 수 있다. 그러나 이러한 입장은 성립할 수 없다. 왜냐하면 앞의 내포에 의해서 파악된 의미의 사례에서 본 바와 같이 고려될 수 있는 다른 가능성이 없음으로 인해 그 주장이 내포하는 것에 대해 확신이 가능하기 때문이다. 또 '존재'라는 낱말의 단순한 인식만으로는 그 낱말이 의미하는 것이 항아리인지 아닌지 알 수 없다. 그러므로 이 경우('존재'와 '항아리'의 병치/동격)에서는 내포를 통해 어떤 것을 인식할 수 있다는 문제 제기는 있을 수 없다.

존재성이라고 알려진 보편자에 의해 특징지어진다고 가정되는 개별자(ākrti)는 또한 그 수에 있어서 무한하며, 그 유형 즉 실체·속성·운동 등 서로 다른 유형에 있어서도 그러하다. 따라서 특정한 경우에 있어서 '존재'라는 낱말에 의해 지시되는 것이 정확히 무엇인지가 확실하게 알려질 수는 없다. 그러므로 순수 개별자만이 '존재'라는 낱말의 지시 대상임을 주장하는 이론을 손상시키는 무한성(ānantya)과 일탈(vyabhicāra)의 결함은, 존재성에 의해 특징지어지는 개별자가 '존재'라는 말에 의해 지시된다는 견해 또한 손상시키게 된다.

마지막 의지처로 '존재'와 같은 낱말이 어떤 공통적이지 않은 속성(asādhāraṇaviśeṣaṇa), 다시 말해서 이 존재에만 속하는 속성에 의해 특징지어지는 개별적 존재를 지시한다고 말할 수 있다. 그러나 이 해결책 또한 인정할 수 없는데, 그럴 경우 이 낱말은 다른 어떤 존재에도 적용되지 않기 때문이다. 이런 사실에서 디그나가는 낱말은 오직 그 사물 외의 존재들을 배제함으로써만 어떤 것을 나타낸다는 결론을 내린다.[11)]

* * *

디그나가의 이 주장들이 도전받지 않았던 것은 아니다. 웃됴타카라, 쿠마릴라 바타, 바차스파티 미슈라, 자얀타 바타, 바타푸트라 자야미슈라, 파르타사라티 미슈라 등은 각자의 관점에서 이 주장들을 비판했다. 말라바딘 같은 자이나 논사들 또한 철저하게 이 주장들을 비판했다. 이 글에서 이 반대 주장 모두를 다루는 것은 가능하지 않겠지만, 이 반대 주장들이 취한 방향을 보여 주는 몇 가지는 살펴볼 수 있을 것이다. 하지만 그전에 문제가 되는 다른 몇 가지 점들을 지적하고자 한다.

논의의 편의상 디그나가가 '존재'와 같은 보편어가 ① 보편자도 ② 순수 개별자도 ③ 보편자와 개별자의 관계도 ④ 보편자에 의해 특징지어지는 개별자도 지시하지 못한다는 것을 보여 주는 데 성공했다고 인정해 보자. 또 이런 낱말이 독특한 개별자를 지시할 수 없다는 명백한 주장을 인정해 보자. 그러면 모든 낱말이 아포하만을 지시한다는 결론이 나오는 것일까? 파탄잘리와 그 외 다른 사람들이 인정한 낱말의 네 유형 중, 앞에서 인용된 디그나가의 게송들에서 논의된 것은 '보

11) 덧붙이자면, 이 대안에 대한 논의는 앞에서 언급한 『프라마나삼웃차야』의 게송들에서는 보이지 않지만, 웃됴타카라가 『니야야수트라』 2.1.66에 관한 그의 『니야야바르티카』에서 다루고 있다는 점을 지적해 두고 싶다. 이것은 웃됴타카라가 아마 『프라마나삼웃차야』나 디그나가의 다른 저작들의 게송들에서 가져왔을 것이다.

편어'의 지시체밖에 없다. 보편어에 관한 주장들이 '속성어', '행위어', '자의어'에도 똑같이 적용된다고 분명히 말할 수 있는가? 게다가 디그나가가 보편어의 지시체의 모든 가능한 경우들을 충분히 고려한 후에 그것들을 거부했다는 설명이 있었는가? 이 두 질문에 긍정적인 대답을 제시하지 못한다면, 지금까지 살펴본 디그나가의 주장들이 모든 낱말들은 결론적으로 아포하를 나타낸다는 것을 입증한다는 주장을 할 수 없게 된다.

첫 번째 질문에 관해서는 디그나가의 한 계승자의 말대로, 보편어와 관련하여 제시된 주장들은 약간의 필요한 수정을 가해 '속성어'와 '행위어'에도 적용될 수 있다고 할 수 있다. 보편자와 마찬가지로 속성과 행위는, 중요한 몇 가지 점에서 차이는 있지만(보편자는 영원하며 많은 기체substrata들에 위치하는 반면, 행위는 언제나 영원하지 않으며 어떤 행위도 하나 이상의 기체에 위치할 수 없고, 속성은 영원하거나 영원하지 않으며 하나 이상의 기체에 영원한 속성을 가진 채 위치할 수 없다) '내속'(samavāya)이라고 알려진 관계를 통해 그 각각의 기체에 위치하는 것으로 가정된다. '속성어'에 관해서는 그것이 속성들만을 지시하는지, 아니면 그 속성들에 의해 특징지어지는 것들을 지시하는지, 아니면 속성과 그것에 의해 한정된 것 사이에 성립하는 관계를 지시하는지 물을 수 있다. 그런 다음 계속해서 '속성어'가 또한 한정된 것을 지시한다고 가정되는 낱말과 병치/동격 관계에 있을 수 있기 때문에(śūklaḥ paṭah[하얀 천] 같은 표현), 그것이 단순히 속성만을 혹은 속성과 그것에 의해 한정된 것 사이에 성립하는 관계만을 지시할 수 없음을 보여줄 수 있다. 그런 다음 보편어가 개별적 존재 혹은 보편자에 의해 특징지어지는 개별자를 지시할 수 있다는 견해를 거부하기 위해 제시된 이유들이, 조금 바꾸어서 '속성어'가 속성에 의해 특징지어지는 것을 지시한다는 견해를 거부하기 위해서 적용된다고 주장할 수 있다. 이것은 '행위어'의 경우에도 마찬가지이다. 그러나 이런 주장들 중 '자의어'의 경우에 적용되는 것은 어떤 것도 발견되지 않는다. 그리고 그것들이 적용될 수 없는 경우, 모든 유형의 낱말이 오직 타자의 배제(anyāpoha)만을 의미할 수 있다는 디그나가의 주장들이 어떻게 입증될 수 있는지 알기가 쉽지 않다.[12)]

'존재'와 같은 보편어가 순수 개별자 혹은 보편자와 개별자의 관계 혹은 보편자에 의해 특징지어지는 개별자를 지시할 수 없다는 견해를 지지하는 디그나가의 견해가 성립될 수 있는 것인지를 살펴보기로 하자. 이런 주장들은 푸르바미망사학파의 견해에 효과적으로 대항하는 것처럼 보이는데, 그들은 '소'와 같은 낱말의 1차적 의미(śakyārtha)는, 비록 "이 소는 오늘 태어났다"라는 문장의 경우 '소'라는 낱말이 그

12) 가쓰라 쇼류 교수와 올레 핀드는 『프라마나삼웃차야』 5장 게송 50과 『프라마나삼웃차야브리티』의 해당 부분(티베트어 번역본)이 '자의적인 낱말들'(yadṛcchāśabdas) 또한 아포하를 통해서만 나타난다는 점을 보여 주는 것 같은 주장을 포함하고 있다는 점을 나에게 알려주었다. 간단히 말해서 그 주장의 요지는 '딧타'(Ḍittha) 같은 자의적인 낱말들은 고정된 '적용의 토대'(pravṛttinimitta) 없이도 사용될 수 있으며, 실제로 집합을 지시한다고 가정되는 낱말들이라는 것이다. 다시 말해 보편자를 지시한다고 가정되는 낱말들(jātiśabdas)과 집합을 지시한다고 가정되는 낱말들(samudāyaśabdas) 사이에는 별다른 차이가 없다는 것이다. '보편적인 낱말들'에 관한 주장이 '자의적인 낱말들'에도 그대로 적용될 수 있다는 것이다. 그러나 이 주장은 설득력이 없다. '숲'(vana)이나 '군대'(senā)같이 어떤 집합을 의미하는 낱말들은 어떤 특정의 조건하에서만 사용될 수 있기 때문이다. 그러므로 그것들은 '딧타', '차이트라', '존', '조지프' 같은 순순하게 자의적인 낱말들과는 동등하게 사용될 수 없다.

2차적 의미(lakṣyārtha) 즉 개별적 소라는 의미로 사용되기는 하지만, 우성과 같은 보편자라고 주장한다. 그러나 웃됴타카라가 지적하려 했던 것처럼, 이 주장들은 '소'라는 낱말의 우선적 의미가 우성이라고 알려진 보편자에 의해 특징지어지는 개별자라고 하는 니야야학파의 견해에는 적용되지 않는다. 웃됴타카라가 왜 이 문제에 대한 니야야학파의 견해가 디그나가의 비판에 영향을 받지 않는다고 생각하는지를 간단히 살펴보자.

니야야학파의 견해에 따르면 보편자(jāti), 형상(ākṛti), 개별자(vyakti)는 '소', '말' 등의 낱말에 의해 모두 지시될 수 있고 이 낱말들의 1차적 의미와 2차적 의미에 관련된 불변의 규칙 같은 것은 없다고 웃됴타카라는 주장한다. '소'라는 낱말이 실재 개별 소에 적용될 때 그 낱말은 우성에 의해 특징지어진 개별자를 지시하는 것이다. 그러나 진흙으로 만든(mṛdgavaka) 장난감 소에 대해 말할 때는 '소'라는 낱말에 의해 지시되는 개별자는 단지 소의 형상만을 가질 뿐인, 즉 그 구성 부분들의 배열이 진짜 소의 사지의 배열을 닮아 있을 뿐인 것이다. 따라서 디그나가는 '존재'와 같은 낱말의 유일한 지시체는 순수 개별자(존재성에 의해 특징지어지지 않는 실체, 속성, 행위) 혹은 존재성이라고 알려진 보편자 혹은 이 보편자와 개별자의 관계 혹은 그 존재성이 속하는 개별자일 수 없음을 증명하려고 한다. 이때 이 주장들은 그가 거부한 이 네 가지 경우 중 어떤 것이라도 '존재'라는 낱말의 전적인〔유일한〕 지시체일 수 있다고 주장하는 사람들의 견해를 거부할 수 있도록 해주지만, 니야야학파의 견해는 어떤 식으로든 영향을 받지 않는다. 왜냐하면 니야야학파에서는 여기서 거부된 극단주의적 견해를 애초에 결

코 받아들이지 않았기 때문이다.[13)]

그러나 비록 '존재'라는 낱말에 가능한 네 가지 지시체 중 첫 세 가지가 배제될 때까지는 니야야학파의 견해가 영향을 받지 않는다 해도, 디그나가가 '존재'라는 낱말이 존재성을 소유한 개별자를 지시할 수 없다는 것을 증명하기 위해 많은 주장들을 제시할 때 그것은 불리하게 영향을 받는 것이 아닐까? 하지만 웃됴타카라는 이런 주장들에 동요되지 않는다. 디그나가에 따르면 '존재'라는 낱말은 '독립성의 결여' 때문에 실체 등(혹은 항아리 등)과 같은 사물들을 지시할 수 없다는 것을 이미 살펴보았다. 그리고 이 주장은 ① '존재'라는 낱말이 발화될 때 실체 등과 같은 사물들이 우리에게 직접적으로 나타나는 것이 아니다, ② 실체와 같은 존재들은 '존재'라는 낱말에 의해 절대 내포되지 않기 때문에 '존재'와 '실체'라는 두 낱말에는, '색깔'과 '신맛'이라는 두 낱말에 공동 지시성이 있을 수 없듯이, 공동 지시성이 있을 수 없다는 가정에 기초하고 있다. 하지만 웃됴타카라는 이 주장을 뒤집어서 '존재하는 실체'라는 표현이 의미 있는 방식으로 사용되기 때문에 이 두 낱말(즉 '존재'와 '실체')은 공동 지시적인 것으로 간주되어야 하는데, 이 둘은 같은 접미사, 즉 'sad dravyam'이라는 표현에서 볼 수 있는 것처럼 같은 격어미를 가지기 때문이라고 주장한다. '존재'와 '실체' 사이의 관계는 실체·속성·행위 같은 것들이 존재성에 의해 특징지어지고 따

---

13) "atrāsmābhir vyaktyākṛtijātayaḥ padārtha iti pradhānopasarjanabhāvasyāniyam ena vyavasthāpitam, ekāntavādinaś caite doṣā iti"(『니야야바르티카』 308). 『니야야바르티카』의 관련된 부분에 대한 영어 해석에 대해서는 Matilal 2002, 231~254에서 「웃됴타카라가 해석한 디그나가」(Diṅnāga as Interpreted by Uddyotakara)를 보라.

라서 '존재하는' 것으로 간주되기 때문에, '색깔'과 '신맛'의 경우처럼 양립 불가능한 것이 아니다. 따라서 존재성과 실체성은 몇몇 경우 같은 장소를 가질 수 있다. 반면 색깔성과 신맛임은 결코 같은 장소에 현존할 수 없으며 바로 그 이유 때문에 '색깔'과 '신맛'은 병치/동격이 될 수 없는 것이고, 이것은 다시 말해서 여기서 병치/동격의 부재는 '색깔'과 '신맛'이 서로 다른 것을 지시한다는 사실 때문만은 아닌 것이다. 게다가 '존재'라는 낱말이 연속적으로 혹은 동시적으로 생기는 두 기능을 통해 두 지시체를 지시할 수 없다는 디그나가의 반대 주장은 요점을 벗어난 것이다. 이 경우〔존재하는 실체의 경우〕, ("플랫폼이 소리치고 있다"mañcāḥ krośanti 같은 표현의 경우 생기는) 어떤 관계 혹은 ("하인이 주인이다"svāmī bhṛtyaḥ 같은 표현의 경우 생기는) 어떤 유사성 혹은 (수정이 어떤 붉은 물체에 비추어질 때 '붉은 수정'raktaḥ sphaṭikaḥ 같은 용법에서 생기는) 우연적인〔외부적인〕 조건의 현존 때문에 생기는 비유적 전이의 문제도 없다. 따라서 '존재하는 실체'라는 표현이 변함없이 착오적 인식을 낳는다고 말할 수도 없는 것이다.

마지막으로 '존재'라는 낱말의 지시체에 관한 첫 번째 경우처럼 마지막 경우 또한 무한성(ānantya)과 일탈(vyabhicāra)이라는 결함 때문에 완전하지 못하다는 디그나가의 주장은 이치에 맞지 않다. 이 반대 주장은 '존재'라는 낱말이 존재성이 결여된 실체, 속성, 혹은 행위를 지시했다면 지지될 수 있었을 것이다. 하지만 이것은 사실이 아니다. 존재성은 실체 등의 공통된 속성이기 때문에, 우리는 '존재'라는 낱말에서 존재성에 의해 특징지어지는 것들을 그 상호 간의 차이에 상관없이 이해하는 것이다. 따라서 '존재'라는 낱말의 지시체의 수가 무한

하다는 사실은 극복하기 힘든 문제가 되지는 않는다.[14] '존재'라는 낱말의 의미에 불확실성은 없기 때문에, 그것이 '일탈'되었다는 비난도 유효하지 않다. 이 예에서 '존재'라는 낱말이 존재하는 것들과 함께 비존재인 것들을 지시한다면 일탈이 있을 것이다. 그러나 이것은 분명히 사실이 아니다.[15]

* * *

아포하 교설을 위한 디그나가의 논증들을 거부한 후, 웃됴타카라는 계속해서 이 교설 또한 어려움을 피해 갈 수 없음을 보여 준다. 그의 비판 중 몇몇은 궤변적이라는 인상을 줄 수도 있기 때문에 여기서 논의할 필요는 없다. 그러나 아포하 교설에 대한 그의 반대 주장 중 어떤 것들은 매우 중요한 것처럼 보인다. 여기서 이 교설이 상호 의존이나 순환성의 문제를 야기한다는 식의 익숙한 반대 주장들을 논의하지는 않을 것이다. 그 대신 다른 반대 주장 몇 가지에 관심을 기울여 보고자 한다.

(a) 디그나가가 '소'라는 낱말이 '비(非)소가 아닌 것'을 지시한다고 말할 때 그가 생각하는 존재는 어떤 종류일까? 그것은 긍정적 존재

---

14) "yo hi sacchabdena nirviśeṣaṇāni dravyaguṇakarmāṇy abhidhīyanta ity abhidhatte, taṃ praty eṣa doṣaḥ. asmākaī tu dravyaguṇakarmāṇi sattāviśeṣāny abhidhīyante. yatra yatra sattāṃ paśyati tatra tatra sacchabdaṃ prayuṅkte. ekā ca sattā. tatpratyayasyānivṛtteḥ. tasmād bhedānām ānantyaṃ na doṣaḥ"(『니야야바르티카』 309).

15) "na punar ayaṃ sacchabdaḥ svaviṣayavyatirekeṇāsati vartate. tasmād asthāna iyaṃ vyabhicāracodaneti"(『니야야바르티카』 310).

일까, 부정적 존재일까? 긍정적 존재라면 그것은 소와는 다른 것일까, 그렇지 않은 것일까? 그것이 소와 동일한 것이 된다면 그 사실을 논박할 필요는 없다. 그것이 소와는 다른 긍정적 존재라면 우리는 이상한, 즉 '소'라는 낱말이 소와는 다른 어떤 것(말이나 당나귀 등)을 지시한다는 견해를 만나게 된다. 그것이 부정적 존재라고 주장한다면 그것은 '소'라는 낱말을 들을 때 어느 누구도 순수하게 부정적인 존재를 파악하지는 않기 때문에, 우리의 경험에 반하는 것이 된다(『니야야바르티카』 314).

(b) 이 교설이 '소'와 같은 낱말의 경우에는 들어맞는 것 같지만, 어떤 다른 낱말들의 경우에는 그렇게 될 수가 없다. '소'라고 불리는 존재들이 있고, 그렇게 불리지 않는 존재들 또한 있다. 이 경우 소를 부정하게 되면 소가 아닌 어떤 것을 알아차릴 수 있고 그 역도 마찬가지이다. 그러나 이러한 이분법(dvairāśya)이 모든 낱말의 경우에 유효한 것은 아니다. '모두'(sarva)라는 낱말을 생각해 보자. '모두'라는 낱말의 의미를 부정함으로써 얻어지는 '모두가 아닌'(asarva)이라고 불리는 존재는 없다. 또 '모두가 아닌'이라는 표현이 통일성, 이중성 등에 적용된다고도 할 수 없는데, 이런 것들은 '모두'라는 낱말에 의해 지시된다고 가정되는 전체성의 일부만을 이루는 것이며, '모두'라는 낱말은 그 구성 요소 혹은 구성 성분이 하나, 둘 등의 수로 된 것들일 수 있는 집합을 의미하기 때문이다. 그리고 이 집합의 모든 구성 요소가 부정되면, 하나의 집합(samudāya)은 그 구성 요소(aṅgas) 외에 아무것도 아니기 때문에, '모두'라는 낱말은 텅 빈 표현이 될 것이다. 집합을 나타내는 다른 낱말들('둘', '셋' 등)에도 이와 똑같은 반대 주장이 있을 수

있다(『니야야바르티카』 314).

(c) 소의 배제는 소와는 다른 어떤 것인가, 아니면 그것과 동일한 것인가? 다른 것이라면 그것은 소에 위치하는가, 그렇지 않은가? 소에 위치한다면 그것은 소의 속성(guṅa)이 될 것이고, 그렇다면 '이 소는 존재한다'라는 표현은 소의 존재를 나타내지 않을 것이다. 소에 위치하지 않는다면 '소의 배제'(gorapohaḥ)라는 표현에서의 속격 혹은 소유격 접미사(제6격 어미)의 의미는 대체 무엇인가? 그것이 소와 다른 것이 아니라면 디그나가가 하고자 하는 말은 무엇인가?(『니야야바르티카』 315)

(d) 비(非)소의 배제는 소마다 다 다른 것인가, 아니면 모든 소에 다 같은 것인가? 같은 것이고 또한 모든 소 — 과거, 현재, 미래의 — 에 관련된다면 우성이라고 하는 보편자로부터 그것을 구분하기는 힘들 것인데, 우성 또한 하나이면서 모든 소에 연관되어 있는 것이다. 그것이 개별자마다 다르다면 개별적 소들처럼 비소의 배제는 그 수가 무한해질 것이다. 이 경우 보편어가 개별자들을 지시할 수 없다는 디그나가의 반대 주장은, 후자는 그 수에 있어서 무한하기 때문에, 그 힘을 잃게 된다(『니야야바르티카』 315).

웃됴타카라가 아포하론에 대해 제기한 다른 반대 주장들도 있지만, 지금으로서도 꽤 길게 전개된 이 글에서 논의하기에는 적절하지 않다. 대신 디그나가가 보편어의 가능한 지시체들에 관해 제기한 모든 반대 주장들이 '배제어'(apohaśabda)의 가능한 지시체들에도 똑같이 적용됨을 보여 주려 한 비판자들이 있었다는 사실에 주목해 볼 것이다. 이런 반박들의 표준적 전거는 쿠마릴라 바타의 『슐로카바르티카』이다. 이 점은 『슐로카바르티카』의 주석서인 『니야야라트나카라』에서 파르타사라티 미슈라가 명확히 설명한 바 있다. 따라서 예를 들어 『슐로카바르티카』의 「아포하론」 게송 115~116은 디그나가의 『프라마나삼웃차야』의 게송 2에 대한 대답을 제시하는데, 거기서 디그나가는 보편어(jātiśabda)가 그 수의 무한함(ānantya)과 또한 '일탈'(vyabhicāra) 때문에 개별자를 지시할 수 없다고 주장한다. 쿠마릴라 바타는 아포하 교설이 이 점에서 더 나을 것이 없다고 지적하는데, '배제어'(apohaśabda)와 그것이 적용된다고 가정되는 모든 개별자 사이의 지시 관계를 아는(혹은 확정하는) 것은 인간으로서는 불가능하기 때문이다. 그리고 이 지시 관계에 대한 우리의 지식이 이런 개별자들 중 몇몇에만 한정된다는 사실에도 불구하고 특수한 배제어를 이러한 모든 개별자에게 사용한다면, 이것이야말로 낱말과 그것이 지시하는 것의 지시 관계의 확정이 그 낱말의 채택의 전제 조건이라는 암묵적인 규칙으로부터의 '일탈'인 것이다. 디그나가는 또한 보편어(jātiśabda)가 보편자(jāti) 혹은 보편자와 그것을 예시하는 개별자 사이에 성립하는 관계(yoga)를 지시할 수 없다고 주장하는데, 이러한 가능성은 추정되는 보편어가 개별자를 지칭하는 낱말과 동격-병치 관계에 있음이 발견되는 표현들이 있다는 사실과 모순되기 때문이다. 쿠마릴라 바타는 디그나가가 제시한 주장들을 적절히 수정하면 '소,' '말' 등의 낱말을 배제어로 다루더라도 이런 어려움이 여전히 있음을 알 수 있다고 지적한다. 그래서 보편어를 부정하고 그 자리에 배제어를 대신 집어넣는다고 해서 실제로 얻을 것은 아무것도 없다.[16] 『프라마나삼웃차야』의 게송 4

에서 디그나가는 보편어(jātiśabda)가 보편자에 의해 특징지어진 개별자들(jātiviśiṣṭavyaktis)을 지시할 수 있다는 주장을 거부하기 위해 많은 주장들을 제시한다. 『슐로카바르티카』의 「아포하론」 게송 120에서 쿠마릴라 바타는 보편어에 관해 디그나가가 고찰해 낸 어려움들이 '소,' '말' 등과 같은 낱말이 배제어라는 디그나가의 주장도 괴롭히고 있음을 지적한다. 또 다른 곳에서 쿠마릴라 바타는 적대적인 두 이론이 같은 방식으로 방지하고자 하는 동일한 결점을 갖고 있을 때, 이 이론들 중 하나의 지지자가 다른 이론의 지지자에게서 결점을 찾아내는 것은 공정하지 못하다는 것을 지적한다.[17)]

---

16) 『슐로카바르티카』(ed. Shastri) 「아포하론」 게송 115~116은 다음과 같다. "apohamātravacyātvaṃ yadi cābhyupagamyate / nīlotpalādiśabdeṣu śabalārthābhidhāyiṣu // viśeṣaṇaviśesyatvasāmānādhikaraṇyayoḥ / na siddhir na hy anīlatvavyudāse'nutpalacyutiḥ / nāpi tatretaras tasmān na viśeyaviśesaṇe." 파르타사라티 미슈라의 『니야야라트나카라』에 따르면 이 게송들은 『프라마나삼웃차야』 V.2의 다음 게송들에 대한 답변을 포함하고 있다. "na jatiśabdo bhedānām ānantyād vyabhicārataḥ / vācako yogajātyor vā bhedārthair apṛthakśuteḥ." 이 점은 파르타사라티 미슈라의 다음 언급에 명백히 나타나 있다. "yat tu bhikṣuṇā jātiśabdānāṃ bhedavācitvam ānantyavyabhicārābhyāṃ nirākṛtya yadā yogasya jātimatsambandhasya jātimātrasya vā vācakatvam, tadāpi viśeṣaṇavacanair nīlādiśabdair utpalādīnāṃ viśeṣyatvasya tathā'pṛthakśrutaiḥ sāmānādhikaraṇyasya cānupapattir uktā ... tad apohamātrābhidhāne'pi tulyam ity āha siddhir ity antena"(『니야야라트나카라』 422).

17) 『슐로카바르티카』(ed. Shastri) 「아포하론」 게송 120은 다음과 같다. "athānyāpohavad vastu vācyam ity abhidhīyate / tateāpi paratantratvād vyāptiḥ śabdena durbalā." 파르타사라티 미슈라에 따르면 이는 『프라마나삼웃차야』 5장 게송 4에 대한 답변으로, 다음과 같다. "tadvato nāsvatantratvād upacārād asambhavāt / bhinnatvād buddhirūpasya bhṛtye rājopacāravat." 이 점은 파르타사라티 미슈라의 다음 언급에 명백히 나타나 있다. "jātimadabhidhāne'pi tadvato nāsvatantratvāt' ityādinā sāmānadhikaraṇyānupapattir bhikṣuṇā darśitā, sā'pohavādābhidhāne'pi tulyeti darśayati"(『니야야라트나카라』 423); "tasmād yatrobhayor doṣaḥ parihāro 'pi vā

같은 방식으로, 파라타사라티 미슈라는 『슐로카바르티카』의 「아포하론」 게송 121~133은 이 글에서 언급한 디그나가의 게송에 대한 대답이 됨을 지적한다(『니야야라트나카라』 423~433). 바타푸트라 자야 미슈라 또한 『샤르카리카』(*Śarkarikā*)라는 주석서에서 쿠마릴라 바타가 게송 하나하나마다 디그나가의 주장에 대한 대답을 제시하고 있음을 보여 주려 한다.[18] 이에 덧붙여서 말라바딘 또한 『드바다샤라나야차크라』에서 이와 비슷한 과정을 채택하고 있다는 사실에도 주목해야 한다.[19]

쿠마릴라 바타는 또한 동사·접두사·접미사·불변화사의 의미는 아포하를 나타낼 수 없으며, 모든 실체들에 적용될 수 있는 '인식 대상'(prameya), '지식 대상'(jñeya) 등과 같은 명사들 또한 아포하를 나타낼 수 없다고 지적한다. 왜냐하면 이런 낱말들을 사용함으로써 배제

---

samaḥ / naikaḥ paryanuyoktavyas tādṛgarthavicāraṇe"(『슐로카바르티카』, 「공론」 Śūnyavāda, v.252, ed. Shastri).

18) 『드바다샤라나야차크라』, Jambūvijaya 1976, 607~630을 보라. 『샤르카리카』(=『슐로카바르티카티카』)의 관련된 부분이 학식 있는 편집자에 의해 주석되어 있다.

19) 말라바딘의 『드바다샤라나야차크라』의 다음 게송은 디그나가의 『프라마나삼웃차야』의 "na jātiśabdaḥ bhedānām ānantyād vyabhicārataḥ" 게송 등과 상응한다. "na jātiśabdo bhedānām ānantyād vyabhicārataḥ / vācako niyamārthokter jātimadvad apohavān." 싱하수리는 이 게송들에 대해 이렇게 언급한다. "jātiśabdo viśeṣārthaniyamokter bhedānām avācakaḥ, vyabhicārād ānantyāc ca. jātimato vācakatve ca ye doṣās te 'nyāpohābhidhāne 'pīti pratijñā." 또 몇 페이지 뒤에는 다음 두 게송이 있다. "nāpohaśabdo bhedānām ānantyād vyabhicārataḥ / vācako yogajātyor vā bhedārthair apṛthakśruteḥ // tadvato nāsvatantratvād bhedāj jāter ajātitaḥ / arthākṣepe 'py anekānekāntaḥ sattādyartho 'py ato na saḥ." 싱하수리는 이 게송들에 대해 이렇게 언급한다. "vidhivādimatavad apohavādimate 'pi catuṣṭaye sthite samāna evātrāpi vicāro granthaś ceti tathaivāha— nāpohaśabdo bhedānām ityādiślokadvayam"(Jambūvijaya 1976, 606).

될 수 있는 알 수 없거나 인식할 수 없는 존재들은 없기 때문이다. 부재 혹은 차이를 나타내는 '아닌', '다른' 등과 같은 낱말들의 의미는 무엇인가? 하지만 디그나가는 '인식 대상'과 같은 낱말들은 '비인식 대상'이라고 불리는 개념적 구성(ajñeyaṃ kalpitaṃ kṛtvā jñeyaśabdaḥ pravartate)으로부터 구분됨으로써 의자와 탁자 같은 존재들에 적용된다고 말하고 있다.[20] 그러나 이런 해결책은 개념적 부정항 혹은 대립적 상관물(pratiyogin)을 가지는 부정이 인정된다는 것이 고려될 때에만 수용될 수 있다. 이 견해에 동의하는 사람은 많지 않을 것이다. 이 외에 당면한 이 문제를 개념적 구성이라는 것에 의해 해결해야 한다면 아포하를 대신해서 개념적 보편자를 인정한다고 해서 안 될 이유가 어디에 있는가? 배제의 경우에도, '소'와 같은 의미 있는 낱말을 들을 때 적어도 우리는 본성상 **긍정적인** 것처럼 **보이는** 어떤 존재를 인식하게 된다는 사실을 부인할 수 없는 것이다(『슐로카바르티카』 428~429, ed. Shastri).

쿠마릴라는 또한 아포하 교설이 우리가 명사에 연관되는 성·격·수 등에 대해 말할 수 있다는 사실과 일치되지 않음을 지적한다. 또한 성·격·수 등이 개별자들에게 적용되며 그것을 통해서 아포하와 연관된다고 말하는 것도 불가능한데, 디그나가에 따르면 개별자들은 낱말들에 의해 표현되지 않기 때문이다. 아포하가 본성상 부정적이긴 하지

---

20) 『니야야라트나카라』 428에 인용되어 있다. 디그나가의 소실된 저작인 『헤투무카』에 비슷한 구절이 있었음이 카말라쉴라에 의해 암시되고 있다. "nanu Hetumukhe nirdiṣṭam—'ajñeyaṃ kalpitaṃ kṛtvā tadvyavacchedena jñeye 'numānam'"(『타트바상그라하판지카』 385, ed. Shastri).

만 보편자의 다른 모든 특성들은 다 가지고 있다고 인정한다고 해서 (그것은 하나이며, 영원하며, 그 낱말이 적용되는 모든 예들에 내재하는 등) 이런 어려움이 없어지지는 않는데, 불교 논사들에게 부정은 개념적 구성이며, 이런 속성들이 개념적 존재임을 인정한다면 천은 실이 없이 만들어질 수 있다는 사실 또한 인정하게 될 것이기 때문이다(『슐로카바르티카』 433, ed. Shastri).[21] 이런 것들과 또 이와 유사한 문제를 살피면서 쿠마릴라는 '타자의 배제'(anyāpoha)는 그것이 부정적 구성 요소(예를 들어 '비非브라만'abrāhmaṇa)를 가질 때에만 낱말에 의해 표현될 수 있다는 결론을 내린다. 그렇지 않은 경우 우리가 낱말에서 이해하는 의미는 그 본성상 긍정적인 어떤 것이다(『슐로카바르티카』 433, ed. Shastri).

디그나가의 견해에 대해 쿠마릴라가 제기한 반대 주장에 해답이 제시될 수 없는 것은 아니다. 『타트바상그라하』에서 샨타라크시타는 디그나가의 아포하론을 거부했던 쿠마릴라나 바마하(Bhāmaha), 그리고 그 외의 사람들의 견해를 논박한다. 샨타라크시타에 따르면 아포하론에 겨누어졌던 이런 비판들은 오해에 기초하고 있다. 그리고 그는 아포하론의 비판자들을 자신들 스스로 잘못 인도되었음은 물론 그에 따라 다른 사람들을 잘못 인도하는 데 열중하는 사악한 사람들이라고 혹평한다.[22] 아포하론을 정식화하면서 디그나가가 『프라마나삼웃

---

21) 프란체스코 스페라 교수는 아포하가 일자성(oneness), 항구성(eternality), 어디에서나 나타나는 것(vyāpyavṛttitva) 등을 그 특징으로 하며, 이 특징들은 보편자를 특징짓는 것으로 가정된다는 생각이 『프라마나삼웃차야브리티』 5.36에서 실제로 주장되고 있다는 점을 알려주었다.

차야』의 「아포하론」 첫 열두 게송에서는 존재론적 논점들을 제기한 것은 아니라는 점을 지적하면서 이 글의 이 부분의 결론을 삼고자 한다. 그가 사용한 주장들은 주로 문법 규칙과 또한 우리가 낱말의 지시 기능(śakti/samaya)을 배우게 해준다고 가정되는 방식을 고려하는 것에 의존하고 있는 것이다. 여기서 디그나가가 보편자의 존재를 거부하기 위해 결정적 논증들을 제시했다면, 명사의 의미는 보편자 혹은 보편자와 개별자의 관계 혹은 그 보편자에 의해 특성화된 개별자일 수 없다는 결론이 자동적으로 도출되었을 것이다. 그렇다면 디그나가의 과제는 아마도 더 쉽게 해결되었을 것이다. 그는 먼 길을 돌아 복잡한 논쟁들을 거쳐 얻은 결론을 단 한 번에 얻었을 수도 있었을 것이다. 하지만 그런 방법은 다르마키르티가 사용했는데, 그의 『프라마나바르티카』에는 보편자들의 실재성에 대한 중대한 반대 주장들이 실려 있다. 그중 몇몇을 열거해 보면 다음과 같다.

(1) 니야야학파에 따르면, 각 보편자는 하나(eka)이며, 영원(nitya)하며, 분할 불가능(niraṃśa)〔미분未分〕하며, 부동(niṣkriya)이며, 많은 개별자들에 동시에 내재한다(anekasamaveta). 반면에 이 보편자들 중 어떤 하나를 예시하는 개별자들은 수가 많고(aneka), 그중 영원하지

---

22) "anypohāparijñānād evam ete kudṛṣṭayaḥ / svayaṃ naṣṭā durātmāno nāśayanti parān api"(『타트바상그라하』 1002, ed. Shastri). 샨타라크시타는 아포하 의미론에서 곤란을 야기한다고 생각되는 어려운 문제들 중 많은 것을, 부정을 두 가지 유형(절대부정 prasajyapratiṣedha과 상대부정paryudāsapratiṣedha)으로 분류한 다음 그와 마찬가지로 아포하의 두 유형을 구분해서 방지하려고 했다. 헤일, 질론, 시더리츠 등이 (이 책에서) 이 문제를 논의하고 있으므로 여기서는 논하지 않는다.

않은(anitya) 것이 많다. 그리고 후자 중에는 '복합체'(avayavins), 다시 말해 구성 부분(sāvayava)들로 이루어진 것들이 많다. 논의의 편의를 위해 항아리성(ghaṭatva)이 이런 보편자의 하나이며 그것이 내속(samavāya)이라는 관계를 통해 모든 항아리들에 위치한다고(āśrita) 가정해 보자. 이 개별 항아리들은 서로 다른 위치들을 점유하고 있다. 그렇다면 단일한 존재인 항아리성이 어떻게 서로 다른 장소를 차지하고 있는 개별자들 **모두**에 동시에 현존할 수 있는가? X라는 실체가 많은 구성 부분들(x_1, x_2, x_3 등)을 가지고 있다면 그것은 서로 다른 기체들(A, B, C 등)에 동시에 위치할 수 있으며, 그렇게 된다면 그 X는 한 구성 부분(x_1)에 의해 A에, 또 다른 한 구성 부분(x_2)에 의해서는 B 등에 동시에 현존하게 된다. 그러나 구성 부분들이 결여되어 있는〔부분들로 나누어질 수 없는〕 보편자들은 이런 방식으로 복수적으로 위치할 수는 없다.

(2) 니야야학파에 따르면, 보편자들은 '편만하게 발생'(vyāpya-vṛtti)하며, 다시 말해서 어떤 보편자도 어떤 장소에서건 그 부재와 함께 존재할 수는 없다. 즉 어떤 개별자도 그 일부가 보편자에 의해 특징지어지는 한편 그 다른 부분들은 그 보편자의 부재에 의해 특징지어질 수는 없다. 보편자는 예시자 전체를 특징짓는 것이다. 도공이 흙으로 항아리를 만들기 전에, 항아리성(ghatva)이라고 알려진 보편자는 항아리를 만드는 흙덩이(mṛtpiṇḍa)나 절반만의 항아리(kapāla-kapālikā)들에는 없다. 그러나 일단 항아리가 만들어지고 나면, 항아리성은 전체 항아리를 특징짓는 것으로 가정된다. 속성이 어떻게 하나의 사물에 그 전체가 다 현존하면서 전체의 각 구성 부분들에 부재할 수 있는가?

(3) 게다가 그 항아리성이, 절반만의 항아리가 점유하는 공간에는 먼저는 부재하다가 뒤이어서 항아리가 만들어지고 나서는 어떻게 그 장소에 위치하게 되는가? 항아리성이 이 항아리와 함께 만들어진다고 말할 수는 없다. 그렇다면 항아리성의 영원성과 모순될 것이기 때문이다. 또한 항아리성이 다른 어떤 기체에서 오며 그렇게 해서 그 항아리와 연관된다고 말할 수도 없다. 왜냐하면 보편자들은 부동이라고 가정되기 때문이다. 게다가 이런 가정은 지금까지 항아리성이 있었던 항아리들이 계속해서 항아리성의 기체들이 된다는 사실에 반하는 것이다.

(4) 흙으로 만든 항아리가 부서지면, 항아리성은 더 이상 이전에 그 항아리가 있었던 장소에서 포착되지 않으며, 그 항아리가 부서졌을 때 남아 있는 조각들에도 현존하지 않는다. 이것은 어떻게 설명되어야 하는가? 항아리성이 그 기체와 함께 파괴되었다고 말할 수는 없다. 왜냐하면 항아리성은 영원하며 파괴될 수 없는 영원한 것이라고 가정되기 때문이다. 게다가 이런 가정 아래에서는 단일한 존재인 항아리성은 다른 기체들에서는 더 이상 존재하지 않을 것이다. 그리고 그런 경우 후자는 또한 더 이상 개별 항아리들일 수 없을 것이다. 항아리성이 다른 어떤 장소로 옮겨 갔다고도 할 수 없다. 왜냐하면 그것은 움직임이 없기 때문이다.

(5) 아래로 내려가는 운동을 하거나 어떤 방향으로 날 수 있는 것들은 저장 용기나 기체(ādhāra)를 필요로 한다. 물이 그릇에 담기지 않는다면 흐르기 시작할 것이다. 따라서 그릇은 물의 움직임을 방지하거나 막아 주며 한정된 장소에 있을 수 있게 해준다. 그러나 보편자는 움직일 수 없는데도 어째서 기체를 필요로 하는 것인가?[23)]

이렇게 해서 보편자의 존재가 거부되면, 다르마키르티와 같은 불교 논사들이 어떤 독특한 개별자들이 한데 분류되는 유일한 방식은 그것들을 다른 것들로부터 구분하는 것이라는 점을 보여 주는 것이 더 쉬워진다. 다르마키르티는 또한 독특한 개별자들에 대한 우리의 지각적 인식이 개념적 구성들(vikalpa)을 형성하게 되는 과정을 인과적으로 설명함으로써 아포하론에 어떤 새로운 차원을 더하는데, 개념적 구성이란 동일성이라는 허구적 형상(ākāra)을 가지며 서로 다른 개별자들 혹은 특수자들의 많은 인식을 통해 형성되고, 그럼에도 불구하고 **부정적** 특징을 공통적으로 가진다. 즉 이런 개별자들 이외의 것들에 의해서 수행될 수 있는 임무를 수행할 능력이 부재하는 것이다.[24] 몇 가

23) 『프라마나바르티카』 I.149~55; II.70. 다르마키르티의 이런 비판들은 자얀타 바타, 바사라바즈냐(Bhāsarvajña), 바차스파티 미슈라, 우다야나 등 니야야 논사들로 하여금 보편자가 토대를 필요로 하며 그것이 어떻게 동시에 복수적으로 위치될 수 있는지에 대해 정확하게 밝힐 것을 촉구하는 계기가 되었다. 그러나 다르마키르티에게 내놓은 그들의 대답은 우리의 관심사가 아니다.

24) 아포하 교설에 대한 다르마키르티의 주장의 요지는 『프라마나바르티카』의 1장 「자기를 위한 추론」(ed. Gnoli 1960)의 다음 게송들에 나타나 있다.

yad yathā vācakatvena vaktṛbhir viniyamyate /
anapekṣitabāhyārthaṃ tat thatā vācakaṃ vacaḥ // 66
...
pararūpaṃ svarūpaṃ svarūeṇa yayā saṃvriyate dhiyā /
ekārthapratibhāsinyā bhāvān āśritya bhedinaḥ // 68
tayā saṃvṛtanānārthāḥ saṃvṛtyā bhedinaḥ svayam /
abhedina ivābhānti bhāvā rūpeṇa kenacit // 69
tasyā abhiprāyavaśāt sāmānyaṃ sat prakīrtitam /
tad asat paramārthena yathā saṃkalpitaṃ tayā // 70
vyaktayo nānuyānty anyad anuyāyai na bhāsate /
jñānād avyatiriktaṃ ca katham arthāntaraṃ vrajet // 71
tasmān mithyāvikalpo'yam artheṣv ekātmatāgrahaḥ /
itaretarabhedo'sya bījaṃ saṃjñṣ yadarthikā // 72

지를 예로 들어 이 점을 설명해 보자.

다르마키르티에 따르면 얼룩소(śābaleya)는 얼룩무늬가 없는 소(bāhuleya)와는 완전히 다르지만, 이 두 소 모두 우유를 짜고 짐을 나

...
jvarādiśamane kāścit saha pratyekam eva vā /
dṛṣṭā yathā vauṣadhayo nānātve'pi na cāparāḥ // 74
aviśeṣān na sāmānyam aviśeṣaprasaṅgataḥ /
tāsāṃ kṣetrādibhede'pi dhrauvyāc cānupakārataḥ // 75
tatsvabhāvagrahād yā dhīs tadarthevāpy anarthikā /
vikalpikā'tatkāryārthabhedaniṣṭhā prajāyate // 76
tasyāṃ yadrūpam ābhāti bahyam ekam ivānyataḥ /
vyāṛttam iva nistattvaṃ parīkṣānaṅgabhāvataḥ // 77
arthā jñānaniviṣṭās te yato vyāvṛttirūpiṇaḥ /
tenābhinnā ivābhānti vyāvṛttāḥ punar anyataḥ // 78
ta eva teṣāṃ sāmānyasamānādhāragocaraiḥ /
jñānābhidhānair mithyārtho vyavahāraḥ pratanyate // 79
sa ca sarvaḥ padarthānām anyonyābhāvasaṃśrayaḥ /
tenānyāpohaviṣayo vastulābhasya cāśrayaḥ // 80
...
saṃsṛjyante na bhidyante svato'rthāḥ pāramārthikāḥ /
rūpam ekam anekaṃ ca teṣu buddher upaplavaḥ // 87
bhedas tato'yaṃ bauddhe'rthe sāmānyaṃ bheda ity api /
tasyaiva cānyavyāvṛttyā dharmabhedaḥ prakalpyate // 88
...
abhinnapratibhāsā dhīr na bhinneṣv iti cen matam /
pratibhāso dhiyāṃ bhinnaḥ samānā iti tadgrahāt // 107
kathaṃ tā bhinnadhīgrāhyāḥ samāś ced ekakāryatā /
sādṛśyaṃ nanu dhīḥ kāryaṃ tāsāṃ sā ca vibhidyate // 108
ekapratyavamarśasya hetutvād dhīr abhedinī /
ekadhīhetubhāvena vyaktīnām apy abhinnatā // 109
sā cātakāryaviśleṣas tadanyasyānuvartinaḥ /
adṛśṭeḥ pratiṣedhāc ca saṃketas tadvidarthikaḥ // 110
...
yad rūpaṃ śābaleyasya bāhuleyasya nāsti tat /
atatkāryaparāvṛttir dvayor api ca vidyate // 139

르는(bāhadohādisāmarthya) 동일한 능력을 가지고 있다. 게다가 이 둘 중 어떤 것도 소라고 생각되지 않는 다른 유형의 동물들이 수행할 수 있는 기능(나무를 타고, 고기를 먹고, 하늘을 나는 등)을 수행하지 못한다. 유사성에 대한 이런 인식들이 반복적으로 경험되면 '이것은 소다'와 '이것은 소가 아니다'라는 형태의 통일된 인식을 낳게 된다. 이런 지각들이 동일한 종류의 판단을 끌어내기 때문에, 우리는 소라고 간주되는 모든 동물들에 현존하는 어떤 공통적인 속성, 즉 **우성**이 있다고 잘못 생각하게 된다. 그러나 이른바 공통적 속성이란 단지 개념화를 통해 형성되는 개념적 구성(vikalpa)일 뿐이다. 개념적 구성에 속하는 동일함의 형상(ākāra)은 객관적 토대가 없으며, 개념적 구성이라는 속성으로 인해 또한 내부적인 것, 즉 '소'라고 불리는 외부 대상들에 속할 수 없는 어떤 것이 된다. 하지만 사람들은 지각의 대상(즉 특수 개별자)과 상상적 구성(즉 개념)을 혼합시킴으로써 습관적으로 세속적 행동과 언어 사용에 젖어든다. 그 결과 이런 형상이 부여된 개념적 구성은 개별자들의 독특함을 가리고 그 위에 어떤 토대도 없는 통일적인 혹은 공통적인 본성을 부과하게 된다. 이런 이유로 해서 그것을 세속제(samvṛti, 즉 덮음/가림concealment)라고 하는 것이다. '소'와 같은 낱말을 채택하는 것은 따라서 어떤 객관적인 공통적 요소에도 의존하지 않는다.

* * *

『니야야바르티카타트파리야티카』와 『니야야카니카』(*Nyāyakaṇikā*)에서 바차스파티 미슈라는 불교 논사들이 제시한 몇몇 주장을 약간 변형된 아포하론을 받아들이면서 검토하는데, 이 주장들 중 하나는 보편자가 없다는 가정에서 출발한다(『니야야바르티카타트파리야티카』 440~447, 『비디비베카』*Vidhiviveka* 131~135). 보편자의 부재 속에서, 존재하는 것들은 공통적인 속성들이 결여되고 각각의 것들은 다른 모든 것들과 완전히 다른 독특함을 가진다. 이런 독특함이 바로 자상(svalakṣaṇa)이라는 말의 의미이다. 불교 논사들에게 있어서 낱말들은 이런 독특한 개별자들에 접촉조차 할 수 없다. 서로 다른 것들에 동일한 낱말을 적용하는 것은 관련된 모든 경우들에서 동일(혹은 유사)하다고 여기는 어떤 인식에 기초한 것이다. 다시 말해서 서로 다른 경우들에 관련된 낱말을 발화할 때 청자는 각 경우에서 동일(혹은 유사)하다고 여겨지는 어떤 인식을 갖는 것이다. 이런 인식들을 분별(kalpanā 혹은 vikalpa)이라고 한다. 불교 논사들의 주장에 의하면, 그 형상들(ākāra/pratibhāsa)이 언어로 표현될 수 있는 이런 분별들은 낱말 적용의 기초이며, 낱말은 다시 분별을 낳는다.[25)]

이 분별만이 낱말에 의해 지시될 수 있는 대상들이 될 수 있는데, 이 분별은 그와 관련된 장소·시간·조건이 다 다를 수 있다고 하더라도 동일한 것으로 느껴지거나 **인지되기** 때문이다. 그렇다면 이제 독특한 개별자들에는 이런 본성이 없으며, 따라서 이런 분별들이 드러내는 대상들이 될 수 없다. 보편자도 이런 **분별**의 대상이 될 수 있는 여지는 있지만, 존재하지 않는다. 이런 분별들은 보편자들이 위치하는 개별적

---

25) 이 견해는 다음의 게송에서 아름답게 표현되어 있으며, 많은 저작에서 인용되고 있다. "vikalpayonayaḥ śabdā vikalpāḥ śabdayonayaḥ / kāryakāraṇatā teṣāṃ nārthaṃ śabdāḥ spṛśanty amī."

존재들을 그 대상들로 가진다고 말할 수도 없는데, 보편자의 부재 속에서 그것이 무엇이든 어떤 것도 보편자에 의해 특징화될 수 없기 때문이다. 독특한 개별자들은 분별의 대상들이 아니기 때문에, 이 독특한 개별자들에 의해 생긴 인식(jñāna)이나 이러한 인식에 각인되는 대상의 형상(grāhyākāra)도 분별의 대상들이 될 수 없다. 왜냐하면 이 둘 또한 모두 독특한 개별자들이기 때문이다. 그렇다면 분별에 의해 드러나는 대상은 무엇인가? 한 가지 가능한 대답은 이런 분별이 자신의 (실제로 외적인 것이 아닌) 형상을 외적인 어떤 것으로 투사한다는 것이며, 이것이 분별의 대상이라고 간주된다.[26)]

하지만 몇몇 불교 논사들은 이것을 인정하지 않는다. 그들은 이 투사(adhyavasāya)의 본성이 무엇인지를 묻는다. 투사는 ① 일종의 파악(grahaṇa)인가, 아니면 ② 창조나 만들기(karaṇa)인가, 아니면 ③ 일종의 합치기나 모으기(yojanā)인가, 아니면 ④ 귀속이나 부과(samāropa)인가? 첫 번째 경우는 성립할 수 없다. 왜냐하면 분별의 형상이 그 대상이 아니며 따라서 분별에 의해서 파악될 수 없기 때문이다. 분별의 대상이 아닌 존재는 분별의 대상이 될 수가 없다. 따라서 두 번째 경우 또한 인정될 수 없다. 분별이 그 자신의 형상을 외부의 독특한 개별자와 뒤섞거나 결합시킬 수 없다. 왜냐하면 그것이 이런 개별자들을 파악할 수 없기 때문이다. 이 사실은 세 번째 경우를 효과적으로 제외시

26) "svākāram abāhyaṃ bāhyam adhyavasyan vikalpaḥ svākārabāhyatvaviṣaya iti; yathāha—'svapratibhāse 'narthe 'dhyavasāyena pravṛttir iti.'"(『니야야바르티카타트파리야티카』 441). 이 구절에 대한 비판적 언급으로는 『니야야바샤바르티카티카비바라나판지카』(*Nyāyabhāṣyavārttikaṭīkāvivaraṇapañjikā*) 41을 보라.

킨다. 네 번째 경우 또한 성립할 수 없다. 왜냐하면 인식(cognition)이라는 것이 자신의 대상이 되는 것에 자신의 형상을 부과할 수 없기 때문이다. 분별이 자신의 형상을 파악하지 못한다면 그럴 수는 없는 것이다. 그렇다면 이 두 행위 혹은 기능(파악과 부과)은 계시적으로 일어나는가 아니면 동시적으로 일어나는가? 첫 번째 경우는 인정될 수 없다. 왜냐하면 분별은 순간적인 것이어서 이 두 기능을 계시적으로 수행할 수 없기 때문이다. 두 번째 경우를 인정한다면 다음 두 가지 중 하나를 선택해야 한다. 분별이 그 형상을 자신에게 부과하거나, 그 형상을 외부의 어떤 대상에 부과하는 것이다. 하지만 이 중 어떤 것도 받아들일 수 없다. 왜냐하면 분별이란 자기 현현(svasaṃvedana)에 의해 자신을 파악하는 반면 그 자체의 형상을 자신에게 부과할 수 없기 때문이다. 그것은 또한 그 자체의 형상을 그것에 대해 외적인(bāhya) 특수한 존재에 부과할 수도 없다. 왜냐하면 특수한 외적 대상은 독특한 개별자(svalakṣaṇa)여서 지각(pratyakṣa)에 의해서만 드러날 수 있기 때문이다. 그것은 분별이 드러내거나 파악할 수 없다. 따라서 분별에 의해 드러나는 것은 인식(jñāna)도 인식의 형상(jñānākāra)도 외적 대상(bāhyārtha)도 아니다. 그러므로 그것은 완전히 허구적인 것, 즉 비실재(alīka)이다. 이것이 다르못타라의 견해이다.[27] 실제로 허구이면서도

27) 이것은 아포하를 다루는 그의 소책자에 있는 한 구절을 보면 이해할 수 있다. 그 게송을 바차스파티 미슈라는 부분적으로, 그리고 아니룻다(Aniruddha)는 『니야야바샤바르티카티카비바라나판지카』에서, 뿐만 아니라 차크라다라도 『니야야만자리그란티방가』에서(그는 특히 그것이 다르못타라의 것이라고 생각한다) 그 전체를 인용하고 있다. 그 게송은 다음과 같다. "buddhyā kalpikayā viviktam aparair yad rūpam ullikhyate / buddhir no na bahir yad eva ca vadan nistattvam āropitam / yas

외적 대상으로 나타나는 이런 분별의 형상이 분별의 대상이며 또한 낱말들의 지시 대상인 것이다.

그렇다면 이 분별의 형상이 왜 외적인 어떤 것으로 나타나는지 물을 수 있다. 『니야야칸달리』(*Nyāyakandalī*)에서 슈리다라 바타가 기술한 것처럼, 다르못타라의 대답은 다음과 같다. 누군가가 어떤 동물을 가리키며 '이것은 소다'라고 발화할 때 청자는 우유를 짜고 짐을 옮기는 등의 인과적 효과성(bāhadohādisādisāmarthya)을 가진 개별적 존재(①)를 경험한다. 그러나 그 사람의 인식에는 이미지 혹은 표상(pratibhāsa)(②)도 있다. 이런 이미지들을 반복적으로 경험함으로써 그 사람은 이 이미지에 속하는 어떤 구조 혹은 형상(ākāra)에 대한 인식(③)을 갖게 된다. 다음으로 그 사람은 개별 소가 자신의 이런 반복 가능한 형상(sāmānya)(④)을 가지고 있다고 생각하게 된다. 이 네 가지는 분할할 수 없이(aviveka) 하나로 결합되며, 그런 다음 개념적 형상이 외적 대상에 투사(āropita)되는 것이다. 이것이 다르못타라가 제창한 '4중형상이론'(ardhapañcamākāra)의 교설이다.[28]

---

tattvaṃ jagato jagāda vijayī niḥśeṣadoṣadviṣāṃ / vaktāraṃ tam iha praṇamya śirasā 'pohaḥ sa vistāryate." 『니야야바사바르티카티카비바라나판지카』 41에서는 'vadan', 'nistattvam', 'āropitam', 'niḥśeṣadoṣadviṣām' 대신 'padam', 'niḥsattvam', 'ābhāsate', 'niḥśeṣadoṣadviṣo'을 쓰고 있고, 『니야야만자리그란티방가』 14에서는 'sa' 대신 'sma'를 쓰고 있다. 바차스파티 미슈라는 『니야야바르티카타트파리야티카』와 『니야야카니카』의 "buddhyā ... bahiḥ" 부분을 언급한 것이다(『비디비베카』를 보라).

28) 『니야야칸달리』 750~760: "athocyate — yādṛśam eko govikalpo bāhyātmatayā svapratibhāsam āropayati, govikalpāntaram api tādṛśam evāropayati, vikalpāś ca pratyekaṃ svākāramātragrāhiṇo na parasparāropitānām ākārāṇāṃ bhedagrahaṇāya paryāpnuvanti, tasyobhayagrahaṇādhīnatvāt. tadagrahaṇāc ca vikalpāropitānām ākārāṇām ekatvam āropya 'vikalpānām eko viṣaya' — ity

이 분별의 형상이 타자의 배제의 본성(anyavyāvṛttirūpa)이며, 이 점은 다음의 세 가지 이유에 의해 입증될 수 있다.

① 첫 번째 이유는 '타자의 배제'(anyavyāvṛtti)만이 어떤 것의 존재를 확인하거나 부정하는 진술에서 일관되게 한정사일 수 있는 공통적 요소가 될 수 있다는 것이다. 왜냐하면 그것만이 현존하는 존재와 부재하는 존재로 타당하게 확인될 수 있기 때문이다. 예를 들어 인식(jñāna)은 존재하거나 실재하며, 반면 토끼의 뿔(śaśaviṣāṇa)은 비실재이거나 허구이다. 그리고 이 둘 다 가시적인 모양 혹은 몸체를 가진 것들과는 다르다는 공통적 속성을 가진다. '소'라는 낱말에 의해 생긴 분별의 대상이 현존하는 존재들에만 속할 수 있는 어떤 것이라면, "소는 존재한다"라는 문장은 사용할 수 있는 반면 "소는 존재하지 않는다"라는 문장은 모순이 될 것이다. 한편 소라는 낱말이 부재하는 존재들에만 공통된 어떤 것이라면, "소는 존재하지 않는다"라는 진술은 사용할 수 있게 되는 반면 "소는 존재한다"라는 표현은 모순을 포함하게 될 것이다. 하지만 이런 것은 사실이 아니다. 따라서 '소'라는 낱말에 의해 생긴 분별에 의해 드러나는 것은 비존재뿐 아니라 존재와도 양립 가능하며(bhavābhāvasādhāraṇa), 앞에서 본 것처럼 이러한 것은 '타자의 배제'(anyāpoha)만의 본성이 될 수 있다. 따라서 '소'라는 낱말에 의해

---

ucyate. tad eva ca sāmānyaṃ bahirāropitebhyo vikalpākārebhyo 'tyantabhedābhāvena abhāvarūpaṃ svalaksaṇa-tadākārāropitaiś caturbhiḥ sahobhiḥ samasya 'ardhapañcamākāra' ity ucyamānam āropitabāhyatvaṃ śabdābhidheyaṃ śabdasaṃsargaviṣayaḥ. tadadhyavasāya eva svalaksaṇāvasāyaḥ, tadātmatayā tasya samāropāt."

생긴 개념적 구성(vikalpa)〔분별〕이 대상으로 갖는 것은 '소가 아닌 것들과의 차이'(a-go-vyāvṛtti)인 것이다.

② 두 번째 이유는 절대적으로 서로 다른 많은 사물들은 그것들에 공통적인 부정적 속성, 즉 그 각각의 것들과는 다른(a-tad-vyāvṛtti) 동일성의 결여만을, 자신들에 **공통된** 것으로서 가질 수 있다는 것이다. 예를 들어 어떤 낙타도 소·말·코끼리·사자 등과 같지 않다. 니야야학파에서도 소·말·코끼리·사자 등이 같은 유형의 동물들이라거나 그것들이 보편자로 간주될 수 있는 공통된 긍정적 속성을 예시한다고 말하지는 않을 것이다. 동시에 이 동물들 중 어떤 것도 낙타가 아니라는 것은 분명한 사실이다. 따라서 낙타와 다름이라는 속성이 이 이질적인 동물들의 집합이 가지는 (부정적임에도 불구하고) 공통적인 속성이다. 개별적 소들은 독특한 개별자들이어서 마찬가지로 소가 아닌 것들과 다르다(a-go-vyāvṛtti)는 부정적인 공통적 속성을 가진다.

③ 그 의미가 우리에게 알려진 낱말을 들을 때면 언제나 우리는 일종의 '타자의 배제'(anyavyāvṛtti)를 인식하게 된다. 이 때문에 누군가가 소를 묶어 두라는 부탁을 받을 때 말을 묶지는 않을 것이다. 이것은 '소'라는 낱말에 의해 생긴 '개념적 구성'(vikalpa)〔분별〕이 그 대상으로서의 비(非)소들과 다르다는 것이 인정되지 않으면 만족스럽게 설명될 수가 없다.[29]

---

29) 『니야야칸달리』 360~361:

"anyavyāvṛttisvabhāvaṃ bhāvābhavasādhāraṇaṃ cedam, 'gaur asti,' 'nāśti' iti prayogāt. bhāvātmakatve hy asya 'gaur asti' — iti prayogāsambhavaḥ, punaruktatvāt. 'nāsti — iticanaprayujyate, virodhāt. evaṃtasyābhāvātmakatve

이 이론에 따르면 아포하는 그 특성상 허구적이며 분별을 물들이기 때문에, 『니야야만자리』의 저자 자얀타 바타는 그것을 환영, 즉 전적으로 비실재인 어떤 것(asatkhyātigarbhā saraṇiḥ)이 우리에게 나타나는 것이라는 견해에 동조하는 이론으로 다루고 있다(『니야야만자리』 II.17, ed. Shastri). 다른 불교 논사들은 다르못타라의 이와 같은 견해를 받아들이지 않았다. 이들에 따르면 분별의 형상은 비록 내적인 어떤 것이라 해도(의식 상태의 상이기 때문에), 그럼에도 불구하고 우리의 잠재적인 습기의 영향을 받아 외적인 것으로 나타난다. 자얀타 바타에 따르면 이런 견해를 견지하는 사람들은 환영에서 실제로는 내적인 것이 외적으로 나타난다고(ātmakhyāytigarbhā saraṇiḥ) 주장한다.[30)]

* * *

아포하론의 후반기에 이르면 불교 논사들의 태도에 중요한 변화가 일어나는 것을 보게 된다. 그들은 낱말들의 의미를 더 이상 순수하게 부정적인 어떤 것으로 다루지는 않는다. 왜냐하면 이 가정이 많은 문제점들을 야기시켰기 때문이다.[31)] 그러나 니야야학파와 달리 그들은 긍

'nāsti — iti punaruktam, 'asti virudhyate. yathoktam —
ghaṭo'stīti na vaktavyaṃ sann eva hi yato ghataḥ /
nāstīty api na vaktavyaṃ virodhāt sadasattvayoḥ //

etasmād eva ca bhinnānāṃ api vyaktīnam ekatāvabhāsaḥ. idaṃ hi saeveṣām eva vikalpānāṃ viṣayaḥ, asya aikyād vikalpānām apy ekatvam. teṣām ekatvāc ca tatkāraṇāṃ pratipiṇḍabhāvināṃ nirvikalpakānām apy ekatvam. teṣām ekatvāc ca tatkāraṇāṃ vyaktīnām ekatvāvagamaḥ."

30) 『니야야만자리』 II.17. 아포하 강령에 대한 자얀타 바타의 비판에 대해 더 자세한 내용은 이 책에 실린 핫토리 마사아키의 글을 보라.

정적인 실체들(보편자들, 속성들 등)만이 '소', '말', '달콤한' 등과 같은 낱말들의 지시체가 된다고는 주장하지 않았다. 그들의 의견에 의하면 낱말에 의해 표현되는 것은 긍정적인 것과 부정적인 것의 두 가지 측면을 가진다. 카르나카고민, 샨타라크시타, 카말라쉴라와 같은 몇몇 불교 논사들은 낱말은 무엇보다도 먼저 긍정적 의미를 전달하며 그런 다음 다른 것들과의 차이가 내포적으로 파악된다고 주장했다. 다른 사람들은 부정적 측면, 즉 '다른 것들과의 차이'(anyāpoha)가 먼저 파악되고 그런 다음 긍정적 측면이 내포적으로 파악된다고 주장했다.[32] 하지만 즈냐나슈리미트라와 그의 제자 라트나키르티는 이런 견해를 지지하는 사람들과 의견을 달리했다. 그들의 견해에 의하면 낱말의 의미의 긍정적인 측면과 부정적인 측면은, 이 중 긍정적인 측면이 우선적인 것이고 부정적인 측면(즉 anyāpoha)이 그 속성이 되기는 하지만 함께 파악된다. 'tāmarasa', 'puṇḍarīka', 'indīvara' 등의 낱말은 이런 입장을 지지하는 좋은 예이다. 이 세 낱말은 각각 붉은 연꽃, 하얀 연꽃, 푸른 연꽃을 지시한다. 이 경우들에서 명사적 측면과 형용사적 측면을 인식하기 위해 ('붉은 연꽃'과 같은 경우에서처럼) 두 개의 낱말이 필요하지 않다. 왜냐하면 이 둘 다 예외 없이 한 번에 파악되기 때문이다. 마찬가지로 '소'라는 낱말은 우리에게 비(非)소들과의 차이에 의해 예

---

31) 하지만 『프라마나바르티카』에 대한 주석서 『프라마나바르티카바샤 바르티카란카라』(*Pramāṇavārttikabhāṣya Vārttikālaṅkāra*)의 저자 프라즈냐카라굽타는 낱말이 그 대상을 '지시하는' 것과 같은 긍정적 기능을 일체 수행하지 못한다는 극단적 견해를 고수한다. 위의 책 262~266을 보라.

32) 『프라마나바르티카스바브리티티카』 248~254. 그리고 『타트바상그라하』 1094~1095에 대한 『타트바상그라하판지카』를 보라.

외 없이 특성화되는 동물을 나타내 준다. 이 두 특성들의 인식은 순차적이지 않은데, 다시 말해서 우리가 먼저 소를 인식하고 그 후 그것이 비(非)소들과 다름을 인식하지는 않는다는 것이다; 또 이러한 예들에서 그것이 비(非)소가 아니라는 사실을 먼저 인식하고 그런 다음 계속해서 그것이 소라고 이해하는 것도 사실이 아니다. 따라서 이런 경우들에서 긍정적 특성의 인식도 부정적 특성의 인식도 — 이 두 특성은 관계없는 것으로 파악되지는 않지만 동일한 인식에 의해 동시에 파악된다 — 서로에게 선행하지 않는데, 부정적 측면(즉 '타자의 배제')이 긍정적 측면의 속성이 되고, 속성으로서 그것은 본성상 **보조적**(gauṇa)이기 때문이다.[33)]

* * *

지금까지 아포하론을 지지하기 위해 제시된 주장들과 그 반대 논사들의 적대적인 비판에 직면해서 생겨난 수정 이론들에 담긴 몇 가지 관념을 설명했다. 아포하론이 썩 만족스러운 교설처럼 보이지는

33) 이 입장은 다음 구절들에 명확히 제시되어 있다. ① "abdais tīvan mukhyam akhyāyate'rthas-/ tatrāpohas tadguṇatvena gamyaḥ / arthaś caiko'dhyāsato bhāsate 'nyaḥ / sthāpyo vācyas tattvato naiva kaścit"(『즈냐나슈리미트라니반다발리』 203). ② "yathā hi nīlotpale niveśitād indīvaraśabdāt tatpratītau nīlimasphuraṇam anivāryam, thatā gośabdād apy agavāpoḍhe niveśitād gopratītav ago'pohasphuraṇam anivāryam"(『즈냐나슈리미트라니반다발리』 203). ③ "yat tu goḥ pratītau na tadātmā parātme ti sāmarthyād anyāpoḍho' vadhāryate iti pratiṣedhavādinām anyāpohapratītau vā sāmarthyād anyāpoḍho' vadhāryate iti pratiṣedhavādinām matam. tad asundaram. prāthamikasyāpi pratipattikramādarśanāt"(『라트나키르티니반다발리』 59).

않는다. 그 이유로는 ① 아포하론이라는 이 불교적 견해는 찰나멸론(kṣaṇabhaṅgavāda)의 결과물인데 그것은 의심스러운 가정에 기초해 있다는 것, ② 이 이론을 받아들이게 되면 우리의 모든 경험, 행동, 언어 사용은 독특한 개별자들이 언제나 공통적 특징들을 가지고 있는 것으로 인식되는 다소 믿기 힘든, 끝없는 환상에 기초하게 된다는 것이다. 모든 인식이 변함없이 우리를 속인다면 우리는 얼마 동안이나 생존할 수 있을까? 주위에 가득 차고 지속되는 착오들에도 불구하고 생존해 나갈 수 있다는 사실을 엄청난 행운으로 받아들여야 할 것이다.

여기에 대해 아포하론의 지지자는 불교 논사들이 아포하론뿐만 아니라 찰나멸을 인정하는 반면 아포하론이 반드시 찰나멸을 전제하는 것은 아니며, 보편자를 인정하면 많은 문제들이 생기는데 그것들을 아포하론이 해결할 수 있다는 사실에만 근거해서 이 이론을 받아들일 수도 있다고 주장할 수 있다. 따라서 찰나멸을 인정하지 않으면서도 아포하론을 받아들일 수도 있으며, 찰나멸론이 거부되더라도 아포하 교설은 여전히 유지될 수도 있다. 비록 불교 논사들이 우리의 관습과 인식을 착오적인(bhrānta) 것으로 설명한다고 해도 이 말은 어떤 특별한 의미로 쓰이는 것이라는 주장도 있을 수 있다. 그것들은 비판적 검토〔승의제〕를 견딜 수 없다는 의미에서 '착오적'이지만, 우리의 세속적 행위에 적절한 토대를 제공하는 것이다. 어떤 경우에는 착오적 인식들도 성공적 행위를 이끌어 낼 수 있다. 따라서 어떤 인식이 세속적 행동에 도움이 된다는 단순한 사실이 그것의 정확성을 보증하지는 않는 것이다. 최근 신경심리학에서의 발견들의 관점에서 우리가 색깔을 파악하는 방식에 대한 설명에 의하면, 비록 우리 생존의 상당 부분이 색깔을 파악하는 데 달려 있기는 하지만, 지각하는 사물에 우리가 색깔을 잘못 부여한다는 점을 지적할 수도 있다. 따라서 ① 우리의 생존 바로 그것이 경험의 정확성에 상당 부분 의존한다는 것과 ② 그 결과 우리의 모든 경험을 착오적인 것으로 다룰 수 없다는 나의 주장은 적절하지 못한 것이 된다.

아포하론에서 가능한 어떤 견해든 모두 찰나멸론에서 직접 추론되어 나오는 것은 아니라는 점을 나는 인정할 수 있다. 그러나 불교 논사들이 찰나멸론과 아포하론 모두를 인정한다는 사실은 우연이 아니다. 모든 것이 순간적이라는 점을 일단 인정하면, (영원하다고 가정되는) 보편자와 같은 존재들은 거부되어야 한다는 것이 분명해진다. 하지만 이것은 이야기의 절반에 불과하다. 찰나적인 것은 극단적으로 짧은 지속 기간 때문에 다른 어떤 것의 기체가 될 수 없고, 다른 어떤 것에 위치할 수도 없다. 게다가 찰나적 존재들 사이에 (적어도 인도 전통에서 이해되는) 진정한 관계도 있을 수 없는데, 모든 관계는 다음의 세 가지 조건을 충족시켜야 하기 때문이다. ① 두 관계항 속에 머무를 것, ② 관계항들과 다를 것, ③ 두 관계항에 있어서 동일하거나 하나일 것. 그러나 찰나적 존재에는 어떤 것도 머무를 수 없기 때문에 첫 번째 조건은 충족될 수 없다. 따라서 찰나적 존재들은 전적으로 관계를 가질 수 없다는 결론이 뒤따를 것이다. 그럴 경우 찰나적 존재들은 어떤 속성의 담지자도 될 수 없다. 왜냐하면 어떤 속성의 담지자가 되기 위해서는 존재가 또한 그 속성에 연결되어야 하기 때문이다. 이런 환경에서는 실재하는 두 존재가 그것들에 속하는 서로 다른 속성들의 관점에서 구분될 수 있다고 말할 수가 없게 될 것이다. 따라서 두 개의 실체는 자기 차별적일 때에만, 즉 그 각각이 독특할 때에만 구분될 수 있다. 그러나 모든 존재들이 독특하다면 이런 존재들이 공통으로 가지는 유일한 공통적 속성은 부정적인 것일 수밖에 없다. 앞에서 다르못타라의 견해를 논의하면서 이 논제를 지지하는 주장을 언급했다. 지금까지 찰나멸론과 (서로 다른 장소와 시간에 있더라도 모든 소들에 현존한다고 가정되는) **우성**과 같은 '수평적' 보편자들의 거부가 갖는 관련성을 제시했다. (어떤 니야야 논사들이 데바닷타 같은 단일 개인에 그의 삶의 서로 다른 단계들에 걸쳐 현존한다고 가정하는) '데바닷타임'과 같은 '수직적' 보편자들을 포함해서 모든 종류의 보편자들이 부인된다면, 연속하는 두 찰나에서조차도 동일한 것은 있을 수가 없으며, 이것은 결국 찰나멸론이 된다. 아마도 이런 방식으로 찰나멸론과 아포하론의 숨은 연관을 보여 줄 수 있을 것이다. 불교에서 마련한 아포하론의 충분한 옹호는 경량·유식학파의 몇 가지 중요한 교설들의 입증을 필요로 할 것이다. 예를 들어 ① 모든 인식은 형상(ākāra)을 가진다, ② 모든 인식은 자기 현시적이다, ③ 모든 인식은 자신을 드러내면서 그 형상 또한 드러낸다, ④ 이 형상들 중 몇몇은 대상들에 의해 생기고, 또 몇몇은 잠재적 인상(vāsanā)에 의해 생긴다 등등이다. 이 교설들 중 이의 없이 받아들여진 것은 하나도 없으며, 그것들 어느 하나라도 입증하기 위해서는 상당한 논쟁이 필요할 것이다. 여기서 말하고 싶은 것은 보편자에 대한 니야야·바이셰시카 학파와 불교의 교설들이 몇 가지 다른 존재론적·인식론적 논제들과 함께 서로 뗄 수 없이 연결되어 있다는 것이다. 아포하론의 불교적 버전을 인정하는 동시에 경량·유식학파적 존재론과 인식론의 나머지 부분을 거부하는 것이 그렇게 간단한 일은 아니다.

유명론의 지지자들은 우리가 보편자와 같은 추상적 존재들을, 이러한 영원하며 추상적인 존재들이 어떻게 다른 존재들과 인과관계를 맺게 되는지를 아는 것이 어렵기 때문에, 혹은 어떻게 보편자들과 그 예시자들의 관계가 확립되는지를 설명하는 것이 어렵기 때문에, 인정하지 않기로 결정한다고 주장할 수 있다. 그 외에도 보편자의 거부는 더 초라한 존재론을 제시할 가능성이 있다. 누군가가 자신의 존재론에서 여러 훌륭한 이유들 때문에 보편자를 포함시키지 않도록 결정할 수 있다고 인정하면서도 내가 알 수 없는 것은 아포하론을 인정하는 것이 어떻게 보편자를 인정하는 것보다 문제가 적어지게 될 것인가 하는 점이다. 지금까지 우리는 아포하론의 네 가지 버전을 살펴보았고, 그 각각은 이런저런 어려움들을 가지고 있는 것처럼 보인다. 자얀타 바타의 설명 과정을 따라 이 어려움들을 지적해 보자.

디그나가가 제시한 아포하론의 형성 과정에서, 아포하는 '타자로부터의 차이'(anyavyāvṛtti)라는 본성을 가진다고 설해졌다. 차이는 그 자체로는 이해될 수조차 없다. 우리는 어떤 특수한 존재(말하자면 소)가 다른 특수한 존재(말하자면 말)와 다르다고 말해야 한다. 따라서 어떤 차이든 장소(āśraya, anuyogīn)를 필요로 하며 대립항 또는 대립상관물(pratiyogin)을 필요로 한다. (앞의 예에서 소는 특수한 차이의 장소 anuyogīn에, 말은 그 대립항pratiyogin에 해당한다.) 그렇다면 이 차이는 어디에 위치할 수 있는가? 아포하는 어떤 이미지(vikalpa)에 의해 드러나기 때문에, 그리고 이미지들은 그 대상으로 독특한 개별자를 결코 가질 수 없기 때문에, 독특한 개별자가 그 장소라고 말할 수는 없다. 지각'만이' 독특한 개별자를 드러낼 수 있다. 그러나 아포하와 같은 개념적 구성은 지각에는 결코 드러나지 않는다. 따라서 이 경우에 있어서 어떤 아포하에 의해 특성화되는 독특한 개별자를 인식하는 것은 거의 불가능하다. 또 얼룩소임(śābaleyatva)과 같은 특성들이 이러한 아포하의 장소라고 할 수도 없는데, 얼룩소가 아닌 소(bāhuleya)도 얼룩소와 다름에도 불구하고 소이며, 따라서 비(非)소로 간주될 수 없기 때문이다(『니야야만자리』 II.11, ed. Shastri). 개별자들의 집합은 이러한 집합을 이루는 개별자들이 파악되지 않는 한 파악될 수 없기 때문에, 함께 취급되는 모든 개별적인 소들의 집합 혹은 총계(Sāmudaya)도 비(非)소로부터의 차이의 장소라고 주장할 수 없다. 개별적 소들이 그 수가 무한하고 또한 서로 다른 장소와 시간에 위치한다는 것을 고려할 때, 소의 개별자들을 하나의 집합에 포함시키는 것이 어떻게 가능하겠는가? 전지적인 사람이 아니라면, 주어진 어떤 시간에도 존재할 수 있는 모든 특수한 소들의 집합을 인식할 수는 없다. 모든 소들이 비소와 다르다는 것을 알 수 있는 유일한 방법은 모든 소들에 현존하는 어떤 공통적인 **긍정적** 속성을 인정하는 것인데, 그것은 비소라는 속성과 양립 불가능하다. 그러나 그렇게 되면 그러한 속성은 보편적 **우성** 이외의 것이 아닐 것이다(『니야야만자리』 II.11). 게다가 '소'라는 낱말이 비소 이외의 어떤 것을 의미한다면 '비소가 아님'이라는 표현은 어떻게 이해해야 하는가? 그것은 소와는 다른 어떤 특수한 개별자(혹은 개별자들)인가, 아니면 소가 아닌 **모든** 개별자들과의 차이인가? 첫 번째 경우에서는 호랑이와 다른 사자조차도 호랑이는 비소이며 사자는 호랑이와 다르기 때문에 '소'라는 말로 지시될 수 있다. 두 번째 경우를 받아들이면 이런 어려움은 해결되지만, 여기에는 비슷한 문제가 또 생긴다. 비소인 모든 개별자들을 어떻게 알 수 있는가? 소임과 양립 불가능한 모든 비소들에 진정한 공통적 속성이 있었다면, 모든 비소들은 이러한 속성에 의해 하나의 동질적인 집단으로 묶일 수 있었을 것이다. 그러나 불교 논사들과 같은 유명론자들은 이러한 공통적 속성을 인정하기를 완강히 거부할 것이다(『니야야만자리』 II.12).

다르마키르티에 와서 다듬어진 아포하론은 사정이 좀 나은지 살펴보자. 이 버전에 의하면 아포하는 서로 다른 존재들 사이에서 얻어진다고 가정되는 객관적 차이(bheda/anyonyābhāva)라고 주장되는 것과 같은 외부적 대상이 아니다. 그것은 개념적 구성(vikalpa)의 형상(ākāra)인데, 이것은 무시이래의 무지(anādi-avidyā)로 인한 잠재적 인상에 의해 이 이미지에 부과된다. 이 분별은 본성상 동일한 것으로 잘못 여겨지며 또한 외부 대상에 잘못 부과되고, 그리고 그 결과 소와 같은 대상들은 어떤 동일한(공통적인) 본성을 갖는 것으로 가정된다. 그러나 이것은 완전히 다른 대상들의 서로 다른 지각적 인식들이 동일한 이미지를 산출할 수 없기 때문에 사실이 아니다. 게다가 이 형상(ākāra)의 같음 혹은 동일성을 우리는 어떻게 파악하는가? 불교 논사들에 따르면 지각은 오직 독특한 개별자들만을 드러내기 때문에, 지각이 그것을 드러낼 수는 없다. 분별(vikalpa, 이미지) 또한 그것을 드러낼 수 없는데, 이러한 이미지들은 개념적 구성을 드러내거나 아니면 자신들만을 드러내기 때문이다. 그래서 하나의 분별의 형상은 다른 분별의 형상에 의해 드러나지 않는다. 따라서 이 모든 분별들을 파악하고 그것들을 비교하고 그 속에서 어떤 공통적 특징을 찾아낼 수 있는 것은 아무것도 없다. 분별에는 실제로 동일한 형상이 없고 그것들의 상호 차이가 파악되지 않는다는 사실 때문에 유사하거나 동일한 것으로 파악된다고 한다면, 인식적 상태인 이 분별들은 순간적인 것임을 지적할 수 있다. 따라서 그것들은 모두 독특하며 서로 다르다고 할 수 있다. 그렇다면 각각의 특수한 분별(vikalpa, 이미지)을 특징짓는 형상(ākāra)은 그 이미지와 동일한가 아니면 그것과 다른가? 첫 번째 경우라면, 형상들은 이미지들과 마찬가지로 서로 다를 것이다. 따라서 모든 이미지들을 특성화할 수 있는 **동일한** 형상의 범위는 없을 것이다. 두 번째 경우라면, 모든 이미지들에 현존하는 공통적이고 동일한 특징이 인정되어야 할 것이다. 그러나 이것이 인정될 수 있다면, 지각의 대상들에 공통적인 특징을 인정한다고 해서 무슨 문제가 있는가?(『니야야만자리』 II.2)

개별자들이 같은 종류의 인과적 효과성을 가지고 있기 때문에 어떤 독특한 개별자들에 동일한 특징을 부여하게 된다는 다르마키르티의 주장에는 여러 문제점이 있다. 그에 따르면 **우성**이라는 개념은 모든 개별적 소들이 우유를 짜내거나 짐을 옮길 수 있기 때문에 형성된다. 그러나 이런 견해는 인정될 수 없다. 만약 이것이 인정된다면 암컷들소, 암컷 낙타 등도 우유를 짜고 짐을 옮길 수 있기 때문에 소의 부류에 포함시켜야 하기 때문이다. 게다가 우유를 짜거나 짐을 옮길 수 없게 된 소는 더 이상 소라고 볼 수 없게 된다. 이러한 결과는 분명 달갑지 않은 것이다.

다르못타라가 제시한 아포하론의 대안적 버전도 나을 것이 없다. 이 견해에 따르면, 이미지들을 '물들이거나' 혹은 '채색하는' 형상은 내부적이지도 외부적이지도 않다. 그것은 단순히 비실재이다. 그러나 허구적 존재가 어떻게 이미지를 '물들이거나' 혹은 '채색할' 수 있는가? 다시 말해서 어떻게 이러한 허구가 다른 어떤 것에 부과될 수 있는가?(『니야야만자리』 II.29)

즈냐나슈리미트라와 라트나키르티가 자얀타 바타보다 훨씬 후대의 사람들이기 때문에 『니야야만자리』에는 그들에 대한 비판은 보이지 않는다. 그럼에도 불구하고 자얀타가 비야디와 같은 개별 지시론자(Vyaktiśaktivādin, 낱말이 개별자만을 지시한다는 견해를 내세우는 논사)들이 제시한 문장 의미 이론에 대해 말하는 것이 즈냐나슈리미트라와 라트나키르티가 제시한 단어 의미 이론에 쉽게 적용될 수 있다. 비야디와 그 계승자들에 따르면 '흰 소'라는 표현은 소가 아닌 것과 하얗지 않은 것과는 다른 어떤 것을 의미한다. 자얀타 바타는 이런 경우에서 그 사물의 긍정적 특징들을 인식하면 우리는 그 결과로 그것이 아닌 것을 내포적으로 인식한다고 주장한다. '그것이 아닌 것'은 낱말에 의해 드러나는 것이 아니다. 똑같은 주장이 아포하론에도 적용될 수 있다(『니야야만자리』 II.48).

이 외에도 니야야학파의 관점에서 보면 상호 차이 같은 부정적 요소들은 긍정적인 것만큼이나 실재적이다. 그리고 그들의 견해에 의하면 상호 차이의 각 예는 영원하며 무수한 존재들을 특징지을 수 있다. 따라서 보편자(jāti)를 '타자의 배제'(아포하)로 대체하는 것이 세계에 다양하게 위치하는 영원한 존재들의 수를 줄이지 못한다. 그러나 모든 보편자(jāti)들을 '타자의 배제들'(아포하들)로 환원시킴으로써 결국에는 이러한 것들의 더 적은 유형들에 이를 수 있다고 말할 수는 있다. 하지만 불교 논사들은 부정을 설명하기 위해서 부정적 존재들 혹은 부정적 요소들을 인정할 필요가 없다고 말할 것이다. 이른바 부정적 요소들은 개념적 구성이거나 다른 어떤 것 속에서의 어떤 존재의 부재를 인식하는 것과 동일한 것이다. 하지만 이 설명에는 이의가 없을 수 없고, 따라서 우리가 만약 아포하론을 인정해야 한다면 불교 논사들의 편에 서서 다른 논점을 해결해야 할 것이다. 다시 말해서 어떻게 보편자들이 그 예시들과 연관되는지를 설명하기가 쉽지 않다는 것을, 논의를 계속할 필요에 의해 인정한다 해도, 아포하와 그것에 의해 특징지어지는 존재들 사이의 관계를 어떻게 설명할 수 있는지는 여전히 의문의 대상이 된다는 것이다. 자얀타 바타를 포함한 몇몇 사람들은 다르마키르티와 그의 계승자들이 보편자를 인정하는 것에 대항해서 내놓은 비판들이, 이 점에서 아포하를 인정하는 것에 대해서도 똑같이 적용될 수 있음을 지적한다. 보편자들은 실재하는 존재들로 가정되는 반면 아포하들은 개념적 구성들이며, 따라서 아포하들이 어떻게 실제로 다른 존재들과 연관되게 되는지는 심각한 문제를 야기하지 않는다고 말함으로써 이런 어려움을 회피하려고 할 수도 있다. 그러나 아포하 같은 개념적 구성들이 어떻게 보편자들(sāmānyas)과 같은 영원하거나 추상적인 존재들 외에 다른 존재들과 어떤 관계(인과관계와 같은)를 맺게 될 수 있는지도, 또 그들의 영원성의 설명에 의하면 왜 영원한 존재들이 다른 어떤 존재들과 관계되지 못하는지도 알 수 없다.

이쯤에서 미망사학파나 니야야학파에서 인정하는 보편자(sāmānya)가 플라톤적 의미에서의 보편자와는 다르다는 것을 상기할 필요가 있다. 그것은 감각기관의 영역을 넘어선 제3의 영역에 속해 있는 것이다. 니야야학파는 또한 공통적이거나 추상적인 속성들이라고 해서 모두 보편자라고 주장하지도 않는다. 따라서 모든 보편자들이 공통적 속성들인 반면 그 역은 성립하지 않는다. 니야야학파에 있어서 진정한 보편자는 영원하며(nitya) 분석 불가능한, 내속(samavāya)이라고 알려진 관계를 통해 그 장소 속에 있는 속성(akhaṇḍa dharma)이어야 한다. 게다가 실체·속성·운동만이 보편자의 장소가 될 수 있다. 따라서 소임(gotva)의 속성은 진정한 보편자인 반면 검은 소임(kṛṣṇagotva)의 속성은 복합적인(그래서 분할 가능한) 속성이어서 보편자(jāti)가 아니다. 그것은 부과된 속성(upādhi)일 뿐이다. 마찬가지로 실체성(dravyatva)은 진정한 보편자인 반면 '비존재임'(abhāvatva)이라는 속성은 어디에도 내속하지 않는 것으로, 부과된 속성일 뿐 진정한 보편자는 아니다. 다시 말해서, 모든 요리사들을 특징짓는 '요리사임'(pāchatva)의 속성은 영원하지 않은 요리 행위에 도움이 되는 행위로 환원될 수 있는 것이며, 따라서 그것은 진정한 보편자가 될 수 없다. 『키라나발리』(*Kiraṇāvalī*)에서 우다야나는 이런 많은 '보편자의 방해 요소들'(jātibādhaka), 즉 공통적 속성이 보편자로 간주될 수 없는 조건들을 지적했다. 후에 마투라나타 타르카바기샤(Mathurānātha Tarkavāgīśa)와 같은 니야야 논사는 한 걸음 더 나아가 만들어진 것(예를 들어 항아리성ghaṭava)에 공통된 속성들은 진정한 보편자들이 아니라고 주장한다. 프라바카라미망사학파는 지각할 수 있는 실체들만이 보편자들의 장소가 될 수 있다고 주장한다. 따라서 보편자를 인정하는 것이 언제나 아무 제한도 없는 구체화로 이어지는 것은 아니다. 불교와 같은 유명론의 입장에서 그것은 심각한 문제가 된다. 게다가 니야야학파에 있어서 우성 같은 보편자는 추리만의 대상이 아니다. 또한 머릿속 추상화의 과정을 통해 형성된 개념도 아니다. 그 대부분은 지각 가능하며, 그 지각 가능성이 인정되지 않는다면 우리의 지각적 인식에서 어떤 동물이 어떻게 해서 바다코끼리나 북극곰이 아닌 소로서 인지되는지를 설명하기가 어렵다. 따라서 우리가 사물들을 이런 식으로 확인할 때, 우리는 앞에 놓인 것을 특징짓는 긍정적인 무엇을 인식한다고 느끼며 아포하 교설은 이 사실과 양립할 수 없게 된다. 비(非)부정적 문장의 발화와 이해에 있어서도 이것은 마찬가지이다. 우다야나는 누군가에게 항아리를 가져오라고 부탁하면서 그 부탁하는 사람이 "항아리가 아닌 것이 아닌 것을 가져오는 것을 그만두지 마라"[34]라고 말하지는 않는다는 점을 지적했는데, 이것은 경박한 농담처럼 들릴 수도 있지만 핵심을 정확하게 짚고 있다.

마지막으로, 우리가 우리의 존재를 통해 살아간다고 가정하는 아포하 논사들의 환상에 대해 한마디 덧붙이고자 한다. 우리가 알고자 하는 것에 대해 종종 잘못 파악한다는 것을 부정하는 것은 아니며, 우리의 인식 장치의 내재된 구조가 사물들을 파악하는 방식에 중요한 영향을 미칠 수 있다는 사실도 기꺼이 인정한다. 그러나 그렇다고 해서 우리를 둘러싼 존재들이 우리가 그것들을 파악하는 방식에 결단코 아무 책임이 없다고 할 수 있을까? 우리가 지각하는 것들에 색깔을 잘못 부여할 수 있다는 점은 인정해 보자. 그러나 우리가 어떤 것들에 어떤 색깔이든 마음대로 부여할 수 있을까? 그렇게 할 수는 없다는 사실이,

---

34) 『니야야바르티카타트파리야파리슈디』(*Nyāyavārttikatātparyapariśuddhi*) 300: "na hi ghaṭam ānaya iti vaktavye anaghaṭaṃ na mā naiṣīr iti vaktāro bhavanti."

우리의 신경생리학적 기제가 그 사물들에 어떤 특정의 색깔들을 부여하게 만드는 어떤 속성들이 그 사물들 속에 있을 수밖에 없다는 사실을 알려준다. 정상적인 조건에서 우리가 장미 다섯 송이를 빨간색으로 본다면, 이 장미들 모두가 우리로 하여금 그것들에 빨간 색깔을 부여하도록 하는 어떤 공통적 속성을 가지고 있다는 것이 왜 인정되어서는 안 되는가? 이러한 속성을 인정하지 않는다면, 같은 사물이 색맹도 아니고 황달(또는 시야를 왜곡하는 어떤 질병)도 없는 사람들에게 동시에 녹색, 노란색, 푸른색, 갈색으로도 보이지 않는다는 사실을 설명하기가 어렵게 될 것이다. 사물들 속에 이러한 공통적인 속성들이 있다고 인정되면, 유명론의 주요 추진력은 힘을 잃게 될 것이다. 유명론자들이 "그 다섯 송이 장미는 비슷할 뿐이다"라고 말하는 것만으로는 이 문제를 회피할 수 없다. 왜냐하면 공통적 속성이 부재하다면 유사성 또한 설명할 수 없기 때문이다. 이 외에도, 어떤 경험은 그것이 만약 그에 뒤따르는 경험에 의해 부정되거나 모순되면 환상적인 것이라고 할 수 있다. 그러나 우리의 인식 장치가, 우리들 한 사람 한 사람이 우리 주위의 사물들에 대해 언제나 전적으로 왜곡되고 근거 없는 관점을 갖게 하는 것이고 또 사물의 진정한 본질이 세속적이거나 현실적인 경험 속에서는 우리에게 결코 드러나지 않게 하는 그런 것이라면, 서로 반대되고 또 우리의 상식적 세계관에도 반대되는 두 교설 중 하나를 어떻게 선택할 수 있을 것인가? 예를 들어 아드바이타베단타학파(불이론不二論적 베단타학파)의 관점에 의하면 궁극적 실재는 하나이며, 변하지 않으며, 어떤 내적 구분도 없다. 그러나 전생들의 경험들에서 남겨진 무시이래의 무지(avidyā)와 잠재적 인상들(saṃskāras) 때문에 끝없는 변화를 겪는 서로 다른 유형들의 많은 사물들을 보게 된다. 그리고 우리가 궁극적 진리를 깨닫지 못하는 이상 이 환상은 계속될 것이다. 이 견해는 니야야학파와 불교 모두 받아들일 수 없는 것이다. 그렇다면 문제는 다음과 같다. 니야야학파가 제시하는 세계관을 기꺼이 포기한다고 해도 어떻게 나머지 두 견해들에서 하나를 고를 수 있겠는가?

인간의 착오 가능성을 인정하는 것은 위험한 독단론과 광신에 대한 효과적인 치료제가 될 수 있기 때문에 반드시 필요하다. 그러나 보편적이고 구제 불가능한 착오를 인정하는 것도 극단적인 형태의 치명적 회의주의를 낳을 수 있기 때문에 위험하기는 마찬가지이다. 이러한 상황을 벗어나는 한 가지 길은 이런 착오들이 결국은 구제 불가능하지 않다고 주장하는 것인데, 신비로운 비전이나 초인간적 힘을 가지고 이런 환상들을 볼 수 있는 전지적인 존재가 그것들을 극복할 수 있기 때문이다. 그러나 이런 해답은, 이런 주장들이 일단 인정되면 우리의 경험으로는 지지할 수 없는 기이한 이론을 만들어 내게 되고 세속적이거나 일상적인 경험은 착오이며 선택된 소수만이 궁극적 진리에 직접 접근할 수 있다고 말하게 되기 때문에, 만족스러운 것이 될 수 없다. 그런 것은 합리적 담론으로서의 철학의 종말임이 분명하다. 여기서 칸트의 『순수이성비판』의 한 구절을 떠올려 보는 것이 도움이 될 것 같다. "[원인이라는 개념이 주관적 필연성에만 의존한다면] 나는 그 결과가 대상 속에서 원인과 필연적으로 연관되어 있다고 말할 수 없고, 다만 내가 이 표상을 연관되어 있는 것 이외의 것으로 생각할 수 없다고만 말할 수 있을 것이다. 이것이 바로 회의론자들이 바라는 것이다"(B168).

불교의 아포하론이 몇 가지 결함을 가지고 있다는 사실이 배제적 의미론이 반드시 내재적으로 잘못되었다는 말이 되는 것은 아니다. 이 이론은 여전히 주장될 수 있지만, 이 이론을 위해서 대안적인 주장을 제시하고, 그것이 적대적인 견해들의 결점을 주요한 결함을 포함시키지 않고 극복할 수 있음을 보여 주는 것이 이런 이론을 지지하는 사람들의 책무일 것이다. 동시에 동일 인식(anugatabuddhi)과 보편자의 존재를 가정하지 않으면서 서로 다른 것들에 같은 말을 적용하는 것(anugatavyavāhara)에 대한 만족스러운 설명을 제시해야 할 것이다. 유명론의 지지자들이 이러한 빈약한 존재론을 장점으로 부각시킬 수 있는 이론을 만들어 내기를 기대해 본다.

9장 _ 개념 형성에 대한 자연화된 설명으로서의 아포하

조르주 드레퓌스

디그나가(480~540)[1]에 의해 제시된 이후 아포하론은 인도 사상가들로부터 강한 관심을 끌었다. 힌두 실재론자들은 그것을 불교 유명론자들이 추상적인 존재들을 거부하는 데서 생기는 문제들을 덮어 버리려는 시도로 보면서 거부 입장을 강력히 피력했다. 불교의 반(反)실재론자들이 이런 비판들에 대응하면서 부각시킨 이 이론의 가치는, 그것이 개별자들의 세계에서 사고와 언어를 설명하려는 유명론적 기획을 더욱 깊이 있게 만들어 주는 원천이 될 수 있다는 것이었다. 이 논쟁이 상당 기간 지속되었고 여전히 해결점이 보이지 않고 있다는 사실은 그 주장들과 그것이 관련되어 있는 철학적 문제의 중요성이 그만큼 복잡하고 독창적이라는 증거가 될 것이다. 하지만 이 점은 또한 이 이론을 파악하는 것을 훨씬 더 어렵게 만들기도 한다. 이 글에서는[2] 논점을 정

1) 연대에 관해서는 내가 어떤 독창적인 주장을 하기는 어렵고 다만 일반적으로 동의하는 Hattori 1968, 4에서 제시된 것을 따른다.

2) 이 글은 스위스 크레베라르에서 열린 아포하 학술대회에서 발표한 원고를 수정한 것이다. 그래서 그때 참석했던 분들로부터 많은 도움을 받았지만, 그중에서도 특히 아미타

리하고 양측에서 제시하는 주장과 반대 주장 들을 평가할 생각은 없고, 또한 그것은 불가능한 것처럼 보이기도 한다. 그보다는 아포하론이 기여한 부분이 무엇인지를 찾아보고자 하는데, 그것은 아마 독창적인 의미론을 만들어 내기 위해 부정적 형식화를 사용하려는 의도라기보다는 우리의 인식 능력에 대한 자연화된 설명이라는 점에 있을 것이다. 여기서는 다르마키르티의 관점을 위주로 설명하고자 하는데, 이후의 모든 논의들은 그의 이론을 중심으로 전개되었기 때문이다.

아포하 혹은 배제론의 요점은 잘 알려져 있고 많은 학자들이 그에 동의하고 있다. 그것은 사고와 언어가 실재 속성들을 포착함으로써가 아니라 개별자들을 그것들과 모순되는 집합들로부터 배제함으로써 실재 사물들에 연결된다는 생각이다. 예를 들어, '나무'라는 낱말은 그것이 가진 것으로 추정되는 수성(樹性)을 포착하는 것이 아니라 비(非)나무에서 어떤 개별자들을 배제하는 의미 작용을 필요로 하게 되는 것이다. 이 이론이 전제하는 가정은 오직 개별자만이 실재하며 사고와 언어에 의해서 가정되는 공통성이란 허구에 불과하다는 것이다. 사실 아포하론은 실재하는 추상적 존재들이 없는 세계에서 사고와 언어가 어떻게 기능할 수 있는가를 설명하려는 시도로 볼 수 있다. 따라서 그것은 일종의 유명론, 즉 "실재하는 것은 언제나 개별자라는 널리 공유된 직관"의 한 형태이다(Siderits 1999, 342). 그러나 이 이론의 본질을 좀 더 정확하게 정의하고자 할 때면 이 이론에 대한 이런 최소한의 합

차테르지, 조너던 가네리, 파스칼 위공, 마크 시더리츠, 톰 틸레만스가 피드백과 의견을 준 데 대해 감사하게 생각한다.

의[3]는 곧 깨어진다.

그런 다음, 다르마키르티의 유명론의 본질과 그것을 개념론에 연결시킬 수 있는 가능성을 간단하게 살펴보고자 한다. 먼저 이런 입장들과 공통적으로 관련된 문제들을 검토해 보고 다르마키르티가 거기서 생기는 난점들을 개념 형성이라는 인식적 설명을 통해 어떻게 피해 가는지를 보여 주고자 한다. 논의의 초점은 유사성의 역할에 맞추어질 것인데, 그것은 실재적 속성들을 실재적 유사성들로 대체하려는 존재론적일 수밖에 없는 시도라기보다는 인식적 설명의 일부로 이해되어야 한다.

그렇다면 유사성이 다르마키르티의 아포하론에서 결정적인 역할을 하는 것으로 볼 수 있는데, 그것은 지각을 완전히 형성된 개념에 연결시키고 어떻게 우리가 순수 개별자들에 대한 지각에서 사고와 언어의 영역으로 옮겨 갈 수 있는지를 설명해 준다. 다르마키르티의 설명을 살펴보면서 정신적 내용이 가진 역할 또한 검토해 볼 것이다. 지각은 유사성과 비(非)유사성의 평가에 기초한 정신적 표상을 만드는 것으로 이어진다. 이 정신적 표상들은 허구적으로 구성된 공통성들을 나타내는 것으로 간주된다. 이런 방식으로 다르마키르티는, 실재적 보편자를 거부함에도 불구하고, 사고와 언어가 실재에 기초하고 있고 따라

---

3) 이 합의에는 중요한 예외가 하나 있는데, 그것은 많은 티베트 논사들이 발전시킨 절충적인 실재론적 해석이다. 특히 겔룩파 주석가들은 아포하론이 배제하는 것은 니야야학파 유형의 극단적인 실재론자들이 옹호하는 보편자일 뿐이며 따라서 사물들에 있는 실재 속성들의 존재와 모순되지 않는다고 주장한다. Dreyfus 1997을 보라. 하지만 이 글에서는 그들의 견해를 무시하고 불교 인식론 전통의 주류에 초점을 맞출 것이다.

서 비(非)자의적임을 보여 준다고 주장할 수 있는 것이다. 마지막으로, 이분법적으로 진행되어 사고와 언어를 어쩔 수 없이 오해되도록 만드는 착오의 역할을 언급해 볼 것이다. 하지만 이 급진적인 결론은, 다른 것들에 비해 더 정확한 생각들이 있다는 우리의 직관과 매우 상충된다. 이 글의 마지막 부분에서는 다르마키르티와 그의 계승자들이 이런 반대 주장에 대응하면서 동원할 수 있는 자원들을 살펴볼 것이다.

다르마키르티의 관점을 다루면서 나는 될 수 있는 한 그의 이론에 충실할 것이다. 아포하론을 어떤 역사적 위치로부터든 추상적으로 다루는 것은 문제가 있을 것이다. 그럼에도 불구하고 역사적 정확성에는 한계가 있는 것이고, 특히 그것이 지금의 경우처럼 어떤 이론에 대한 철학적 재구성일 때는 더욱 그러하다. 따라서 내가 다르마키르티의 관점을 다루는 것이, 다르마키르티가 자신의 작업을 디그나가의 아포하론에 대한 주석 그리고 그것의 옹호라고 이해하는 방식을 포착하려는 시도가 아님을 분명히 밝혀 두고자 한다. 오히려 그의 이론이 개별자들의 세계에서 사고와 언어가 설명되는 방식을 보여 주고자 하는 유명론적 기획을 옹호하고자 하는 가능성 높은 시도임을 제시하면서 그것을 철학적으로 재구성하고자 한다. 그러므로 때때로 티베트, 특히 사키야(Sakya) 전통에 속하는 주석자들의 관점을 가지고 그의 관점을 보충하는 데 주저하지 않을 것이다. 이 사상가들은 다르마키르티의 정신에 충실하고자 했기 때문에, 나는 나의 해석이 다르마키르티 사상의 핵심을 포착하고 때로는 나의 이론이 다르마키르티의 그것보다 더 다르마키르티적일 수 있다고 주장할 수 있다. 이런 방식으로, 역사적으로 책임감 있으면서도 철학적으로 주목하지 않을 수 없는 다르마키르티 아포하론의 재구성을 제시하고자 한다.

유명론과 개념론의 재고

니야야학파의 실재론에 영향을 받은 현대의 몇몇 사상가들은 아포하론을 사고와 언어가 어떤 객관적 토대를 가진다는 생각을 거부하는 극단적 유명론으로 설명한다. 예를 들어 드라비드는 다르마키르티에 대해 다음과 같이 말한다. "하지만 그 불교도는 사상사에서 가장 철저한 유명론자라고 인정해야 한다"(Dravid 1972, 345). 그가 보기에 다르마키르티는 실재란 완전히 불가해한 것이며 따라서 우리가 가질 수 있는 유일한 종류의 지식은 우리가 구성하는 종류의 것이라고 주장하는 자이다. 개념들은 지식에 필수적이지만 어떤 객관적 대상도 가지지 못한다. 드라비드에 따르면 그것들은 실재적 세계에 자의적이고 선험적으로 투사될 뿐 거기에서 어떤 객관적 뒷받침도 얻지 못하는 구성적 사고의 산물들이다(Dravid 1972, 345).

불교적 관점을 이와 같이 정리하는 데 근거가 없는 것은 아니지만, 그것은 디그나가의 관점에 대한 명확한 정식화일 뿐 아니라 실재적 보편자의 거부가 사고와 언어의 자의성이라는 결과를 가져오지는 않는다는 점을 보여 주려는 체계적 시도이기도 한 다르마키르티 아포하론의 특징적 요소들을 놓치고 있다. 사고와 언어가 허구적일 수 있는 공통성을 전제로 하지만, 그렇다고 이것이 곧 이들에서 객관적 토대가 결여되어 있다는 뜻은 아니다. 사고와 언어는 사물에 대한 우리의 경험에 인과적으로 연결되며 그리하여 실재에 근거할 수 있는 것이다.

따라서 그것들은 객관적이고 자연적인 토대를 가지며 우리의 인간적 이해관계를 반영하는 데 그치지는 않는 것이다. 그러므로 다르마키르티는 드라비드가 말하는 의미에서의 극단적 유명론자는 아니다.

이러한 극단적인 설명에 대한 반응으로 다르마키르티의 관점에 대해 보다 미묘한 설명을 제시하는 학자들도 있다. 예를 들어 시더리츠는 다르마키르티의 입장을 "'소'와 같은 보편어[種語]의 경우, 소라고 불리는 개별자들에게 공통된 전부는 '소'라는 이름"이라는 사실을 밝히는 데 주력하는, 급진적인 유명론이라고 설명한다(Siderits 1999, 341). 먼저 이 정의는 대단히 올바른 것이라는 점을 밝혀 두고 싶다. 사실 다르마키르티는 추상적 존재를 거부하고 힌두 실재론자들을 비판하는 데 있어서 아주 급진적이다. 그는 추상적 존재를 극도로 구체화한다는 이유로 그들을 맹렬히 비난하며, 그의 저서 중에서도 특히 실재론의 여러 변형들을 검토하고 배격하는『프라마나바르티카』전체에 걸쳐 명백히 보이는 것처럼, 실재하는 비개별적 존재를 단호히 거부한다.[4] 그러나 시더리츠가 다르마키르티를 급진적 유명론자로 설명하면서 제기되는 논점은 여기서 그치지 않는다.

시더리츠의 서술에 대해서는, 서로 구분되는 개별자들을 가리키기 위해 우리가 사용하는 동일한 낱말에는 사고와 언어를 설명하기 위해 요구되는 공통성이 없다고 손쉽게 반박할 수 있다. 낱말의 동일성이

4) 예를 들어『프라마나바르티카』I,88(ed. Miyasaka)를 보면 다르마키르티는 상키야학파의 견해를 겨냥하고 있고, I,89~90과 III,25~26(ed. Miyasaka)에서는 특히 니야야학파의 견해에 반박하고 있다.

라는 개념을 분석하면 개별 낱말들을 동일한 것으로 확인하는 것이 의미의 동일성을 전제로 하고 있다는 결론에 도달할 수밖에 없는데, 그 동일성과 관련해서만 개별 낱말들은 동일한 것으로 확인되기 때문이다. 예를 들어, 서로 다르게 발화되는 '소'라는 낱말들이 동일한 것으로 확인되는 것은 그것들이 모두 똑같이 **우성**을 가리키기 때문이지 동일하게 발음되기 때문은 아닌 것이다(사실상 다르게 발음될 때도 많다). 따라서 공통성이란 단순히 공통 낱말을 사용하는 것에서 생기지는 않는 것이다. 하지만 나는 시더리츠를 이런 관점에서 이해하지는 않는데, 그는 이와는 다른 좀 더 설득력 있는 관점, 즉 보편어라는 것은 사람들의 교육과 언어 습득에 의해 형성되는 합의된 허구로 설명될 수 있음을 지적하고 있는 것이다. 따라서 시더리츠를 비롯한 많은 유명론자들에게 사고란 인간적 관심의 반영으로서 언어적으로 구성되는 합의된 허구라는 관점에서 설명되어야 하는 것이다.

언어와 인간적 관심의 지배적 역할에 대한 이런 일방적 강조야말로 바로 내가 그 문제성을 지적하고 싶은 지점이다. 왜냐하면 그 설명에는 정신적 내용과 이 내용의 형성을 제어하는 자연적 제한에 의존하는 것 등 다르마키르티의 설명의 중심적 요소들이 빠져 있기 때문이다. 이런 요소들은 뭔가 다른 입장을 보여 준다. 지금부터는 이 설명의 중심적 요소들을 검토하고 어떻게 해서 다르마키르티가 개념 형성 이론에 기초해서 사고와 언어의 자연화된 설명을 제시한다고 여겨질 수 있는지를 제시해 보고자 한다. 다르마키르티의 공헌이 독특한 것은 바로 다음과 같은 점에 있다. 즉, 인과적으로 제한된 개념 형성이라는 설명을 제시함으로써 실재론으로부터의 비판에 대응하는 것이다. 따라서 그에게 자의적인 것과는 거리가 먼 사고와 언어는, 어떤 실재하는 공통성도 없음에도, 자연의 과정에 의존하며 실재에 그 토대를 갖는 것이다.

다르마키르티의 설명에서 개념 형성 과정의 중심성은 그의 입장이 개념론으로 설명되는 것이 부적절하지는 않다는 오해를 부를 소지도 가지고 있다. 이전의 어떤 글에서 시더리츠는 개념론이란 "모든 소들이 공통으로 가지는 것은 그것들이 같은 개념에 포함된다는 것뿐이며, 여기서 개념은 어떤 종류 혹은 다른 종류의 정신적 내용이라고 여겨지는 것이다"라고 설명하고 있다(Siderits 1999, 341). 불행히도 시더리츠는 거부하고 있지만, 이 설명은 다르마키르티의 입장을 정의하는 데 부정확한 것이 아니다. 이것은 다르마키르티가 유명론자가 아니라는 의미는 아니다. 왜냐하면 그는 실재하는 추상적 존재들을 분명히 거부하며 희소한 존재론과 궤를 같이하고 있기 때문이다. 그러나 그가 정신적 내용과 이 내용의 형성을 제어하는 제한에 의존해서 개념화 작업을 설명하고 있기 때문에, 그를 개념론자로 정의하는 것 또한 가능할 것이다(오컴도 이와 비슷한 경우라고 할 수 있을 것이다). 하지만 다르마키르티의 기획이 가진 특수성, 다시 말해서 그것이 개념 형성 이론에 의지해서 개별자들의 세계에서 어떻게 비자의적 사고와 언어가 가능한가와 이런 설명이 파생시키는 제약들에 관해 설명하려는 유명론적 기획에 깊이를 더하려는 시도임을 인정한다면, 이 용어를 지나치게 강조할 필요는 없을 것처럼 보인다.

다르마키르티의 입장을 개념론적인 것으로 정의하는 데에는 그 자체로 문제와 오해의 소지가 없지 않다. 첫째, 개념론은 영국의 경험론자들이 내세우는 입장과 연결될 때가 흔하고 그 자체로 많은 관심을 끌지는 못한다. 둘째, 개념론은 또한 실재론과 유명론 사이에서 개념의 실재성에 의존해 제3의 길을 찾으려는 혼란스러운 시도로 생각되기도 한다. 그러나 흔히 그리고 정확히 지적되었듯이, 이러한 시도는 처음부터 그 운명이 정해져 있다. 실재론과 유명론 사이에 중간지대는 없는 것이다. 추상적 존재는 존재하든지 그렇지 않든지 둘 중 하나이다. 이 중 어떤 경우에도 다양한 가능성들은 열려 있지만 그것들 속에 중간지대는 없다. 게다가 '개념'이라는 통념에 의지하는 것은 그것이 널리 퍼진 만큼이나 모호한 통념을 포함하는 한 문제의 소지가 많은 것이다. 따라서 개념론은 모호함과 얼버무림을 통해서 논점들을 흐리게 함으로써 유명론의 문제들을 덮어 버리려는 시도로 보아 폐기되는 경우가 많다. 마지막으로 개념론은 또한 유사성이라는 가면을 쓴 속성을 다시 도입한다는 혐의를 뒤집어쓰게 된다. 그러나 많은 사상가들이 주장했듯이 이러한 시도는 성공할 수 없는데, 실재하는 유사성이 인정된다면 실재하는 속성 또한 당연히 인정되어야 하기 때문이다. 따라서 개념론은 그것이 배제하려고 하는 것을 결국에는 뒷문으로 슬쩍 맞아들이는 것처럼 보이기 때문에 진지하게 논의할 대상은 아닌 것이다. 다르마키르티의 아포하론이 한층 더 훌륭하고 개념론적인, 특히 유사성의 중요성과 관련된 몇몇 통찰과 양립할 수 있고 현실성 있는 설명을 제시할 수 있을까? 다르마키르티의 아포하론의 본성을 드러내는 하나의 방법으로 바로 이 질문에 대한 대답을 제시하고자 한다.

다르마키르티는 유사성의 이론가인가?

이미 언급했듯이 개념론자들은 보편자의 유사성 이론을 옹호하는 사람들로 설명되는데, 그 이론에 따르면 개념이란 속성들이 구성되게 해주는 유사성에 기초를 둔다. 이런 관점은 보편자의 반복 이론과 대비되는데, 이에 따르면 개별적인 사물들에 일반적인 낱말을 비자의적으로 적용하는 것은 이 사물들이 어떤 공통된 속성을 공유하고 있을 때에만 설명이 가능하게 된다. 철학사 전체를 통하여 많은 사상가들이 보편자를 유사성으로 이해하는 관점을 견지했다. 서양에서 이런 입장에 있었던 유명한 사람들로는 홉스, 버클리, 흄 등이 있다. 그들의 관점이 완전히 동일하지는 않지만, 이들은 실재하는 것은 개별자들뿐이며 일반적인 낱말들은 서로를 닮은 이 실재적 개별자들을 유사한 것으로 간주하는 데서 생기는 개념과 관련해서만 설명될 수 있다는 점에 대해서는 같은 생각을 가지고 있다. 예를 들어 흄은 다음과 같이 말한다. "우리가 마주치는 여러 대상들에서 유사성을 발견했을 때 우리는 그 양과 질의 정도에서 우리가 어떤 차이를 보게 되든, 그리고 그것들에서 어떤 차이가 나타나든 그것들 모두에 같은 이름을 붙인다"(Hume 1960, 20). 흄에게 우리가 '나무', '약' 등과 같은 보편어들을 사용할 수 있는 근거는 우리가 마주치는 대상들이 가진 유사성에서 얻어지는 것이다. 그러나 많은 비판자들이 주장했듯이, 유사성에 근거를 두는 것은 이 유사성의 상태라는 문제를 불러일으키게 된다. 그것은 실재하는가 아니면 단지 우리의 판단일 뿐인가? 전자라면, 실재하는 속성이 있다는 결론을 어떻게 피할 수 있는지를 알기가 어려워 보인다. 왜냐하면 이것은 제3의 항과 관련이 있는 경우를 제외하고는 결코 유사할 수 가 없기 때문이다. 예를 들어, 어떤 빨간 것이 두 개가 있을 때 그것들은 빨갛다는 것과 관련해서만 서로 비슷하다. 그러나 이 빨갛다는 것의 상태는 어떤 것인가? 그것이 실재하지 않는다면 실재하는 유사성은 어떻게 있을 수 있는지 알기는 어렵다. 반대로 그것이 실재한다면, 무엇보다도 실재하는 유사성이라는 것을 도입할 아무런 이유가 없는 것이다. 실재하는 속성이 있는 것이고 그렇다면 사고와 언어의 공통성을 설명하는 데 그 외의 것은 필요가 없어지는 것이다.

다르마키르티의 이론은 우선 영국의 경험론자들이 옹호하는 것과 같은 계통의 주장으로 보인다. 예를 들어 그는 '어떤 [공동의] 효과'(『프라마나바르티카』 I,108c)를 가진다는 관점에서 사물들 사이의 유사성(sādṛsya, 'dra ba)을 설명한다. 예를 들어 소들의 유사성은 유사한 기능을 수행할 수 있는 능력에서 오는 것이지 보편적 우성이 내재된 결과는 아닌 것이다.[5] 우유를 짜고, 짐을 나르고, 거름을 만드는 등의 일을 하는 커다란 존재들을 보고 우리는 그 유사성에서 어떤 인상을 받아 그것을 설명하기 위해 우성이라는 통일된 개념을 만들어 내게 된다. 속성의 구성에 토대를 제공하는 것은 우리가 자신의 경험을 이해하는 방식에 있어서의 바로 이 유사성이다. 다르마키르티는 그의 유명한 구절에서 다음과 같이 말한다. "어떤 [것들은] 본성적으로[svabhāvena, rang bzhin gyis] 동일한 [대상으로] 간주되고 [동일한] 기능을 갖는다고 확인되는 것 등과 같은 공통의 결과를 낳는 것으로 여겨진다. 비록

5) 『프라마나바르티카스바브리티』 46.11.

근(根, sense-bases) 등과 같이 서로 완전히 다르지만. 예컨대 약초들은 따로따로 보든 함께 보든 서로 다른 풀들이지만, 다른 것들은 하지 못하는, 열을 내리는 등의 일을 하는 것이다."[6)]

사물들이 서로 다를지라도 그것들은 추상적인 속성들이 구성되게 해주는 토대라는 유사한 결과를 낳을 수 있다고 다르마키르티는 주장하는 것이다. 자신의 주장을 예시하기 위해 그는, 너무 많이 사용되어서 그다지 세심하게 살필 필요는 없는 아주 유명한 예를 들고 있다. 하리카타(harīkata)나 아바야(abhaya) 같은 다양한 약초들이 열을 내리는 것을 보면 우리는 그것들이 어떤 공통된 본질을 가지고 있다고 가정하고 싶어지게 된다. 그러나 이것은 잘못된 것이다. 왜냐하면 그것들이 가진 공통성이란 치료 기능이라는 유사성뿐이기 때문이다. 이 풀들이 어떻게 해서 모두 치료제일 수 있는지를 설명하기 위해 필요한 의술적 효과에 관한 것은 이 유사성 외에는 아무것도 없는 것이다.

이 모든 사항들은 다르마키르티의 관점이 고전적으로 영국 경험론과 연관된 것과 실질적으로 다르지 않으며 따라서 그와 똑같은 문제를 가지고 있음을 보여 준다. 그러나 우리의 논사 다르마키르티가 훨씬 더 설득력 있는 설명을 제시하는 것이 바로 이 지점인데, 그가 상정

---

6) "gcig rtogs don shes la sogs pa / don gcig sgrub la 'ga' zhig ni / tha dad yin yang rang bzhin gyis / nges te dbang po la sogs bzhin // dper sman kha cig tha dad kyang / lhan cig pa'am so so yis / rims la sogs pa zhi byed par / mthong gi gzhan gyis ma yin bzhin // ekapratyavamarśārthajñānādyekārthasādhane / bhede 'pi niyatāḥ kecit svabhāvenendriyādivat // jvarādiśamane kāścit saha pratyekam eva vā / dṛṣṭā yathā vauṣadhayo nānātve 'pi na cāparāḥ"(『프라마나바르티카』 I, 73~74, ed. Miyasaka).

하는 유사성은 객관적인 것이 아니라 오직 우리의 경험에서만, 혹은 우리가 경험을 자연발생적으로 개념화하는 방식에서만 존재하기 때문이다. 우리는 어떤 것들을 경험하고 그 경험들의 유사성과 비유사성을 느끼게 된다. 그런 다음 우리는 유사성과 비유사성에 대한 직관적 감각들 혹은 평가들(ekapratyavamarśa)[7]를 형성하게 되는데, 이것들에 기초해서 완전하게 형성된 개념들이 생겨나는 것이다. 완전하게 형성된 개념을 완성하는 비자의적인 토대를 제공하는 것은 유사성에 대한 바로 이 직관적 앎인데, 그것은 우리가 비개념적 지각을 통해 대상들을 경험할 때 파악하게 되는 인과적 능력들의 결과이기 때문이다. 우리는 사물들을 지각하고 그것들이 유사하거나 유사하지 않다고 평가하며 이를 토대로 개념을 완성하는 것이다.

유사성의 개념적 본성을 인정하는 것이 유사성 이론에 대한 그의 설명을 순환적인 것으로 만들고 두 가지 층위의 논의를 붕괴시키는 것처럼 보일 수도 있다. 즉 대상들이 기능적 유사성을 가지는 층위와 그것들이 이런 유사성을 가진다고 우리가 인식하는 층위에서의 논의가 그것이다. 하지만 이것은 전혀 사실이 아님을 밝혀 보고자 한다.

다르마키르티의 이론은 실제로 매우 일관되어 있고 유사성에 대한 유명론적 설명 중 가장 신뢰할 만한 것이라고 할 수 있을 것이다. 그

7) 이 용어는 옮기기가 쉽지 않다. 그것은 유사성이라는 개념적 의미에도 불구하고 준(準)직접성을 의미하는 말이다. 나는 처음에는 '판단'(judgment)이라는 말을 사용했지만 이것은 완전히 술어적인 구조를 다루고 있다는 인상을 심어 줄 소지가 있다. 그래서 유사성과 차이의 전(前)술어적 의미를 포착하기 위해 '평가'(evaluation)나 '동일시'(identification)라는 말을 사용하고자 한다. 티베트인들을 이 용어를 '하나임이라는 개념'(gcig tu rtogs)으로 옮긴다.

의 요점은 유사성이란 '바깥에' 존재하는 것이 아니라 우리가 세계와 상호 작용해서 생기는 결과라는 것이다. 형태나 색깔 등에는 우리가 일반적으로 생각하는 것처럼 실재적 유사성 같은 것은 없고,[8] 단지 형태와 색깔 등에 대한 평가만이 있으며 그것이 개념 형성의 토대가 된다. 이 평가는 이미 개념화를 포함하는 것이다. 대상들이 지각의 층위에서 유사하거나 유사하지 않은 것으로 주어진다는 것은 사실이 아니다. 그것들을 그런 식으로 생각하는 것은 바로 우리들인 것이다. 그러나 이런 개념적 판단은 완전한 형태의 명제적 판단보다 낮은 층위에 속하는 것이다. 그것은 우리가 대상들을 마주할 때 자연적으로 생각해 내는 자연발생적인 평가이다. 그것은 개념화라는 더 높은 층위의 산물이 아니고 우리의 경험에 그 직접적인 원인이 있다. 그렇다고 그것이 실재를 반영한다는 뜻은 아니다. 왜냐하면 그것은 개념적인 것이기 때문이다. 그러나 그것은 개념성에 대해서만큼이나 실재에도 가까우며, 더 높은 단계의 개념화가 만들어져 가는 데 첫 단계가 되는 것이다.

다르마키르티의 설명이 순환론적인 것이라고 비난할 때 간과되어 있는 것이 바로 이 유사성이 인식에서 담당하는 역할이다. 이것은 다르마키르티의 의도가 객관적 유사성을 부과하기 위해 판단들의 유사성에 주목하는 것이라는 점을 보여 준다. 그것이 분명 순환론적일 수 있지만, 나의 설명이 정확하다면 이 문제는 다르마키르티에게는 해당

---

8) 유사성(sādṛṣya) 같은 것이 있다고 주장하는 힌두 논사들도 있다. 프라바카라미망사학파에서는 유사성이 실재의 기본 범주라고 주장한다. 바타미망사학파에서는 객관적 유사성을 거부하는 불교적 입장과 유사성을 실재의 근본 구성 단위로 보고 강조하는 프라바카라미망사학파 사이에서 중간적 입장을 취한다. Bandyopadhyay 1982를 보라.

되지 않는 것이다. 오히려 그는 자연적으로 도출된 의미에서의 유사성과 비유사성을 거론함으로써, 개별자들이 공유하는 실재 속성들이 없다면 개념적 판단을 정당화할 방법이 없다는 실재론의 주장에 대응하고 있는데, 여기서의 개념적 판단은 속성에 의존하는 것이다. 다르마키르티는 폐기해 버린 속성을 대체할 어떤 객관적 유사성을 찾는 것이 아니라 그러한 대체물이 아예 필요가 없다고 주장함으로써 그 대답을 제시하는 것이다. 유사성과 차이는 우리가 실재를 마주할 때 인과적으로 생기는 것이기 때문에 우리는 그것들을 평가하기만 하면 되는 것이다. 이런 평가들은 한 걸음 나아가서 우리가 실재에 투사하는 허구적 공통성을 구성할 때 그 비자의적인 토대가 된다. 따라서 다르마키르티의 설명은 조금 독특한 유사성 이론을 그 속에 포함하고 있다. 하지만 그것은 객관적 유사성을 속성으로 대체하는 것이 아니라, 개념 형성이라는 차원으로 나아갈 때 우리가 갖는 유사성과 차이의 관념이 인식에서 하는 역할을 강조하는 것이다.

유사성의 개념적 본성과 인식에서의 역할에 대한 이 논의는 다르마키르티의 아포하론과 관련하여 남아 있던 약간의 꺼림칙한 것들을 없애 준다. 다르마키르티에게 이 이론은, 마치 부정적 요소들에 대해 말하는 것이 보편자의 문제를 마술적으로 해결하기라도 할 것처럼, 부정적인 형태를 사용해서 실재하는 속성의 부재에 의해 야기되는 문제들을 벗어나는 의미론을 만들기 위한 것이 아니라, 유사성과 비유사성에 근거해서 공통성을 구성하는 과정에 대한 인식론적 설명인 것이다. 다르마키르티는 아포하론을 다음과 같이 요약하면서 정확하게 이 점을 지적하고 있다. "모든 것은 근본적으로 본성상 자신의 본성에 머무르기 때문에, 그것들은 유사한 그리고 유사하지 않은 것들로부터의 배제를 낳는다."[9] 실재에는 사고와 언어를 설명하는 데 필요한 공통성은 존재하지 않는다. 따라서 그것은 유사한 그리고 유사하지 않은 집합들로부터 배제됨으로써 구성된 것이어야 한다. 예를 들어 "이것은 금 항아리다"라는 진술에는 금으로 만들어진 특정 대상, 즉 금 항아리라는 속성에 대한 단정이 포함되어 있다. 그러나 이 속성은 허구적인 것이기 때문에 경험에 의해 주어지지 않는다. 그것은 금으로 만들어진 이 특정 대상이 유사한 것들(청동 항아리, 흙 항아리 등)과 유사하지 않은 것들(소, 비행기 등)의 집합으로부터 배제됨으로써 구성되어야만 하는 것이다.

이런 정도까지는 익히 알려져 있다. 이 설명에서 주목받지 못하고 있는 것은 다르마키르티가 어떤 사물들에 대해 그것들이 속하지 않는 집합들에서 배제된다는 것을 말하는 것뿐만 아니라, 이 배제를 사물들이 존재하는 방식에 연결시키고 있다는 점이다. 우리가 사물들을 그것들이 속하지 않은 집합으로부터 분리할 수 있는 것은 사물들이 자신의 본성에 머무르기 때문이다. 그의 이론이 사고와 언어를 실재적 세계에 대한 자의적인 투사에 대한 설명을 제공한다는 이유로 비난받을 때 무시되는 것이 바로 이 연관 관계이다. 다르마키르티에게 사물들을 그것들이 속하지 않은 집합으로부터 배제하는 것은 임의적이 아니라 유사

9) "gang phyir dngos kun rang bzhin gyis / rang rang ngo bo la gnas phyir / mthun dgnos gzhan gyi dngos dag las/ ldog pa la ni brten pa can // sarve bhāvāḥ svabhāvena svasvabhāvavyavasthiteḥ / svabhāvaparabhāvābhyāṃ yasmād vyāvṛttibhāginaḥ"(『프라마나바르티카』 I.40. Mookerjee and Nagasaki 1964, 91).

성과 비유사성에 대한 자발적인 평가라는 매개를 통해 우리가 실재적 사물들을 경험하는 방식에 토대를 두고 행해지는 것이다. 다르마키르티가 배제될 사물들의 집합을 '유사한 그리고 유사하지 않은 것'으로 설명하는 것은 배제 과정의 바로 이 인식적 본성을 포착한 것이다. 다르마키르티의 설명에서 아포하 혹은 배제 이론은 보편자를 거부하는 데서 생기는 문제들을 부정적인 용어들을 사용해서 해결하는 의미론적 설명이 아니라 차이화의 과정에 대한 세 층위로 이루어진 인식론인데, 여기서는 지각이 가져다준 유사성과 비유사성에 대한 거의 즉각적인 평가로부터 완전하게 형성된 개념의 출현이 설명된다.

개념 형성에 대한 자연화된 설명

아포하의 전체적인 그림은 개념 형성의 과정에 대한 인식론적 설명으로 나타난다. 이 인식론적 설명은 『프라마나바르티카』의 「지각」(Pratyakṣa) 장에서 자세히 설명되는데, 이 장은 서양 언어들로 기술된 학술적인 글들만큼 주목해야 할 가치가 있는데도 아직 충분한 평가를 받지 못하고 있다. 그 결과 대부분의 학자들은 대체로 아포하론의 의미론적 측면에만 주목하고 개념 형성에 대한 인식론적 설명은 무시하고 있다. 이 인식론적 설명을 보여 주는 중요한 한 구절이 있는데, 이것은 아포하론을 설명하는 주요 윤곽을 기술하고 있으며, 샨타라크시타가 부정을 세 가지 유형으로 구분하는 것에서 보듯이 이후에 아포하론이 발전하는 데 토대가 되었다. 이 구절에서 다르마키르티는 개념화 과정이 지각 경험에 기초하고 있다는 그의 주장에 대한 반대 의견에 대응하고 있는 것으로 보인다. 그 반대 의견이란 사물들과 개념들의 인과적 연결을 주장하게 되면 그것은 낱말이 실재적 사물이 아니라 허구적 존재에만 관계를 맺는다는 불교의 기본적인 인식론적 강령에 모순된다는 것이다. 반대 논사는 불교 인식론이 언어의 지시 기능을 어떻게 설명할 수 있을 것인지의 문제 또한 우회적으로 지적하고 있다. 언어가 접근할 수 있는 모든 대상이 합의된 허구일 뿐이라면 도대체 언어는 어떻게 실재적 세계에 적용(pravṛtti, 'jug pa)될 수 있는가? 이 반박에 대응해서 다르마키르티는 다음과 같이 말한다.

> 비록 낱말이 [기능을 수행할] 능력을 가진 외부[의 사물들]에서 [발견되는] 배제에 의존하지는 않지만, 그것은 [낱말에 의해] 개념적 사고 속에 [환기되는] [대상의] 형상에 관련되며, 그것은 [외부의 대상에 존재하는] 이 [배제]에 의존한다. 그러므로 그것이 타자의 배제에 의존하므로, 낱말은 타자의 배제를 의미하는 것이다. 대상의 형상에 존재하는 것은 [타자의] 배제와 유사한 낱말로부터 [생겨나는] 인식에 나타나지만, 그것은 잘못된 잠재 내용에서 생겨[나기 때문에], 실재적 대상은 아니다.[10)]

---

10) "phyi rol nus pa rnam gcod la / reg pa med kyang sgra de ni // rnam par rtog pa'i gzugs brnyan ni / de yi mthar thug rnams dang 'brel / des na gzhan sel mthar thug phyir / mnyan pa gzhan sel byed par brjod // ldog pa bzhin du sgra dag las / shes la gzhan gyi gzugs brnyan snang / gang de'ang don gyi bdag nyid min / de 'khrul bag chags las byung yin // bāhyaśaktivyavacchedaniṣṭhābhāve 'pi tacchrutiḥ // vikalpapratibimbeṣu tanniṣṭheṣu nibadhyate / tato 'nyāpohaniṣṭhatvād uktānyāpohakṛc chrutiḥ // vyatirekīva yaj jñāne bhāty arthapratibimbakam / śabdāt tad api nārthātmā bhrāntiḥ sā vāsanodbhavā"(『프라마나바르티카』 III,163cd~165).

여기서 다르마키르티는 언어와 개념성이 실재에 직접적으로 관련되지 않는다는 점을 인정하고 개념적 표상의 매개적 기능, 즉 정신적 사건으로서의 개념이란 것을 주장하는데, 위의 구절에서는 형상(pratibimba, gzugs brnyan)이라고 설명되어 있다. 이것은 개념성을 실재에 연결시키는 중심적 요소이다. 사고는 개념적 표상을 구성함으로써 진행되는데, 그것은 합의된 허구적 공통성을 나타내고 개개의 개별자들에게 투사되는 것으로 여겨진다.

이 구절은 많은 문제를 불러일으키는데, 그중 첫 번째 것은 이 글에서는 설명하기 힘들다. 그것은 "[기능을 수행할] 능력을 가진 외부[의 사물들]에서 [발견되는] 배제"라는 다르마키르티의 말을 해석하는 것에 관한 것이다. 다르마키르티는 배제가 실재할 수 있다고 주장하는 것일까? 후대의 어떤 주석자들은 그렇게 생각했고 객관적 배제(arthāmaka-svalakṣaṇānyāpoha, don rang mtshan gyi gzhan sel)라는 개념을 제안하면서, 그것으로 다른 실재적 대상들과 차별되는 것으로서의 실재적 존재인 부정적인 실재적 존재를 나타내고자 했다.[11] 또 이 설명을 거부하는 학자들도 있는데, 그들이 보기에 그것은 실재적 보편자를 유명론적으로 완전히 거부하는 것에 균열을 야기하는 것이었기 때문이다.

그러나 이 구절은 또한 우리의 논의와 더 직접적으로 연관된 또 다른 문제들을 야기한다. 이 구절에서 말하는 형상이라는 것이 아포하

11) 아포하의 서로 다른 유형들에 대한 논의로는 이 책에 실린 가쓰라 쇼류의 글을 보라. 또한 Dunne 2004도 보라.

론에서 어떤 역할을 하는가? 이 형상의 본성은 무엇인가? 그것은 순수 배제인가, 실재하는 정신적 사건인가? 종종 그러하듯 다르마키르티는 이 점에 대해 우리가 기대하는 만큼 명확한 태도는 취하지 않으며, 그 결과 주석자들은 형상, 실재적 사물, 그리고 배제의 관계에 대해 서로 다른 입장을 보여 준다. 특히 티베트 주석자들은 이런 문제들과 씨름했다. 여기서 그들의 통찰을 간단히 소개하고자 하는데, 이들이 이런 미묘한 문제들을 명확히 해줄 개념들을 소개해 주고 있기 때문이다.

이 문제들에 대한 티베트에서의 논의들은 객관적 보편자를 중심으로 전개되는데, 그것은 일찍이 다르마키르티가 개념적 표상 혹은 형상이라고 불렀던 것이다. 공상(arthasāmānya)이라는 뜻을 가진 'don spyi'라는 용어를 여기서는 '객관적 보편자'로 옮겼는데, 이 말은 디그나가의 글들에서 볼 수 있고 거기서 중요한 의미론적 역할을 맡고 있기 때문에(이 책에 실린 올레 핀드의 글을 보라) 티베트에서 생긴 말은 아니다. 하지만 그것은 이후 인도 주석자들 사이에서는 거의 사용되지 않으며, 아마도 디그나가와는 근본적으로 매우 다른 의미론을 가지고 있었던 다르마키르티가 그 말을 무시해 버린 결과로 보인다. 그 이유를 명확히 알 수는 없지만, 티베트 주석자들은 그것을 다시 사용해서 개념이 작용하는 방식을 설명하는데, 그들이 이 용어를 해석하는 방식은 아주 다양한 양상을 띤다. 여기서는 사키야 주석자들 중에서도 특히 고람바(Goramba, go ram pa bsod nams seng ge, 1429~1489)의 설명을 살펴보고자 하는데, 그는 사키야 판디타(1182~1251)의 견해를 충실히 따르면서 이 문제에 대해 명확한 설명을 제시했다. 객관적 보편자 즉 개념적 표상의 본성을 논하면서 고람바는 개념적 표상에서 두 가지 측면을 구분해 낸다. 실재하는 정신적 사건으로서의 개념의 대상이 되는 표상 혹은 형상과 그 형상의 내용이 그것이다. 그는 다음과 같이 말한다.

> 그렇다면 개념적 인식의 객관적 측면이란 [실재적] 형상[12]인가 아니면 [비실재적] 배제인가? 두 요소[를 구분하고자 한다]. 인식 요소와 외부의 항아리에 부과되는 요소가 그것이다. 둘 중 전자는 개념적 사고의 자기인식(rang rig, svasaṃvitti)의 대상으로 여겨지는 대상이므로 [실재적] 현상이다. 후자는 전가된 것이므로 배제이다.[13]

대상의 개념적 표상(다르마키르티의 경우 형상)은 실재하는 정신적 사건이며 따라서 현실적 배제는 아니다. 그래서 이는 비실재인 내용과 분명히 구분되어야 한다. 약간 다른 식으로 말해 보면, 실재하는 정신적 사건으로서의 개념은 내용으로서의 개념과 구분되어야 하는데, 이것은 배제, 보편자, 속성 등으로 다양하게 정의된다. 이 표현들은 사실은 같은 것이며 모두 동일하게 개념성이라는 것을 나타낸다. 사고는 보편자나 비실재인 속성을 구성하면서 진행되는데, 이들은 개별자

---

12) 여기서는 실재인 형상과 그렇지 않은 배제가 구분되고 있다.

13) 『쩨마 릭테르 기카네남팔쉐빠데뒨랍살』(*Tshad ma'i rigs gter gyi dka' gnas rnam par bshad pa sde bdun rab gsal*) 65a 2~4: "'o na bum 'dzin rtog pa'i bzung rnam de snang ba yin nam sel ba yin zhe na / de la shes pa yin pa'i cha dang / phyi rol bum par sgro btags pa'i cha gnyis las / snga ma ni snang ba yin te / bum 'dzin rtog pa rang gi ngo bo la rang rig mngon sum du song ba'i yul yin pa'i phyir / phyi ma sel ba yin te / sgro btags yin pa'i phyir."

들에 의해 예시된다고 가정되는 것이다. 이러한 구성은 정신적 표상이 개별자들 사이에 공유된다고 여겨지는 합의된 공통성을 나타내게 된다고 생각되는 '대표성'의 관계에 근거하고 있다.

그러므로 여기서 우리는 아포하론을 정리하는 데 대등한 두 가지 방식이 있음을 알게 된다. 보편자는 개념의 내용 혹은 사물들 속에 예시되는 속성으로 이해될 수 있는 것이다. 예를 들어 우성은 소라는 개념의 내용으로 여겨지거나 혹은 소들이 공통으로 가지는 속성으로 설명될 수 있는 것이다. 첫 번째 경우, 표상과 그 표상이 나타낸다고 가정되는 속성을 같은 것이라고 잘못 여긴 결과가 바로 보편자가 된다. 이것이 '소'의 대상 보편자이다. 두 번째 경우, 보편자는 사물들 속에 예시된다고 가정되는 속성으로 이해된다. 이 속성은 순전히 부정적인 방식으로만 정당화될 수 있기 때문에, 이것은 단지 고려되고 있는 대상과 반대되는 것들을 제거한 것으로 환원될 수 있다. 이것이 순수 배제로서의 보편자이다.

그렇다면 다르마키르티의 설명이 개념 형성의 과정에 어느 정도로 의존하고 있는지를 알 수 있게 된다. 그의 아포하론 전체는, 정신적 사건으로서의 개념이 합의된 공통성을 대신 나타낸다고 잘못 여겨지는 표상의 과정이라는 관점에서 구성해 볼 수 있다. 예를 들어, 소임(being a cow)이라는 개념의 내용은 소의 개념적 표상을 그 표상이 대신 나타낸다고 가정되는 허구적 속성과 동일시함으로써 만들어지는 것이다. 이 표상은 유사성과 비유사성의 원초적 장소, 즉 대상들이 아직은 범주화되어 조직되지는 않았지만 다른 특성들과 구분되는 특성들로 구성되어 있는 장소에서 구성되는 것이다. 그런 다음 우리는 색깔과 모양을 인지하고 그것들을 다른 색깔들과 모양들로부터 구분하는 것이다. 유사성과 차이에 의한 이 구분이 '이것은 소다'라는 명제적 판단에 포함된 완전히 완성된 범주화의 토대가 되는 것이다. 그런 다음 우리는 실재적 대상들을 일시적인 특성뿐 아니라 소와 같은, 잘 정리된 범주 도식에 맞아떨어지는, 완전히 조직화된 안정적 대상들로 인지하는 것이다.

하지만 우리는 유사성과 비유사성의 원초적 장소의 본성이 무엇인지를 물을 수 있다. 그것은 앞에서 준(準)직접적이고 자연발생적인 의미의 유사성과 비유사성, 평가 혹은 판단 이전의 진술 형태로 정의된 바 있다. 다르마키르티에 있어서 이런 형태의 평가는 개념적일 수밖에 없다. 그것은 지각에는 주어지지 않는데, 지각이란 비결정적(nirvikalpaka)〔무분별〕이며 따라서 분절되지 않은 내용으로만 주어지기 때문이다. 내용의 결정은 어떤 것이든 감각을 통해서 세계를 마주하는 순간 곧바로 관여하게 되는 구성의 과정에서 오는 것이다. 다르마키르티가 개념적이라고 설명하는 것이 바로 이 구성의 과정, 다시 말해서 차이화를 통한 내적인 분절의 과정인 것이다. 후기의 저서인 『프라마나비니쉬차야』에서 다르마키르티는 개념화(kalpanā)〔분별〕를 다음과 같이 정의한다. "개념화는 표상[형상]이 낱말과 연결되기에 적합한 의식(consciousness)이다."[14] 어떤 대상, 예를 들어 항아리를 인지

14) "rtog pa ni brjod pa dang 'dres rung ba snang ba'i shes pa ste / abhilāpasaṃsargayogyapratibhāsā pratītiḥ kalpanā." 『프라마나비니쉬차야』 I 40.6~7(ed. Vetter) 및 『니야야빈두』 I.5에 대한 『니야야빈두티카』(ed. Malvania), 『프라마나비니쉬차야』 티베트어판 Peking edtion.5710, Ce, 252b 4를 보라.

할 때 우리는 이 항아리를 직접적으로 파악하는 것이 아니라 그 개념적 표상을 매개로 해서 인식하는데, 우리는 이것을 언어 기호와 연관시켜서 그것을 동일시하게 되는 것이다. 개념화가 완전하게 형성되는 것은 이런 방식으로 이루어진다. 그러나 진술 이전의 유사성에 대한 평가는 어떻게 이루어지는 것일까? 그것도 표상을 언어 기호와 연결시키는가?

다르마키르티가 개념화를 정의하는 데 포함되어 있는 이 적합성(yogyatā, rung ba nyid)이라는 관념을 여러 주석가들이 창조적으로 해석하는 것은 바로 이런 문제와 관련된 것이다. 예를 들어 목샤카라굽타는 아기들은 간단한 비언어적 개념들을 가지며 그것으로 동물들이 하는 것과 아주 비슷하게 기본적인 기능을 수행할 수 있다고 주장한다. 샨타라크시타도 이와 비슷하게 다르마키르티가 '적합하다'라는 말을 첨가해서 언어 이전의 개념까지도 포함시키고자 한 것이라고 주장한다. 아마 원형 개념이라고 하는 것이 제일 적합할 이 개념들은, 실제로 낱말과 연결되지 않을 수도 있지만, 이후의 언어화의 기초가 된다는 점에서 언어화되기에 적합한 것이다.[15] 하지만 다르마키르티가 이런 정의를 내릴 때 정작 이 점을 중요하게 여기지 않았다는 점은 분명히 해두어야 한다. 말하자면 낱말과 의미는 내재적으로 적합성(yogyatā)을 가진다는 미망사학파의 관점과는 매우 다른 것을 밝히는 것을 그는 목표로 하고 있다. 이런 견해에 반대해서 다르마키르티는 낱말과 의미의 적합성이 내재적인 것이 아니라 관습적인 것이라고 주

15) 『타트바상그라하』 1214~1226을 보라. 번역본은 Jhā 1986을 보라.

장한다. 그럼에도 불구하고 이 주석자들이 이 정의를 가지고 다르마키르티의 세 단계에 의한 설명에 반드시 필요한 진술 이전의 개념화 단계를 설명하고자 했던 데에는 잘못된 점이 없다. 다르마키르티의 말에 의하면 자연발생적인 유사성 평가는 개념적인 것이 되지만, 사실 그것은 전(前)언어적인 것이다.

이 개념화의 전언어적 단계는 보다 원초적인 유사성과 비유사성의 장소에서 우리가 구성해 내는 공통성을 나타내게 되는 개념적 표상의 형성에 기초해서 완전히 명확해진 개념화를 이끌어 내게 된다. 실재하는 사건으로서 이 표상은, 우리가 실재를 마주하는 것에 기초해서 인과적으로 산출되는데, 하지만 이 대면을 직접적으로 반영하지는 않는다. 힌두 실재론자들에 대한 다르마키르티의 대응을 이해하는 데 있어서 이 인과적 연결이 필수적인 요소이다. 그에게 사고란 경험 그리고 이러한 경험에서 생기는 유사성과 비유사성의 느낌에 기초하는 것이다. 그것이 자연적인 구성에 의해 제한된다는 사실이 매우 중요하다. 예를 들어 우리는 어떤 색깔이 비슷한 것은 우리가 특정한 언어 게임을 공유하고 특정한 방식으로 교육을 받았을 뿐만 아니라 더 중요하게는 우리가 자연적으로 타고난 존재 상태 때문이라고 생각한다. 즉, 우리가 어떤 사물들을 유사하거나 유사하지 않은 것으로 볼 때 거기서 자연적으로 결정되는 정도가 상당하며, 교육이나 문화나 언어는 여기서 거의 아무런 역할을 하지 못한다. 이 자연의 제한은 몇 가지 방식으로 설명할 수 있다. 순수하게 불교적인 관점에서 보자면, 무시이래의 삶들이 남겨 놓은 업과 습기로 인해 우리가 세계를 보고 인지하는 방식이 설명된다는 점을 지적할 수 있다.[16] 좀 더 현대적인 관점에서는,

진화에 의해 만들어진 지각 기관들이 우리가 사물을 인지하는 방식을 결정하는 데 중요한 역할을 한다는 점을 지적할 수 있다. 이 기관들은 완전히 구체화된 범주를 출현시키는 원초적인 유사성과 비유사성을 결정하는 데 상당한 영향을 미친다. 완전히 구체화된 대상들을 개념화하는 방식은 서로 다를 수 있지만, 사람들이 대상들을 마주할 때 처음 나타나는 중요한 특징들은 대부분 같은 것이다. 고려될 수 있는 특징들이 아주 많을 수는 있다 하더라도 이것은 움직일 수 없는 사실이다. 그러나 이 점에 있어서도 그 구성에 상당히 제약을 받는데, 우리는 색깔과 모양 같은 몇몇 특징만을 고려하게 되는 것이다. 이러한 일치는 우리의 자연적 구성에 기초하며 여기서 논의되고 있는 유사성과 비유사성의 원초적 장소를 제공하게 된다. 이런 장소가 우리가 경험의 대상들을 범주화하는 방식을 완전히 결정하지는 않겠지만, 그것은 향후 개념 형성의 과정을 상당히 제약하게 된다. 이 때문에 우리는 특히 구체적인, 적정한 크기의 대상들을 언급할 때 서로를 비교적 쉽게 이해할 수 있는 것이다. 언어 게임은 진공상태에서 작동하는 것이 아니라 그것을 상당한 정도로 제약하는 구체화된 상황 속에 존재하는 것이다.

다르마키르티의 사상에서 독특한 점이 바로 이것이다. 그것은 우리가 어떤 판단을 내리는 방식에 대해 자연화된 설명을 제시하는 것이다. 예를 들어, 푸른색 혹은 녹색 등의 색조들을 유사한 것으로 받아들일 때, 우리는 교육 그리고 사용하는 언어에 기초해서 판단할 뿐 아니라 우리의 지각 기관이 내리는 명령을 상당한 정도로 따르게 되는 것

16) 예를 들어 『프라마나바르티카』 III, 29~30을 보라.

이다. 인간은 이런 색깔들을 자연적으로 유사하게 보는 그런 존재이며, 다르마키르티가 말하고자 하는 것은 이 속에 모두 들어 있다. 아니면 거의 모두라고 할 수 있을 것인데, 모든 사람이 모든 색깔을 유사하게 보지는 않기 때문이다. 개인적이고 문화적인 차이가 있는 것이다. 가령 아시아의 몇몇 문화권에서는 현대 영어에서 하는 것과 똑같은 방식으로 푸른색과 녹색을 구분하지는 않는다는 사실을 우리는 잘 알고 있다. 예를 들어 티베트인들은 풀을 보고 '옹포'(sngon po)라고 하는데, 이 낱말은 보통 '푸르다'(blue)로 번역된다. 그러므로 문화와 언어가 개념적 실천을 떠받치는 유사성과 차이를 형성하는 데 중요한 역할을 한다는 것은 분명하다. 그러나 문화와 언어의 역할은 근본적인 유명론자로서의 다르마키르티의 설명이 제시하는 것보다 더 제한적이다. 비록 몇몇 문화권에서 녹색과 푸른색을 서로 다르게 파악한다고 해도, 노란색과 푸른색 혹은 흰색과 검은색을 서로 비슷하다고 파악하는 문화는 없을 것이다. 유사성과 차이에 대한 느낌이 우리의 감각에 의해 상당히 제약되기 때문이다. "어떤 것[사물]들은 본성상[svabhāven, rang bzhin hyis] 공통적인 효과를 낳는 것으로 결정된다"라고 하면서 다르마키르티가 말하고자 했던 점이 바로 이것이다. 그가 생각하는 공통적인 결과는 앞에서 언급했던 유사성과 차이의 원초적인 장소이다. 상당한 정도까지 자연적으로 제약된 이 장소에서 완전히 성숙한 개념적 표상이 생겨나고, 그것은 대상들이 예시한다고 가정되는 공통성을 대신 나타내게 되는 것이다.

이 3단계설은 틸레만스가 (이 책에서) 정리한 것을 따르면 사고와 언어가 실재에 관계되는 방식에 대한 상향식 설명이다. 일단 이 설명이 제시되고 개념화가 경험 그리고 우리의 자연발생적인 유사성 평가에서 생겨나는 것으로 이해되면, 아포하론을 언어 그리고 이것으로 인해 할 수 있게 되는 다양한 작용들의 중요성에 대한 하향식 설명으로 보는 것이 가능해진다. 이 의미론적 설명 또한 아포하론의 일부가 되는데, 이것은 일례로 특정 형식의 추리가 정보를 주는 것을 아포하론이 어떻게 설명할 수 있는지를 보여 주는 것처럼, 다르마키르티의 여러 저작들에서 분명히 드러나는 것이다.[17] 이 의미론적 설명은 다르마키르티의 저작들에서 중요한 역할을 하지만, 그것은 상향식 방식에 의해 개념화의 골격이 어떻게 구성되는가를 설명하는 것을 전제로 하고 있다. 이 설명이 제시되고 난 후에라야, 실재론자가 이끌어 내고자 하는 결론처럼, 존재론을 희생시키는 과도한 대가를 치르지 않고도 어떻게 일반적 개념들이 사용될 수 있는지를 설명하는 데 아포하론을 사용할 자격을 얻게 된다고 이 유명론자는 생각했던 것이다. 개별자들의 세계에서 사고와 언어가 어떻게 가능할 수 있는지를 설명하려는 유명론의 기획에서 아포하론은 이런 방식으로 그 중심적 역할을 수행하고 있는 것이다.

개념의 착오적 본성

아포하론이 인식을 이렇게 설명할 때 생기는 피해 갈 수 없는 문제 중 하나는 개념화가 본래 왜곡이며 따라서 어쩔 수 없이 착오적이라는 것

---

17) 『프라마나바르티카』 I, 41~51을 보라.

이다. 개별자들의 세계에서 서로 다른 대상들 간의 공통성은 실제로는 존재하지 않지만 그것은 구성되어 개별자들에게 부과된다(adhyāropa, sgro 'dogs). 이 공통성은 속성으로 오해되는 표상이 대화의 세계에서 근본적인 이분법에 기초해서 구성되고 개별자들에 예시된다고 가정될 때 나타난다. 이 속성이 실제로 존재한다고 여겨지더라도 그것은 그렇지 않은데, 우리의 상상력 외부에는 공통성이란 없기 때문이다. 그럼에도 불구하고 우리는 대상들 간에 공통성이 존재한다고 주관적으로 가정하며 이에 기초해서 대상들을 실천에 연관시킨다. 우리는 바로 이 착오에 기초해서 세계와 관계 맺을 수 있는 것이다.

사고가 가진 이처럼 근본적으로 이분법적이고 어쩔 수 없이 착오적인 특성은 분명히 다음과 같은 문제들을 야기한다. 개념이 착오적이라면 그것은 어떻게 그 대상을 결정할 수 있는가? 그렇다면 결정은 어떤 것이든 똑같이 본질에서 벗어나 있는 것이 아닌가? 다르마키르티는 개념적 인식의 정당성은 그것들이 실재를 정확하게 반영하는 것이 아니라 지각을 통해 실재에 인과적으로 연결되는 데서 얻어진다고 대답한다. 연기를 항상적인 것으로 파악하는 것과 같은 착오적 개념과 연기에 기초해서 불을 추리하는 것은 실재에 대한 적절한 표상을 제공하는 능력에 있어서는 서로 다르지 않은데, 이 경우 그 둘은 모두 착오적이기 때문이다. 이 둘의 차이는 실재의 인과적 규칙성에 가까운가, 그렇지 않은가 하는 데서 나누어진다. 항상적인 것으로서의 연기라는 개념은 인과적 규칙성에 대한 경험의 결과라기보다는 내적인 착오적 습기의 결과이며, 따라서 그것은 우연한 경우를 제외하고는 세계에서 성공적인 행위를 이끌어 낼 수 없다. 반대로 연기를 보는 것에서 불의 존재를 추론하는 것은 인과적 규칙성을 경험한 데 기초한 것이고 더 나아가서 성공적 행위를 이끌어 내게 된다. 따라서 그것은 똑같이 착오적이지만, 속임이 없고 타당한 것이다. 다르마키르티는 이중의 예를 제시하면서 이 점을 설명한다. 등불의 빛을 보고 보석이라고 여기는 경우와 보석의 빛을 보석이라고 여기는 경우가 그것이다. 이 이중의 예는 아주 유명해서 여기서 더 자세히 논할 필요는 없다.[18] 그러나 모든 개념은 똑같이 착오적이라는 점을 강조하는 것이 이 예들의 요점이라는 것만은 분명히 기억해야 한다. 보석이 빛나는 것을 보고 보석이라고 파악하는 것은 등불의 빛을 보고 그와 유사하게 파악하는 것보다 착오가 덜하지 않은 것이다. 우리가 사실적이라고 주장하는 개념을 다른 것과 구분해 주는 유일한 요소는 그것의 실천에 있어서의 성공 여부인 것이다.

사고의 이 근본적으로 착오적인 성격에 대한 강조는 잘 알려져 있으므로 여기서 애써 더 깊이 논할 필요는 없을 것이다. 한 가지 강조해 둘 것은 착오로서의 개념성이라는 이 관점의 중심적 역할이다. 사고가 근본적으로 이분법적이고 어쩔 수 없이 착오적이라는 사실이 아포하론의 핵심이 되고 있는 것이다. 그런데도 이것은 전통적인 주석가든 현대 주석가든 대충 얼버무리고 넘어가 버리는 경우가 많은 측면들 중의 하나이기도 하다. 아포하론의 이 근본적인 측면을 경시하려는 태도를 갖게 되는 이유는 어느 정도 짐작할 수 있다. 연기를 보고 불을 추리하는 것과 연기는 영속적이라는 견해가 똑같이 착오라고 인정하기란

---

18) 『프라마나바르티카』 I, 80~81을 보라. 또한 Dreyfus 1997, 316~319를 보라.

상당히 불편한 일이다. 직관적으로 우리는 이 중 하나가 다른 것보다 더 정확하며, 완전한 이론이라면 이 차이를 설명할 수 있어야 할 것이라고 생각한다.

티베트 주석가들은 이런 어려움들을 잘 알고 있었다. 그들은 개념성이 본래 착오적 본성을 가졌다는 다르마키르티의 반복되는 주장을 무시하지는 않았지만, 그 근본적 본성을 무시해 버리고 싶은 유혹에 자주 시달렸다. 겔룩파 사상가들은 중도적인 실재론적 입장에서, 개념에서의 착오성의 정도를 차별화하려는 시도를 한 것으로 잘 알려져 있다. 따라서 그들은 연기에서 불을 추리하는 것에 대해, 나타나 있는 대상(snang yul, 실재하는 **연기성**smokeness으로 동일시되는 연기라는 대상 보편자)에 대해서는 그것을 착오로, 파악된 적용 대상('dzin stangs kyi yul, 연기가 있는 산에 불이 있다는 사실)에 대해서는 그것을 착오가 아닌 것으로 설명했던 것이다. 차바(Chaba, phya pa chos kyi seng ge, 1109~1169)가 처음 도입한 이 구분이 반드시 중도적인 실재론적 입장을 위해 제시된 것은 아니었지만,[19] 그것이 이런 관점을 도출하기가 쉽다는 것은 금방 알 수 있다. 올바른 사고 과정은 불이 붙은 산에서 **화성**(火性)이라는 속성을 추론하며, 이 속성은 비록 사고가 그것을 인식하는 방식대로는 아닐지라도 존재하기 때문에, 파악된 대상과 관련해서 착오가 없는 것이다. 따라서 추론은 착오적 사고 과정과 구분될 수 있으며, 착오적 사고 과정은 파악하는 대상과 파악된 대상 모두에 관해 착오적인 것이다.

---

19) 차바의 견해에 대한 논의로는 Hugon 2008을 보라.

사키야 전통도 같은 문제로 씨름했지만 다른 전략을 만들어 냈는데, 그것은 실재론을 거부하는 다르마키르티의 입장과 더 가까운 것이다. 사판(Sapaṇ)과 그의 주석자들에게 문제가 된 것은, 사고가 근본적으로 착오적 본성을 갖는다고 주장하는 다르마키르티의 입장을 고수하면서도 정확한 개념과 부정확한 개념을 구분해야 할 현상학적 요구를 만족시키는 것이었다. 이것은 특히 우리를 추리적 앎으로 이끌어 주는 추론과 거짓된 추론을 구분하고자 하는 추론의 영역에서 중요하다. 이 진퇴양난의 문제를 해결하기 위해 사판과 그의 추종자들은 대상에 대한 **실제적 적용**('jug pa)과 이 적용에 대한 **비판적 설명**('chad pa)의 구분을 생각해 냈다.[20] 비실재론적 틀에서 추론이 차지하는 위치를 설명하는 데 중요한 이 기술적 구분의 의미를 명확히 하기 위해 다음과 같은 유명한 추론의 예를 들어 설명해 보자. 소리는 만들어진 것이기 때문에 무상하다. 항아리와 같이 말이다. 이 추론을 진술할 때 우리는 개념적이며 따라서 착오적인 관점에서 말하기 시작한다. 여기서 잘못된 점은 먼저 주장의 주제(chos can, dharmin)인 소리를 실제적 대상으로 간주하고 이를 토대로 소증(所證, chos, dharma), 즉 무상함이라는 속성을 추리해 가는 과정에 있다. 실재론자는 바로 이 서술에서 속성과 보편자가 없어서는 안 되는 존재임을 입증하려고 한다. 여기에 대해 아포하론의 지지자들은, 이 서술이 두 존재를 연결시키는 것이 아

20) 이 구분의 전거는 『쩨마 릭테르』 8b6에 있는 사판의 진술이다. "설명할 때는 구분하는 것이 현명하고, 실제 행동에 관련해서는 [실재 사물과 개념을] 착각하는 것이 성공으로 이끈다"("'chad tshe rnam par phye bas mkhas/'jug tshe gcig tu 'khrul bas thob").

니라 하나의 개별적 대상을 그것이 아닌 것으로부터 배제시키는 것이라고 대답한다. 누군가가 "소리는 무상하다"라고 말할 때 그 사람은 얼핏 보기에 하나의 개별자를 이 개별자가 예시하는 속성에 연결시키는 것 같지만, 사실은 하나의 개별적 소리를 무상하지 않음으로부터 배제시키고 있는 것이다.

이 유명한 설명은 서술과 추론에 있어서 설득력 있는 반실재론적 설명을 제공하는 것처럼 보인다. 하지만 이 설명은, 실재하는 개별자가 서술의 주제임을 가정한다는 문제점을 가진다. 사고 혹은 언어가 절대 실재에 직접 연관되지 않는 다르마키르티의 이론 체계에서 이것은 상당히 곤란한 문제가 된다. 배제라는 개념적 과정이 개별자를 이용할 수 없다면, 이런 서술이 어떻게 개별자를 그것이 아닌 것-임으로부터 배제하는 과정으로 설명될 수 있을 것인가? 사키야 전통의 주석자인 샤키야 촉든(Shākya Chokden, śākya mchog ldan, 1428~1509)은 이 비판에 동의하면서 대답을 제시한다. 개념성은 우리가 실재한다고 상상하지만 존재하지 않는 구성물에 제한된다. 무상성에 대한 진술의 주제의 경우, 우리가 다루는 것은 개념적으로 이해되는 실체('배제라는 관점에서 고려되는 실체', sel ngo'i rdzas)이다. 이 유사-실체가 서술의 실제 토대이며 따라서 '실제적 주제'(song tshod kyi chos can)라고 불리지만, 그것은 단지 배제일 뿐이며 개념적 허구이다. 이 주제가 실재한다고 오해될 때 그것은 '가정된 주제'(rlom tshod kyi chos can), 즉 실재한다고 (잘못) 가정된 주제라고 말해지는 것이다.

추론에서 실제적(song tshod)인 항과 상상적(rolm tshod)인 항의 구분은 우리가 실재하는 개별자들에 직접적으로 접근하지 못하는 세계에서 추론이 작동하는 방식을 설명해 준다. 실제적 주제(chos can, dharmin), 추론 대상(bsgrub bya'i chos, sādhyadharma)의 진술, 그리고 추론인(rtags, liṅga)은 모두 구성물이며 따라서 허구이다. 그러나 추론은 이 개념들을 혼합시키고 그것들을 실재에 적용하면서 진행된다. 우리는 구성물에서 구성물을 추상적으로 추리해 내는 것이 아니라 그것들을 실재에 적용시키면서 추리하는 것이다. 예를 들어, 위에 든 예에서 우리는 만들어진 것-임〔소작성所作性〕이라는 속성에서 무상성을 추리해 낸다. 실제적인 추론인은 만들어진 것-임이라는 허구적 속성이며 그것을 가지고 우리는 이 구성물을 우리가 주제라고 상상하는 것에 잘못 적용시킴으로써 무상함이라는 똑같이 허구적인 속성을 추론해 낸다. 다시 말해서, 우리는 소리가 만들어진 것이기 때문에 무상하다고 생각하면서 동시에 우리가 실제로는 유용한 허구물들을 다루고 있다는 사실을 무시하는 것이다.

샤키야 촉든에게 있어서 추론에서의 실제적인 항과 상상적인 항의 이와 같은 구분은 개념적 과정의 중심에 놓인 착오를 강조하기 위한 의도만 가진 것은 아니다. 그것은 또한 추론에는 올바른 것과 잘못된 것이 있다는 우리의 직관에, 제한적인 것일지라도 정당성을 부여하려는 의도 또한 가지고 있다. 정확한 개념 형성물은 실재의 어떤 측면들을 포착하는 반면 착오적 개념 형성물은 그것을 빗나간다. 샤키야 촉든과 같은 사키야 논사들은 추론에서 상상적인 항들로부터 실제적인 항들을 구분함으로써 우리의 직관을 수용할 수 있었던 것으로 볼 수 있다. 비록 실재에 있어서는 추론의 항들이 허구라고 해도 상상에 있어서는 그렇지 않은데, 우리는 개념을 실재라고 여기며 이것을 토대로 추론을 진행시키기 때문이다. 따라서 추론이란 그 말이 가진 일부 의미 그대로 실재를 포착하지만, 이 포착은 상상 속에서만 일어나며 따라서 대부분 환상적인 것이다.

하지만 이 환상은 유용한 것임이 밝혀진다. 우리의 개념이 경험에서 생겨나는 것이기 때문에 그것들은 인과적 규칙들과 관련되고 따라서 그것들을 사용하게 되면 성공적인 행위를 이끌어 낼 수 있다. 게다가 대화 상대도 또한 마찬가지로 개념적인 것과 실재하는 것을 혼동하는 착오적인 경향을 가지고 있기 때문에, 우리가 그들에게 전하는 추론 또한 작동하는 것이다. 세계에 실재하는 존재들로부터 허구적 구성물을 구분해 내는 것은 우리가 한 걸음 물러서서 추론의 항들을 비판적으로 검토할 때에만 일어나는 일이다. 이 구분이 행해지면 사고의 착오적 본성이 드러나며 사고는 멈춘다. 비판 이전의 적용과 비판적 검토의 이 구분은 추론에 대한 반실재론적 설명의 토대가 된다. 불교 논리학자들이 보기에 추론은 실재를 직접적으로 다루지 않는다. 그것은 실재하는 실체(rdzas la dgag sgrub mi byed)에 직접적으로 관여하는 어떤 것도 확립하거나 부인하지 않는다.[21] 따라서 추론은 오로지 개념적 구성물들만을 다루며, 그것들이 실재하는 존재들로 오해되는 것이다. 그러므로 우리가 실재를 인지하는 것은 오직 상상 속에서만 일어나는 일이다. 그러나 이 상상은 자유롭게 떠도는 것도 자의적인 것도 아닌데, 그것은 우리가 받은 교육, 그리고 우리가 겪은 언어 습득의

21) 『쩨마 릭테르 공옌릭빼콜뢰룩강팜찍』(*Tshad ma rigs gter gyi dgongs rgyan rigs pa'i 'khor los lugs ngan pham byed*) vol.X, 113.6.

사회적 과정을 반영하고 있는 것이다. 그것은 또한 상당 부분 우리가 행동하는 데 있어서의 자연적 조건들에 의해 결정된다. 우리는 유사성과 비유사성의 평가에 기초해서 사물들이 어떤 속성들을 공유한다고 인식하게 되는데, 그것은 단지 우리가 특정한 방식으로 사회화되고 특정한 관심들을 가지는 것뿐 아니라, 보다 중요하게는 구체화된 상황들에 수반되는 자연적 제한 내에서 우리가 활동하기 때문이다. 다르마키르티에게 이것이 중요한 점이다. 일관된 반실재론자로서 이 논사는 개별자들의 세계에서 일반성들에 의해 진행되는 사고는 실재를 포착할 수 없고 허구적 영역에 제한되어 있음을 인정해야 한다. 그래서 우리가 가진 모든 것은 상상된 구성물들이지만 그것들이 자연적으로 만들어지기 때문에 작동한다는 점, 바로 이것이 우리의 인식적 실천이 성공하는 이유를 설명하는 데 필요한 모든 것이 된다.

10장 _ 아포하, 성질 배치, 그리고 감각 내용

조너던 가네리

감각과 사유 사이의 간극 메우기

감각 경험은 일상적인 물리적 대상들과는 다른 어떤 것을 표현한다는 명제에는 매력적인 점이 많지만, 그러나 그 명제를 지지하는 철학자는 결국 감각 내용과 인식 내용(또는 비개념적 내용과 개념적 내용) 사이에 벌어진 간극을 메우지 않으면 안 된다.[1] 그런데 불교의 '배제'(아포하) 개념은 함수 용어로서 사용되는데, 그 어떤 부가적인 설명적 원천이라고 하더라도 그 간극을 메우는 데 필요한 것은 무엇이건 함수 용어로 사용된다. 그리고 (틸레만스가 이 책에 실린 자신의 논문에서 비평한 것처

---

1) "비개념적인 정신적 내용의 이론 배후에 있는 중심 관념은 정신적 상태들의 담지자는 그들의 내용을 한정하기 위해 요구되는 개념들을 소유하고 있지 않음에도 불구하고 약간의 정신적 상태들은 세계를 표상할 수 있다는 것이다"(Bermúdez 2003). 불교 논사들은 비개념적(nirvikalpaka) 내용에 관한 자율 이론을 지지하지만 신니야야학파의 논사들은 그렇지 않은 것 같다. 자율 이론은 피조물이 "어떠한 개념들을 전혀 소유하지 않음에도 불구하고 비개념적 내용의 상태 속에 존재할 수 있다"라는 것을 주장한다(ibid. 또한 Peacocke 1994 참조).

럼) 이러한 설명은 감각 경험으로부터 '위로 올라가거나' 또는 개념적 내용으로부터 '아래로 내려오거나' 하면서 진행될 것이다. 이 논문에서 나는 '상향식' 전략에 집중할 것이다. 그래서 나는 '배제'라는 개념이 작동하는지 여부와 어디에서 작동하는지를 보기 위해 우선 지각에 관한 철학에서 최근의 논문 몇 편을 검토함으로써 그 전략에 집중할 것이다. 그러고 나서 나는 이러한 관찰과 불교의 '상향식' 접근법 형식을 상호 연관시킬 것이다.

'간극을 메운다'라는 뜻은, 좀 더 정확하게 말한다면, 지각 경험이 어떻게 신념과 판단을 규범적으로 제약할 수 있는지, 어떻게 신념과 판단이 경험을 설명하는지, 그리고 신념과 판단이 경험에 의해서 강요되는지를 보여 준다는 것이다(Millar 1991을 보라). 그것은 개념들이 비개념적 내용들로부터 '구성'될 수 있다는 또는 '건축'될 수 있다는 보다 강한 주장 — 소위 '구성설' — 과 관련된다는 것을 의미할 필요는 없다.[2] 앞으로 살펴보겠지만, 비개념적 내용들로부터 구성될 수 있는 대부분은 '원형 개념들'(protoconcepts), 정신적 구성물들이라고 불리는 것들인데, 이 정신적 구성물들은 개념들이 소유하고 있는 속성들의 일부는 공유하지만, 그 속성들 전부를 공유하지는 않는 것처럼 보인다.

내가 애초에 제기했던 주장은 감각자료(sense-data) 이론과 오랫동안 연관되어 왔지만, 그러나 그 이론이 다음 주장, 즉 지각 경험의 직

2) 다시, 불교 논사들은 구성 이론을 지지하지만 신니야야학파의 논사들은 이를 단호하게 거절한다. Matilal 1986, 309~354를 보라.

접적인 대상들이 추상적·비물질적 감각 요소들(게다가 지각적 경험이 일상적 사물들이라고 여기는 속성들을 현실적으로 갖는 요소들)이라는 주장과 관련되어 있다는 것은, 해명되었다기보다는 오히려 훨씬 더 당혹스러운 것으로 증명되었다. 그 대신에 내가 언급할 최근의 저서는 다음을 주장한다. 즉 감각 경험들이 나타내는 것은 바로 현상적 성질들이 공간적으로 정위(定位)된 사례들이라는 것이다. 명백한 이미지를 포함하는 근육경련과 가려움, 찍찍짹짹과 삐악삐악, 깜박임과 섬광들은 감각 경험에서 여기의 근육경련으로서, 저기의 가려움으로서, 먼 곳의 섬광으로서, 왼쪽에서 나는 삐악삐악 소리로서 등으로 나타난다. 이 주장은 오스틴 클라크의 『정서론』(*A Theory of Sentience*)에서 가장 완전하게 지지되었다(Clark 2000). 그러나 그 자신이 붙인 주석처럼, 그의 정식화는 대체로 비개념적인 '시나리오 내용'에 관한 크리스토퍼 피코크의 영향력 있는 저술과 상당히 일치한다(Peacocke 1992a; 1992b; 2001). 클라크의 생각들은 또한 『철학적 심리학』(*Philosophical Psychology*)지 특별호의 주제이기도 하다.

나는 우선 클라크가 감각과 사유 사이의 간극 메우기를 그 이론의 중요한 목적으로 생각하고 있었다는 것을 지적하고자 한다.

> 감각 능력들로부터 위쪽으로 구성해 올라가면서, 그리고 논리와 문법에서 주어와 술어로부터 아래쪽으로 설명해 내려오면서, 우리는 성질 배치와 만나게 된다. 공간 속에 특징들을 표상하는 것은 감각 능력과 관련해서 논증적으로 가장 정교하다. 나의 관점에서 볼 때, 가장 단순한 정서의 하찮은 것으로부터 위로 올려다보면서, 그렇게 공간적으로

> 표상하는 것은 복잡하고 정교한 성취이다. 그러나 여기에서 그러한 표상은 언어 능력들의 측면에서 가장 세련되지 못한 것 아래에 놓여 있는 것이기에, 그런 능력들은 성질 배치(feature-placing)의 언어를 위해서는 충분한 것이다. 그리고 만약 우리가 그렇게 작은 한 걸음을 내디딘다면, 감각과 사유는 적어도 서로 만날 수 있게 된다. 그것들은 내용을 공유할 수 있다. (Clark 2000, 151)

나는 '배제' 개념이 감각 이론으로 들어가는 세 개의 장소가 있다고 논의할 것이다. 첫째는 클라크가 '성질 공간'이라고 부른 것을 구성하는 지점이며, 그리고 성질들에 관해 연관된 관계들을 설명하는 지점이다. 둘째는 현상적 외관을 질적인 특징들로 그리고 그것의 명백한 위치들로 구분하는 것과 관계된다. 셋째는 성질 배치로부터 완전한 대상 지각과 추론으로 이해하는 지점이다.

성질 공간 : 현상적 외관의 구조

변환기 자극의 개별적인 자극들은 감각들을 야기하며, 그 감각들을 야기하는 자극들은 2종의 속성들로 기술된다. 하나는 사물들이 갖는 것으로 표현되는 속성들이고, 또 하나는 사물들을 표현하는 속성들이다. 빨간 감각 인상 그 자체는 빨갛지 않지만, 그것 때문에 빨강을 나타낼 수 있는 그런 어떤 속성이 있다. '특질'(qualia)〔사물과 떨어져 존재하는 보편적 성질〕이라는 용어는 이러한 구분을 흐리게 한다. 즉 특질은 우리의 감각 경험에 의해 표현된 속성들이라고 생각되며, 그리고 여전히 감각 경험 그 자체의 속성들이라고 생각된다는 것이다. 갤런 스트로슨에 따르면, 우리는 그 두 종류의 속성을 '성질적'(qualitative) 속성과 '현상적'(phenomenal) 속성이라고 명명한다(Strawson 1989). 현상적 속성들은 사물들이 어떻게 나타나는가를 특징짓는 속성들이다. 즉 만약 사과가 빨갛게 보인다면, 빨강은 감각의 현상적 속성이다. 성질적 속성들은 다음과 같은 감각의 속성들인데, 이 속성들이 작용하는 방식에 의해서 사물들이 나타나게 된다. 종종 빨강을 나타내는 감각을 지시하는 우리의 유일한 방식이 방금 내가 지시한 것과 같기 때문에 혼란이 발생한다. 즉 감각들이 지닌 현상적 속성들이 감각들의 성질적 속성들을 부르는 데 사용되기 때문이다(그러므로 셀러스Wilfrid Sellars는 성질적 속성을 '빨강*'red*이라고 불렀다).

이 장에서 나는 일차적으로 감각 경험의 내용에 관심을 기울인다. 그리고 나는 어떤 감각의 현상적 속성들을 지시하기 위해서 '성질'과 '특질'이라는 용어를 사용할 때, '빨강의 성질'에서처럼 클라크를 따를 것이다. '성질적 속성'이라는 용어는 감각 그 자체의 속성들을 내용적으로 설명하기 위한 것이다.

어떤 주어진 감각 양태 속에서의 감각 경험의 내용에 관한 어떤 목록이건 간에 드러난 성질들에 관한 서술을 포함해야만 하며, 그리고 감각 경험을 생산하는 자극과 감각 경험이 표현하는 성질(즉 현상적 속성) 사이에 단순한 상호 관계란 없다는 사실은 인지심리학자들에게는 오랫동안 알려져 왔다. 예를 들면 시각의 경우에는, 어떤 특수한 색조의 감각을 생산할 파장들에 관한 몇 가지 다른 조합들이 있다.[3] 게다가 지각하는 주체들은 판별역(判別閾)〔같은 종류의 두 자극의 차이를 변별하는 데 필요한 자극의 최소량)들을 지니고 있으며, 이러한 판별역들 아래에서는 다른 자극들이 같은 성질을 나타내는 것으로서 지각된다. 그리고 또다시 동일한 자극이 주어질 경우에도 다른 지각자들에게 다른 성질들을 나타내는 일이 가능하다.

그러나 만약 자극들과 나타난 성질들 사이에 아무런 대응 관계가 없다면 어떻게 우리는 그러한 자극들이 나타내는 성질들을 정의할 수 있는가? 클라크는 정합의 관계들, 식별 가능성, 상대적인 유사성이 그가 '성질 공간', '감각적 양태에 따라서 나타난 성질들의 질서'라고 부르는 것을 구성하는 데 사용된다고 주장한다(Clark 2000, 1. 또한 Clark 1993을 보라). 시각의 경우, 색조·밝기·농도에 의한 매개변수로 표시해 보면, 만약 지각자가 그 정도를 넘어서게 되면 다른 것으로 지각되는 그들의 사례들을 유사한 것으로 보려는 경향을 갖는다면, 그 성질 공간은 서로 가까운 두 개의 성질들을 〔단순〕 정위한다. 따라서

> 성질 공간의 거주자들은 무엇인가 하는 물음에 대해 자연스러운 대답은 '성질들'이며, 이러한 생각들이 보여 주는 것은 다음과 같다. 즉 우리가 성질 공간의 한 점을 어떤 자극 특성, 그 성질을 드러내는 어떤 자극들의 집합을 가지고 분류할 수 있는 반면, 우리는 그 성질을 그 집합과

3) 그러한 결합들은 '조건 등색'(metamers)〔서로 다른 두 개의 색깔이 특정한 조건에서 같은 색깔로 보이는 현상〕으로 알려진다. 아마도 감각적 변환기들이 '광범위하게 서로 조율된' 그 사실의 결과로서 볼 수 있다. 주파수가 430나노미터의 광자에 최적으로 반응하도록 디자인된 변환기는 또한 480나노미터의 빛에 덜 강력하게 반응할 것이다. 그것들은 파장과 강도를 융합한다.

동일시할 수 없는 것이다. 계기들의 한정된 집합은 그 성질을 분간하는 데 도움이 될 것이지만, 그런 일은 그 성질의 정체성을 정의하는 데 사용될 수는 없다. 그래서 맨 처음부터 자극들의 집합들 사이의 정합적 관계들, 식별 가능성, 상대적인 유사성은 그러한 자극들 그 자체와는 다른 어떤 것을 질서 짓는 데 사용된다. 자극들 사이의 식별들은 자극들이 나타내는 성질들을 질서 짓는 데 쓰인다. (Clark 2000, 6)[4)]

이러한 질서화(ordering)〔배치, 배열〕는 주체들을 넘어서 일반화되는 것이다. 비록 두 사람이 같은 광원을 다른 색깔을 지닌 것으로 본다고 하더라도, 그들은 다른 자극들에 의해서 나타난 다른 색깔들 사이에 그 색깔을 정위시키는 데 동의할 것이다(Clark 2000, 14). 비록 바다가 나에게는 '파랗게' 보이고 너에게는 '빨갛게' 보인다고 하더라도, 우리는 바다는 하늘과 같은 색조를 지니며 태양과는 다른 색조를 지닌다는 사실에 동의할 것이다.

실제로 두 가지 뼈대가 똑같은 형태 또는 크기의 뼈들을 지니고 있지 않음에도 불구하고, 성질 공간은 뼈대를 구조적으로 서술하는 것과 같은데, 뼈대는 다양한 뼈들 사이의 불변적 관계를 그리는 것이다. 성질 공간의 거주자들은 자극들이나 어떤 자극들의 집합에 의해서가 아니라 오히려 **구조에 대한 기술**을 통해서 정의된다.

---

4) 여기서 성질 공간의 점유로 기술된 성질들과 관련하여 클라크는 나중에 "이것들은 분명히 현상의 속성들 또는 외관적 속성들"이라고 말한다(Clark 2000, 7).

만약 우리가 성질에 관한 용어를 정의하고자 한다면, 우리는 그 어떠한 자극들에 대해서도 언급할 수 없다. 우리는 성질 공간 속에서 그 특질(quale)에 그 위치를 부여해 주는 구조적인 속성들만을 언급할 수 있다. '오렌지색'은 '익은 오렌지의 색깔'로서, 또는 아무리 정교하다고 하더라도 그와 비슷한 방식으로는 정의될 수 없다. 그것은 '빨강과 노랑의 중간에 있는 색깔과 같은 어떤 것으로서, 그리고 청록색보다는 빨강과 노랑 둘 중 어느 하나에 더 유사한 것'으로 정의될 수 있다. '빨강', '노랑', '청록색' 모두 비슷한 분석을 받아들인다. (Clark 2000: 16)[5)]

여기가 바로 '배제' 개념이 현상적 외관의 기술에서 사용되는 최초의 장소이다. 현상적인 속성들은 그 속성들을 나타나도록 하는 자극에 의해서라기보다는 오히려 하나의 질서 내부에서의 속성들의 관계적 위치에 의해서 규정되는 것이다. 범례적인 자극 사례들은 그런 용어들을 정의하는 데 아무런 역할을 할 수 없는데, 그것은 그 존재와 우연인 범례의 문제들 때문이다. 만약 '오렌지'가 이 익은 과일의 색깔이라고 정의된다면, 그렇다면 이 익은 과일은 어떤 것이든 오렌지처럼 보이기 위해서는 존재해야만 한다. 그리고 이 과일이 진실로 색깔의 측면에서 오렌지라는 것은 더 이상 우연적인 문제가 아니다. 그러나 이 중 어느 결론도 참이 아니다.

결국 내적인 상태들 자체의 속성들('성질적 속성들') 가운데서 그

5) 부록에서 클라크는 전체 구조에 적용될 램지 문장(Ramsey sentence)을 구성하고 그 램지 관계항들에 성질 용어를 할당함으로써 어떻게 이런 일이 행해지는가를 보여 준다.

에 대응하는 질서화(배치, 배열)가 있어야만 하며, 이러한 속성들에 의해서 현상적 속성들 가운데서 이러한 질서화가 획득되는 것이다. 시각의 경우에는, 아마도 이런 일은 소위 대립 과정들(opponent processes)을 작동할 때 생길 것이다(Clark 2000, 12~13). 이러한 대립 과정들은 성질 공간의 신경생리학적 토대를 제공해 준다.[6] 그런 의미에서 그러한 질서화(배치, 배열)는 자연적으로 물려받은 타고난 능력의 일부분이다. 한 색깔이 세 번째 색깔보다 두 번째 색깔과 더 유사하다는 것을 발견하는 것은 규약 또는 사회적 실천의 문제가 아니다. 이것은 시각의 과정들 속에서 구성되는 것이다.

성질 배치 가설

그러나 현상적 성질은 감각 경험의 내용에서 변이를 일으킨 유일한 차원은 아니다. "거기에는 감각적 성질들보다 훨씬 감각적인 것(sentience)이 있다"(Clark 2000, 1). 심지어는 감각적인 것 단 한 가지보다 더 높은 인식적 능력들을 지니지 못한 어떤 피조물을 표준으로 삼는다 하더라도, 만약 다음의 것보다 더 감각적인 것이 존재하지 않는다면 우리는 근본적으로 빈곤하게 될 것이다.

의식이 감각에서 멈춘 열등한 동물을 생각해 보자. 우리는 그 동물의

6) 존 던은 (이 책에서) 제이 에델만(Jay Edelman)의 뉴런의 집단 선택 이론을 유사한 역할을 완수하는 것으로서 언급한다.

> 정신적 삶을 단지 감각적 성질들의 흐름으로만 구성되어 있다고 상상한다. 광범위하게 반복된 고대의 이미지에서는 그 동물의 정신적 과정들의 흐름은 혼합된 성질들에 의해 채워지고, 이러한 성질들은 시간이 지남에 따라 의식에 떠올랐다가 의식에 가라앉곤 하며, 결합했다가 다시 결합하여 최종적으로 모든 아득함 속으로 가라앉는다. 순수 감각으로 이루어진 정신적 삶은 다름 아닌 그러한 재료들의 흐름, 폭류, 유동이다. 그러나 아주 광범위하게 반복되고 오래된 그림은, 가장 단순한 동물조차 필요로 하는 정교함을 철저하게 과소평가한다. 동물은, 이 동물의 정신적 삶은 성질들의 순수한 흐름인데, 윤기 있는 녹색 곁에 있는 광택 없는 빨강과 윤기 있는 빨강의 곁에 있는 녹색을 구별할 수가 없다. 이것을 구별할 수 있는 능력은 우리의 심리학적 조직화의 복합성의 측면에서 중요한 문턱을 나타낸다. 그 문턱을 통과하기 위해서는 우리는 어느 정도 성질들의 속성에 초점을 맞출 필요가 있는데, 그러므로 우리는 붉은 사각형을 포함하고 있는 장면을, 붉은 것과 사각형인 다른 어떤 것을 포함하고 있는 장면과 구별할 수 있다. (Clark 2000, 79)

여기서 언급된 문제는 프랭크 잭슨이 '다수의 속성들'이라고 불렀던 문제의 한 형태인데(Jackson 1977), 이 문제는 특징들이 결합되거나 또는 통합되는 방식에 관한 문제이다. 빨강과 녹색을, 광택 없는 것과 윤기 있는 것을 구별할 수 있는 능력만을 지닌 생물체는 그 두 가지 광경을 구별할 수 없다. 즉 그 두 광경은 성질들을 똑같이 연결시킨 것을 나타내기 때문이다. 만약 감각적 생명체가 이 문제를 풀 수 없다면, 또한 서로 다른 장소로부터 들려오는 두 가지의 동시적인, 질적으로 동일한 짹짹 하는 소리로부터 한 가지 짹짹 하는 소리를 구별할 수 없을 것이다. 사실 물론 이런 구별을 할 수 있는 능력은 개념과 언어를 사용할 수 있는 능력에는 미치지 못한다.

그 문제는 공간적 특질('국소적 기호들')을 도입함으로써 해결될 수 있는 것처럼 보이지만, 클라크는 불교 연구를 수행하는 사람들에게 익숙할 일련의 은유 속에서 그것이 작동할 수 없는 이유가 무엇인지를 보여 준다.

> 단순히 보다 많은 성질들을 덧붙이는 것은 도움이 되지 못할 것이다. 왜냐하면 그런 성질들은 다른 모든 것들과 함께 흐름 속에서 사라질 것이기 때문이다. 비슷한 방식으로, 사물을 그런 성질들의 다발 즉 흐름이 없이 머무르는 응집으로 간주하는 오래된 이미지는, 우리가 생각하는 것보다 더 많이 조직 속으로 몰래 들어온다. 만약 성질들이 막대들이라고 한다면, 우리는 그 막대들을 함께 묶을 수 있는 어떤 명백한 원칙을 필요로 한다. 한 조각의 끈은 놀랍게도 도움이 되겠지만, 그러나 그 끈은 추가된 막대들이 사용되는 것과는 상당히 다른 기능들을 사용한다는 사실에 주목하라. 보다 많은 막대들을 끌어 댄다고 하더라도 이전과 꼭 마찬가지로 체계적이지 못한 것으로서 여전히 남아 있다. 그 막대들은 다른 모든 것들과 구분되지 않은 채로 곧 하류로 일렁이면서 흘러간다. 비록 '공간적 특질'이라고 명명된 특별한 막대라고 하더라도, 곧 사라진다. …… 우리는 다발들을 창조할 수 있는 어떤 분명한 원칙을 필요로 한다. 끈이 없다면 우리의 사물들, 즉 우리의 더미들 또는 다발들을 셀 수 있는 가장 단순한 방법은 위치에 의해서 규정된다. 여

> 기에 하나의 다발이 있고, 그리고 저기에는 다른 다발이 있다. …… 나는 많은 속성들의 문턱이라는 문제는, 우리가 감각적 성질들의 흐름에 감각적 지시를 위한 다른 능력을 덧붙이는 것이 핵심이라고 생각한다. (Clark 2000, 79)

여기서의 논증은, 거의 가장 단순한 감각적 생물들(아마도 오직 후각의 감각 능력만을 가진 생물이 더 단순한 생물일 것이다)은 특질을 단순히 **즐기는** 그 이상을 행한다는 것이다. 그 생물들은 또한 그들 속성들을 **배치하는** 분명한 능력을 지니고 있음에 틀림없다. 어느 방향에서 그리고 어느 정도 떨어진 거리에서 들리는 소리를 들어 보라. 위치들은 트레이즈먼과 젤러드가 '초점 집중'(focal attention)이라고 부르는 대상들이 된다. "주의를 동일한 중심에 고정시킬 때 나타나는 어떤 특징들은 하나의 대상을 형성하는 것과 결합된다. 따라서 초점 집중은 초기에 분리될 수 있는 특징들을 단일 대상들 속으로 통합하는 '아교풀'을 제공한다"(Treisman and Gelade 1980, 98). 거기서 도출되는 귀결은, 감각 경험의 내용들을 묘사하는 어떤 도식은 두 차원의 변이(variation)로, 즉 위치에서의 변이와 그 위치에서 성질들의 변이로 분할됨에 틀림없다는 것이다(Clark 2000, 60). 장소 그 자체가 초점 집중의 장소(loci)로 기능할 수 있는 것이지, 그 장소에 위치하거나 위치하지 않을 수 있는 대상들로서만 기능할 수는 없다는 사실이 이러한 제안에서 중요한 것이다. 클라크는 주의를 기울이는 것과 관련된 공간적인 단서에 관한 마이클 포스너(Michael Posner)의 실험 결과를 언급하면서 다음과 같이 언급한다. 즉 "성질 배치는 감각 체계 그 자체의 작동으로부터 도출된 공간 좌표들에 의해서 장소를 지시할 수 있거나 또는 분간할 수 있다. 즉 감각 체계는 달라붙을 어떤 대상을 필요로 하지 않는다. 다시 말하면 그 지시적 힘을 달라붙게 할 수 있는 어떤 대상을 필요로 하지 않는다"(Clark 2004a, 457).

'성질 배치' 가설은 피터 스트로슨에 의해 기술된 이러한 한 쌍의 능력들이 성질 배치 언어의 사용자에게로 귀속된 능력들과 너무도 유사하다고 주장한다. 성질 배치 언어는 지시나 술어에 대한 재료들을 지니고 있지 못하다. 즉 그것은 주어-술어 구별의 차원 아래에 존재한다. 성질 배치 언어가 지닌 것은 장소를 식별하고 특징을 위치시킬 수 있는 재료들이다. 따라서 그러한 언어 속의 문장들은 '여기 빨강'(red here)이나 '지금 비'(raining now)와 같은 형식으로 되어 있다. 그런 언어를 말하는 사람들은 '여기 소'(cow here) 그리고 '여기 다시 소'(cow here again)를 판단할 수 있다. 그러나 그런 언어를 말하는 사람들은 두 마리의 소 때문에 이 말은 참이 되는 경우와 두 번째로 같은 소를 다시 언급함으로써 참이 되는 경우를 구별할 수 없다. 그들은 여전히 지속하는 개별자들을 재식별할 수 있는 능력을 지니지 못하고 있는데, 그것은 지시하고 또한 진술하기 위한 근본적 능력이다. 성질 배치 가설에 따르면, 감각 경험은 속성 공간 속에서 현상적 속성들을 동일시할 수 있는 능력을 유사하게 요구하며, 그리고 또한 감각적 생물의 신체 위에 또는 지근의 위치들에 그러한 성질들을 배치할 수 있는 능력을 요구한다(이러한 위치와 관련해서, 감각적 생물은 진행 중인 정보 링크 속에 존립한다).[7] 이 후자의 능력은 클라크가 약간 오해를 사도록 감각적 지시를 위한 능력이라 부르는 것이다. 장소를 선정하는 것은 오히려 지시에 대한 원형 지시(protoreferential)의 유비가 있으며, 그리고 성질을 배치할 때에는 성질 배치 언어로 술어에 대한 원형적인 술어(protopredicative)의 유비가 있다.

'성질 배치'라는 관념 속에서 '배제'라는 개념은 감각 경험에 대한 묘사와 연관된다는 두 번째 점을 우리가 지닌다는 사실을 나는 주장하고 싶다. 성질들은 일반성〔공상〕의 차원에 속하는 것이며, 장소〔공간〕들은 개별자〔자상〕들의 차원에 속하는 것이다. 이러한 주장에 대한 하나의 근거는 단 하나의 공간에는 다수의 성질들이 귀속될 수 있지만, 주어진 하나의 성질은 기껏해야 하나의 공간을 갖는다는 것이다(실로 이것은 '공간적 성질들'에 대립되는 한층 더 나아간 논증이다. 즉 공간적 성질들은 성질들이 아니다). 그러나 스트로슨은 다른, 그러나 여전히 많은 비대칭을 언급하고 있다. 스트로슨에 따르면, 개별자〔자상〕들과 일반적 특성〔공상〕들 사이의 비대칭은 그것의 근원의 측면에서 다음을 지닌다. 즉 개별자와 일반적 특성들 두 가지는 다른 개별자들과 일반적 특성들을 '수집'하기 위한 원리들을 제공하는 반면, 그 두 가지가 제공하는 각각의 원리들의 본성은 다르다는 사실을 지닌다. 스트로슨은 다음과 같이 말한다.

---

7) 버뮤즈가 잘 요약한 피코크의 '시나리오 내용' 관념과 비교해 보라. "피코크는 이미 주어진 내용이 옳은 내용과 일치하는 지각자의 주위의 공간을 채우는 방식에 의해 특징지어져야만 한다는 것을 제안한다. 지각자의 지각적 영역 내에서 각기 최소한으로 구별할 수 있는 지점 때문에(이것들은 지각자의 신체에 집중된 기원 및 축과 관련된 것으로 확인된다) 이러한 특수화는 우리에게 지각자가 환경을 표상하는 것 속에 있는 방식을 제공한다. 그 표상의 내용은 최소한으로 구별할 수 있는 지점들이 적절한 가치들을 갖는 지각자의 주위 공간을 가득 채우는 모든 방식에 의해 주어진다. 그 표상은 그 지각자 주위의 그 공간을 그 방식들 가운데 하나에 점유한다면 올바르다"(Bermúdez 2003).

개별자들과 그리고 개별자들의 일반적 특성들에는 서로 관계하는 어떤 비대칭성이 존재하는데, 내가 말한 것처럼, 그것에는 양립 불가능성의 영역과 포함 관계의 영역의 소유라는 측면에서 개별자와 개별자가 갖는 일반적 특성들이 존재한다. 일반적 특성들은 전형적으로 개별자들과 관련하여 그러한 영역을 지니지만, 개별자들은 일반적 특성들과 관련하여 그런 영역을 지닐 수 없다. 모든 일반적 특성들에는, 어떠한 개별자들도 그 두 가지〔양립 불가능성의 영역과 포함 관계의 영역〕를 한꺼번에 예증할 수 없다는 그와 같은 또 다른 일반적 특성들이 존재한다. 그러나 어떤 개별자에게도 동시에 예증될 수 있는 일반적 특성이 없는 또 다른 개별자가 존재한다. 다시 말해 많은 일반적 특성들의 경우에는, 전자〔양립 불가능성의 영역〕를 예시하는 어떤 개별자는 후자〔포함 관계의 영역〕를 예시해야만 하고 그 역도 마찬가지인 또 다른 일반적 특성들이 존재한다. 그러므로 전자가 예증하는 모든 일반적 특성은 후자에 의해서 예증되어야 하는 한 쌍의 개별자들이란 존재하지 않는다. 그 역도 마찬가지이다. (Strawson 1974, 126)

어떤 일반적 특성을 지닌 것의 '양립 불가능성의 영역'은 다른 일반적 특성들의 집합이다. 이 집합은 그 자신을 예증하는 개별자에 의해서 또한 예증될 수가 없는 것이다. 따라서 만약 녹색이 빨강과 양립 불가능성의 영역에 속한다면, 빨강과 녹색 이 둘이 함께 있을 수 있는 공간은 없다. 다른 한편, 개별자들은 그러한 양립 불가능성의 영역을 지니지 않는다. 즉 만약 한 개별자가 어떤 주어진 일반적 특성을 지닌 것을 예증한다면, 그 개별자는 또한 일반적 특성을 그렇게 예증하는 다른 일반적 개별자에 대립해서 말하는 것이 아니다. 비슷하게 '포함 관계'의 영역들도 있다. 즉 주홍색은 빨간색의 포함 관계의 영역에 속한다. 왜냐하면 주홍색을 예증하는 어떠한 개별자도 또한 빨간색을 예증해야만 하기 때문이다. 또다시 개별자들에는 어떠한 유사성도 없다. 이들 비대칭들이 우리가 지시와 진술을 동일시하는 언어적 장치들을 구별하지 않으면 안 되는 이유이기도 하며, "그러한 언어적 장치들과 다른 장치들도 또한 우리가 일반적 용어로 분류하거나 또는 기술할 수 있게 하며, 우리의 분류나 기술들이 어떤 개별적인 경우들에 적용되는지를 지시할 수 있게 하는 것이다". (Strawson 1966, 47)[8)]

'배제' 개념의 또 다른 적용이 유용할 수 있다는 사실은 성질들과 그 성질들의 표면적인 공간적 위치 사이의 비대칭에 있다. 전자〔성질〕는 일반자이고 후자〔공간〕는 개별자이다. 전자는 후자 '속에 위치해 있다'라는 관념 배후에 있는 생각은, 전자만이 홀로 양립 불가능성의 영역들을 지니고 있다는 생각이다. 즉 각각의 성질들에는 다른 성질들이 존재한다. 그리고 이러한 성질들이 한 장소에서 예증되는 것은 그 성

8) 스트로슨은 아리스토텔레스의 기준을 주어와 술어 사이의 대칭을 설명하는 데 적용한다. 그러나 장소와 특징들 사이의 비대칭에 적용하지는 않는다. 그는 그것을 전자의 특수함으로 간주한다. 그렇지만 나는 왜 그것이 낮은 차원에서 역시 적용되지 않는지를 알지 못한다. 헤일은 스트로슨의 기준이 주어-술어의 구별에 근거를 두거나 단수 명사를 위한 기준을 제시할 수 없다고 주장한다. Hale 1979; 1996을 보라. 그것은 사실 성질 배치하기 차원에서만 호소되어야만 한다고 생각하는 이유이기도 하다. 왜냐하면 이 차원에서만 우리는 일반성의 표현을 제공하는 표현들이 전혀 존재하지 않지만 문법적으로 단수 명제에 부합한다는 것을 확신할 수 있기 때문이다(Hale 1996, 456). 성질 배치하기 언어에서는 유사한 것으로 존재하는 것은 아무것도 없다.

질 자체에 의해서 배제되는 것이다.[9] 만약 현상적 외관에서의 변이의 차원들이, 하나는 원형 지시이고 다른 하나는 일반성이라는 특징을 보유하고 있는 것이라는 두 요인으로 분할되지 않는다면, 특질의 어떠한 논리적 조작의 총합도 우리로 하여금 회복되지 않는 감각적 요소들의 단순한 흐름의 차원을 넘어서게 할 수 없는 것이다.

유사 대상과 원형 개념

성질 배치만으로는 대상들을 도입하는 데 불충분하다. 왜냐하면 우리는 분류적 개념들 즉 그 개념들에 속해 있는 사물들을 위한 동일성 조건들을 제공하는 개념들을 필요로 하기 때문이다. 최근의 논문에서 클라크는 다음과 같이 주장한다. 성질 배치는 사물의 위치를 정하고, 사물들을 세고, 사물들을 계속 파악하는 데 충분하며, 그러한 능력들은 객관적인 개별자들의 확고한 동일성 조건들을 결여하고는 있지만, 다음과 같은 오류를 쉽게 범할 수 있는 유사-대상적 존재들을 도입하는 것을 허용한다고 말이다(Clark 2004a).

> 성질 배치는 우리에게, 해안에 와서 부서지는 바다의 파도처럼 추정상의 몇몇 존재들을 위치 짓고, 파악하고, 셀 수 있는 수단을 부여할 수 있다. 그러나 이는 파도들이 개별자들 또는 '객관적 개별자들'일 수 있다

9) 양립 불가능성의 범위에 의해서 연관 범위를 정의하는 것이 가능한 것처럼 보인다. Ganeri 2001, 104~114를 보라.

> 는 사실과는 여전히 많이 멀리 떨어져 있다. 생각해 보라. 두 개의 파도는 융합할 수 있으며, 또한 하나의 파도는 둘로 갈라질 수 있다. '하나의' 파도는 다른 순간에 완전히 다른 부분들을 갖는다. 그리고 만약 이 모든 부분들이 똑같은 방식으로 다른 순간에 배열된다면, 우리가 똑같은 파도를 다시 갖는 것인가 아니면 질적으로 동일한 다른 파도를 갖는 것인가 하는 문제는 순수하게 말뿐인 문제에 불과하다. 파도는 종종 불교 논사들에 의해서 언급되는데, 그들은 하나의 대상처럼 보이지만 대상이 아닌 것으로 드러나는 어떤 것을 지적하고 싶어 한다. 이 문제에서는 나는 불교 논사들이 옳다고 생각한다. (Clark 2004a, 465)

이들 존재들은 대상처럼 보이지만 대상은 아니다. 그 이유는 대상은 자신의 위치를 바꿀 수 있다는 것이 바로 물리적 대상에 관해 생각하고 있는 구성적 부분이기 때문이다. '초점 집중'으로써 특징들을 함께 결합할 수 있는 능력을 포함하고 있는 성질 배치 능력들만으로, 감각적 내용은 유사-객관적 존재들에 대한 인식에까지 도달하게 될 수 있는데, 이러한 인식은 셀 수 있고, 위치 지을 수 있고, 파악될 수 있다. 그러나 자신들이 시각 영역에서의 운동을 경험한 것과 똑같은 것으로서 재동일화될 수는 없다. 그리고 그것은 잘못이다. 비록 그러한 존재들을 객관적 개별자들로 간주하는 일은 너무 쉽게 범하는 잘못이기는 하지만. (클라크에 의하면 잃어버린 고리는 형상shape 지각이다.) 우리는 그러한 인식 내용을 '원형 개념'(protoconcepts)이라 부른다. 원형 개념들은 비개념적 감각 내용의 입장에서는 구성적이지만, 원형 개념들과 완전히 성숙한 개념들 사이에는 간극이 남아 있다. 그 간극을 어떻게 메울 수 있는가?

대상 지각과 지시체

만약 생물에게 윤기 나는 녹색 가까이에 있는 광택 없는 빨간색과 윤기 나는 빨간색 가까이에 있는 광택 없는 녹색을 구분할 수 있는 능력이 있다면, 그 생물은 '많은 속성들'의 문제를 해결할 수 있을 것이다. 그러나 그 생물에게 지속하는 물리적 대상들을 지각할 수 있는 능력은 여전히 없다. 만약 우리가 지금까지 말한 것이 옳다면, 더 멀리까지 나아가는 발걸음은 성질 배치 언어로부터 개별적 지시와 진술의 언어로까지 상승하는 것과 같은 것이다. 이러한 발걸음은 새로운 능력과 연관되는데, 그것은 즉 한편으로는 여기 붉은 사물과 저기 붉은 사물을 구분할 수 있는 능력, 다른 한편으로는 여기 붉은 사물과 저기 똑같은 붉은 사물을 구별할 수 있는 능력이다. 왜냐하면 우리는 똑같은 종류의 구분된 여러 항목들을 구분할 수 있는 분류적 개념들과 그와 연관된 능력을 필요로 하기 때문이다. 여기서 또다시 '배제'라는 개념이 어떤 역할을 하는데, 왜냐하면 배제와 관련된 능력은, 대상이 무엇인가 하는 것과 대상으로부터 배제되거나 또는 대상과는 다른 것이 무엇인가 하는 두 가지를 구분할 수 있는 능력으로서 다시 기술될 수 있기 때문이다. 'x와 다른' 것이라는 생각과 'x와 같은' 것이라는 생각은 분명히 서로 보완적이다. 이러한 '배제'라는 개념은 앞에서 말한 두 가지 중 하나와는 다르다는 사실에 주목해야 한다. 왜냐하면 그것은 개별적 대상들 가운데서 획득되는 것이지, 성질 공간의 점유자들 가운데서 획득되는 것이 아니기 때문이다. 만약 '개념적 사유'가 의미하는 것이 지시와 진술의 온전한 의도적인 장치의 사용이라면, 한층 더 나아간 이러한 능력의 소유 여부는 생각하는 사람들을 단순히 감각적인 존재로부터 구분하는 기준이 된다.

사실 이러한 차원에서 '배제'라는 개념은 훨씬 더 중요한 역할을 한다고 제안하고 싶다. 즉 배제라는 개념은 분류적인 용어를 특징 용어로 변환시키는 의미론적 장치로서 작용할 수 있다. '비(非)물항아리'(nonwater-pot)는 그것의 지시체를 다양한 종류들의 많은 사물들로까지 적용하는 용어이다. 배제라는 개념은 그 자신의 동일성을 증명할 기준을 지니고 있지 않다. 그러므로 배제라는 개념을 부정하는 것은 둘 중 어느 하나도 가질 수가 없다. 그러한 의미에서 배제라는 개념은 한 가지 특징의 존재를 부각시킬 때 '금' 또는 '빨강'과 같은 것이다. 이중부정은 "이것은 항아리다"라는 주어-술어 문장을 '여기에 항아리가 결여되어 있지 않음'이라는 성질 배치로 변형시킨다. 이 두 번째 문장을 이해하는 사람에게 요구되는 능력들은 개별자들을 재동일화할 수 있는 능력에는 미치지 못한다. 이러한 의미론적 장치는 분류적 개념으로부터 분류성을 삭제하려고 한다. 즉 남아 있는 것은 하나의 성질 배치 구성물, 즉 원형 개념이다.

다르마키르티의 불교 이론

상당한 양의 최근 연구 덕분에 우리는 이제 다르마키르티의 '상향식' 접근법에 대해 아주 상세하게 이해하게 되었다. 극도로 간결하게 요약한다면, 다르마키르티의 견해는 공간적으로 또는 시간적으로 분명히 외연을 갖지 못하는 개별자들은 감각 인상들을 개별적으로 또는 연대해서 야기시키고, 감각 인상들 각각은 개별자 그 자체인 '상'(相) 또는 '이미지'(ākāra)를 전달한다는 것이다. 그리고 이번에는 감각 인상들은 각인된 정신적 성향들(vāsana)〔습기〕의 한 결과로서 또 다른 인식을 야기하는데, 이때에는 일반적인 '상' 또는 '이미지'를, 특정한 차이들이 배제되고 '차이 없음으로 덮여 있다'라는 의미에서 전달한다. 이 이미지는 일반적 이미지와 개별자들 사이에는 동일성이 결여되어 있다는 것을 간과한 '무의식적 착오'의 결과로서, 자신을 본래적인 개별자 자체인 것처럼 가장한다(Dreyfus 1997; Dunne 2004, 84~159, 161; Katsura 1933; Tillemans 1995, 1999를 보라).

다르마키르티는 내가 이 장에서 시작한 주장을 지지한다. 즉 지각은 어떤 내용을 지니며 이 내용은 지각 그 자체와는 다른 어떤 것이지만, 이 내용은 일상적인 물리적 대상 또는 그 일부는 아니다. 내용은 '개별자'(svalakṣaṇa)와 그 '형상'(ākāra)으로 구성된다. 그 내용은 지각하는 사람 자신이 개념들과 언어를 통해서 기술할 수 없다는 의미에서 '비개념적인'(nirvikalpaka)〔무분별적인〕 것이다(『프라마나바르티카』 III.1~2). 지각 철학 분야의 최근의 모든 저술 중에서, 다르마키르티 이론은 클라크와 피코크의 이론과 가장 가깝다. 비록 다르마키르티 자신이 지각적 내용의 공간성을 언급하지 않았음에도 불구하고, 12세기에 그에 대한 주석자인 목샤카라굽타는 지각적 내용의 공간성을 언급하는데, 그는 '개별자'는 "공간과 시간, 형상에서 한정된 것"(deśa-kāla-ākāra-niyataḥ puraḥ prakāśamānaḥ)으로서 현현한다고 말한다(『타르카바샤』 21.10~11, ed. Shastri). 똑같은 정의가 불교의 개념을 논의하는 과정에서 카슈미르 시바교의 언어철학자인 아비나바굽타(Abhinavagupta)에 의해 반복된다(『이슈바라프라티아비즈냐카리카』 *Īśvarapratyabhijñākārikā* 1.2.1~2에 관한 『이슈바라트라티아비즈냐비마르쉬니』*Īśvarapratyabhijñāvimarśinī* I 86,4~8). 티베트어 자료로 헬무트 크라서가 행한 최근의 연구에 따르면 다르못타라 역시 시간(kāla), 공간(deśa), 형상(ākāra)을 언급한다. 그 개념에 관해서, 감각적 경험은 공간적·시간적·형상적 특징들을 독특하게 개별화함으로써 개별자들을 나타낸다. 그러한 명백한 이미지는 시공간적 장소에서 측면들을 나타낸다(그러한 장소들은 외연이 없는 것처럼 보인다).

두 '측면들'

여기서 최초의 수수께끼는 첫 번째 '측면', 즉 개별적인 감각 인상들과 연관된 형상의 독특성과 관계된다. 두 가지 감각 인상들이 정확하게 똑같지 않다는 단순한 사실보다 그 이상의 무엇인가를 언급하고 있는 것처럼 보인다(어떠한 경우건 단지 우연적으로만 참인 그 무엇인가를 언급하고 있다고 생각한다). 다른 한편 이러한 측면들은 성질들일 수가 없다. 왜냐하면 성질들은 식별 가능성과의 관계에 의해서 정의되기 때문이다. 만약 내가 두 대상으로부터 감각 인상들을 가진다면, 그리고 색상에서 그 인상들을 구별할 수 없다면, 그 사실 때문에 두 감각 인상들은 같은 색깔을 나타내는 것이다. 그러므로 성질들은 감각 인상과 다르지 않다. 실로 우리가 보아 온 것처럼, 감각적 성질들은 일반자의 차원에 속하는 것이다. 하지만 우리는 현상적 속성들과 성질적 속성들에 관한 앞서 기술한 초기의 구별을 상기해야 할 것이고, 형상(ākāra)과 개별적 감각 자체(정신적 사건으로서) — 이러한 감각에 의해서 우리의 구별은 그 구별이 수행했던 바를 나타내는데 — 의 독특한 속성들을 동일시할 것이다.[10] (『니야야빈두』: 디그나가의 자기 형상svākāra과 아마도 다르마키르티의 파악 주관 형상grāhakākāra은 보다 높은 차원의 문제에 속한다. 경험자가 빨간 것을 경험한다는 것은 어떤 것일까? Ganeri 1999a; Clark 2004b, 564~565를 보라.)

다르마키르티의 설명에서 각인된 정신적 성향(습기)들의 역할은 성질 공간들이 적합함, 구별 가능성, 상대적 유사성의 관계들의 결과라는 사실, 그런 관계들은 지각하는 사람들의 신경생리학에 근거를 두고 있다는 사실을 반영하는 것처럼 보인다. 우리가 이것의 색깔과 저것의 색깔을 동일한 것으로, 그리고 제3의 색깔보다는 서로 더 비슷하다고 본다는 것은 우리의 시각적 감각 체계들의 하드웨어에 관한 사실이며, 불에 대한 망막의 변환기를 얻기 위해서 요구되는 파장들과 강도들에 관한 사실이다.[11]

10) 이 측면에서 존 던은 "지각이 발생할 때 감각 대상의 이미지(ākāra)가 드러나는 인식의 산출을 위해서 기여하는 원인으로서의 감각 대상이 작동한다"라고 덧붙인다(Dunne 2004, 84). 그리고 "지각적 의미의 단일성은 그것의 물리적 원인들의 단일성에 부합하지 않는다(즉 지각적 이미지의 단일성은 동형의 상응을 갖지 않는다). 실로 이미지의 단일성은 인과적 기능의 단일성과 상호 관계한다. 복합적인 외적 원인들이 단일한 효과 즉 이미지를 산출한다"(Dunne 2004, 108).

11) 이는 불교 유명론이 자연선택 과정의 결과인 '기본적인 유사성 공간'이라는 가정에 의존한다는 시더리츠의 제안과 부합하지만, 그가 관습과 사회적 실천에 할애하는 의미와는 부합되지 않는다. 기껏해야 교육이나 사회화를 위한 어떤 역할만이 있는 것이다. 위

다르마키르티의 이론에서 제2의 형상(ākāra), 즉 배제에 의해 제한되고 '비차이로 덮여 가려져 있는' '이미지'는 앞서 언급된 '원형 개념'과 아주 유사하다. 그것은 유사-대상적 존재를 나타내지만 완전한 동일성의 조건들을 결여하고 있는 어떤 것이다(불교 논사들은 외관상으로는 원을 이루면서 회전하는 횃불의 사례를 사용한다).[12] 존 던은 이 인식을 '판단'으로 묘사하지만(Dunne 2004, 158~161), 아마도 '원형 판단'이 더 적절한 용어일 것이다.

이 문제를 해결하기 위해 다르마키르티는 '동일성의 판단'(ekapratyavamarśajñāna) 개념에 호소한다. 이 논증에서, 문제가 되는 모든 존재들이 같은 효과를 지닌다는 주장은 궁극적으로 다음의 사실, 즉 그 존재들은 그것들이 결국 제2질서의 인식 — 판단 — 을 낳는다는 사실에 의존하며, 이러한 제2질서의 인식에서 문제가 되는 개별자들은 같은 유형의 존재로서 동일시되는 것이다. 예를 들면 우리가 '푸르다'라고 부르는 모든 존재는, 적절한 조건들이 마련될 때에는, '이것은 푸르다'라는 판단에 이르게 될 지각적 이미지를 낳는다. 우리가 간접적으로 '물항아리'라고 부르는 모든 존재들이 같은 효과를 갖게 되는 것은 '그 존재들의 본질에 의해서'(svabhāvena, prakṛtyā)이다. 아

공은 (이 책에서) 선택의 과정들은 "사회적 관습을 설정하기 전에" 행해진다는 것을 지적한다. 관련된 메커니즘이 깁슨주의의 '유도성' 관점에서 이해될 수 있다는 차테르지의 제안은 다른 방식으로 요점을 말하는 것이다.

12) 드레퓌스는 (이 책에서) 후기 다르마키르티주의자인 티베트 논사들의 이론에서 원형 개념화의 역할을 탐구한다.

포하론에서는, 문제가 되는 존재들 각각이 산출하는 아마도 가장 중요한 '동일한 효과'란 다름 아니라 앞에서 언급한 '동일성의 판단'(ekapratyavamarśajñāna)인 것이다.

이는 감각으로부터 어떤 원초적 종류, 즉 어떤 언어적 능력 내지는 개념을 결합하고 적용하고 작동할 수 있는 관련 능력을 아직 수반하거나 전제하지 않는 원초적 종류인 **~로서 봄** 또는 유형화된 지각으로의 전이를 표현한 것이다(개념들을 더 큰 개념적 복합체들과 결합하는 능력은 개념이란 무엇인가 그리고 개념을 소유한다는 것은 무엇인가 하는 문제에 부분적으로는 결정적인 역할을 한다). 내가 논의 과정에서 훨씬 더 기초적인 지각적 능력에 관해 '원형 개념'이라는 말을 사용한 것은, 더밋의 '원형 사유'(protothought) 개념과 밀접하게 연관되어 있다.

적어도 우리가 원형 사유들에 관여하는 한, 원형 사유들의 특징에 대해 가장 쉬운 경우는 순수하게 공간적인 경우이다. 자동차 운전자 또는 카누 선수는 달려오는 자동차나 보트의 속도와 방향, 그리고 가능한 궤적 등을 재빨리 추정해서 피하기 위해서 취할 행동을 고려해야만 할 것이다. 그가 고도의 집중된 사유에 몰두하고 있다고 말하는 것은 자연스럽다. 그러나 그러한 사유들의 수단은 분명 언어가 아니다. 내 생각에 그것은 시각적으로 지각된 광경에 겹쳐진 시각적 상상력에 존재한다고 말해야 한다. 이러한 사유들은 사실 낱말로 틀 지어지지 않는다. 즉 이러한 사유들은 언어로 표현된 사유들의 구조를 지니고 있지 않다. 그러나 그런 사유들은 '원형 사유'라고 명명할 만하다. 왜냐하면 원형 사유에 적용할 때 진리 또는 거짓을 언급하는 것은 장황스러운 데 반해서, 원형 사유는 본성적으로 그것들이 잘못될 수 있다는 가능성과 연결되어 있기 때문이다. 즉 비전문적인 의미에서 판단은 다름 아니라 자동차 운전자와 카누 선수가 연습할 필요가 있는 것이다. (Dummett 1993a, 122)

더밋의 요점은 다음과 같다. 프레게와 같은 분석철학의 개척자가 모든 개념적 인식과 **~로서 봄**이 그와 연관된 개념들로서 이해되어야 한다고 주장할 때, 이는 잘못을 저지른 것이다. 이것은 동물들의 비언어적인 개념적 능력은 말할 것도 없고, 전(前)언어적인 개념적 능력들의 역할에 대해 설명할 자료도 없이 그 문제를 남겨 두는 것이다. 여기서 더밋은 반대 논사인 문법학자 및 니야야학파와 대립해서 불교 논사들과 입장을 같이한다.

오류: 감각적 오류와 '무의식적' 오류

다르마키르티가 감각적 오류의 현상을 인정한 것은, 그가 감각은 의도적이라는 것을 수용한다는 것을 지시한다. 만약 감각 내용이 성질 배치 구조를 지니고 있다면, 어떤 성질을 공간에 잘못 위치시킬 수 있는 가능성들을 열어 두는 것이다. 다르마키르티가 인정하듯이, 이런 가능성들이 진정으로 '지각적' 오류들이다. 그것들은 '비개념적 오류들'이다(Dunne 2004, 88, 130. 또한 Clark 2000, 191~197 참조). 더밋의 구절이 제시하는 것처럼, 우리가 원형 개념이라고 부르는 그러한 성질 배치 복합체들 속에 오류의 가능성이 또한 존재한다. 즉 사실 불의 바퀴가 아닌데도 나는 어떤 것을 불의 바퀴로서 볼 수도 있을 것이다.

이러한 일반적 '이미지들'은 지각의 산물이지 외부 개별자들의 실재적인 속성들이 아니라는 사실을 간과하는 '무의식적 오류'란 무엇인가?(Dunne 2004, 139~144; Tillemans 1995 참조) 클라크는 그것과 관련하여 다음과 같이 설명한다.

> 이 설명의 귀결은 성질적인 특성이 하나의 관계적 사건이라는 것이다. 성질적 속성들은 내재적인 속성들인 것처럼 보이지만, 내재적인 속성들이 아니다. 아마도 특질은 내재적이라는 것이 바로 우리의 일상적인 개념적 틀의 일부분일 것이다. 그리고 아마도 그 부분은, 우리가 폐기해야만 하는 인간적인 유산의 일부분일 것이다. 경험적 탐구가 알려주는 것은 성질적 특성의 사실들이 근본적으로 관계적 형식을 지니고 있다는 것이다. (Clark 2000, 19)

또다시

> 나는 발라흐(Hans Wallach)와 길크리스트(Alan Gilchrist)(그리고 또한 지금은 휘틀Paul Whittle)의 실험들이 상당히 흥미로운 것을 제시하고 있다고 생각한다. 그들은 색채의 성질들이 내재적 성질들이라는 우리의 직관들이 완전히 잘못된 것이라고 강력하게 제시한다. (Clark 2004b, 566)

발라흐의 실험에 의하면, 빔프로젝터는 스크린 위에 빛의 원환을 투사하는 데 사용되는 반면 두 번째 프로젝터는 둥글게 둘러싼 원환을 투사한다. 발라흐는 중심 원환의 표면적인 밝기는 첫 번째 프로젝터를 조정하지 않고서도 변경할 수 있다는 사실을 발견했다. 그러나 그것은 단지 둘러싼 원환의 밝기를 바꾸기만 해도 가능한 일이었다. 중앙의 원환이 밝으면 밝을수록 중심은 더욱더 어두워진다. 내재적 속성인 것처럼 보이는 것, 즉 중심 원반의 평면 밝기는 두 가지 차원의 빛의 발광 사이의 관계일 뿐이다. 우리가 시각적 성질들(색조, 채도, 밝기)을 사물이 지닌 내재적인 모나드와 같은 속성들이라고 생각하도록 만드는 것은 실로 '무의식적 착오', 즉 우리가 일반적으로 유전적으로 상속받은 오류인 것이다. 우리가 이처럼 우리 감관에 대해서 내재적 속성들을 외부 사물에 속하는 것이라고 간주하고 싶어 하는 견해 그 자체가 하나의 오류 — 우리가 자연스럽게 그런 실수를 하도록 선택되고, 그것도 확실히 가능한 일이다 — 이다. 분명 우리는 우리의 감관에 대해서 관계적 속성으로 간주하기보다는 외부 사물들에 속하는 내재적 속성이라고 간주하는 것이다. 이러한 속성들의 관계적 특징이야말로 우리의 시각 장치들이 운용하는 책임을 지고 있는 방식인데도 말이다.

개별자들 그리고 오직 개별자들만의 인과적 효과성

이러한 종류의 해석을 받아들이는 것처럼 보이는 다르마키르티 이론의 마지막 부분은 오로지 개별자들만이 인과적으로 효과적인 반면 구성된 일반성들은 인과적 효과성을 결여하고 있다는 그의 주장이다. 여기에서 또다시, 그것과 연관된 설명은 일치하는 것처럼 보인다. 만약 그 설명이 올바르다면, '사물의 세계에 도달하는 것'인 광범한 역할이건 '순수하게 내적인 것'인 협소한 역할이건 간에, 그 두 가지의 인과적인 기능적 역할을 통해 성질들을 정의하려는 것은 잘못이다(Block 1997). 그 이유는, 성질 공간의 구조를 정의하는 기본적 관계들은 인과관계가 아니기 때문이다.

> 언제나 그리고 오직 오렌지의 감각들에 의해서만 점유된 어떤 특수한 '인과적 장소'를 우리에게 명시하라고 요구하는 이론을 수용하기보다는 차라리 우리는 그 이론을 포기해야만 한다. 오렌지의 감각들에 의해서 특징적으로 그리고 유일하게 채워진 '인과적 장소'는 없다. 그러나 어떤 관계적 구조는 '원인들'과는 다른 관계들을 사용하면서 세워질 수 있다. …… 만약 우리의 목적이 질적인 특성을 기술하는 것이라면, 근본 관계들은 질적인 유사성의 관계들일 것이다. (Clark 2000, 18)

오렌지색을 정의하는 것은 노란색과 빨간색 등 사이에 해당된다. 마찬가지로, 다르마키르티 체계의 '구성된 보편자들'은 형식적 관계들에 의해 정의되는 것이지 인과관계에 의해 정의되는 것이 아니다. 개별자들과는 달리 보편자들은 인과적 역할을 하지 않는다. 다시 말하지만 범례적인 개별자들은 성질 용어를 정의할 때 아무런 역할을 하지 않는다. (그러나 다르마키르티의 '효과의 동일성'이라는 언급은 협소한 관점에서 볼 때는 오히려 인과적 역할을 지시하는 것이라고 논증하는 것이 가능한 일이다.)

아포하에 관한 긍정론자와 부정론자의 해석

다르마키르티가 정신적 '이미지'를 도입하는 것은 감각 내용에 대한 순수하게 배제적인('부정적인') 설명이 현상학적 정당성을 획득하지 못한다는 반박에 대한 하나의 응답이다. 따라서 존 던은 다음과 같이 기술한다.

> 다르마키르티와 그의 반대 논사들 모두는 긍정적인 개념적 인식들(즉 부정이 아닌 인식들)은 인식을 할 때 대상으로서 어떤 긍정적 내용을 제시한다고 주장한다. 다르마키르티의 입장에 따르면, 이러한 긍정적 내용은 마음속에 있는 현상 또는 이미지일 것이다. 그렇지만 만약 보편자가 단지 부정에 불과하다면, 개념적 인식 즉 보편자를 그 대상으로 갖는 인식은 전혀 긍정적 내용을 포함할 수 없을 것인데, 어떻게 부정이 긍정적 형식 속에서 제시될 수 있을까? 샤키야붓디의 해석에 따르면, 다르마키르티는 '타자를 배제하는' 인식적 이미지(ākāra)가 실로 배제를 통해 형성된 보편자를 구성하는 일부분이라고 지적함으로써 그러한 인식들의 긍정적 내용을 설명하고 있다. (Dunne 2004, 137~138)

아포하론에 대한 이러한 반론과, 특질(qualia)에 대해 관계적 설명을 하고자 하는 클라크의 시도에 대항해서 최근에 제시된 반론들을 비교해 보자.

> 감각적 성질들은 상대적 가치뿐만 아니라 '절대적 가치'를 지닌다. 즉

유사성 관계들에 관한 감각적 성질들의 집합 외에도 결정적인 동일성을 지닌다. …… 그것은 경계 영역에 의해 드러난 순수한 차이 자체가 아니다. 단순히 **이것은 저것과 다르다고** 말하는 것이 아니라, 오히려 우리는 어떤 성질을 통해서 그 차이를 기술한다 — 우리의 시각 체계는 '저기보다는 여기가 더 빨갛다'라고 말한다. 그러나 **더 빨갛다**라는 것은 무엇인가? (Levine 2004, 546~548)

그러한 똑같은 차이는 색상 지도(color map)에서는 어디든지 생길 수 있기 때문에, 이런 문제는 어떤 패턴이 청록-올리브보다는 갈색-오렌지색으로 보여야 하는(이 쌍들 내에서의 차이들은 똑같다고 하면) 이유를 의문스러운 것으로 남겨 두게 된다. (Matthen 2004, 517)

관계적 구조가 비대칭적이며 불가역적인 것인 한에서, 관계적 설명이 모든 성질 용어들을 유일하고 분명한 기술과 연결시키게 될 것이라는 것이 클라크의 대답이다(Clark 2004b, 569). 그러나 그것은 다음과 같은 이의 제기를 언급하는 것처럼 보이지는 않는다. 이러한 이의 제기의 힘은 지각 경험이 성질들을 '긍정적 가치'를 지닌 것으로서 드러낸다는 것을 뜻한다. 그래서 순수하게 관계적인 설명은 현상(appearance)의 현상학에 적합하지 않다. (사각형의 현상과 다이아몬드의 현상을 구분하는 문제는 아마도 연관되어 있다. Peacocke 1922a.) 지각의 철학에서 오늘날의 활동은 다음과 같은 문제, 즉 진보하는 최선의 방법이 지각하는 **방법** 또는 감각 내용들이 **현현되는 방식**을 도입하는 넓은 의미의 프레게주의냐, 아니면 보다 깊이 보다 정교하게 나누어진 감각 속성들을 도입하는 넓은 의미의 러셀주의냐 하는 문제에 관해서 의견이 나누어진다. '이미지'(ākāra)의 위상에 관한 후기 다르마키르티 계승자들은 유사한 가능성들과 다른 가능성들을 탐구하는 것처럼 보인다.[13)]

아포하에 관한 상향식 접근법과 하향식 접근법

다르마키르티의 논증의 한 가지 두드러진 측면은 '빨강'과 같은 성질 용어〔속성어〕들과, '물항아리'와 같은 종류를 나타내는 용어〔보편어〕들 또는 계산할 수 있는 용어〔가산 용어〕들 사이의 구분이 완전히 결여되어 있다는 것이다. 그러나 만약 내가 논증했던 것이 옳다면, 이것은 우리에게 그다지 놀라운 것이 못 된다. 왜냐하면 배제 개념은 현상적 현상(appearance)의 내용, 즉 내가 앞에서 언급한 첫 번째와 두 번째의 동일화를 기술할 때 작용하는 것으로 보이기 때문이다. 따라서 특징을 배치하는 언어로부터 지시와 진술의 언어로 이행하는 것은 다르마키르티의 아포하론에서 일차적인 관심사가 아니다. 우리는 아리스토텔레스가 보편자들을 배열한 것과 어느 정도 유사한, '종류들과 관련된 공간'(sortal space)에 관한 정의로 나아갈 수 있을 것이고, 그렇게 함으로써 성질 공간의 정의와 관련되지만 질적 특징보다는 오히려 양적 특징에 관한 사실들에 반응하는, 똑같은 원천에 호소할 것이라고 생각할

13) 즈냐나슈리미트라와 라트나키르티에 관한 파틸의 저작, 즉 Patil 2003과 이 책에 실린 그의 글을 보라.

것이다. 그것이 바로 디그나가가 아포하 원리를 사용하는 방식일 것이다.[14] 그렇지만 자연종에 관한 용어들은 색깔 용어와는 훨씬 덜 유사하고, 고유명사와 훨씬 더 유사한 것처럼 보인다. 실제로 자연종 용어들은 정확히 다음과 같은 방식, 즉 성질들에 관한 공간은 패러다임과 인과적 정의에 의존하지 않는다는 바로 그런 방식으로 패러다임과 인과적 정의에 의존하는 것처럼 보인다. 그 대신에 나는 하향식 아포하의 기능들을, 종류에 관한 용어(보편어)들을 특징에 관한 용어(속성어)들로 변환시키기 위한 하나의 의미론적 장치로서 제시했다. 사실상, 만약 자연종에 관한 용어들의 구별적 측면이 다음을 의미한다면, 즉 자연종 용어들이 도입되는 '규약들'은 패러다임을 생기게 하는 명명(命名)하는 사건들이라는 것을 의미한다면, 이러한 장치가 수행하는 것은 그 용어가 어떤 하나의 개별자에게 의미론적으로 의존하는 것을 차단하는 것이 된다.

다르마키르티는 관념론자인가?

다르마키르티의 설명이 지닌 두드러진 특징은, 어떤 핵심적인 지점들에서, '인식적 관념론'(또는 유식학파)을 옹호하기 위해서 존 던이 '외계 실재론'이라고(그리고 드레퓌스는 경량부라고) 부르는 것을 포기하는 결단이다. 즉 주어진 경험의 내용은 더 이상 외적으로 연관된 것들을

---

14) Katsura 1979; Ganeri 2001, 104~114를 보라. 디그나가의 '하향식' 아포하론은 (이 책에 실린) 센의 글과 핀드의 글에서 자세하게 탐구되었다.

지니는 것으로 생각되지 않는다. 이것은 우리가 외적 환경들과 정보를 통해 지금 연결되어 있다는 관점으로부터, 그리고 감각 (원형) 지시체라는 생각으로부터 후퇴한 것이다. 나는 이것을 확신하지는 못하지만, 경험을 진실로 의도된 것으로 생각하는 대신 공간적 특질의 원리로 후퇴한 것과 연관된 것처럼 보인다. 또는 그것은 아마도 외관상의 위치와 진짜 위치〔공간〕를 동일시하는 것으로부터 벗어나려는 움직임이다. 그렇지만 그것은 극단적인 추측이다. 그와 관련된 주석에 근거해 본다면, 다르마키르티의 체계에서 개별자들을 동일시하는 것도 역시 하나의 추측일 뿐이다. 비록 개별자들이 공간적 연장을 결여하고 있다고 하더라도(이 문제와 관련해서는 아직 학문적 일치가 이루어지지 않고 있다. Kept 1980; Dreyfus 1997, 85~86; Dunne 2004, 98~113), 개별자들이 결코 공간적이지 않다는 주장이 도출되는 것은 아니다. 왜냐하면 아마도 자상(svalakṣaṇa)은 현상적 속성들에 의해 특징지어진 (최소한으로 구별될 수 있는) 시공간적인 점이기 때문이다. 적어도 다르마키르티가 외계 실재론의 모자를 쓰고 있을 때는 그럴 수도 있을 것이다. 공간적 영역들, 경계들, 형태들을 지각하는 것은 그 경우에 단지 감각(sentience) 그 이상의 어떤 것을 요구하는 것으로서의 물리적 대상들의 지각과 일치한다.

결론

감각과 사유 사이의 간극을 메우기 위해 우리는 기초적인 감각의 '덩어리'(muck and goo)로부터 위로 향해야 한다. 또한 지시체와 진술을 동일시하는 정교한 세계로부터 아래로 향해야 한다. 나는 배제 개념이 이 두 가지 운동 속에서 역할을 수행하게 되는 다양한 방법들이 있다는 것을 보여 주고자 했다. 감각적 특징들의 관계적 설명을, 그리고 그러한 특징들의 일반성이 존재하는 것에 대한 해명을 제공함으로써 위를 향해 올라갈 수 있다. 종류 용어(보편어)들을 특징 용어(속성어)들로 전환시킴으로써 아래로 내려갈 수 있다. 그 경우 성질 배치는 감각과 사유가 원형 개념들의 형태 속에서 만나는 절충안이다. 그리고 만약, 그렇게 보이는 것처럼, 다르마키르티의 지각 이론이 감각 자료 분석이 행한 것보다 훨씬 더 풍부한 감각 내용 때문일 수 있다면, 아포하론은 우리로 하여금 감각 경험이 규범적으로 우리의 믿음들의 내용을 제한하는 것이 어떻게 가능한가를 보여 줄 것이다.

11장 _ 푸네스, 그리고 추상 없는 세계에서의 범주화

아미타 차테르지

의미론(theory of meaning)은 이것이 이해 이론(theory of understanding)인 경우에 그리고 오직 이해 이론일 경우에만, 인간의 인식에 관해서 설명하는 데 기여할 수 있을 것이다. 아포하 의미론(apoha semantics)은 그것을 최초로 정식화할 때조차도 단순한 지시 이론(theory of reference) 그 이상의 것이었다. 디그나가는 자신의 저서인 『프라마나삼웃차야』에서 어떻게 세계 속에 존재하는 개별자들을 선택하여 그 개별자들에 관해서 언급할 수 있는지를 우리에게 가르쳐 주고자 했다. 그러나 동시에 디그나가는 어떻게 보편자에 관한 실재론에 호소하지 않고서도 술어적 표현들의 의미를 이해할 수 있는지를 우리에게 보여 주고자 했다. 그러므로 디그나가의 이론은 또한 이해 이론으로서 자격을 지니게 되었다. 내가 아포하 의미론에 관해서 열광한 또 다른 이유가 있다. 인지과학에 대한 최근 연구를 수행하면서 나는 인간의 인식에 관한 이론으로서의 아포하론의 잠재력을 확신하게 되었다. 인지과학자들은 언제나 인식을 지각과 행위 사이의 가교라고 생각한다. 그렇지만 1기 인지과학자들은 인식의 표상적·계량적 본성을 강조하는 반면, 3기 인지과학자들은 역동적으로 구체화된 체계가 지닌 지각과 행위 사이의 비계량적 연결을 옹호한다. 보다 높은 차원의 인식을 설명할 때 정신적 표상들이 없어도 된다는 것에 관해서 온건파와 급진파 사이에 논쟁이 일어났다. 논쟁하는 학파들 중의 어떤 학파를 지지하는 결론적 논증은 아직 발견되지 않는다. 아포하를 정신적 표상 이론으로서 구성된 것이라고 보는 다르마키르티의 설명은 우리가 정신적 표상에 관한 비계량적 이론의 윤곽을 그리는 데 도움을 줄 것인데, 이러한 비계량적 이론은 온건한 입장의 그럴듯함을 더해 줄 것이다. 그러므로 이 논문의 목적은 아포하를 정신적 표상이라고 보는 이론으로서 설명하는 다르마키르티의 주장을 발전시키려는 것이다. 나의 목적은 아포하가 무엇인가를 밝히는 것이기 때문에, 나는 아포하론과 관련된 유명한 논쟁들 즉 아포하 의미론과 얽혀 있는 이중부정이 본질적으로 구성적인(compositional) 것인지 아닌지, 유사 보편자(quasi universal) 또는 아포하를 인정하는 것이 유식학파 불교도를 유명론자로 만드는지 개념론자로 만드는지 등에 관여하지는 않을 것이다. 나는 다만 현대의 인지과학과 불교 아포하론이 어떻게 서로를 지지하는가를 보여 주고자 한다.

* * *

나는 보르헤스(Jorge Luis Borges)의 「기억의 천재 푸네스」(Funes el memorioso) 이야기를 여러분들에게 언급하면서 논의를 시작하고자 한다. 그것은 의미심장한 함의를 지닌 매력적인 이야기이다.

푸네스는 말에서 떨어졌다. 그때부터 푸네스는 더 이상 아무것도 잊어버릴 수가 없었다. 그는 무한한 기계적인 암기의 기억력을 지니게 되었다. 자신의 삶의 경험에 관한 모든 연속적인 순간은 영원히 저장되었다. 그의 기억은 너무나 뛰어나서 모든 것에 대해서 고유명사를 붙이거나 설명을 할 수 있었다. 모든 것이 그에게는 단 하나의 개별자였다. 그러나 결과적으로 그는 산수를 할 수가 없었다. 그는 심지어는 계산 개념과 수 개념을 이해할 수가 없었다. 그는 일상적인 지각에서 언제나 똑같은 당황스러움에 직면하게 되었다. 그는 왜 일상적인, 빈약한 기억을 지닌 사람들이 다른 순간에, 다른 시간에, 다른 장소나, 다른 위치에서 어떤 개를 부를 때 사용하는 똑같은 이름을 통해서 특정한 시간에, 특정한 장소에서, 특정한 위치에서 특정한 개를 부른다고 주장하는지를 이해할 수가 없었다. 푸네스에게는 모든 순간이 무한히 독특한 것이며, 다른 각 순간들과 비교될 수도 없고 공약 불가능한 것이었다. (Harnad 2005, 30~31)

그래서 푸네스는 모든 개별적인 각 대상뿐만 아니라 모든 다른 경험을 명명할 수 있는 어떤 언어를 원하게 되었다.

푸네스의 이야기는 분명히 여러분들에게 친숙한 것처럼 들릴 것이다. 사고를 겪은 후의 푸네스의 세계와 꼭 마찬가지로, 불교도의 세계 속에는 인과적으로 잠재해 있는(arthakriyākārī) 독특한 개별자들(asadṛśasvalakṣaṇas)이 들어 있다. 한편 이러한 개별자들은 말로 표현할 수는 없지만, 감각 운동 체계(sensory motor system)에 의해서 직접 파악될 수 있는 것이다. 이러한 세계관은 보편자가 실재한다고 보는 실재론을 견지하는 반대론자들에게는 언제나 환상적인 것처럼 보인다. 푸네스와 같이 삶을 너무나도 미세하게 경험하는 사람은 아마도 생존할 수 없을 것이다. 왜냐하면 추상이 없는 현존에서는 푸네스는 물리적 세계를 계산할 수도 없고 말할 수도 없으며, 소통할 수도 없고 이해할 수도 없을 것이기 때문이다. 그는 외적인 세계의 다른 특징들 그리고 그가 새롭게 배워야 할 모든 사물들을 상호 연관시킬 수도 없을 것이다. 결국 그는 자신의 친구와 자신의 적, 음식과 독, 피난처와 함정을 구분할 수 없을 것이다. 그는 기껏해야 비바람에 휘날리는 마른 낙엽처럼, 환경적인 변덕에 의해 여기저기 나부끼는 무언의 감각 운동 체계일 뿐이다.

시더리츠가 올바로 지적한 바와 같이, 불교 유명론자들은 문제를 외면하는 현실 도피자들처럼 생존에 필요한 기술을 알고 있었다(Siderits 2005). 틸레만스가 (이 책에서) 우리에게 상기시킨 것처럼, 불교 유명론자들은 도식-내용의 이분법을 만들어서 사물 그 자체와 우리에게 나타나는 사물을 구별할 수 있었을 것이다. 그러나 만약 그렇게 하지 않았다면, 불교 유명론자들이 분열적인(splitter's) 세계 속에서 어떻게 〔푸네스처럼〕 생존할 수 있었겠는가?[1] 그러므로 불교 유명론자들은 모든 살아 있는 존재들에게 개념적 구상력(kalpanā)이 부여되었다는 것을 당연시하는데, 이러한 개념적 구상력 때문에 그들은, 비록 실재 세계가 오직 독특한 개별자들로 구성됨에도 불구하고, 일

---

1) 나는 생물 분류상의 세분파 분류학자(splitter)와 생물 분류상의 병합파 분류학자(lumper) 같은 전문용어를 Bloom 2004로부터 빌려왔다.

반적인 사유 내용을 지닐 수 있었던 것이다. 따라서 불교 유명론자들은 푸네스가 직면한 모든 불운을 피할 수가 있었다. 그들은 세계를 항해하기 위한 언어, 수 체계, 추리 수단, 그리고 대상들에 관한 개념들을 지니고 있었다. 그러나 그들은 일상생활에서 자신들을 둘러싼 자연 종들과 인공물은 있는 그대로의 것이라는 사실을 결코 망각하지 않았다. 왜냐하면 감각 운동 체계로서의 유기체는 특정한 방식으로 유일한 개별자들을 총괄하는 법을 배웠기 때문이다. 불교 유명론자들에 따르면 보편자들은 바로 언어 관습(façon de parler, vārttāmātra)[2]에 불과할 뿐이다.

만약 우리에게 주어진 세계가 독특한 개별자들 중 하나에 불과하다면, 우리는 그것을 어떻게 인식할 수 있는가? 감각 운동 체계에 의해서 우리는 독특한 개별자들을 감각할 수 있다. 그러나 인식은 반드시 범주화를 전제한다. 이것은 고대 불교 논사들과 현대의 인지과학자들을 당황시킨 문제이다. 그 문제는 중대한 부분을 담당한다. 왜냐하면 동일한 차원에서 우리는 독특한 개별자들의 세계를 조직하는 원리를 의식하지는 못하면서도 범주화의 정확한 메커니즘을 설명해야만 하기 때문이다. 불교 논사들이 이 과제에서는 주로 철학적 논증에 의해 지지된 사변에 의존하는 반면, 현대의 인지과학자들은 뇌과학자의 지지를 받고 있는 조직화를 위한 똑같은 원리를 발견하려고 한다. 후자 그룹은 또한 뇌과학적인 증거가 결여된 철학적 사변에 호소한다. 불교 논사들은 범주화의 문제를 포함해서 많은 문제들을 해결하기 위해

---

2) 자얀타 바타의 『나야야만자리』를 보라.

가장 기초적인 차원에서 아포하론을 발전시켰다. 그러므로 그와 관련된 어디서나 범주화에 대한 설명을 몇 가지 불교적 통찰들로 배치하면서,[3)] 나는 인지과학의 관점에서 범주화에 대한 설명의 개요를 살펴보고자 한다.

* * *

감각 운동 체계를 지닌 유기체들은 깨어 있는 매 순간 외부 세계로부터 무수한 신호들을 받아들인다. 이 신호들 또는 정보 원자들은 나와 떨어진 '사물들'로부터 오며, 우리의 감각의 표면인 피부는 그런 신호들의 특징을 받아들인다. 이러한 수용적 특징들은 각 순간마다 변화됨에도 불구하고, 우리의 감각 체계들은 색깔·모양·느낌·소리·맛 등의 몇 가지 불변적 표상들을 간파하고 추리할 수 있다. 이러한 표상들은 불변량(不變量)이라 불린다. 왜냐하면 비록 망막에 맺힌 개별자들의 형상들의 크기·형태 등이 불연속임에도 불구하고, 우리가 그런 개별자들과 관련해서 움직임에 따라 또는 개별자들이 우리와 관련해서 움직임에 따라 우리의 시각 체계는 그 속에서 어떤 연속성을 간파하기 때문이다. 예를 들면 '파란색'이라는 하나의 독특한 특징은 순간적으로 나의 시각기관과 상호 작용하고 파란색에 대한 끊임없이 변화하는 인식(pratibhāsa)을 낳는다. 나의 시각기관이 이 파란색에 대한 인

---

3) 이 설명을 구성할 때 나는 Cohen and Lefebvre 2005, 특히 여기에 실린 해너드(Stevan Harnad), 레이(Georges Rey), 소와(John F. Sowa), 파파프라고우(Anna Papafragou), 파나치오(Claude Panaccio), 랄루메라(Elisabetta. Lalumera)의 논문들에 주로 의존했다.

식을 받아들이고 난 직후에, 파란색에 대한 불변적인 표상(nīla ākāra)이 그다음 순간에 생기는데, 이 불변적 표상을 다르마키르티는 의지각(manovijñāna)〔마음 지각〕[4]이라 부른다. 그다음 순간에도 역시 나는 순수하게 받아들이는 태도로 존재하며 이 불변적 표상에 대해 아무런 기여를 하지 못하고 있다. 따라서 나는 감각적인 불변자 또는 감각적인 표상들을 계속 축적해 간다. 이 표상들은 또한 그 흔적을 뒤에 남긴다. 불변적 표상들의 인과적인 힘을 통해서 세계의 독특한 특징들은 나에게 다르게 영향을 미친다. 그래서 나는 다른 자극들에 대해 다르게 반응하기 시작한다. 그렇지만 만약 내가 순간에서 순간으로 살지 않으면, 나의 적응적인 감각 운동 체계는 세계와 '체계적인 차별적 상호 작용'을 해야만 한다. 즉 같은 종류의 입력은 같은 종류의 출력으로 귀결되어야 하며 다른 종류의 출력은 다른 종류의 입력의 결과임에 틀림없다. 내가 '종류'를 탐구하는 순간, 나는 범주화의 영역으로 들어간다. 이러한 범주화의 단계는 우리가 자기반성적으로 인식할 수 없는 내재적 단계라는 것을 깨달아야만 한다.

우리의 감각 운동 체계는 어떻게 범주화의 암묵적인 과정을 배우게 되는가? 우리가 어떻게 범주화하는 것을 배우는가에 답하는 것보다는, 우리가 무엇을 범주화하는가를 배우는가에 답하는 것이 더 쉽다. 철학자들은 약간의 가설을 제안하고, 인지과학자들은 우리의 범주화 과정의 기저에 있는 알고리즘적이고 귀납적인 정확한 메커니즘을

4) "svaviṣya-anantaraviṣayasahakāriṇendriyajñānena samanantarapratyayena janitaṃ tan manovijñānam"(『니야야빈두』 I.9).

찾고 있다. 그러나 그들 모두는 범주화하는 동안에 우리는 선택적으로 어떤 특징들을 추상하고 다른 것들 사이의 차이를 무시한다는 점에 대해서 동의한다. 우리의 감각 운동 체계는 어떤 특징들을 선택하는가? 우리는 표상 속에 들어 있는 특징들의 유사성을 파악함으로써 하나의 체계가 시작된다고 말할 수가 없다. 왜냐하면 모든 표상들이 각각의 유일한 특징들에 관한 것이기 때문에, 그 체계가 어떤 멀리 떨어진 특징들에 관한 표상들 사이의 어떤 교차점을 발견할 것 같지는 않기 때문이다. 그러므로 포더는 우리의 모든 범주들은 선천적(innate)이라고 암시했다. 우리는 범주를 획득하는 법을 배울 수 없다. 그러나 범주화의 과정이 선천적이라고 선언하는 것은, 그 과정을 설명할 수 없는 신비로운 사건으로 만드는 것이다. 그 대신에 인지과학자들은 범주화하는 인간의 기술의 토대를 발견하려고 한다.

우리의 감각 운동 체계는 언제나 모든 특징들에 동일한 중요성을 부여하지는 않는다. 진화의 과정에서 감각 운동 체계는 어떤 특징들이 다른 것보다 더 핵심적이라고 생각하는 것을 배운다. 많은 경우에 그렇게 생각하도록 하는 실마리는 맥락이나 또는 환경으로부터 오는데, 이러한 맥락 또는 환경을 불교 논사들은 '상스카라'(saṃskāras)〔행行〕, 즉 그 '체계의 성향들'과 쉽게 동일시할 수 있다. 현대적 어법으로 설명해 본다면, 이러한 성향들은 자연선택 때문일 것이다. 그 체계는 수많은 독특한 표상들 안에서 하나의 유일한 표상, 예를 들면 x에 대해 선택적 주의를 기울이는데, 그러한 선택적 주의는 x를 그 나머지와 대조시킴으로써 진행되며 x와 비x의 이분법을 구현한다. 이것은 하나의 단순한 차이이며, 이러한 차이는 실재적인 개별자들의 다양한 표상들 속에 객관적인 토대를 갖는다. 여기서 x는 비x를 배경 삼아 현저하게 드러난다. 그러므로 이러한 외관-배경 구별은 추상의 첫 단계이거나 또는 체계에 의해 수행된 최초의 해석적 단계이다. 비x에 대한 추정상의 집합 내에서는 더 광범한 분할, 즉 y와 비y의 더 광범한 분할이 진행될 것이며, 비y의 추정상의 집합 내에서는 z와 비z 등의 더 광범한 분할이 진행될 것이다. 그러나 그 체계가 어떻게 비x라는 다발 내에서 집합 y를 산출하는가? 이것은 아마도 넘기 가장 어려운 장애물일 것이다. 왜냐하면 가설에 따르면 비x의 모든 구성원은 다른 것들과 다르기 때문이다. 그렇지만 그 체계는 자신의 성향 때문에 다른 자극들을 구별할 수가 없으며, 그 자극들을 서로서로 모순 없는 것으로 발견하며 그리고 똑같은 방식으로 그 자극들에 반응하기 시작한다. 그것은 움직이는 검은 점들을 그것들이 파리건 돌로 된 덩어리건 상관없이 삼켜 버리는 개구리의 반응과도 같다. 자연선택의 과정은 개구리에게 생존할 수 있는 기회를 증가시켜 주기 위해 이러한 과도한 일반화의 능력을 부여한 것이다. 그러므로 개구리가 지닌 그런 체계는 파리들과 움직이는 작은 돌로 된 덩어리들 사이의 구별을 무시하고 오로지 '움직이는 검은 점 형태들'만을 먹을 수 있는 것으로서 파악하도록 배우는 것이다. 또한 인간의 감각 운동 체계는 어떤 차이들을 융합하여 구별되는 표상들 위에 하나의 유일한 형태를 겹쳐 놓는다. 즉, 구별되는 표상들 사이의 비교 과정이 진행되는 동안 그 체계는 어떤 표상들이 다른 어떤 표상들과 결합될 수 있다는 것을 발견한다. 예를 들면 개구리 체계는 검은 형태, 점 형태, 그리고 움직이는 형태가 서로 양립할 수 없는 것이 아니며, 체계의 이익을 위해 결합될 수 있음을 알게 되고, 그러므로 개구리의 체계는 이러한 결합을 개구리의 기억 속에 간직하는 것이다. 따라서 그 체계는 다른 불변량을 계속 결합하고, 그리고 어떤 내적인 코드화를 덧붙임으로써 그것들을 배열하는 것이다. 이러한 방식으로 멀리 있는 특징들의 다양한 표상들로부터, 감각 운동 체계는 몇 가지 '대상들'을 구성하게 되는 것이다. 이러한 대상들이 그 체계를 위해 어떤 행동을 유도하는데(깁슨주의자), 이런 일들이 개구리가 환경에 적절하게 반응할 수 있도록 해주는 것이다. 앞의 사례에서 분명해진 것처럼 지금까지 그러한 맥락에 의거해서, 그 체계는 몇 가지의 최소한의 차이들을 억제하거나 또는 무시하고 그리고 어떤 표상의 다발들을 다른 표상의 다발 C와 유사한 것으로 간주하는 것을 배워 온 것이다. 대부분의 경우 유사성에 관한 판단들(ekapratyayavamarśa)은 둘 또는 그 이상의 불변적인 것들의 다발에 의해 불러일으켜진 경험의 유사성과 반응들에 의존하고 있는 것이지, 불변적인 것들의 다발들 사이의 실재적인 유사성에 의존하고 있는 것은 아니다.

이러한 점에서 우리는 인지과학의 담론을 불교의 담론과 부드럽게 융합할 수 있다. 이전에 선택한 다발 C처럼 우리에게 영향을 미치는 그런 표상들의 다발들은 비C가 아니라고 하는 부정적 특징을 공유한다고 주장하는 것이 아무런 모순 없이도 가능하다. 왜냐하면 그런 표상들의 다발들은 비C와 기능적으로 다르기 때문이다. 그렇지만 이것이 C_1, C_2, C_3, …… C_n이 C의 특정한 긍정적 집합의 특징을 공유한다는 사실을 함축하는 것은 아니다. 여전히 우리는 인식적 제약에 종속되어 있기 때문에, 우리의 실천적인 이익을 위해서 모든 Cs를 함께 하나로 합친다. 그리고 이것은 디그나가와 다르마키르티가 추정적인 하나의 보편자(jāti yojanā)를 귀속시키는 과정에서 의미했던 것이다. 따라서 우리는 다음과 같은 등식을 얻을 수 있다. 보편자 = 배제 = 그것이 아닌 것과의 구별(jāti = apoha = atadvyāvṛtti). 물론 이러한 과정을 이해한다는 것은 부정들을 두 개의 차원에서 파악하기를 요구하는 것이다. 즉 첫 번째 차원의 부정〔명사부정〕은 표상들 사이의 단순한 **차이**이며, 두 번째 차원의 부정〔명제부정〕은 그 차이들을 간과함으로써 차이들을 **지우는 행위**를 통해 실현되는 기능적 차원에서의 부정이다. 여기에서 맹목적인 범주화 과정 또는 원형 개념의 형성 과정이 끝나는 것이다. 우리는 다양한 불변적인 것을 하나로 합치고, 몇 가지 형식들을 파악하고, 그리고 그것들을 인식하는 것을 배웠다. 그런데 이 모든 것들은 추상할 수 있는 능력을 필요로 한다. 존재론적으로 말한다면, 이러한 모든 추상화된 요소들은 속성들의 표상들이건, 집합이 지닌 특성들의 표상들이건, 대상들의 표상들이건 간에 동등한 것이다. 왜냐하면 이 요소들은 감각 운동 체계의 구성들이고, 외부 세계에서 발견될 수가 없기 때문이다. 그렇지만 이러한 묵시적인 범주화는 최종적으로는 행해지지 않는다. 맥락에 의해 제공된 배경에 의지하면서, 그 체계는 몇 가지 다른 도식들을 선택하고 그리고 그 세계를 다르게 분할할 것이다. 게다가 바로 그와 똑같은 표상들의 집합에 대한 정확성은 일상적 삶에서 성공의 함수인데, 똑같은 수의 정확한 범주화들이 존재할 것이다.

일단 범주화의 과정이 안정되고, 표상들을 어떤 원형 개념들(protoconcepts) 아래로 포섭함으로써 그리고 외재성을 덧붙임으로써 어떤 대상-일반(artha-sāmānya)이 고정되었다면, 그 체계는 어떤 이름을 각 '대상'과 연결시킨다. 이름 짓기 또는 낱말의 사용(nāma-yojanā)은 명확한 배움을 위한 길을 닦는 것이며, 사유 내용들을 다루는 과정을 재촉시키는 것이다. 유기체는 점점 더 추상화에 능숙하게 된다. 예를 들면 우리는 앵초와 소수(素數)의 개념을 똑같이 솜씨 있게 다루는데, 왜냐하면 우리는 언어적 묘사들을 사용함으로써 보다 효과적으로 우리의 환경 속으로 항해할 수 있기 때문이며, 이러한 언어적 묘사들은 시행착오의 경험을 통해서 앞으로 나아가는 것보다는 훨씬 더 이로울 것이다. 그러나 심지어 이 단계에서조차 우리는 세계를 자연적 분절에 따라서 분할한다고, 또는 우리의 추정상의 종류들이 실재적인 자연적 종류라고 주장할 수가 없다. 왜냐하면 외적인 제한들은 감각 운동 차원에서 행동을 유도하는 형식으로만 우리에게 나타나기 때문이다. 우리의 언어적 묘사들은 다소간 우리의 감각 운동의 불변적인 것에 기반하고 있다. 맹목적인 범주화 작용이 없다면, 명확한 범주화 작용 또는 배움은 발생할 수가 없다. 그러나 그것은 세계를 있는 그대로 파악할 수 있다고 보증해 주지 못한다. 그러므로 다르마키르티와 그의 계승자들은 성공적인 인간의 실천 행위 배후에 있는 의미심장한 오류의 역할을 정확하게 인식했다. 인지과학자들은 이러한 반실재론을 전혀 고민하지 않는다. 왜냐하면 그들은 존재론을 전혀 전제하지 않기 때문이다. 만약 그들이 존재론을 전제한다면, 그들은 존재와 관련된 주장들을 기술의 용어들로 제한할 것이다. 해너드가 말한 것처럼, "근본적으로 우리의 모든 범주들은 다른 종류의 '사물들', 즉 그것이 우리가 먹는 것이건 또는 먹지 못하는 것이건, 동료가 될 수 있는 것이건 도망가야 될 것이건 간에, 또는 우리가 언어를 통해서 소수(素數)

들로서, 행동을 유도하는 것으로서, 절대적으로 식별 가능한 것으로서, 또는 진리로서 서술하는 '사물들'이건 간에 다르게 행동하는 방식 속에 존재하고 있는 것이다. 그런 일이 인식이 목적으로 하는, 인식이 다루고자 하는 모든 것이 아닐까?"(Harnad 2005, 40).

* * *

인지과학자들과 마찬가지로 디그나가와 다르마키르티의 전통 속에 있는 불교 논사들은 분류하기, 명명하기, 기술하기의 과정들이 외부 세계와 일치한다고 주장하지는 않았다. 그들은 낱말과 낱말의 지시 대상 또는 낱말의 의미 사이에 어떤 자연적 관계가 존재한다고는 믿지 않았다. 오히려 그들은 니야야학파가 주장하고 있는 낱말과 낱말의 지시 대상 사이의 관계를 반박하고자 하였다.[5] 아포하론이 우리의 지시의 성공이나 실패를 보여 준다는 그러한 설명은 단어와 문장 의미의 이론으로서의 그 설명의 탁월성을 어느 정도는 약화시킬 것이지만, 정신적 표상들과 개념 습득, 개념 소유의 이론으로서의 아포하론은 상당히 유효할 것이라고 여겨진다. 만약 심지어 14세기 유럽에서 오컴과 그의 계승자들이 보편자들은 외적인 존재자들이라기보다는 오히려 '이름들'에 불과하다고 주장했다는 사실을 우리가 기억한다면, 그러한 아포하에 대한 해석은 있을 법한 것처럼 보일 것이다. 오컴주의자들에 따르면 이름들은 사유 언어의 단위이며, 이것들은 '콘셉투스'

5) "anyeṣāṃ ca svalakṣaṇādināṃ bāhyānāṃ vācyatvenāyogasya pratipāditvāt"(『타트바상그라하』 1218, 『타트바상그라하판지카』).

(conceptus)라 불린다. 그러므로 보편자들은 존재의 형태와 관련되는 것이 아니라 오히려 정신적 표상들과 관련되는 것이다. 게다가 앞 절에서 모든 유일한 개별자들의 세계 속에 추상화를 도입하기 위해서는 왜 우리가 우리의 언어적 범주화들의 토대가 되는 범주화의 맹목적인 과정을 인정할 필요가 있는지를 보여 주었다.

말로 표현할 수 없는 개별자들에 초점을 맞추는 불교 논사들의 세계관은 자신의 반대 논사들인 인도 실재론자들과는 완전히 이질적이다. 인도 실재론자들은 정상적인 분별 있는 사람이 어떻게 해서 범주들과 이름들 및 묘사들을 오로지 외계 대상들에만 귀속할 수 있는 표상들 또는 인식들에게 귀속시킬 수 있는지를 이해할 수 없는 사람들이다.[6] 그래서 불교 논사들은 자신들이 범주화의 도식을 현상의 영역과 일치하고 실재의 영역과는 일치하지 않는다고 생각하는 이유를 설명하기 위한 노력을 아끼지 않았다. 물론 일단 명백한 언어적 범주가 도입되자 불교 논사들은 낱말의 의미에 관해 논하는 것을 피할 수 없었다. 왜냐하면 불교 논사들은 실재론적 담론에서 보편자인 소와 말, 항아리와 주전자, 불과 물 등 언어적으로 명명된 한정된 세계로 어쩔 수 없이 휘말리게 되었기 때문이다. 낱말 — 즉 보편자(jāti), 개별자(vyakti), 부분들의 배치로부터 형성된 개별적인 형상(ākṛti), 또는 보편자에 의해 특징지어진 개별자(jāti-viśiṣṭa-vyakti) 또는 이들 모두를 합한 것 — 이 상징하는 것의 본성에 관한 논쟁에 직면하여 디그나가

---

6) "nāmajātyādināñ ca yā yojanā ... sā arthagato dharmaḥ na jñānasya"(『타트바상그라하』 1222, 『타트바상그라하판지카』).

는 다음과 같이 대답한다. 한 낱말은 다른 사물들을 배제함으로써 그 낱말의 대상을 지시하는데, 이것은 어떤 추론인(因)은 그것이 소유하지 않는 것을 배제함으로써 그 대상이 추론되었음을 입증하는 것과 마찬가지라고 말이다.

어떤 사람이 산에 솟아오르는 연기를 보고서 산에 불이 났다고 추론할 때, 그는 그 산에 일어난 특수한 불을 인식한 것이 아니다. 그는 단지 한 가지, 즉 그 산은 불이 결여되어 있지 않다는 것에 관해서만 확신하고 있다. 비슷하게, 어떤 사람이 '불'이라는 낱말을 들었을 때, 그 낱말은 불이 나지 않았음이 아닌 그런 대상에 대한 기호로서 작용한다. 즉 "'불'이라는 낱말에 대한 지식은 우리가 그 지시 대상을 불이 나지 않았음을 배제한 대상으로서 인식하도록 만든다". 즉 만약 기호가 기호 대상을 배제하는 것이 무엇이건 간에 모두 다 배제한다는 사실을 안다면, 그 기호〔불〕는 그 기호가 지시하는 대상(the signified)〔비불이 아닌 것〕에 대한 지식으로 우리를 인도한다. 지시하는 것(designatum)과 지시 대상(designated) 사이의 관계는 추론 상황에서 기호와 기호 대상 사이의 관계처럼 간접적이라는 것은 분명하다. 그래서 우리는 지시하는 것과 그 지시 내용(designation)을 연결하기 위한 어떤 계산적 조치를 필요로 한다. 만약 디그나가의 모델이 정신적 표상의 영역들을 예측하는 것이라면, 우리는 아마도 정신적 표상에 관한 계산 이론으로 끝날 것이다. 그렇지만 다르마키르티의 설명은 명백하게 계산적이지 않고, 비계산적 설득을 사용하는 인지과학자들은 다르마키르티의 설명을 유리하게 이용할 것이다. 이에 대한 근거는 다음과 같다. 즉 디그나가가 이름과 명명된 대상(the named) 사이의 관계를 논리적으로 설명하고자 하는 반면, 다르마키르티의 인과적 설명은 인지과학자들의 자연주의적 설명과 아주 유사하기 때문이다. 이 시점에서 신깁슨주의자의 입장은 우리가 마지막 논점을 설명하는 데 도움이 될 것이다.

제임스 깁슨은 현대 인지과학에서 "어떻게 우리는 끊임없이 변화하는 감각에 근거해서 일상생활에서 지속적인 지각을 획득할 수 있는가?"라는 가장 중요한 물음을 제기하고 대답하는 최초의 인물이다. 그러나 그는 어떻게 우리가 개념을 획득하거나 소유하게 되는지에 관해서는 결코 말하지 않았다. 오히려 그는 감각 운동 체계가 환경으로부터 직접 선택하는 '행위유도성'(affordance)〔어떤 행위를 유도하는 것〕이라는 새로운 관념을 도입함으로써 개념에 관한 모든 논의를 피해 갔다. 깁슨은 "환경의 행위유도성이라는 것은 환경이 동물에게 제공하는 것이며, 환경이 결국 선이나 악이 되도록 제공해 주는 것이다. 그런데 'to afford'〔할 수 있다〕라는 동사는 사전에 있지만, 'affordance'〔행위를 유도함〕라는 명사는 사전에 없다. 나는 그 단어를 만들었다. 그 단어의 의미는 동물과 환경의 상보성을 지시하는 어떤 것이다. …… 행위유도성은 관찰자에 관련되어 있는 속성들이다. 그 속성들은 물리적인 것도 아니며 현상적인 것도 아니다"라고 기술한다(Gibson 1979, 127).

지각적인 정보를 선택하는 것에 관한 깁슨의 이론은 지각이 자극들의 배열들 속에 있는 정보에 전적으로 의존하고 있다고 언급한다. 지각자가 환경 속에서 움직일 때, 지각적 배열의 어떤 측면들은 변하지만(변항들transformations), 반면에 다른 측면들은 변하지 않는다(불변항들invariants). 그러한 불변항에 관한 정보를 그는 '주위의 광학적 배열'[7], 즉 질감·경사도·유동 방식·수평 비율·윤곽·색깔·수렴·대칭·배치라 명명하는 것이며, 그리고 이것들이 지각된 것을 결정한다고 한다. 깁슨은 이것들이 시각적 환경의 특징들이거나 또는 망막의 이미지의 특징들이라고 주장한다. 이러한 불변항들은 지각자에 의해서 선택될 수 있다. 보다 높은 차수의 불변항들은 개별적인 지각자들에 의해서 즉 지각적인 환경에서 지각의 흐름에 의해서, 선택되거나 선택되지 않을 것을 결정한다. 그러므로 지각은 능동적인 행위자(agent)를 필요로 한다.

깁슨에 따르면, 지각은 행위를 위해서 기획된 것이지 어떤 내적인 경험이나 또는 표상을 갖기 위해서 기획된 것은 아니다. 행위유도성은 행위를 하기 위해서 지각할 수 있는 가능성이다. 그러한 행위유도성은 다음과 같은 힘들을 의미하는데, 이 힘들과 관계되어야 유기체가 행위할 수 있게 되는 그런 힘들이다. 의자를 지각하는 것은 지각자인 인간이 앉을 수 있는 곳을 제공하며, 문을 지각하는 것은 밀어서 열 수 있게 한다. 이러한 정보를 선택하는 것은 행위유도성을 선택하는 것, 즉 특수한 방식으로 어떤 것을 지각하는 것이다. 이것은 직접적인 행위지 간접적인 추론 과정이 아니다. 행위유도성은 이것들이 어떤 지각자 즉 어떤 개별적인 행위자에게 무엇을 제공하는가에 의해서 다양하게 개별화되는 것이다.

지각에 관한 생태론적 철학은 지각 자체가 비추론적이라는 것, 그

---

7) 깁슨은 그의 연구를 시지각에 집중했다. 그리고 모든 사례들은 시각의 영역으로 국한한다. 그의 이론의 영역은 그의 계승자에 의해 확장되었다.

리고 지각은 어떠한 매개도 포함하고 있지 않다는 것을 제시한다. 지각은 지각자가 추론을 통해서 산출한 것이 아닌 방식으로, 지각자 안에서 수행된 계산화의 결과가 결코 아닌 방식으로 사물에 대한 지식을 제공해 준다. 행위유도성은 직접적으로 선택된 것이기 때문에 인식적 오류 가능성은 완전히 배제된다. 그렇지만 유기체는 유용한 행위유도성을 선택하지 못할 수도 있다. 그러므로 그 환경에 성공적으로 대응하지 못할 수도 있다. 나는 누구든지 깁슨의 이론과 다르마키르티의 비개념적 지각 이론 사이에 유사성을 발견할 수 있다고 생각한다. 불교 논사의 이론은 우리들의 명확한 개념 의존적인 지각들에 대한 해명을 제공할 수 있기 때문에 보다 풍부한 반면, 그러한 지각들에 대한 깁슨의 설명은 만족스럽지 못하다. 이러한 고유한 취약성들 때문에, 깁슨의 계승자인 마투라나(Humberto Maturana)와 바렐라(Francisco Varela)는 약간 다른 이야기를 제시한다. 마투라나를 인용하자면, "유기체들은 상호 작용의 단위들이다. 즉 유기체들은 환경 속에서 존재한다. …… 어떤 관찰자는 유기체가 지각을 한다고 주장할 때, 그가 보고 있는 것은 환경에 적응하기 위해서 환경 세계 속에서 일어나는 동요와 조화를 이루어 가는 유기체, 감각기관과의 상호 관계를 통해 행위들의 세계를 산출하는 유기체라고 주장한다"(Maturana 1980, 5; 58). 따라서 신깁슨주의자들에 의하면 지각은 어떤 동물의 전체 행위이다. 즉 변화하는 환경과 지속적으로 상호 작용하고 있는 두뇌-신체 복합체인 어떤 동물의 전체 행위인 것이다. 신깁슨주의의 용어를 사용한다면, 의미 있는 지각은 유기체와 그 환경과의 구조적 결합의 결과이다. 이것은 지각에 대한 새로운 활동적인 접근 방식으로 알려진다. 여기서는 이러한 활동적 이론의 상세한 부분까지 들어갈 필요가 없다. 나는 우리의 논의와 관련된 중요한 점에 대해서만 집중할 것이다. 이러한 활동적 접근 방식은 세계가 안정된 대상들, 즉 우리의 상식적 세계관이 알려주는 것과 같은 특수한 속성들을 지닌 안정된 대상들을 포함하고 있지 않다는 사실을 명백하게 보여 준다. 세계 속에 존재하는 대상들은 유기체와 세계 사이의 동적인 상호 작용에 의해서 창조되었다. 이것은 또한 단순한 감각적 속성들에 관해서 참이다. 유일한 형태의 환경적 속성은 존재하지 않는다. 즉 환경 속의 모든 푸름을 산출하는 특징들이 공유하고 있는 **푸름**이라는 그 속성은 존재하지 않는다. 그래서 우리의 색깔 식별력의 기능이란 저 유일한 형태의 속성을 감지하는 것이라고 말하는 것은 아무런 의미가 없다. 색깔 속성들은 동물들과 동물들의 환경과 연결하는 지각 기관에 의한 활동성(enactment) 때문에 출현한다. 그러므로 비록 유기체들의 몸에 유사성이 있기 때문에 같은 종에 속하는 유기체들은 유사한 현상적 색깔 공간을 지니게 됨에도 불구하고, 다른 동물들은 다른 현상적 색깔 공간을 갖게 되는 것이다.

이제 나는 이러한 활동성에 관한 이론이 지닌 몇 가지 중요한 함의들에 대해 여러분의 주의를 환기시키고자 한다. ① 비록 어떤 의미에서는 우리가 명확한 상식적 경험의 대상들을 구성하는 사람이라고 하더라도, 이 대상들은 우리 환경에서 늘 변하는 개별적인 특징들 속에 몇 가지 객관적인 대응물을 지니고 있다. ② 우리가 사는 세계를 구성하는 것이 우리의 구체화하는 성향에 의존하는 것처럼, 같은 종에 속하는 유기체들은 유사한 방식으로 세계를 지각하지 않을 수 없다. 그것이 바로 인간 또는 고등 영장류의 감각 운동 능력, 즉 우리와는 다른 유기체들의 세계에는 적용될 수 없는 능력에 의존하는 미리 정해진 몇 가지 특징들을 우리가 사는 세계에 부여하는 이유이다.

이러한 관찰이 바로 도식-내용의 이분법과 관련해서 내가 하고자 하는 최종적 주장이다. 깁슨주의자와 신깁슨주의자의 세계관은 퍼트넘의 내재적 실재론과 양립할 수 있다. 왜냐하면 그들 세 이론들은 모두 형이상학적 실재론과 상식적인 실재론에 의해 지지되고 있는 선(先)구성적 세계의 존재를 부정하기 때문이며, 또한 외부 세계가 어떤 문화적 관습에 의해서 나타나는 방식으로 나타난다는 문화 상대주의적 입장도 회피하고 있기 때문이다. 다르마키르티의 계승자들 역시 "마음과 세계는 연합해서 마음과 세계를 만든다"라는 퍼트넘의 슬로건을 인정할 것이다. 물론 불교 논사들은 여기서의 '세계'를 세속적(conventional) 영역으로 이해한다. 만약 불교 논사들이 세속적 세계로 제한하고자 했다면, 그들은 도식-내용의 이분법을 회피할 수 있었을 것이다. 왜냐하면 비록 인간의 체계가 지닌 지각-운동은 성향들과 문화적-언어적 유산이 어떤 방식으로든지 세계를 지각하는 것을 제한함에도 불구하고, 상식적 세계의 대상들은 인간들의 신념과 관심의 단순한 투사에 불과한 것은 아니기 때문이다. 인간의 신념과 관심은 상식적인 세계를 '구성한다'라는 큰 길로 나아가지만, 그래서 인간의 신념과 관심은 소위 관습적 진리를 발견한다. 행위유도성을 불러일으키는 것이 무엇인지를 역으로 추론하는 것도 가능하다. 아마도 개별자들과 개별자들 각각의 표상들 사이의 인과적 유사성(isomorphism)에 관한 이론을 주장했던 티베트의 다르마키르티 해석자들은 이 점을 암시했을 것이다(이 책에 실린 드레퓌스의 글을 보라). 그러나 다르마키르티와 그 계승자들이 개별상(svalakṣaṇa)〔자상〕과 공통상(sāmānya-lakṣaṇa)〔공상〕[8] 사이의 구별을 계속해서 견지하고 또한 후자에게 열등한 존재적 지위를 인정하기를 선호하는 한에서는, 도식-내용의 이분법은 지속될 것이다. 구제론적(soteriological) 고려 때문에, 추상이 없는 세계에서 시작하고 추상이 없는 세계로 종결지으면서 다르마키르티는 도식-내용 사이의 간극을 미해결인 채로 남겨 두고자 했을 것이다.

---

8) 이것들은 본질상 정반대인 것은 아니다. 그들의 접근 양상들 또한 다르다. 전자는 비개념적 지각에 가깝고, 후자는 추론에 가깝다.

12장 _ 아포하 의미론

몇 가지 소박한 질문들 및 의혹들

밥 헤일

보편자에 집착하는 것을 피할 수 있는 방법은 아포하론에 의존하면서 배제라는 방식에 의해 일반 술어들 또는 종에 관한 용어(kind term)〔보편어〕들의 의미를 해명하는 것이라고 몇몇 불교 유명론자들이 생각했거나 또는 적어도 마치 그렇게 주장한 것처럼[1] 해석될 수 있다. 개괄적으로 말해서, 불교 유명론자들의 생각은 다음과 같은 것처럼 보인다. 즉 '동물'과 같은 일반 술어가 정확히 적용될 수 있는 다양한 개별자들은 공통적인 것을 지니고 있어야 한다고 생각할 만한 강력한 유혹이 있는 반면, '동물'과 같은 일반 술어가 적용되지 못하는 다양한 개별

---

* 이 논문은 2006년 4월 24~28일, 스위스 크레베라르에서 개최된 '아포하 의미론과 인간 인식' 학술대회에 제출한 것에 근거한 것이다. 학술대회에 참석한 다른 모든 발표자와 달리 나는 이 분야에 전문적 지식을 전혀 갖고 있지 않을 뿐만 아니라, 대회 주제인 불교 유명론의 관념과 이론을 해석할 만한 역량을 가지고 있지 못하다. 그러므로 나는 동료 발표자들의 논문에 상당히 의존했으며, 나의 논문에서 논의하고자 하는, 호기심을 돋우지만 복잡한 관념들의 이해를 얻는 데 그들에게 많은 빚을 지고 있다. 또한 그들 누구도 나의 논문에서 범하고 있는 해석의 오류들과 오해들을 책임질 필요가 없다는 것은 말할 필요도 없을 것이다.

1) 특히 Sidertis 2006에서 인용했다.

자들에게는 공통적인 것이 있어야 한다고 가정할 만한 그런 유혹이 없다고 말이다. 그러므로 만약 우리가 그런 긍정적인 일반 술어를 다름 아니라 바로 그 술어가 적용되는 개별자들이 비동물들(nonanimals)이 아니라는 사실을 전달하는 것으로서, '다른 것을 배제하는 것'(anyāpoha)으로서 이해한다면, 개별자들에게 공통적인 보편자는 결코 존재하지 않는다는 사실을 알게 될 것이다.

나는 두 개의 주된 질문, 즉 ① 이중부정의 서술들에 의지함으로써 보편자들에 존재론적으로 집착하는 것을 피하고자 하는 그러한 핵심적 생각이 어떻게 이해되는가, 그리고 그런 핵심적 생각이 어떻게 작동되는가, ② 그런 핵심적 생각은 어떤 어려움에 직면하는가, 그리고 그런 어려움을 극복하는 것이 가능한가 하는 것을 탐구하고자 한다.

그 이론은 무엇인가?

나는 내가 이해하고 있는 것이 바로 보편자 문제에 대한 불교 유명론자들의 해결책의 주된 요소들과 동일한 것이라고 생각하면서 논의를 시작하고자 한다. 내가 이해하는 한, 아포하론은 다음과 같은 주된 생각 또는 주장과 연관된다.

1. 종류를 나타내는 용어〔보편어〕 K의 의미는 '비K가 아닌 것'으로서 부정을 통해서 설명될 수 있다.

시더리츠는 다음과 같이 기술한다.

종류를 나타내는 용어의 의미는 '타자의 배제'(anyāpoha)이다. 이것은 다음과 같은 생각 위에 세워져 있다. 즉 주어진 술어가 세계를 이분화하는 것으로 규정하기 때문에, 그 술어를 배운다는 것은 그 표현이 적용될 수 있을 때나 그렇지 못할 때를 구분하는 능력을 익힌다는 것과 같은 의미이다. …… 그래서 '까마귀'라는 말의 의미는 '비까마귀가 아닌 것'으로서 주어진다. 그렇다면 까마귀라 불리는 모든 것이 공통으로 지니는 것은 '비까마귀'의 집합 속에는 없다. (Siderits 2006, 95)

2. 이런 식으로 종류 용어들의 의미가 주어짐으로써 우리는 보편자에 집착하는 것을 피할 수 있다.

여기서의 그런 생각(Siderits 2006 참조)은 모든 까마귀들이 공통으로 지니고 있는 한 가지 공유된 특성이 있어야만 된다고 생각하도록 우리가 유혹받기 쉽지만, 모든 비까마귀, 즉 시더리츠가 관찰한 것처럼, 타조·찻주전자·숫자 7·마법사 간달프를 포함해서 완전히 이질적인 분류가 공통으로 지니고 있는 한 가지 공유된 특성이 있어야만 된다고 생각할 어떤 이유도 없다는 것이다.

3. "x는 비K가 아니다"에서 두 가지 부정은 '비K'(non-K)는 종류 용어 'K'에 대해 명사적으로 묶여 있는 부정〔명사부정〕인 반면, '아니다'(not)는 동사적으로 묶여 있는 부정〔동사부정〕이라는 점에서 매우 다르다.

'명사적으로 묶여 있는'이라는 용어와 '동사적으로 묶여 있는'이라는 용어는 마틸랄에게서 유래한다(Siderits 2006 참조). 접두사 '비'(non)는 일종의 보편어를 부정하기 위한 명사에 적용되는 반면, '아니다'(not)는 문장 기호로 사용된다고 말함으로써 의도의 핵심을 진술할 수 있다고 생각한다. 만약 우리가 부정을 단순 문장[單文]에서 동사에 붙인다고 생각한다면, 이것은 문장 전체에 부정을 적용하는 것(부정에 의해 표현된 명제에 적용하는 것)과 같다. 결정적으로 "x는 비K이다"(x is non-K)와 "x는 K가 아니다"(x is not K)는 구별된다. 후자는 고전논리학에서 참과 거짓의 양가(bivalence) 원리를 전제하는 고전 논리학에서의 부정으로서 이해된다. 그래서 "x는 K이다"가 참이 아닐 때 그리고 오직 그때에만 "x는 K가 아니다"는 참이다. 그리고 고전논리학의 배중률은 유지된다(예를 들면 p∨~p는 p가 무엇이건 참이다). 그러나 "x는 비K이다"는 "x는 K이다"와 양립할 수 없는 반면, "x는 비K이다"는 "x는 K이다"와 모순적인 것은 아니다. 그러므로 "x는 K이다 또는 비K가 아니다"(x is K or is not non-K)는 논리적 법칙이 아니다. 존스는 친절한 것도 아니고 불친절한 것도 아니다라는 명제와 꼭 마찬가지로, 그러한 선언 명제는 결코 참이 아닐 것이다.

그 차이는 중요하다. 왜냐하면 "x는 K가 아니다가 아니다"(즉 "--x는 K")는 고전적으로 "x는 K이다"로 바뀌지만, "x는 비K가 아니다"는 그렇게 바뀌지 않기 때문이다. 이런 이유로 그런 이론의 옹호자들은 비까마귀의 집합에 속하는 것이 무엇인지를 결정할 수 있는 우리의 능력이라는 것은, 결국 어떤 것이 까마귀들인가를 결정할 수 있는 우리의 능력에 의존한다는 반론을 피할 수 있는 것처럼 보인다. 만약 두 가지 부정이 고전적인 것이라면, 그러한 반론은 적절할 것이다. 왜냐하면 그때 '이중부정 소거 원리'를 적용한다면, "x는 비K가 아니다"는 단순히 "x는 K이다"로 환원되기 때문이다. 그러나 "동사적으로 묶여 있는 부정〔동사부정〕을, 어떤 술어 P에 대해 명사적으로 묶여 있는 부정(명사부정)을 통해 형성된 술어에 적용하는 것은 곧바로 P라는 진술을 산출하지 못한다. 어떤 것에 관해서 "그것은 비P가 아니다"라고 말하는 것은, 어떤 긍정적인 특징화를 수행하지 않고서 곧바로 문제되고 있는 사물을 '비P'로서 특징화하는 것을 거부하고자 하는 것이다" (Siderits 2006, 95).

따라서 이것이 내가 이 논문에 논의하고자 하는 주된 생각 또는 주장이다.

몇 가지 의문들과 난점들

내가 여기서 논의하고자 하는 대부분의 난점들은 종류 용어 K의 의미가 비K가 아닌 것으로서 설명하는 아포하 의미론의 주된 생각에 관한 하나의 일반적 의문에 초점을 맞추는 것이거나 또는 그 의문에 대한 반응과 관련해서 제기되는 것이다. 이러한 일반적 의문은, 어떤 종류의 구성성의 원리는 한 가지 개별적 언어에 대한 만족할 만한 의미론과 연관되어야만 한다는 널리 인정된 생각으로 향한다. 그러나 나는 시더리츠가 이러한 주요한 생각의 기초가 되는 것으로 표명한 사유에 관해 또 다른 의문을 간단하게 제기하면서 논의를 시작하고자 한다.

긍정적 적용 조건과 부정적 적용 조건

앞에서 인용한 구절에서 시더리츠가 제시한 것과 같은 생각은, 술어를 배운다는 것이 그 술어가 **적용될** 때를 결정하는 능력 또는 그 술어가 적용되지 않을 때를 결정하는 능력에 똑같이 놓여 있다는 것이다. 이러한 생각은 대체로 상당히 그럴듯해 보인다. 그러나 처음의 그럴듯한 생각 — 또는 적어도 현재의 맥락에서 그것을 적용하는 것 — 은 명사적으로 묶여 있는 부정(명사부정)을 도입함으로써 약화되는 것처럼 보인다.

요점은 다음과 같다. 어떤 술어 P가 대상들의 영역을 두 개의 배타적 집합, 즉 하나는 P가 적용되는 대상들을 포함하는 집합, 다른 하나는 P가 적용되지 않는 대상들을 포함하는 집합으로 **철저하게** 분할될 때, 그때에는 만약 우리가 언제 P가 적용되지 **않는지**를 결정하는 것을 배웠다면, 그리고 P가 x에 적용되지 **않는** 그런 경우가 아닌 모든 대상들 그리고 오직 그런 대상들에 P가 적용되는 것을 안다면, 우리는 어떤 대상들이 P가 **적용되는** 대상들인지를 바로 알 수 있는 위치에 있게 된다. 그러므로 우리는 P의 긍정적인 적용 조건들을 배움으로써 직접적으로 P를 이해할 수 있는 것처럼, 마찬가지로 간접적으로 P를 이해할 수 있게 될 것이다. 다른 방식으로 본질적 요점을 지적해 보자. 즉 만약 내가 어떤 대상들이 P의 외연에 속하지 않는다는 말을 들으면, 나는 그 어떤 것이건 간에 그것이 P의 외연에 속하는지 아닌지를 구별할 수 있다. 주어진 어떤 대상 x에 대해 나는 자신에게 다음과 같이 질문할 수 있다. x는 P의 외연에 속하지 **않는다고** 들었던 대상 중의 하나인가? 가설을 통해서 나는 그 답을 알고 있다. 그 대답이 x는 그 대상들 중의 하나가 아니라면, 그리고 오직 그 경우에만, 나는 x가 P의 외연에 속한다고 추론할 수 있다.

그렇지만 우리가 관심을 갖는 그 경우에는 사정들이 훨씬 복잡하다. 방금 기술한 그 경우에서처럼, 우리는 비P에 대한 적용 조건들을 먼저 파악하고, 그러고 나서 비P가 적용되지 않는 바로 그 경우에 P를 적용함으로써, P에 대한 적용 조건들에 대한 이해에 간접적으로 도달하게 된다. 그러나 마치 P가 그렇게 분할하는 것과 마찬가지로, 비P는 대상들의 세계를 두 개의 배타적 집합으로 철저하게 분할하는 결과를 가져오는 반면, 비P는 P가 적용되지 않는 모든 것에만 적용되는 것이 아니며 오직 P가 적용되지 않는 그것에만 적용되는 것은 아니며 오직 P가 적용되지 않는 대상들의 적절한 하위 집합에만 적용된다. 이것을 표로 나타내면 아래 표와 같다.

P	P가 아니다	P가 아니다
비P가 아니다	비P가 아니다	비P

이 경우에 어떤 능력이 과연 내가 비P의 의미를 파악하는 것을 구성해 낼 수 있을까 하는 것은 좋은 질문이다. 비록 비P의 의미는 내가 어떤 대상들이 비P의 외연 속에 놓여 있는가를 결정하는 데 있다거나 그 대신에 비P의 의미는 어떤 대상들이 과연 비P가 적용되지 않는 대상들인가를 결정하는 능력에 있다고 하더라도 말이다. 그러나 우리의 관심을 가장 끄는 질문은 이런 질문이 아니라, 오히려 내가 비P의 의미를 파악하는 것이 어디에 있는가 하는 질문이다. 특히 내가 비P의 의미를 파악하는 것이, 어떤 대상들이 비P인가 아닌가를 결정하는 나의 능력에 있을 수 있는가? 그럴 수 없다는 것이 나의 답변이라는 것이 분명해 보인다. 왜냐하면 만약 내가 알고 있는 모든 것은 어떤 하나의

대상이 비P가 아니라는 것에 불과하다면, 위의 그림이 지시하는 것처럼 나는 그 한 대상이 P라고 추론할 수 있는 입장에 있지 못하며, 또한 그 한 대상이 비P가 아니라고 하더라도, 그 한 대상은 꼭 마찬가지로 P가 아닐 것이라고 추론할 수 있는 입장에 있지 못하기 때문이다.

간단히 말해서, 동사부정 또는 문장부정과는 구별되는 명사부정 그 자체의 특징은, 배제를 통해 긍정적 술어 P를 이해하려는 간접적인 과정을 위한 출발점으로 사용하는 것을 부적절하게 만드는 것처럼 보인다(예를 들면 x가 비P가 아닌 한, 그리고 오직 그때에만 x는 P이다). 만약 이것이 옳다면, 우리가 탐구하고 있는 원리 속에는 처리하기 곤란한 — 그리고 아마도 치명적인 — 긴장이 존재할 것이다. 왜냐하면 — 단지 이중적인 문장부정 또는 이중적인 명사부정이라기보다는 — 문장부정과 명사부정을 결합함으로써 '타자의 배제'를 해석하는 것은, 배제라는 방식으로 일반적 술어를 이해함으로써 우리가 보편자와 관련되는 것을 피할 수 있다는 생각에 개연성을 부여하기 위해 요구되기 때문이다. 만약 그런 두 가지 부정들이 같은 유형이라면, 그 이중부정의 술어는 단지 긍정적 술어로 다시 돌아가게 되고, 그렇게 되면 어떻게 긍정적 술어를 원치 않으면서 보편자와 관련되는 일을 피할 수 있을 것이라고 생각하는지를 이해하기가 어려울 것이다. 그러나 만약 "x는 비P가 아니다"가 "x는 P이다"와 동치가 아니라면, 그리고 '¬¬x is P'〔x는 p가 아니다가 아니다, x is not not P〕와 동치가 아니라면, 우리는 어떻게 이중적인 부정 술어를 통해서 긍정적 술어들의 의미를 설명할 수 있을까?

나는 이제 이러한 문제를 더 이상 깊이 추적하지 않을 것이다. 그러나 나중에 그 문제를 간단히 살펴볼 것이다. 먼저 나는 훨씬 더 심각한 문제처럼 보이는 것을 다루어 보고자 한다.

구성성

고민을 하게 되는 최초의 그리고 적어도 처음으로 심각한 이유는 그 이론이 구성성(compositionality)에 대한 고려를 겉으로 무시하는 것으로부터 발생한다. 그 사람이 사용하는 대부분의 언어 표현이 지닌 의미들에 관한 언어 구사력이 뛰어난 화자의 지식은, 각 표현들을 조금씩 사용하는 독립적인 훈련 과정을 통해서는 획득되지도 않고 획득될 수도 없다는 사실이 아주 광범위하게 인정되고 있다. 오히려 그 사람이 일반적으로 복잡한 표현들을 이해하는 것은 그 표현들이 함께 놓여 있는 방식의 의미론적(semantic) 중요성을 파악하는 것과 더불어서 어느 정도는 그런 각 부분들 서로의 의미들에 대한 지식으로부터 기인하는 것이다. 개괄적으로 말해서 우려되는 점은 다음과 같다. 즉 "x는 P이다"라는 긍정적 술어를 "x는 비P가 아니다"라는 특정한 종류의 이중부정의 술어로 이해하거나 분석하고자 하는 시도는 어떤 복합적인 표현의 의미는 다음과 같은 특정한 방식으로, 즉 그 표현 부분들의 의미들의 함수(function)로서, 그 표현 부분들의 의미들에 의해서 결정되는 것으로서, 어느 정도는 그 표현 부분들의 의미들로부터 구성되는 것으로서 이해되어야만 한다는 아주 개연성 있는 생각과 어긋난다는 것이 우려되는 점이다. 예를 들어 만약 "x는 P이다"라는 주장이 "x는 비P가 아니다"를 의미하거나 그렇게 분석된다면, 다음과 같은 반박이 있을 수 있을 것이다. 즉 "x는 비P이다"가 포함된 문장과 "x는 비P이다는 진실이 아니다"를 포함한 전체는, 술어 P의 구성 요소의 의미를 사전에 그리고 독립적으로 파악하고 있다는 토대가 없다면 이해될 수가 없을 것이라는 반박 말이다. 그러므로 보다 복잡한 부차적 문장에 의존함으로써 "x는 P이다"의 의미를 설명해야 한다는 데 의심의 여지가 없다. 이렇게 해서 우리는 '전-후'의 의미 의존적 관계들을 비로소 얻게 될 것이다.[2)]

이러한 우려에 대한 두 가지 아주 근본적인 반응들은 다음과 같을 것이다. ① **의미**의 구성성 원리를 **수용**하지만, **지시**(reference)의 구성성은 **거부**하는 것이다. 그리고 그 제안이 "x는 P이다"는 "x는 비P가 아니다"에 의해 의미가 주어진다고 주장할 필요가 없다는 것이다. 그리고 오직 지시의 구성성을 거부하기만 하면 된다. ② 〔의미 구성과 지시 구성이라는〕 구성성의 두 가지 형식 **모두**를 수용하지만, 의미에 의해서건 지시체(referance)/존재적인 연관(existential commitment)에 의해서건, 그것은 **동치**(equivalence)라는 주장을 **거부**하는 것이다. 그 대신에 다음과 같은 생각을 수용한다. 즉 유명론자는 긍정 술어들이 보편자와 관련되어 있다는 것에 동의할 수 있지만, "x는 P다" 대신 "x는 비

---

2) 위공이 (이 책에서) 순환성/독립성의 설명이라 부르는 것은 내가 여기서 고려하는 반론의 양자택일적 공식으로 보일 수 있다고 생각한다. 그러나 실재론자에 대한 이러한 편견에 호소하는 논증이 작동한다고 생각하지는 않는다. 예를 들면 실재론자가 '나무'라는 말의 적용을 위한 관습을 정할 때 그는 또한 하나의 나무로서 헤아릴 수 없는 것을 해결한다는 데 동의할 수 있다. 그러나 이것은 그의 이론이 '나무'라는 말의 이해가 '비나무가 아님'이라는 말의 이해에 의존하게 한다는 것을 의미하지는 않는다. 나는 특별히 아포하론을 괴롭히는 문제를 분명히 하는데, 나의 방식으로 유명론자를 위한 문제를 정식화한다고 생각한다.

P가 아니다"를 사용함으로써 중요한 정보의 손실이 발생하지 않는다는 것을 주장한다. 그렇게 함으로써 "x는 P이다"에서 인정된 존재론적 연관을 피할 수 있다.

나는 이것들을 **급진적** 반응들이라 부른다. 왜냐하면 그것들은 둘 다 긍정적 진술들이 무엇을 **의미하는지**에 관한 주장인 아포하 의미론의 독특한 관념처럼 나에게 보이는 것을 포기할 것을 포함하기 때문이다. 그것이 내가 그것들을 적어도 당분간 제쳐 두고 있는 주된 이유이다. 대신에 나는 아포하 의미론의 중심적인 관념은 — 의미나 또는 지시를 위한 개연적인 구성성 원리와 차라리 갈등하기보다는 — 그것이 실제로 그것들이 적용되는 대상들에 속한 공유된 특성들의 존재를 암시하거나 전제하는 것 없이 명목론적으로 수용할 수 있는 방식 속에서 어떻게 일반적 서술들이 의미를 갖는가를 설명하는 구성적 의미론의 종류를 구성하는 그러한 방식 속에서 제시되고 발전될 수 있는지 어떤지 하는 질문을 먼저 살펴보고자 하는 것이다.[3)]

유명론의 구성론적 의미론

어떤 구성론적 의미론에서, 언어의 표현들은 두 가지 집합으로 나누어진다. 어떤 의미에서는 원초적인 단순한 표현들의 **기본 집합**이 있을 것

---

3) 사실 앞으로 살펴보겠지만, 비록 시더리츠가 구성성에 관한 의문을 명시적으로 선언하지 않음에도 불구하고 그가 「불교 유명론」에서 말한 대부분의 내용들은 그러한 접근과 어울리는 것이다(Siderits 2005).

이다. 그리고 이러한 기본 집합은 복합 표현들의 집합(파생된 집합)과 함께 존재할 수 있다. 이 복합 표현들의 의미들은 보다 단순한 표현들의 의미들로부터, 그리고 궁극적으로는 가장 단순한 표현들의 의미들로부터 형성된 것으로 볼 수 있다. 통상적으로는 기본 집합은 유한하며, 일반적으로는 그 언어에 속하는 다른 모든 표현들을 구성하는 집합은 적어도 잠재적으로는 무한하다. 기본 집합에 속하는 표현들은 보통 통사론적으로 단순하지만, 하여튼 기본 집합의 표현들은 의미론적으로는 언제나 다음과 같은 의미, 즉 그 표현들의 의미들이 더 이상 분해되지 않는다는 의미에서, 그리고 다른 표현들의 의미들의 토대 위에서는 이해될 수 없다는 의미에서, 그러므로 어떤 의미에서는 직접적으로 지시 훈련과 같이 배워야만 될 것이라는 의미에서 단순한 것이다. 다른 표현들은 보통 통사론적으로는 복합적일 것이지만, 반드시 복합적일 필요는 없다. 왜냐하면 통사론적으로 단순한 표현들은 다른 표현들의 기초 위에서 정의(definition)를 도입함으로써 의미론적으로 복합적일 수 있기 때문이다. 그러한 정의들은 'vixen'을 '암컷 여우'라는 의미로서 정의함으로써 설명되는 것처럼, 명시적일 수 있다. 또는 순환 방정식, 즉 a+0=a, a+b=(a+b)를 통해서 '+'의 일상적인 순환적 정의에 의해서 설명되는 것처럼, 함축적일 수 있다. 기본 집합에서 표현들 중의 일부는 — 전부는 아니지만 — 구성 과정들(constructions)과 연결될 수 있는데, 이런 구성 과정들에 의해서 복합적 표현들은 보다 단순한 표현들로부터 형성된다. 이런 보다 단순한 의미들은 그 구성 요소들의 의미에 의해 귀결되는 복잡한 표현들의 의미들을 어떤 방식으로건 고정시키는 역할을 하는 규칙들에 의해 주어지게 될 것이다.

이러한 종류의 특히 중요한 경우는, 논리적 상수라는 매개들을 통해 형성된 복합 문장들의 진리 조건들을 부여하는 규정들 또는 규칙들을 통해서 '고전적인' 논리적 상수를 설명하는 것이다.

우리의 현재 관점에서 흥미로운 점은 어떤 (종류의) 표현들이 **유명론적** 의미 이론을 위한 **기본 집합** 속에 놓여 있는 것으로 간주될 것인가 하는 질문이다. 나는 이 질문에 완벽히 답하고자 하지는 않을 것이지만, 내가 바라는 것은 그럴듯한 부분적인 대답이라는 사실을 제시할 것이다. 이것은 나의 목적을 위해서도 충분할 것이다. 두 가지 점들, 즉 하나는 부정적인 점이고 또 다른 하나는 긍정적인 점인데, 그 두 가지를 강조하는 것을 정당화할 수 있을 만큼 충분히 중요하기도 하다.

내가 곧 주의하게 될 결정적인 예외가 있음에도 불구하고, 유명론자의 기본 집합은 **일반 술어들**을 포함할 수가 **없다**는 것이 부정적인 지점이다. 유명론자들의 목적은 그러한 표현들이 적용되는 모든 존재들에게, 그리고 오직 그러한 존재들에게만 속하는 공통 특징들이라는 가정을 피하는 방식으로 이러한 표현들의 의미들을 설명하는 것이다. 이러한 일은 어떻게 그 표현들의 의미들이 유명론적으로 수용할 수 있는 방식으로 기본 집합 속에 있는 그 표현들의 의미들로부터 생겨나게 되는지를 보여 줌으로써 이루어진다.

기본 집합이 한 종류 또는 다른 종류의 개별자들의 **이름들**을 포함해서는 안 될 이유는 전혀 없다. 그래서 기본 집합은 확실히 의미론적으로 단순한 그런 이름들을 포함할 것이라는 것이 긍정적인 지점이다. 그러므로 만약 우리가 플라톤을 하나의 개별자로 간주하고 '플라톤'이라는 고유명사의 사용을 그 고유명사의 담지자와의 직접적 결합을 통해서 배운다고 간주한다면, '플라톤'이라는 고유명사는 기본 집합에 속하는 것으로 간주될 것이다. 그러나 '『테아이테토스』와 『소피스트』의 저자'와 같은 동일한 개별자에 대한 복합명사는 기본 집합에 속하는 것으로 간주될 수 없을 것이다. 왜냐하면 그런 복합명사는 일반적인 관계 술어를 포함하고 있기 때문이다.

그럼에도 불구하고 분명히 유명론자가 주장하는 기본 집합은 다른 종류의 어떤 표현들을 포괄하고 있어야만 한다. 왜냐하면 단순명사들만으로는 어떠한 문장도 만들어질 수 없고, 오직 개별자들의 목록만 만들어질 수 있을 뿐이기 때문이다. 그 이상의 어떤 표현들 없이 기본 집합에 속해 있는 표현들만을 사용해서 무엇인가를 **말하는** 것은 불가능할 것이다. 그러나 만약 문장 연산기호와 다른 표현들이 완전히 그럴듯한 방식으로 설명될 수 있다면, 그 설명들을 고정시키기 위한 의미론적인 기초 문장들 즉 원자 문장들이 있어야만 한다.

나는 적어도 하나의 일반 술어가 있어야만 한다고 주장한다. 그러나 술어들을 기초 집합 속으로 들어갈 수 있도록 인정하는 것을 지배하는 하나의 강력한 제약이 있다. 즉 인정될 수 있는 기초 술어는 명백한 것이거나 또는 쉽게 알 수 있는 술어여야만 하며, 기초 술어를 적용할 경우에 기초 술어는 그 적용되는 대상들과 공유된 특성이 없어도 되는 그런 술어여야만 한다.

아마도 오직 하나의 술어, 즉 동일성이라는 일반 술어만이 이러한 제한을 만족시킬 수 있는 것으로 간주될 수 있으며, 유명론자는 그런 술어를 그가 말한 기초 집합 속에 포함시킬 것이라고 생각한다. 이 경우에 우리는 다음과 같이 논의할 것이다. 분명히 각각의 대상들은 자기 자신과 동일하며, 다른 대상들과는 동일하지 않다. a와 b를 다른 대상이라고 한다면, 그 각각은 자기 자신과 동일하다. 즉 a=a이고 b=b이다. 그러나 분명히 이 두 진술(a=a이고 b=b이다)의 진리값은 a와 b는 공통적인 것을 가져야 한다고 요구하지 않는다. 그 두 가지는 독자 여러분들이 생각하는 것처럼 그렇게 다를 수 있다. 그리고 만약 우리가 대상들의 전체 세계를 생각한다면, 이 대상들 각각에 대한 자기동일성의 참된 진술들이 있다. 그러나 그런 참된 진술이 있다고 해서, 공통성을 지닌 모든 대상들이 공유하는 어떤 특성이 있어야 한다고 요구하지 않는다.

동일성 술어의 반대, 즉 차이성 술어를 기초 집합 속에 포함시키는 것을 정당화하기 위해서 유사한 논증이 생각될 수 있다. {a, b}와 {c, d}가 다양한 대상들의 공통 원소를 갖지 않는 순서쌍들(disjoint pairs)인 곳에서는, 그 두 가지 순서쌍들 사이에는 어떤 공통성도 필요하지 않는다는 것(즉, a≠b와 c≠d가 참이기 때문에)을 논의할 필요가 있다. 아마도 우리는 그런 사실에 대해 논의할 수는 있는데 — 비록 나는 그 방법에 대해 확신하지 못하지만 — 그러나 어떤 경우에든 유명론자들이 (문장의) 부정〔절대부정〕을 포함시킨다면, 유명론자들은 여하튼 차이성 술어를 도입할 것이다. 왜냐하면 그러고 나서 유명론자들은 x≠y를 바로 ¬x=y〔비x는 y와 같다〕를 의미하는 것으로 정의할 수 있을 것이기 때문이다.

유명론자들이 기초 집합 속에 다른 표준적인 문장의 연산기호들(연언, 선언 등)을 수반하는 문장의 부정〔명제부정〕을 가질 수 없는 이유를 나는 모르겠다. 그러나 우리가 아는 바와 같이 아포하 의미론의 제안자는 다른 종류의 부정 연산기호를 필요로 하는데, 이것은 완전한 문장들보다는 **명사들**에(또는 동등하게 사실상 동사들에도) 적용할 수 있다. 유명론자들이 문장 부정에 대한 반대로서 어떤 형식의 명사부정을 도입하는 것을 가로막는 것은 아무것도 없다. 지금까지는 우리의 유명론적 언어에서 유일한 명사들은 개별자들의 고유명사들이다. 그래서 명사부정이 적용되는 것은, 적어도 첫 번째 경우에서는, 기초적 단계에서 '까마귀'나 '남자' 등과 같은 보통명사들이라기보다 이러한 개별자들의 고유명사들일 것이다. 이 점을 인정한다면, 명사부정이 작동되는 방식에 관해서 더 많은 논의가 필요하다는 것은 분명하다. 만약 명사부정('비-'non-)이 가령 '사람' 같은 **일반**명사에 적용된다면, 우리는 그에 따라 도출되는 복합물인 '비사람'(nonman)도 또 다른 일반명사라고 당연히 가정한다. 그러므로 이런 종류의 경우에 '비'(非)는 좀 더 단순한 일반명사들로부터 일반명사를 형성하는 것이다. 그러나 이것은 기본적 차원에서 작동하는 방식일 수 없다. 왜냐하면 기본적 차원에서 부정되는 것은 **고유명사**라기보다는 오히려 일반명사이기 때문이다. 여기서 우리는 고유명사 '소크라테스'를 택하고 새로운 표현인 '비소크라테스'를 형성한다. 아주 분명하게 출력된 표현(비소크라테스)은 입력된 것과는 다른 논리적-의미론적 범주에 관한 것임에 틀림없다. '비소크라테스'는 고유명사가 아니다. 어떤 고유명사를 부정하건 간에 우리에게 주어지는 것은 또 다른 고유명사가 아니다. 이러한 기본적인 단계에서 고유명사에 '비'를 적용하면 일반명사나 술어가 귀결된다는 사실은 분명하다.

만약 그렇게 산출된 일반 술어들이 유명론적으로 받아들여질 수 있다면, 즉 그 일반 술어들이 적용되는 대상들이 어떤 공유된 특성을 지니고 있다는 사실을 요구하지 않는다면, 이 문제에는 결코 이의를 제기할 수 없다. 그러나 이런 조건이라면, 예를 들어 '비소크라테스'는 소크라테스와 다른 그런 대상들의 각각에 그리고 모두에 대해 참이라는 것은 확실한 것처럼 보인다. 그리고 이러한 대상들 모두에는 공통적인 것이 아무것도 없어야 한다는 것도 완벽하게 확실하다.[4)]

그러나 곤란한 점이 한 가지 있다. n을 어떤 이름이라고 가정해 보자. 그러면 "x는 n이 아니다"(즉 $\neg x = n$)이고 오직 그때에만, "x는 비n이다"가 참이 될 것이다. 그러므로 "x는 비n이 아니다"는 "x는 n이 아니다가 아니다"와 동치일 것이며, 결국 "x는 n이다"와 동치일 것이다. 즉, "~는 비n이 아니다"라는 복합 술어는 하나의, 그리고 오직 하나의 대상, 즉 'n 자체'에 대해서만 참일 수 있는 것처럼 보인다. 그러므로 공유된 어떤 특성도 분명 가정하지 않는, 오히려 잠재적으로 많은 대상들에 적용할 수 있는 하나의 일반 술어를 얻기 위해 문장과 명사부정을 결합하려는 우리의 시도는 완전히 실패한 것처럼 보인다.

시더리츠는 이런 곤란에 직면하지만 자신의 주장을 굽히지 않는다. 그것과 관련해서 하나의 길이 있다고 생각하기 때문이다. 필요한 것은 명백하게 '비n'은 'n과 다른'(즉 $\neq n$) 일반 술어와 동치가 아니라

4) 확실히 그들은 모두 소크라테스와 다르다는 것을 공통으로 하고 있다고 말할 수 있지만 거기에는 그것 안에 있는 유명론자를 동요시킬 만한 것은 아무것도 없다. 본질적인 점은 비소크라테스라는 대상들이 공유하고 있는 특징이 없거나, 있을 필요가 없다는 것이다. 그런 공유된 특징들이 없기 때문에 비소크라테스라는 대상들 각각은 소크라테스와 구별되는 것이다.

는 방식으로 비n을 설명하는 것이다. 사실 우리는 비n이 의미상으로는 ≠n(n이 아니다)과 단순히 다르지 않기를 요구하지만, 외연적으로는 다르기를 요구한다. 좀 더 정확하게 말하면, 우리는 비n이 n과 구분된 대상들의 영역의, 즉 V-{n}의 고유한 하위 집합에 대해서 참이 되길 바란다. 그런 일이 어떻게 성취되는가? 시더리츠는 우리에게 진짜 이름인 n을 패러다임 이미지 p_n과 연결하라고 제안한다. 즉 "패러다임 이미지 p_n은 n과 구분된 대상 영역 속에 남아 있는 개별자들 중의 모든 개별자들이 아니라 약간의 개별자들과 분명하게 양립될 수 없게 만들어진 것이다"(Siderits 2006, 96). 시더리츠의 사례를 계속 사용하면, 만약 n이 한 마리 까마귀라면 우리는 n을 많은 종류의 사물들 중에서 타조나 잡초 등의 지각적 이미지들과 양립할 수 없는 하나의 이미지와 연결할 것이지만, n과 연결되는 이 이미지는 다른 까마귀들의 지각적 이미지들과 양립할 수 없는 것은 아니다. 그렇다면 나는 그런 생각을 취할 것이고 진행할 것인데, 비n은 보다 선별적으로, 원하는 방식으로, 이전처럼 n과 다른 모든 대상에 적용할 것이 아니라, 패러다임 이미지인 p_n과 양립할 수 없는 오직 그런 대상들에만 적용할 것이다. 그리고 비n이 아닌 대상들의 집합은 단지 n 자체만이 아니라 n 자체와 더불어서 p_n과 양립할 수 없는 것이 아닌 어떤 다른 대상들을 포괄할 것이다.

더 나아간 의문들

패러다임 이미지 전략은 작동하는가? 이 논문의 나머지 부분에서 나는 두 가지 일을 시도할 것이다. 첫째, 나는 패러다임 이미지 전략이 작동한다면, 그 전략은 이중적으로 부정된 술어들의 어떤 특별한 원칙에 의존하지 않고서도 유명론자들의 입장에서는 일이 잘 진행될 수 있다고 주장할 것이다. 둘째, 나는 패러다임 이미지 전략이 작동할 수 있는지 여부에 관해서 몇 가지 독립적인 의심들을 제기할 것이다.

사실 나는 첫 번째 주장에 관해서는 논증이 많이 필요하다고 생각하지 않는다. 요점은 아주 단순하다. 만약 어떤 개별 대상 n을 특정한 패러다임 이미지와 결합함으로써, 우리가 부정적 명사 비n을 n 자체와 다른 영역 속의 모든 대상에 적용되는 것이 아니라 단지 n과 다른 대상들 즉 모든 비까마귀들의 일부에만 적용된다는 것을 보증할 수 있다면, 그렇다면 무엇이 우리가 비부정적(nonnegative) 일반명사 n^{+}를 직접적으로 도입하지 못하도록 하는가? 즉 n과 연결된 패러다임 이미지 p_n과 양립하는 정확히 그런 대상들과 관련해서만 '비부정적 일반명사 n^{+}'가 참이 되는 조건하에서 말이다. '비n이 아님'(not non-n)의 구성이 하는 역할은 헛도는 바퀴에 불과하며 모든 실재적인 작동은 패러다임 이미지 전략에 의해 행해진다. 이런 점을 제시하는 또 다른 방식은 접두어 'non'이 붙은 명사는 바로 n 자체보다 더 많은 대상들에 적용될 때에만, 그러므로 이미 일반명사(로서 작용하는 것)일 때에만, 비n은 외연상 ≠n과 다르다는 사실이다. 만약 그러하다면, 하나의 종류 명사(보편어)의 의미는 보편자들 없이 일반명사를 얻기 위해 타자를 배제해야 한다는 이론이 필요 없게 된다.

그러나 패러다임 이미지 전략이 작동하는가? 그런 전략에 대한 명백한 반론은 그 전략은 단순히 다음을 가정한다는 사실이다. 즉 그런 이미지들은 별문제도 없이 유명론자들이 동의하고 있는 적용에 관련된 일반성의 종류를 소유하고 있다고 가정한다는 사실이다. 그러나 유명론자들은 낱말들이 지닐 수 있는 적용에 관련된 일반성의 종류를 논증할 필요가 있다. 하지만 공유된 성질들이 없음에도 불구하고 낱말들이 많은 사물들에 적용될 수 있다고 파악할 때 생기는 문제보다는, 어떤 공유된 성질 또는 성질들이 없음에도 불구하고 하나의 이미지가 많은 사물들에 적합할 수 있다고 파악할 때 오히려 문제가 없다고 생각하는 이유는 무엇인가? 그 패러다임 이미지 전략은 단순히 낱말들로부터 이미지들로 책임을 떠넘기는 것은 아닌가?

내가 시더리츠의 논문을 읽을 때, 그는 논문의 핵심적인 곳에서 이 문제를 본질적으로 마주해서 그 문제에 대한 한 가지 기발한 해결책을 제안한다. 그 문제에 대한 그의 정식화를 제시하면 다음과 같다.

> 우리는 어떻게 [패러다임 이미지를] 형성하는 것을 배우는가? …… 우리가 알고 싶은 것은, 만약 문제가 되는 구별이 질적인 구별이 아니라면, 우리가 어떤 개별 까마귀와 구별할 때 다른 까마귀들이 아니라 타조를 아는 것을 어떻게 배울 수 있는가 하는 것이다. …… 만약 이러한 구별하는 능력의 토대를 형성하고 있는 객관적 특질들이 없다면, 우리는 우리의 언어 행위를 타인들의 언어 행위에 순응시키도록 하는 일을 어떻게 배울 수 있는가? (Siderits 2005, 96)

그리고 그는 다음과 같은 해결책을 제시한다.

> 사회적 규약에 호소하는 것은, 문제가 되고 있는 저 구별 능력이 인간

> 의 욕구나 관심에 반응하는 실천 행위에 의존한다는 점을 분명히 드러낸다. 왜냐하면 '비Sn'이 그와 관련된 규약에 일치해서 형성될 때, 모든 비Sn이 공유하는 어떤 것이 있다고 증명되기 때문이다. 즉 사람들은 어떤 욕구, 즉 까마귀를 먹고자 하는 욕구를 만족시킬 수는 없다. 타조나 잡초를 획득하는 것은 까마귀를 먹고자 하는 욕구를 충족시킬 수 없다. 그 욕구는 자신들의 현존에서 지속된다. Sn을 획득하는 것은 그 욕구를 만족시키는 것이다. 그러나 똑같은 것이 S_{n+1}, S_{n+2}, S_{n+3}에 대해 유지되면, 그렇다면 이것들은 '비Sn이 아니다'라고 정확하게 주장된 사물들의 집합에 속하는 것이다. 이것이 바로 네 가지 모두가 까마귀라고 말해지는 이유이다. (Siderits 2005, 96)

그러므로 내가 이해하는 한 기발한 착상은 다음과 같다. 즉 한 가지 공유된 특성이 있어야만 한다는 실재론자의 주장에 관해 유명론자는 다음과 같이 반박할 수 있고, 반박해야 한다. 즉 "공유되는 것은 객관적 특질이 아니라 오히려 우리와의 공통적인 관계이다. 객관적인 공통적 특질들이 없다는 ― 그러므로 보편자들도 없다는 ― 이 말은 개별자들의 집합들 사이의 관계들과 개별자들이 우리의 바람과 관심사와 맺는 또 다른 관계들에 근거하고 있기 때문에 비객관적인 공통적 특성들이 있을 수 없다는 것을 의미하는 것이 아니다. 이러한 비객관적인 공통적 특질들은 유명론자들에게는 수용될 수 있으며, 그러한 특질들이 우리가 일반명사를 사용하는 것에 대한 설명을 만족시킨다"라고 말이다.

만약 다른 개별자들 자체에게 어떤 공유된 본질적 본성이 없다면,

이 다른 개별자들이 어떤 욕구를 모두 동등하게 만족시킬 수는 없을 것이라는 이의 제기에 대항해서, 시더리츠는 계속해서 이런 착상과 같은 동등하게 정교한 옹호를 제시한다. 그 대답은 다음과 같다. 하나의 욕구를 만족시키기 위한 다른 개별자들의 능력은 다른 개별자들이, 해열을 위해 다른 약들의 능력이 요구하는 그만큼의 어떤 공통적 본성을 지녀야 한다는 것을 더 이상 요구하지 않는다. 일반적으로 다른 사물들은 그들 사이에 공통적인 어떤 것이 없다고 하더라도 그들이 그렇게 하는 결과 덕분에 같은 인과적 역할을 수행할 것이다.

내 생각으로는, 이 논쟁에 추가적인 논의를 더 진행할 여지가 있다. 예를 들면, 기능적 속성은 다른 기본 속성들을 동반하는데, 이런 일은 기능적 속성이 동반하는 **일반 속성들**을 개별자들이 소유하기 때문에 발생한다고 주장된다. 어떻게 다른 개별자들이 모두 똑같은 역할을 할 수 있는지는 여전히 불분명하다. 만약 그런 역할을 하는 개별자들의 능력이 **몇 가지** 일반 속성들에 의해서 입증되지 않는다면, 비록 모든 경우에 똑같은 역할을 반드시 행하는 것은 아니라고 하더라도 여전히 불분명하다. 그러나 나는 이것을 지금 더 이상 추적하지는 않을 것이다. 대신에 나는 제안된 해결책에 대한 몇 가지 다른 측면들을 간략하게 언급하고자 하며, 하나의 유일한 욕구, 가령 까마귀 파이를 향한 욕구를 만족시키기 위해서(또는 일반화한다면 어떤 소망 또는 이해관심과 어떤 유일한 관계를 맺기 위해서) 다른 개별자들의 능력에 호소하는 것이 걱정스럽다는 것에 관한 한 가지 다른 원인에 대한 의견을 개진하고자 한다.

그렇다면 첫째, 특정한 욕구를 만족시킬 수 없는 다른 개별자들

— 예를 들면 다른 비까마귀들 — 의 능력을 지닌 역할이 우리가 어떻게 적절한 패러다임 이미지들을 형성하는가에 관한 문제에 답하기 위해 도입되었다 하더라도, 사실상 그 이미지들은 바로 시야에서 사라지는 것처럼 보인다. 그 이미지들은 식별할 수 있는 확실한 본질적 역할을 하지 못한다. 즉 우리가 언어적 행위의 일치를 어떻게 성취할 수 있는가를, 또는 우리가 하나의 유일한 낱말을 많은 개별자들에 어떻게 적용할 수 있는가를 설명하는 데 어떠한 결정적인 역할을 하지 못한다. 다시 한번, 만약 그런 설명이 유효하다면 그것은 어떠한 매개적 이미지들을 도입하지 않고서도 완벽하게 잘 기능할 수 있을 것처럼 보인다. 그래서 우리는 그런 이미지들을 버리는 게 더 나을 것이다.

둘째, 비록 시더리츠가 비S_n(비까마귀들) — 즉 비S_n은 까마귀에 대한 요구를 충족시키지 못하는데 — 인 모든 대상에 공통적인 하나의 비객관적인 공유된 특징을 통해 자신의 제안을 제시하고 이렇게 긍정과 이중부정을 등치시킴으로써 남은 일들이 수행된다고 하더라도, 다음과 같은 것이 분명해진다. 즉 만약 그 제안이 완전히 수행될 수 있다면 S_n인 모든 개별자들(즉 우리가 '까마귀'를 적용할 수 있는 대상들) — 즉 이것들 모두는 까마귀에 대한 요구를 만족시키는데 — 중 하나의 다른 비객관적인 특징에 의존함으로써, 그 제안은 직접적으로 충적될 수 있는 것이 분명해진다. 그래서 다시 한번, 아포하 의미론의 독특한 원리 — 하나의 종류 용어 k는 비k를 의미하지 않는다는 — 는 아무런 본질적인 작용도 하지 않는다.

그러나 제안된 해결책은 작동하는가? 그 해결책에 관한 나의 우려는 의미론적 이론화의 이러한 기초적인 차원에서 까마귀를 먹고자 하는 욕구와 같은 욕구에 호소하는 것이 적법한가 하는 문제와 관련된다. 거칠게 말해서 만약 일반적 용어로 상술되어야만 하는 하나의 일반 내용을 지닌 욕구가 많은 다른 개별자들을 만족시킬 수 있다면 그러한 일반적 요구에 호소하는 것은 단순히 순환논증에 관한 우리의 오래된 걱정거리를 재도입하는 것이 아닐까 하는 것이 내가 두려워하는 것이다. 우리 모두는 동일하다. 그 대상이 개별자들이 아니라는 의미에서 일반적인 것인 욕구들과 태도들을 우리가 어떻게 우리 자신에게 유의미하게 귀속시킬 수 있는지를 유명론자들은 자신들의 의미론의 관점에서 설명하지 않으면 안 된다. 그런 욕구들은 이런 또는 저런 개별자들에 관한 욕구들이 아니라 어떤 일반적 종류의 어떤 보편자에 관한 욕구들이다. 예를 들면, 나는 1파인트[0.5리터]의 맥주를 원하지만, 내가 원하는 그 1파인트의 맥주라고 정확히 말할 수 있는 개별적인 1파인트의 맥주는 존재하지 않는다. 나는 단지 그 맥주가 1파인트의 맥주인 경우를 원할 뿐, 나는 (그것이 맛만 있다면) 어떤 맥주건 신경 쓰지 않는다. 1파인트의 맥주에 대한 나의 욕구는 콰인이 범선을 가지고자 하는 욕구와 같다. 어떤 특수한 범선을 원하는 것이 아니라 단지 범선이 아닌 것을 제거하기만 하면 된다(Quine 1966). 그리고 유명론자들은 보편자에 집착하는 것을 피하는 방식으로 이것을 설명할 수 있기를 희망하지 않으면 안 된다. 나 자신은 콰인이 옹호한 바로 그 방식으로 설명해서는 왜 안 되는지 그 이유를 모르겠다. 그것은 내 이웃이 가지고 있는 범선을 향한 탐욕적인 욕구라기보다는 오히려 범선이 아닌 것만 없애는 욕구, 즉 어떤 하나의 존재함축 명제(existential proposition)는 참이라는 취지에서의 하나의 욕구일 때, 즉 ∃x(x는 범선이고 나는 x

를 소유하고 있는데, 그런 x가 적어도 하나 있다)일 때 어떤 범선을 향한 나의 욕구가 구성되는 것이다. 그러나 그 문제에 대한 이러한 해결책은 다른 개별자들이 어떻게 모두 특정 일반명사 아래에 속할 수 있는지를 설명하기 위해 일반 욕구에 호소하는 것이 지닌 걱정의 원인을 정확하게 강조하고 있다. 어떻게 욕구들이 그와 관련된 방식으로 일반적인 것이 될 수 있는지에 관해서 설명하는 것은, 욕구들의 대상들을 설명하는 것과 관련된 명사들이 잠재적으로 많은 다른 개별자들에게 적용될 수 있다는 의미에서 이미 일반적이라는 것을 전제하고 있다. 요점을 다른 방식으로 제시해 보자. 영어의 경우, 유명론의 구성적 의미론은 영어로 된 문장의 부분적인 질서화, 다시 말해 적어도 표현들에 대한 이해가 이루어져야만 하는 그런 질서를 적어도 대체적으로 반영하고 있는 질서화를 만들어 낼 것이다. 그런 질서화 속에서 우리는 "이것은 범선이고 나는 그것을 소유하고 있다"와 "이것은 까마귀 파이이며 나는 이것을 먹고 있다"와 같은 문장들을 "나는 범선을 원한다"(범선이 아님을 배제한 의미에서의 범선)와 "나는 약간의 까마귀 파이를 원한다"와 같은 문장 바로 앞에 오는 것을 기대할 수 있을 것이다.

이렇게 제안된 해결책은 다음을 의미할 것이다. 즉 요구들이 귀속된 문장을 이해하는 것은 그러한 요구들을 만족시키는 것이 무엇인지를 묘사하는 문장들의 이해에 선행할 수는 없지만, 어떻게 단어들이 많은 사물들에 적용되는지를 설명할 때 무엇이 주어진 요구를 충족시킬지 못 할지에 관한 사실들에 호소하는 것이 부당하지 않다는 것을 주장할 수 있다는 사실에 동의할 수 있을 것임을 의미할 것이다. 만약 무엇인가가 까마귀 파이에 대한 나의 욕구를 만족시킨다면 나는 더 이상 까마귀 파이를 원하지 않는다는 사실, 단지 이 사실을 발생시킨 그 무엇을 의미할 뿐이다. 이 말은 정당할 것이다. 더 이상 까마귀 파이를 원하지 않는다는 것은 아마도 아주 맛있어 보이는 꿩 구이를 슬쩍 보는 것이거나, 또는 내가 복권에 당첨되었다는 뉴스, 또는 머리를 강타당하는 것 등이 될 것이다.[5] 그러므로 X에 대한 욕구를 만족시키느냐 또는 만족시키지 못하느냐에 호소하게 된다면 X에 대해 오해하기 쉽다. 그러나 만약 무엇이 어떤 욕구를 만족시킨다면, 누군가가 그 욕구는 무엇에 대한 욕구라는 것을 의미한다고 말한다면, 우리는 여전히 이전의 걱정에 사로잡혀 있는 것이다.

아마도 내가 논의했던 그러한 순환논증이 욕구들에(그리고 다른 태도들에) 호소하는 것을 어렵게 만든다는 사실은 악순환이 아니라고 논증될 수도 있겠지만, 그러나 이 시점에서는 나도 어떻게 해서 악순환이 아닌지를 모르겠다고 고백해야만 하겠다.

결론적 고찰

나는 아포하론과 그와 연관된 유명론의 옹호에 대해 두 가지 종류의 주된 의심을 제기했다. 첫째, 나는 아포하론 그 자체는 보편자들과 연

5) 이것은 버트런드 러셀이 『마음의 분석』(*The Analysis of Mind*)의 세 번째 강의에서 발전시킨 욕망 이론의 주된 문제점이다. 러셀 이론이 지닌 문제, 즉 그 욕망이 무엇에 관한 것인지를 사라지게 하는 어떤 욕망과 관련된 것으로 생각되는 불만족으로 느낌을 야기하는 것이 무엇이건 간에 확인하는 문제는 Kenny 1963, 101~110에 다소 길게 논의되고 있다.

관되는 것을 피할 수 있는 수단을 제공하지 않는다고 밝혔으며, 아포하론이 시더리츠가 기술하는 방식으로 다른 생각들로 보완될 때 그런 작업을 수행하는 것은 완전히 다른 생각들, 타자의 배제라는 아포하론이 본질적으로 아무것도 공헌하는 바가 없는, 아포하론과는 완전히 다른 생각들에 불과하다고 밝혔다.[6] 그러므로 나는 그러한 다른 생각들이 어쨌든 유명론자들에게, 어떻게 우리가 보편자들과 연관되지 않으면서도 일반명사로 말할 수 있는가를 설명하는 방식을 실질적으로 제공할 수 있는지 어떤지에 관해 약간의 회의적 시각을 피력했다.

내가 아포하론에 대해 제기했던 주요 난점들은, 아포하론이 '타자의 배제'라는 방식을 통해 일반명사들의 의미를 설명하는 것과 연관되어 있다는 가정 아래서 전개되어 왔다는 사실을 나는 강조하고자 한다. 특히 이것이 바로 내가 주로 극복하기 위해 관심을 가졌던 구성성에 관한 어려움을 불러일으킨 것이다. 아포하 원리의 정신에서 어떤 것을 보존하려는 유명론을 옹호하는 입장은, 내가 이전 논문에서 언급한 구성성의 문제에 대한 보다 급진적인 두 가지 응답 중 하나 또는 다른 하나를 채택할 때, 지금까지의 논의에서는 가능했다. 거칠게 말해서, 그런 생각은 우리가 "x는 K이다"는 "x는 비K가 아니다"를 의미하는 것으로 설명되는 그런 일반명사에 관한 의미론을 제공할 수 있다고 주장하는 대신에, 부정(negation)이 하나의 도구, 즉 부정되는 것이 생기는 표현들에 의해서 수행되는 존재 연관(existential commitments)

---

6) 이런 점에서 내가 말하고자 하는 것은 (이 책에 실린) 틸레만스의 논문 속에서 언급된 것과 많은 부분 일치한다.

을 삭제하는 하나의 도구로 간주될 수 있다고 주장할 수 있다는 것이다. 그렇다면 아마도 우리는 "x는 비K가 아니다"는 "x는 K이다"와 정확히 **동치가 아니라고** 논의할 수 있을 것이다. 좀 더 문제가 되는 "x는 K이다"에 대한 **대체물**로서 유명론자들이 제공할 수 있는 것은 오히려 다름 아니라 바로 **보다 약화된** 존재론적으로 덜 연관된 진술이다. "x는 K이다"라는 형식의 일반적인 긍정 술어들은 유명론적인 재해석의 도움 없이도 완전히 이해될 수 있지만, 이것은 유명론자들에게 "x는 K이다"가 대체하는 것과 연결되어 있는, 원하지 않는 보편자들과의 연관을 피하기 위한 하나의 대체물로서 "x는 비K가 아니다"를 도입할 수 있는 여지를 남긴다고 주장하는 것과 얽혀 있다. 유명론의 안정된 입장이 이러한 노선을 따라서 전개될 수 있을 것인가 하는 것은 좋은 질문이지만, 그것은 내가 여기에서 논의할 수 있는 문제는 아니다.[7]

---

7) 크레베라르 학술대회에서 유익한 토론을 해주신 분들과 전문적인 영역에서 나의 아마추어적인 노력에 대해 관용을 베푸신 분들께 이 지면을 빌려 감사의 인사를 하고 싶다. 학술대회를 조직하신 관계자 여러분들께 감사드리고 특히 내가 이 논문에서 논의하고자 했던 불교 유명론자의 관념을 더 잘 파악할 수 있도록 도움을 주신 가쓰라 쇼류 교수께 감사드린다.

13장 _ 고전적 의미론과 아포하 의미론

브렌든 질론

주지하다시피 인도불교 논사들은 보편자(sāmānya)를 형이상학적으로 모순된 것이라고 생각했다. 그렇지만 많은 인도 논사들은 가령 보통명사와 같은 일반적인 표현들이 어떻게 개별자들의 무한 집합에 적용되는지를 설명하기 위해서는 보편자들이 필요하다고 생각했다. 그러나 인도불교 논사들은 보편자에 호소하지 않고서도 이러한 언어적 현상을 만족스럽게 설명할 수 있다고 믿었다. 특히 소위 아포하 논사들(apoha-vādins, 배제를 지지하는 사람들)은 개별자들의 배제(apoha)와 차이(anya)를 통해서, 일반적인 표현이 지닌 일반성에 대해 경험적으로 적합한 설명을 제공할 수 있는 하나의 **대용**(ersatz) 보편자가 발견될 수 있다고 주장했다.

아포하 논사들이 비록 이러한 배제(apoha)와 차이(anya)라는 두 가지 부정의 형식에 대한 어떠한 명시적인 의미론적 설명도 하지 않았음에도, 그들이 그러한 설명을 마음속에 적어도 암묵적으로 하고 있었으리라고 생각하는 것은 여전히 유혹적으로 보인다. 이러한 추측[1]은 몇 가지 이유에서 그럴듯해 보인다. 우선 인도 문법학자들은 생성 문법과 고전 산스크리트어의 의미론을 고안했다. 게다가 인도 문법학자들 스스로가 부정의 두 가지 형식, 즉 절대부정(prasajya-pratiṣedha)과 상대부정(paryudāsa)을 구별했는데, 비록 이들 두 형식은 결코 명시적으로 분석된 적은 없었지만 마틸랄은 전자를 동사적으로 한정된 부정, 후자를 명사적으로 한정된 부정이라 불렀다(Matilal 1971, 162~165). 참으로 이러한 두 가지 부정들이 정확히 무엇인지는 여전히 명확하지 않다(Gillon 1987). 결국 아포하론의 초기 개척자 중 한 사람인 다르마키르티는 스스로 산스크리트어 낱말 'eva'(오직only)에 대한 명시적인 의미론적 분석을 제시했는데, 이 낱말은 고전 인도 삼단논법의 진리 조건을 진술하는 데 중요한 역할을 한다(Kajiyama 1973; Gillon and Hayes 1982; Gillon 1999).

이 논문의 목적은 우리가 내적인 부정을 의미하는 배제(apoha)와 외적인 부정을 의미하는 차이(anya)라는 아포하론의 두 개념을 설명하는 데 사용할 현대 논리학의 두 종류의 가장 명백한 후보들이 아포하 논사들이 찾고자 하는 대용 보편자를 제공하지 못한다는 점을 보여주고자 하는 것이다. 아래에서 나는 먼저 의미론이 무엇인지 서술한 후 단일 술어 논리(monadic predicate logic)의 의미론을 이용해서 (양화사를 사용하지 않고) 의미론의 주요한 특징을 재론해 보고자 한다. 그 후에 나는 다양한 조합에서 나타나는 내적·외적 부정을 사용한 단일

---

1) 고전 인도철학에서 언어철학에 관한 중요하고 통찰력 있는 시더리츠의 논문(Siderits 1991, 93~100)에 대한 리뷰를 쓰며 내가 실수를 하긴 했지만(Gillon 1992), 내가 이러한 관점을 가질 수 있었던 건 그의 덕분이다.

술어 논리에 대한 다양한 의미론을 설명할 것이다. 이 **대용** 보편자는 오로지 개별자들에게만 적용되며, 그럼으로써 불교 논사들, 즉 보편자를 세우는 것을 형이상학적으로 모순이라고 생각했던 사람들과 같은 이들의 양심의 가책을 덜어 줄 것이다. 그러나 나는 그러한 조합이 **대용** 보편자를 정의하는 것을 허용하지 않는다는 것을 보여 줌으로써 결론을 내릴 것이다.

의미론이란 무엇인가?

현대 의미론의 토대를 제공해 주는 통찰은 기원전 4세기 고대 인도의 위대한 산스크리트어 문법학자 파니니까지 거슬러 올라간다. 그의 생각은 다음과 같이 요약될 수 있다. 즉 각각의 산스크리트어 문장은 최소한의 구성 요소들로 분석될 수 있고 각각의 최소한의 구성 요소의 의미는 전체 문장의 의미에 기여한다. 따라서 자연언어의 문법은 그것이 수용할 수 있는 구성 요소들 모두 그리고 오직 그것들만 생성시킬 뿐만 아니라, 또한 의미들이 일단 가장 단순한 구성 요소와 결합되면 어떻게 복합적인 구성 요소들의 의미를 결정하는가를 분명히 해야만 한다. 최소의 구성 요소들과 결합된 의미들은 다른 것들 중에서도 상황들의 구성 요소들, 즉 행위들(kriya)과 행위 참여자들(karaka)을 포함한다.[2] 그러나 문법이 미흡한 곳이 바로 이곳이다. 왜냐하면 파니니도, 그의 계승자들도 상황과 그 상황의 구성 요소들을 수학적으로 다

2) 자세한 것은 Gillon 2007을 보라.

루는 명백한 방법을 제시하지 못했기 때문이다. 이러한 장애물에 대한 해결책은 20세기 중반이 되어서야 나타났다. 그때를 즈음하여 이 해결책이 하나의 학문으로 형성되기 시작했는데, 이 학문의 업무는 어떻게 구성 요소들과 결합된 값들이, 그 값들이 결합된 구성 요소들의 값들을 어떻게 결정하는가를 명백하게 하는 일이었다. 즉 모델 이론으로 알려진 논리학의 하위 학문이 그것이다. 그 정초자인 알프레트 타르스키(1901~1983)는 자연언어에서 복합적 구성 요소들이 그 자신들의 의미를 그것을 구성하고 있는 구성 요소들로부터 어떻게 획득할 수 있는가에 대한 연구가 타당하다고 인식했다. 비록 그 자신은 자연언어의 구성 요소들의 이러한 속성에 대한 만족스러운 형식적 설명이 성취될 것이라는 것을 의심했지만 말이다(Tarski 1935; 1944).

그런데 자연언어 의미론은 두 가지 주된 질문을 언급하고 있다. 언어의 기본적 구성 요소들과 결합되는 것은 어떤 값들인가? 어떻게 좀 더 단순한 구성 요소들의 값들이, 보다 단순한 구성 요소들이 형성하고 있는 복합적 구성 요소들의 값들에 기여하는가? 모델 이론의 유용성은 후자의 질문에 답할 때 어떻게 해야 할지에 관해서 우리에게 빛을 던져 준다. 만약 만족할 만한 해답을 얻는다면, 그 해답은 우리가 복합적 구성 요소들을 이해할 때 생기는 변화들이 어떻게 그것들의 구성 요소들의 변화들과 함께 변하는지를 설명할 뿐만 아니라, 어떻게 인간이 완전히 새로운 복합적 구성 요소들을 이해할 수 있는지를 설명할 것이다. 결국 우리가 복합적인 구성 요소들을 이해하는 것은, 2300년 전 파탄잘리가 분명하게 설명한 것과 같이,[3] 언어의 구성 요소들을 기억하는 것에 호소해서는 설명될 수가 없는 것과 마찬가지로, 기억에 호소하는 것으로는 사람들이 기본적인 산수를 알게 되면 이전에 만나지 못한 숫자들조차도 이해할 수 있는 일이 어떻게 일어나는지를 설명할 수 없다. 오히려 우리는 새로운 복합적 구성 요소들을 이해할 수 있다. 복합적 구성 요소들은 새로운 것이 아니라 이전에 이해했던 단순한 구성 요소들의 조합이기 때문이다.

모델 이론

예를 들기 위해 약간의 고전 술어 논리, 즉 양화사가 없는 단일 술어 논리를 고찰해 보자. 공식들은 두 집합의 교집합이 공집합인 두 개의 서로소 집합(disjoint sets)으로부터, 즉 개별 상수(individual constants, CN)의 집합과 일항 술어들(one-place predicates, PD_1)의 집합으로부터 얻어진다. 원자식(atomic formulae, AF)은 어떤 개별 상수 앞에 일항 술어를 붙임으로써 얻어진다. 따라서 만약 P가 일항 술어이고 c가 개별 상수라면, Pc는 원자식이다.

정의 1 : 단일 술어 논리의 원자식

만약 그리고 오직 $\alpha = \Pi c$일 때에만, 그리고 여기서 $\Pi \in PD_1$이고 $c \in CN$일 때에만, $\alpha \in AF$, 즉 단일 술어 논리의 원자식이다.

---

3) 『비야카라나마하바샤』(ed. Kielhorn) v.1,5~6. 이는 Staal 1969, 501~502에 번역되어 있다.

저 공식의 집합은 가장 작은 집합이며, 이 집합은 단일한 연결사를 하나의 공식 앞에 고정시키거나 또는 한 쌍의 공식에 괄호를 침으로써, 그리고 그 공식 사이에 이원적 연결사를 둠으로써 얻어진다. 오직 하나의 단일한 연결사 ¬(부정)와, 네 개의 이원적 연결사 ∧(연언), ∨(선언), →(조건언), ↔(쌍조건언)이 있다.

정의 2: 단일 술어 논리의 공식

FM, 즉 단일 술어 논리 공식의 집합은 다음과 같이 정의된다.

(1) 만약 $AF \subseteq FM$(AF가 FM의 부분집합)이라면,

(2.1) 만약 $\alpha \in FM$이라면, $\neg\alpha \in FM$이다.

(2.2.1) 만약 $\alpha, \beta \in FM$이라면, $(\alpha \wedge \beta) \in FM$이다.

(2.2.2) 만약 $\alpha, \beta \in FM$이라면, $(\alpha \vee \beta) \in FM$이다.

(2.2.3) 만약 $\alpha, \beta \in FM$이라면, $(\alpha \rightarrow \beta) \in FM$이다.

(2.2.4) 만약 $\alpha, \beta \in FM$이라면, $(\alpha \leftrightarrow \beta) \in FM$이다.

(3) 그 외의 어떤 것도 FM에는 없다.

이러한 표기에 대한 모델은 공집합이 아닌 어떤 영역 U와 하나의 해석 함수(function)를 포함하는데, 이 해석 함수는 CN의 각 항에 U의 한 항을 할당하고, PD_1의 각 항에 U의 하위 집합을 할당하는 함수이다. 기호들에 할당된 값들은 그 기호의 뜻(denotation)이다.

정의 3: 단일 술어 논리를 위한 모델

CN과 PD_1을 각각 상수들과 단일 술어라고 하자. 그러면 ⟨U, i⟩는, 만약 U가 공집합이 아니고 i는 CN을 U로, PD_1을 U의 하위 집합으로 해석하는 함수이고 오직 그럴 때에만, 단일 술어 논리에 대한 모델이다.

원자식은 만약 상수에 할당된 개체가 술어에 할당된 집합의 한 항인 경우 그리고 오직 그 경우에만, 어떤 모델 속에서 참이다.

그러므로 i를 그 모델의 해석 함수라 하고, P_c를 공식이라고 하자. 그러면 P_c는 $i(c) \in i(p)$일 경우 그리고 오직 그 경우에만, 그 모델 속에서 참이다. 복합식은 일상적 정의에 의해서 참이다.

정의 4: 단일 술어 논리의 정식에 대한 고전적 값

⟨U, i⟩를 단일 술어 논리의 한 모델이라고 하자.

(1) 원자식: Π를 PD_1의 한 항이라고 하고, c를 CN의 한 항이라고 하자. 그러면

(1.1) 만약 $I(c) \in i(\Pi)$인 경우 그리고 오직 그 경우에만, $v_i(\Pi c) = T$〔참〕이다.

(2) 복합식: 그러면 FM 속의 각각의 α에 대해 그리고 각각의 β에 대해

(2.1) 만약 $v_i(\alpha) = F$〔거짓〕일 경우 그리고 오직 그 경우에만, $v_i(\neg\alpha) = T$이다.

(2.2.1) 만약 $v_i(\alpha) = T$이고 $v_i(\beta) = T$일 경우 그리고 오직 그 경우에만, $v_i(\alpha \wedge \beta) = T$이다.

(2.2.2) 만약 $v_i(\alpha) = T$ 또는 $v_i(\beta) = T$일 경우 그리고 오직 그 경우에만, $v_i(\alpha \vee \beta) = T$이다.

(2.2.3) 만약 $v_i(\alpha) = F$ 또는 $v_i(\beta) = T$일 경우 그리고 오직 그 경우에만, $v_i(\alpha \rightarrow \beta) = T$이다.

(2.2.4) 만약 $v_i(\alpha) = v_i(\beta)$일 경우 그리고 오직 그 경우에만, $v_i(\alpha \leftrightarrow \beta) = T$이다.

산스크리트어 문장의 단순 연결사

물론 우리는 단일 술어 논리의 의미론에 관심이 있는 것이 아니라 오히려 자연언어의 의미론, 특히 고전 산스크리트어의 의미론에 관심이 있다. 그런데 우리가 단순 연결사 구문들에 주의를 한정한다고 해도, 자연언어의 통사론과 의미론은 단일 술어 논리의 통사론과 의미론보다 훨씬 더 복잡하다. 단순화하기 위해서 보통명사(예를 들면 비둘기kāka, 소gau, 인간puruṣa 등)와 고유명사(예를 들면 데바닷타, 야즈냐닷타Yajñadatta, 크리슈나Kṛṣṇa 등)로 이루어진 단순 연결사 구문들에 주의를 한정시켜 보자. 그 경우에, 양화사 없는 단일 술어 논리를 위해서 보다 일찍이 발전된 모델 이론은 그러한 기초적인 산스크리트어 구문들의 변화 없이도 실제로 채택될 수 있다. 방금 언급한 것처럼, 원자적인(단순한) 연결사 구문은 고유명사와 보통명사를(주격에서는 그 두 가지를) 포함한다. 복합적인 단순 연결사를 구성하는 것은 간단하지만, 연결사들의 배치에 관련해서는 복잡하기 때문에 이 문제를 우리는 여기서 다룰 필요가 없다.

산스크리트어를 위한 모델은 공집합이 아닌 하나의 영역을, 그리고 그 영역 안에서는 각각의 고유명사에게 하나의 개별자를 할당하고 각각의 일반명사에게 U의 하위 집합을 할당하는 하나의 해석 함수를 포함한다. 하나의 원자적인 단순 연결사 산스크리트어 구문은 고유명사가 지시하는 그 영역 안에 있는 하나의 개별자(즉 해석 함수에 의해 고유명사에게 할당된 개별자)가 일반명사에 의해 지시된 집합의 한 항(즉 해석 함수에 의해 보통명사에 할당된 집합)인 경우에 그리고 오직 그 경우에만 참이다.

다음 문장을 생각해 보자.

(1) Devadattaḥ puruṣaḥ. / 데바닷타는 인간이다.

이 문장은 데바닷타라는 고유명사에 의해 지시된 사물이 셀 수 있는 보통명사인 'puruṣaḥ'에 의해 지시되는 한 항일 경우에 그리고 오직 그 경우에만, 참이다.

어휘 의미론의 문제

모델 이론은 더 단순한 구성 요소들의 의미들이 어떻게 이러한 더 단순한 구성 요소들이 구성하는 복합 구성 요소들의 의미에 기여하는가 하는 기본적인 문제에 관해서 설명해 준다. 하지만 모델 이론은 우리에게 가장 단순한 구성 요소들에 어떻게 값들이 할당되는가에 관해서는 아무것도 알려주지 않는다. 실제로 모델 이론은 정식들의 속성에 관심이 있기 때문에 이런 문제와는 관련되지 않는다. 이 정식들의 최소의 구성 요소들은 논리적 기호들의 상수에 대한 해석을 취하면서, 자유롭게 변경하는 것이 인정되는 것이라는 정식들의 속성에 관심이 있기 때문이다.

자연언어에서 낱말에 의미를 할당하는 것이 임의적이기는 하지만, 그럼에도 불구하고 일단 낱말과 의미가 고정되면 그 의미 할당은 사용할 때마다 자유롭게 변경되지 않는다. 왜냐하면 이러한 불변적인 의미의 고정화 없이는 의사소통은 불가능할 것이기 때문이다. 그러나 무엇이 이러한 불변성을 부여하는가, 또 이 불변성을 부여하는 법을 어떻게 배우는가?

고유명사와 보통명사에 주의를 한정하기로 하자. 만약 고유명사의 의미를 배우는 것과 보통명사의 의미를 배우는 것 이 두 가지 문제를 어렵게 하는, 비트겐슈타인이 언급한 적이 있는 지시 불확정성의 문제를 제쳐 둔다고 해도, 우리는 고유명사를 배우는 것과 보통명사를 배우는 것 사이의 또 다른 차이에 주목해야 한다. 일단 우리가 고유명사에 의해 지시된 개별자를 고유명사와 결합시키면 더 이상의 어떤 설명도 필요가 없다. 반대로 우리는 보통명사가 알맞게 되는 어떤 개별자를 그 보통명사와 결합시키고 난 이후에조차도, 여전히 보통명사가 알맞게 적용되는 또 다른 개별자를 그 보통명사와 어떻게 결합시키는지를 해명하지 않으면 안 된다. 달리 말하면, 일단 우리가 고유명사가 적용되는 어떤 사람이나 대상을 알게 된다면, 우리는 고유명사가 다시 적용될 그 이상의 어떤 것도 알 필요가 없다. 왜냐하면 고유명사가 적용될 그 이상의 어떤 것도 없기 때문이다. 그러나 우리가 어떤 보통명사가 어떤 개별자에 적용된다는 것을 알고 난 이후에조차도, 보통명사가 적용되는 그 외의 어떤 대상을 아는 문제에 관해서는 사실상 그 이상 진행된 것이 전혀 없다. 단일한 개별자가 고유명사와 결합된다는 그런 사실 자체에 그렇게 많은 대조적인 것이 놓여 있는 것이 아니라, 한 개별자가 보통명사와 결합된다는 사실에 대조적인 것이 훨씬 더 많이 놓여 있기 때문에, 오히려 고유명사와 결합된 것에는 제한이 있다는 사실에, 반면에 보통명사와 결합된 것에는 제한이 없다는 사실에 대조적인 것이 놓여 있다는 것이다. 그러므로 우리가 고유명사와 결합된 것을 배울 때에는 고유명사가 하나의 개별자에게 적용되고 다른 개별자들에게는 적용되지 않는다는 사실을 배운다. 실로 고유명사는 고유명사의 의미를 상실하지 않고서는 다른 어떤 대상에 적용될 수가 없다. 그러나 우리가 보통명사와 결합된 대상을 배운다면, 비록 보통명사가 적용되는 모든 대상들을 배운다고 하더라도, 보통명사의 의미상 그 어떤 것도 보통명사는 그 이후에도 존재할 수 있는 어떤 것들에 적용될 수 있다는 사실을 배제할 수 없다. 만약 개별자가 올바른 종류라면 말이다. (물론 모호성의 문제는 일단 제쳐 두자.)

그렇다면 어떻게 우리는 보통명사가 적용되는 대상과 적용되지 않는 대상을 알게 되는가? 모델 이론은 이 문제에 대해서 아무런 도움을 주지 못한다. 실로 이 문제에 대한 유일한 대답들은 모델 이론이 출현하기 훨씬 이전에 제시된 대답들이다. 가능한 하나의 대답은 그 대답들이 어떤 의미에서는 단지 고유명사와 같다는 것이다. 즉 오로지 하나의 사물만이, 하나의 보편자만이, 각각의 보통명사와 결합되고, 이 보편자와의 결합에 의해 우리는 어떤 새로운 개별자들에 관해서 보통명사가 적용되는지 어떤지를 알게 되는 것이다. 그러나 보편자는 무엇이며 어떻게 우리는 보편자를 파악하는가? 이러한 질문들이 만족할 만한 대답을 줄 수 없다고 느꼈던 많은 사람들은 다른 곳으로 답을 찾아 나아간다.

아포하 모델 이론

타자의 배제(anya-apoha)는 보편자에 호소하지 않고서도 우리가 어떻게 일반적 표현의 의미를 알 수 있는가 하는 문제에 대한 답을 제공해 준다고 불교 논사들은 주장한다. 그런 생각은 우리가 두 종류의 부정, 즉 타자(anya)와 배제(apoha)를 사용할 수 있다는 생각이다. 불행하게도 불교 논사들은 이러한 두 종류의 부정이 정확히 무엇인지를 결코 명확히 언급한 적이 없었다. 명확하고 자연스러운 제안은 현대의 3가 논리학(three-valued logic)에서 발견된 부정, 즉 내적인 부정과 외적인 부정을 제안하는 것이다. T, F, N을 3가 논리학의 세 값이라고 하자. 그 두 가지 단일 연산자는 다음과 같이 정의된다.

I: $T \mapsto F$

$F \mapsto T$

$N \mapsto N$

E: $T \mapsto F$

$F \mapsto T$

$N \mapsto T$

이 연산들은 3가 명제 논리학에서 두 개의 단일 연결사를 해석하기 위해 고안되었다. 그처럼 이 연산들은 우리 앞에 있는 문제에 대해서는 아무런 역할도 하지 못한다. 오히려 우리가 필요한 것은 그 연산들의 집합 이론적인 상대물이다. 이것에 도달하기 위해 우리는 단일 술어 논리에 관한 모델 이론을 고전적 모델 이론으로부터 아포하 모델 이론으로 변경해야만 한다. 단일 술어 논리를 위한 아포하 모델은 표준 모델처럼 공집합이 아닌 하나의 영역 U와 하나의 해석 함수를 포함한다. 각각의 상수에 그 영역에 속한 하나의 개별자를 할당하고 각각의 단일 술어에 그 영역에 속한 한 쌍의 서로소(disjunct)인 하위 집합을 할당하는 하나의 해석 함수를 포함한다.

정의 5 : 단일 술어 논리를 위한 아포하 모델

CN과 PD_1을 상수들과 단일 술어들이라고 하자. 그렇다면 ⟨U, i⟩는 U가 공집합이 아닌 집합이고 CN으로부터 U로의 해석 함수이고, 그리고 PD_1으로부터 {⟨X, Y⟩: X, Y는 U의 서로소인 하위 집합}으로서의 해석 함수인 경우 그리고 오직 그 경우에만, 단일 술어 논리를 위한 하나의 모델이다.
그런 생각은 다음을 의미한다. 즉 그 술어가 참이 되는 사물의 집합뿐만 아니라 그 술어가 거짓이 되는 사물의 집합도 역시 각각의 술어들과 결합되어야만 한다는 것이다. 달리 말하면, 각각의 술어는 순서쌍과 결합된다. 순서쌍을 그 술어의 지시(denotation)라 부르자. 반면 첫째 집합을 그것의 긍정적 지시, 둘째 집합을 그것의 부정적 지시라고 부르자.

일반 용어의 지시의 복잡성이 이렇게 증가하는 것을 보증하는 것처럼 보이는 자연언어의 특징들이 있다. 이러한 특징들은 전제가 잘못인 경우들과 범주 착오의 경우들이다. 범주 착오의 예시로서 “4는 푸르다”라는 문장을 생각해 보자. ‘푸르다’는 색깔을 지닐 수 있는 물리적 대상들에 적용되는 술어이다. 그것은 색깔이 있고 푸른색인 사물에 대해서는 참이지만, 색깔이 있지만 푸른색이 아닌 사물에 대해서는 거짓이다. 많은 사람들은 ‘푸르다’가 색깔이 없는 사물들에 대해서는 참도 거짓도 아니라고 생각한다. 만약 사람들이 자연언어의 부정을 내적인 부정으로 해석하고, ‘푸르다’라는 낱말에다 푸른색 사물들의 집합에 대해서는 긍정적 지시를 할당하고 푸르지 않게 색칠된 사물들의 집합에 대해서는 부정적 지시를 할당한다면, “4는 푸르다”라는 문장도, “4는 푸르지 않다”라는 문장도 둘 다 참이 아니다.

이제 앞에서 제시한 두 종류의 명제 부정의 집합 이론적 상대물들은 다음과 같이 정의될 수 있을 것이다.

I: $(X, Y) \mapsto (Y, X)$

E: $(X, Y) \mapsto (-X, X)$

(여기서 -는 U에 관련해서 보완물이 된다.) 첫 번째 함수는 단순히 단일 술어와 관련된 긍정적·부정적 지시(뜻)를 교환한 것이다. 반면 두 번째 함수는 긍정적 지시를 자신의 집합 이론적 상보성에 위치시키고,

부정적 지시를 그 집합의 상보성이 긍정적 지시가 되는 집합에 위치시키는 것이다.

이제 이 두 종류의 부정이 어휘적 의미론에서 단지 개별자들을 위하여 어떻게 보편자들을 배제하는가 하는 문제가 제기된다. 이러한 문제에 답하기 위해 의미론에 의해 명령된 표현의 지시(denotation), 그리고 이 외연에 대해서 표현은 참이 되며 그 표현이 어떤 존재자에 적용될 수 있는지 없는지에 관해 그런 표현을 하는 화자에게 질문함으로써 그 표현은 경험적으로 확증될 수 있는 표현의 외연(extention) 사이를 구분해 보자. 이러한 구분에 비추어 볼 때 우리는 그 문제를 이 두 종류의 부정이 보통명사들의 어휘적 의미론에서 단지 개별자들을 위해서 어떻게 보편자들을 배제하는지 하는 문제로 바꾸어 표현할 수 있다. 그 결과 보통명사의 지시가 주어진다면, 우리는 보통명사의 외연에 도달할 수 있게 된다.

비(非)아포하 논사들의 대답은 다음과 같다. 어떤 보통명사가 지시하는 것은 어떤 보편자이고 그 보통명사의 외연은 단지 개별자들 속에 보편자들이 내재해 있는 개별자들의 집합일 뿐이라는 것이다. 반면 아포하 논사들의 대답은 다음과 같다. 보통명사가 지시하는 것은 하나의 개별자(또는 집합 이론적으로 동치인 것, 그 개별자를 포함하는 홑원소 집합singleton set)이고 그 보통명사의 외연은 두 부정 연산들의 적용에 의해서 획득된다고 말이다.

앞으로 살펴볼 예정이지만, 아포하 논사의 대답은 적어도 두 개의 개별자를 포함하는 어떤 보통명사의 외연을 위한 적절한 외연을 제공하지 않는다. I와 E에 대한 연산들의 가능성에는 정확히 네 가지 조합이 있다. II, EE, IE, EI가 그것이다. 이 네 가지 명제들은 증명될 수 있는데, 각각의 조합들에 대응되는 명제들이 있다. 네 가지 조합들은 다음과 같다.

명제 1: II(X, Y) = (X, Y),

명제 2: EE(X, Y) = (X, -X),

명제 3: IE(X, Y) = (X, -X),

명제 4: EI(X, Y) = (-Y, Y)

(여기서 X는 긍정적 지시에까지 미치고 있고, Y는 부정적 지시에 미치고 있다. '-'는 집합 이론적 보완물이다.) 앞의 세 명제들은 II, EE, IE의 조합에 관해 나타내기 때문에, 긍정적 지시는 조합된 부정들을 적용할 경우에는 고정된 채로 남아 있다. 그러므로 이러한 부정의 형식 아래에서는 긍정적 지시와 긍정적 외연은 같다. 그러므로 예를 들어 인간(puruṣa)이라는 보통명사의 외연은 M이고 M의 성원들 중의 하나는 m이며 m의 지시(denotation)를 할당해 주는(즉 X={m}) 보통명사를 생각해 본다면, 부정의 첫 번째 세 가지 조합들 중 어떤 것을 적용하건 그 결과는 오로지 {m}이라는 집합을 산출하며, 그것의 외연, 가정에 따르면 M과는 다른 외연으로서 M이라는 집합을 산출하는 것은 아니다. 다른 말로 하면 {m}이 긍정적 지시로서 주어진다면, 우리는 {m}을 그 외연으로서 획득하게 된다. 물론 바라는 바는 아니지만 말이다.

남아 있는 유일한 가능성은 EI의 조합이다. 그러나 여기서 네 번째 명제는 오직 부정적 지시(denotation)만이 긍정적 외연 그리고 부정적 외연(extention)과 서로 관련되어 있고, 긍정적 지시는 전적으로 전혀 관련되어 있지 않다는 것을 우리에게 보여 준다. 그러므로 M의 외연에 도달하기 위해 우리는 모든 비인간(nonmen)의 집합인 −M에서 시작할 줄 알아야만 한다. 그러나 이것은 단지 일반 용어의 지시를 다시 발견하는 문제일 뿐이다. 내적인 부정과 외적인 부정의 하나의 조합으로서 이해된 타자의 배제는 보편자들에 대한 어떠한 의미론적 대안도 제공해 주지 않는다. 아마도 타자의 배제를 설명하는 또 다른 길이 있을 것이다. 그러나 그것은 앞으로 두고 볼 일이다.

14장 _ 황혼의 솔록근나국[1)]

마크 시더리츠

내가 여러 해 전에 처음으로 아포하론에 관해 생각하기 시작했을 때, 관심을 가지고 있었던 불교철학에 해석학적으로 접근하기 위한 흥미로운 실험 사례로서 아포하론을 떠올렸다. 고전 인도철학에 관한 저술에서, 나는 해석을 할 때에는 항상 '자비의 원리'(principle of charity)를 자유롭게 사용했다. 고전 인도철학자들은 대단히 현명한 사람들이기 때문에, 자신들의 저술에 대한 단순하면서도 강력한 반론들을 열어두고 있는 해석들에 대해 의심을 품을 만한 충분한 이유가 있다는 것이 나의 기본적인 생각이다. 아포하론은 다음과 같이 주장한다. 우리는 하나의 고유한 개별자를 인식하는 것으로부터 시작해서, 그 개별자와는 다른 것들의 집합을 파악한 후에, 그 집합의 여집합을 저 개별자가 속하는 종류를 개념화하기 위한 토대로서 사용할 수 있다고 말이다. 개념 형성에 관한 이러한 이른바 유명론자들의 설명은, 만약 그 개

---

1) 〔옮긴이〕 솔록근나국(窣祿勤那國)은 산스크리트어 'Śrughna'를 음사(音寫)한 것으로, 인도의 야무나강 상류 지역에 있던 고대 국가를 가리킨다.

별자가 진짜로 고유한(유일한) 것이라면, 저 개별자와는 다른 사물들의 여집합은 바로 저 개별자 자체로 구성될 것이라는 명백하고 거센 반론에 직면한다. 두 가지 부정(negation)을 들먹인다고 해도 우리에게는 아무런 진전이 없다. 그러나 '자비의 원리'는 여기서 무엇인가 더 많은 것이 벌어지고 있음이 분명하다고 암시하고 있다.

내가 몇 년 동안 아포하론에 관해서 썼던 것은 무엇인가 더 많은 것을 발견하려는 욕망 때문이었다. 그러나 간혹 자비의 원리는 우리를 잘못된 길로 이끌어 갈 수 있다. 문제가 되는 아포하론은 때로는 실제로 명백한 반론에 의해 쉽사리 좌절되었기에, 좀더 자비로운 해석을 내놓으려는 시도들은 그저 허황된 일에 불과하다. 내가 아포하론을 이해하려 노력할 때 과연 그런 일이 일어났던 것일까? 나는 이 책을, 그리고 이 책이 나오도록 한 학회를 아포하론을 알 수 있는 기회라고 생각한다. 인도와 티베트에서 아포하론은 풍부하고 복잡한 역사를 갖고 있다. 이 책에서 자신들의 관점을 제시한 전문가들은 내가 여태까지 주장했던 것보다 훨씬 더 심오하고 완전한, 역사에 관한 지식을 소유하고 있다. 그러므로 만약 아포하론을 이해하려는 시도가 실제로 아포하론 속에 존재하지 않는 것들을 내가 보도록 인도한다면, 이런 일은 내가 아포하론을 이해하는 것과 저 전문가들이 아포하론에 관해 말해야만 하는 것을 비교할 때 생겨날 것이다. 이 논문은 그러한 약간의 비교를 하려는 나의 시도를 대변한다. 나는 내가 지금 이해하고 있는 아포하론을 제시했고, 내가 이해하고 있는 아포하론과 다른 사람들이 아포하론의 역사와 전망에 관해 말한 것이 맞는지 어떤지를 보여 주려고 했다. 그러나 나는 최종 결론을 도출하지 않았다. 나는 최종 결론을 독자들이 판단하도록 남겨 두고자 한다. 즉 비교 철학에서 이와 같은 에피소드가 경고의 메시지를 제시하는지 어떤지를, 또는 그 대신에 자비의 원리의 자유로운 사용을 옹호하는 것을 제시하는지 어떤지를 판단할 수 있도록 독자들에게 남겨 둘 것이다.

* * *

아포하 논사들은 '소'(cow)의 의미는 "비소가 아니다"(not noncow)라고 주장하거나 또는 보다 일반적으로 한 개념의 외연은 타자의 배제에 있다고 주장한다. 이것을 통해서 의미되는 완전히 다른 두 사물들이 있다. 첫 번째는 광범위하게 알려진 하나의 관점을 내포하고 있는데, 이것은 불교적 입장의 배후에 있는 유명론자들의 동기를 거부하는 사람들에 의해서 주장된다. 이 관점은 다음과 같다. 어떤 항목이 어떤 범위의 다른 항목들과 대조적인 관계를 맺음으로써만 의미를 지닌다거나 또는 표상적 내용을 지닌다고 할 수 있다는 것이다. 이것은 다음과 같은 주장, 즉 의미와 표상적 내용이란 어떤 항목을 오로지 어떤 구조 내부의 자기 위치에 의해서만 가질 수 있는 특징이라는 주장에 이르기 때문이다. 이것을 아포하를 이해할 수 있는 '구조적 특징'이라 부르도록 하자. 아포하 논사들의 주장이 의미하는 두 번째는 전적으로 개념에 포섭되지 않는 독특한 개별자들에 관한 것이라는 바로 이 사실들에 의해서만 개념을 소유하는 것을 이해할 수 있다는 것이다. 그러므로 그 주장은 다음을 의미한다. 즉 '소'라는 개념은 '비소'인 저 개별자들과는 다르다는 사실에 의해서 한 개별자는 비로소 '소'라는 개념에 포섭된다는 것이다. 이것은 개념을 소유한다는 것은 오직 독특한 개별자들만을 포함하고 있는 세계로부터 도출된 재료들을 사용함으로써 설명될 수 있다는 주장이 되기 때문에, 그리고 성공적으로 아포하에 접근하기 위해서 틸레만스가 (이 책에서) '상향식' 접근법이라고 부르는 것을 필요로 하는 설명이 되기 때문에, 이것을 아포하를 이해할 수 있는 '상향식' 접근법이라고 부르고자 한다.

구조적 특징에 대한 이해는 언어의 음운론적 구조와 관련해 소쉬르(Ferdinand de Saussure)가 이해한 것과 유사한 통찰을 포함한다. 즉 주어진 분절음에 대한 완전한 물리적 서술로부터 그런 서술이 어떤 음소를 재현하는지를 말할 수 없다는 통찰이며, 하나의 언어에 내재하는 음성적 가치는 언제나 대조 관계 체계의 기능(function)이라는 통찰이다.[2] 본질적으로 동일한 통찰이라는 것은 그들 자신들의 실천을 반성함으로써 고전 인도철학자들에게는 도움이 될 수 있을 것이다. 인도철학자들이 첫 서술을 진행하고 나서 그들 자신의 입장에 대한 흔하게 수용되는 대안을 거부하기를 계속할 때에는, 그들은 존재하지 않는 것을 세움으로써 자신들의 테제의 의미를 명료화하는 것이다. 그런데 구조적 특징에 대한 통찰은 불교 논사에게는 중요하게 생각될 것이다. 유명론자들은 만약 자신들의 모든 사례에서 공통적으로 나타나는 소임(cowness), 노란색임(yellowness)과 같은 보편자들이 없다면, 어떻게 '소'와 '노란색'과 같은 그런 종류의 단어들이 의미를 지닐 수 있는지 설명해야 하는 과제에 직면하게 된다. 구조적 특징에 관한 통찰은 불

2) 샨타라크시타는 그 점을 "구별 없이는 긍정도 없다"(nānvayo 'vyatirekavān)라고 간결하게 지적한다(『타트바상그라하』 1020).

교 유명론자들에게 의문을 제기할 수 있다. 실재하는 보편자들이 그런 단어들이 어떻게 의미를 지닐 수 있을지를 설명할 수 있을 것이라는 실재론자들의 주장에 대해서 말이다. 만약 어떤 것이 하나의 속성의 다른 속성들과의 대조 관계 속에 존재하는 것처럼 보이는 속성 공간과 관계함으로써만 속성일 수 있다면, 어떻게 '노란색'이 바로 **노란색임**의 속성을 지시함으로써 의미론적 기능을 수행할 수 있는지는 분명하지 않다. 왜냐하면 구조적 특징에 대한 통찰은 구조적 관계들의 집합과 떨어져 있는 그런 속성은 있을 수가 없다는 사실을 시사하기 때문이다. 이것은 노란색임의 속성을 내재적인 것이 아니라 다른 데서 차용한 것이 되게 한다(불교철학적 용어로 자성svabhāva이 아닌 타성parabhāva이다). 즉 어떤 것이 유일하게 존재하는 것이 아니라면 가질 수 있는 속성인 것이다. 게다가 이러한 사실은 **노란색임**은 바로 노란색 아님의 부재로 이해될 수 있음을 시사한다. 불교도들에게는 부재하는 것들은 단지 개념적 구성물들이기 때문에, 이런 식으로 다루는 것은 우리의 궁극 존재론으로부터 보편자들과의 연관성을 제거하는 아주 좋은 방식처럼 보인다. 노란색의 모든 사례들에 공통적인 본성은 바로 노란색과는 다른 것을 배제하는 것이 될 것이다.[3)]

---

3) 올레 핀드는 이 책에 실린 논문에서 디그나가가 자신의 아포하론을 이런 식으로 명시적으로 옹호하지는 않는다는 사실을 분명하게 한다. 디그나가는 그럼에도 불구하고 이 점을 『프라마나삼웃차야』 V.31a에서 암시하고 있다. 거기에서 그는 싱샤파나무(siṃśapā)라는 단어는 팔라샤나무들과 같은 개별자들을 배제할 뿐이지 단순히 싱샤파나무임의 속성을 지시하는 것은 아니라는 주장을 옹호하는데, 거만한 사람들은 — 이 말이 거만한 사람들의 속성을 언급하는 것처럼 보임에도 불구하고 — 그들과 다른 사람들을 구별함으로써 거만한 사람들로 이해된다는 유비를 통해서 그렇게 한다. 이 구절에 주의를 기울이게 해준 것에 대해 핀드에게 감사드린다.

유명론자들이 직면한 가장 심각한 문제를 이것이 실제로 해결하지 못할 것이라는 것은 분명하다. 니야야학파의 실재론자들은 다음과 같이 이의를 제기한다. 즉 현존하는 긍정적 대립물들이 없다면 부재물들(absences)〔비존재〕도 있을 수 없기 때문에, 노란색 그 자체가 실재적 존재가 아니라면 노란색과 차이가 부재함도 있을 수가 없다고 이의를 제기한다. 물론 아포하 논사들은 니야야학파가 부재함에 관한 의미 있는 논의를 제약하는 것을 논박하지만, 우리는 이 논쟁에 끼어들 필요가 없다. 이 전략은 어떤 경우에도 자기 자신에게는 작동하지 않을 것임이 분명하기 때문이다. 유명론자들은 오로지 독특한 개별자들만이 존재한다고 주장한다. 만약 속성들이 개별자들 사이에서 공유되지 않는다면, 그리고 개별자들 사이에 유사 관계가 전혀 없다면,[4] 어떻게 개별자들을 노란색이라고 부를 수 있는 상호 주관적 일치가 있을 수 있는지를, 그리고 어떻게 개별자들이 노란색임의 측면에서 유사한 것으로 볼 수 있는 능력이 쓸모 있다고 증명될 것인지를 설명해야만 한다. 물론 비노란색(nonyellow)인 사물들의 집합은 정확히 '노란색'이라 불리는 사물들의 집합의 원소를 전혀 포함하고 있지 않다는 것은 사소

---

4) 디그나가는 유명론자들이 제기하는 이런 압박을 깨닫지 못했던 것처럼 보인다. 그는 예컨대 지시를 "현존과 부재의 연결 방법은, 어떤 단어가 그 의미를 지시하는 그런 수단이며, 이 의미는 유사한 것에서는 발생하고 상이한 것에서는 발생하지 않는다는 것이다"("anvayavyatirekau hi śabdasyārthābhidhāne dvāram, tau ca tulyātulyayor vṛttyavṛttī", 『프라마나삼웃차야』 V.34에 대한 자주 『프라마나삼웃차야스바브리티』)라고 설명할 때, 어떤 종류 단어의 사례들이 서로 닮았다는 명제를 자유롭게 사용한다. 이것은 디그나가가 바로 '타조처럼 머리만 감추는 식의 유명론자'라고 불리게 될 것임을 알려준다. 한편 다르마키르티는 명백하게 궁극적 실재들 사이의 유사성들을 부정하고 있다. 예를 들어 『프라마나바르티카』 II.2a를 보라.

한 진리일 뿐이다. 그러나 우리가 식별할 수 있는 하나 또는 다른 집합의 경계들을 확정하는 어떤 객관적 사실이 없다면, 어떻게 어떤 개별자들이 어떤 집합에 속하는지 동의할 수 있는지를 이해하는 것은 어려운 일이다. 구조적 특징에 관한 접근을 가장 연상시키는 것은 아포하에 대한 디그나가의 설명이다. 유명론자들에게는 아무런 권리가 없는 개념적 원천들에 디그나가가 슬쩍 끼어들었다고 오랫동안 생각되어 왔다면, 집합(classes)이나 실재적 유사성들을 마음대로 사용하는 것은 잘못이다. 물론 이러한 접근은 유명론의 의미론에는 유용한 적용일 것이다. 예를 들면, 어떻게 구성 요소들이 작동하며 왜 추론이 이루어지는지를 설명하는 데 유용할 것이다. 그러나 만약 세계에는 공유된 보편자들도 유사성들도 전혀 없다고 한다면, 유명론자들은 우리가 적어도 가장 기본적인 원형 개념적(protoconceptual) 원천들을 어떻게 소유하게 되었는지를 설명해야 한다. 내가 생각하고 있는 이것이 바로 다르마키르티의 '상향식' 접근이 의미하고 있는 것이다.

* * *

다르마키르티가 접근하려는 기본 전략은 존 던이 (이 책에서) 잘 서술하고 있기에, 여기서는 자세히 반복하지 않을 것이다. 다르마키르티의 전략이 개념 소유를 설명하는 데 어떻게 적용될 것인지를 살펴보면서, 유기체(organism)가 아주 기초적인 원형 개념들, 즉 유기체가 성질 배치의 개념적 도식과 같은 어떤 것과 함께 작동하는 것이 필요하게 될 원형 개념들을 소유하게 되는가 하는 사례에 주의를 한정시키고자 한다. 이것을 가네리가 (이 책에서) 논의했다.[5] 만약 '상향식' 접근법이 여기에서 작동될 수 있게 된다면, 아포하 논사들은 보다 높은 차원들, 즉 기본적인 원형 개념들의 집합으로부터 성질 배치하는 언어로, 또는 성질 배치하는 언어의 개념적 원천으로부터 상식의 개념적 도식으로 나아가는 것과 같은 보다 높은 차원들로 올라가기 위한 구조적 특징에 관한 접근법을 사용할 수 있다.[6] 그리고 이 개념적 도식은 재확인할 수 있는 객체들에 관한 상식의 존재론과 상식과 연관된 주어-술어 의미론적 구조를 지니고 있다. 아포하론을 '상향식'으로 정식화하는 것이 유기체가 '쓰다'라는 것과 관련해서 유사한 다양한 맛들을 어떻게 경험하게 되는지를 어떻게 설명하는지를 고려해 보자. 우리가 생각하는 그 유기체는 혀에 미각돌기가 있으며, 이 미각돌기들은 자물쇠로 생각할 수 있는 구조를 지니고 있다. 그런 모든 자물쇠들은 다양한 분자적인 열쇠들을 받아들이기 위해서 형태가 만들어져 있으며, 그중 어떤 열쇠들은 신경의 점화를 촉발시킨다. 특정한 뇌 사건(brain event)을 불러일으키는 그런 분자 결합이 발생한다고 상상해 보자. 이러한

5) 유명론자들이 부여하지 않은 개념적 원천들 속으로 부지중에 몰래 숨어 드는 것을 막을 수 있는 한 가지 방법은 전언어적인 또는 비언어적인 차원에서 토론을 진행하는 것이다. 그러므로 문제가 되는 유기체가 인간 아기인지 개구리인지를 생각해 보자. 이런 제한의 중요성을 지적해 준 데 대해 아미타 차테르지에게 감사드린다.

6) 나는 아비다르마가 마지막 수단을 강구했다고 생각한다. 즉 아비다르마를 이해하는 한 가지 방법은, 하나의 체계적인 시도로서, 영속적인 실체를 가정하는 우리의 일상적인 존재론을 수식어 또는 속성 개별자들의 존재론으로 환원하는 방식을 논의하는 것이다(다르마dharma는 니야야학파가 구나스gunas를 통해 의미하는 것이다). 이러한 환원을 논의하면서, 우리가 영속적 대상들이라고 일상적으로 말하는 것 배후에 있는 개념적 재료들이 어떻게 획득될 수 있었는지, 성질 배치 언어의 개념적 재료들을 지닌 피조물들에 의해 어떻게 사용될 수 있었는지를 사람들은 알게 된다. 그럼에도 아비다르마학파가 깨닫지 못한 것은 그들이 아직 그들의 존재론으로부터 보편자들을 말소시키지 못했다는 사실이다. 아포하 논사들의 상향식 접근법은 그러한 결함을 구제하기 위한 시도처럼 보일 것이다.

뇌 사건은 정신적 이미지로 이해되는 특정한 지각을 유발하거나 그렇지 않으면 단지 특정한 지각에 불과하다고 생각해 보자. 다르마키르티가 말하는 바에 따르면, 이러한 지각은 전적으로 명확하거나 또는 생생할 것이며 비개념적일 것이다. 그 지각을 명확하다고 부르는 것은, 유기체가 수행하는 지각을 통한 파악이 그 유기체가 그 지각을 다른 지각과 혼동하는 것을 보여 주는 방식으로 행동하도록 유도할 수 없다는 것을 말하는 것이다. 다른 모든 지각과 그 지각의 차이가 너무나 명백할 만큼 그 지각은 충분히 세밀하다. 그리고 이것은 그 지각은 비개념적이라는 주장이 의미하는 것처럼 보인다. 개념화라는 것은 여기서는 기본적으로 유사한 것으로서(그래서 혼동하기 쉬운데), 그러나 사실은 유일한 항목들인데도 불구하고, 간주하려는 문제로 이해되는 것이다. 이제 이 지각은 불명확하거나 애매한 두 번째 지각을 유발시키고, 두 번째 지각의 발생은 개념화로 들어가는 진입 지점으로 이해된다. 두 번째 지각의 불명료함은 다른 어떤 지각들과 명백히 양립할 수 없는 것은 아니라는 사실에 있다. 왜냐하면 이러한 다른 지각들은 다른 복합물들이 문제가 되고 있는 저 미각돌기들의 수용체 위에서 결합될 때 생겨난 지각들이라는 것이 밝혀지기 때문이다.[7] 결국 이런 사태는

---

7) 여기가 두 번째 지각 이미지를 불명료한 것으로 서술하는 곳인데, 사람들이 다르마키르티가 로크의 실수, 즉 추상 관념들, 정신적 이미지들을 형성하는 신비한 능력들을 마음에 부여하는 실수를 범했다고 두려워하는 지점이다. 왜냐하면 이런 관념들과 이미지들은 그와 관련된 감각 양태(modality)를 통해서 형성된 이미지들에는 표준적인 어떤 특징들을 결여하고 있기 때문이다. (이런 관점이 지닌 어려움에 대해서는 『인간 지식의 원리론』*The Principles of Human Knowledge* 서문에 있는 조지 버클리의 비판을 보라.) '지각 식별'(saṃjñā)에 관한 아비다르마의 설명들은 이 길로 가는 것처럼 보인다. 그러나 나는 다르마키르티가 로크의 잘못을 범하지 않았다고 계속 가정할 것이다.

유기체가 현재의 지각과 다른 어떤 지각, 즉 과거에 발생한 또는 미래에 발생할 지각 사이의 구별을 흐릿하게 인식하도록 만들 수 있다. 따라서 그런 사태는 한 집합의 지각들 사이의 차이를 간과하도록 할 수 있고, 그 지각들 모두를 어떤 측면에서 유사한 것으로 취급할 수 있다. 그리고 이러한 능력은 이어서 과거에 다른 분자들과의 접촉에 근거해서 자신의 행위를 변양시킬 수 있는 유기체의 능력에 기여하는 것이다. 만약 현재의 지각과 유사하다고 간주되는 과거에 발생했던 지각들이 독성 효과와 연관된다면, 그런 사실은 기피 행동으로 이끌 가능성이 더 높을 것이다. 연관된 계기들이 모두 다르다는(즉 연결하는 분자들은 다 형태들이 다르다는) 사실에도 불구하고, 그리고 이러한 계기들에 의해 즉시 유발된 지각들도 마찬가지로 모두 다름에도 불구하고, 이렇게 기피하는 행동과 연관된다.

이 지점에서 물어야 할 명백한 질문은 이러한 두 번째의 개념 의존적(conception-laden) 지각이 어떻게 발생하게 되는가 하는 사실이다. 간략하게 답한다면 다음과 같다. 개념이 없는(concept-free)〔무분별한〕 지각이 습기를 촉발하고 난 뒤 습기가 개념 의존적 지각을 유발한다. 이것은 간략한 대답인데, 왜냐하면 유기체는 무시이래의 무지 때문에 그러한 습기를 지니고 있다고 말해지기 때문이다. 이것은 전혀 대답처럼 보이지 않는다. 그러나 여기서 우리는, 이 책에서 조르주 드레퓌스와 핫토리 마사아키가 논의한 약용 식물 두 가지에 대한 아포하 논사들의 담론을 도입할 수 있다. 만약 우리가 그 담론을 도입하기로 선택한다면, 우리는 이것을 윤회설 대신에 자연선택 이론과 결합시킬 수 있을 것이다. 그 이야기는 다음과 같이 진행될 것이다.[8] 문제가 되고 있는 습기는 유기체의 성향과 동일시된다. 이러한 성향은 어떤 구별되는 지각들을 우리가 '쓴맛'이라는 측면에서 유사하다고 간주하면서, 유기체가 특정한 구별되는 지각들의 차이들을 간과하도록 만든다. 이 지각들은 분자들에 의해 촉발되는데, 그 가운데 많은 분자들은 유기체에 의해 섭취될 때 독성 효과를 띤다. 따라서 그런 성향을 지니고 있다는 것은 유기체가 어떤 물질을 섭취하는 것을 피하도록 학습하게 만든다. 자신들의 직계 선조들이 그런 일을 했기 때문에 유기체는 그런 성향을 지니게 된 것이다. 자신들의 직계 조상들은 그런 성향을 지니고 있는데, 왜냐하면 먼 조상들 중 한 사람이 돌연변이, 유전자 복사 오류 또는 어떤 다른 과정의 유전적 재조합 등을 통한 특성을 얻게 되었기 때문이다. 그리고 이 특성은 그 자신들이 처한 전형적인 환경에서 유기체들에게 더 성공적인 재생산을 가능하게 했다. 이러한 종류의 미각돌기 촉발 장치들의 측면에서 내적인 유사성 공간을 지니고 있는 유기체들은 독성 물질의 섭취를 피하는 법을 더 잘 배울 수 있다. ① 문제가 되고 있는 수용체와 결합하는 다른 분자들의 형태와 공통적인 것이 전혀 없음에도 불구하고, 그리고 ② 그러한 결합에 의해서 실제로 촉발된 지각들과 공통적인 것이 전혀 없음에도 불구하고, 이렇게 독성 물질을 피하는 법을 더 잘 배울 수 있다. 따라서 아포하 논사들은 유기체가 보편자를 사용하지 않고도 쓴맛이라는 원형 개념을 지니는 것을 설명했다고 주장한다.

8) 나는 이 이야기가 아미타 차테르지가 (이 책에 실린 글에서) 논의한 개념 획득에 대한 설명과 광범위하게 일치한다고 생각한다.

물론 이 마지막 주장은 논란이 될 것이다. 예를 들면 만약 어떤 수용자가 한 사건의 발생으로부터 그다음 발생하는 사건으로 이행하면서 생긴 특정한 성질들을 보존하지 못한다면, 그 수용자가 지니고 있는, 명확한 분자들에 의해 발생된 특정한 성질들에 대해 우리가 어떻게 설명할 수 있을지 의심스러울 것이다.[9] 이렇게 똑같은 특징들을 지니고 있다는 것은 유명론자들이 부여할 수 없는 어떤 것처럼 보인다. 그러나 아포하 논사들은 여기서 본질적으로 동일한 조치, 즉 쓴맛이라는 측면에서 다른 지각들이 왜 유사한 것처럼 보이는지를 설명하는데 사용했던 바로 그 동일한 조치를 취할 수 있다. 어떤 순간에서의 수용자와 다른 순간에서의 수용자가 특정한 성질들을 공유하는 것처럼 드러난다는 것은 다만 우리의 관심사들과 인식적 한계들에 상대적일 뿐이라고 아포하 논사들은 말할 수 있다. 그다음으로 의심스러운 것은 다음과 같은 점이다. 만약 한 유기체의 많은 뉴런들에 공통적인 성질이 없다면, 또는 문제가 되고 있는 종들(species)의 유기체들을 가로지르는 뉴런들에 공통적인 성질이 없다면, 어떻게 아포하 논사들이 신경 자극이라는 개념을 사용할 수 있는가 하는 점이다. 만약 유전자형(genotypes)과 표현형(phenotypes)과 같은 것들이 없다면 공식화하기

9) 아포하 논사들은 물론 미각 수용 돌기와 같은 감각 능력들이 한순간보다 더 오랫동안 지속된다는 것을 부정한다. 그러나 그 경우에는 우리가 명료한 존재(entity)들을 마치 그것들이 하나의 지속적인 개별자인 것처럼 다루는 것이 왜 유용한지를 설명해야만 한다. 이러한 설명은 이 존재들이 우리에게 유일한 하나의 지속적인 사물을 형성하는 것처럼 보인다는 점에서 그것들이 아주 똑같다는 주장과 함께 시작될 것이다. 그러나 실재 유사물들이 일단 다시 한번 불리는 것처럼 보이기 때문에 그 설명은 여기서 끝날 수 없다. 똑같은 설명적 부담이 이 이야기의 오직 또 다른 지점에서 발생한다.

어려울 자연선택 이론에 아포하 논사들이 호소하는 것도 꼭 마찬가지로 의심스러운 것이다. 그러나 다시 한번 아포하 논사들은 다음과 같이 대답할 것이다. 즉 명확한 개별자들은 모두 뉴런들이라는 점에서, 또는 하나의 유전자형 또는 표현형이라는 점에서 유사하다는 자신들의 호소는 바로 우리의 관심사들과 인식적 한계들이 지닌 하나의 기능에 불과할 뿐이라고 말이다. 반대 논사들은 의심할 바 없이 이러한 조치가 상당히 성가신 것임을 알게 될 것이다. 그러나 만약 우리의 관심사들과 인식적 한계들에 호소하는 것이 본래적인 경우에서 성립된다면, 진정으로 공유된 본성들을 발동하는 것을 무한하게 미루기 위해서는 아포하 논사들이 그렇게 호소할 수 있다는 사실을 그들은 인정하지 않으면 안 된다.

* * *

그래서 반대론자는 새로운 방침을 시도하고자 할 것이다. 아포하의 '상향식' 정식화는 세계 속에 실재적 인과관계들이 있어야 함을 필요로 한다. 감각 능력과 대상 사이의 접촉은 지각을 야기시킴에 틀림없다. 특정한 습기를 지닌 이러한 지각은 두 번째 지각을 야기시킴에 틀림없다. 그리고 인과관계들은 보편자들 사이의 관계들로서 간주하는 것이 최선이었기 때문에 유명론자의 기획은 결국 실패하게 된다. 그러므로 아포하 논사들은 인과성이 신화 또는 단지 유용한 허구임에 분명하다는 것을 아주 솔직하게 인정함으로써 이러한 반론에 대응한다. 엄격하게 말하면 감각 능력과 지각과의 동시적 인과관계로서의 그러한 종류들은 존재하지 않았기 때문에 지각들이 감각 능력과의 접촉에 의해 야기된다는 것이 사실일 수가 없다.[10] 그러나 그들의 대답은 여기서 멈출 수 없다. 만약 세계 속에 실재적 인과 규칙성이 있다고 믿는 것이 잘못이라면, 우리는 이러한 오류가 어떻게 해서 한결같이 성공적 실천으로 인도되는가 하는 이유에 대한 어떤 설명을 필요로 한다. 그러므로 아포하 논사들은 사건의 쌍들인 (e_1, e_2), (e_3, e_4), (e_5, e_6) 등이 있다고 주장하지 않을 수 없으며, 그래서 첫 번째 항이 발생하면 두 번째 항이 발생한다고 주장하지 않을 수 없다. 오류는 e_1, e_3 등에 공통적인 것이 있다고, e_2, e_4 등에 공통적인 것이 있다고 가정하는 바로 그 사실에 놓여 있다.

문제는 이것이 이해될 수 있는지 어떤지 하는 것이다. 물론 모든 설명은 어딘가에서 끝나야 하기 때문에, 이것이 바로 세상일이라고 말하는 것은 수치가 아니라고 우리는 주장할 수 있다. 그러나 모든 것을 보편자들에게 호소하는 것이 성공적으로 수행되었는지는 분명하지 않다. 불교 논사들은 인과관계의 주장에서 반사실적(counterfactual) 요소를 인지한 것처럼 보인다. 즉 C가 E를 야기한다고 말하는 것은 부분적으로는 C가 발생하지 않았다면 E가 발생하지 않았을 것이라고 말하는 것이다. C와 E가 사건 유형들의 징표들로서 생각될 수 있는 한,

10) 아포하론의 발전 훨씬 이전에, 불교철학자들은 자신들의 견해에 따르면 일상적인 인과성 개념이 결코 획득될 수 없다는 사실을 이미 알고 있었다. 그러나 그들이 생각하고 있었던 인과성에 관한 일상적인 개념화의 부분은 원인을 결과를 생산하는 활동을 수행하는 것으로 간주하는 부분이다. 어떤 것도 변화를 발생시킬 수 없다는 찰나멸에 관한 불교 이론을 전제한다면, 이런 의미에서 어떤 것도 원인이 될 수 없다. 그러나 사건 유형들 사이의 영속적인 연결이라는 인간적 의미에서의 인과성이라는 가능성이 여전히 남아 있을 것이다. 지금의 초점은 급진적 유명론자들에게는 이런 것도 마찬가지로 문제가 될 수 있을 것이라는 점이다.

이런 반사실성은 보편적 일반화로서 해석될 수 있다. 즉 E 유형의 사건들은 C 유형의 사건들 없이는 결코 일어나지 않는다. 그러나 개별 사건들이 공통된 종류들을 갖지 않을 때, 반사실성을 이해하는 이러한 방식은 차단된다. 만약 e_1이 e_2를 산출하는 것이 참이라면, 이것은 e_1이 발생하지 않았다면 e_2 역시 발생하지 않았을 것이라는 것이 참임을 요구한다. 그리고 e_1이 실제로 발생했다면, 가능한 상황들을 관통하는 사건 동일성을 근거 짓는 어떤 본성이 없을 때 어떻게 그것(e_1)이 참일 수 있는지는 불분명하다. 공유된 본성이 없을 때에는 인과 규칙성들을 믿는 것의 유용성을 설명해 주는 사실들이 있을 수 없다는 것을 시사한다.

이 지점에서 아포하 논사들은 신의 눈 관점(God's-eye point)이라는 개념을 유용하게 환기시킨다.[11] 이 말은 아포하론이 그 이론의 정합성을 위해서 모든 것에 완벽한 존재라는 개념 또는 심지어 전지전능한 존재라는 개념에 의존한다고 말하는 것이 아니다. 신의 눈 관점이라는 개념은 여기서는 발견적 장치로서만 도입된다. 우리가 묻고자 하는 모든 것은 다음과 같다. 우리는 어떻게 사물들을 우리의 관심을 끌지만 우리의 인식적 한계를 넘어선 존재 — 사물들의 완전한 개별성 속에서 모든 사태를 무시간적으로 자각하는 존재 — 인 것처럼 상상할 수 있는가 하는 것이다. 우리는 실제로 그러한 존재가 있다고 전제하고

---

11) 나의 지식에 대해서 어떤 아포하 논사도 실제로 그렇게 하지 않았다. 내가 이런 일을 가능한 행위라고 생각하게 만든 것은 바로 몇 년 전에 아포하론에 관해 켄트 마시나(Kent Machina)와 주고받은 대화였다. 그러나 내가 그것의 완전한 잠재성을 실현하도록 만든 것은 아미타 차테르지가 (이 책에서) 「기억의 천재 푸네스」에 호소한 것 때문이었다.

묻는 것이 아니다. 핵심은 우리가 인과 규칙성을 믿으면서 어떻게 우리의 인식적 한계를 단지 인정할 수 있는지, 그리고 그런 믿음이 여전히 객관적 근거를 지닐 수 있는지를 이해하는 것이다. 결국 이것은 불교 논사들의 공통된 전략이다. 궁극적으로 실재하지 않는 수레가 존재한다는 우리의 잘못된 믿음은 우리의 관심과 인식적 한계를 인정한다는 사실을 반영함으로써 설명된다. (이 전략에 대해서는 나중에 설명할 것이다.) 따라서 현재 우리가 사용하고 있는 전지전능한 존재라는 개념을, 바로 '사물들이 존재하는 방식'이라는 생각을 떠올리는 다채로운 하나의 방법으로서, 우리의 모든 관심들과 인식적 한계들로 인해 파악되는 실재의 본성으로서 생각해야 할 것이다.

전지전능한 존재는 보르헤스가 쓴 「기억의 천재 푸네스」라는 소설처럼 기억력과 예지력을 지닌 존재일 것이다. 그러므로 그런 존재는 모든 개별성 속에서 각각의 개별자들을 인식할 것이다. 그리고 무수히 많은 각각의 개별자들을 한꺼번에 인식한다. 예지력을 지닌 그런 존재는 원하는 것을 얻고자 그리고 원하지 않는 것을 피하고자 그다음에 발생할 것에 관하여 예언을 할 필요가 없다. 따라서 사건-유형의 쌍들 사이에서 규칙성을 찾을 필요가 없을 것이다. 그리고 그러한 규칙성을 찾을 필요가 없다면, 개별 사건들 사이의 차이들을 조망하고 그것들을 종류별로 분류할 필요가 없을 것이다. 그러한 존재는 인과법칙 개념을 사용하지 않을 것이다. 그러나 그런 존재는 인과법칙들이 존재한다는 믿음을 하나의 부가물, 즉 중요한 방식으로 실재를 왜곡하는 부가물로서 간주할 것이다. 그러나 그런 존재는 왜 그런 믿음이 인식적 한계를 지닌 피조물들에게 유용하다고 증명되는지를 알 수 있을 것이다. 실로, 그런 존재는 어떤 경우들일 때 우리가 사물들을 올바른 것으로 생각하는지를, 즉 우리 생각에 우리가 보고 있는 방식들이 실제로 무시간적으로 존재하는 사건 쌍들 속에 근거하고 있다는 사실을 알 수 있다. 그런 존재는 감각 능력과의 접촉을 통해 지각이 발생한다는 것이 왜 관습적으로 참이 되는지를 알 수 있을 것이다.[12)]

인과성은 단지 신화 또는 유용한 허구일 뿐이라고 불교 논사들이 말할 때, 그것은 확실히 이상하다. 그들의 분석에 따르면 처음부터 불교적 전통은 단순한 개념적 허구로 판명되는 존재들의 실재에 대한 잘못된 믿음을 설명하기 위해 인과성을 사용해 왔다. 우리가 앞에서 말한 수레는 궁극적으로 실재적인 것이 아니다. 수레는 그 부분들이 수행하는 인과적 기여 이외에는 세계에 어떤 인과적 기여도 하지 못하기 때문이다. 그리고 수레가 존재한다는 우리의 믿음은 유용하다고 판명된다. 왜냐하면 수레의 부분들이 올바르게 배열될 때, 그 부분들은 총체적으로 우리가 관심을 가지는 효과들 즉 사람들을 수송하는 것과 같은 효과들을 불러일으키기 때문이다. 그래서 인과성을 우리가 세계에 투사한 어떤 것과 같다고 말하는 것은 다소 혼란스러울 것이다. 그렇지만 귀결되는 관점이 명백히 모순적이지는 않다. 우리가 특정한 인과

---

12) 우리는 과학적 탐구를 통해서 발견한 인과법칙에서 이념화의 요소가 있다는 생각을 이용한다. 그러므로 공이 경사진 면을 굴러 내려갈 때의 속도를 측정한 후에 운동법칙에 도달하게 될 경우에, 우리는 그런 실재 세계로부터 마찰과 공기 저항 같은 요소들을 도출한다는 것을 알고 있다. 플라톤은 이념화할 때 우리가 어느 것이 가장 완전하게 실재적인 것인지를 파악하는 데 보다 가까이 간다고 믿게 했다. 현재 생각하는 것과는 달리 사물들이 반대로 있다는 것이다. 이념화가 실재적 차이를 통찰하는 그 정도만큼, 이념화는 사물들이 실재로 어떻게 존재하는지에 대한 우리의 지식으로부터 우리를 멀어지게 한다. 이념화로 나아가는 것은 인식론적 상승의 길이 아니라 하강의 길이다.

규칙성이 존재한다고 믿는 것이 유용하다는 사실 때문에, 우리는 수레가 실재한다고 믿는 것이 유용할 것이다. 인과성에 관한 주장은 설명의 연쇄에서는 마지막 단계임에 틀림없다. 일단 이 단계에 접어들면, 왜 어떤 착오가 유용하다고 증명되는지를 설명하는 데 있어서 인과성은 더 이상 유용하지 않게 될 것이다. 그러나 우리는 왜 이것이 불교 논사들의 절대적 객관성〔승의제〕에 대한 추구가 귀결되는 지점인지를 아마 알 수 있을 것이다. 만약 모든 것이 영원하지 않다는 것, 그러므로 지속적 사물들에 대한 우리의 믿음은 세계와 우리에 관한 사실들에 의해서 이해될 수 있도록 만들어진 착오에 불과하다는 것이 참이라면, 인과성은 우리의 한계를 인정하는 것임이 증명될 것이다.

*　*　*

아포하론의 상향식 정식화에 관해 제기될 수 있는 또 다른 문제는 지각들 또는 정신적 이미지들이 상향식 정식화에서 하는 역할과 연관이 있다. 헤일은 (이 책에서) 그가 말할 수 있는 한에서 지각들 또는 정신적 이미지들이 우리의 언어 행위를 설명하는 데 전혀 유용하게 작용하지 못하기에 오히려 포기하는 것이 나을 것이라고 말한다. 그런데 차크라바르티는 아포하 논사들이 결코 정신적 이미지에 대한 언급을 포기하지 않았기 때문에 아포하론은 의미 개념이라는 문제가 되는 코드에 근거하고 있음이 분명하다고 불평한다. 드레퓌스가 (이 책에서) 티베트인들이 다르마키르티의 설명을 어떻게 이해했는가에 관해 우리에게 말해 주고 있는 것을 고려한다면, 정신적 이미지와 의미의 관계는 아마도 설명될 수 있을 것이다. 이 말의 핵심 주장은 하나의 정신적 이미지가 어떤 하나의 종개념을 언급하는 용어의 모든 사례들에 공통적이라고 잘못 생각하고 있다는 것이다. 그 오류는 이중적인 오류라고 말해진다. 첫째, 오직 마음속에만 존재하는 하나의 정신적 이미지는 정신 외적인 어떤 종개념의 사례들이 존재하는 곳에서는 존재할 수가 없다. 둘째, 하나의 실재적 개별자인 정신적 이미지는 많은 사례들이 공유하는 어떤 것일 수가 없다.[13] 이제 이 두 번째 주장을 오류라고 인식하는 것은 그러한 정신적 이미지 자체의 본성에는 다양한 자극들을 '쓴맛'이라는 측면에서는 다 비슷하다고 간주하는 그런 유기체의 능력을 설명해 주는 것은 아무것도 없다는 것을 인정하는 것과 같은 것처럼 보인다. 정신적 이미지가 그 자체로 하나의 개별자라고 지적하는 것은, 예를 들면 정신적 이미지는 어떤 차원에서는 확정성을 결핍하고 있는 '흐릿한' 이미지에 의해서 다양한 자극들을 표현하는 데 도움이 된다는 것을 부정하는 것이다.[14] 그리고 이것은 모든 작업은 여기에서 무엇을 '선택하는가'에 의해서 현실적으로 이루어진다는 것을 말하

13) 첫 번째 실수는 표상주의자들이 소박한 실재론자들이 저질렀다고 비난하는 바로 그 실수이다. 표상주의자들은 지각 속에서 우리가 실제로 지각적인 정신적 상태의 특성인 것을 외부 대상에 투사한다고 전형적으로 주장한다. 투사주의에 관한 유용한 논의에 관해서는 Shoemaker 1990, 109~131을 보라.

14) 정신적 이미지를 '불명료한' 그림, 그것의 불확정성 때문에 다수의 명료한 사물들을 표상할 수 있는 '불명료한' 그림이라고 파악하는 것은 카말라쉴라가 '파란'이라는 단어에 의해 불러일으켜진 정신적 이미지를 "선회하는 것의 성질을 지닌"(plavamānarūpatā) 것으로서, 연잎과 그 밖의 파란 사물들로서 묘사함으로써 제시된다(『타트바상그라하』 1120~1121에 대한 『타트바상그라하판지카』). 그러나 카말라쉴라와 샨타라크시타는 실재적 개별자로서 정신적 이미지는 단지 어떤 다른 개별자와 마찬가지로 확정된 것이라고 주장함으로써 다르마키르티를 따른다(예를 들면 『프라마나바르티카』 I.109). 그 이미지가 반성적 판단 속에서 어떻게 다루어지는가 하는 것은 그 이미지를 다수의 대상들과 일치하는 것처럼 나타나게 한다.

는 것이다. 즉 비개념적인 지각적 인식으로부터 개념적인 지각적 인식으로의 이행은 유기체가 무엇을 인지하는가 하는 점에서의 차이가 아니라, 유기체가 인지한 것의 측면에서 유기체가 어떻게 행동하는가 하는 점에서의 차이를 드러낸다. 첫 번째 ('선명한') 지각과 두 번째 ('모호한') 지각 사이의 차이는 지각들의 본성에 있는 것이 아니라 유기체가 그 지각들을 어떻게 취급하는가, 즉 나타난 모든 다른 개별자들을 배제하는 것으로서 취급하는가 또는 오직 나타난 특정한 다른 개별자들만을 배제하는 것으로 취급하는가에 있는 것이다. 그러므로 그 이미지 자체는 '상쇄된다'. 중요한 것은, 마치 유기체가 나타난 개별자를 어떤 종개념의 한 사례로서 간주하는 것처럼 행동함으로써, 다시 말하면 공유된 인과 능력들을 지닌 어떤 것으로서 간주하는 것처럼 행동함으로써, 유기체가 자신의 전반적인 성공률을 증가시키는 방식으로 행동한다는 것이다. 이런 일이 불명료하거나 모호한 두 번째 지각을 통해서 발생한다는 주장은, 유기체가 쓴맛의 개념을 지니고 있다는 것을 보여주는 방식으로 행위하고자 한다는 것을 말하는 단지 미사여구에 불과할 것이다.

만약 이것이 정확하다면, 다르마키르티가 우리에게 부여하는 것은 바로 언어 개념이라는 코드일 뿐이라는 차크라바르티의 우려를 불식시키는 데 어느 정도 도움이 될 것이다. 언어 개념에 의하면 낱말들은 화자의 마음속에 있는 생각들을 청자와 의사소통하는 일종의 코드로서 작용한다. 언어 개념은 몇 가지 이유 때문에 분명히 문제가 많은 개념이다.[15] 그러나 이러한 언어 개념이 아포하 논사들의 생각일 필요는 없다. 우선은 성질 배치의 개념적 도식과 관련된 종류의 원형 개념들을 소유하기 위해서 요구되는 것과, 완전한 언어적 능력을 위해서 요구되는 것을 실제로 분리시키는 차이를 무시하자. 상향식 접근법이 '쓰다'[苦]라는 발화가 의미하는 것을 우리에게 말해 줄 수 있다고 가정하자. 이러한 접근법에 대한 지금의 이해에 근거한다면, '쓰다'의 의미는 그 낱말의 발화를 발생시킨 화자의 마음속에 있는 '모호한' 정신적 이미지는 아닐 것이다. 왜냐하면 그러한 '모호한', 그와 관련된 (로크가 말한) 의미에서가 아닌 정신적 이미지는 전혀 존재하지 않기 때문이다. 마치 모호한 또는 불분명한 이미지, 즉 어떤 다른 이미지와 모순되지 않는 이미지와 같은 어떤 이미지가 있다. 이러한 선택은 행동 속에 드러날 어떤 것이며, 그러므로 그것에 관해서는 상호 주관적인 일치가 될 수 있는 어떤 것이다. 아포하 논사들은 자신들의 견해에는 어떤 낱말의 의미가 되는 실재적 존재는 없다고 반복적으로 주장한다.[16] 이를 통해 아포하 논사들이 의미하는 것은 아포하론의 궁극적 존재론에서는 의미 있는 표현의 지시체로 간주될 수 있는 것은 아무것도 없다는 것이다. 즉 개별자도, 보편자도, 보편자가 내재된 개별자도 없다는 것이다. 그러나 이것은 또한 우리가 한 낱말의 의미와 동일시되는 어떤 것을 찾는 대신에, 언어 사용이 다른 형식들의 행위와 어떻게 결합되는가를 말하는 한 가지 방식으로서 해석될 수 있을 것이다.

---

15) 예를 들면 그것은 화자와 청자가 이미 아포하론이 설명하고 있는 모든 개념적 재료들을 지닌 일종의 사유 언어를 소유하고 있다는 것을 전제한다. 이는 역으로 다른 사람들도 똑같은 사유 언어를 공유하고 있다는 것을 어느 누구도 확신할 수 없을 때, 언어적 규약을 세우기 위해 화자들 사이에 필요한 공동 작업을 설명하는 문제로 이끌어 간다.

16) 예를 들면 샨타라크시타의 『타트바상그라하』 1090~1092를 보라.

상향식 접근법에 대한 설명에 주목하는 이러한 방식에 따르면, 쓴맛이라는 개념과 같은 그런 존재는 없다. 그렇지만 그와 연관된 개념을 소유하게 되는 것을 밝혀 주는 인식 과정은 있다. 이 과정은 하나의 지각을 쓴맛이라는 반복되는 특징의 한 사례라고 간주하는 것에 있다.[17] 그리고 우리는 이 과정에 관여하는 것이 어떤 것인지를 합법적으로 물을 수가 있다. 우리는 이미 이러한 과정이 어떻게 발생하는지를 논의해 왔다. 즉 유기체의 관심들과 인식적 한계들을 반영하는 습기들(traces)의 활동을 통해서 논의해 왔다. 그러나 이러한 과정이 수행한 결과를 어떻게 산출하는가는 여전히 아주 신비스러운 것이다. 만약 유명론자들이 사용할 수 있는 그런 자료들이 주어진다고 하더라도, 지각된 것을 존재하는 개별자〔자상〕로 간주하는 것으로부터 지각된 것을 어떤 종류의 사례〔공상〕로 간주하는 것으로 이행하는 것을 우리는 어떻게 이해할 수 있을까? 여기서 요점은 '순수 개별자의 존재론'에서는 속성과 미미하게나마 비슷한 것이라고는 오직 개별자의 독특성뿐이라는 사실이다. 개별자는 세계에 대한 일종의 이분화를 초래한다는 점에서 속성과 같다. 즉 한편으로는 개별자 그 자체로, 다른 한편으로는 나머지 모든 것으로 이분화한다. 그러나 이것은 원리상 반복될 수 없는 것이므로 아직 속성은 아니다.[18] 그리고 만약 반복될 수 있다

17) 이것은 쓴 지각이 없을 것이라고 기대하는 것처럼, 쓴맛에 관한 사유와 관련된 과정들과 밀접하게 연관되어 있다. 그러나 여기서는 우리의 관심을 어떤 개별자의 표상과 관련된 과정에 한정하도록 하자. 아포하 논사들은 다음과 같이 주장하는 것처럼 보인다. 우리가 어떤 개별자를 K라는 종류의 한 사례로서 지각할 수 있는 능력을 설명할 수 있게 되면, 우리는 K에 관한 또는 우리가 보통 대상이라고 부르는 것에 관한 사유를 지닐 수 있는 능력을 설명할 수 있는 이런 진술로부터 자원들을 이용할 수 있다고 말이다.

는 것이 인식적 과정의 기초라고 한다면, 어떤 과정도 개념 소유를 향한 것으로 되지 않을 것이다. 개념을 갖는다는 것은 '타자'에 의해서 배제된 어떤 것을 유사하다고 간주하는 것이다. 만약 개별자의 독특성이 '타자'로 간주될 수 있기 위한 기초라고 한다면, 이 '타자'로부터 배제된 것이 바로 개별자 그 자체이기 때문에, 개별자와 유사하다고 간주될 수 있는 것은 아무것도 없을 것이다. 하지만 만약 유기체가 타자를 구분되는 모든 지각들이 아니라 단지 쓴맛이라는 측면에서 주어진 지각들과 유사하지 않은 지각들과 구분한다고 생각한다면, '타자의 배제'라는 방식에 의한 우회로는 불필요한 것처럼 보일 것이다. 왜냐하면 유기체는 쓴맛이라는 개념을 소유함으로써만 이런 능력을 소유할 수 있는 것처럼 보이기 때문이다. 만약 세계 속에 실재적 유사성이 전혀 없다면, 유기체가 어떻게 쓴맛이라는 개념을 얻게 될 것인지에 관해서 우리는 여전히 무지한 채로 남겨질 것이다.[19)]

상향식 접근법을 주장하는 아포하 논사들이 '타자'를 배제하거나 또는 '타자'를 제시(구성)하는 두 가지 상이한 방식을 사용하는 전략을 고안한 것은 바로 이러한 딜레마에 대응하는 과정 속에서 이루어진 것

---

18) 그러므로 바이셰시카학파는 그것을 개별화하는 것을 보편자 및 성질을 개별화하는 것과는 구분되는 범주로 편입한다.

19) 나는 이것을 이중부정의 전략과 관련해서 헤일이 (이 책에서) 표현했던 의혹의 핵심이라고 생각한다. 이 딜레마의 첫 번째 뿔은 개별자의 유일성을 배제의 토대로 삼고자 하는 시도로부터 발생하는 어려움인데, 내가 어떤 곳에서 순환성의 문제라고 불렀던 것이며(예를 들면 Siderits 1999), 위공이 (이 책에서) 비일반화 문제라고 부르는 문제이다. 나는 이 딜레마의 두 번째 뿔이 극복하기 어려운 장애물이 된다고 생각한다. 그리고 디그나가 이후의 아포하 논사들에게 분명해졌다고 생각한다. 그러므로 그들은 딜레마의 첫 번째 뿔을 피해 갈 방법을 찾고자 노력할 것이라고 나는 가정한다.

이라고 나는 믿는다. 첫 번째 방식(타자의 배제)은 개별자 p의 독특성으로부터 도출된 타자의 관념을 포함하고 있다. 이런 식으로 우리는 존재들의 집합이라는 관념, 문제가 되고 있는 개별자와의 구별을 공통으로 가지는 존재들의 집합이라는 관념에 도달한다. 이러한 구별은 단지 개별자의 독특성에 불과하기 때문에, 존재들이 몰래 섞이게 될 의혹은 전혀 없다. 두 번째 방식(타자의 제시 혹은 구성)은 일종의 선택적 간과와 관련된다. 그와 관련된 습기의 활동성 때문에, 유기체는 문제시된 개별자 p로부터 개별자 q와 r을 구별하는 것을 간과한다. 그러나 이것은 q와 r을 긍정적으로 취급함으로써 표현되는 것은 아니다. 그것은 오히려 유기체가 그 개별자들을 p와 다른 어떤 것으로 받아들이는 것을 표현하는 방식에서 생기는 것이다. 즉 개별자들을 p와 모순된다고 거부함으로써 생기는 것이다. 유기체가 차이를 간과하는 일은 바로 그렇게 q, r을 거부하지 않는다는 사실에 놓여 있다. 이렇게 차이를 간과하는 것은 사실상 두 번째의 집합 즉 p와 동일하지 않음에도 p와 관련해서 '타자'로부터 배제되는 것을 만들어 낸다. 이러한 배제는 첫 번째 종류가 소유했던 실재 속에 직접 근거하고 있는 종류를 결여하고 있다. 그러나 이러한 배제가 단순히 구별을 간과한 것에 불과하다고 생각하는 것은 이런 배제에 대해서는 그러한 근거에 대한 요구가 면제된다고 생각하는 것이다. 그리고 우리의 관심사들이 p, q, r에 의해 똑같이 만족된다는 주장은 이러한 배제에 간접적인 근거를 제공하는 것을 의미한다. 이제 유기체가 q, r을 p와 모순된다고 거절할 수 없는 성향을 획득할 때, 그렇게 함으로써 유기체는 p와 구별되는 모든 개별자들을 결코 포함시키지 않기 위해서 p와 다른 것을 택한다고 명시한다.

그러나 이것은 결국 타자에서 배제된 것의 집합은 이제 p뿐만 아니라 q, r을 포함한다는 것을 의미한다. 그러므로 q, r을 p와 유사하게 취급하려는 경향은 이 세 가지 모두가 p와 다른 것에서 배제된 것 속에 포함되는 것으로 받아들여진다고 설명될 수 있는 것이다.[20]

* * *

이것은 다음과 같은 상황이다. 즉 우리가 고전적 부정을 3가 부정(three-valued negation)과 결합할 때 발생하는 것과 유용하게 비교될 수 있는 상황이다. 명제 p에 대한 고전적 부정은 세계의 이분화를 초래한다. 즉 p와 양립할 수 있는 모든 사태들과 p와 양립할 수 없는 모든 사태들의 이분화를 초래하며, 이 두 가지 집합이 사태들의 전체를 구성한다. 3가 부정은 3분화를 초래한다. 즉 앞에서 언급한 두 가지 외에도, p와 양립하는 것도 아니고 p와 양립하지 않는 것도 아닌 사태들이 있다. 먼저, 가능한 모든 사태들 중에서 p인 사태들, 비p인 사태들, p도 아니고 비p도 아닌 사태들로 나누는 3분화를 수행한다고 가정해 보자. 그러고 나서 우리가 세계의 이분화, 즉 비p인 사태들과 비p가 아닌 사태들로 나누는 이분화를 수행한다고 가정해 보자. 비p가 아닌 사태들은 다음과 같은 사태들을, 즉 그중에서 p가 참이 아니었던 사태들을 포

---

20) 이와 관련된 또 다른 길은, 비개념적 지각으로부터 개념적 지각으로 이행하는 것은 유기체가 지각된 것과 관련해서 무엇을 '타자'라고 취급하는가 하는 점에서 어떤 변화와 연관된다고 말하는 것이다. 첫 단계에서는 p 및 '타자'로 간주된 것이 함께 그 영역을 다 차지하게 된다. 두 번째 단계에서 p 및 타자는 그렇게 하지 못한다. 일종의 무지 또는 간과를 통해 '타자'의 성격에서 이러한 변화를 발생시키는 것은 바로 관심과 관련된 요소들에 의해 고무된 흔적들이다.

함하게 될 것이다. 만약 삼분화가 상호적으로 서로소인 세 집합들을 산출한다면, 그 집합의 여집합은 다른 두 집합을 포함할 것이기 때문이다. 이제 이러한 유비가 상향식 아포하론에 적용된다면, 모든 힘든 일은 실제로 3분화의 세 번째 집합이 발생되는 방식에 의해서, 즉 한편으로는 개별자 p와 다른 한편으로는 개별자들 q, r 사이의 차이를 간과함으로써 수행되는 것이다. 여전히 이런 유비가 어떻게 그 과정이 작동하는가를 해명하는 데 약간의 도움이 될 것이라고 나는 믿고 있다.

이 유비에 관해서 몇 가지 주의할 점이 있다. 이것은 바로 저 과정 배후에 있는 형이상학적 설명, 즉 독특한 개별자들의 세계에는 특정한 패턴이 있는 것처럼 작동하는 방식에 대한 설명을 의도할 뿐이다. 그것은 왜 그 과정이 올바른 결과들, 즉 종개념에 속하는 원소에 관해서 이론 이전의 직관에 따르는 결과들을 제공하는지를 설명하려는 의도는 아니다. 그것은 우리가 어떻게 종개념들을 습득하기 시작하는지를 설명하는 것을 의미하지도 않는다. 그런 설명적인 작업은 두 가지 약용 식물의 이야기에 의해서 이루어지거나 또는 보다 일반적으로, 관심과 관련된 요소들에 의해서 형성된 인과적 과정에 호소함으로써 이루어진다. 그러므로 그 유비는 상향식 접근법이 모델 이론적 용어로 표현된 '아포하 의미론'으로서 정식화될 수 있다는 의도를 가진 것도 아니다. 이런 일은 분명히 다음과 같은 사실, 즉 이 설명〔상향식 접근법〕에서 '아래'(bottom)는 바로 순수한 개별자들에 놓여 있다는 사실에 의해서 배제된다. 우리는 부정(negation)을 명제들이나 집합들에 적용될 수 있는 작용이라고 생각한다. 그러나 명제와 집합은 추상적 대상들이다. 부정을 순수 개별자에 적용한다는 것이 무엇을 의미하는지는 분명하지 않다.[21] 그러므로 어떻게 모델 이론적 설명, 즉 아포하 논사들의 최후 영역에서 집합 이론적 작용과 관련되는 설명이 주어질 수 있는지는 분명하지가 않다.[22] 결국 나는 위공이 역사적 기록에 관해서 옳을 수도 있다고 말하고 싶다. 즉 샨타라크시타는 아마도 두 종류의 부정을 언급함으로써 딜레마의 첫 번째 뿔에 대한 쿠마릴라의 정식화에 답변하려고 하지 않았을 것이다. 그 구분을 불러일으키는 그의 직접적인 목적은 아마도 언어적으로 매개된 인식에 대해 심리학적인 감정에 호소하는 반대 의견에 답변하는 것이었을 것이다. 그럼에도 불구하고 그는 두 종류의 부정, 소위 '동사적으로 관련된 부정'〔절대부정〕과 '명사적으로 관련된 부정'〔상대부정〕 사이의 구분을 알고 있었다. 그리고 이 두 종류의 부정은 사실상 선택과 배제라는 부정의 방식으로 각각 작용한다. 나는 우리가 두 가지 방식의 부정을 결합할 때 무슨 일이 발생할 것인가에 관련해서 아포하 논사들이 '타자의 배제'를 수립했다는 것을 증명할 수 있는 결정적인 증거에 대해서는 전혀 모른다. 여전히 나에게 그럴듯하게 떠오르는 것은, 아포하 논사들은 마음속으로 그런 생각〔타자의 배제〕을 하고 있었을 것이라는 것이다.

약간 흥미로운 한 가지 증거는 신니야야학파의 철학자인 마투라

21) 조너던 가네리는 1997년의 대화에서 이 점을 나에게 강조했다. 그 대화는 내가 그것의 완전한 중요성을 알아챌 만큼 아주 긴 시간 동안 이어졌다. 헤일이 (이 책에서) 비동일성에 호소하는 것은 내게 전망 있는 대안을 떠올리게 해주었는데, (디그나가가 지적했던 것처럼) 이 대안은 니야야학파에서 개별화된 것들과 아포하론적으로 동치이기 때문이다.

22) 나는 이중부정의 전략에 대한 (이 책에서의) 질론의 평가가 나의 가정과 상관되는지를 결국 확신하지 못하겠다.

나타로부터 유래하는데, 그는 항아리의 상호 비존재(mutual absence)의 지속적 비존재가 바로 항아리임이라고 주장했다. 비존재란 니야야 학파에 의하면 부정적 진술을 진리로 만들어 주는 것(truth maker)이다. "탁자 위에 항아리가 없다"라는 진술은 탁자라는 장소에 항아리가 없다는 사건에 의해서 참이 된다. 지속적 비존재가 주장되는 것은 반(反)긍정적인 것(the counterpositive, 예를 들면 항아리의 비존재의 경우라면 항아리)이 문제가 되는 그 장소에서는 결코 일어나지 않을 때인 것이다. "뿔이 달린 토끼는 없다"는 토끼의 머리에 뿔이 지속적으로 없을 때 참이 된다. 상호 비존재는 차이를 나타내는 진술을 진리로 만들어 주는 것이다. "항아리는 천cloth이 아니다"는 천의 상호 비존재(즉 천과의 차이)와 관련해서 항아리에서 일어난 사건에 의해서 참이 된다.

항아리임과 항아리의 상호 비존재의 지속적 비존재가 등가성을 지닌다는 증거는 다음과 같다. 즉 항아리의 상호 비존재는 모든 비항아리들에서 그리고 오직 비항아리들에서만 일어난다. 그러므로 항아리의 상호 비존재의 지속적 비존재는 모든 항아리들 속에서 그리고 오직 항아리들 속에서 일어난다. 그러나 모든 항아리들에서 그리고 오직 항아리들에서만 일어나는 것은 바로 **항아리임**이다. 항아리의 상호 비존재의 지속적 비존재는 **항아리임**이다. 이 주장은 두 가지 상이한 종류의 비존재를 사용해서 하나의 개별적 실체로부터 하나의 보편자를 추론하는 것과 관련된다는 점에서, 그리고 이 주장이 사용하는 두 가지의 비존재는 두 가지 다른 종류의 부정을 진리로 만들어 주는 것으로서 간주될 수 있다는 점에서 흥미롭다. 상호 비존재는 '명사적으로 관련된 부정'(상대부정)과 대응되는 것처럼 보이는 반면, 지속적 비존재는

‘동사적으로 관련된 또는 의미론적인 부정’〔절대부정〕의 모델에 더 적합하다. 이것은 마투라나타의 입장에서는 이 두 유형의 부정을 결합하는 것이 고전적인 이중부정으로부터 기대할 수 있는 것을 산출하지 못한다는 사실을 어느 정도 의식하고 있다는 것을 암시한다.

그러나 그 이상의 것이 있다. 아포하 논사들이 비일반화 또는 순환논증적 반론에 직면하는 것처럼,[23] 마투라나타는 항아리의 상호 비존재의 지속적 비존재는 **항아리임**이 아니라 오히려 항아리라는 반론에 직면하게 된다. 그러므로 이 두 경우에, 두 가지 부정 전략은 오직 우리를 시작했던 곳으로 되돌아가게 하는 어려움에 처하게 될 것이라고 말한다. 신니야야 원칙의 경우에서는, 이의 제기는 지속적 비존재를 위한 이중부정의 원리 또는 DA의 원리에 의해서 진행된다. ‘-x’는 x의 지속적 비존재를 상징하는데, 그 원리는 다음과 같다.

DA : --x =x

‘~’를 놓는다는 것은 상호 비존재를 상징하고, ‘c’는 반(反)긍정적인 것(counterpositive)을 상징한다. 그 증명은 다음과 같다.

① --~x = ~x	DA에 의해서
② --~x의 c = ~x의 c	①과 동일한 것들의 반긍정적 것의 동일성에 의해서

23) 각주 18번을 보라.

③ --~x의 c = --~x　　　‘반긍정적인 것’의 정의에 의해서

④ ~x의 c = x　　　‘반긍정적인 것’의 정의에 의해서

⑤ -~x = x　　　②, ③, ④에 의해서

이것은 마투라나타에게 어려움을 제기하는데, 그는 -~x를 x와 동일한 것이 아니라 x임(x-ness)과 동일한 것이라고 논증했다.

라구나타(Raghunatha)는 그 문제를 DA로부터 유래하는 것이라고 진단한다. 니야야학파에게 부정은 비존재를 나타내는데, 부정과 비존재는 니야야학파의 존재론에서는 서로 다른 장소를 가진다. DA는 우리가 비존재들을 결합시킴으로써 비존재인 어떤 것에 도달하는 것이 아니라, 어떤 종류의 긍정적 실재인 어떤 것에 도달한다는 것을 시사한다. DA는 니야야학파의 범주적 도식의 기본 규칙들을 위반하는 것처럼 보인다. DA를 거부하는 것은 방금 지적했던 어려움을 막아 주지만, 그것은 또한 항아리의 상호 비존재의 지속적 비존재로부터 항아리임을 도출하는 것을 막는다. 그러므로 이것은 마투라나타에게 도움이 되지 않을 것이다. 어떤 불교 유명론자들은 좀더 유용한 제안을 했다. 그들의 견해에 따르면, 비존재는 단지 개념적 구성물일 뿐이며, 비존재는 결과적으로 부정적 진술을 진리로 만들어 주는 것이 아니다. 결과적으로 DA는 오류가 된다. 왜냐하면 DA는 “항아리가 있다”를 진리로 만들어 주는 것과 “항아리의 비존재가 비존재이다”라고 진술할 수 있는 것은 무엇이건 이 두 가지가 등가물이라고 진술하기 때문이다. “항아리의 비존재가 비존재이다”를 진리로 만들어 주는 것이 없기 때문에 그러한 등가물은 없다. DA를 거부하는 이유는 항아리임을

항아리의 상호 비존재의 지속적 비존재로부터 도출하는 것을 문제 삼지 않고 그냥 두기 때문이다.

마투라나타가 이와 같이 도출하는 것이 불교 유명론자들은 사용할 수 없는 자료들에 의존하고 있다는 사실을 독자들이 놓칠 리가 없을 것이다. 그와 같이 도출하는 것이 행해지기 위해서는, 논의 중인 항아리의 상호 비존재는 항아리임의 경계를 한정하는 것(avacchedaka)으로서 가져야만 한다. 왜냐하면 그렇지 않다면 상호 비존재는 다른 항아리들에서 발생할 것이기 때문이다. 이러한 연관을 회피할 수 있을까? 그 제안은 두 종류의 약용 식물과 그 식물들의 다른 인과적 힘에 관한 이야기가 여기에서 유용할 것이라는 제안이다. 그 경우에는 마투라나타가 도출하는 것과 아포하에 대한 두 가지 부정의 해석들 사이의 중첩은 거의 완전히 일치할 것이다. 물론 불교가 인도에서 멸망한 뒤 몇 세기 동안, 마투라나타는 활발했다는 것이 문제로 남는다. 그러므로 이것은 기껏해야 아주 흥미로운 암시적인 증거의 한 부분일 따름이다. 어떤 인도철학자들이 두 가지 부정의 전략을 탐구했다고 기록되어 있다는 사실에 주목하는 것은 흥미로운 일이다. 아마도 이것은 또한 아포하 논사들도 생각하고 있었을 것이다.

* * *

틸레만스는 이 책 및 다른 곳에서 아포하론을 일종의 오류론으로 간주할 수 있다고 주장한다. 나는 이러한 규정에 동의하지만, 이러한 규정은 오류론이 무엇을 의미하는가에 달려 있다. 어떤 오류론자는 우리가 X들이 있다고 주장할 때 오류를 범한다고 주장한다. 그러나 아마도 사람들은 왜 오류를 범하는지에 관해서 그 이상의 어떤 것을 계속 말하려고 할 것이다. 그 오류론자는 그 이상의 어떤 것을 환원론 또는 배제론과 같은 어떤 것의 방향에서 생각한다. 아포하론은 종개념들에 관한 환원론과 같은 어떤 것으로서 최선이라고 생각되지만, 나는 이런 대답을 옹호하기 전에 내가 생각하는 환원론과 배제론이 무엇인지를 말하고자 한다. 가장 기본적으로 환원론과 배제론은 우리가 어떤 종류 K라는 사물들에 대해 취하는 입장들을 나타낸다. 이때 우리는 '종류'(kind)라는 말을 다소 넓은 범위와 다양한 방식에서 이해하는데, 그 이유는 정신적 사건들, 악마들, 지속하는 물리적 대상들, 분자의 총합, 연소, 수레, 인공물에 대한 통시적 동일성, 도덕적 의무, 전체의 인과적 힘 등과 같은 유형들을 포괄하기 위한 것이다. 이러한 종류들 가운데서 어떤 종류에 대해서 우리는 세 가지 가능한 태도 즉 실재론과 환원론 그리고 배제론 가운데 하나의(또는 다른) 태도를 취하게 될 것이다. 실재론의 입장을 취한다는 것은 그러한 종류의 사물들이 우리의 최종적 존재론에서 발견된다고, 사물들은 우리가 세계를 드러낼 때 사용하는 개념들과는 독립적으로 존재하는 것으로서 세계의 구성 요소들이라고 주장하는 것이다. 예를 들어 정신적 사건들에 관해서 실재론자가 된다는 것은, 세계의 목록이 고통 감각과 같은 것을 포함할 수 없다면, 비록 두뇌 사건들과 같은 것들을 포함한다고 해도 그것이 불완전하다고 주장하는 것이다. 달리 말하면 정신적 사건들에 관해서 실재론자는 그와 같은 사물들이 있다는 견해는 세계를 나타내는 우리 방식의 인위성 그 이상의 것이 있다고 주장하는 것이며, 우리가 세계의 목록에 '고통 감각들'을 적을 때, 우리는 단순히 이미 다른 곳, '신경 전달 체계(C-fiber firings) 속' 같은 곳으로 들어갔던 한 항목을 반복하는 것에 불과한 것이 아니라고 주장하는 것이다.

환원론자들과 배제론자들은 주어진 종개념의 사물들에 실재론자의 입장을 똑같이 거부한다. 그들은 그러한 종개념의 항목이 우리의 최종적 존재론 속에 들어 있다는 것을 부정한다. 그러나 환원론자와 배제론자는 무엇이 우리의 최종적 존재론에 속하는지를 묻는 것은 의미가 있다고 하는 실재론자의 견해에 동의한다. 이것은 세 가지 입장 모두를, 일관된 의미는 궁극 존재론이라는 생각에 의해서 만들어진다는 사실을 부정하는 이들(중관파와 같은 사람들)과 분리시키는 것이다. 종개념 K항목에 대해 실재론자, 환원론자, 배제론자 모두는 의미론적으로는 실재론의 태도를 공유하는데, 세계는 우리가 사용하는 개념적 도식과는 아주 다른 어떤 방식으로 존재하는 사실들로 나누어진다는 의미에서 그러하다. 그들은 종개념 K의 항목들이 최종적 목록에 속하는지의 여부에 대해서는 의견이 불일치하지만, 그들은 모두 의미론적 반실재론(semantic antirealist), 즉 우리의 관심과 한계를 고려하는 것에서 동떨어져 있는, 결정적 의미를 결여한 존재론적 특성을 문제 삼는 입장을 거부한다.[24)]

---

24) 나는 여기에서 더밋의 용법을 따르겠다(Dummett 1993b). 약간 혼란스럽기는 하지만, 종류 K의 항목들에 관련해서 윤회론자는 의미론적 반실재론자이며, 즉 부분적인 의미론적 실재론자이다. 이것은 K들에 관련해서 윤회론자는 이러한 종류의 항목들에 관해 어떤 상황이 있는지 여부에 대해 단순히 아무런 사실 문제도 없는 그런 경우들도 있을 수 있다고 주장하기 때문이다. 그러므로 이것은 붓다가 죽음 이후에 부처가 존재하느냐 않느냐에 관해서는 아무런 사실 문제도 없다고 주장할 수 있는 인간 윤회론의 관점을 취하고 있기 때문일 수도 있다. 그러나 윤회론자 또는 부분적인 반실재론자는 전형적으로 K 종류의 사물들과는 다른 사물들에 관한 진술들에 관해서는 전반적인 의미

종개념 K들에 관해서 환원론은 종종 다음과 같은 주장으로 제시된다. 즉 K들은 어떤 완전히 다른 종류의 사물들'에 바로 존재한다' 또는 '바로' 그런 종류의 사물들'이다'라고 말이다. 그래서 환원론은 수레에 관해서, 수레란 어떤 방식으로 배열된 일련의 부분들일 뿐이라는 견해라고 제시된다. 마찬가지로 환원론은 모래더미에 관해서, 모래더미란 단지 서로 아주 가까이에 있는 모든 모래알들일 뿐이라고 주장한다. 그리고 정신적 사건들과 관련해서, 환원론은 고통의 감각이란 단지 신경섬유 조직의 작용일 뿐이라고 주장한다. 이러한 설명 방식은 환원된 항목은 어떤 의미에서는 결국 환원되어 돌아갈 토대 항목들과 일치한다는 것을 제시한다. 그러나 동일성이라는 것은 환원된 것과 환원의 토대 사이의 올바른 관계일 수가 없다. 첫째, 환원된 것은 하나이지만 환원의 토대는 전형적으로 다수이다. 즉 하나의 수레는 여러 부분들로 구성된다. 그리고 어떻게 한 사물이 여러 사물들과 동일할 수 있는지를 이해하는 것은 불가능하다. 둘째, 동일성이라는 것은 "다만 ~일 뿐이다" 또는 "다만 존재한다"에서 '다만'을 해명하지 못한 채로 남겨 둘 것이다. 만약 모래더미라는 것이 우리의 최종 존재론에 들어 있는 모든 모래 알갱이들과 동일한 것이라면, 왜 모래더미도 그와 마찬가지라고 말해서는 안 되는가? 환원론이 말하는 '다만'은 종개념 K들에 관한 자신들의 견해를 실재론의 견해와 분리하는 것을 의미한다.

론적 실재론자이다. 왜냐하면 비록 우리가 그것이 무엇인지 결코 알 수 없다고 하더라도, 그런 진술들에 관해서는 그 진술에 결정적인 진리치를 부여하는 사실 문제가 언제나 있기 때문이다. 반대로 중관파는 전반적인 의미론적 반실재론을 지지한다. 왜냐하면 어떤 진술도 검증 초월적인 진리 조건을 지닐 수 없기 때문이다.

그러나 환원된 것과 환원하는 것이 동일하다는 것은 그 두 입장을 구별할 수 없는 것으로 만들어 버릴 것이다.

내가 불교 환원론이라고 부르는 입장은 이 문제를 어떤 것이 존재한다고 말하는 두 가지 방식, 즉 관습적(세속제)으로 존재하는가, 궁극적(승의제)으로 존재하는가 하는 방식을 구별함으로써 다루고 있다.[25] 궁극적 존재론 속에 있는 사물들은 궁극적으로 실재한다고 말해지는 반면, 우리가 일상적으로 실재하는 것으로 간주하지만 궁극적 존재론 속에 존재하지 않는 그런 사물들은 그 대신에 관습적으로 실재한다고 말해진다. 환원을 거친 것은 세속적으로 실재한다고 말해지지만, 궁극적으로 실재한다고 말해지지 않는 반면, 어떤 것이 환원의 기초가 되는 토대 항목들은 궁극적으로 실재한다고 말해진다. 세속적으로 실재하는 것과 궁극적으로 실재하는 것 사이의 동일성을 주장할 수 없기 때문에 수레는 수레의 부분들과 동일한 것이 아니다.[26]

그럼에도 이것은 수레가 실제로(즉 궁극적으로) 존재하지 않는다는 것을 의미한다. 수레는 단지 일련의 관습적 실천들 때문에 존재하는 것으로 생각될 뿐이다. 그러므로 사람들은 이제 K들에 관련해서 환원론이 K들이 궁극적으로는 존재하지 않는다고 주장하는 배제론과 어떻게 구분되는지를 알고 싶어 한다. 그 대답은 다음과 같다. 즉 환원론

---

25) 파피트는 인간과 인간적 동일성에 관한 윤회론을 의미하기 위해서 '윤회론'을 사용하는 규약을 도입했다(Parfit 1984). 내가 불교 윤회론이라고 부르는 관점은 다만 인간들 그 이상과 관련되어 있으며, 그것은 오히려 윤회론의 정식화 배후에 있는 동기화 작용들 — 인간들이 철저하게 비인간적 존재자들과 사건들을 윤회할 수 있다는 것을 보여주는데 — 과 관련되어 있다. 세부적인 면에 관해서는 Siderits 2003을 보라.

26) 같은 이유로 수레는 수레의 부분들과도 구분되지 않는다.

과 배제론 둘 다 K들이 존재한다는, 어떤 관습적 실천들로부터 귀결하는 믿음(전형적으로는 언어적 관습적 실천)을 지니고 있는 반면, 이러한 실천들의 유용성에 대해서는 의견이 일치하지 않는다. 궁극적으로 실재하는 사물들과 관련된 사실들이 주어진다면, 그런 관습적 실천들에 근거한 믿음들 때문에 우리는 아마도 목표를 달성하게 될 것이다. 이러한 믿음이 궁극적으로 참이 아니기 때문이라는 사실은 우리의 관심과 인식적 한계를 인정하는 데서 기인한다. 우리에게 수레의 존재를 인정하는 전통적 이론은 교통수단에 대한 우리의 관심을 반영할 뿐만 아니라, 수레를 구성하는 다양한 모든 부분들을 알 수 없다는 우리의 무능력을 반영한다. 다른 한편, K들에 관해서 배제론자들은 K들에 대한 믿음을 낳는 관습적 실천들은 아마도 관습적 실천으로 성공적으로 되지 못하기에 교체되어야 한다고 주장한다. 그와 같이 배제된 대상들의 낡은 사례들은 질병을 야기하는 악마, 플로지스톤(phlogiston), 행성의 주전원(epicycle, 周轉圓) 등이다. 그런 모든 경우에서 문제를 야기하는 항목들을 수용하도록 하는 이론 또는 관행을 통해서는, 우리가 우리의 관심과 인식적 한계를 지닌 생물들에 의해 유용하게 이용될 수 있는 궁극적 실재의 측면들을 이해할 수 없을 것이라고 사람들은 주장한다.

K들에 관해서 환원주의자들과 배제주의자들은, K들이 존재한다고 믿을 때 우리의 믿음은 궁극적 진리를 반영하지 않는다고 하는 일종의 오류를 범한다는 사실에 동의한다. 그들이 불일치하는 것은 이것이 어떤 종류의 오류냐 하는 것이다. 환원론자들은 그런 오류가 우리와 같은 유기체들에게는 유용한 오류라고 주장하는 반면, 배제론자들은 그런 오류를 적극적으로 해를 끼치지 않는다고 해도 기껏해야 무

용한 것으로 간주한다. 내가 아포하론을 보편자에 관한 일종의 환원론이라고 생각한 이유가 이제 분명해질 것이다. 우리는 어떻게 보편자에 관하여 배제론을 옹호할 것인지를 참으로 이해할 수 없다. 반면 유명론자들은 보편자를 궁극적 실재가 아니라고 주장하면서, 만약 우리가 개별자들을 종개념에 속하는 것으로 취급할 수 없다면 우리의 관심은 아무 소용이 없을 것이라는 사실에 동의하지 않으면 안 된다. 실로 아포하론은 다음과 같은 주장, 즉 개별자들을 종개념에 속하는 것으로 이해하고 있음을 설명해 주는 것은 바로 우리의 관심과 인식적 한계라는 주장에 중점을 두고 있다. 아포하론을 오류론이라고 부르게 되는 요점은 아마도, 우리는 사물들을 바로 그런 방식으로 보지만 그렇게 볼 때 오류를 범한다고 말하는 것이다. 그 경우에 우리는 사물을 그렇게 보는 것이 왜 성공할 수밖에 없는지에 대한 이유를 설명해야만 한다. 만약 **불**과 **고통**이라는 종개념에 관해 말할 수 있는 모든 것이 바로 그것들에 대한 우리의 믿음이 무시이래의 무지의 결과라고 한다면, 다음번에 불이라고 생각되는 것에 손을 대게 되면 왜 똑같은 고통이 뒤따를 것이라고 가정하는가?[27)]

이 문제에 관해서 마지막 한 가지 점이 남아 있다. 불교 환원론자는 환원이 이루어지기 위해서는 오류가 어떻게 성공적으로 수행될 수 있는지에 대한 설명을 해야 한다. 중요한 것은 관습적 실천(세속적) 차

---

27) 틸레만스가 (이 책에 실린 글과 Tillemans 1999에서) 지적한 것처럼, 그럼에도 배제주의적 의미에서 오류론으로 가장 잘 알려진 아포하론에 관한 티베트인의 정식화가 있을 수 있다. 이 정식화는 인과관계를 거의 또는 전혀 사용하지 않으며, 무시이래의 무지에 관한 언급을 자연선택에 의존하는 언급으로 쉽게 대체할 수 없는 이론이다.

원 또는 궁극적(승의적) 차원 가운데 어떤 차원에서 이러한 설명이 이루어지느냐 하는 것이다. 왜냐하면 만약 그 설명이 궁극적 진리에 의해 제시된다면, 아포하 논사들은 우리의 개념적 수단들을 보편자들을 환원시킨 것이라고 간주할 수 없기 때문이다. 왜냐하면 그들의 설명에 따르면, 오직 개별자만이 궁극적 실재이므로 실재의 궁극적 본성에 대한 적합한 개념화란 불가능하기 때문이다.[28] 그러므로 어떤 진술도 궁극적으로 참이 될 수가 없다. 이것은 우리가 종개념들을 사용하는 것을 좋아하는 것에 대해서 궁극적 차원에서 설명하는 것을 아예 배제한다. 그러나 다행스럽게도 지금의 설명에서는, 불교 환원주의자들의 관행은 관습적 실천(세속적) 차원에서 요구된 종류의 설명을 제시하고 있다. 이것은 불교 환원론의 아비다르마 형식에서 환원적 설명들이 사실상 '우리의' 관심을 유발하기 위해 일반적으로 정식화된다는 사실에서 보여진다. 왜냐하면 그 사람은 불교 환원주의의 일차적 표적이기 때문에 그런 설명들은 궁극적으로 참일 수가 없다. 여전히 그 설명은 순환적이지 않다. 왜냐하면 만약 환원이 이루어진다면, '우리의' 관심사에 대한 모든 이야기는 궁극적 실재들 사이에서 얻어진 고도로 복합적인 어떤 규칙성들을 언급하는 단순한 상투어(façon de parler)로서 이해될 수 있기 때문이다.

---

28) 독특한 개별자들의 영역에 아주 적합한 언어, 즉 오직 고유명을 포함하고 있는 언어가 있을 수 있는 것처럼 보인다. 그러나 비록 덧없는 개별자들에게 고유명(러셀이 긍정하고 아포하 논사들이 거부한 것)이 주어진다고 하더라도, 다름 아닌 바로 그런 이름으로 구성된 언어는 아무런 의미가 없다.

*　*　*

우리는 새벽에 출발했다. 그 길은 따라가기가 아주 쉬웠다. 단지 하나의 갈림길만이 있었는데, 우리가 왼쪽 갈래 길에 들어서지 않도록 아주 분명하게 표시된 갈림길이었다. (그 왼쪽 길은 자니파Janipha로 통했다.) 그리고 우리는 해질녘에 겨우 솔록근나국에 도착했다. 우리는 열정적으로 여행했다. 왜냐하면 우리는 솔록근나국은 도자기 항아리 중심지로 명성이 있다는 것을 알고 있었기 때문이었다. 그러나 우리가 그 마을에 들어섰을 때 불빛이 약해지고 있었다. 어스름한 어둠 속에서 우리는 길가에 있는 큰 물체를 단지 희미하게, 아주 간신히 그 물체의 형체를 알아볼 수 있을 정도로 지각할 수 있었다. 그러나 우리는 그 물체들이 소가 아니라는 것을, 심지어 최신 유행하는 점토로 만든 소들도 아니라는 것을 알았다. 우리는 그 물체들이 항아리들이라는 것을 알았다. 그리고 그렇게 하루의 끝자락에(at the end of the day) 우리는 목적지에 도달했다는 것을 알았다.[29)]

29) 『아포하싯디』 60.11~14에서 라트나키르티는 아포하론이 구성성을 설명하는 데 사용될 수 있다는 자신의 주장을 증명하기 위해 "이 길은 솔록근나국으로 향한다"라는 문장을 사용한다. (www.cup.columbia.edu/apohatranslation에서 파틸의 번역을 보라.) 그리고 크레베라르 학회에서 언어학자인 브렌든 질론은 많은 토론에서 계속 나타나는 철학적 용어인 "가장 중요한 것은"(at the end of the day)에 관해 언급하고 있다.

참고문헌

『나야차크라브리티 니야야가마누사리니』(*Nayacakravṛtti Nyāyāgamānusāriṇī*), 싱하수리 | in Jambūvijayajī 1966, 1976.

『니루크타』(*Nirukta*), 야스카 | [산스] in Sarup 1967.

『니야야라트나카라』(*Nyāyaratnākara*), 파르타사라티 미슈라 | 『슐로카바르티카』에 대한 주석 | [산스] in Shastri 1978.

『니야야만자리』(*Nyāyamañjarī*), 자얀타 바타 | [산스] in Shastri 1982, 1983, 1984; Shah 1972; Sukla 1936; Varadacharya 1983.

『니야야만자리그란티방가』(*Nyāyamañjarīgranthibhaṅga*), 차크라다라 | [산스] in Shastri 1982, 1983, 1984; Shah 1972.

『니야야무카』(*Nyāyamukha*), 디그나가 | Taishō Shinshū Daizōkyō. The Buddhist canon(tripiṭaka) in Chinese, 1628 | Katsura 1977, 1978, 1979, 1981, 1982, 1984, 1987을 보라. 번역은 in Tucci 1930.

『니야야바르티카』(*Nyāyavārttika*), 웃됴타카라 | [산스] edited in Thakur 1997; Jhā 1984; Taranatha Nyaya-Tarkatirtha et al. 1982.

『니야야바르티카타트파리야티카』(*Nyāyavārttikatātparyaṭīkā*), 바차스파티 미슈라 | [산스] in Thakur 1996a; Taranatha Nyaya-Tarkatirtha et al. 1982.

『니야야바르티카타트파리야파리슈디』(*Nyāyavārttikatātparyapariśuddhi*), 우다야나 | [산스] in Thakur 1996b.

『니야야바샤』(*Nyāyabhāṣya*), 바츠야야나(=파크실라스바민) | [산스] in Thakur 1997; Taranatha Nyaya-Tarkatirtha et al. 1982.

『니야야바샤바르티카티카비바라나판지카』(*Nyāyabhāṣyavārttikaṭīkāvivaraṇapañjikā*), 아니룻다 | [산스] in Thakur 1969.

『니야야부사나』(*Nyāyabhūṣaṇa*), 바사르바즈냐(Bhāsarvajña) | [산스] in Yogindrananda 1968.

『니야야빈두』(*Nyāyabindu*), 다르마키르티 | [산스] in Shastri 1985; Malvania 1971.

『니야야빈두티카』(*Nyāyabinduṭīkā*), 다르못타라 | [산스] in Shastri 1985; Malvania

1971.
『니야야빈두티카티파나』(*Nyāyabinduṭīkāṭippaṇa*) | [산스] in Shastri 1985.
『니야야수트라』(*Nyāyasūtra*), 악사파다 가우타마(Akṣapāda Gautama) | [산스] in Thakur 1997; Jhā 1984; Taranatha Nyaya-Tarkatirtha et al. 1982.
『니야야칸달리』(*Nyāyakandalī*), 슈리다라 바타 | [산스] in Jhā 1977.
『다르못타라프라디파』(*Dharmottarapradīpa*), 두르베카미슈라 | [산스] in Malvania 1971.
『드바다샤라나야차크라』(*Dvādaśāranayacakra*), 말라바딘 | [산스] in Jambūvijayajī 1966, 1976.
『라구프라마냐파리크사』(*Laghuprāmāṇyaparīkṣā*), 다르못타라. | [산스] [티베] 내용 모음과 독일어 번역 in Krasser 1991.
『라트나키르티니반다발리』(*Ratnakīrtinibandhāvalī*), 라트나키르티 | 선집 | [산스] in Thakur 1975.
『랑카바타라수트라』(*Laṅkāvatārasūtra*) | [산스] in Nanjio 1923.
『물라마디야마카카리카』(*Mūlamadhyamakakārikā*), 나가르주나 | [산스] in La Vallée Poussin(1903) 1970.
『바이셰시카수트라』(*Vaiśeṣikasūtras*), 카나다 | [산스] in Jambūvijayajī 1961.
『바키야파디야』(*Vākyapadīya*), 바르트리하리 | [산스] in Abhyankar and Limaye 1963.
『보디차리야바타라』(*Bodhicaryāvatāra*), 산티데바 | [산스] in Vaidya 1960; Śānti Bhikṣu Śāstrī 1983.
『비디비베카』(*Vidhiviveka*), 만다나미슈라(Maṇḍanamiśra) | [산스] in Gosvāmī 1984.
『비야카라나마하바샤』(*Vyākaraṇamahābhāṣya*), 파탄잘리 | [산스] in Shastri and Kuddala 1938; Kielhorn 1962/85.
『비야프티니르나야』(*Vyāptinirṇaya*), 라트나키르티 | [산스] in Thakur 1975(=『라트나키르티니반다발리』).
『비야프티차르카』(*Vyāpticarcā*), 즈냐냐슈리미트라 | [산스] in Thakur 1987(=『즈냐나슈리미트라니반다발리』).
『사만야두샤나』(*Sāmānyadūṣaṇa*), 판디트 아쇼카 | [산스] in Shastri 1910.
『사만야파리크사』(*Sāmānyaparīkṣā*), 디그나가 | 단편들은 이 책의 2장 핀드의 글을 보라.
『슐로카바르티카』(*Ślokavārttika*), 쿠마릴라 바타 | [산스] in Kunhan Raja 1946; Shastri 1978.
『슐로카바르티카티카』(*Ślokavārttikaṭīkā*), 바타푸트라 자야미슈라 | =『샤르카리카』

(*Śarkarikā*) | [산스] in Kunhan Raja 1946.
『아네칸타자야파타카』(*Anekāntajayapaṭāka*), 하리바드라 슈리(Haribhadra Sūri) | [산스] in Kapadia 1940.
『아비다르마코샤』(*Abhidharmakośa*), 바수반두 | [산스] in Pradhan 1967.
『아슈타디야이』(*Aṣṭādhyāyī*), 파니니 | Böhtlingk 1964를 보라.
『아포하싯디』(*Apohasiddhi*), 라트나키르티 | [산스] in Thakur 1975(=『라트나키르티니반다발리』).
『아포하프라카라나』(*Apohaprakaraṇa*), 다르못타라 | [티베] edited in Frauwallner 1937; ed. Narthang(snar thang) edition of the Buddhist canon(tripiṭaka).
『아포하프라카라나』(*Apohaprakaraṇa*), 즈냐냐슈리미트라 | [산스] in Thakur 1987(=『즈냐나슈리미트라니반다발리』).
『이슈바라프라티야비즈냐비마르쉬니』(*Īśvarapratyabhijñāvimarśinī*), 아비나바굽타 | [산스] in Subramania and Pandey 1986.
『이슈바라프라티야비즈냐카리카』(*Īśvarapratyabhijñākārikā*), 아비나바굽타 | 『이슈바라프라티야비즈냐피마르쉬니』를 보라.
『즈냐나슈리미트라니반다발리』(*Jñānaśrīmitranibandhāvali*), 즈냐나슈리미트라 | 선집 | [산스] in Thakur 1987.
『쩨마 릭테르』(*Tshad ma rigs gter*), 사키야 판디타 | in Sönam Gyatso 1969, vol.V.
『쩨마 릭테르 공옌릭빼콜뢰룩강팜쬐』(*Tshad ma rigs gter gyi dgongs rgyan rigs pa'i 'khor los lugs ngan pham byed*), 샤키야 촉든 | in Tobgey 1975, vol.IX and X.
『쩨마 릭테르 기카네남팔쉐빠데뒨랍살』(*Tshad ma'i rigs gter gyi dka' gnas rnam par bshad pa sde bdun rab gsal*), 고람파 쇠남 셍게(Go-ram-ba Sönam Sengge) | in Sönam Gyatso 1969, vol.XII.
『쩨마 릭테르 랑텔』(*Tshad ma rigs gter rang 'grel*), 사키야 판디타 | in Sönam Gyatso 1969, vol.V | [티베] in Nordrang Ogyen 1989.
『차투샤타카』(*Catuḥśataka*), 아리야데바 | [산스] in Jain Bhaskar 1971 | [티베] [산스] 단편들은 in Suzuki 1994.
『치트라드바이타프라카샤바다』(*Citrādvaitaprakāśavāda*), 라트나키르티 | [산스] in Thakur 1975(=『라트나키르티니반다발리』).
『크사나방가싯디 안바야트미카』(*Kṣaṇabhaṅgasiddhi Anvayātmikā*), 라트나키르티 | [산스] in Thakur 1975(=『라트나키르티니반다발리』), 번역은 in Woo 1999.
『타트바상그라하』(*Tattvasaṃgraha*), 샨타라크시타 | [산스] in Shastri 1981~82.
『타트바상그라하판지카』(*Tattvasaṃgrahapañjikā*), 카말라쉴라 | [산스] in Shastri 1981~82.

『타르카바샤』(*Tarkabhāṣā*), 목샤카라굽타 | [산스] in Rangaswami Iyengar 1952; translation in Kajiyama 1966, 1998 | [산스] [티베] in Shastri 2004.

『프라마나바르티카』(*Pramāṇavārttika*), 다르마키르티 | [산스] 1장과 자주 in Gnoli 1960 | [산스] 1장 및 자주와 『프라마나바르티카스바브리티티카』 in Sāṃkṛtyāyana 1943, 1982 | [산스] 1~4장과 『프라마나바르티카브리티』 in Sāṃkṛtyāyana 1938~40; Shastri 1968 | [산스] [티베] 1~4장 in Miyasaka 1971~72 | [산스] 3장과 일본어 번역 in Tosaki 1979, 1985 | [산스] 4장 게송 1~148과 영어 번역 in Tillemans 2000 | * 주의: 1~4장의 순서는 Miyasaka 1971~72나 『프라마나바르티카브리티』의 순서가 아니라 다음과 같다: 1장 「자기를 위한 추론」(Svārthānumāna) / 2장 「인식 수단의 성취」(Pramāṇasiddhi) / 3장 「지각」(Pratyakṣa) / 4장 「타인을 위한 추론」(Parārthānumāna)

『프라마나바르티카바샤 바르티카란카라』(*Pramāṇavārttikabhāṣya Vārttikālaṅkāra*), 프라즈냐굽타 | [산스] in Sāṃkṛtyāyana 1953.

『프라마나바르티카브리티』(*Pramāṇavārttikavṛtti*), 마노라타난딘(Manorathanandin) | [산스] in Sāṃkṛtyāyana 1938~40, Shastri 1968.

『프라마나바르티카스바브리티』(*Pramāṇavārttikasvavṛtti*), 다르마키르티 | [산스] in Gnoli 1960.

『프라마나바르티카스바브리티티카』(*Pramāṇavārttikasvavṛttiṭīkā*), 카르나카고민 | [산스] Sāṃkṛtyāyana 1943, 1982.

『프라마나바르티카티카』(*Pramāṇavārttikaṭīkā*), 샤키야붓디 | [티베] in Derge(sde dge) edition of the Buddhist canon(tripiṭaka), 4220; Peking edition of the Buddhist canon(tripiṭaka), 5718.

『프라마나바르티카티카』(*Pramāṇavārttikaṭīkā*) | 샨카라난다나 | =『프라마나바르티카누사라』(*Pramāṇavārttikānusāra*) | [티베] in Derge edition, 4223; Peking edition, 5721.

『프라마나바르티카판지카』(*Pramāṇavārttikapañjikā*), 데벤드라붓디 | Peking edition, 5717.

『프라마나비니쉬차야』(*Pramāṇaviniścaya*), 다르마키르티 | 1장 [티베] [산스] 및 독일어 번역 in Vetter 1966 | 2장 [티베] [산스] in Steinkellner 1973, 번역은 in Steinkellner 1979.

『프라마나비니쉬차야티카』(*Pramāṇaviniścayaṭīkā*), 다르못타라 | [티베] [산스] 발췌 및 독일어 번역은 in Steinkellner and Krasser 1989.

『프라마나삼웃차야』(*Pramāṇasamuccaya*), 디그나가 | 1장 [산스] in Steinkellner, Krasser, Lasic 2005 | 5장(「아포하론」) [티베] in Hattori 1982([산스] 단편 포함하여 편집) | 티베트어에서 산스크리티어로 재번역된 몇몇 부분은 in

Jambūvijayajī 1976.
『프라마나삼웃차야브리티』(*Pramāṇasamuccayavṛtti*), 디그나가 | 1장 [산스] in Steinkellner, Krasser, Lasic 2005 | 5장(「아포하론」) [티베] in Hattori 1982([산스] 단편 포함하여 편집) | 티베트어에서 산스크리트어로 재번역된 몇몇 부분은 in Jambūvijayajī 1976.
『프라마나삼웃차야티카』(*Pramāṇasamuccayaṭīkā*), 지넨드라붓디 | 1장 [산스] in Steinkellner, Krasser, Lasic 2005 | 5장(「아포하론」) [티베] in Hattori 1982([산스] 단편 포함하여 편집)
『프라산나파다』(*Prasannapadā*), 찬드라키르티 | [산스] in La Vallée Poussin (1903) 1970.
『헤투빈두』(*Hetubindu*), 다르마키르티 | [티베] [산스] 독일어 번역 in Steinkellner 1967.
『헤투빈두티카』(*Hetubinduṭīkā*), 아르차타 | [산스] in Sanghavi and Jinavijayaji 1949.
『헤투빈두티카로카』(*Hetubinduṭīkāloka*), 두르베카미슈라 | [산스] in Sanghavi and Jinavijayaji 1949.

Abhyankar, K. P. and V. P. Limaye, eds. 1963. *Vākyapadīya* of Bhartṛhari. University of Poona Sanskrit and Prakrit Series, vol. 2. Poona: University of Poona Press.
Akamatsu, A. 1980. "Dharmakīrti no apoha- ron." *Tetsugaku Kenkyū (The Journal of Philosophical Studies)* 540: 87~115.
________. 1981. "Karṇakagomin and Śāntarakṣita: On Thirteen *kārikā* s Common to the *Pramāṇavārttikasvavṛttiṭīkā* and the *Tattvasaṃgraha*." *Indological Review* 3: 53~58.
________. 1983. *L'Evolution de la Theorie de l'Apoha*. Unpublished PhD thesis. Paris: Université de la Sorbonne Nouvelle.
Armstrong, David M. 1978. *Nominalism and Realism*. Cambridge: Cambridge University Press.
________. 1980. "Against 'Ostrich Nominalism': A Reply to Michael Devitt." Pacific Philosophical Quarterly 61: 440~449.
Arnold, Dan. 2006. "On Semantics and Saṃketa: Thoughts on a Neglected Problem with Buddhist Apoha Doctrine." *Journal of Indian Philosophy* 34: 415~478.

Bandyopadhyay, Nandita. 1982. "The Concept of Similarity in Indian Philosophy." *Journal of Indian Philosophy* 10: 239~275.

Bergmann, Gustav. 1958. "Frege's Hidden Nominalism." *The Philosophical Review* 67: 437~459.

Bermúdez, José. 2003. "Nonconceptual Mental Content." Entry in the Stanford Encyclopedia of Philosophy: http://plato.stanford.edu/entries/content-nonconceptual/.

Block, Ned. 1997. "Inverted Earth." In *The Nature of Consciousness: Philosophical Debates*, edited by Ned Block, Owen Flanagan, and Güven Güzeldere, 677~693. Cambridge, MA: MIT Press.

________. 2003. "The Harder Problem of Consciousness." *Disputatio* 15: 5~49.

Bloom, Paul. 2004. *Descartes' Baby*. New York: Basic Books.

Böhtlingk, Otto. 1964. *Pâṇini's Grammatik (herausgegeben, übersetzt, erläutert und mit verschiedenen Indices versehen)*. Hildesheim: Georg Olms Verlags-buchhandlung.

Borges, Jorge Luis. 1964. "Funes the Memorious." In *Labyrinths, Selected Stories and Other Writings*. New York: New Directions.

Brandom, R. 1994. *Making It Explicit: Reasoning, Representing, and Discursive Commitment*. Cambridge, MA: Harvard University Press.

Bronkhorst, J. 1999. "Nagārjuna and Apoha." In Katsura 1999, 17~24.

Cardona, George. 1981. "On Reasoning from Anvaya and Vyatireka in Early Advaita." In *Studies in Indian Philosophy, A Memorial Volume in Honour of Pundit Sukhalji Sanghvi*, edited by D. Malvania and N. J. Shah, 79~104. Ahmedabad: L. D. Institute of Indology.

Chakrabarti, A. 2006. "Universal Properties in Indian Philosophical Traditions." In *Encyclopedia of Philosophy*, 2nd edition, edited by Donald Borchert, vol. 9, 580~587. Detroit: Macmillan Reference USA, Thomson Gale.

Chalmers, D. 2003. "The Content and Epistemology of Phenomenal Belief." In *Consciousness: New Perspectives*, edited by Q. Smith and A. Jokic, 220~272. New York: Oxford University Press.

Chattopadhyay, M. 2002. *Ratnakīrti on Apoha*. Kolkata: Centre of Advanced Study in Philosophy.

Clark, Austen. 1993. *Sensory Qualities*. Oxford: Clarendon Press.

________. 2000. *A Theory of Sentience*. Oxford: Clarendon Press.

________. 2004a. "Feature-placing and Proto-objects." *Philosophical Psych-*

ology 17 (4): 443~469.

________. 2004b. "Sensing, Objects and Awareness: Reply to Commentators." *Philosophical Psychology* 17 (4): 553~579.

Cohen, Henri, and Claire Lefebvre, eds. 2005. *Handbook of Categorization in Cognitive Science*. Amsterdam: Elsevier.

Dalai Lama, and Paul Ekman. 2008. *Emotional Awareness: Overcoming the Obstacles to Psychological Balance and Compassion*. New York: Times Books.

Davidson, Donald. 1984. "On the Very Idea of a Conceptual Scheme." In *Inquiries into Truth and Interpretation*, 183~198. Oxford: Clarendon Press.

Dhammajoti, Bhikkhu K. L. 2007. *Abhidharma Doctrines and Controversies on Perception*. Hong Kong: Centre of Buddhist Studies, University of Hong Kong.

Dravid, Raja Ram. 1972. *The Problem of Universals in Indian Philosophy*. Delhi: Motilal Banarsidas.

Dreyfus, Georges. 1997. *Recognizing Reality*. Albany, NY: SUNY Press.

Dummett, Michael. 1993a. *Origins of Analytical Philosophy*. Cambridge, MA: Harvard University Press.

________. 1993b. "Realism and Anti-Realism." In M. Dummett, *The Seas of Language*, 462~478. Oxford: Oxford University Press.

Dunne, John. 1998. "Nominalism, Buddhist Doctrine of." In *Routledge Encyclopedia of Philosophy*, edited by E. Craig, vol. 7, 23~27. London: Routledge.

________. 2004. *The Foundations of Dharmakīrti' s Philosophy. Studies in Indian and Tibetan Buddhism*. Boston: Wisdom.

________. 2006. "Realizing the Unreal: Dharmakīrti's Theory of Yogic Perception." *Journal of Indian Philosophy* 34: 497~519.

Eckel, David. 2008. *Bhāviveka and his Buddhist Opponents*. Harvard Oriental Series. Cambridge, MA: Harvard University Press.

Fodor, Jerry A. 1998. *Concepts: Where Cognitive Science Went Wrong*. Oxford: Oxford University Press.

________. 2004. "Having Concepts: a Brief Refutation of the Twentieth Century." *Mind and Language* 19: 29~47.

________. 2006. *Hume Variations*. Oxford: Oxford University Press.

Frauwallner, Erich. 1932~33. "Beiträge zur Apohalehre. I. Dharmakīrti. Übersetzung." *Wiener Zeitschrift für die Kunde des Morgenlandes* 39: 247~285; ibid, 40: 51~ 94.

________. 1935. "Beiträge zur Apohalehre I. Dharmakīrti. Zusammenfassung." *Wiener Zeitschrift für die Kunde des Morgenlandes* 42: 93~102.

________. 1937. "Beiträge zur Apohalehre II. Dharmottara." *Wiener Zeitschrift für die Kunde des Morgenlandes* 44: 233~287.

________. 1959. "Dignāga, sein Werk und seine Entwicklung." *Wiener Zeitschrift für die Kunde Süd- und Ostasiens* 3: 83~164.

________. 1992. *Erich Frauwallner, Nachgelassene Werke II: Philosophische Texte des Hinduismus*. Hrsg. von G. Oberhammer und C. H. Werba. Vienna: Verlag der Österreichischen Akademie der Wissenschaften.

Funayama, Toru. 2000. "Mental cognition (mānasa) in Kamalaśīla's Theory of Direct Perception." *Tetsugaku Kenkyū (The Journal of Philosophical Studies)* 569: 105~132.

Ganeri, Jonardon. 1999a. "Self-intimation, Memory and Personal Identity." *Journal of Indian Philosophy* 27: 469~483.

________. 1999b. "Dharmakīrti's Semantics for the Particle eva." In Katsura 1999, 101~115.

________. 2001. *Philosophy in Classical India: The Proper Work of Reason*. London: Routledge.

Gibson, James J. 1979. *The Ecological Approach to Visual Perception*. Boston, MA: Houghton Mifflin.

Gillon, Brendan S. 1987. "On Two Kinds of Negation in Sanskrit." *Lokaprajñā* 1: 85~99.

________. 1992. "A Review of *Indian Philosophy of Language* by Mark Siderits." *Canadian Philosophical Reviews* 12 (5): 359~360.

________. 1999. "Another Look at the Sanskrit Particle eva." In Katsura 1999, 117~130.

________. 2007. "Pāṇini's Aṣṭādhyāyī and Linguistic Theory." *Journal of Indian Philosophy* 35: 445~468.

Gillon, Brendan S., and Richard P. Hayes 1982. "The Role of the Particle eva in (Logical) Quantifi cation in Sanskrit." *Wiener Zeitschrift für die Kunde Südasiens* 26: 195~203.

Gnoli, R. 1960. *The Pramāṇavārttikam of Dharmakīrti: the First Chapter with the Autocommentary*. Edited by Raniero Gnoli. Serie Orientale Roma, vol. 23. Roma: Instituto italiano per il medio ed estremo oriente.

Gopnik, Alison, and A. N. Meltzoff. 1997. *Words, Thoughts and Theories*. Cambridge, MA: MIT Press.

Gosvāmī, M. 1984. *Vidhiviveka of Maṇḍanamiśra, with Nyāyakaṇikā of Vācaspatimiśra*. Edited by Mahāprabhulāl Gosvāmī. Varanasi: Tara Printing Works.

Hahn, Michael. 1971. *Jñânashrîmitras Vrttamâlâstuti. Ein Beispielsammlung zur altindischen Metrik. Nach dem tibetischen Tanjur zusammen mit der mongolischen Version herausgegeben, übersetzt und erläutert*. Wiesbaden: Harrassowitz.

________. 1989. "Sanskrit Metrics: As Studied At Buddhist Universities in the Eleventh and Twelfth Century A.D." *Adyar Library Bulletin* 28: 30~60.

Haldane, John, and Crispin Wright, eds. 1993. *Reality, Representation and Projection*. Oxford: Oxford University Press.

Hale, Bob. 1979. "Strawson, Geach and Dummett on Singular Terms and Predicates." *Synthese* 42: 275~295.

________. 1996. "Singular terms (1)." In *Frege: Importance and Legacy*, edited by Matthia Schirn. Berlin: Walter de Gruyter, 438~457.

________. 1997. "Realism and its Oppositions." In *The Blackwell Companion to the Philosophy of Language*, edited by Bob Hale and Crispin Wright. Oxford: Blackwell.

Harnad, Stevan. 2005. "To Cognize is to Categorize: Cognition is Categorization." In *Handbook of Categorization in Cognitive Science*, edited by Henri Cohen and Claire Lefebvre, 20~42. Amsterdam: Elsevier.

Hattori, Masaaki. 1968. *Dignāga, On Perception*. Cambridge, MA: Harvard University Press.

________. 1977. "The Sautrāntrika Background of the Apoha Theory." In *Buddhist Thought and Asian Civilization: Essays in Honor of Herbert V. Guenther on his Sixtieth Birthday*, edited by H. V. Guenther, L. S. Kawamura, and K. Scott, 47~58. Emeryville, CA: Dharma Publications.

________. 1980. "Apoha and Pratibhā." *Sanskrit and Indian Studies: Essays in Honour of Daniel H. H. Ingalls*, edited by M. Nagatomi et al., 61~73. Studies of Classical India, vol. 2. Dordrecht: D. Reidel Publishing Co.

________. 1982. *The Pramāṇasamuccayavṛtti of Dignāga with Jinendra-*

buddhi's Commentary, Chapter Five: Anyāpoha-parīkṣā. Tibetan Text with Sanskrit Fragments. Memoirs of the Faculty of Letters 21. Kyoto: Kyoto University.

________. 1996. "Discussions on Jātimat as the Meaning of a Word." In *Śrī-jñānāmṛtam: A Memorial Volume in Honour of Professor Shri Niwas Shastri*, edited by Vijaya Rani, 387~394. Delhi: Parimal Publications.

________. 2000. "Dignāga's Theory of Meaning. An Annotated Translation of the Pramāṇasamuccayavṛtti, Chapter V: Anyāpoha-parīkṣā (I)." In *Wisdom, Compassion, and the Search for Understanding: The Buddhist Studies Legacy of Gadjin M. Nagao*, edited by Jonathan A. Silk, 137~146. Honolulu: University of Hawai'i Press.

Hayes, Richard P. 1980. "Dignāga's View on Reasoning (svārthānumāna)." *Journal of Indian Philosophy* 8: 219~277.

________. 1986. "An Interpretation of Anyāpoha in Diṅnāga's General Theory of Inference." In *Buddhist Logic and Epistemology: Studies in the Buddhist Analysis of Inference and Language*, edited B. K. Matilal and R. D. Evans, 31~58. Dordrecht, Holland: D. Reidel Pub. Co.

________. 1988. *Dignāga on the Interpretation of Signs. Studies of Classical India*, vol. 9. Dordrecht, Holland: Kluwer Academic Publishers.

Hayes, Steven C, Kirk Strosahl, and Kelly G. Wilson. 1999. *Acceptance and Commitment Therapy: an Experiential Approach to Behavior Change*. New York: Guilford Press.

Hernstein, R. J., and D. H. Loveland. 1964. "Complex Visual Concepts in the Pigeon." *Science* 146: 549~550.

Hernstein, R. J., Donald H. Loveland, and Cynthia Cable. 1976. "Natural Concepts in Pigeons." *Journal of Experimental Psychology: Animal Behavioral Processes* 2 (4): 285~302.

Herzberger, Hans. 1975. "Double Negation in Buddhist Logic." *Journal of Indian Philosophy* 3: 3~16.

Hoornaert, P. 2001. "Bhāviveka's Critique of *Parikalpitasvabhāva* and of Dignāga's *Anyāpoha* Theory." *Religion and Culture* 13 (Hokuriku Society for Religious and Cultural Studies): 12~47.

Horgan, T., and J. Woodward. 1985. "Folk Psychology is here to Stay." *Philosophical Review* 94: 197~226.

Hugon, Pascale. 2008. *Trésors du raisonnement. Sa skya Paṇḍita et ses prédécesseurs tibétains sur les modes de fonctionnement de la pensée et le fondement de l'inférence. Edition et traduction annotée du quatrième chapitre et d' une section du dixième chapitre du Tshad ma rigs pa'i gter*. Wiener Studien zur Tibetologie und Buddhismuskunde 69(1) and 69(2). Vienna: Arbeitskreis für tibetische und buddhistische Studien.

Hume, David. 1960. *A Treatise of Human Nature*. Edited by L. A. Selby-Bigge. Oxford: Clarendon Press.

Inami, Masahiro. 2000. "Astu yathā tathā." In *Indo no Bunka to Ronri, Tosaki Hiromasa Hakase Koki Kinen Ronbunshū* (Culture and Logic in India, Festschrift for Dr. Hiromasa Tosaki), 359~398. Fukuoka: Kyūshū University Press.

Ishida, Hisataka. 2011. "On the Classifi cation of anyāpoha." In *Religion and Logic in Buddhist Philosophical Analysis: The Proceedings of the Fourth International Dharmakīrti Conference, Vienna, August 23~27, 2005*, edited by H. Krasser, H. Lasic, E. Franco and B. Kellner. Vienna: Verlag der Österreichischen Akademie der Wissenschaften.

Jackson, Frank. 1977. *Perception: A Representative Theory*. Cambridge: Cambridge University Press.

Jain Bhaskar, Bhagchandra. 1971. *Āryadeva's Catuḥśatakam, Along with the Candrakīrti vṛtti and Hindi Translation*. Edited by Bhagchandra Jain. Nagpur: Alok Prakashan. This book contains verses and commentary retranslated from Tibetan into Sanskrit.

Jambūvijayajī, Muni. 1961. *Vaiśeṣikasūtras of Kaṇāda, with Candrānanda's Vṛtti*. Edited by Muni Jambūvijayajī. Gaekwad's Oriental Series, vol. 136. Baroda: Oriental Institute.

________. 1966~1976. *Dvādaśāraṃ Nayacakram of Ācārya Śrī Mallavādi Kṣamāśramaṇa with the commenary Nyāyāgamānusāriṇī of Śrī Siṃhasūri Gaṇi Vādi Kṣamāśramaṇa*. 2 vols. Edited with critical notes by Muni Jambūvijayajī. Bhavnagar, India: Sri Jain Atmanand Sabha.

Jhā, Durgādhara. 1977. *Padārthadharmasaṅgraha with Nyāyakandalī of Śrīdhara Bhaṭṭa. Edited with Hindi translation by Durgādhara Jhā*. 2nd ed. Varanasi: Sampurnananda Sanskrit University.

Jhā, Gāṅgānāṭha. 1984. *The Nyāya-sūtras of Gautama. With The Bhāṣya of Vātsyāyana and the Vārtika of Uddyotakara*. Edited and translated by Gāṅgānāṭha Jhā. Delhi: Motilal Banarsidass.

________. 1986. *The Tattvasaṃgraha of Śāntarakṣita with the commentary of Kamalaśīla*. Edited and translated by Gāṅgānāṭha Jhā. Delhi: Motilal Banarsidass.

Kajiyama, Yūichi. 1966. *Introduction to Buddhist Philosophy*. Kyoto: Kyoto University. Reprinted in Kajiyama 1989.

________. 1973. "Three Kinds of Affi rmation and Two Kinds of Negation in Buddhist Philosophy." *Wiener Zeitschrift für die Kunde Südasiens* 17: 161~175. Reprinted in Kajiyama 1989.

________. 1989. *Studies in Buddhist Philosophy*. Kyoto: Rinsen Book Co., Ltd.

________. 1998. An *Introduction to Buddhist Philosophy: An Annotated Translation of the Tarkabhāṣā of Mokṣākaragupta: Reprint with Corrections in the Author's Hand*. Vienna: Arbeitskreis für Tibetische und Buddhistische Studien Universität Wien.

Kapadia, H. R. 1940. *Anekāntajayapatakā of Haribhadra Sūri. Edited with Vṛtti and Municandra Sūri's Vivaraṇa by H. R. Kapadia*. 2 volumes. Gaekwad's Oriental Series, vol. 88. Baroda: Oriental Institute.

Katsura, Shōryū. 1977, 1978, 1979, 1981, 1982, 1984, 1987. *Inmyōshōrimonron Kenkyū[A Study of the Nyāyamukha]*. (1) in Hiroshima Daigaku Bungakubu Kiyō 37, 1977; (2) in 38, 1978; (3) in 39, 1979; (4) in 41, 1981; (5) in 42, 1982; (6) in 44, 1984; (7) in 46, 1987.

________. 1979. "The Apoha Theory of Dignāga." *IBK* 28: 16~20.

________. 1986. "Jñānaśrīmitra on Apoha." In *Buddhist Logic and Epistemology: Studies in the Buddhist Analysis of Inference and Language*, edited by B. K. Matilal and R. D. Evans, 171~184. Dordrecht, Holland: D. Reidel Publishing Co.

________. 1989. "Gainen — apoha-ron o chūshin ni" (Concepts: an Essay on Apoha Theory). Iwanami-kōza Tōyō-shisō, vol. 10. *Indo-Bukkyō* 3, 135~159.

________. 1991. "Dignāga and Dharmakīrti on Apoha. " In *Studies in the Buddhist Epistemological Tradition: Proceedings of the Second International Dharmakīrti Conference (Vienna, June 11~16, 1989)*, edited by Ernst Steinkellner, 129~44. Vienna: Verlag der Österreichischen Akademie der Wissenschaften.

________. 1993. "On Perceptual Judgment." In *Studies in Buddhism in Honour of A. K. Warder*, edited by N. K. Wagle and F. Watanabe, 66~75. Toronto:

Centre for South Asian Studies at the University of Toronto.

________. 1999. *Dharmakīrti's Thought and its Impact on Indian and Tibetan Philosophy: Proceedings of the Third International Dharmakīrti Conference*, edited by Shōryū Katsura. Beiträge zur Kultur- und Geistesgeschichte Asiens. Vienna: Verlag der Österreichischen Akademie der Wissenschaften:

Kellner, Birgit. 2004. "Why Infer and Not Just Look?" In *The Role of the Example (dṛṣṭānta) in Classical Indian Logic*, edited S. Katsura and E. Steinkellner, 1~51. Wiener Studien zur Tibetologie und Buddhismuskunde 58. Vienna: Arbeitskreis für tibetische und buddhistische Studien, Universität Wien.

Kenny, Anthony. 1963. *Action, Emotion and Will*. London: Routledge and Kegan Paul.

Keyt, C. M. 1980. *Dharmakīrti's Concept of the Svalakṣaṇa*. Unpublished PhD dissertation, University of Washington.

Kielhorn, Franz. 1985. *The Vyākaraṇa-Mahābhāṣya of Patañjali*. 3 vols. Poona: Bhandarkar Oriental Research Institute. This is the 4th edition. The 3rd edition, revised and annotated by K.V. Abhyankar, was published in 1962.

Kim, Jaegwon. 1988. "What is 'Naturalized Epistemology'?" *Philosophical Perspectives* 2: 381~405. The issue was entitled "Epistemology."

Kitagawa, Hidenori. 1973. *Indo-Koten Ronrigaku no kenkyū: Jinna no taikei*. Rev. ed. Tokyo: Suzuki Gakujutsu Zaidan.

Krasser, Helmut. 1991. *Dharmottara's kurze untersuchung der Gültigkeit einer Erkenntnis (Laghuprāmāṇyaparīkṣā). Materialen zur Defi nition gültiger Erkenntnis in der Tradition Dharmakīrtis*, vol. 2. Vienna: Verlag der Österreichischen Akademie der Wissenschaften.

________. 1995. "Dharmottara's Theory of Knowledge in his Laghuprāmāṇya-parīkṣā." *Journal of Indian Philosophy* 23: 247~271.

________. 2002. *Śaṅkaranandanas Īśvarāpākaraṇasaṅkṣepa*. Vienna: Verlag der Österreichischen Akademie der Wissenschaften.

Kumar, Mahendra., ed. 1939, 1941. *Laghīyastraya of Akalaṅka, with Prabhācandra's Nyāyakumudacandra*. Manikacandra Digambara Jain Granthamālā, vol. 38, 1939; 39, 1941. 2 volumes. Reprinted Sri Garib Das Oriental Series, vols. 121 and 122, Delhi 1991

Kunhan Raja, C. 1946. *Ślokavārttika of Kumārila Bhaṭṭa*. Edited, with

Śarkarikā of Bhaṭṭaputra Jayamiśra, by C. Kunhan Raja. Madras University Sanskrit Series, vol. 17. Madras: University of Madras.

La Vallée Poussin, Louis de. (1903) 1970. *Mūlamadhyamakakārikās (Mādhyamikasūtras) de Nāgārjuna, avec la Prasannapadā commentaire de Candrakīrti*. St. Petersburg: Bibliotheca Buddhica IV. Reprint, Osnabrück: Biblio Verlag.

Laine, J. 1998. "Vācaspatimiśra." In *Routledge Encyclopedia of Philosophy*, edited by Edward Craig. New York: Routledge.

Lasic, Horst. 2000a. *Jñānaśrīmitra's Vyāpticarcā: Sanskrit text, Übersetzung, Analyse*. Wiener Studien zur Tibetologie und Buddhismuskunde 48. Vienna: Arbeitskreis für Tibetische und Buddhistische Studien.

________. 2000b. *Ratnakīrti's Vyāptinirṇaya: Sanskrit Text, Übersetzung, Analyse*. Wiener Studien zur Tibetologie und Buddhismuskunde 49. Vienna: Arbeitskreis für Tibetische und Buddhistische Studien Universität Wien.

Lawrence, S., and E. Margolis. 1999. *Concepts: Core Readings*. Cambridge, MA: MIT Press.

Levine, Joseph. 2004. "Thoughts on Sensory Representation: A Commentary on Austen Clark's A Theory of Sentience." *Philosophical Psychology* 17 (4): 541~551.

Lewis, David. 1983. "New Work for a Theory of Universals." *Australasian Journal of Philosophy* 61: 343~377.

Longuenesse, Beatrice. 1998. *Kant and the Capacity to Judge*. Translated by Charles T. Wolfe. Princeton: Princeton University Press.

Malvania, D. 1971. *Dharmottara-pradīpa. Paṇḍita Durveka Miśra's Dharmottara-pradīpa. Being a sub-commentary on Dharmottara's Nyāyabindu-ṭīkā, a commentary on Dharmakīrti's Nyāyabindu*. Edited by D. Malvania. Patna: Kashi Prasad Jayaswal.

Matilal, B. K. 1971. *Epistemology, Logic, and Grammar in Indian Philosophical Analysis*. Series Minor, vol. 111. The Hague: Mouton and Co.

________. 1986. *Perception: An Essay on Classical Indian Theories of Knowledge*. Oxford: Clarendon Press.

________. 1998. *The Character of Logic in India*. Albany: SUNY Press.

________. 2002. *Mind, Language and World. The Collected Essays of Bimal Krishna Matilal*, vol. 2. Edited by Jonardon Ganeri. New Delhi: Oxford

University Press.

Matthen, Mohan. 2004. "Features, Places and Things: Reflections on Austen Clark's Theory of Sentience." *Philosophical Psychology* 17 (4): 497~518.

Maturana, Humberto. 1980. "Biology of Cognition." In *Autopoiesis and Cognition: The Realization of the Living*, edited by Humberto Maturana and Francisco Varela, 5~62. Boston: Reidel.

McCrea, L., and Parimal Patil. 2006. "Traditionalism and Innovation." *Journal of Indian Philosophy* 34: 303~366.

________. 2010. *Buddhist Philosophy of Language in India: Jñānaśrīmitra's Monograph on Exclusion*. New York: Columbia University Press.

Metzinger, Thomas. 2003. *Being No One*. Cambridge, MA: MIT Press.

Millar, Alan. 1991. *Reason and Experience*. Oxford: Clarendon Press.

Millikan, Ruth. 2000. *On Clear and Confused Ideas*. Cambridge: Cambridge University Press.

Mimaki, K. 1976. *La Réfutation bouddhique de la permanence des choses [Sthirasiddhidūṣaṇa] et la preuve de la momentaneité des choses [Kṣaṇabhaṅgasiddhi]*. Publications de l'Institut de civilisation Indienne, vol. 41. Paris: A. Maisonneuve.

Miyasaka, Y. 1971~72. *Pramāṇa-vārttika-kārikā (Sanskrit and Tibetan)*. Edited by Y. Miyasaka. Acta Indologica 2: 1~206.

Mookerjee, S. (1935) 1993. *The Buddhist Philosophy of Universal Flux: an Exposition of the Philosophy of Critical Realism as Expounded by the School of Dignāga*. Calcutta: University of Calcutta. Reprint, Delhi: Motilal Banarsidass.

Mookerjee, S., and H. Nagasaki. 1964. *The Pramāṇavārttikam of Dharmakīrti: An English Translation of the First Chapter with the Autocommentary and with Elaborate Comments* [k. 1~51]. Nava Nālandā Research Publication, vol. 4. Patna: Nava Nālandā Mahāvihāra.

Much, Michael Torsten. 1994. "Uddyotakaras Kritik der apoha-Lehre (Nyāya-vārttika ad NS II, 66)." *Wiener Zeitschrift für die Kunde Südasiens* 38: 351~366.

Mukhopadhyaya, P. K. 1984. *Indian Realism*. Calcutta: K. P. Bagchi.

Murphy, Gregory L. 2004. *The Big Book of Concepts*. Cambridge, MA: MIT Press.

Nagatomi, M. 1968. "Mānasa-pratyakṣa: A Conundrum in the Buddhist Pramāṇa

System." In *Sanskrit and Indian Studies: Essays in Honor of Daniel H. H. Ingalls*, edited by M. Nagatomi et al., 243~260. Dordrecht, Holland: D. Reidel.

Nanjio, B. 1923. *Laṅkāvatārasūtra*. Edited by Bunyu Nanjio. Kyoto: Otani University Press.

Nordrang Ogyen (*nor brang o rgyan*). 1989. *Tshad ma rigs pa ' i gter gyi rang gi 'grel pa of Sa skya Paṇḍita Kun dga' rgyal mtshan*. Edited by Nor brang o rgyan. Lhasa: Bod ljongs mi dmangs dpe skrun khang.

Oberhammer, Gerhard et al. 1991~96. *Terminologie der frühen philosophischen Scholastik in Indien. Ein Begriff swörterbuch zur altindischen Dialektik, Erkenntnislehre und Methodologie*. Vols. 1 and 2. Vienna: Verlag der Österreichischen Akademie der Wissenschaften.

Oetke, Claus. 1993. *Bemerkungen zur Buddhistischen Doktrin der Momentanheit des Seienden: Dharmakīrtis Sattvānumāna*. Wiener Studien zur Tibetologie und Buddhismuskunde 29. Vienna: Arbeitskreis für Tibetische und Buddhistische Studien, Universität Wien.

Parfit, Derek. 1984. *Reasons and Persons*. Oxford: Oxford University Press.

Patil, Parimal G. 2003. "On What It Is that Buddhists Think About: Apoha in the Ratnakīrtinibandhāvalī " *Journal of Indian Philosophy* 31: 229~256.

________. 2007. "Dharmakīrti's White-Lie." In *Pramāṇakīrtiḥ. Papers Dedicated to Ernst Steinkellner on the Occasion of his 70th birthday*, part 2, edited by B. Kellner, H. Krasser, and M. T. Much, and H. Tauscher, 597~619. Wiener Studien zur Tibetologie und Buddhismuskunde, vol. 70. 2. Vienna: Arbeitskreis für Tibetische und Buddhistische Studien Universität Wien.

________. 2009. Against a Hindu God: Buddhist Philosophy of Religion in India. New York: Columbia University Press.

________. 2010. "History, Philology, and the Philosophical Study of Sanskrit Texts." *Journal of Indian Philosophy* 38: 163~202.

Peacocke, Christopher. 1992a. "Scenarios, concepts, and perception." In *The Contents of Experience: Essays on Perception*, edited by Tim Crane. Cambridge: Cambridge University Press.

________. 1992b. *A Study of Concepts*. Cambridge MA: MIT Press.

________. 1994. "Nonconceptual Content: Kinds, Rationales and Relations." *Mind and Language* 9: 419~429.

________. 2001. "Does Perception Have a Nonconceptual Content?" *Journal of Philosophy* 98: 239~264.

Pind, O. 1991. "Dignāga on Śabdasāmānya and Śabdaviśeṣa." In *Studies in the Buddhist Epistemological Tradition*, edited by Ernst Steinkellner, 268~280. Vienna: Österreichische Akademie der Wissenschaften.

________. 1999. "Dharmakīrti's Interpretation of Pramāṇasamuccayavṛtti V 36: śabdo 'rthāntaranivṛttiviśiṣṭān eva bhāvān āha." In Katsura 1999, 317~332.

Potter, Karl H.. 1963. *Presuppositions of India's Philosophies*. Englewood Cliffs, N. J.: Prentice Hall.

Potter, Karl H., ed. 1977. *Encyclopedia of Indian Philosophy*. Vol. 2. Delhi: Motilal Banarsidass.

Potter, Karl H., Robert E. Buswell, Padmanabh S. Jaini, and Noble Ross Reat, ed. 1998. *Abhidharma Buddhism to 150 A.D. Encyclopedia of Indian Philosophies*, vol. 7. Delhi: Motilal Banarsidass.

Pradhan, P. 1967. *Abhidharmakośa and Abhidharmakośabhāṣya of Vasubandhu*. Edited by Prahlad Pradhan. Patna: K. P. Jayaswal Research Institute.

Prinz, Jesse. 2002. *Furnishing the Mind*. Cambridge, MA: MIT Press.

Putnam, Hillary. 1987. *The Many Faces of Realism*. LaSalle, IL: Open Court.

Quine, W. V. O. 1953. *From a Logical Point of View*. Cambridge, MA: Harvard University Press.

________. 1966. "Quantifi ers and Propositional Attitudes." In *Quine's The Ways of Paradox and Other Essays*, 183~94. New York: Random House.

Raja, K. K. 1986. "Apoha Theory and Pre-Diṅnāga Views on Sentence Meaning." In *Buddhist Logic and Epistemology: Studies in the Buddhist Analysis of Inference and Language*, edited by B. K. Matilal and R. D. Evans, 185~92. Dordrecht, Holland: D. Reidel Pub. Co.

Rangaswami Iyengar, H. R., ed. 1952. *Tarkabhāṣā of Mokṣākaragupta*. Mysore

Rospatt, A. V. 1995. *The Buddhist Doctrine of Momentariness: A Survey of the Origins and Early Phase of this Doctrine up to Vasubandhu*. Stuttgart: Steiner.

Russell, Bertrand. 1921. *The Analysis of Mind*. London: George Allen & Unwin.

Saito, A. 2004. "Bhāviveka's Theory of Meaning." *Journal of Indian and Buddhist Studies* 52 (2): 24~31.

Sakurai, Yoshihiko. 2000. "Dharmakīrti, Śākyabuddhi, and Śāntarakṣita on Apoha." *Ryūkoku Daigaku Daigakuin Kiyō, Bungakubu Kenkyūkai* 22.

Sāṃkṛtyāyana, R. 1953. *Pramāṇavārttikabhāṣya of Prajñākaragupta*. Patna: Kashi Prasad Jayaswal Research Institute.

_______. (1943) 1982, ed.. *Pramāṇavārttikasvavṛttiṭīkā of Karṇakagomin. In Karṇakagomin's Commentary on the Pramāṇavārttikavṛtti of Dharmakīrti*. Allahabad: Kitab Mahal. Reprint, Kyoto: Rinsen Books.

Sanghavi, S., and Muni Shri Jinavijayaji. 1949. *Hetubinduṭīkā of Bhaṭṭa Arcaṭa: with the Subcommentary Entitled Āloka of Durveka Miśra*. Baroda: Oriental Institute.

Śānti Bhikṣu Śāstrī, ed. and trans. 1983. *Bodhicaryāvatāra*. Edited with Hindi translation. Lucknow: Buddhavihara.

Sarup, L, ed.. 1967. *Nirukta of Yāska*. Reprint. Delhi: Motilal Banarsidass.

Scharf, P. M. 1996. *The Denotation of Generic Terms in Ancient Indian Philosophy: Grammar, Nyāya and Mīmāṃsā*. Philadelphia: American Philosophical Society.

Schmithausen, L. 1965. *Maṇḍanamiśra's Vibhramavivekaḥ. Mit einer Studie Zur Entwicklung der indischen Irrtumslehre*. OAWV 2. Vienna: Verlag der Österreichische Akademie der Wissenschaften.

_______. 1987. *Ālayavijñāna*. Tokyo: International Institute for Buddhist Studies.

Shah, N. J., ed. 1972. *Nyāyamañjarīgranthibhaṅga of Cakradhara*. Ahmedabad: L. D. Institute of Indology.

Sharma, D. 1969. *The Differentiation Theory of Meaning*. The Hague: Mouton.

Shastri, D., ed. 1978. *Ślokavārttika of Śrī Kumārila Bhaṭṭa. With the Commentary Nyāyaratnākara of Pārthasārathi Miśra*. Edited by Dvārikādāsa Śāstrī. Prāchyabhārati Series, vol. 10. Varanasi: Tara Publications.

_______, ed. 1981~82. *Tattvasaṅgraha of Śāntaraksita with the Tattvasaṅgrahapañjikā of Kamalaśīla. Reprint*. Varanasi: Bauddha Bharati.

_______, ed. 1985. *Nyāyabindu of Ācārya Dharmakīrti with the Commentaries by Ārya Vinitadeva and Dharmottara and Dharmottara-Ṭīkā-Ṭippaṇa*. Dharmakīrtinibandhāvali 3. Bauddha Bhāratī vol. 18. Varanasi: Bauddha Bharati.

Shastri, D. N. 1964. *Critique of Indian Realism*. Agra: Agra University.

Shastri, G., ed. 1982~1984. *Nyāyamañjarī of Jayanta Bhaṭṭa, with Nyāyamañjarīgranthibhaṅga of Cakradhara*. Edited by Gaurīnatha Śāstrī. 3 vols. Varanasi: Sampurnananda Sanskrit University.

Shastri, H., ed. 1910. *Six Buddhist Nyāya Tracts in Sanskrit. Edited by Haraprasād Śāstrī*. Bibliotheca India, vol. 185. Calcutta: The Asiatic Society.

Shastri, Lobsang Norbu, ed. 2004. *Tarkabhāṣā of Mokṣākaragupta, Sanskrit and Tibetan Texts*. Varanasi: Central Institute of Higher Tibetan Studies.

Shastri, R., and S. D. Kuddala., eds. 1938. *Mahābhāṣya of Patañjali, with the Pradīpa of Kaiyaṭa and Uddyota of Nāgeśa*. Edited by Raghunātha K. Śāstrī and Śivadatta D. Kuddāla. Vol. 1. Bombay: Nirnaya Sagar Press.

Shoemaker, Sydney. 1990. "Qualities and Qualia: What's in the Mind?" *Philosophy and Phenomenological Research* 50: 109~131.

Siderits, Mark. 1982. "More Things in Heaven and Earth." *Journal of Indian Philosophy* 10: 187~208.

________. 1986. "Word Meaning, Sentence Meaning, and Apoha." *Journal of Indian Philosophy* 13: 133~151.

________. 1991. *Indian Philosophy of Language: Studies in Selected Issues*. Studies in Linguistics and Philosophy, vol. 46. Dordrecht: Kluwer Academic Publishers.

________. 1999. "Apohavāda, Nominalism and Resemblance Theories." In Katsura 1999, 341~348.

________. 2003. *Personal Identity and Buddhist Philosophy: Empty Persons*. Aldershot, UK: Ashgate.

________. 2005. "Buddhist Nominalism and Desert Ornithology." In *Universals, Concepts and Qualities*, edited by Arindam Chakrabarti and Peter Strawson, 91~103. Abingdon: Ashgate.

________. 2006. "Apohavāda." In *Philosophical Concepts Relevant to Sciences in Indian Tradition, PHISPC III. 5*, edited by Prabal Kumar Sen, 727~736. Delhi: Munshiram Manoharlal.

________. 2007. *Buddhism as Philosophy: an Introduction*. Indianapolis: Hackett Publishing, 2007.

Siegel, R. K., and W. K. Honig. 1970. "Pigeon Concept Formation: Successive and Simultaneous Acquisition." *Journal of the Experimental Analysis of Behavior* 13 (3): 385~390.

Siegel, S. 2005. "The Contents of Perception." *The Stanford Encyclopedia of Philosophy*, edited by Edward N. Zalta: http://plato.stanford.edu/archives/win2008/entries/perception-contents.

Sönam Gyatso (*bsod nams rgya mtsho*), ed. 1969. *Sa skya pa'i bka' 'bum. The Complete Works of the Great Masters of the Sa skya Sect of Tibetan Buddhism*. Tokyo: The Toyo Bunko.

Staal, J. F. 1969. "Sanskrit Philosophy of Language." In *Linguistics in South Asia*, edited by Thomas A. Sebeok, 499~531. Current Trends in Linguistics, vol. 5. The Hague: Mouton.

Stcherbatsky, T. 1984. *Buddhist Logic*. New Delhi, Munshiram Manoharlal.

Steinkellner, E. 1966. "Bemerkungen zu Īśvarasenas Lehre vom Grund." *Wiener Zeitschrift für die Kunde Süd- und Ostasiens* 10: 73~85.

________. 1967. *Dharmakīrti's Hetubinduḥ. Teil I, Tibetischer Text und rekonstruierter Sanskrit-Text. Teil II, Übersetzung und Anmerkungen*. Vienna: Verlag der Österreichischen Akademie der Wissenschaften.

________. 1969. "Die Entwicklung des Kṣaṇikatvānumānam bei Dharmakīrti." *Wiener Zeitschrift für die Kunde Süd- und Ostasiens* 13: 361~377.

________. 1973. *Dharmakīrti's Pramāṇaviniścaya. Zweites Kapitel: Svārthā-numāna. Teil 1: Tibetischer Text und Sanskrittexte*. Vienna: Verlag der Österreichischen Akademie der Wissenschaften.

________. 1976. "Der Einleitungsvers von Dharmottara's Apohaprakaraṇam." *Wiener Zeitschrift für die Kunde Südasiens und Archiv für indische Philosophie* 20: 123~124.

________. 1977 "Jñānaśrīmitra's Sarvajñasiddhiḥ." In *Prajñāpāramitā and Related Systems*, edited by Lewis Lancaster and Luis Gomez, 383~393. Berkeley, CA: University of California Press.

________. 1979. *Dharmakīrti's Pramāṇaviniścaya. Zweites Kapitel: Svārthā-numāna. Teil 2: Übersetzung und Anmerkungen*. Vienna: Verlag der Österreichischen Akademie der Wissenschaften.

Steinkellner, E., and H. Krasser. 1989. *Dharmottaras Exkurs zur Defi nition gültiger Erkenntnis im Pramāṇaviniścaya: (Materialien zur Defi nition gültiger Erkenntnis in der Tradition Dharmakīrtis 1): Tibetischer Text, Sanskritmaterialien und Übersetzung*. Vienna: Verlag der Österreichischen Akademie der Wissenschaften.

Steinkellner, E., H. Krasser, and H. Lasic. 2005. *Jinendrabuddhi's Viśālāmalavatī Pramāṇasamuccayaṭīkā: Chapter 1*. Part 1: Critical Edition. Part II: Diplomatic Edition. Beijing-Vienna: China Tibetology Publishing House and Austrian Academy of Sciences Press.

Steinkellner, Ernst, and M. T. Much. 1995. *Texte der erkenntnistheoretischen Schule des Buddhismus*. Göttingen: Vandenhoeck & Ruprecht.

Strawson, Galen. 1989. "Red and 'Red.'" *Synthese* 78: 193~232.

Strawson, Peter F. 1963. *Individuals*. New York: Anchor Books.

________. 1966. *The Bounds of Sense*. London: Methuen.

________. 1974. *Subject and Predicate in Logic and Grammar*. London: Methuen.

Subramania Iyer, K. A. and K. C. Pandey. 1986. *Īśvara-pratyabhijñā-vimarśinī of Abhinavagupta: Doctrine of divine recognition*. Sanskrit text with the commentary Bhāskarī, edited by K. A. Subramania Iyer and K. C. Pandey. Delhi: Motilal Banarsidass.

Sukla, N. S. 1936. *Nyāyamañjarī of Jayantabhaṭṭa*. Edited by Surya Narayana Sukla. Benares: Kashi Sanskrit Series, Nyaya Section 15.

Suzuki, K., ed. 1994. *Sanskrit Fragments and Tibetan Translation of Candrakīrti's Bodhisattvayogācāracatuḥśataka*. Tokyo: Sankibo Press.

Taber, John. 2005. *A Hindu Critique of Buddhist Epistemology*. London: Routledge.

Tani, T. 1997. "Problems of Interpretation in Dharmottara's Kṣaṇabhaṅgasiddhi (1), (2) and (3)." *Bulletin of Kochi National College of Technology* 41: 19~77.

________. 1999. "Reinstatement of the Theory of External Determination of Pervasion (Bahirvyāptivāda): Jñānaśrīmitra's Proof of Momentary Existence." In Katsura 1999, 363~386.

Taranatha Nyaya-Tarkatirtha et al. 1982. *Nyāyadarśanam: With Vātsyāyana's Bhāṣya, Uddyotakara's Vārttika, Vācaspati Miśra's Tātparyaṭīkā and Viśvanātha's Vṛtti*, edited by Taranatha Nyaya-Tarkatirtha, Amarendramohan Tarkatirtha, Hemantakumar Tarkatirtha. 2 vols. Calcutta (Calcutta Sanskrit Series 18 and 29). Reprint. Kyoto: Rinsen Book Co.

Tarski, Alfred. 1944. "The Semantic Conception of Truth and the Foundations of Semantics." *Philosophy and Phenomenological Research* 4: 341~376.

________. 1983. "The Concept of Truth in Formalized Languages." In *Logic, Semantics, Metamathematics*, edited by John Corcoran, 2nd ed., 152~278. Indianapolis, IN: Hackett Publishing Company.

Thakur, A., ed. 1969. *Nyāyabhāṣyavārttikaṭīkāvivaraṇapañjikā of Aniruddha*. Darbhanga: Mithila Research Institute.

________. 1975. *Ratnakīrtinibandhāvali*. Patna: Kashiprasad Jayaswal Research Institute.

________. 1987. *Jñānaśrīmitranibandhāvali*. Patna: Kashiprasad Jayaswal Research Institute.

________, ed. 1996a. *Nyāyavārttikatātparyaṭīkā of Vācaspatimiśra. Nyāyacaturgranthikā 3*. New Delhi: Indian Council of Philosophical Research.

________, ed. 1996b. *Nyāyavārttikatātparyapariśuddhi of Udayana. Nyāyacaturgranthikā 4*. New Delhi: Indian Council of Philosophical Research.

________, ed. 1997. *Nyāyasūtras with Nyāyabhāṣya of Vātsyāyana and Nyāyavārttika of Uddyotakara. Nyāyacaturgranthikā 1~2*. New Delhi: Indian Council of Philosophical Research.

Tillemans, Tom J. F. 1986. "Identity and Referential Opacity in Tibetan Buddhist apoha Theory." In *Buddhist Logic and Epistemology*, edited by Bimal K. Matilal and R. D. Evans, 207~27. Studies of Classical India, vol. 7. Dordrecht: D. Reidel.

________. 1990. *Materials for the Study of Āryadeva, Dharmapāla and Candrakīrti*. Wiener Studien zur Tibetologie und Buddhismuskunde 24. 1~2. Vienna: Arbeitskreis für Tibetische und Buddhistische Studien Universität Wien.

________. 1995. "On the So-Called Diffi cult Point of the Apoha Theory." *Asiatische Studien/Etudes Asiatiques* 59: 854~889.

________. 1999. *Scripture, Logic, Language: Essays on Dharmakīrti and His Tibetan Successors. Studies in Indian and Tibetan Buddhism*. Boston: Wisdom Publications.

________. 2000. *Dharmakīrti's Pramāṇavārttika: An Annotated Translation of the Fourth Chapter (parārthānumāna)*. Vol. 1 (k. 1~148). Vienna: Verlag der Österreichischen Akademie der Wissenschaften.

________. 2011. "The Theory of Apoha: What does Bhāviveka Have to Do with It?" In *Religion and Logic in Buddhist Philosophical Analysis: The Proceedings of the Fourth International Dharmakīrti Conference, Vienna, August 23~27, 2005*, edited by H. Krasser, H. Lasic, E. Franco, and B. Kellner. Vienna: Verlag der Österreichischen Akademie der Wissenschaften 2011.

Tobgey, Kunzang., ed. 1975. *The Complete Works (gsung 'bum) of gSer-mdog Paṇ-chen Śākyamchog-ldan*. Thimphu, Bhutan.

Tosaki, Hiromasa. 1979~1985. *Bukkyō Ninshikiron no Kenkyū. — Hosshō-cho Pramāṇa vārttika no Genryo-ron* (A Study of Buddhist Epistemology — The Theory of Perception in the Pramāṇavārttika of Dharmakīrti). 2 vols. Tokyo: Daitō Shuppansha. This is an edition and Japanese translation of PV III.

Treisman, A., and Gelade, G. 1980. "A Feature-integration Theory of Attention." *Cognitive Psychology* 12: 97~136.

Tucci, Giuseppe. (1930) 1976. *The Nyāyamukha of Dignāga: The Oldest Buddhist Text on Logic, After Chinese and Tibetan Materials*. Heidelberg: Materialen zur Kunde des Buddhismus. Reprint, San Francisco: Chinese Materials Center.

Vaidya, P. L. 1960. *Śāntideva, Bodhicaryāvatāra, with the Commentary Pąñjikā of Prajñākaramati*. Buddhist Sanskrit Texts, vol. 12. Darbhanga: Mithila Institute.

Van Cleve, James. 1999. *Problems from Kant*. Oxford: Oxford University Press.

Vetter, T. 1966. *Dharmakīrti's Pramāṇaviniścaya, 1. Kapitel: Pratyakṣam. Einleitung, Text der Tibetischen Übersetzung, Sanskritfragmente, deutsche Übersetzung*. Vienna: H. Böhlaus Nachf., Kommissionsverlag der Österreichischen Akademie der Wissenschaften.

Von Rospatt, A. 1995. *The Buddhist Doctrine of Momentariness*. Stuttgart: Steiner.

Waldron, William S. 2003. *The Buddhist Unconscious: The Ālaya-vijñāna in the Context of Indian Buddhist Thought. Curzon Critical Studies in Buddhism*. London: Routledge.

Watanabe, Satoshi. 1969. *Knowing and Guessing*. New York: Wiley.

Watson, Alex. 2006. *The Self's Awareness of Itself: Bhaṭṭa Rāmakaṇṭha's Arguments Against the Buddhist Doctrine of No-Self*. Vienna: The De Nobili Research Library.

Woo, Jeson. 1999. *The Kṣaṇabhaṅgasiddhi-Anvayātmika: An Eleventh-Century Buddhist Work on Existence and Causal Theory*. Unpublished PhD Dissertation, University of Pennsylvania.

________. 2003. "Dharmakīrti and his Commentators on Yogipratyakṣa." *Journal of Indian Philosophy* 31: 439~448.

Varadacharya, V. K. S., ed. 1983. *Nyāyamañjarī of Jayantabhaṭṭa*. Part 2. Mysore: Oriental Research Institute, University of Mysore.

Yogindrananda 1968. *Nyāyabhūṣaṇa of Bhāsarvajña*: In *Nyāyasāra* of Bhāsarvajña. Edited, with autocommentary Nyāyabhūṣaṇa and editor's commentary, by Yogindrananda. Varanasi.

Yoshimizu, C. 1999. "The Development of Sattvānumāna from the Refutation of a Permanent Existent in the Sautrāntika Tradition." *Wiener Zeitschrift für die Kunde Südasiens* 43: 231~254.

________. (forthcoming). "Buddhist Inquiries into the Nature of an Object's Determinate Existence in terms of Space, Time, and Defining Essence." unpublished book manuscript.

지은이 및 옮긴이 소개

| 지은이 |

가쓰라 쇼류(桂紹隆) 교토 류코쿠대학교 인도철학 교수. 불교 논리학과 인식론, 아비다르마 철학, 중관과 유식철학, 대승 경전 등이 주요 연구 관심사다. 주요 저서로 『고대 인도 논리학에서 예(例)의 역할』(*The Role of the Example[Dṛṣṭānta] in Classical Indian Logic*, 공저, 2004), 『인도인의 논리학』(インド人の論理學, 1998), 『니야야무카 연구』(*A Study of the Nyāyamukha*, 1977~1987) 등이 있다.

마크 시더리츠(Mark Siderits) 일리노이주립대학교 명예교수. 서울대학교 철학과에서 2008년부터 2012년까지 재직하고 정년퇴임했다. 주 관심사는 현대 분석철학과 고대 인도·불교 철학의 접점에서 분석형이상학이 갖는 가치에 대한 것이다. 저서로 『인도 언어철학』(*Indian Philosophy of Language*, 1991), 『개인의 정체성과 불교철학: 텅 빈 인간』(*Personal Identity and Buddhist Philosophy: Empty Persons*, 2003), 『철학으로서의 불교』(*Buddhism as Philosophy*, 2007) 등이 있다.

밥 헤일(Bob Hale) 세필드대학교 철학과 교수로 재직하다 2017년 작고했다. 이전에는 랭커스터대학교, 세인트앤드루스대학교, 글래스고대학교 등에서 학생들을 가르쳤다. 저작들은 대부분 논리철학과 수학에 관한 것으로, 『추상적 대상』(*Abstract Objects*, 1987), 『언어철학 입문』(*The Blackwell Companion to the Philosophy of Language*, 공저, 1997), 『이성의 올바른 연구』(*Reason's Proper Study*, 공저, 2001) 등이 있다.

브렌든 질론(Brendan S. Gillon) 몬트리올 맥길대학교 언어학과 교수. 인도 논리학과 인식론에 관심을 두고 연구하고 있다. 다르마키르티의 『프라마나바르티카』의 1장「자기를 위한 추론」의 첫 부분에 대한 번역 두 편(리처드 헤이스Richard P. Hayes

와 공동 작업)을 비롯해서 다수의 논문이 있다. 『초기 고대 인도의 논리학』(*Logic in Earliest Classical India*, 2008)의 편집에도 참여했다.

아린담 차크라바르티(Arindam Chakrabarti) 스토니브룩 대학교 철학과 교수. 전통적인 산스크리트어에 기초해서 인도 논리학, 인식론, 언어철학에 관해 배웠고, 니야야, 불교, 카슈미르 시바교, 베단타에 대한 연구를 계속하고 있다. 저서로 『존재의 부정』(*Denying Existence*, 1997) 등이 있고, 『낱말로부터의 앎』(*Knowing from Words*, 1994), 『보편자, 개념, 특질』(*Universals, Concepts and Qualities*, 2006) 등을 공동 편집했다.

아미타 차테르지(Amita Chatterjee) 콜카타 자다푸르대학교 명예교수. 프레지던시대학교 부총장직을 역임했다. 저서로 『애매함의 이해』(*Understanding Vagueness*, 1994), 『바라티야 다르마니티』(*Bharatiya Dharmaniti*, 편저, 1998), 『의식에 관한 관점들』(*Perspectives on Consciousness*, 편저, 2003), 『물리주의와 대안들』(*Physicalism and Its Alternatives*, 벵골어, 공편, 2003), 『정신적 추론: 실험과 이론』(*Mental Reasoning: Experiments and Theories*, 공저, 2009) 등이 있다. 여러 잡지의 객원 편집인을 맡았다.

올레 핀드(Ole Pind) 덴마크 아루스대학교에서 수학했다. 초기 불교, 팔리어와 산스크리트어 문법의 고유 전통, 인도 언어철학 등이 주요 전문 분야이다. 『팔리어 사전』(*A Critical Pali Dictionary*)의 공동 편집을 맡았고, 문법학자들에 대해 많은 논문을 썼다. 저서로 『프라마나삼웃차야』 5장에 관한 연구인 『디그나가의 언어철학』(*Dignāga's Philosophy of Language*, 2015) 등이 있다.

조너던 가네리(Jonardon Ganeri) 뉴욕대학교 교수. 인도철학과 분석철학의 접점을 연구하고 있다. 저서로 『이성의 잃어버린 시대』(*The Lost Age of Reason*, 2011), 『영혼의 숨겨진 기술』(*The Concealed Art of the Soul*, 2007), 『고대 인도의 철학』(*Philosophy in Classical India*, 2001), 『의미의 힘』(*Semantic Powers*, 1999) 등이 있다.

조르주 드레퓌스(Georges Dreyfus) 매사추세츠 윌리엄스칼리지 종교학과 교수. 티베트의 불교 사원에서 15년을 머무르면서 연구한 후 서양인으로는 최초로 게셰(Geshe) 칭호를 얻었다. 저서로는 『실재의 자각』(*Recognizing Reality*, 1997), 『스바탄트리카-프라상기카 식별』(*The Svātantrika-Prāsaṅgika Distinction*, 공저, 2003), 『손뼉 치는 소리』(*The Sound of Two Hands Clapping*, 2003) 등이 있다.

존 던(John D. Dunne) 위스콘신메디슨대학교 정신수양센터 제휴 명상인문원(Contemplative Humanities) 원장. 주로 불교철학과 명상 수행에 관해 연구하고 있다. 저서로 『다르마키르티 철학의 기초』(*Foundations of Dharmakīrti's Philosophy*, 2004)가 있으며, 『비말라키르티의 집에서』(*In Vimalakīrti's House*, 2014), 『생태학, 윤리학, 그리고 상호의존』(*Ecology, Ethics and Interdependence*, 2018)을 공동 편집했다.

톰 틸레만스(Tom Tillemans) 스위스 로잔대학교 불교학과 교수. 불교의 중관과 불교 인식론에 대해 연구해 왔고 비교철학에 대한 관심도 키우고 있다. 저서로 『권위자들』(*Persons of Authority*, 1993), 『경전, 논리, 언어』(*Scripture, Logic, Language*, 1999), 『다르마키르티의 『프라마나바르티카』: 제4장 번역과 주석』(*Dharmakīrti's Pramāṇavārttika: An Annotated Translation of the Fourth Chapter*, 2000), 『아리야데바, 다르마팔라, 그리고 찬드라키르티 연구 자료』(*Materials for the Study of Āryadeva, Dharmapāla, and Candrakīrti*, 2008) 등이 있다.

파리말 파틸(Parimal G. Patil) 하버드대학교 종교·인도철학 교수. 저서로 『힌두 신에 대하여』(*Against a Hindu God*, 2009)와 『인도의 불교 언어철학』(*Buddhist Philosophy of Language in India*, 2010) 등이 있다.

파스칼 위공(Pascale Hugon) 오스트리아학술원 아시아문화사·지성사연구소(Institute for the Cultural and Intellectual History of Asia) 연구원. 인도불교의 종교적·철학적 자료들이 티베트로 넘어가는 과정을 특히 불교 인식론 학파에 초점을 맞추어 연구하고 있다. 저서로 『다르마키르티의 『프라마나비니쉬차야』 3장』(공저) 등이 있다.

프라발 쿠마르 센(Prabal Kumar Sen) 콜카타대학교 철학과 교수. 옥스퍼드대학교 울프슨대학과 푸네대학교 철학과에 방문학자로 있었다. 라마바드라 사르바우마(Rāmabhādra Sārvabhauma)의 『아키야타바다비야키야』(*Ākhyatavādavyākhyā*), 『니야야라하샤』(*Nyāyarahasya*), 『목샤바다』(*Mokṣavāda*)를 비롯하여 자나키나타쿠다마니(Jānakīnātha Cūḍāmaṇi)의 『안빅시키타트바비바라나』(*Anvikṣikītattva-vivaraṇa*) 등 여러 니야야 텍스트를 편집했고, 여러 학술지와 선집에 다수의 논문을 실었다.

핫토리 마사아키(服部正明) 교토대학교 명예교수. 오랫동안 인도철학을 가르쳐 왔으며, 주요 연구 관심사는 인도철학사, 인도 논리학과 인식론, 『우파니샤드』에 관한 것이다. 주요 저서로 『디그나가의 지각론』(*Dignāga, on Perception*, 1968), 『인식과 초월: 유식』(認識と超越: 唯識, 1970), 『고대 인도의 신비 사상』(古代インドの神秘思想, 1979), 『디그나가의 「프라마나삼웃차야브리티」와 지넨드라붓디의 주석, 5장: 타자의 배제에 관한 장, 티베트본과 산스크리트어 단편들』(*The Pramāṇasamuccayavṛtti of Dignāga with Jinendrabuddhi's Commentary, Chapter Five: Anyāpoha-parīkṣā, Tibetan Text with Sanskrit Fragments*, 1982) 등이 있다.

| 옮긴이 |

권서용 부산대학교 철학과에서 다르마키르티 사상으로 박사 학위를 취득했다. 부산대학교와 부산가톨릭대학교에서 철학과 윤리를 강의하고 있다. 현재 다르마키르티사상연구소를 열어 다르마키르티 사상을 국내에 알리는 데 매진하고 있다. 저서로 『다르마키르티와 불교인식론』, 『상생의 철학』(공저), 역서로 『인도불교의 역사』(공역), 『대승기신론』, 『불교 인식론과 논리학』, 『불교인식론』(공역), 『다르마키르티의 철학과 종교』, 『근대일본과 불교』(공역), 『인도인의 논리학』(공역), 『티베트불교철학』(공역), 『무상의 철학』 등이 있다.

원철 부산외국어대학교 영어과를 졸업하고 동 대학원에서 문학박사 학위를 취득했다. 부산대학교와 부산외국어대학교에서 강의했다. 최근 윤리적 관점에서 문학을 읽는 연구를 진행하고 있다. 저서로 『포스트구조주의와 문학』, 역서로 『불교인식론』(공역)이 있으며, 논문으로 「저항의 정치학과 '누런 벽지'」, 「문학의 탈신비화와 저항적 자아」, 「『제5도살장』: 세계와 주체성」, 「디지털 스토리텔링과 자서전적 글쓰기」, 「차이와 생성으로서의 디지털 서사: 공감각적 내재성」, 「소쉬르의 언어이론과 디그나가의 아포하론」, 「『뉴욕 3부작』의 추리와 읽기」, 「J. M. 쿳시의 소설과 서사윤리: 『야만인을 기다리며』와 『수치』」 등이 있다.

박종식 부산대학교 철학과에서 칸트 철학으로 박사 학위를 취득했다. 현재 부산대학교와 한국해양대학교에서 강의하며 동서 철학을 비교하는 연구에 몰두하고 있다. 공역서로 『칸트 해석: 이원론의 문제』, 『대화 윤리를 향하여: 칸트와 하버마스의 윤리학 비판』이 있고, 논문으로는 「칸트의 제3이율배반과 선험적 자유」, 「왕양명과 칸트의 도덕철학 비교 연구」, 「사서와 칸트의 도덕철학의 근거에 관한 연구」, 「칸트, 후설과 유식철학에서 인식과 자아의 문제」, 「칸트 이원론과 나가르주나 이제설 연구」, 「칸트의 코페르니쿠스적 전회와 후설의 현상학적 환원에 관한 연구」 등이 있다.